KB273868

MILES

마일스 데이비스, 자서전

마일스 데이비스 (그리고 퀸시 트루프)

성기완 옮김

마티

모든 각주는 옮긴이의
것이다.

마일스 데이비스의 구술을
채록한 원서의 성격을
존중하는 의미에서 욕설과
비속어, 은어, 혐오 표현
등을 그대로 옮겼다.

외국 인명과 지명은
기본적으로 국립국어원
외래어표기법 원칙을
따랐으나, 굳어진 표현은
관례를 따랐다.

프롤로그 — 7

1 —— 13

2 —— 39

3 —— 69

4 —— 103

5 —— 137

6 —— 181

7 —— 201

8 —— 223

9 —— 243

10 —— 281

11 —— 313

12 —— 351

13 —— 387

14 —— 417

15 —— 447

16 —— 479

17 —— 493

18 —— 517

19 —— 547

20 —— 569

퀸시 트루프의 후기 – 601

감사의 말 – 604

다시, 이 책을 옮기고 나서 – 608

마일스 데이비스 스튜디오 녹음 앨범 목록 — 612

찾아보기 —— 620

프롤로그

들어봐. 살아생전 내가 제일 뻑갔을 때가, 물론 옷 걸친 상태에서 말야, 미주리주 세인트루이스에 디즈와 버드†가 와서 연주하는 걸 들은 때였어. 1944년이니까 존나 옛날이지. 나는 열여덟 살이었고 막 링컨고등학교를 졸업한 후였어. 일리노이주 이스트세인트루이스 미시시피강 바로 건너편에 있는 학교였어.

디즈와 버드가 B의 밴드에 있을 때였는데, 듣자마자 "와, 이건 대체 뭐지?" 하는 말이 입에서 절로 터져 나왔어. 젠장, 그 연주가 어찌나 끝내줬던지 겁이 날 지경이었다구. B, 그러니까 빌리 엑스틴은 그렇다 치고, 디지 길레스피, 찰리 '야드버드' 파커, 버디 앤더슨, 진 애먼스, 럭키 톰슨, 아트 블래키가 한 밴드에서 연주하다니 말 다 했지. 진짜 개쩌는 새끼들. 난 순식간에 확 가버렸어. 음악이 완전 보내주더만. 그게 내가 듣고 싶은 거였단 말야. 그 밴드가 연주하는 방식, 그건 딱 내가 하고 싶은 바로 그 음악이었어. 대단했지 정말. 게다가 나도 무대에 올

<hr>

† 디지 길레스피와 찰리 파커의 별명.

라 같이 연주하기까지 했으니 참.

　　나는 이미 디즈와 버드의 음악을 익히 알고 있었고 그들의 음악에 빠져 있었어. 아무래도 난 트럼펫 부는 놈이니까 디즈에게 특히 더 빠졌지. 하지만 버드도 마찬가지야. 내게는 디지†의『우디 앤 유』*Woody 'n' You*라는 판이 있었어. 제이 맥샨‡ 밴드와 버드가 녹음한「후티 블루스」Hootie Blues도 있었고. 그 판으로 디즈와 버즈를 처음 들었던 건데, 믿을 수 없는 연주였어. 진짜 엄청나더라고. 그 판들 말고 콜먼 호킨스 거 한 장, 레스터 영 한 장, 그리고 지미 블랜턴이 베이스를 친 듀크 엘링턴 거 한 장, 진짜 존나 끝내주는 음반들이었지. 내가 가진 건 그 정도였어. 그게 내가 가진 판 전부였다고. 디지는 그때 내 우상이었어. 그 앨범 한 장에서 디지가 연주한 솔로라는 솔로는 모조리 따라 해보려고 했지. 하긴 어두운 톤의 클라크 테리, 벅 클레이턴, 해럴드 베이커, 해리 제임스, 바비 해킷, 로이 엘드리지 등도 좋아했어. 나중에는 로이가 내 트럼펫 우상이 되기도 했지만, 1944년 당시에는 디즈였어.

　　빌리 엑스틴 밴드가 세인트루이스에 왔을 때 어디서 연주했냐면, '플랜테이션 클럽'이라는 데였지. 백인 갱들 소유였는데, 당시 세인트루이스는 완전 갱들 세상이었어. 백인 삐끼들이 빌리에게 다른 깜둥이처럼 뒷문으로 들어오라고 했지만, 빌리는 이 망할놈들을 싹 무시하고 밴드 멤버들을 전부 앞문으로 들여보냈지. 씨발 뭔 상관이냐 이거지. 만일 붙었다면 곧바로 욕을 싸지르며 놈들을 존나 패버렸을 거야. 생긴 건 기생오라비 같아 보여도 깡다구가 있었어. 베니 카터도 마찬가지였지. 좆같이 구는 놈들이 있으면 바로 조

---

† 디지 길레스피의 별명으로 디즈(Diz)와 디지(Dizzy)를 번갈아 쓰고 있다.

‡ 버드의 고향 캔자스시티 출신으로, 버드의 음악 수련기에 상당한 영향을 미쳤다.

지는 식이라고. 둘이 비슷비슷했지만 B가 더 셌어. 그래서 그 클럽 삐끼놈들이 B를 바로 잘라버리고 그 자리에 조지 허드슨을 넣었지. 이 밴드에는 클라크 테리가 있었고. B는 밴드 멤버들을 싹 데리고 시내 반대편에 있는 리비에라 클럽으로 갔어. 세인트루이스의 흑인 거주지 델마앤드테일러에 있던 흑인 전용 클럽이었는데 조던 체임버스의 소유였어. 이 사람이 당시 세인트루이스에서 제일 잘나가는 정치가였는데, B한테 그럼 그냥 자기네 클럽에서 하라고 했거든.

그렇게 B가 플랜테이션 일을 관두고 리비에라로 갔다는 소문이 슬슬 돌더라구. 잽싸게 트럼펫을 챙겨서 거기로 갔지 뭐. 뭔가 건질 게 있나, 혹시 밴드에 껴서 연주 한번 해볼 수 있을지 누가 알아.[†] 그래서 나랑 내 친구 바비 댄지그 달랑 둘이서 리비에라로 가선 리허설 타임에 껴보려고 했지. 알아? 난 당시 이미 세인트루이스에서 제법 연주 좀 하는 트럼펫 주자로 이름이 있었다고. 기도가 나를 알아보고 나랑 바비를 넣어줬지. 딱 들어가는데 누군가 나한테 달려오더니 "야 너 트럼펫 불 줄 알아?" 하고 묻는 거야. "네, 저 트럼펫 연주잡니다" 했더니 그 사람이 "그럼 조합 카드 있어?" 하고 또 묻길래 "조합 카드도 있어요" 하고 답했지. 그랬더니 바로 "야, 지금 트럼펫 자리 하나 비었어. 트럼펫 주자가 몸이 안 좋아서 말야"라면서 나를 밴드 자리로 데려가서는 불쑥 악보를 내미는 거야. 내가 악보를 읽을 줄 알긴 했는데 밴드 연주 소리가 들려서 악보 읽는 데 자꾸 방해가 되더라구.

나한테 달려왔던 사람이 누군 줄 알아? 바로 디지였어. 처음엔 못 알아보겠더라고. 하지만 좀 있다 연주를 시작하자마자 바로 알았지. 말했잖아, 악보 읽는 데 방해가 됐다고. 버드와 디즈의 소리가 들리는데 연주가 될 턱이 있나.

[†] "maybe sit in with the band", 'sit in'은 재즈 특유의 잼 세션 문화에서 뮤지션들이 자유롭게 껴서 돌아가며 연주하는 방식을 뜻한다.

근데 그런 게 어디 나쁘이겠어. 밴드 멤버 전체가 그러고 있더라고. 디즈와 버드가 연주하면 멤버 전체가 오르가즘 비슷한 걸 느꼈단 말야. 특히 버드. 진짜 버드는 믿기지 않았지. 세라 본도 있었는데 씨발 완전 최고였지. 그때나 지금이나. 세라는 꼭 버드와 디즈처럼 노래했고, 두 사람은 또 세라를 완벽하게 따라갔어! 버드와 디즈는 세라를 꼭 나팔 연주자로 간주하는 거 같더라고. 뭔지 알겠어? 세라가 「당신은 내 첫사랑이야」You Are My First Love를 부르면 버드가 바로 받쳐주고. 다들, 쌍, 그 미친 연주를 들었어야 하는데.

당시 버드가 맡은 솔로는 딱 여덟 마디였어. 근데 그 여덟 마디 안에서 버드가 들려주는 솔로가 완전히 다른 거야. 그걸 들으면 다들 한 방 맞은 느낌이었지. 말했잖아, 나도 연주하는 걸 깜박 잊었다고. 다른 뮤지션들도 그랬어. 버드 솔로를 듣다가 들어가는 박자를 놓치곤 했다니까. 그냥 무대에서 입을 헤 벌리고 서 있는 거지. 젠장, 버드는 당시 진짜 엄청난 연주를 들려줬어.

디지가 연주할 때도 마찬가지 장면이 펼쳐져. 버디 앤더슨도 비슷했는데, 이 양반도 내가 좋아하는 스타일에 가까운 소리를 들려줬지. 그러니까 나는 1944년에 한 장소에서 이 모든 걸 한꺼번에 들어버린 거야. 존나 엄청난 연주들이었어. 아아, 그 끝내주는 손 cooking!† 이 뮤지션들이 리비에라에서 어떻게 연주했는지 짐작되지? 세인트루이스의 흑인들은 음악을 좋아한 만큼, 제대로 된 연주를 원했다구. 그러니 흑인 청중 앞에서 연주하고 있는 그 솜씨가 어땠는지 알 거야. 진짜배기 연주를 들려주고 있었던 거지.

빌리 엑스틴 밴드가 내 인생을 바꿔버렸어. 그때 바로 거기서 나는 세인트루이스를 떠나 뉴욕으로 가야겠다고 마음먹었어. 이 뮤지션들이 모두 모여 있는 뉴욕 말이야.

당시 나는 버드를 좋아했지만 디지도 똑

---

† 멋진 솔로를 가리키는 속어.

같이 중요했어. 디지가 아니었다면 지금의 나는 없어. 내가 이 얘기를 할 때마다 디지는 껄껄 웃어버리는데 말야, 처음에 뉴욕에 갔을 때 디지가 어디든 나를 데리고 다녔거든. 디즈는 그때나 지금이나 엄청 웃기는 사람이지만 그때는 진짜 웃겼어, 알아? 거리에서 백인 여자한테 혀를 내밀며 놀리기도 했지. 나 같은 세인트루이스에서 온 촌놈한테는 그게 말도 안 되는 것처럼 보였어. 백인한테, 그것도 백인 여자를 길거리에서 놀릴 수 있다니. 나는 속으로 '이거 미친놈 아냐?' 하고 중얼거렸어. 근데 알잖아, 디즈가 미쳤어? 아니잖아. 좀 유별나긴 해도 미치진 않았잖아.

내가 난생처음 엘리베이터에 탄 것도 디즈와 함께였어. 한번은 그가 맨해튼 미드타운† 브로드웨이 몇 가더라? 여하튼 거기서 나를 엘리베이터에 태운 거야. 디즈는 엘리베이터를 타고 사람들을 놀리거나 미친놈처럼 굴면서 백인들을 하얗게 질리게 하는 게 취미였어. 엄청난 사람이야. 난 디즈의 집에도 자주 놀러 갔었어. 로레인 형수는 사람들이 너무 오래 뭉개는 걸 싫어했지만, 나만은 예외였다고. 늘 저녁 먹고 가라고 했으니까. 물론 먹을 때도 있었고 아닐 때도 있었지만. 알잖아, 내가 식성이 좀 까다로워서 말이야. 하도 사람들이 드나드니까 로레인이 '착석 금지' 같은 경고문을 붙여놓기도 했다니까. "도대체 이런 빌어먹을 놈들을 뭐 하러 집구석에 들이는 거야. 당장 데리고 나가!" 하든가, "집구석에서 뭐 하는 거야? 빨리 데리고 나가! 지금 당장!" 이렇게 디즈에게 투덜대곤 했어. 그러면 나도 눈치가 보여서 슬금슬금 일어나는데 로레인이 "아니, 마일스, 넌 앉아 있어. 다른 놈들은 다 꺼져!" 그러는 거야. 뭣 때문인지 모르겠지만 로레인이 나한테는 잘해줬어.

사람들이 디지를 어찌나 좋아하는지 디지 곁에 사람이 늘 꼬였어. 그런데 디지는 주변에 누가 있든지 "야,

† 50번가 안팎의 중간 지역.

따라와” 이러면서 나를 어디든 데리고 다녔어. 우리는 디지의 기획사 사무실이나 어느 곳에 갈 때도, 하다못해 아까 말했듯이 재미로 엘리베이터를 탈 때도 함께였지. 재미난 짓은 뭐든 다 하는 사람이었으니까.

디지는 데이브 개러웨이가 사회를 보던 「투데이」[†] 쇼를 보러 가는 것도 참 좋아했어. 당시 막 방송이 시작됐었거든. 큰 판유리 창으로 된 스튜디오가 길가 1층에 있어서 인도를 지나다니던 사람들이 쇼를 볼 수 있었어. 디지는 생방송이 진행되는 중에 창문으로 기어 올라가 쇼에 등장하는 침팬지를 빤히 바라보며 혀를 내밀기도 했어. J. 프레드 머그스라는 이름의 그 침팬지가 약이 올라 꽥꽥 소리 지르면서 날뛰면, 쇼에 초대된 사람들이 침팬지가 뭣 때문에 저 난리인가 싶어 어리둥절해했지. 침팬지가 디지를 볼 때마다 미쳐 날뛰더라고. 디지에게 이런 면만 있는 건 아니야. 디지는 정말 멋진 사람이었고 나는 예나 지금이나 그를 좋아해.

어쨌든 나는 처음 디즈와 버드의 연주를 들었던 1944년 그날 밤의 느낌에 좀 더 다가가려 해왔지만, 그 느낌에는 결코 이를 수가 없어. 비슷하게는 갔지만 바로 거긴 아냐. 언제나 그 느낌이 어디 있는지 찾아 듣고 느끼고는 있지. 난 연주할 때마다 내 음악 안에서, 또 음악을 통해서 그 느낌을 잡으려 노력하지. 그때 생각이 나. 애송이였던 내가, 대가리에 피도 안 마른 내가 오늘날까지도 내 우상인 그 위대한 뮤지션들과 어울렸던 시간이. 난 뭐든 다 빨아들였어. 참 대단한 시절이었지.

[†] 1952년에 NBC 방송에서 시작한 인기 토크쇼. 데이브 개러웨이는 첫 호스트였고 1961년까지 진행을 맡았다.

1

내 어릴 적 첫 기억은 불꽃이야. 누군가가 켜놓은 가스난로에서 피어오르던 푸른 불꽃. 난로로 장난을 하다가 내가 켠 걸 수도 있지만 잘 모르겠어, 누가 그랬는지는. 아무튼 난 갑자기 솟아오르는 불꽃에 깜짝 놀랐어. 그게 나의 제일 처음 기억이야. 나머지는 오리무중인데, 그 불꽃만은 내 머릿속에 음악처럼 선명히 남아 있어. 세 살 때의 일이지.

불꽃에서 얼굴에 확 다가드는 열기가 느껴지더라고. 내가 처음 느낀 공포, 진짜 공포였어. 근데 그게 일종의 모험과도 같은 야릇한 즐거움으로 다가왔어. 이 경험은 그때까지 내 머리로 가보지 못한 어딘가로 나를 데려다준 듯해. 아마도 모든 가능한 일들의 경계, 언저리 같은 것? 글쎄. 한 번도 가늠해본 적은 없지만, 그 공포는 초대와도, 미지의 어딘가를 향해 가라는 도발과도 같았어. 바로 거기서 나만의 인생철학, 내가 추구해온 모든 것이 시작됐다고 봐. 알 수야 없지. 까마득한 그때를 어떻게 제대로 알겠어? 그때 이후로 불꽃의 뜨거움을 벗어나 멀리 나아가야 한다는 생각이 내 머릿속에 박혔지.

　돌이켜봐도 아주 어렸을 때의 일이 잘 기억나질 않네. 돌아보는 일을 별로 좋아하지도 않고. 하지만 확실히 아는 것 하나는 태어난 다음 해에 세인트루이스에 토네이도가 덮쳐 도시를 완전 산산조각 내버렸다는 거야. 기억이 가물가물하지만 내 기억 제일 밑바닥에 그게 있는 거 같아. 그래서 가끔 내가 성질이 더러워지나 봐. 그 토네이도가 나에게 난폭한 창조성을 심어준 걸까. 그 강력한 바람의 한 자락이 내게 온 걸지도 몰라. 트럼펫을 불려면 강한 바람이 필요하잖아. 나는 신비와 초자연을 진짜로 믿는 사람인데, 토네이도가 신비로우면서도 초자연적인 바로 그거 아니겠어?

　나는 1926년 5월 26일생이야. 이스트세인트루이스에서 25마일(약 40킬로미터) 북쪽에 있는, 미시시피강 상류의 작은 강가 마을인 일리노이주 올턴에서 태어났어. 아버지 이름을 따서 내 이름을 지었어. 또 아버지는 할아버지의 이름을 따서 이름을 지었고. 그래서 내 이름은 마일스 듀이 데이비스 3세가 됐지만 식구들은 다 나를 '주니어'로 불렀지. 나는 언제나 그 애칭이 싫었어.

　내 아버지는 아칸소 출신이야. 아버지는 거기서 할아버지 마일스 듀이 데이비스 1세 소유의 농장에서 자랐지. 나의 할아버지는 경리셨는데 일을 뛰어나게 잘해서 백인들 상대로 돈을 많이 버셨어. 할아버지는 20세기가 될 무렵에 아칸소에 500에이커(약 200만 제곱미터)의 땅을 샀지. 그가 땅을 사버리자 그 지역에서 할아버지를 고용해서 재정 업무나 경리 일을 맡겼던 백인들이 등을 돌리더니 급기야 땅 주인을 몰아내고 말았어. 백인들 생각에는 일개 흑인이 그 많은 땅과 돈을 소유한다는 게 있을 수 없는 일이었던 거지. 그가 똑똑하다는 것, 그들보다 더 똑똑하다는 것도 있을 수 없는 일이었고. 그때나 지금이나 변한 건 별로 없어. 지금까지도 다 그 모양이니까.

　　나중에 알게 됐는데 할아버지는 거의 평생을 백인들의 협박 속에서 지내셨더라고. 심지어 자기 아들 프랭크, 내게는 삼촌인 프랭크를 보디가드로 쓰기도 했어. 데이비스 일가는 언제나 경기에서 앞서가는 사람들이었다고 아버지와 할아버지가 말해주셨고, 난 그걸 믿어. 우리 일가에 예술가나 사업가, 전문직 종사자, 음악가 등 특별한 사람들이 많았다고 하셨거든. 노예제도가 끝나기 전 옛날에는 농장주를 위해 연주를 했다고 해. 할아버지 말에 따르면 그때 데이비스가家 사람들은 클래식 음악을 연주했다더라고. 그게 바로 노예제도 폐지 후에 아버지가 음악을 연주하거나 듣지 못하게 된 이유지. 할아버지는 "백인들은 흑인들에게 바나 선술집 같은 데서만 음악을 하라고 한다"고 하셨어. 그러니까 백인들은 흑인들이 클래식 음악을 연주하는 걸 이젠 듣기 싫어한다는 말씀이지. 흑인들은 그저 흑인 영가나 블루스나 하라 이거야. 이게 얼마나 사실에 가까운지는 모르겠지만 아버지 말로는 그래.

　　아버지 말씀으로는, 어디서 누구에게 받든지 간에 돈이 생기면 그 자리에서 액수가 맞는지 세어보고 확인하라고 할아버지가 이르셨다는 거야. 돈 문제라면 그 누구도, 심지어 가족조차 믿어선 안 된다는 게 할아버지 지론이었지. 한번은 할아버지가 아버지에게 1,000달러라며 돈을 건네시더니 은행에 넣고 오라고 하셨대. 은행은 집에서 30마일(약 48킬로미터)이나 떨어져 있었고. 그늘에서도 화씨 100도(약 섭씨 38도)를 넘나드는 아칸소의 여름날이었어. 아버지는 걷다가 말도 타고 가야 했지. 그런데 아버지가 겨우 은행에 도착해서 돈을 세어보니 이게 950달러밖에 안 되는 거야. 아무리 세어봐도 마찬가지였어. 하는 수 없이 집으로 돌아오는데, 얼마나 후달렸는지 바지에 똥을 쌀 지경이었다나. 집에 와서 아버지는 할아버지한테 50달러를 잃어버렸다고 하셨대. 그랬더니 할아버지가 아버지를 떡하니 쳐다보며 이러셨다는 거야. "출발 전에 돈을 셌느냐? 처음에 내가 준 돈이 1,000달러 맞아?" 아버지가 돈을 세지 않았다고 하자 할아버지가 말씀하시길 "그래, 내가 너한테 준 돈이 950달러다. 네가 돈을 잃어버린 게 아냐. 무슨 돈이든, 누구의 돈이든, 심지어 내 돈이라도 세어보라고 하지 않았냐. 여기 50달러다. 세어봐라. 그리고 어서 가서 내가 이른 대로 은행에 돈을 넣거라." 은행이 30마일이나 떨어져 있고 날씨도 존나 더웠다는 걸 감안하면, 할아버지가 너무하셨다는 생각이 들긴 해. 그치만 때때로 사람은 그렇게 냉정해야 해. 이 일은 아버지에게 잊을 수 없는 교훈이 되었고 아버지는 자식들에게 그 교훈을 전해주셨어. 나? 물론 받는 족족 돈을 세지.

아버지는 1900년 아칸소에서 태어나셨어. 어머니 클리오타 헨리 데이비스도 1900년생이고. 아버지는 아칸소에서 초등학교를 마치셨지. 아버지와 삼촌들, 고모들 모두 고등학교를 안 다니고 월반해서 곧장 대학에 진학했어. 아버지는 아칸소침례교대학과 펜실베이니아주의 링컨대학교 그리고 노스웨스턴대학교 치과대학을 졸업하셨어. 학위 세 개를 따신 거야. 내가 나이 좀 먹고 난 후에 아버지 사무실에 걸려 있던 그 존나 잘난 졸업장들을 보면서 '젠장, 나한테도 저렇게 하라는 건 아니겠지' 하고 씨부렸던 기억이 나. 또 어디선가 본 아버지의 노스웨스턴 졸업반 사진에서 흑인 얼굴은 셋밖에 보이지 않았던 것도 기억나고. 노스웨스턴대를 졸업했을 때 아버지는 겨우 스물넷이었어.

큰아버지인 퍼디낸드는 하버드 출신에다가 베를린의 어느 대학도 다녔어. 아버지보다 한두 살 위였는데, 아버지처럼 고등학교를 건너뛰고 곧장 대학 입학시험을 쳐서 높은 점수로 합격했지. 역시나 영민한 분이셨어. 내게 카이사르와 한니발 이야기 그리고 흑인의 역사에 관한 이야기를 들려주시곤 했지. 삼촌은 전 세계를 여행하고 다녔어. 아버지보다 머리가 좋았고, 여자들과 어울리길 좋아하는 바람둥이셨지. 『컬러』Color라는 잡지의 편집장이기도 했고. 삼촌이 엄청 똑똑하셔서 난 괜스레 멍청한 놈이 된 기분이 들기도 했지. 내가 자랄 때 이런 느낌을 준 사람은 딱 큰아버지 하나야. 퍼디낸드 삼촌은 정말 대단한 사람이었어. 난 여행 이야기, 여자 이야기 따위를 들으며 삼촌 곁에 있길 좋아했어. 정말 끝내주게 멋진 양반이었는데! 내가 하도 삼촌 주위를 맴돌아서 어머니가 성화일 지경이었지.

아버지는 노스웨스턴대를 나오고 어머니와 결혼하셨어. 어머니는 바이올린과 피아노를 연주할 줄 아셨지. 외할머니는 아칸소의 오르간 교사셨고, 어머니가 외할아버지에 관해선 별 얘길 하지 않으셔서 외가 쪽 가계에 대해서는 잘 몰라. 별로 물어보지도 않았어. 왜 그랬더라? 모르겠어. 들은 바에 따르면, 그리고 내가 만나본 사람들로 미루어보건대 중류층 정도의, 태도는 약간 도도한 집안이었던 거 같아.

어머니는 미인이셨어. 동인도인 분위기를 풍기는 카먼 맥레이†풍의 외모, 은은한 갈색의 보드라운 피부를 지닌 멋진 스타일의 소유자셨지. 높은 광대뼈에 선주민 같은 머리칼, 크고 아름다운 눈 하며, 나와 남동생 버넌이 어머니를 빼닮았어. 어머니는 밍크코트랑 다이아몬드를 가지고 있었고, 모자나 온갖 치장거리를 좋아하는 엄청 화려한 분이셨는데, 내 눈엔 어머니 친구들도 마찬가지였어. 어머니는 언제나 쫙 빼입고 다니셨지. 나는 외모뿐 아니라 옷에 대한 애정과 스타일 감각도 어머니로부터 물려받

† 여성 재즈 가수.

왔어. 또 내게 예술가적 재능이 있다면 그것 역시 어머니로부터 온 걸 테고.

하지만 난 어머니와 그리 잘 지내지는 못했어. 어머니나 나나 개성이 강하고 독립적인 성격을 지녔기 때문일 거야. 둘이 늘 말다툼을 했으니까. 물론 어머니를 사랑하지. 참 남다른 분이셨어. 요리 같은 건 잘 알지도 못하셨고. 방금 말했듯이 어머니와 친하진 않았지만 어머니를 사랑했어. 어머니는 내가 좀 이렇게 했으면 하는 바람이 있으셨지만 내게도 나만의 방식이 있었어. 난 어렸을 때부터 그랬지. 남들이 아버지보단 어머닐 많이 닮은 거 같다더라고. 뭐, 아버지로부터 물려받은 기질도 없는 건 아니지만.

아버지는 처음에 일리노이주 올턴에 정착했어. 거기서 나와 누나 도러시가 태어난 거야. 그 후 우리 가족은 이스트세인트루이스로 이주했고, 거기서 아버지는 14번가와 브로드웨이가 만나는 데 있는 도트 약국 위에 치과 의원을 개업하셨어. 처음에 우린 아버지 진료실 뒤편의 건물 위층에 살았어.

이거 말고도 생각나는 게 있어. 이스트세인트루이스에서 1917년에 일어난 인종폭동 때 미친 백인 또라이들이 흑인들을 마구 죽여버린 일. 세인트루이스, 특히 이스트세인트루이스는 그때나 지금이나 거대한 통조림 공장 지대잖아. 소나 돼지를 잡아 식료품점과 슈퍼마켓, 레스토랑 같은 곳에 공급하는 지역이라고. 텍사스 등지에서 소와 돼지를 실어 와가지고 세인트루이스와 이스트세인트루이스에서 잡고 포장하거든. 1917년의 인종폭동은 그와 관련이 있을 거야. 육가공 공장에서 흑인 노동자들이 백인 노동자들을 대체하기 시작하니 백인 노동자들이 광분한 나머지 흑인들을 다 죽인 거지. 그해는 흑인들이 1차 세계대전에 참전해서 미국이 세계의 민주주의 회복을 위해 싸우는 걸 도운 해이기도 해. 백인들은 흑인들을 전쟁터로 보내서 지들 대신 거기서 죽게 하고, 여기서는 그냥 이유 없이 죽이고. 오늘날에도 변한 건 하나 없어. 봐봐, 좆같잖아. 어쨌든 이 일에 관한 기억이 내 인격 형성에, 내가 백인들을 바라보는 방식에 영향을 미친 것 같아. 물론 다 그런 건 아냐. 위대한 백인들도 있으니까. 그치만 그 당시 흑인들을 개돼지처럼 몰아 쏴 죽인 걸 생각하면 정말. 집에 쳐들어가 쏴 죽이고 아기와 여자까지 쐈지. 안에 사람들이 있는데 집에 불을 지르고, 흑인 남자들을 가로등에 매달아 죽이기도 했고. 어쨌든 거기서 살아남은 흑인들이 그때 얘기를 들려주곤 했어. 내가 이스트세인트루이스에 살 때 알던 흑인들은 1917년에 그 미친 백인들이 한 짓을 절대 못 잊어.

동생 버논은 주가가 폭락해서 돈 많은 백인들이 월스트리트 빌딩 창밖으로 뛰어내리던 해에 태어났어, 1929년이었지. 이스트세인트루이스로 온 지 2년이 지난 때였고, 누나 도러시는 다섯 살이었어. 도러시, 버넌 그리고 가운데 나, 이렇게 딱 삼 남매였지. 우리 셋은 평생 우애가 돈독했어. 심지어 다툴 때도 말이야.

필라델피아나 볼티모어처럼 일렬로 늘어선 집들에 살던 이웃들은 참 착했어. 예쁘장하고 아담한 도시였지. 지금은 달라졌지만 당시엔 그랬던 걸로 기억해. 유대인, 독일인, 아르메니아인, 그리스인 등 다양한 민족이 섞여 살았어. 우리 집에서 길 건너 대각선 방향에는 골든 룰스 식료품점이 있었는데 유대인 소유였어. 집 곁에 주유소가 있어서 하루 종일 앰뷸런스들이 기름을 채우려고 사이렌을 울려대며 오갔고. 그 옆에는 아버지의 제일 친한 친구인 내과의사 유뱅크스 박사가 살았는데, 유뱅크스 박사는 피부색이 워낙 옅어 백인처럼 보일 정도였어. 알마였나 조세핀이었나 이름을 잊어버렸지만, 그의 부인도 거의 백인이었어. 리나 혼†처럼 노란 피부에 곱슬

거리는 검고 반짝이는 머리결을 지닌 멋진 숙녀였지. 어머니가 나더러 그 집에 가서 뭘 좀 가져오라고 심부름이라도 보내면 끝내주게 멋진 아줌마가 다리를 꼬고 앉아 있는 걸 볼 수 있었어. 다리가 참 예뻤으니 자랑할 만도 했지. 하긴 어딜 가도 안 빠지는 분이셨어! 근데 말이야, 나한테 처음으로 트럼펫을 사준 사람이 누군지 알아? 바로 엉클 조니야! 유뱅크스 박사를 우리는 그렇게 불렀거든.

우리 아래층에 있던 약국 옆에, 그러니까 엉클 조니의 집하고 우리 집 사이에 모두가 엉클 조니 호스킨스라 부르는 흑인 존 호스킨스가 운영하는 술집이 있었어. 그는 자기 술집 뒤편에서 색소폰을 불곤 했지. 동네 터줏대감들이 죄다 거기 모여 마시고 떠들면서 음악을 들었어. 커서는 나도 거기에 한두 번 서본 적이 있고. 블록을 따라 내려가면 티그펜이라는 이름의 흑인이 주인인 레스토랑이 있었어. 그 집 음식 완전 소울푸드였지. 자리도 정말 근사했고. 티그펜의 딸 러티샤와 내 누나 도러시가 친했어. 레스토랑 옆에는 포목점을 하는 독일 아주머니가 살았고. 이게 다 미시시피강 방향 브로드웨이 거리를 말하는 거야. 그리고 강 반대 방향 15번가에서 본드가 쪽으로 가다 보면 동네 영화관인 딜럭스 극장이 있었거든. 강과 나란히 나 있는 15번가를 따라 본드가 쪽으로 온갖 가게가 쭉 늘어서 있었는데, 흑인, 유대인, 독일인, 그리스인, 주로 세탁소를 하던 아르메니아인 등 주인들도 참 각양각색이었지.

16번가와 브로드웨이를 넘어가면 그리스 사람이 하는 생선 가게가 있었는데, 그 집에서 만드는 잭새먼 샌드위치는 이스트세인트루이스에서 최고였어. 그 집 아들 리오가 내 친구였지. 맨날 레슬링하고 놀았는데, 한 여섯 살 때까지? 근데 집에 불이 나는 바람에 리오가 죽었어. 살가죽이 다 벗겨진 리오가 들것에 실려 나오던 모습이 기억나. 튀긴 핫도그처럼 불타고 말았던 거야. 정말 무섭고 끔찍한 장면이었어. 나중에 누가 그 일을 얘기하면서 실려 나온 리오가 특별히 한 말이라도 없느냐고 묻더라고. 나는 "리오가 '안녕, 마일스, 우리 레슬링 할래' 따위 말은 하지 않았어요"라고 대답했던 기억이 나. 이 일이 큰 충격을 줬어. 리오가 나이는 좀 더 많았지만, 우린 같은 또래였거든. 착한 애였어. 걔랑 참 잘 놀았었는데.

처음 다닌 학교는 존로빈슨초등학교였어. 본드가 15번지 쪽에 있던. 누나 도러시는 1년 동안 가톨릭계 학교를 다니다가 역시 존로빈슨으로 전학했고. 난 초등학교 1학년 때 생애 첫 절친을 만났어. 밀러드 커티스라는 애였는데, 몇 년 지나서 우리는 거의 모든 곳을 붙어다니는 단짝이 됐지. 나중에 음악에 더 빠지게 되면서는 이스트세인트루이스에서 친구 몇 명을 더 사귀었고. 밀러드는 음악을 하지 않았거든. 하지만 밀러드는 나의 가장 오랜 친구이고 우린 꼭 형제처럼 수많은 일을 함께 했어.

내 여섯 살 생일 파티에 밀러드가 우리 집에 놀러온 건 틀림없어. 그 생일잔치를 기억하는데, 당시 어울리던 친구들이 '활주로'에 가서 놀자고 했었거든. 활주로란, 온갖 광고가 덕지덕지 붙어 있는 광고 게시판을 가로지르는 높다란 비계를 말해. 우리는 광고 게시판을 기어올라 비계에 앉아서 허공에 다리를 까딱거리며 크래커나 통조림 햄을 먹곤 했거든. 어쨌든 아이들이 오늘 생일 파티 하니까 활주로에 나가 노는 게 좋겠대서 그날은 다들 학교를 빼먹었어. 실은 깜짝 생일 파티를 하려고 했던 거야. 다들 내 생일을 미리 알고 있었고, 그런데 내게도 일러준 거지. 어쨌든 여섯 살 때인 것 같아. 아니, 일곱 살이었나. 생각해보니 벨마 브룩스라는 예쁜 여자아이도 왔었어. 맞아, 걔 말고도 미니스커트 비슷한 짧은 치마를 입은 귀여운 여자 애들. 백인 애들도 왔었나? 그건 기억 안 나. 몇 명은 왔겠지. 죽기 전이니까 리오와 리오의 여동생 정도? 잘 모르겠어, 누가 왔는지 가물가물하네.

근데 말야, 내가 그 파티를 기억하는 진짜 이유가 뭔지 알아? 난생처음 뽀뽀를 했기 때문이야. 그날 난 여자애들한테 쫙 뽀뽀를 돌렸어. 그치만 벨마 브룩스랑 제일 오래한 게 기억나. 진짜 예뻤거든, 벨마가. 그랬는데 갑자기 도러시 누나가 호들갑을 떨면서 엄마한테 달려가더니 내가 벨마랑 막 뽀뽀하고 있다고 일러바치더라구. 다 망쳐버렸지 뭐. 누나는 평생 내게 그런 식이었어. 누난 뭔 일이 났다 하면 나하고 동생 버넌에게 알려주기 바빴지. 그렇게 엄마가 와서 뽀뽀하는 나를 떼어놓더니 아빠에게도 여기 좀 와보라고 하시는 거야. 근데 웬걸 아빠가 와서 이러시대. "만일 쟤가 주니어 퀸 같은 남자애한테 뽀뽀를 했으면 얘깃거리가 될 테지만 벨마 브룩스한테 뽀뽀하는 건 별일이 아냐. 남자애들은 다 그러게 마련이야. 자, 주니어 퀸 같은 남자애도 아니니 계속하렴. 별일 없을 거다."

누나는 삐져서 입이 삐쭉 나와가지고는 "칫, 마일스가 뽀뽀한대요. 애 생기기 전에 누가 좀 말려줘요" 하고 놀려댔어. 어머니는 나중에 "그렇게 뽀뽀를 해대는 나쁜 애가 어딨냐면서 또 그런 나쁜 짓 하면 넌 내 아들이 아니다" 이러시는 거야. 그러더니 내 엉덩이를 찰싹찰싹 때리는 게 아니겠어.

그날을 잊을 수가 없어. 그 나이에, 난 아무도 날 좋아하지 않는다고 생각하곤 했거든. 버넌은 절대 안 때리면서 나만 맨날 혼내는 거야. 버넌은 마룻바닥에 발을 디디는 일조차 없었어. 어머니, 누나 할 것 없이 다들 버넌을 싸고돌면서 조그맣고 검은 인형처럼 여겼던 거야. 그게 그 녀석을 망쳐놨어. 도러시가 친구들을 데려와 놀 때면 매번 버넌을 목욕시키고 머리도 빗기고 꼭 아기 인형처럼 옷을 입히곤 했으니까.

음악에 빠지기 전에 야구, 미식축구, 농구, 수영, 권투 같은 운동을 정말 좋아했어. 나는 작고 야윈 아이였어. 나만큼 다리가 가는 사람도 없을 거야. 지금도 마찬가지지만, 나는 운동을 정말 좋아했기 때문에 나보다 큰 놈이 갈궈봐야 겁먹지도 않았어. 겁먹는 성미는 절대 아니니까. 또 나는 사람을 좋아하기 시작하면 무조건 좋아하고 싫어하면 그냥 싫어. 왜 그런지 몰라도 난 그런 놈이야. 늘 그래 왔어. 누굴 좋아하고 싫어하고는 느낌 문제야. 감인 거지. 나보고 잘난 체한다고들 하지만, 난 계속 그랬어. 별로 달라진 것도 없고.

하여간 밀러드와 나는 어디 미식축구나 야구 경기 하는 데 없나 늘 찾아다니곤 했지. 우린 인디언볼이라고 하는 경기도 했어. 서너 명씩 한 팀 먹고 하는 야구 비슷한 거야. 그거 안 하면 공터나 야구장에서 일반적인 야구를 했고. 난 유격수를 맡았는데, 실력이 쩔었어. 땅볼을 진짜 잘 처리했고, 체구가 작아서 홈런은 많이 못쳤지만 공도 꽤 잘 때렸어. 야구 참 좋아했지. 수영도 좋아했고 미식축구나 권투도.

우린 인도와 연석 사이 작은 풀밭에서 미식축구 태클을 걸며 놀았어. 틸퍼드 브룩스의 집 앞 14번가 쪽이었지. 틸퍼드 브룩스는 나중에 음악학 박사가 됐고 지금도 세인트루이스에 살아. 밀러드 집 앞에서도 놀았어. 어찌나 서로 태클을 걸고 뒹굴었던지 정육점의 돼지처럼 대가리에서 피가 질질 흐르기도 했네. 다리를 온통 긁혀 엄마들한테 혼쭐날 때도 있었고. 그래도 참 잘 놀았어. 되게 재밌었어.

수영이나 권투도 참 좋아했어. 요새도 그 두 가지를 아주 좋아해. 그때나 요즘이나 틈만 나면 수영을 하지. 하지만 진짜 내 맘속의 운동은 권투야. 왠지 설명하긴 힘드네. 당시 다들 그랬듯 나도 조 루이스의 경기라면 모조리 라디오 중계를 들었어. 다들 라디오 주위에 둘러앉아서 조 루이스가 상대방을 떡으로 만드는 장면을 아나운서가 묘사하는 순간을 기다리곤 했어. 조 루이스가 KO승을 거두면 이스트세인트루이스의 흑인들은 온통 기쁨에 젖어 길거리에서 날뛰고 술 마시고 춤추며 소란을 피웠어. 기분 좋은 소란이었지. 그보다 덜 하긴 했어도 헨리 암스트롱이 이겼을 때도 못지않았어. 그 사람은 바로 강 건너 출신이어서 흑인들의 고향 영웅이었거든. 진짜는 조 루이스지만.

권투를 좋아했어도 쌈박질을 하고 다니진 않았어. 가끔 우리끼리 가슴팍에 펀치 날리고 그러긴 했는데, 그 이상은 아니었어. 뛰어놀면서 자라는 보통 남자애들이나 다름없었지 뭐. 그런데 이스트세인트루이스에는 '흰개미파' 같은 정말 악질 깡패들이 널려 있었어. 흰개미파는 세인트루이스까지 진출해 있었다구. 이스트세인트루이스는 애들 자라기에는 험한 곳이었어. 흑인, 백인 할 것 없이 막 나가는 놈들이 널려 있었거든. 난 십 대가 되기 전까지 쌈질 같은 건 안 했어. 웬만큼 자라기 시작해서는 음악에 빠져버렸기 때문에 갱들과 어울리지 않았지. 심지어 음악 때문에 운동하는 것도 그만뒀는데 뭐. 그래도 오해하진 마. 좆같은 놈들과는 싸웠어. 특히 작고 마른 흑인이라고 나를 '메밀'Buckwheat이라 부르는 새끼들은 가만 놔두지 않았지. '메밀'이라는 별명을 좋아하지 않았으니까. 그렇게 부르는 새끼들은 나랑 한판 붙어야 했지. 그 뜻도 그렇고, 백인들이 흑인들에 대해 가지고 있는 멍청한 '동네 깡패' 이미지도 그렇고, 나는 '메밀'을 좋아하지 않았지. 나는 내가 그렇지 않다는 걸 아니까. 나 금수저잖아. 근데도 나를 메밀로 부르는 새끼는 날 놀려먹으려는 거지. 돌이켜보면 당시에는 나를 지키기 위해서 싸워야만 할 때도 있었어. 하는 수 없이 쌈질깨나 했지. 그렇다고 갱단에 들어간 적은 없었어. 나는 잘난 체하는 놈이 아냐. 그냥 나 자신을 신뢰할 뿐이지. 여태까지 난 내가 원하는 것이 뭔지 알고 살아온 사람이야. 나는 겁 안 먹는다고. 돌이켜보면 어렸을 때 말수도 적었는데 다들 나를 좋아하는 것 같았어. 지금도 수다 떠는 걸 별로 좋아하지 않지만.

길거리도 길거리지만 학교도 험하긴 매한가지였어. 내가 사는 거리에는 완전 백인들만 다니는 학교가 있었는데, 어빙 스쿨이라고, 이 학교는 티 하나 없이 깨끗했지. 흑인들은 갈 수가 없는 데야. 우리 학교에 가려면 그 학교를 지나쳐야만 했지. 내가 다니던 존로빈슨 학교에는 터너 자매님들 같은 훌륭한 선생님들이 계셨어. 이들은 냇 터너[†]의 증손녀들이었고 냇 터너처럼 흑인의식을 가지고 계셨어. 그 선생님들은 우리에게 스스로에 대해 자부심을 가지라고 가르쳤지. 선생님들은 좋았지만 흑인 학교는 화장실이 새질 않나, 아무튼 존나 후졌었어. 아프리카의 가난한 사람들이 사는 동네에 있는 똥구덩이처럼 씨팔 좆같은 냄새가 났다구. 학교에 가면 냄새 땜에 밥을 먹을 수가 없었고 배가 아팠어. 지금도 그 생각을 하면 배가 아파. 우리 흑인 어린이들은 무슨 가축 떼 취급을 받았어. 같이 학교 다니던 애들 중에는 에이, 그 정도로 나쁘진 않았어, 그러는 애들도 더러 있지만, 내 기억으로는 암튼 그래.

그래서 나는 할아버지가 계신 아칸소에 가길 좋아했어. 거기서는 들판에서 맨발로 뛰어다녀도 초등학교에서처럼 똥 밟아서 끈적거리고 똥냄새나 풍기고 그러질 않았거든.

생각나. 아주 어렸을 적 엄마가 할아버지 댁 가라고 우리 삼 남매를 기차에 태워주던 거. 엄마는 우리에게 이름표를 달아주며 치킨 한 박스를 싸서 안겨 기차에 태웠어. 그러면 열차가 떠나자마자 우리는 금세 치킨을 먹어 치우고 도착할 때까지 쫄쫄 굶으며 갔지 뭐야. 우린 정말

[†] 1831년 8월 21일 샘프 버지니아주 사우샘프턴에서 노예들과 자유 흑인들의 반란을 이끌었던 아프리카계 흑인 노예. 그를 추종하는 이들은 그를 '예언자'로 불렀다.

치킨을 눈 깜짝할 사이에 먹어 치워. 안 그런 적이 없어. 너무 맛있어서 기다릴 수가 있나. 그담엔 배고프고 성질나니까 할아버지 댁 가는 길 내내 울면서 갔지. 그러다가 할아버지 집에 도착하면 계속 거기 있고 싶은 거야. 할아버지는 내게 처음으로 말도 태워주셨어.

아칸소의 할아버지 집에는 저수지가 있었어. 우리는 하루 종일 양동이 하나 가득 고기를 잡았지. 그러면 쥡일 그 신선한 생선튀김을 먹을 수 있었고. 맛이 어땠냐고? 완전 대박이었지 뭐. 우리는 하루 종일 뛰어다니며 놀았어. 말도 타고 일찍 자고 일찍 일어나고, 매일 똑같이 반복하면서. 할아버지의 농장에서 노는 건 끝내주게 재미있었지. 할아버지는 6척 장신에다가 갈색의 살결에 큰 눈을 가진 분이셨어. 키가 큰 걸 빼면 아버지하고 비슷했지. 할머니 성함은 아이비였는데, 우리는 할머니를 '미스 아이비'라 불렀어.

할아버지 농장에 가면 우리는 이스트세인트루이스 같은 도시에서는 할 수 없는 많은 것들을 했어. 한번은 나보다 한 살 많은 삼촌 에드와 내가 나가서 할아버지의 수박을 모조리 서리한 적이 있었지. 수박밭을 여기저기 옮겨 다니며 수박이란 수박은 다 딴 거야. 그런 다음 수박을 갈라서 가운데 부분만 조금 먹고 나머지는 다 버렸어. 아마 삼촌이 열 살, 내가 아홉 살 때였을 거야. 우리는 집에 돌아오고 나서 벌렁 누워 존나 깔깔대고 웃었어. 그런데 할아버지가 이걸 발견하고 나서 내게 "너는 일주일 동안 말 타기 금지야"라고 하시는 거야. 덕분에 수박 서리하는 버릇은 영원히 고쳐졌지. 아버지처럼 할아버지도 심지가 굳은 대단한 분이셨어.

아홉 살인가 열 살 때쯤에는 주말에 신문 배달로 용돈을 벌기 시작했어. 당시 아버지가 많이 버셨기 때문에 돈이 모자라서 그런 건 아니었고. 부모님에게 손 벌리지 않고 스스로 용돈을 벌어보려고 했던 거야. 나는 늘 그런 식으로 자립심이 강했고 스스로 버텨보려고 했어. 그렇다고 뭐 얼마나 벌었겠어? 한 주에 65센트 정도? 그래도 그건 내 돈이었어. 맘대로 캔디도 사 먹고 말이야. 나는 늘 한 줌의 캔디와 구슬을 가지고 있었어. 캔디를 구슬과 바꾸거나 구슬과 캔디, 소다, 껌 등을 바꾸곤 했지. 어쩐지 나는 거래를 할 줄 안 거야. 정확히 누구한테서 거래를 배웠는지는 기억에 없지만 아마 아버지였을 거야. 대공황이 한참이던 시기라 많은 사람들이 배고프고 가난했는데 우리 집은 안 그랬어. 아버지가 돈 관리를 하셨거든.

나는 이스트세인트루이스에서 가장 바비큐를 잘하는 피기스라는 노인에게도 신문을 배달했지. 그의 가게는 브로드웨이 15번가 근처에 있었는데, 그 근처가 엄청 번화가였어. 맛난 바비큐의 비결은 세인트루이스와 이스트세인트루이스의 도살장에서 신선한 고기를 들여왔기 때문이야. 게다가 그 소스 맛은 정말 눈 돌아갈 정도였어. 아직도 그 맛이 입에 감도는 듯해. 그만큼 바비큐 소스를 잘 만드는 사람은 그때나 지금이나 찾을 수가 없어. 그가 어떻게 소스를 만드는지, 뭘 집어넣는지 아무도 몰랐지. 누구에게도 말해주지 않았던 거야. 소스에 빵을 찍어 먹어도 죽여줬어. 피시 샌드위치도 끝내줬고. 이 집의 왕연어 샌드위치 역시 친구 리오의 아버지가 만든 것만큼 훌륭했어.

피기스네는 바비큐를 파는 허름한 가게 하나뿐이었어. 겨우 열 명 들어가면 꽉 차는 좁은 가게였지. 그는 벽돌을 쌓아 바비큐 그릴을 직접 만들었어. 굴뚝도 자기가 만들었고. 15번가 근처에는 어디고 그 굴뚝에서 나오는 조개탄 냄새가 났고, 누구든지 하루에 그 집 샌드위치나 바비큐를 하나쯤은 먹게 되어 있었지. 그는 아침 여섯 시면 준비를 마쳐. 벌써 조리가 다 끝나 있는 거야. 여섯 시 정도면 나는 흑인 신문인 『시카고 디펜더』*Chicago Defender*나 『피츠버그 쿠리어』*Pittsburgh Courier*를 들고 그 지점에 도달해서 그에게 신문을 배달했어. 내가 신문 두 종을 주면 그는 머릿고기 바비큐 두 쪽을 줬어. 한 쪽에 15센트씩 하는 바비큐였지만 나를 똘똘하다며 귀여워했기 때문에 더 줬던 거야. 어떤 때는 10센트짜리 하나만 내도 특별히 머릿고기를 더 주거나 돼지귀 샌드위치(이것 때문에 그의 별명이 '돼지귀 선생'Mr. Pig Ears이 됐던 건데) 또는 갈비 조각 등 내키는 대로 아무 거나 덤으로 더 주기도 했어. 어떤 때는 고구마 파이나 설탕에 절인 얌†과 우유 한 잔을 줄 때도 있었고. 그는 종이 접시에다 음식을 담아줬는데, 빵집에서 떼어 온 구수하고 맛있는 빵 사이에서 흘러나온 속이 온통 종이에 스며들곤 했지. 그것들을 전날 신문에다 싸주기도 하고. 진짜 좋았다구. 연어 샌드위치는 10센트, 돼지고기 샌드위치는 15센트였지. 나는 먹을 것을 받아 계산대 뒤편에 자리 잡고 앞에서 온 동네 사람들을 상대하는 그와 잠깐 이야기를 하고 그랬어. 아버지에게서 그랬고, 이분한테서도 많은 걸 배웠는데 그게 뭐냐면 쓰잘머리 없는 것들을 빼는 거였어.

나는 대부분의 것을 아버지한테서 배웠어. 대단한 분이셨지. 아버지는 약간 통통했는데 키는 내 키 정도에 미남이셨어. 나이 들어서 머리가 빠지기 시작했는데, 내 생각에는 그와 동시에 머리 속도 좀 이상해진 거 같아. 훌륭한 교육을 받고 자란 아버지는 엄마처럼 좋은 물건과 옷과 차를 좋아하는 분이셨지.

아버지는 피부색이 완전 까맸어. 완전. 당시에는 그런 사람을 '흑인종'race man이라 부르기도 했지. 그는 절대 '엉클 톰'‡ 짓은 안 했어. 링컨대학교 흑인 동창들 중에는 가나의 은크루마 대통령*처럼 자기 나라의 대통령이 되거나 정부의 고관이 된 사람도 있었어.

---

† 고구마의 일종.

‡ 백인에게 굽신거리는 흑인을 통칭하는 말.

* 가나의 혁명가이자 정치가. 1957년 가나의 영국으로부터의 독립을 이끌었다.

아버지는 아프리카 쪽에 인맥이 있었어. 그는 또 전미유색인지위향상협회NAACP의 정치적 입장보다 마커스 가비의 입장을 더 옹호했지.† 아버지는 흑인 모두를 위해서는 마커스 가비 쪽이 낫다고 여겼어. 1920년대에 가비는 범흑인주의를 내세웠었잖아. 아버지는 이 점을 중요시해서 NAACP 계열의 흑인 정치가 윌리엄 피킨스 같은 사람의 견해를 싫어하셨어. 그런데 피킨스는 엄마 쪽 친척이었어. 당숙쯤 되셨나? 피킨스는 세인트루이스 근처를 지나칠 때면 어머니에게 전화를 걸고 집에 오기도 했어. 당시 NAACP의 높은 자리에 있었는데, 아마 의장이었던 거 같기도 하고. 한번은 그가 집에 오겠다고 전화한 걸 어머니가 아버지에게 말하자 아버지가 이렇게 대꾸했지.

"피킨스? 좆까지 말라구 해. 그 씨발놈이랑 마커스 가비는 비교 불가야. 가비가 하려는 게 뭐냐면 흑인 통합이야. 지금까지 이 나라의 흑인들이 이렇게 일치단결된 적이 있었어? 좆도 아닌 피킨스가 이런 가비에게 반기를 들다니 이게 말이 되냐구. 씨팔 새끼, 생각도 좆같아 가지구선."

어머니는 달랐어. 어머니 역시 흑인의 지위 향상을 절대적으로 지지했지만, 관점은 NAACP와 비슷했어. 그녀는 아버지가 너무 인종편향적이라고 생각했는데, 특히 나중에 아버지가 정치에 관여하기 시작한 다음부터는 더 그렇게 생각했어. 나의 경우 스타일이나 옷에 대한 감각 같은 건 어머니에게서 물려받은 반면 태도나 자기정체성, 자신감이라든지 민족적 자부심 같은 건 아버지로부터 물려받았어. 뭐 어머니가 자부심이 없는 사람이라는 뜻은 아니고. 사고방식은 거의 아버지한테서 물려받았다는 거지.

아버지는 만만한 사람이 아니었어. 한번

†
마커스 가비는
흑인분리주의의 입장을
지지했다. 아프리카에
흑인국가를 건설하자고
역설했다.

은 어느 백인이 무슨 일인가로 아버지를 찾아왔던 기억이 나. 아버지에게 금 따위를 파는 사람이었지. 아무튼 이 백인이 왔을 때 병실이 사람들로 붐벼서 '면회사절'이라는 표지판이 문 밖에 걸려 있었어. 환자를 볼 때 그러는 경우가 많았지. 면회사절이라니까 이 백인이 30분 정도 기다리다가 나한테 말을 걸드라구. 한 열네 살, 열다섯 살쯤 먹었을 때였나, 난 그날 접수대에서 일을 하고 있었어.

"이거 마냥 기다릴 수도 없고, 그냥 들어가야겠다."

그래서 나는 이렇게 대답했지.

"면회사절 표지판이 붙어 있는 거 안 보이세요?"

근데도 그 사람은 나를 무시하고 치과 진료 병실로 그냥 들어가버린 거야. 병실 안에는 아버지가 그런 걸 봐주지 않는다는 걸 알고 있는 흑인들로 가득 차 있었는데, 앞으로 벌어질 일을 빙그레 웃음 지으며 잠자코 구경하게 된 거지. 그 백인이 들어가자마자 아버지가 이렇게 말하는 소리가 들렸어.

"야 이 씨발놈아, 바깥에 써놓은 거 안 보여? 멍청한 백인새끼. 당장 꺼져!"

백인놈이 급히 쫓겨 나오면서 날 무슨 미친놈 보듯 쳐다보더라고. 그 병신새끼가 나오길래 나는 이렇게 말해줬지.

"말했잖아요, 들어가지 말라고. 멍청하긴."

나보다 나이 많은 백인한테 욕을 한 게 아마 그때가 처음이었을걸.

한번은 나를 쫓아오면서 '깜둥이'라 부른 백인을 아버지가 찾으러 나간 적도 있어. 장전한 엽총을 들고 나가더라구. 그 백인을 찾지 못했지만, 만일 찾았으면 무슨 일이 일어났을지 어휴, 생각하기도 싫어. 아버지는 대단한 분이셨다구. 그는 존나 강인한 사람이었지만 사물을 보는 방식은 꼬여 있었어. 예를 들어 아버지는 이스트세인트루이스와 세인트루이스를 잇는 다리 중에 건너지 않는 다리들이 있었어. 그 다리를 만든 사람들을 아는데, 사기꾼들이라는 거야. 그들이 돈을 떼어먹고 재료를 제대로 쓰지 않았을 테니 다리가 튼튼할 리가 있냐 이거지. 아버지는 진짜 그 다리가 언젠가는 미시시피강으로 폭삭 무너져버릴 거라고 믿었어. 죽는 날까지 그걸 믿어가지고 '거참 요상하네. 무너질 때도 됐는데' 하는 식이셨지. 완벽한 분은 아니셨어. 그래도 자존심이 있는 사람이었고 흑인으로서는 시대를 앞서갔지. 이미 당시에 골프도 좋아하셨다니까. 나는 세인트루이스 포레스트 파크의 골프 코스에서 아버지의 캐디 노릇을 하곤 했지.

의사에다가 정치에도 관여해서 아버지는 이스트세인트루이스 흑인사회의 기둥에 속하는 분이셨어. 그와 그의 가장 친한 친구인 유뱅크스 박사, 그리고 몇 명의 유력한 흑인들이 중심이었지. 아버지는 내가 자라던 때에 이스트세인트루이스에서 큰 무게감과 영향력을 지니고 계셨어. 그래서 그랬나, 아버지의 영향력이 자식들에게도 미친 거겠지, 이스트세인트루이스의 많은 흑인들이 우리 세 남매를 특별대우했었다구. 그렇다고 우리한테 아부를 한다거나 그런 건 아니었고. 대부분의 경우 우리를 다르게 대했다는 것뿐이지. 그 덕으로 우린 긍정적인 사고방식을 갖게 된 거 같아. 이런 게 흑인들, 특히 흑인 젊은이들한테 중요해. 대개 우리 흑인들은 부정적인 소리만 듣고 자라게 되잖아.

아버지는 아이들 교육에 관해서는 엄격하셨어. 아버지 때문에 늘 정신 바짝 차리고 있어야 했지. 내가 성질 드러운 게 아버지 닮아서일 거야. 하지만 아버지는 한 번도 매를 든 적은 없으셨어. 아버지가 머리끝까지 화가 났던 게, 내가 아홉 살인가, 열 살 먹었을 때, 나한테 자전거를 사주셨는데, 내 첫 자전거였을 거야. 나는 장난기가 발동해서 자전거로 계단을 내려가기도 했어. 그때가, 여전히 브로드웨이 15번가에 살 때지 아마, 아직 캔자스 17번가로 이사 가기 전이었어. 하여간 내가 계단을 냅다 내려가는데 마침 입에 무슨 커튼봉 같은 막대기까지 물고 있었네? 근데 점점 너무 빨라지는 바람에 멈추질 못하고 그만 우리 집 뒤뜰 차고문에 갖다 박고 말았던 거야. 근데 막대기가 입속으로 들어가면서 입을 확 찢어놨지 뭐야. 아버지가 어땠겠냐. 꼭 나를 죽여버릴 듯이 화를 내시더라구.

또 한 번 나 때문에 아버지가 완전 열받았던 게, 헛간인지 차고인지 가물가물하긴 한데 암튼 내가 불을 내서 집 전체를 태워 먹을 뻔했었는데, 아버지는 한마디도 안 하셨어. 근데 표정으로 사람을 죽일 수 있다면 그때 난 죽었을 거야. 그리고 좀 더 커서 운전을 배운 다음일 것 같은데, 차를 길거리에서 쫙 후진시키다가 전봇대에 처박아버린 거야. 나는 운전을 친구들한테 조금 배웠을 뿐이고 정작 아버지는 운전 연습을 못 하게 하셨었어. 면허도 없는 게 무슨 운전이냐 이거야. 근데 나도 고집이라면 어디서 안 빠져. 존나 운전을 해보고 싶더라구. 아버지는 내가 차를 박살낸 걸 보고 그저 고개를 절레절레 흔드시더라구.

내가 잘못한 일들 중에 기억나는 가장 우스운 건 아버지가 나를 세인트루이스로 데려가 옷들을 한 아름 사주셨던 때야. 한 열한 살, 열두 살 먹었을 즈음이려나. 그맘때 나는 옷에 신경을 막 쓰기 시작했었거든. 하여간 그때가 부활절 무렵이라 우리 삼 남매가 교회에서 좀 말쑥해 보이면 좋겠다 싶으셨나 봐. 아버지는 나를 세인트루이스에 데려가서 주름 잡힌 더블 양복과 톰 맥칸 구두, 노란 줄무늬 셔츠, 멋진 모자, 그리고 30페니를 넣은 가죽 동전 지갑을 사주셨어. 쫙 빼입었으니 말쑥해졌을 거 아냐.

집에 와서 아버지는 병원에서 뭘 가져오느라 2층으로 올라갔어. 나는 지갑 속에 든 30페니를 존나 쓰고 싶은 거야. 쫙 빼입었겠다, 이걸 들고 나가서 써야 할 거 아냐. 바로 도트의 잡화점으로 달려가 주인인 도미닉 씨에게 당시 내가 좋아하던 쥬시 초콜릿 병정 25센트어치를 달라고 했어. 1페니에 초콜릿 세 개였으니까 25페니면 일흔다섯 개나 산 거야. 그렇게 한가득 초콜릿을 사가지고 와서는 아버지의 병실 앞에 서서 말쑥하게 차려입고 엄청 빠른 속도로 초콜릿을 먹어치웠어. 그런데 너무 많이 먹어서 탈이 나고 만 거야. 속이 아프더니 갑자기 막 토가 나오더라구. 도러시 누나가 이걸 보고 내가 피를 토하는 줄 알고 아버지에게 달려갔지. 그 꼴을 본 아버지가 이러시더라구.

"듀이, 여기서 뭐 하는 거니? 여긴 아빠 일터잖아. 환자들이 와서 초콜릿이 말라 피떡이 된 걸 보면 내가 누굴 죽인 줄 알겠다. 자, 빨리 올라가!"

그다음 해 부활절이었나, 아버지가 또 교회 나들이 옷을 사주셨어. 이번에는 푸른 양복에 짧은 바지와 양말이었지. 누나랑 교회 가는 길이었는데 또래들이 낡은 공장에서 놀고 있는 게 보이는 거야. 같이 놀자고, 누나에게는 곧 따라가겠다고 하고서 공장으로 들어갔지. 그런데 갑자기 확 어두워지니까 아무것도 안 보이는 거야. 발을 헛디디는 바람에 넘어져 굴러버렸지. 부활절 새 옷을 입고 더러운 물구덩이에 빠지고 만 거야. 기분이 어땠을지 알겠지. 교회는 당연히 못 갔지. 그냥 집으로 돌아왔는데, 아버지가 잠자코 계시다가 딱 이러는 거야.

"또 한 번 이렇게 굴러봐라. 그때는 다시는 구르지도 못하게 처맞을 줄 알아."

나는 그런 멍청한 짓을 다시는 하지 않았어. 아버지가 이렇게 말하셨거든.

"네가 빠진 웅덩이가 염산 웅덩이면 어쩔 뻔했냐? 그런 식으로 낯설고 어두운 데 들어갔다간 죽을 수도 있어. 절대 다시는 그러지 말아라."

그다음엔 절대 안 그랬지 뭐.

아버지한테 옷 따위는 아무 상관 없었어. 옷 좀 더러워진 건 아무것도 아니고 아버지가 걱정한 건 바로 '나'였어. 나는 그 일을 잊을 수가 없어. 오직 자식만을 걱정했던 거야. 그래서 아버지하고는 사이가 좋았어. 내가 무슨 일을 하고 싶어 하든 아버지는 언제나 100퍼센트 내 뒤에 있었어. 나에 대한 아버지의 신뢰가 나로 하여금 스스로를 신뢰하도록 만들었어. 난 그렇게 믿어.

하지만 어머니는 모자만 떨어뜨려도 매를 드셨어. 걸리기만 하면 매질을 하시던 어머니가 한번은 몸이 아팠나 힘들어서 못 하겠다고 아버지한테 애 좀 때리라고 한 적이 있었어. 아버지는 나를 방으로 데리고 들어가더니 문을 걸어 잠그고 나더러 맞는 척 소리를 지르라는 거야.

"소리 질러. 맞는 것처럼 말이야."

아버지가 그렇게 말한 게 기억나. 그래서 나는 고래고래 소리를 질렀고 아버지는 냉랭한 눈빛으로 내 앞에 앉아 계셨지. 참 우스운 일화야. 하지만 지금 그때를 생각하면 그렇게 나를 주눅 들게 쳐다보는 것보다 때리는 편이 더 속 편했을 것 같다는 생각이 드네. 아버지가 그렇게 쳐다보니까 나 자신이 별 볼 일 없는 놈 같은 느낌이 들더라. 그 기분은 맞는 것보다 훨씬 나빠.

어머니와 아버지는 내내 사이가 안 좋았어. 사물을 보는 방식이 완전 달랐어. 내가 아주 어렸을 때부터 부모님은 서로 으르렁댔어. 나중에 내가 헤로인에 중독됐을 때나 좀 맘이 통했을까. 서로가 다르다는 걸 잊고 그저 나를 살리기 위해 함께 하는 거 같아 보였거든.

그 일 말고는 꼭 고양이와 개 마냥 싸웠지.

어머니는 아버지에게 살림살이를 막 집어던지며 온갖 욕설을 퍼붓곤 하셨지. 어떨 때는 덩달아 열받은 아버지도 라디오, 디너벨 할 거 없이 아무 거나 손에 잡히는 대로 어머니한테 집어던지고 그랬어. 그러면 어머니는 울부짖으며 "그래 날 죽여!" 하고 소리 지르곤 했어. 한번은 아버지가 어머니와 싸운 후 화를 누그러뜨리려고 집 밖으로 나갔어. 나중에 돌아와서 문을 열라고 하는데도 어머니가 열어주지 않는 거야. 아버지가 열쇠를 안 가지고 나갔던 게지. 밖에서 문 열라고 고래고래 소리를 지르는데도 어머니는 열어주질 않았어. 안을 들여다볼 수 있는 유리문이었는데, 완전 열받은 아버지는 유리창 저쪽의 어머니를 향해 그냥 주먹을 날렸어. 유리창이 깨지고, 어머니는 그 자리에서 이빨 몇 개가 날아갔어. 차라리 떨어져 사는 게 나았는데, 서로 속만 썩다가 나중에는 이혼하고 말았지.

서로 기질이 완전 다른 것도 문제긴 문제였는데, 그게 다는 아니었어. 그들은 전형적인 의사와 의사 아내의 관계였어. 아버지는 집에 있는 경우가 거의 없었지. 우리야 뭐 그냥 모르고 지냈는데 어머니한테는 이게 큰 문제였던 거 같아. 나중에 아버지가 정치에 관여하게 된 이후로는 더더욱 집구석에서 보이질 않았어. 또 맨날 돈 문제로 옥신각신. 아버지가 부자라고는 하지만 기껏해야 흑인치고 부자였긴 해.

아버지가 일리노이 주의원 선거에 출마했던 기억이 나. 아버지는 밀스타트에 농장을 갖고 있었는데, 거기에 소방서를 만들어야 한다며 출마하신 거야. 어떤 백인들이 아버지가 출마하지 않는 조건으로 돈을 제시했지만 아버지는 뿌리치고 출마했다가 낙선하고 말았지. 그때 어머니가 왜 돈을 안 받았냐고 따지시는 거야. 그 돈으로 휴가를 갈 수도 있었는데 돈을 받지 않았다 이거지. 또 어머니는 아버지가 노름으로 재산을 탕진하는 걸 싫어하셨어. 아버지가 노름으로 날린 돈이 100만 달러도 넘을 거야. 또 어머니는 아버지의 급진적인 정치 성향도 좋아하지 않았어. 나중에 두 분이 헤어지고 나서 어머니는 다시 아버지와 시작을 한다면 좀 다르게 대할 텐데 하고 내게 말씀하시더군. 근데 뭐 이미 늦었지.

부모님이 그러건 말건 우리 삼 남매는 별 영향 없이 재미지게 놀았던 거 같아. 그래도 영향이 크긴 컸어. 어떤 식인지는 잘 모르겠는데 하여튼 영향이 있었어. 그렇게 매일 싸우는 꼴을 보는 것도 힘든 일이거든. 내가 말했지, 난 엄마와 사이가 별로였다고. 그래서 그랬는지 난 모든 걸 어머니 탓으로 돌렸어. 코린 고모도 어머니 욕을 하고. 고모는 엄마를 늘 달갑지 않게 여겼지.

코린 고모는 부자였는데 다들 뭔가 성깔이 좆같다고 생각했지. 나도 마찬가지였고. 하지만 아버지하고 고모는 친했어. 고모는 아버지와 어머니의 결혼을 반대했었는데, 막상 결혼하게 되니까 이랬대.

"아이구, 하늘도 무심하시지, 저 불쌍한 여인을 어째요, 가시밭길로 들어선 걸 아나 모르나."

코린 고모는 형이상학인가 뭔가의 박사였어. 코린 고모 사무실은 아버지 병실 바로 옆에 있었어. 문에는 '코린 박사, 운세, 병 고침'이라 쓰여 있었고 펼친 손바닥 그림이 그려져 있었지. 코린 고모는 점쟁이였어. 고모는 사무실에 촛불을 있는 대로 켜놓고 있었고 담배도 자주 피웠어. 거참. 고모는 이상한 말을 하며 담배 연기 자욱한 사무실에 서 있곤 했지. 사람들은 고모를 두려워했어. 누군 고모더러 마녀라 했고, 또 누군 '부두 무당'[†]이라고 여겼지. 그런데 고모는 거꾸로 '나'를 이상한 사람 취급했어. 나만 들어가면 촛불을 켜대질 않나 담배를 피우질 않

나. 지가 이상하면서 나더러 이상한 놈이라니.

우리 삼 남매는 어려서부터 예술을 좋아했어. 버넌하고 내가 더 그랬지만 도러시도 마찬가지였지. 조금 커서는, 아직 음악에 진짜 빠지기 전이었는데, 우리끼리 쇼를 만들면서 놀기도 했어. 15번 가에서 살 때였으니까 아홉에서 열 살 무렵이었을 거야. 막 트럼펫을 불기 시작해서 재미를 붙이던 때였지. 조니 아저씨가 트럼펫을 사줬다고 말했었지? 무슨 쇼냐 하면, 내가 트럼펫을 불고 도러시가 피아노를 치고 버넌이 춤을 추면서 노는 쇼야. 엄청 재미난 놀이였지. 도러시가 성가 몇 곡은 칠 줄 알았어. 그것 말고는 아는 게 없었지만. 내가 심사위원을 맡고 경연대회를 하는 경우가 많았지. 난 까탈스러운 심사위원이었어. 버넌은 노래도 잘했고 그림도 잘 그렸고 춤도 잘 췄어. 버넌이 노래하면 도러시가 춤을 추는 식이었지. 그맘때쯤 어머니는 도러시를 무용 학원에 보냈어. 그렇게 놀았어, 우리가. 그러다가 철이 들면서 나는 조금씩 진지해졌어. 음악에 관해서는 더욱.

내가 처음 음악에 관심을 기울이게 된 건 「할렘 리듬스」Harlem Rhythms라는 라디오 프로그램을 들으면서였지. 여덟 살이나 먹었었나 그때. 이 프로는 매일 아침 9시 15분 전에 시작했는데, 그걸 듣느라 학교를 지각하는 일이 잦았어. 하지만 나는 그 프로를 죽어도 들어야 했어. 거의 흑인 밴드의 음악을 틀어줬는데, 백인 밴드의 음악이 나오면 그냥 꺼버렸지. 해리 제임스나 바비 해킷 정도가 아니면 말이야. 진짜 엄청난 프로그램이었어. 내로라는 흑인 음악가들은 다 나왔는데, 당시 루이 암스트롱, 지미 런스퍼드, 라이어널 햄프턴, 카운트 베이시, 베시 스미스, 듀크 엘링턴 할 거 없이 기라성 같은 음악가들의 음악을 듣고 완전 매혹당했어. 그러다가 아홉 살, 열 살 때부터는 슬슬 개인 레슨을 받기 시작했지.

하지만 레슨 받기도 전 한 예닐곱 살 때였나, 할아버지가 사시는 아칸소에 방문했을 때, 특히 토요일 밤 예배 때 들리던 음악도 기억나. 존나 빽가는 음악이었어. 칠흑같은 밤에 시골길을 걸어가다 보면 갑자기 어디선가 음악이 들리기 시작하는 거야. 다들 유령이 산다고 말하는 으스스하게 생긴 나무 사이로 말이야. 또 삼촌이나 제임스 사촌이나 뭐 그런 친척들과 길을 가다가 보면 한편에서 꼭 비비 킹 식으로 치는 기타 소리도 들었던 거 같아. 또 어떤 남녀가 '강림하소서' 하고 노래하고 설교하던 것도. 특히 그 여자의 노래는 대단했었어. 그런 것들이 내 속에 늘 머물러 있었지. 뭔 말인지 알겠어? 그런 종류의 소리들, 블루스, 교회, 뒷골목의 훵키†한 음악 같은 것들. 그 남부와 중서부의, 시골스러운 소리와 장단 말이야. 올빼미가 우는 깜깜한 밤에 아칸소의 뒷골목을 채우는 유령 같은 그 소리들이 내 피 속으로 들어오기 시작한 거라구. 그래서 음악 레슨을 시작했을 때 나는 이미 음악에서 원하는 소리들에 대한 아이디어가 있었던 거야.

생각하면 참 우스워. 정확히 어디서 내 음악이 시작하는지 딱 꼬집어내기가 힘들단 말이야. 아마 내 음악 중에 어떤 것들은 아칸소의 길거리에서, 또 어떤 것들은 「할렘 리듬스」 라디오 프로에서 시작된 게 아닐까 싶어. 음악에 들어서면서 나는 완전 빠져버리고 말았어. 그러고 나서는 음악 말고는 어떤 것도 할 시간이 없었어.

---

† 훵크(funk)는 아프리카계 미국인 음악가들이 만들어낸 리듬감이 강한 음악 장르다. 훵크 또는 훵키라는 표현이 들어간 재즈 곡명도 많다. 이 책에서는 1970년대에 유행한 펑크 록(punk rock)과 구분하기 위해 '훵크'로 표기했다.

2

열두 살 무렵, 음악은 이미 내 삶의 가장 중요한 것이 되어 있었어. 물론 음악이 앞으로 내 인생에 얼마나 더 중요해질지는 몰랐었지. 하지만 돌이켜보면 그때도 음악이 그렇게 소중했어. 당시 나는 여전히 야구도 하고 미식축구도 하면서 밀러드 커티스나 다넬 무어 같은 친구들과 어울렸어. 그러면서도 진지하게 트럼펫 레슨을 받고 있었고 나팔에 완전 빠져들고 있었지. 열두세 살 때쯤 일리노이주의 워털루로 보이스카우트 캠프를 갔던 기억이 나. '캠프 반더벤터'라는 곳이었는데, 대장 선생님 메이스 씨가 내가 트럼펫을 불 줄 안다는 것을 알았단 말이지. 선생이 내게 기상나팔과 소등나팔을 부는 임무를 주더라구. 그가 여러 사람들이 보는 앞에서 나를 뽑아 직접 그 임무를 맡겼는데, 어찌나 자랑스러웠던지. 그러고 보니 아마 그때쯤부터 트럼펫을 제대로 불기 시작했던 것 같아.

본격적으로 연주를 하게 된 건 어턱스중학교에서 링컨중학교로 전학 간 다음부터야. 나의 첫 스승이라 할 만한 엘우드 뷰캐넌 선생이 그 학교에 계셨어. 링컨에는 중학교와 고등학교가 다 있어서 나는 졸업할 때까지 줄곧 그 학교를 다녔지. 밴드에서 연주하기 시작했을 때 내가 제일 어렸어. 뷰캐넌 씨는 그때까지 아버지 다음으로 내게 큰 영향을 미친 분이셨어. 당시 나에게 음악의 진수를 알게 해준 사람은 두말할 것 없이 뷰캐넌 씨야. 그때부터 음악가가 되고 싶더라구. 오직 음악가가 되는 게 내가 원하는 모든 것이었지.

뷰캐넌 씨는 아버지에게 치료받는 환자이면서 술친구이기도 했어. 아버지가 뷰캐넌 씨한테 내가 음악에, 특히 트럼펫 연주에 관심이 참 많다고 얘기하셨대. 그랬더니 뷰캐넌 씨가 트럼펫 레슨을 해주겠다고 하신 거지. 그렇게 시작된 거야. 처음 레슨을 받았을 때는 어틱스에 다니고 있었어. 나중에 링컨고등학교에 다니게 된 이후에도 뷰캐넌 씨는 내가 삐딱선을 타지 않게 돌봐주셨어.

열세 살 생일에 아버지가 새 트럼펫을 선물로 주셨어. 어머니는 바이올린을 사주고 싶어 했지만 아버지가 무시해버리셨지 뭐. 이 일 때문에 또 엄청 싸우셨어. 나중에는 어머니가 승복하셨지만. 그런데 내가 트럼펫을 갖게 된 건 뷰캐넌 씨 덕이었는데, 내가 트럼펫을 불고 싶어 난리하는 걸 아버지한테 귀띔해주신 거야..

그 무렵부터 어머니하고 심각하게 의견 차이가 생기기 시작했어. 그때까지는 별일 아니었던 게 그다음부터는 꼭 내리막길로 치닫더라구. 엄마하고 진짜 문제가 뭐였는지 잘 모르겠지만, 나한테 있는 그대로 말하지 않은 것과 관계가 있을 거 같아. 어머니는 나를 계속 애기처럼 대하셨어. 동생인 버넌한테도 그랬지. 버넌이 동성애자가 된 것도 이런 거하고 관계가 있을 거야. 어머니, 누나, 할머니 할 것 없이 집안 여자들은 버넌을 늘 계집애처럼 대했어. 나한테는 전혀 안 그랬지. 나한테는 똑바로 말하든가 아니면 그냥 아무 말 안 하는 편이었지. 어머니하고 문제가 생기게 되니까 아버지는 어머니

더러 애 좀 그냥 놔두라고 했어. 그러면 대개 어머니가 날 그냥 내버려두지만, 몇 번 진짜 안 좋은 말다툼을 한 적이 있어. 그 와중에도 어머니는 내게 듀크 엘링턴과 아트 테이텀의 레코드를 사주시긴 했어. 진짜 그 판들을 닳도록 들었지. 나중에 재즈를 이해하는 데 도움이 된 건 당연하고.

링컨에 가기 전부터 뷰캐넌 씨의 레슨을 받아서 내 실력은 상당히 늘어 있었어. 벌써 꽤 괜찮은 연주가가 되어 있었던 거지. 고등학교에 들어가서는 독일 출신의 훌륭한 선생인 구스타브의 가르침도 받았어. 세인트루이스에 살던 구스타브는 세인트루이스 오케스트라의 트럼펫 수석이었어. 정말 존나 대단한 분이었지. 그는 또 트럼펫 마우스피스를 만드는 솜씨가 뛰어났어. 나는 지금까지도 그가 디자인한 마우스피스를 사용해.

링컨고등학교에서 뷰캐넌 씨가 지도하는 밴드는 완전 쩔었어. 우리 트럼펫과 코넷 섹션이 정말 죽였지. 나, 랄레이 맥대니얼스, 레드 보너, 덕 맥워터스 그리고 프랭크 걸리 이렇게였는데, 트럼펫 수석인 걸리는 나보다 세 살 위였고 진짜 존나 잘 부는 놈이었어. 밴드에서 내가 가장 어리고 덩치도 작아 괴롭힘을 당하기도 했지. 근데 나도 장난기가 많은 사람이라 다른 멤버들에게 장난을 걸며 놀려주기도 했어. 입에 넣어 불려서 뭉친 종이를 던진다거나 안 볼 때 머리를 때린다거나 하는, 십 대 애들이 하는 짓거리들 있잖아. 시시껄렁한.

사람들이 내 음색을 좋아하는 것 같았어. 당시 내 톤은 뷰캐넌 씨가 연주하는 방식에서 가져왔지. 그분의 코넷 연주 스타일에서. 사실 레드나 프랭크 등 밴드의 트럼펫, 코넷 섹션에 있는 아이들은 모두 뷰캐넌 씨의 악기를 돌려 불곤 했어. 자기 악기를 가진 사람은 나 하나였던 것 같아. 그래도 선배들에게 배울 점은 많았어. 또 나한테 용기를 줬고 내가 소리 내는 방식이나 주법을 좋아해줬어. 나더러 악기에 대한 상상력이 뛰어나다고 말해주기도 했고.

뷰캐넌 씨는 엄격하게 행진곡이나 그 계통의 곡들만 연주하도록 했어. 정말 좋은 배경음악인 서곡들, 존 필립 수자의 행진곡 같은 것들. 그가 연습실에 있을 때는 재즈 같은 건 절대 용납하지 않았지만, 잠시라도 그가 연습실을 떠나면 우리는 재즈를 시도하곤 했어. 뷰캐넌 씨한테 배운 거 중에서 가장 멋진 건 역시 비브라토 없이 연주하는 거였지. 처음에는 나도 다른 연주자들처럼 비브라토를 써서 연주하고 싶어 했었어. 그런데 어느 날 내가 한껏 비브라토를 넣어 연주하고 있는데 뷰캐넌 씨가 밴드를 멈추고 이렇게 말하는 거야.

"마일스, 뭔 비브라토를 그렇게 해대냐. 해리 제임스 스타일을 여기 가져오진 말자. 음들을 마냥 떨고 흔드는 짓 좀 그만두라고. 나이 들면 얼마든지 비브라토를 하게 되니까. 꾸밈 없이 연주하고 '너만의' 스타일을 개발하도록 해라. 너는 할 수 있어. 너만의 스타일을 만들 만한 재능이 있으니."

내가 이 일을 어찌 잊겠나. 그치만 당시에는 그 말에 상처를 받아서 당혹스러웠어. 그때 난 해리 제임스의 연주 스타일을 좋아했었거든. 그 일 이후 해리 제임스를 점점 지워갔고 뷰캐넌 씨가 옳았다는 걸 알았지. 최소한 나한테는 말이야.

고등학생이 되면서 옷에 엄청 관심을 쏟게 됐어. 멋 부리는 데 신경을 쓰기 시작한 거지. 열네 살 시절에는 아직 여자를 몰랐지만 그때쯤부터 걔네들이 나한테 관심을 보이더라구. 나는 멋지게 옷을 차려입고 다녔고 학교에서 입고 다닐 옷을 고르고 사는 데 많은 시간을 투자했어. 나처럼 옷에 관심이 많은 친구 두 명과 함께 어떤 옷이 멋지고 후진지 따지기도 하고. 당시 나는 프레드 애스테어와 캐리 그랜트의 스타일을 좋아했어. 급기야 거의 블랙에 가까운 영국

풍의 힙한 스타일을 개발하게 됐지. 브룩스 브러더스 수트와 버쳐 보이 구두, 허리 위로 높이 올려 입는 바지와 목을 움직일 수도 없이 꽉 끼는 하이 탭 칼라의 셔츠 같은 거.

뷰캐넌 씨한테 레슨 받은 거 말고 고등학생 때 일어난 제일 중요한 일이 하나 있어. 우리 밴드가 일리노이의 카본데일로 연주여행을 갔을 때, 거기서 트럼펫 주자인 클라크 테리를 만난 거야. 뷰캐넌 씨의 술친구였는데 내 트럼펫 아이돌이었다구. 아무튼 카본데일로 내려갔을 때 그를 보자마자 냉큼 다가가 혹시 트럼펫을 연주하지 않냐고 물었어. 그가 몸을 돌리더니 내게 어떻게 알았느냐거야. 입술에 난 자국을 보고 알았다고 했지. 당시 나는 밴드 제복을 입고 있었고 그는 멋진 코트를 입고 완전 죽이는 스카프를 목에 두르고 있었어. 게다가 멋들어진 버쳐 보이 구두를 신고 챙 모자를 삐딱하게 쓰고 있었어. 나는 아저씨가 멋진 옷을 입고 있는 것만 봐도 트럼펫 주자인지 알 수 있다고 말해줬지.

그가 빙긋이 미소 짓더니 내게 무슨 말을 했는데, 그게 잘 기억이 안 나. 내가 계속 트럼펫에 관한 질문을 던지니까 그는 "여기 예쁜 아가씨들이 널려 있는데 뭔 트럼펫 얘기냐" 이러면서 나를 제끼더라고. 당시 그는 여자들한테 흠뻑 빠져 있었고 나는 아니었거든. 그게 나한테는 큰 상처가 됐어. 뭐 그다음에 다시 만났을 때는 완전 딴판이었지만, 처음 클라크 테리를 만났던 날을 못 잊어. 진짜 얼마나 멋져 보였던지!

난 친구 바비 단지그와 어울리기 시작했어. 그는 내 또래였고 트럼펫을 진짜 존나 잘 불었지. 우리는 어울려 음악을 듣기도 하고 아무 데나 가서 함께 앉아 있기도 했어. 늘 붙어 다녔지. 둘 다 옷에 취미가 있었고 심지어 생각도 비슷했어. 그런데 그가 나보다 더 거리낌 없는 성미였지. 뭔가 좆같다 싶으면 바로 까발리는 스타일. 어쩌다가 클럽에서 연주를 듣는데 밴드의 나팔이 틀리게 불기라도 하면 바비는 바로 이렇게 쏴버려.

"야, 나가자, 저 씨발놈 존나 못 부네. 게다가 드러머 말이야, 세팅이 잘못됐잖아. 트럼펫 부는 놈 서 있는 꼴 하고는. 완전 꽝 아니냐? 저러니 저 좆밥들 연주가 좋을 리가 없지. 나가자구!"

바비 댄지그 진짜 대단한 애였어. 트럼펫도 존나 잘 불었지만 소매치기 기술은 또 어땠게? 세인트루이스 시내에서 전차를 타고 종점쯤 오면 운 좋은 날에는 자그마치 300달러 이상이 그의 수중에 있을 정도였거든. 열여섯 살 때 만났나. 나와 동갑이었던 거 같아. 우리는 함께 조합에 가입했고 어디든 함께 다녔지. 바비는 절친했던 첫 음악적 친구였고 동반자였어. 앞서 말했듯이 리비에라에서 있었던 빌리 엑스틴의 오디션에도 그와 함께 갔지. 그의 트럼펫 실력은 정말 대단했어. 나중에 나는 클라크 테리와도 친한 친구가 됐지만 나보다 여섯 살 선배라서 그런지 생각하는 게 달랐어. 반면 동갑내기 바비는 뭔가 하고 싶다 싶으면 바로 거기 있었어. 물론 소매치기야 당할 수가 없었지만. 내가 본 사람 중에서는 바비가 최고수야.

리바이 메디슨 역시 트럼펫 연주가 대단했지. 구스타브 선생이 맨날 입에 침이 마르도록 칭찬했었어. 구스타브 선생의 수제자였지. 정말 존나 잘 불었거든. 당시를 돌아보면, 1940년 무렵의 세인트루이스는 기라성 같은 트럼펫 연주자들이 사는 동네였는데, 리바이가 완전 최고까지는 모르겠는데 그중에 하나였긴 해. 그런데 리바이는 혼자 웃고 돌아다니는 좀 정신 나간 놈이었어. 어쩌다 한번 웃기 시작하면 멈출 줄을 몰랐지. 사람들은 리바이가 기가 허해서 저런다고들 했지만, 무엇 때문에 기가 허해졌는지는 잘 몰라. 어쨌건 트럼펫 실력 하나는 대단했어. 나도 그의 연주를 좋아했어. 그의 트럼펫은 몸의 일부분이나 마찬가지였어. 근데 그 말고도 해럴드 '쇼티' 베이커, 클라크 테리 등 당시 세인트루이스의 내로라하는 트럼펫 연주자면 누구나 그 정도는 불었어. 나를 포함해서 말이야. 우린 다들 그 정도로 연주했고 내가 '세인트루이스풍'이라고 했던 걸 다들 가지고 있었지.

리바이는 눈에 그 광기를 머금고 언제나 미소를 지으며 다녔어. 그 거리 두는 표정. 맛이 가면 며칠간 정신병원에 갇혀 있곤 했지만, 누구도 해치지 않을, 폭력이라곤 쓸 줄 모르는 그런 애였어. 당시 사람들은 그를 몰라봤지. 나중에 뉴욕으로 떠난 후에도 나는 세인트루이스에 갈 때마다 그가 사는 곳에 들르곤 했어. 어떨 때는 그를 찾는 일이 쉽지 않았어. 그래도 그를 찾아내면 나는 그에게 트럼펫을 불어보라고 했어. 트럼펫 잡는 자세가 참 좋았는데. 그러면 그는 얼굴에 함박웃음을 지으며 트럼펫을 불었지.

한번은 고향에 갔는데 그를 만날 수가 없더라고. 사람들 말이, 어느 날 웃기 시작하더니 멈추질 않더라는 거야. 그래서 사람들은 그를 정신병원에 넣었고 그 후로는 바깥에 나오질 못했어. 아니면, 아무도 나온 그를 보지 못했던가. 그래도 리바이의 트럼펫 실력만큼은 정말 최고였어. 엄청난 음악가였던 거야. 그가 나팔을 불 때마다 들리는 빛나는 톤! 그런 톤을 가진 사람은 없었고 지금까지도 들어본 적이 없어. 그 톤은 내 톤하고 비슷하지만, 더 부드러워. 프레디 웹스터와 내 톤의 중간쯤 되나. 또 그 독특한 분위기 하며. 그가 나팔을 잡으면 평생 한 번도 못 들어본 그런 소리가 나오지. 그런 분위기를 지닌 사람은 몇 안 돼. 디지한테 그런 게 있고, 나도 좀 있나? 정말 존나 멋진 연주자였는데. 그가 미쳐서 정신병원에 들어가지만 않았어도 오늘날 사람들은 리바이 이야기를 할 텐데 말이야.

구스타브는 나더러 참 지지리도 못 분다고 맨날 그랬어. 그러나 나중에 디지가 입술이 파여 재생 불가 상태가 되고 나서 마우스

피스를 바꾸러 구스타브에게 간 적이 있는데, 구스가 말하길 마일스가 자기의 제일 뛰어난 제자였다고 했다더라구. 내 면전에서는 한 번도 그런 말 한 적이 없으면서. 내가 꼴찌라는 말을 듣고 더 열심히 연습하길 바랐던 건가? 그렇게 해야 내 능력이 최대한 발휘된다고 봤나 봐. 모르지 뭐. 하여간 난 그런 거에 신경 쓰질 않았거든. 2달러 50센트를 받고 나를 가르치던 30분 동안에는 내게 무슨 말이라도 할 수 있는 거 아니겠어? 구스는 테크닉이 좋았지. 그는 한 호흡에 크로매틱 스케일chromatic scale†을 열두 번 왔다 갔다 할 정도였어. 참 대단했지. 근데 벌써 그에게 레슨을 받으러 다닐 무렵에는 나도 내 연주에 어느 정도 자신이 생겼던 거야. 음악을 할 생각을 굳혔고, 무슨 일을 해도 그쪽으로 기울어 있었지.

고등학교 시절, 피아노 연주자인 이매뉴얼 세인트 클레어 '듀크' 브룩스‡와 자주 어울렸어. 듀크 엘링턴의 모든 음악을 외우고 연주할 수 있다고 해서 별명이 '듀크'였지. 그는 당시 내가 살던 곳 길 건너에 있던 레드 인이라는 데서 베이스 주자 지미 블랜턴과 함께 연주했었지. 나보다 두세 살 위인 듀크 브룩스는 당시 새롭게 부상하던 음악에 빠져 있었고, 나한테 큰 영향을 미쳤어.

듀크 브룩스 피아노 실력 참 끝내줬는데. 씨발 거의 뭐 아트 테이텀 정도였어. 그가 내게 코드들을 가르쳐줬어. 그는 이스트세인트루이스에서 부모와 함께 살고 있었는데, 문에서 멀리 떨어진 후미진 쪽에 자기 방이 있었지. 고등학교 때 점심시간이면 걔네 집에 가서 연주를 듣고 그랬어. 학교에서 두세 블록밖에 안 떨어져 있었거든. 근데 듀크는 리퍼reefer*를 존나 펴댔어. 나 아는 사람 중에 그

‡
듀크 브룩스의 조카이자
미식축구 스타인 리처드
브룩스는 마일스 데이비스
초등학교 교장을 역임한
바 있다.

†
반음들을 하나도 건너뛰지
않고 다 짚는 음계.

*
마리화나를 섞은 담배.

걸 한 건 듀크가 처음이었지, 아마. 나는 듀크랑 리퍼를 한 적은 없어. 나중에도 난 리퍼는 별로더라구. 고딩 때 나는 아무것도 안 했어. 술도 안 마셨다니까.

듀크는 결국 펜실베이니아주 어딘가에서 기차를 타고 떠돌아다니다가 죽었어. 그가 죽었을 때 타고 있던 칸에 자갈과 모래가 채워져 있었는데, 내가 듣기로는 그것들이 쏟아지는 바람에 질식해서 죽었다고 하고. 그게 1945년이었을 거야. 이따금 그가 그리워, 요즘도. 듀크 음악 죽여줬는데. 살아 있었으면 음악판에서 상당히 먹어주는 놈이 됐을 거야.

그때 나는 세인트루이스 주변에서 들리던 러닝 스타일running style†을 연주하기 시작했어. 나와 듀크, 그리고 등에 혹이 나 있던 닉 헤이우드라는 드러머, 그렇게 세 명이서 작은 그룹을 하나 만들었지. 우리는 베니 굿맨 밴드의 흑인 단원들처럼 연주하고 싶어 했지. 베니 굿맨 오케스트라에 테디 윌슨이라는 흑인 피아니스트가 있었잖아. 근데 듀크가 그보다 더 멋졌어. 그는 당시 냇 '킹' 콜 풍으로 피아노를 쳤어. 얼마나 매끄러운 연주자였는지.

당시에 새로 접할 수 있는 레코드들이라는 게, 주크박스로 틀다가 5센트의 헐값으로 팔리는 중고판들이 고작이었어. 그나마도 돈이 없으면 주크박스 앞에서 훔쳐 듣는 수밖에 없었고. 그때는 악보가 아니라 귀로 듣고 따서 연주할 때였거든. 어쨌거나 우리 그룹은 「에어메일 스페셜」Airmail Special‡ 같은 곡을 카피해서 연주하고 그랬지. 멋들어진 악센트를 따라 하면서 말이야. 듀크가 엄청 멋지게 피아노를 치니까 나도 따라서 러닝 스타일로 연주하게 된 거야.

그 무렵부터 나는 이스트세인트루이스에서 신인 트럼펫 연주

<hr>

† 속도감 있고 매끄러운 스타일.

‡ 베니 굿맨 오케스트라의 히트곡.

자로 조금씩 이름이 나기 시작했어. 음악하는 사람들이 재 좀 할 줄 아네, 뭐 그렇게 된 거지. 그렇다고 우쭐해져서 대놓고 뻐기거나 그러지는 않았어. 속으로야 아무나 나와 봐라, 내가 너만큼은 한다, 뭐 그러긴 했지. 맞짱 떠보면 내가 너보다 나을걸, 그렇게 말이야. 악보를 보고 파트를 외우는 거 하나는 사진판처럼 선명한 내 기억을 당하기 힘들었거든. 나는 절대 까먹는 일이 없었어. 또 뷰캐넌 씨한테 레슨 받고 듀크 브룩스나 리바이 매디슨 같은 친구들과 어울리면서 솔로 실력도 향상되고 있었고. 그렇게 많은 것들이 자리를 잡아가기 시작했지. 이스트세인트루이스 최고의 음악가들이 나랑 연주하고 싶어 하게 된 거야. 나는 점점 내가 주위에서 제일 끝내주는 연주자라는 생각을 갖기 시작했어.

내가 대놓고 잘난 체하지 못한 건 여전히 뷰캐넌 선생의 지도를 받고 있었기 때문인 거 같기도 해. 프랭크 걸리가 졸업한 후로는 제자 중에 내가 제일 잘나가긴 했어. 트럼펫 수석 파트는 내가 도맡았거든. 그랬는데도 여전히 뷰캐넌 선생한테 엄청 혼나고 그랬어. 소리가 너무 작아서 들리지도 않는다는 둥. 그게 뷰캐넌의 방식이었던 거야. 어? 얘 연주 좀 하네 싶으면 호되게 대하는 스타일. 어렸을 때 사람들은 모두 내가 치과 의사가 될 걸로 생각하고 있었어. 그런데 뷰캐넌 씨는 아버지에게 "어이, 데이비스 의사 선생님, 마일스는 의사가 아니라 음악가가 될 걸세" 이런 말을 하곤 했지. 내 싹수를 알아본 거야. 언젠가 뷰캐넌 선생이 너의 장점은 너의 호기심에 있다고 말해줬어. 음악에 대해 엄청 알고 싶어 하는 것. 언제나 그게 나를 앞으로 이끌었어.

듀크 브룩스와 닉 헤이우드, 그리고 몇몇 다른 애들과 나는 허프스 비어 가든이라는 곳에서 자주 연주했어. 프랭크 걸리도 가끔씩 같이 연주했고. 주말이면 푼돈을 챙기기도 했지. 뭐 대단한 건 없었고. 순전히 재미로 연주하고 다녔어. 이스트세인트루이스에서 연주할 일이 생기면 어디건 마다하지 않았지. 사교 클럽, 교회 모임 할 거 없이 연주할 수 있으면 안 가는 데가 없었어. 어떨 때는 하룻밤에 6달러나 벌기도 했다구. 연습은 우리 집 지하실에서 할 때가 많았고. 우리 연주 정말 엄청 시끄러웠다구. 하루는 아버지가 허프스에 들렀다가 내 연주를 들으신 적이 있는데, 다음 날 어제 드럼 소리밖에는 안 들리더라 하신 적도 있어. 어쨌든 우리는 해리 제임스의 곡 전부를 따서 연주하려고 했지. 그런데 얼마 후에 밴드를 그만뒀어. 듀크의 피아노를 빼면 밴드 연주에서 이렇다 할 게 없었거든.

완전 음악에 골몰하게 되자 건달 싸움질 같은 건 안중에 없게 됐고 운동할 시간도 줄더라고. 쬐금이라도 틈만 나면 연습했으니까. 피아노를 배운답시고 여기저기 쑤시고 다니기도 했고. 즉흥연주를 익히면서 재즈에 정말 깊이 빠져들었지. 해리 제임스가 하는 연주를 들으면 그걸 그대로 따라 하고 싶어졌지. 그렇게 되니 존나 못하는 새끼들 연주는 들어주질 못하겠더라. 또 내가 새로운 걸 하면 좆도 모르는 것들이 비웃기 시작하대. 그래도 나는 그 새끼들이 뭐라 하든 좆도 아무 관심이 없었어. 내가 제대로 가고 있다는 걸 알았으니까.

열여섯 살쯤 되니까 이제 원정 공연 기회가 오더라고. 일리노이주 벨빌 같은 데로 말이야. 어머니가 주말에 연주하러 가는 걸 허락해주셨지. 나는 피켓이라는 이름의 친구하고 같이 다녔어. 「인터메조」Intermezzo, 「허니서클 로즈」Honeysuckle Rose, 「보디 앤드 소울」Body & Soul 등이 레퍼토리였어. 그저 이 노래들의 멜로디만 연주했었지. 그게 당시에는 최고로 힙한 거였으니까. 푼돈도 조금 벌고. 근데 그 와중에도 나는 계속 배워나갔어. 피켓은 홍키-통크 같은 선술집 음악을 할 줄 알았어. '피 바케스'Bucket of blood 같은 흑인

전용 클럽에서 연주되던 음악들 말이야. 이놈의 술집에서 하도 자주 싸움질이 일어나니까 '피 바케스'라는 이름이 붙었대. 그러다가 나는 곡의 어디쯤에서 들어가야 하는지, 당시 내가 빠져 있던 그 음악들은 언제 연주할지 등등을 묻다가 짜증이 났어. 그래서 얼마 안 가 피켓의 밴드를 떠났고.

열대여섯 살 때부터는 크로매틱 스케일을 연주할 줄 알게 됐지. 크로매틱 스케일을 하면 학교 친구들이 그게 뭐냐고 물어. 그 후로 애들이 나를 다르게 보더라구. 그 무렵부터 나와 듀크는 이스트세인트루이스 바로 위에 있는 일리노이주 브루클린에서 잼 세션을 잡기 시작했어. 아버지의 절친 한 분이 당시 브루클린의 시장이었어. 내가 너무 어려서 클럽에 입장 불가였는데 그분 허락으로 출입이 가능했지. 당시 뉴올리언스에서 미시시피강을 타고 세인트루이스까지 오는 배 위에서 연주하던 여러 훌륭한 음악가들이 밤새 영업하는 브루클린의 클럽에 모여 놀았어. 특히 주말이 되면 클럽들은 엄청 흥청대는 분위기였지.

이스트세인트루이스와 세인트루이스는 촌놈들이 득실거리는 촌 동네였어. 두 도시 다 정말 꽉 막힌 사람들뿐이었다고. 특히 백인들은 진짜 촌놈에 골수에 박힌 인종주의자들이었지. 그 근방 흑인들도 촌스럽긴 마찬가지였지만 그래도 멋진 구석이 있었어. 촌티 자체가 힙질이었지. 이 도시의 흑인들은 나름의 스타일로 충만해 있었어. 지금도 당연히 그렇겠지만. 우리 지역 흑인들은 다른 지역의 흑인들과는 다르다고나 할까. 특히 내가 자랄 당시에는 뉴올리언스에서 미시시피를 따라 오르락내리락하는 사람들 영향이 컸지. 세인트루이스는 또 시카고와 가깝고 캔자스시티와도 그랬고. 그래서 여러 곳의 다양한 스타일들이 모일 수 있었나 봐.

돌이켜보면, 그때 흑인들은 멋을 알았지. 밤이 되어 세인트루이스가 잠들면 세인트루이스 흑인들은 모두 브루클린으로 몰려가 밤새 음악을 듣고 파티를 열었어. 이스트세인트루이스 사람들은 대부분 통조림 공장이나 도살장에서 일하잖아. 일을 마치면 당연히 완전 돌아버릴 거 아냐. 그러니 밋밋한 음악을 듣고 싶었겠어? 똥같은 연주를 하는 좆밥은 그 자리에서 죽일 기세들이었지. 그럴 정도로 파티가 중요했고 음악이 소중했어. 난 그게 좋더라고. 그래서 브루클린에서 연주하는 게 좋아. 연주를 완전 제대로 들어주거든. 연주가 별거 아니다 싶으면 바로 얘기한다고. 나는 그렇게 솔직한 게 좋아. 안 그런 건 참질 못하겠더라고.

그 무렵부터 많이는 아니지만 돈도 조금씩 벌기 시작했어. 링컨고 선생님들은 내가 음악가가 되는 걸 진지하게 고려하고 있다는 걸 알았어. 개중엔 브루클린 등지의 잼 세션에서 내 연주를 들은 양반도 있었지. 공부도 게을리하진 않았어. 공부를 소홀히 하면 부모님이 내가 연주하러 나돌아다니는 것을 허락하지 않을 게 뻔했거든. 그래서 더 열심히 했어.

열여섯 살 때 나는 아이린 버스를 만났어. 나중에 링컨고도 같이 들어갔고. 정말 다리가 예쁜 소녀였어. 예쁜 다리만 보면 맨날 헤벌레야. 키가 167센티미터 정도에 몸무게가 47킬로그램 정도였나? 가냘프긴 했지만 몸매가 끝내줬지. 꼭 무용수 같은 몸매였어. 피부색은 좀 밝은 편이었고. 귀엽고 멋진 몸매도 몸매지만 특히 나는 그 다리에 정말 뻑갔어. 나보다 연상에, 아마 1923년 5월 12일생인 거 같아, 학년도 두어 학년 위였지. 그래도 우린 서로 좋아했어. 아이린이 내 첫사랑이야.

아이린은 이스트세인트루이스 구스 힐에 살았어. 구스 힐은 열차에서 내린 소, 돼지들을 잠시 가두던 하역장과 통조림 공장 건너편의 가난한 흑인 동네였어. 여기서는 고기나 털을 태운 것 같은 진짜 나쁜 냄새가 공중에 떠돌아. 이 죽음의 냄새에 거름과 소똥 냄새가 뒤섞이면 정말 괴상한 살냄새가 났어! 구스 힐은 내가 살던 곳과 멀리 떨어져 있었지만 나는 아이린을 보러 거기까지 걸어가고 그랬지. 혼자 갈 때도 있었고, 밀러드 커티스랑 같이 갈 때도 있었고. 밀러드는 당시 미식축구와 농구 스타로 이름을 날리고 있었어. 미식축구팀 주장이었지 아마.

나는 아이린에게 흠뻑 빠져 있었어. 처음 오르가즘을 느낀 것도 아이린 때문이었지. 불알에서 뭐가 팍 터져 나오는데 오줌을 싼 줄 알고 대뜸 일어서서 화장실로 뛰어갔지 뭐야. 전에 몽정을 한 적은 있었는데, 갑자기 계란 위에 올라타서 계란을 깨버린 듯한 느낌이더라고. 거참. 어쨌든 그런 사정의 쾌감은 그때가 처음이었어.

아이린과 나는 주말이면 전차를 타고 미시시피를 가로질러 세인트루이스로 향하는 다리를 건너곤 했어. 우리는 당시 가장 부유한 흑인가였던 '세라 앤드 피니'에서부터 시에서 가장 좋은 흑인 영화관인 코멧 극장에 이르기까지 여기저기를 누비고 다녔지. 그러면 둘이 합쳐서 40센트 정도가 들었어. 나는 어디에 가든 트럼펫을 들고 다녔어. 기회가 생기면 바로 연주하려고. 나는 기회 앞에 언제나 준비되어 있길 원했거든. 가끔씩은 정말 기회가 생기기도 했고.

아이린은 이스트세인트루이스를 돌던 그룹들에서 춤을 추곤 했어. 아이린 춤 진짜 잘 췄지. 내 춤은 좀 별로였는데, 아이린과는 춤이 되더라구. 그녀 앞에서는 뭔가 감이 생겼고 여기저기 막춤을 추며 휘젓고 다니다가 바보가 되는 일도 없었어. 아이린은 정말 나를 춤 좀 추는 놈으로 만들었어. 누나 도러시를 포함해, 나랑 춤이 되는 여자가 몇 안 돼. 그땐 내가 엄청 수줍음을 탔기 때문에 춤추는 걸 좋아하지 않았거든.

아이린은 거의 어머니가 키웠는데, 어머니 역시 아이린처럼 강인하고 좋은 여자였어. 아이린의 아버지 프레드 버스는 복권도 사고 도박도 했지. 키가 진짜 컸어. 의붓남매인 프레디 버스 2세도 있었는데, 내가 트럼펫 레슨을 해줬지. 꽤 잘 불었어. 나는 뷰캐넌 선생님이 그랬듯 그를 엄하게 대했어. 내가 링컨고를 졸업한 후에는 프레디가 학교 밴드에서 트럼펫 수석을 했지. 그는 지금은 이스트세인트루이스의 학교 교장이야. 아주 괜찮은, 멋진 친구가 됐더라구.

아이린에게는 윌리엄이라는 어린 남동생도 있었어. 한 다섯 살, 여섯 살 남짓? 머리가 곱슬곱슬한 정말 귀여운 꼬마였어. 깡말랐고 늘 기침을 달고 살았는데, 폐렴인가 뭐 그 비슷한 병을 앓아 지독히 아팠던 적이 있었어. 그래서 의사가 왕진을 온 거야. 아이린이 내게 전화를 해서 좀 와달라더라고. 아이린은 내 장래 희망이 의사라고 생각했었어. 잘 알려져 있지 않은 일이지만, 당시 나는 아버지를 이어 의사가 될 생각도 갖고 있었거든. 치과 쪽은 아니고 의과 쪽이긴 했지만 말야. 어쨌든 의사가 윌리엄을 그냥 슥 보더니 아무런 감정도 섞이지 않은 목소리로 어쩔 수가 없다고 툭 내뱉는 거야. 아침이 되기 전에 윌리엄이 죽을 것 같다고. 젠장, 그 새끼 때문에 완전 맛이 가더라구. 그런 말을 하면서 어떻게 그렇게 차가울 수가 있는지 참. 한참 동안 이해가 안 갔어. 누구 엿먹이는 것도 아니고. 의사가 병원에 데려가지조차 않아 윌리엄은 다음 날 새벽에 어머니의 팔에 안겨 죽었어. 이 일은 내게 큰 상처가 됐어.

이 일이 일어난 직후, 난 아버지께 의사가 어떻게 그럴 수 있느냐고 물어봤지. 그게 의사야? 돈 없는 환자라서 그러는 거야 뭐야? 아버지는 내가 의학에 관심이 있어서 이런 질문을 한다는 것을 알고 대답해주셨지.

"네가 팔이 부러져서 의사한테 갔다고 치자. 그러면 어떤 의사는 팔을 맞추는 대신 잘라버려. 그게 더 쉬울 수 있거든. 맞추기가 너무 힘드니까 그들 입장에서는 잘라버리는 게 편한 거지. 이 사람 역시 그런 유의 의사야. 마일스, 세상에는 그런 종류의 의사가 쌔구 쌨다. 그런 사람들은 단지 명성과 돈 때문에 의사를 하는 거야. 그들은 나나 내 몇몇 친구들처럼 이 일을 사랑하는 게 아니야. 아무도 윌리엄을 본 그 의사에게 진찰을 받지 않지. 가난한 흑인들만이 그의 진찰을 받아. 그런 의사들은 환자를 건성으로 봐. 윌리엄과 그 가족한테도 마찬가지로 대한 거야. 건성으로. 알아듣겠니?"

나는 알았다고 고개를 끄덕였어. 그치만 그 좆같은 의사는 내게 충격을 줬고 내 생각을 어지럽혔어. 나중에 안 거지만 그 의사는 대저택과 심지어 개인 비행기까지 가진 부자였어. 가난한 흑인들을 쥐어짜서 그 모든 걸 소유한 거지, 그 새끼는. 가난한 흑인에게는 아무 신경도 쓰지 않는 놈. 그놈이 날 아프게 했어. 나는 윌리엄의 죽음과 아버지가 말해준 것들을 곰곰이 생각했어. 어떻게 여전히 심장이 뛰고 있는 사람을 그따위로 대할 수 있는지, 내일 아침이 되기 전에 죽을 것이고, 아무것도 할 수 없다고 말할 수 있는지 도무지 이해할 수가 없었어. 최소한 고통이라도 줄여줘야 하지 않나. 그래서 나는 의사가 돼서 윌리엄 같은 사람들의 생명을 건져줘야겠다고 결심했어.

그치만 그게 어디 쉬운 일이겠어? 이런 사람이 되고 싶다, 저런 사람이 되고 싶다고 말하기는 쉽지만 결국 다른 일이 생기고 언제 그런 결심을 했었나 싶게 되는 거지. 젊어서는 특히 그래. 내 경우, 음악이 의학을 머릿속에서 몰아내버렸어. 사실은 음악이 머릿속에 먼저 자리를 잡고 있었던 거야. 나는 만일 스물네 살이 될 때까지 음악가가 되지 못하면 다른 일을 하리라 맘먹었는데, 그 다른 일이 바로 의사였어.

아이린 얘기로 돌아가면, 윌리엄의 비극적인 죽음은 나와 아이린의 사이를 가깝게 만들어줬어. 그 일이 있은 후 우리는 정말 친해졌어. 이제 우리는 어딜 가든 붙어 다녔어. 그런데 아버지가 아이린을 좋아하지 않으셨어. 반면 어머니는 좋아했고. 왜 그랬는지 모르겠는데, 하여튼 아버지는 아이린을 달가워하지 않았어. 아이린이 내 여자친구가 될 만큼 훌륭하지 않다고 생각했던 걸까. 어쩌면 나이 많은 아이린이 나를 이용해먹으려 한다고 생각했는지도 몰라. 모르겠어. 그렇다고 아이린에 대한 애정이 식은 건 아냐. 난 정말 아이린한테 푹 빠져 있었어.

아이린은 나더러 에디 랜들에게 밴드 멤버로 끼워달라 전화해보라고 할 만큼 대담했어. 에디 랜들의 '블루 데블스'는 대단한 밴드였거든. 그놈들 연주 정말 짱이었지. 아이린의 집에 놀러 갔는데 아이린이 그렇게 해보라는 거야. 그래서 나는 전화 좀 달라고 했지. 그렇게 직접 전화를 걸어서 "랜들 씨, 트럼펫 주자 구하신다고 들었어요. 제 이름은 마일스 데이비스인데요…" 하고 말했어.

그랬더니 그가 "맞아, 트럼펫 구하는 중이었어. 와서 한번 불어볼래?" 그러는 거야.

그래서 나는 세인트루이스 중심가에 있는 '엘크스 클럽'에 갔어. '럼부기 클럽'도 그쪽에 있었지. 그쪽에 빌딩이 달랑 하나 있었는데 그 빌딩의 길고 좁은 계단을 따라 올라가면 2층에 클럽이 있었어. 건물이 흑인 구역에 있었기 때문에 음악 좀 좋아한다는 흑인들로 꽉 차는 곳이었지. 에디 랜들이 연주하는 장소가 거기였어. 그의 밴드는 '럼부기 오케스트라'로도 활동했어. 나 말고 트럼펫 주자 하나가 더 왔는데 둘이 오디션 봐서 내가 일을 따냈지.

블루 데블스는 빠른 댄스 음악이 장기였어. 좋은 뮤지션들이 많이 소속되어 있어서 장르 가리지 않고 뮤지션들이 와서 우리 연주를 구경했어. 듀크 엘링턴도 우리 연주를 들으러 왔다가 위대한 베이시스트 지미 블랜턴을 발견하고서는 밤새 구경하더니 그 자리에 서 뽑아갔잖아.

클라이드 히긴스라는 알토 색소폰 주자도 이 밴드에 있었어. 진짜 이렇게 완전 보내주는 연주를 하는 친구도 없었어. 그의 부인인 메이블이 블루 데블스에서 피아노를 쳤는데, 참 훌륭한 뮤지션이자 좋은 여자였어. 메이블은 존나 뚱뚱했고 남편 클라이드는 완전 성냥개비였지. 뚱뚱했지만 메이블은 뭔가 있었고 아름다웠어. 나는 시간을 들였지. 그녀한테 많은 걸 배우느라. 메이블은 피아노를 치며 많은 걸 보여줬고 덕분에 난 음악하는 사람으로서 훨씬 빠르게 성장할 수 있었어.

또 유진 포터라는 뛰어난 알토 주자도 있었지. 역시 오방이었어. 클라이드보다 어렸는데, 밴드 멤버는 아니어도 자주 연주에 참여했지. 리더 에디 랜들은 죽이는 트럼펫 주자였고, 그래도 클라이드의 실력이 제일 빵빵했어. 한번은 지미 런스퍼드 밴드†에 그와 유진 포터가 오디션을 보러 간 일이 있었는데, 클라이드가 걔네들을 완전 보내버린 거야. 쬐그맣고 새까만 게 꼭 원숭이처럼 생긴 클라이드가 말이야. 그 시절에 백인 손님들을 놓고 연주하는 밴드에서는 피부가 옅은 사람을 선호했었어. 유진이 하는 말로는 클라이드가 오디션 장에 들어가서 색소폰을 불어왔다고 하자 사람들이 낄낄거리며 '작은 원숭이' 운운하더래. 그러면서 지네들 악보 중에서 제일 까다로운 곡을 던져주면서 한번 불어보라 했다는 거야. 그런데 클라이드가 아무것도 아니라는 듯 단숨에 불어 제껴버린 거지. 최소한 유진의 말에 따르면 그렇다 이거야. 클라이드가 연주를 마치자 런스퍼드 밴드의 말쑥한 양반들이 모두 입을 헤 벌리고 있더래. 런스퍼드가 "괜찮았어?" 하고 물었는데 다들 꿀먹은 벙어리처럼 말도 못 하고. 그런데도 클라

† 지미 런스퍼드가 이끄는 1930년대의 유명한 스윙 빅밴드.

이드는 일을 따지 못했어. 유진이 일을 하게 된 건데, 유진이 더 잘생겼고 피부색도 옅었기 때문이지. 물론 유진도 색소폰을 잘 불긴 했지만, 클라이드한테는 상대가 안 돼. 유진은 클라이드가 일을 맡는 게 맞다고 말하고 다녔지. 그래도 어쩌겠어. 그 시절 일 돌아가는 게 그 모양이었으니 뭐.

에디 랜들과 연주한 게 내 경력 중에서 제일 중요한 단계의 하나일 거야. 이 밴드에서 비로소 진짜 내 연주와 곡 쓰는 일, 편곡 등을 시작했거든. 내가 밴드의 음악 감독이 됐는데, 다른 멤버들이 낮에는 정식으로 돈을 받는 연주를 하러 다니느라 모여서 음악을 만들 수가 없었기 때문이야. 내게는 리허설 준비를 하고 리허설을 시키는 일이 주어졌어. 다른 멤버들은 댄서나 코미디언, 가수 따위들과 마찬가지로 '럼부기'에서 일거리들이 있었고. 어떤 때는 우리 밴드에도 다른 일거리가 들어왔고 그러면 그 준비 역시 내가 해야 했어. 세인트루이스와 이스트세인트루이스 전역을 돌아다니면서 순회공연도 했지. 이거 하면서 공연에 놀러 온 뮤지션들을 여럿 만났어. 에디 랜들 밴드에 있으면서 많은 걸 배웠고 돈도 전보다 많이 벌었어. 주당 75에서 80달러 정도를 벌었으니까.

1943년에 시작해서 1944년까지 한 1년간 했나? 나는 에디 랜들을 '보스맨'이라 불렀지. 내게는 정말 대장이었거든. 밴드를 확 틀어쥐고 운영했지. 우리는 베니 굿맨, 라이어널 햄프턴, 듀크 엘링턴 등 당시 쟁쟁했던 사람들의 곡이나 편곡을 연주했어. 세인트루이스 지역에는 지터-필라스 밴드나 조지 허드슨 밴드 같은 훌륭한 밴드들이 있었어. 역시나 존나 잘나가는 밴드들이었지. 내가 있을 당시에는 어니 윌킨스 편곡에, 지미 포레스트도 블루 데블스 출신이지, 이러니 에디 랜들이 이 지역 훌륭한 뮤지션들의 리더였다고 볼 수밖에 없잖아. 조지 허드슨도 트럼펫을 죽이게 불었지. 세인트루이스는 뉴올리언스처럼 좋은 트럼펫 주자의 산실이었어. 수많은 행진곡 밴드들이 세인트루이스에 있었기 때문이 아닐까 싶기도 하고. 내가 아는 바로는 끝내주는 트럼펫 주자 여럿이 세인트루이스 출신이야. 그 시절에는 온 나라의 트럼펫 연주자들이 세인트루이스로 몰려들어 잼 세션을 하곤 했어. 요새는 많이 달라졌다고 하더만.

럼부기 클럽에서 클라크 테리와 다시 만난 것도 기억나. 처음이랑은 딴판이었다고 내가 말했지. 이번엔 그가 내 연주를 들으러 럼부기로 들어온 거야. 나한테 오더니 "연주 죽이던데" 이러는 거야. 그래서 내가 이렇게 대답했지. "망할놈, 옛날에 카본데일에서 처음 만났을 땐 말도 안 받아주더니. 이젠 지 입으로 그 소릴 하는구만." 우리는 서로 웃었고, 그때부터 친한 친구가 됐어. 그가 연주 좋다고 말해준 게 큰 힘이 되더라구. 뭐 자신감은 이미 갖고 있었지만 클라크가 그 말을 해주니 더 커질 밖에. 클라크와 친구가 된 다음에는 둘이서 세인트루이스 지역 전체를 싸돌아다녔어. 그냥 노닥거리기도 하고 잼을 하기도 했는데, 클라크와 내가 어디 나타난다더라는 소문이 나면 그 장소가 금방 만원이 되는 바람에 발 들여놓을 틈도 없게 됐지. 클라크 테리는 여기저기 잼을 하는 곳에 날 데리고 다니면서 세인트루이스 재즈 신의 진수를 알려준 사람이야. 그의 트럼펫 연주를 들으며 참 많은 것을 배웠어. 내게 플뤼겔호른†을 소개해준 것도 클라크야. 그 생김새 때문에 나는 "나의 통통한 여인"이라 부르면서 잠깐 동안 플뤼겔호른을 불었었어.

그치만 나 역시 클라크에게 영향을 줬어. 나는 트럼펫 부는 걸 더 좋아했기 때문에 며칠씩 그에게 플뤼겔호른을 빌려줬는데, 그래서 그가 요새도 그걸 불게 된 거야. 세계 최고라고 말하긴 뭐해도 거의 최고에 가까운 플뤼겔호른 주자가 클라크 잖겠어? 이 시기 동안 나는 클라크 테리를 좋

† 풍부하고 부드러운 소리를 내는 트럼펫보다 큰 악기.

아하게 됐고(지금도 그렇지만), 그 역시 나를 좋아한 것 같아. 그 당시 새 트럼펫을 사면 나는 그걸 가지고 클라크를 찾아갔어. 나팔을 손보고 피스톤 길들이기를 누구보다 잘했거든. 그는 피스톤의 스프링을 꽈서 덜 탱탱하게 만드는 방법을 알고 있었어. 그렇게 스프링을 손보면 나팔 소리가 완전히 달라지는 거야. 그러면 꼭 마술 같은 소리가 나곤 했지. 이 짓에 관한 한 클라크는 마술사였어. 나는 클라크가 내 트럼펫을 손봐주는 걸 좋아했어. 그는 언제나 구스타브가 디자인한 하임표 마우스피스를 썼지. 되게 얇으면서도 엄청 깊고 크고 둥글고 따뜻한 소리를 내도록 해줬어. 세인트루이스의 트럼펫 주자는 모두 그걸 썼지. 내 걸 잃어버려서 클라크가 새 걸 사준 적도 있어. 그다음부터 클라크는 늘 나를 위해 여분을 챙겨놓곤 했지.

이미 말했던 것처럼 에디 랜들의 밴드에 있을 당시 여러 훌륭한 뮤지션들이 와서 우리 연주를 들었는데 그중에 베니 카터, 로이 엘드리지, 그리고 트럼펫 주자 케니 도럼도 있었어. 텍사스주 오스틴에서 내 연주를 들으러 온 거야. 그 먼 곳에서 내 소문을 들었다는 거지. 또 알론조 페티퍼드도 있었고. 그 역시 트럼펫 주자였고 베이스 주자 오스카 페티퍼드와는 형제지간이지. 그는 오클라호마에서 왔는데, 당시 주름잡던 트럼펫 연주자 중 하나였어. 그놈의 손가락이 어찌나 빨리 움직이던지. 정말 빠르고 멋스럽고 맵시 있는 오클라호마 스타일을 구사했어. 또 찰리 영도 있었고. 그는 트럼펫과 색소폰을 다, 그것도 훌륭하게 불 줄 알았어. 그리고 '대통령'이라는 별명으로 통하던 레스터 영도 만났어. 그가 캔자스시티에서 세인트루이스까지 연주여행을 왔을 때 만난 거야. 그의 밴드에는 쇼티 매코널이라는 트럼펫 주자가 있었는데, 나는 그들이 공연하는 곳에 트럼펫을 들고 찾아가 잼을 한 적도 있지. 대통령과 함께 연주하는 건 정말 대단한 일이었어. 그의 색소폰 스타일에서 정말 많은 걸 배웠어. 사실 나는 그가 색소폰으로 내는 음들을 트럼펫으로 바꿔 불어보기도 했거든.

또 '패츠' 나바로도 플로리다 또는 뉴올리언스로 쪽에서 왔고. 그땐 아무도 그를 몰랐지만 들어본 적이 없는 방식으로 연주하더라고. 완전 확 보내는 연주였어. 그는 나처럼 어렸지만 이미 악기 연주 개념이 상당히 무르익어 있었어. 패츠는 앤디 커크와 하워드 맥기 밴드 소속이었지. 하워드 역시 대단한 트럼펫 연주자였고. 어느 날 밤 하워드와 내가 잼을 하게 됐는데, 우리가 그 자리에 있던 사람들을 완전히 뒤집어놨어. 1944년도였을 거야. 하워드의 연주를 듣고 나니 우상이 바뀌더라고. 그렇게 하워드가 클라크 테리 자리를 차지했지. 디지를 듣기 전까지 말이야.

소니 스팃을 만난 것도 그 무렵이야. 소니는 타이니 브래드쇼의 밴드에서 연주하고 있었는데, 그쪽 클럽의 밴드 셋set 사이사이에 럼부기로 넘어와 우리 셋이 함께 하고 그랬지. 우리 밴드에서 내 연주를 듣고 나더니 나한테 타이니 브래드쇼의 밴드와 다니지 않겠느냐고 묻는 거야. 나는 흥분에 들뜬 채 부모님에게 가도 되겠느냐고 물으러 서둘러 집으로 갔어. 소니가 나더러 찰리 파커를 닮았다는 말까지 했거든. 그 밴드의 말쑥한 친구들은 하나같이 머리를 뒤로 넘기고 턱시도에 흰 셔츠에 멋지게 차려입고들 세상에서 제일 잘난 새끼들처럼 떠들고 다녔어. 뭔 줄 알겠지? 내가 그들한테 완전 뻑갔던 거지. 근데 부모님의 대답은 '안 됨'이었어. 아직 고등학교도 졸업하지 않았기 때문이지. 물론 따라갔다면 에디 랜들의 블루 데블스가 주는 것보다도 25달러가 적은 60달러를 벌 뻔하긴 했지. 내가 가장 끌렸던 부분은 쫌 하는 밴드와 연주여행을 다닌다는 거였을 거야. 게다가 멋진 옷을 차려입은 때깔 좋은 친구들이었으니까. 그 당시의 나에게는 그렇게 느껴졌어. 걔네 말고도 일리노이 자케이, 매키니스 코튼 피커스, A.J. 설리번의 팀에서 같이 하자는 제안을 받았어. 하지만 고등학교를 졸업할 때까지 그 제안들을 거절할 수밖에 없었지. 하루빨리 졸업해서 음악으로 생계를 꾸리는 생활을 하고 싶었어. 뭐 당시에도 나는 과묵한 편이었어. 별로 말이 없었지. 하지만 맘속은 변화하고 있었어. 나는 정말 옷을 좋아했어. 존나 말끔하게 입고 다녔지. 당시 세인트루이스 친구들 말로 뭔 '좆부러진 개'broke dick dog†보다 더 말끔하냐는 소리를 들었으니 참.

음악적으로는 한창 잘나가고 있었지만 집안 사정은 별로였어. 부모님 사이가 엄청 나빠져서 거의 헤어지기 직전이었어. 부모님은 1944년쯤, 연도는 잊어버렸지만 아마 그때쯤 헤어졌을 거야. 누나 도러시는 피스크에서 대학에 들어갔고 그즈음부터 이스트세인트루이스 이웃들은 버넌이 동성애자가 돼가는 걸 알아차렸지. 그 당시에 동성애자라면 얄궂은 거였으니까.

아버지는 어머니와 헤어지기 전 일리노이주 밀스타트에 300에이커(약 36만 평)나 되는 농장을 샀어. 그러나 어머니는 거기 나가서 말, 소, 상 받은 돼지들 하고 지내는 걸 좋아하지 않았어. 아버지와 달리 어머니는 시골 생활에 매력을 느끼지 못했지. 아버지가 농장에서 보내는 시간이 많아져서 그것 때문에 생각보다 빨리 두 분이 헤어진 거 같아. 어머니는 집에서 요리나 집안일 같은 건 안 했어. 그래서 요리사와 살림 도우미를 두고 살았는데도 어머니가 행복을 느끼지는 못했지. 나는 밀스타트에 나가서 말 타고 뛰어노는 걸 좋아했는데 말야, 평화롭고 아름다웠어. 좀 더 크긴 했지만 거기 가면 할아버지의 농장이 생각났어. 농장에는 하얀 집이 있었지. 식민지시대풍의 기둥과 열두 개가 넘는 방이 있는 집이었어. 객실도 있었고. 넓은 땅과 나무와 꽃이 가득한 정말 아름다운 곳이

† 굉장히 잘 차려입은 사람을 칭하는 비속어. 극심한 경제적 곤란에 처한 이를 뜻하기도 한다.

었어. 나는 거기 나가 있기를 좋아했어.

부모님이 헤어지고 나서 어머니와 나 사이는 더 확 나빠졌어. 나는 엄마랑 살았는데 사사건건 의견이 안 맞았고 말릴 아버지도 없으니 악을 쓰고 싸우는 일이 잦아졌지. 나는 점점 독립적인 사람이 되어갔고. 그러다가 진짜 큰 문제가 터진 거야. 아이린이 임신을 한 거야.

어머니는 원래 아이린을 좋아했는데, 아이린이 임신을 하자 성을 내기 시작했어. 내 대학 진학에 차질이 생길까 봐 그랬나 봐. 아까 말했듯이 아버지는 아이린을 좋아하지 않았고. 나중에는 조금 따뜻하게 대하긴 했지. 아이린이 임신한 걸 알고 나는 아버지한테 가서 말했어. 그랬더니 "뭐? 그래서 네가 어쩌겠어? 내가 알아서 하마" 이러시는 거야.

나는 해야 할 말을 했어. "아니에요. 그러면 안 되고, 내가 직접 처리할게요. 나도 충분히 어른이 됐으니까." 아버지는 잠시 묵묵부답으로 있다가 입을 열더니, "잘 들어라 마일스, 네 아이가 아닐 수도 있어. 그년이 따먹고 다닌 다른 깜둥이놈들을 내가 알고 있어. 그러니 괜히 네가 아빠랍시고 안절부절못할 필요 없어. 딴 놈들도 많아. 많고 말구" 이러는 거야. 나도 아이린이 웨슬리라는 놈과 어울리는 건 알고 있었어. 성은 잊어버렸는데, 나보다 나이가 많았지. 또 제임스라는, 이스트세인트루이스 부근에서 연주하던 작달막한 체구의 드러머와도 어울리는 걸 알고 있었고. 가끔씩 아이린이 그놈과 함께 있는 걸 봤거든. 그치만 아이린은 멋진 여자였고 남자들 사이에서 인기가 좋았어. 아버지가 딱히 내가 몰랐던 걸 알려준 건 아니란 거야. 그렇다고 해도 나는 그 아기가 내 아이라는 확신이 있었고 아버지가 되기 위해 할 일들을 해나갔어. 아이린의 임신 때문에 아버지는 완전 화가 머리끝까지 올랐지. 이 일 때문에 아버지하고 아이린은 아무리 가까워지려 해도 그러기가 힘들어진 거 같아. 그 와중에 나는 1944년 1월 링컨고등학교를 졸업했어. 그랬는데 졸업장은 그해 6월에나 받았지. 그해에 우리의 첫딸 셰릴이 태어났어.

그사이에 나는 에디 랜들 밴드도 하고, 다른 연주도 좀 해서 한 달에 85달러 정도 벌었어. 내가 번 돈으로 멋진 브룩스 브러더스 수트를 샀지. 새 나팔도 장만했는데 소리가 꽤 괜찮게 나왔어. 하지만 어머니와의 문제는 완전 수습 불가능이었어. 뭔가 손쓰지 않으면 안 되겠다 싶었고 내 가정을 돌보기 위해서라도 뭔가를 해야 했어. 법적으로 아이린과 결혼한 건 아니었지만, 우리는 부부나 마찬가지였어. 그 무렵 세인트루이스를 떠나 뉴욕으로 가는 걸 진지하게 고려하게 됐지.

나중에 윌리 메이의 첫 번째 부인이 된 마거리트 웬들은 럼부기 클럽에서 프런트 일을 보던 여자였어. 우리는 친구 사이였지. 세인트루이스 출신인 그녀는 내가 만난 가장 멋진 여자들 중 하나였어. 어쨌거나 그녀는 나한테 와서 자기 친구들 말고도 여자들이 다들 나를 정말 잘생긴 남자로 본다고 말해주곤 했지. 근데 나는 그따위 말에 크게 주의를 기울이지 않았어. 그랬더니 이 쌍년들이 나를 자기 침대에 끌어들이는 일에 더 열을 올리더라구. 뭔지 알지? 앤 영이라는 이름의 아가씨가 기억나는데, 나중에 보니 빌리 홀리데이의 조카더군. 이 여자가 어느 날 밤 내게 오더니 나를 뉴욕에 데려가서 트럼펫을 하나 사주고 싶다고 하는 게 아니겠어. 내 트럼펫도 새 거고 어쨌든 가게 될 거니까 누가 뉴욕에 데려가 주길 원하지 않는다고 그랬지. 그랬더니 이년이 뿔딱지가 나가지고서는 마거리트한테 내가 병신이라고 했다는 거야. 마거리트는 그냥 웃어넘겼다고 그러더라구. 내가 누군질 아니까.

에디 랜들 밴드에 있을 때 이런 일도 있었어. 도러시 체리라는

댄서가 있었는데, 화냥년들 한 트럭이 와도 이 여자 하나를 당할 수
없을 만큼 멋진 여자였어. 매일 밤 근사한 친구들이 그녀에게 장미
를 보내곤 했지. 누구나 다 그 여자를 따먹고 싶어 했거든. 이 여자
는 이국적인 댄서였고 럼부기에서 그녀가 춤출 때 우리가 뒤에서 반
주를 하곤 했지. 아무튼 하루는 분장실 앞을 지나치는데 도러시가
들어오라는 거야. 멋지고 통통한 엉덩이에 긴 다리, 머리칼은 등 뒤
로 치렁치렁하지, 인디언 느낌이 나는 미인이었어. 짙은 피부색에
끝내주는 몸매, 그리고 아름다운 얼굴, 그때 내가 열일곱, 도러시가
스물서넛 정도였나. 나더러 뭐라냐면 삐져나온 음모를 깎고 있을 동
안 사타구니 사이로 거울을 좀 들고 있으라는 거야. 난 하라는 대로
했지. 그냥 아무 생각 없이 거울을 들고 있었던 거야. 휴식이 끝나는
벨이 울렸고 밴드가 다시 연주할 시간이 돼서 밴드로 돌아가서는 드
러머에게 휴식 시간 동안에 있었던 일을 말해줬어. 그러자 야 이거
웃긴다 하는 표정으로 날 쳐다보면서 이러는 거야. "그래서, 어떻게
했는데?" 나는 "거울 들고 있었지 뭐" 하고 대답했어. 그랬더니 그
가 "그게 다야? 네가 한 짓이 그게 다냐구?" 이렇게 다그치는 거야.

　내가 "그치 뭐. 뭘 더 하는데?" 되물으니까, 당시 스물일고여
덟이나 먹었으려나, 그 드러머가 아이고, 머리를 절레절레 흔들더
니 웃으면서 이렇게 말하는 거야. "야, 우리 밴드에 색골들이 쨰구
쌨는데 하필 너한테 그놈의 거울을 들고 있으라고 한 거 보면 몰라?
그 쌍년두 참⋯." 그러더니 이 얘기를 딴 멤버한테 지껄이는 거야.
그 일 이후 멤버들이 나를 좀 재밌다는 듯 쳐다보더라고. 나는 맞아,
이게 바로 쇼 비즈니스구나! 하는 생각이 들었어. 서로 한 덩어리가
돼서 돌아가잖아.

　나중에 이 일을 좀 더 생각해봤어. 그 예쁜 쌍년이 나더러 거울
을 들고 있게 하고는, 내가 걔의 달콤한 그곳을 쳐다보는 걸 보면서

뭔 생각을 했을까 말이야. 결국 알아내진 못했어. 하지만 걔의 눈빛은 마치 까진 여자가 순진한 남자를 바라보는 것 같았지. 내가 알고 있는 걸 이놈한테 가르쳐주면 어떤 맛일까, 하고 궁금해하는 눈빛이었어. 근데 그 시절의 난 아이린을 제외하곤 여자에겐 영 젬병이었어. 그래서 여자가 나한테 꼬리를 쳐도 몰랐던 거야.

고등학교를 졸업하고 나서야 드디어 하고 싶은 걸 맘대로 할 자유를 얻었어. 한 1년쯤이었지. 나는 뉴욕의 줄리아드음악학교†에 들어가기로 결심했는데, 이게 9월이 될 때까진 들어갈 수가 없었어. 입학하려면 오디션을 통과해야 했거든. 그래서 난 작정을 했지. 줄리아드에 가기 전에 할 수 있는 최대한 많이 연주하고 순회공연을 다니자고 말이야.

1944년 6월에 난 에디 랜들의 밴드를 떠나기로 마음먹었어. 그리고 애덤 램버츠 식스 브라운 캣츠라는 이름의 뉴올리언스 출신 밴드에 가입했지. 얘들은 모던 스윙 스타일의 음악을 했는데, 당시엔 무명이었던 위대한 재즈 싱어 조 윌리엄스가 바로 여기서 노래하고 있었어. 원래는 일리노이의 스프링필드에서 연주하고 있었는데, 트럼펫 연주자인 톰 제퍼슨이 그만 향수병에 걸리는 바람에 뉴올리언스로 돌아가 버린 거야. 나에게 꽤 좋은 조건으로 대체자 제의가 왔고, 그래서 그들과 함께 난생처음 시카고로 간 거지.

이 밴드랑 몇 주 하다 보니 걔네 음악이 마음에 들지 않더라고. 그래서 그냥 집으로 돌아왔는데, 마침 빌리 엑스틴의 밴드가 세인트루이스에 와서 그 밴드와 함께 2주 동안 연주할 기회를 얻었어. 그때 꼭 뉴욕에 가야겠다고 결심했지. 사실 어머니는 내가 누나 도러시가 있는 피스크로 가길 원했어. 어머니는 피스크 음대가 얼마나 좋은지, 피스크 주빌레 싱어스가 누군지에 대해 말해주곤 했지. 근데 찰리 파커, 디지 길레스피, 버디 앤더슨(세인트루이스에서 내가 그를 대신해 트럼펫을 불게 된 건 그가 결핵에 걸려 오클라호마로 돌아갔기 때문이야. 그는 이후 연주를 하지 않았어), 아트 블래키, 세라 본, 그리고 미스터 B(빌리 엑스틴) 등의 연주를 듣고 함께 연주한 뒤로 나는 진짜 음악이 있는 뉴욕으로 가야만 한다는 생각에 사로잡혀 있었어. 그러려면 어머니와 나 사이를 중재하기 위해 아버지가 나서주셔야 했지. 어머니에겐 줄리아드가 세계적인 음악학교인 것은 하등 상관없는 일이었고, 나는 나대로 어머니 소원대로 누나가 날 살필 수 있는 피스크로 갈 생각이 없었거든.

그 무렵엔 이스트세인트루이스와 세인트루이스가 너무 답답하게 느껴지더라고. 어디든 세인트루이스가 아닌 다른 곳으로 떠나야만 했어. 클라크 테리가 해군에 입대한 후엔 더더욱 그랬어. 나도 그냥 해군에 입대해서 오대호에 있는 멋진 군악대에 합류할까 하는 생각까지 했지. 군악대에는 클라크, 윌리 스미스, 로버트 러셀, 어니 로열, 마셜 브러더스, 그리고 라이어널 햄프턴이나 지미 런스퍼드의 밴드에서 일했던 쟁쟁한 뮤지션들이 있었고, 훈련이나 임무도 없었어. 그냥 음악만 하면 됐지. 훈련소에서 하는 일도 그것뿐이었고. 그런데 결국엔 안 가기로 결정했어. 왜냐면 거기엔 디지와 버드가 없었거든. 난 그냥 그들과 함께 하고 싶었어. 그게 내 최종 목표였고, 그들이 뉴욕에 있었기 때문에 나두 거기 엉덩이를 들이밀어야 했던 거야. 그렇긴 해도 1944년에 학교를 졸업하고 난 직후에는 거의 해군에 갈 뻔했어. 가끔 뉴욕에 안 가고 해군에 입대했으면 내 인생에 무슨 일이 일어났을까 생각해보곤 해.

1944년 초가을, 나는 이스트세인트루이스를 떠나 뉴욕으로 향했어. 그리고 줄리아드 오디션을 거뜬히 통과했지. 세인트루이스에서 빌리 엑스틴 밴드와 활동한 2주는 분명 내게 좋은 경험이었지만 그 밴드가 시카고의 리갈 극장으로 떠날 때 나를 데려가지 않은 일에 자존심이 상하더라고. 버디 앤더슨이 끝내 돌아오지 않자 B가 매리언 헤이즐을 멤버로 채용했던 건데, 이게 내 자신감에 좀 상처를 입혔어. 다행히도 뉴욕으로 떠나기 전에 얼마 동안 세인트루이스에서 연주를 하면서 자신감을 되찾았지. 게다가 디지나 버드가 나더러 '빅 애플'에 오거든 자기들을 찾으라고 말해주기까지 한 거야. 세인트루이스에는 더 이상 얻을 게 없었어. 그냥 떠날 때가 된 거지. 나는 초가을에 짐을 싸서 뉴욕으로 가는 기차를 탔어. 뉴욕놈들한테 내 것을 보여주리라는 생각에 가슴이 한껏 부풀어올랐지. 난 새로운 시도를 할 때 겁을 먹은 적이 없어. 뉴욕에 갈 때도 마찬가지였고. 뉴욕에서 좀 치는 놈들과 어울리려면 나 또한 좀 쳐줘야 한다는 걸 알고 있었고, 결국 내가 그렇게 되리라는 것도 알고 있었어. 나는 어느 누가 옆에 있어도 트럼펫을 불 자신이 있었어.

3

1944년 9월, 뉴욕에 도착했어. 순 뻥만 치는 글쟁이들은 1945년이라고 쓰지만 그건 사실과 달라. 2차 세계대전이 거의 끝날 무렵이었는데, 많은 젊은이들이 독일군과 일본군에 대항해서 싸우러 나갔고 그들 중 일부는 못 돌아왔지. 나는 운이 좋았어. 전쟁이 끝났거든. 뉴욕에는 군복 입은 군인들이 정말 많이 돌아다녔어. 아직도 기억이 생생해.

나는 열여덟 살이었어. 여자라든가 약이라든가 하는 것들은 아직 몰랐는데, 트럼펫 실력만큼은 자신이 있었기 때문에 뉴욕에서 사는 것이 두렵지 않았어. 그럼에도 불구하고 뉴욕에 오니 눈이 휘둥그레지더라구. 어마어마하게 높은 빌딩들, 소음, 자동차, 그리고 인산인해의 사람들…. 뉴욕에서 사람들이 걷는 속도는 내가 겪은 그 어디보다도 빨랐어. 세인트루이스나 시카고도 빨랐지만 뉴욕과는 상대가 안 됐지. 내가 제일 먼저 익숙해져야만 했던 것은 바로 수많은 사람들이었어. 근데 또 전철을 타고 돌아다니는 건 좋더라고.

존나 빠른 거야.

처음 머문 곳은 클레어몬트 호텔이었어. 이곳은 '그랜트의 무덤' 바로 건너편의 리버사이드 드라이브에 있었어. 줄리아드 학교에서 이 호텔에 방을 구해줬지. 그 후 나는 브로드웨이 147번가의 아파트에 다시 방을 구했어. 이 아파트를 운영하고 있던 벨 가문의 사람들은 이스트세인트루이스 출신이어서, 우리 부모님을 알고 있었어. 그들은 친절했고 방도 크고 깨끗했어. 방세는 일주일에 1달러였어. 아버지가 등록금을 내줬고 집세 이외에도 한두 달은 충분히 버틸 수 있을 만한 용돈을 더 주셨지.

나는 버드와 디지를 찾는 데에 뉴욕에서의 첫 주를 다 보냈어. 그 둘을 찾기 위해 안 가본 곳 없이 다니면서 돈까지 다 써버리고 말았지. 집에다 전화해서 아버지에게 돈이 더 필요하다고 했더니 돈을 부쳐줬어. 그때까지도 술 담배도 안 하고 약도 안 하는 깨끗한 상태였어. 나는 음악에 빠져 있었고 음악만이 나를 기분 좋게 했거든. 첫 학기가 시작되어 학교가 있는 66번가까지 전철을 타고 다녔어. 그런데 말야, 시작하자마자 줄리아드에서 벌어지는 일들이 싫더라고. 거기 사람들이 말하는 것들이 다 너무 백인적인 거라. 게다가 내 관심은 재즈 신에서 벌어지고 있는 일들이고 그쪽에 훨 더 흥미가 갔으니까. 그게 내가 뉴욕에 온 진짜 이유였고. 나는 할렘의 '민턴스 플레이하우스'나 사람들이 그냥 '스트리트'라고 부르던 52번가 주변을 중심으로 형성된 재즈 신에 속하고 싶었어. 이 신에서 가능한 한 모든 걸 빨아먹는 것, 나는 그걸 위해 뉴욕에 온 거야. 줄리아드는 버드와 디즈에 가깝게 있기 위한 연막이나 정거장 같은 구실에 불과했지.

52번가에서 나는 프레디 웹스터를 찾아냈어. 그는 지미 런스퍼드 밴드와 순회공연을 할 때 세인트루이스에 들른 적이 있었어.

또 할렘의 '사보이 볼룸'에 가서 사보이 술탄스도 봤어. 프레디가 함께 가줬지. 정말 끝내줬어. 그런 와중에도 계속 버드와 디즈를 찾으려고 애썼지. 구경하던 음악도 멋졌지만 그걸 보러 뉴욕에 온 건 아니었거든.

두 번째로 찾아다닌 건 말들이 있는 곳이었어. 아버지와 할아버지가 말을 소유하고 있었기 때문에 어려서부터 말을 타왔던 터라 말을 사람만큼 좋아했고 타는 것도 좋아했어. 그래서 센트럴파크에 말들이 있을 거라고 생각하고는 말을 찾아 110번가에서 59번가까지 걸어가지 않았겠어? 그런데 말이 없더라고. 끝내는 경찰에게 물어봤어. 경찰이 81번가와 82번가 사이 어딘가에 있다고 말해주더군. 거길 찾아가서 말을 두 마리 정도 타봤어. 관리인이 나를 낯선 눈으로 쳐다보더라고. 아마 흑인이 말 타러 오는 것을 별로 보지 못했기 때문이겠지. 정작 이상한 건 바로 그들 자신이었는데 말야.

또 118번가 세인트니컬러스 거리와 7번 애비뉴 사이에 있는 민턴스에 가기도 했어. 민턴스 옆에는 뮤지션들이 많이 묵는 세실 호텔이 있었어. 참 멋진 동네였지. 117번가와 세인트니컬러스 사이의 모퉁이에서 나는 '칼라'Collar라는 이름의 멍청이를 처음 봤어. 듀이 스퀘어라 불리는 조그만 공원에 맛간 뮤지션들이 많이들 앉아 있곤 했는데, 내가 그를 만난 곳도 거기였지. 본명은 잊어버렸고 세인트루이스 출신인 것만 기억나. 칼라는 덱세드린† 공급자였는데, 버드가 세인트루이스에 들렀을 때 덱세드린과 너트맥‡ 같은 걸 대곤 했어. 어쨌거나 걔가 이곳 할렘에서 멀끔하게 차려입고 지나가는 게 아니겠어? 칼라는 흰 셔츠에 검은 실크 양복을 입고 어깨에 닿을 만큼 긴 머리를 빗어 넘긴 채였어. 그는 민턴스에서 색소폰을 불어보려고 뉴욕에 와 있다고 했어. 근데 세인트루이스에서 걔 실력은 별로였거든. 칼라는 그저 뮤지션 생활을 해보고

†/‡
마약의 일종.

싶었던 거야. 무엇보다도 칼라가 정말 골 때리는 놈이었던 건, 그놈이 흑인 재즈계의 세계적 중심인 민턴스에 서보려 했다는 거지. 갠 뜻을 이루지 못했어. 민턴스에서 아무도 그에게 관심을 기울이지 않았거든.

민턴스에 출입하는 사람들은 신사복에 넥타이 차림이었어. 듀크 엘링턴이나 지미 런스퍼드 같은 사람의 스타일을 좋았던 거지. 정말 더럽게 말쑥하게 차려입더라고. 그에 비해 민턴스 자체는 그렇게 비싸지 않았어. 테이블을 하나 잡는 데 2달러 정도가 들었으니까. 테이블에는 하얀 린넨 테이블 보가 덮여 있고 작은 유리 꽃병에 꽃이 꽂혀 있었는데, 분위기는 52번가의 클럽보다도 훨씬 나았어. 100명에서 125명 정도를 수용할 수 있었고 저녁 식사를 위주로 하는 레스토랑이었어. 음식은 아델이라 불리는 뛰어난 흑인 요리사가 만들었지.

세실 호텔도 좋은 곳이었어. 뉴욕 바깥에서 온 뮤지션들이 많이들 묵었지. 가격도 적당하고 방도 넓고 깨끗했어. 게다가 이 호텔은 근처 일급 창녀들을 알선하는 삐끼들을 데리고 있어서 몸을 좀 풀고 싶은 양반들이 방을 잡고 미녀들을 부르기도 했어.

당시에 재즈 지망생들이 가고 싶어 안달했던 곳은 오늘날처럼 '스트리트'가 아니라 바로 민턴스였어. 일단 민턴스에서 선을 보이고 나서 52번가로 내려가는 식이었지. 그 둘을 비교해보면 차이를 쉽게 알 수 있어. 52번가에는 돈을 벌러 가고 백인 평론가들과 청중 앞에서 연주해. 하지만 뮤지션들 사이에서 명성을 얻으려면 윗동네인 민턴스로 올라가야 하는 거야. 민턴스는 많은 뮤지션들을 걸어 찼어. 거기 들어왔다가 사라져버린 많은 사람들의 연주는 다시는 들을 수 없었어. 하지만 동시에 많은 뮤지션들의 산 교육장이기도 했어. 결국 그들을 만들어냈던 곳은 민턴스였던 거야.

나는 민턴스에서 패츠 나바로와 다시 붙었어. 우리는 거기서 내내 잼 세션을 하곤 했는데, 밀트 잭슨도 거기 있었어. 테너 색소폰 연주자 에디 '록조' 데이비스가 민턴스의 소속 밴드를 이끌고 있었어. 그치도 역시 사람을 뿅 가게 만드는 연주자였어. 록조나 버드, 디지, 몽크 같은 위대한 뮤지션들이 민턴스에 군림하고 있었어. 그들은 보통 때는 절대로 연주하지 않았는데, 어쩌다가 연주하는 날에는 엉터리들을 쓸어버렸지.

누구라도 민턴스의 무대에 올라 연주가 시원찮으면 무시당하고 야유가 쏟아졌고 밖으로 걷어차이지. 어느 날 엉터리 하나가 무대에 올라가서 기집년들이나 꼬셔보려고 자기 연주랍시고 버벅대고 있었는데, 마침 청중에 음악깨나 듣는 어깨가 있었어. 그 엉터리가 무대에서 버벅대고 있으니까 이 사람이 자기 테이블에서 조용히 일어나더니 엉터리를 무대에서 끌어내려 바깥으로 질질 끌고 가더군. 그러고는 민턴스와 세실 호텔 사이의 후미진 곳으로 데려가 엉덩이를 걷어차더라고. 진짜 좀 쩔지 않아? 그 어깨는 엉터리에게 연주가 될 때까지 다시는 민턴스의 무대에 엉덩일 들이밀지 말라고 충고했다더군. 그게 민턴스야. 올라가서 대차게 불든가 찌그러져 있든가, 둘 중 하나지 중간은 없었어.

민턴스의 사장은 테디 힐이라는 흑인이었어. 그의 클럽에서 비밥이 시작됐는데, 민턴스는 비밥의 실험실이었어. 비밥이 민턴스에서 발명되고 나서 스리 듀시스, 오닉스, 켈리스 스테이블 같은 52번가의 백인들을 위한 클럽으로 내려간 거야. 이 대목에서 알아 둬야 할 것은, 52번가에서 소리가 아무리 근사하게 나더라도 민턴스에서만큼 뜨겁고 혁신적이지는 못했다는 점이야. 52번가에서는 백인 청중들을 위해 뜨거운 온도를 조금 낮춰야 했어. 그들은 진짜배기를 견디지 못하거든. 오해하지는 마, 용감하게도 민턴스까지 올라와서 음악을 듣는 훌륭한 백인들도 있긴 했으니까. 물론 극히 드물었지만.

나는 뭔가를 발견하고 나면 거기에 크레디트를 붙이는 백인들의 방식을 정말 싫어해. '자신들이' 발견한 것에 말이야. 백인들은 마치 지들이 발견하기 전까지는 아무것도 일어나지 않은 듯이 굴어. 그런데 그들의 발견은 나중일 경우가 대부분이고 실제와는 아무 상관도 없어. 그런데도 그들은 크레디트를 완전히 도둑질하고 다른 사람들을 싸그리 배제시키는 거야. 민턴스나 테디 힐에 그들이 한 짓도 이런 식이야. 비밥이 대유행하기 시작하자 백인 평론가들은 마치 52번가에서 자기들이 비밥과 우리를 발견한 듯이 굴었어. 그런 양심적이지 못한 것들을 보면 창자가 꼬여. 이런 일들을 까발리거나 인종주의 쓰레기와 보조를 맞추지 않으면 우린 급진적인 흑인 말썽꾼이 돼버리고 말아. 그러면 그들은 우리를 모든 것으로부터 끊어버리려 하겠지. 그래봤자 비밥을, 그리고 진실을 사랑하고 존경하는 음악 애호가들과 뮤지션들은 진짜 비밥이 할렘의 민턴스에서 탄생했다는 것을 알아.

나는 수업이 끝나면 매일 밤 스트리트로 내려가거나 민턴스로 올라갔어. 그런데도 2주 동안 어디서도 버드와 디즈를 찾을 수 없었어. 52번가에 있는 스포트라이트, 스리 듀시스, 켈리스 스테이블, 오닉스 같은 클럽을 들쑤셨는데 말야. 처음 스리 듀시스에 갔다가 장소가 너무 좁아서 놀란 적이 있어. 더 클 줄 알았거든. 재즈 신에서 명성이 자자한 장소인 만큼 융단을 두른 것처럼 번드르르할 줄 알았던 거야. 무대라고 해야 피아노 한 대가 겨우 들어갈 만한 좁은 공간뿐이었고 밴드 하나가 제대로 서지도 못할 것 같았어. 손님들을 위한 테이블은 온통 엉켜 있었어. 벽에 구멍이 하나 뚫려 있을 뿐이군, 이스트세인트루이스나 세인트루이스의 클럽들이 더 멋져, 하고 생각하던 기억이 나. 장소를 보고는 실망을 금치 못했지만 음악은 딴판이었어. 거기서 본 첫 번째 뮤지션은 테너 색소폰을 부는 돈 바이어스였어. 죽여주는 테너 주자였지. 그 좁은 공간에서 경외하는 마음으로 그의 연주를 듣던 기억이 새롭네.

마침내 나는 디지와 상봉했어. 디지의 전화번호를 알아내서 연락을 했지. 디지도 나를 기억하고 있었고 할렘 7번 애비뉴에 있는 자기 아파트에 나를 초대했어. 너무 기쁘더라고. 하지만 버드는 디지도 한동안 못 봤고 만날 방도가 없다고 했어.

나는 계속 버드를 찾았어. 어느 날 밤에는 스리 듀시스의 입구에 그냥 서 있었는데 사장이 오더니 거기서 뭐 하냐고 물었어. 아마 내가 어리고 순진하게 보였던 거겠지. 아직 수염도 별로 나지 않았을 때니까. 어쨌든 내가 버드를 찾고 있다고 대답하자 그가 버드는 안에 없고, 클럽에 들어오려면 열여덟 살이 넘어야 한다고 일러주더라고. 그래서 열여덟 살이고 버드를 만나고 싶다고 대꾸했어. 그러자 그 사람이 버드가 진짜 좆같은 놈이며 마약 중독자라는 등 개코같은 말들을 늘어놓는 거라. 어디서 왔느냐고 묻길래 어디서 왔다고 대답했더니 집에나 가라는 식으로 쏘아붙이더라고. 그러더니 갑자기 또 나를 '아들아'[†] 하고 부르는 게 아니겠어. 나는 이 표현을 정말 싫어해. 특히 알지도 못하는 백인이 이 말을 하는 건 더 싫고. 그래서 그놈한테 "가서 좆이나 까드세요"라고 말하고는 돌아섰지. 나도 이미 버드가 심각한 상태의 헤로인 중독이라는 건 알고 있었어. 스리 듀시스의 주인이 새로운 걸 말해준 건 하나도 없는 거야.

스리 듀시스를 나온 후 나는 오닉스 클럽으로 갔어. 거기서 콜먼 호킨스를 만났어. 오닉스는 콜먼을 보러 온 사람들로 장사진이었어. 그가 거기서 정기적으로 연주를 섰던 거야. 아는 사람이 하나도 없으니 나는 또 입

[†] 우리말로는 '얘야' 정도의 어감.

구에서 기웃거리면서 빌리 엑스틴 밴드 멤버 같은 알 만한 얼굴을 찾았지만 허사였어.

'빈'(콩)—우리는 콜먼 호킨스를 그렇게 불렀어—이 쉬는 시간에 내가 있는 곳으로 왔어. 지금까지도 그가 왜 내게 왔는지는 알 수 없어. 그 쉬는 시간이 내게 행운이었지. 그가 누구인지 알고 있었으니 나는 그에게 말을 걸어 나를 소개하고 세인트루이스에 있을 때 B의 밴드에서 연주한 것과 뉴욕에 와서 줄리아드에 들어간 일, 그리고 실은 버드를 찾으려 한다는 것 등을 말했어. 버드와 연주하고 싶었고 버드가 뉴욕에 오면 자기를 찾으라고 했다는 것까지 얘기했지. 빈은 껄껄 웃더니 내가 버드 같은 친구와 어울리긴 너무 어리다고 했어. 그런데 이 말이 나를 화나게 한 거야. 그날 밤에만 벌써 두 번씩이나 어리다는 말을 들었잖아. 아무리 콜먼 호킨스가 내가 사랑하고 존경하는 사람이라 해도 더 이상 그 말을 듣고 싶지가 않았어. 원래도 내가 성질이 좀 더럽긴 하지만 암튼 콜먼 호킨스 같은 어른한테 이런 식으로 말해버린 것 같아. "됐고, 버드 어딨는지 알아, 몰라?"

거참. 콜먼은 아마 피도 안 마른 어린 새끼한테서 그런 말을 듣고 충격을 받았을 거야. 그는 나를 쳐다보며 머리를 절레절레 흔들더니 버드를 찾을 수 있는 최선의 방법은 민턴스나 스몰스 파라다이스 같은 할렘의 클럽에 가보는 것이라고 일러주더라고. "버드는 거기서 잼 세션을 즐겨 해." 그러곤 콜먼은 발걸음을 돌렸어. 그러면서 이렇게 덧붙였지. "충고 한마디만 하지. 줄리아드는 그만두고 버드는 잊어버려."

뉴욕에서의 첫 몇 주는 완전 바닥이었어. 학교에 다니면서 버드도 찾아다녔거든. 그런데 어떤 사람이 그리니치빌리지 쪽에 버드의 친구들이 있다고 말해줬어. 혹시 찾을 수 있을까 하고 거기까지 가

봤지. 블리커 스트리트의 한 커피 하우스에 들어갔는데, 예술가들, 작가들, 머리가 길고 수염이 난 비트족 시인들을 만날 수 있었어. 그들 같은 사람을 만나본 건 생전 처음이었어. 빌리지에 가는 것이 내게는 교육이었지.

난 할렘, 빌리지, 52번가 같은 데를 돌아다니면서 지미 콥, 덱스터 고든 같은 친구들과 만나기 시작했어. 덱스터 고든은 맨날 술탄 우유와 케이크, 파이, 젤리 빈스 과자 같은 것만 먹는다고 나를 '스위트 케이크'라고 불렀어. 심지어 콜먼 호킨스와도 가까워졌어. 그가 나를 좋게 보기 시작해 돌봐주기도 하고, 뭐 할 수 있는 최대한으로 버드 찾는 일을 나서서 도와줬어. 그때쯤 빈은 내가 음악이라는 걸 진짜 진지하게 생각하고 있다고 보았고 그 점을 쳐줬지. 근데 그때까지도 버드는 못 만났어. 디즈조차도 버드가 어디 있는지 몰랐으니까.

어느 날 신문에서 버드가 할렘 145번가에 있는 히트웨이브라는 클럽에서 잼 세션을 한다는 광고를 봤어. 버드가 나타날지 빈에게 물어봤던 기억이 나. 그랬더니 빈은 특유의 묘한 웃음을 지으며 "아마 버드 시체도 모를걸" 하더라고.

그날 밤 나는 히트웨이브로 갔어. 촌스러운 동네에 있는 촌스러운 클럽이었지. 나는 버드와 만나게 될 상황에 대비해 나팔을 가져갔어. 날 기억한다면 자기 테이블에 앉히겠지, 하면서. 하지만 버드는 없었어. 대신 다른 뮤지션들을 만났어. 메인 테너 색소폰 주자인 앨런 이거, 훌륭한 트럼펫 주자 조 가이, 그리고 베이시스트 토미 포터도 만났어. 그렇지만 그들을 찾으려던 게 아니니까 크게 관심을 두진 않았어. 나는 자리를 하나 잡고 앉아 계속 문 쪽을 주시하며 버드가 오는지 지켜봤어. 거의 밤새 버드를 기다렸지만 버드는 나타나지 않았어. 찬바람이나 쐴까 해서 잠시 밖으로 나갔는데, 뒤에서 어떤 놈이 "야, 마일스! 너 날 찾아다녔다며?" 하는 소리가 들리는 거야.

돌아보니 버드인 거라. 완전 맛이 간 얼굴이었지. 입은 채로 며칠이고 지낸 듯한 추레한 옷 하며, 얼굴은 띵띵 부어 있고 눈도 부은 채 붉게 충혈되어 있었지. 그래도 느낌은 좋았어. 그는 술이나 약에 취해 있을 때조차 멋져 보이는 구석이 있었거든. 또 쫌 한다는 사람들만이 가질 수 있는 자신감이 느껴졌지. 아무리 상태가 안 좋고 거의 죽을 지경이라 해도 내게는 좋아 보였어. 그렇게 오랫동안 찾아 헤매다 만났으니 당연하기도 했고. 그가 거기 서 있는 것을 보는 것만으로도 너무 기뻤어. 거기다 그가 나를 만난 장소를 기억해주다니 진짜 나는 세상에서 가장 행복한 새끼였지.

찾기 너무 힘들었다고 했더니 그는 웃음을 지으며 자기는 대체로 돌아다닌다고 하더라고. 그는 나를 히트웨이브로 데리고 들어갔어. 모든 사람이 그를 왕처럼 받들며 인사했지. 정말 그는 왕이었어. 그리고 그가 내 어깨를 팔로 감싸고 있는 걸 보자 사람들은 나 역시 상당히 존경스럽다는 투로 대했어. 그를 만난 첫날에는 연주는 하지 않고 듣기만 했어. 나는 정말, 버드가 색소폰을 입에 대자마자 사람이 확 변하는 걸 보고 놀랐어. 참 나, 완전 바닥인 인간이 뒤바뀌어서는 넘치는 힘과 아름다움이 터져 나오는 거야. 연주가 시작되고 일어난 변화는 진짜 놀라웠지. 그때 버드가 스물넷이었는데, 연주를 안 할 때는 훨씬 더 늙어 보였어. 특히 무대를 내려오면 더 그랬고. 그러다 입에다 나팔을 대는 순간 머리부터 발끝까지 뒤바뀌는 거야. 그는 술에 떡이 되어 있거나 헤로인으로 멍청이가 되어 있는 순간에도 사람들을 보내는 연주를 할 줄 알았어. 버드는 뭔가 달랐어.

어쨌든, 그날 버드와 엮인 뒤 나는 그 후 몇 년을 내도록 버드랑 놀았어. 그와 디지는 내게 영향을 준 사람들이자 스승이야. 버드는 아이린이 뉴욕에 오기 전까지 잠시 나와 함께 지내기까지 했어. 아이린은 1944년 겨울에 뉴욕에 왔어. 누가 씨발 문을 두드려서 나가봤더니 아이린이더라고. 어머니가 가보라고 해서 왔다는 거야. 그래서 버드와 같은 건물에 방을 잡아줬어. 건물은 브로드웨이 147번가에 있었어.

근데 내가 버드의 생활 방식을 건드릴 수는 없었어. 술을 디립다 처먹고 약을 빨고, 낮에 내가 학교에 가려고 나설 때면 그는 맛이 가서 누워 있었지. 그럼에도 그는 코드 같은 많은 것을 내게 가르쳐줬고 나는 학교에 가서 피아노로 그가 가르쳐준 것을 해보곤 했어.

거의 매일 밤 디즈와 버드와 함께 어딘가로 나가 자리를 잡고 앉아, 보고 들은 모든 것을 빨아들였어. 나와 나이가 비슷한 프레디 웹스터를 만났었다고 했지? 우리는 같이 52번가로 내려가 디즈가 얼마나 빠른 템포로 트럼펫을 부는지 보며 경이로워했어. 그들이 52번가나 민턴스에서 연주하는 것처럼 끝내주는 걸 들은 적이 없어. 무시무시할 지경이었지. 디지가 피아노로 이런저런 것을 가르쳐준 덕에 화성 감각을 키울 수 있었어.

그리고 버드가 델로니어스 몽크를 소개해줬어. 중간중간 휴지부를 두면서 하는 그 특유의 솔로와 우스꽝스럽게 들리는 코드를 쌓아가는 방식이 나를 완전히 보내버리는 거야. 나는 "저게 뭐야 씨발!" 하고 탄성을 질렀어. 몽크가 휴지부를 사용하는 방식은 나중에 내 솔로에 큰 영향을 줬어.

그러는 동안 한편으로는, 내 줄리아드에서의 생활은 점점 좆같아졌지. 거기서 벌어지는 일들은 나와는 아무런 상관이 없는 거야. 말했듯이 줄리아드는 내가 디즈와 버드와 어울리기 위한 연막장치에 불과했으니. 학교에서 배운 것을 실행해보고 싶은 마음도 있긴 했어. 나는 학교 교향악단에서 연주했는데, 90마디마다 두 개의 음만 내면 되는 거야. 그거보다는 더 원했고 더 필요했어. 그리고 나 같은 쬐그만 흑인놈을 고용할 백인 오케스트라가 있을 리가 만무하잖아? 내가 아무리 잘해도, 음악을 많이 알아도 소용없는 일이잖아.

사람들과 어울리면서 나는 점점 더 많은 것을 배워갔지. 그렇게 얼마간이 지나자 학교가 지겨워지더라고. 거기다가 그 새끼들은 존나 백인 편향인데다가 인종주의적이니까. 씨팔, 민턴스에서 한 번 연주하는 게 줄리아드에서 2년 걸려 배운 것보다 훨씬 많았거든. 줄리아드에서 공부를 마쳐봐야 몇 가지 백인 스타일을 터득하는 것 외에는 아무것도 없는 거야. 진짜 새로울 게 하나도 없었어. 그놈들의 좆같은 편견들도 내 승질머리를 돋웠고 심지어는 당황스럽기까지 했다니까.

음악사 시간이 기억나네. 선생이 백인 여자였어. 강의실에 떡 서서 한다는 말이, 흑인이 블루스를 연주한 근본적인 이유는 그들이 가난하고 목화를 딸 수밖에 없어서였다는 거야. 그래서 흑인들이 슬퍼서 거기서 블루스가 나왔다는 거야. 슬픔이란 말이지, 하면서 이어가는데 내가 손을 번쩍 들고 일어나 말했지.

"나는 이스트세인트루이스에서 왔습니다. 나의 아버지는 부자고 치과 의사인데도 나는 블루스를 연주합니다. 아버지는 목화를 따지도 않았고 나는 아침에 슬픔 속에서 일어나지도 않는데 블루스를 연주해요. 블루스에는 슬픔 이상의 것이 있습니다."

그랬더니 그년이 새파랗게 질려가지고는 그 후로 아무 말도 못 했어. 자기가 뭔 말을 떠드는지도 모르면서 남이 지은 책에 나온 대로 가르치고 있었던 거야. 줄리아드는 늘 그런 식이어서 얼마 지나지 않아 질려버리고 말았지.

개인적인 생각인데, 플레처 헨더슨이나 듀크 엘링턴 같은 사람들이 편곡에 있어서는 미국에서 천재적인 인물들이야. 그런데도 줄리아드 그 여자는 이들이 누군지조차 몰라. 나라도 가르치고 싶었지만 그 여잘 가르칠 시간은 없더라고. 그런 여자가 날 가르치다니! 그래서 강의를 듣는 대신 나는 시계를 올려다보며 밤에 할 일들을 생각했어. 버드와 디즈가 다운타운에 나올까, 집에 가서 옷을 갈아입고 브로드웨이 145번가의 빅퍼드에나 가야지, 그리고 50센트를 들고 나가 수프 먹고 힘내서 연주해야지….

어느 월요일 밤에 버드와 디지가 민턴스에 잼 세션을 하러 온 적이 있었어. 수많은 사람들이 그들의 연주를 듣고 한번 같이 연주해보려고 거기 모여들었어. 근데 알 만한 뮤지션들은 대부분 버드나 디지의 잼 세션 때 연주할 생각조차 못해. 우리는 그저 청중 속에 섞어 앉아 듣고 배웠어. 리듬 섹션†에서 케니 클라크가 보통 드럼을 맡았고 가끔 맥스 로치가 드럼을 치기도 했어. 나는 그를 그곳에서 만난 거야. 컬리 러셀이 베이스였고, 때로 몽크가 피아노를 치기도 했어. 사람들은 자리 다툼 따위로 싸우고 난리였어. 한 번 자리를 뜨면 자리를 잃으니까 다툼이 벌어지기 일쑤였지. 대단했어. 분위기도 뜨거웠고.

보통은 이래. 나는 버드나 디지가 함께 무대에 서자고 할 때를 대비해 민턴스에 나팔을 들고 가. 그런데 그러자고 해도 불지 않는 편이 나아. 나도 그랬어. 그러다 처음 거기서 연주하게 됐을 때, 별로 대단치는 않았지만 내 식대로 불어제꼈어. 당시에 디지에게 영향을 받긴 했지만, 내 방식은 달랐어. 사람들은 디지나 버드의 반응을 살펴. 연주가 끝났을 때 그들이 미소를 지으면 연주가 썩 괜찮았다는 뜻이거든. 내가 처음 연주했을 때도 그들은 웃음을 지었지. 그 순간부터 나는 뉴욕 재즈 판에 끼어들게 된 거지. 그다음부터는 라이징 스타 비슷한 존

---

† 보통 드럼, 베이스, 피아노를 가리킨다.

재가 됐어. 기라성 같은 사람들과 함께 할 수 있게 된 거지.

줄리아드 수업 시간에 선생들이 가르치는 건 안중에도 없고 이런 것들을 생각한 거야. 그게 결국은 줄리아드를 그만두게 된 이유고. 걔넨 가르쳐주는 것이 아무것도 없었다고. 내가 배우고 싶은 것을 전혀 알지도 못했고. 내가 배우고자 했던 흑인 음악에 대해 너무나 편견이 심했거든.

어쨌든 얼마 후 나는 민턴스에 원하는 만큼 있을 수 있게 됐고 사람들이 내 연주를 들으러 오기도 했어. 나는 점점 유명해졌어. 뉴욕에 와서 지내다 놀란 것 중 하나가, 사람들이 음악에 대해 많이 아는 줄 알았더니 그게 아니더라는 거야. 디지, 로이 엘드리지, 머리가 긴 조 가이 등을 제외하고는 선배들에게서 배울 만한 게 없다는 것에 충격을 받았어. 뉴욕에서는 누구나 존나 잘하는 줄 알았는데, 나는 그 뮤지션들 중에 내가 음악에 대해 많이 알고 있는 편이라는 사실이 놀라웠어.

뉴욕에서 음악생활을 하면서 또 하나 신기했던 것은, 흑인 뮤지션들은 대부분 음악이론을 모른다는 점이었어. 내가 아는 사람들 중에는 버드 정도가 어떤 음악이든 악보를 보고 연주하고 곡을 쓸 줄 알았지. 나이 먹은 뮤지션들은 자기들이 학교에 갔더라면 백인들처럼 연주하게 됐을 거라고 생각하더라고. 또, 이론을 배우면 감각을 잃는다고 생각하는 사람들도 있었지. 버드나 프레즈(듀크 엘링턴), 빈 같은 쟁쟁한 사람들이 요즘 무슨 음악들이 있는지 알아보기 위해 도서관이나 박물관에 가서 악보를 빌리는 경우가 전혀 없다는 것을 믿을 수 없었어. 나는 도서관에 가서 스트라빈스키, 알반 베르크, 프로코피예프 같은 위대한 작곡가들의 악보를 빌리곤 했어. 다른 음악 분야에서 무슨 일이 벌어지고 있는지 알고 싶었거든. 지식은 자유고 무지는 노예상태라 하잖아. 그러니 보다 자유로워지는 것에서 손해를 본다는 것은 있을 수 없는 일이야. 나는 왜 흑인들이 그런 혜택을 저버리는지 도대체 이해할 수가 없었어. 백인들만 할 수 있는 일이라서 우리는 할 수 없다는 식으로 생각하는 것은 게토의 정신상태일 뿐이야. 이런 얘기를 다른 뮤지션들에게 하면 그들은 나를 그냥 무시해버렸지. 무슨 뜻인지 알겠어? 나는 계속 그렇게 했지만 그들을 일깨우려는 짓은 곧 그만뒀어.

유진 헤이스라는 친한 친구가 있었어. 세인트루이스 출신으로 줄리아드에서 클래식 피아노를 배우고 있었어. 뛰어난 친구였지. 만일 백인이었다면 세계에서 가장 주목받는 피아니스트 중 하나가 됐을 거야. 하지만 그는 흑인이었고 시대를 앞지른 면이 있었어. 결국 그래서 사람들은 그에게 아무 신경도 쓰지 않더라고. 그와 나는 음악 도서관에서 가능한 모든 것을 이용했어.

어쨌든 그 시절에 나는 패츠 나바로—사람들은 그를 '팻 걸'이라 불렀어—나 프레디 웹스터 등과 어울렸고 드러머 맥스 로치, 인디애나폴리스에서 온 위대한 트럼본 주자 J.J. 존슨 등과 가까워졌어. 우리는 함께 버드와 디즈 교수의 지도 아래 '민턴스 비밥 대학교'에서 석사와 박사 학위를 받으려고 노력하는 중이었다고나 할까. 정말 믿기지 않는 연주를 하는 사람들이었어.

어느 날 잼 세션이 끝나고 집에 와서 자고 있는데 노크 소리가 들렸어. 일어나서 잠이 덜 깬 눈으로 문을 열었어. 빡이 쳤지. J.J. 존슨과 베니 카터가 문 앞에서 연필과 종이를 들고 서 있더라고. "야 이 씨발놈들아, 이 새벽에 뭔 일이야?" 하고 말했어.

J.J.가 말했어. "「컨퍼메이션」Confirmation 말이야, 그 곡 좀 허밍해봐."

이 새끼가 인사도 없이 다짜고짜로 한다는 첫마디가 그거지 뭐야. 버드가 바로 얼마 전에 이 곡을 썼는데 모두 그 멜로디를 좋아했어. 간밤에 우리가 이 곡으로 잼을 했는데, 그래서 꼭두새벽에 와서 이러는 거였어. 그는 이미 그 곡을 허밍하고 있었어.

그래서 나도 졸린 것을 참고 허밍을 시작했어. F 장조. 허밍을 하고 있는데 J.J.가 말했어. "야, 근데 음 하나가 빠졌어. 그게 뭐 드라?" 나는 그 음을 찾아 말해줬어.

"고마워, 마일스" 인사하고 뭔가를 적더니 그는 가버렸어. 참 재미있는 새끼였지. 언제나 그런 식이었거든. 그는 내가 줄리아드에 다니니까 버드가 하는 것들을 체계적으로 알 거라고 짐작한 거야. 이 일이 잊히지가 않아. 지금도 그때를 얘기하면서 웃곤 해. 우리가 얼마나 버드와 디즈의 음악에 빠져 살았나를 보여주는 일화이기도 하지. 우리는 매일 그들의 음악에 살고 그 음악과 함께 잠들었어.

나와 팻 걸은 민턴스에서 계속 죽치고 앉아 있곤 했어. 그는 엄청 우람하고 뚱뚱했어. 죽기 직전 체중이 다 빠지기 전까지는 말이야. 그는 맘에 안 드는 연주를 하는 놈이 무대 위에 올라가 있으면 그 놈이 마이크에 다가가는 것을 막곤 했어. 그는 옆으로 돌아 마이크를 막아 놓고 내게 올라와서 연주하라는 신호를 보냈어. 팻 걸 때문에 가끔씩 화를 내는 친구도 있었지만 팻은 상관하지 않았어. 이 짓을 당하는 사람은 더 이상 연주를 할 수가 없었어. 그러니 평생 원수가 될 수밖에.

뉴욕 생활 초기에 진짜 나의 단짝은 프레디 웹스터였어. 당시 나는 프레디의 연주를 정말 좋아했어. 그는 세인트루이스의 연주자들처럼 자기 스타일을 지니고 있었어. 노래하는 듯한 큰 톤으로 음을 절제해 연주했고, 아주 빠른 속도로 연주하지도 않았어. 그는 나처럼 중간 템포나 발라드 곡들을 좋아했어. 나는 그의 연주방식이 좋았어. 음들을 낭비하지 않으며 크고 따뜻하고 감미로운 톤을 구사하는 것. 나 역시 그처럼 연주하려고 했지. 물론 그 비브라토와 '음정을 흔드는 것'은 하지 않았지만. 그는 나보다 아홉 살 위였지만 나는 줄리아드에서 배운 기술과 작곡법 같은 것을 그에게 가르쳐줬 어. 그나마 줄리아드에서 쳐줄 만한 건 그뿐이었으니까. 프레디는 클리블랜드에서 왔고 태드 대머런과 연주하면서 컸어. 우리는 진짜 형제처럼 친했고 생긴 것도 비슷했어. 옷 사이즈도 비슷해가지고 서 로 옷을 돌려 입곤 했지.

프레디는 여자들을 많이 알더라고. 음악과 헤로인뿐 아니라 여 자 낚기도 선수였지. 프레디가 45구경 권총을 들고 다니는 위험한 놈이라고 내게 귀띔을 해주는 인간도 있었지만, 그를 좀 아는 사람 들은 사실이 아니라는 걸 알았지. 권총을 들고 다녔다는 게 거짓이 라는 건 아니야. 다만 그가 사람들과 말썽을 피우며 다니진 않았다 는 거지. 버드가 나간 후 얼마 동안 그는 나와 함께 있었어. 그가 털 어놓길, 그는 아무도 해코지하지 않았대. 복잡한 사람이었지만 우 리는 잘 어울려 지냈어. 얼마나 가까웠냐면 내가 그의 방세를 꽤 많 이 내줄 정도였지. 내가 가진 것은 뭐든 그의 것이었어. 내 대장은 주당 40달러를 보내줬는데, 당시 그만하면 꽤 괜찮았거든. 살림에 드는 돈 이외에는 전부 프레디와 함께 썼어.

1945년은 내 인생의 전환점이었어. 많은 일들이 일어나기 시 작한 해거든. 첫째로, 나는 클럽에서 친구들과 어울리면서 조금씩 술을 마시기 시작했고 담배도 피우기 시작했어. 또 점점 더 많은 사 람들과 함께 연주하기 시작했지. 프레디, 팻 걸, J.J., 맥스 로치 등과 더불어 뉴욕과 브루클린 전역을 누볐고, 연주할 수 있는 곳이면 어 디에서든 잼을 했어. 우리는 52번가에서 열두 시나 한 시까지 연주 한 다음 위로 올라가 민턴스나 스몰스 파라다이스, 히트웨이브 같은 곳에서 문 닫을 때까지 연주했어. 그러고 나면 네 시나 다섯 시, 때로는 여섯 시가 되기도 했지. 잼 세션으로 밤을 지새운 후에도 나와 프레디는 남아 음악, 음악이론이나 트럼펫 접근법 같은 주제로 대화를 나눴어. 그러고 나서 학교에 가면 재미없고 따분하기 이를 데 없는 수업시간에 졸며 앉아 있는 거지. 특히 합창 시간은 더 그랬어. 하품하고 졸면서 수업을 들었어. 수업이 끝나면 나와 프레디는 죽치고 앉아 음악에 대해 계속 더 많은 얘기를 나눴어. 거의 잠을 안 잤던 거야. 집에 가면 남편이 으레 하는 일들을 해야 했으니까. 아이린과 함께 있어줘야 한다든지 하는 거 말야. 셰릴이 울기 시작하면 끝장이었지.

1945년 내내 나와 프레디는 거의 매일 밤 디즈나 버드가 연주하는 곳이면 어디든지 쫓아갔어. 그들의 연주를 듣지 않으면 중요한 것을 놓치는 기분이었거든. 그들의 연주는 너무 빠르기 때문에 현장에서 캐치하지 않으면 놓치기 십상이었어. 우리는 기술적인 관점에서 그들의 연주를 진지하게 연구했어. 우리는 소리의 과학자나 마찬가지였어. 문이 삐걱거리는 소리의 정확한 음정을 맞출 정도였으니까.

윌리엄 바치아노라는 백인 선생이 있었어. 나를 도와준 사람이야. 그는 「티 포 투」Tea For Two 같은 노래에 빠져 있어서 나더러 그걸 연주해달라고 하기도 했지. 그와 가끔 논쟁을 벌이곤 했는데 이 일은 뉴욕의 뮤지션들 사이에서 전설이 됐어. 왜냐하면 그가 나 같은 상급 학생을 가르치는 대단한 선생으로 여겨졌기 때문이지. 우리는 서로 갈구는 사이였어. 내가 그에게 "여보쇼, 당신은 내 선생이니 가르쳐보시지. 좆같은 것들은 다 치우고" 따위의 말을 하면 그는 빡이 제대로 올라가지고 얼굴이 시뻘개지곤 했어. 하지만 난 내 관점을 전달한 것이었을 뿐이니까.

정말 내 음악을 발전시킨 것은 버드와 함께 한 연주였어. 나는 디지와 같이 앉아 먹고 어울릴 수 있었는데, 디지는 신사였지만 버드는 욕심쟁이였어. 버드랑은 서로 별로 할 이야기가 없었어. 함께 연주하는 것은 좋아했지만 그뿐이었지. 버드는 어떻게 연주하라고 '말해주는' 사람은 아니었어. 그저 보고 배우는 수밖에 없었지. 그와 단둘이 있을 때 음악 이야기를 나눈 적도 거의 없어. 함께 살 때 몇 번 해본 게 고작이야. 그때 몇 가지를 배우긴 했지만, 대부분은 그의 연주를 들으며 배웠어.

반대로 디지는 음악에 대해 이야기하는 것을 좋아했어. 그래서 그와 함께 있을 때 많은 것을 건질 수 있었지. 버드가 비밥 운동의 정신이라면 디지는 '머리와 손'이었고 비밥이 온전히 존재할 수 있었던 이유였어. 무슨 말이냐면, 그는 후배 뮤지션들을 찾아 일거리를 주고 함께 떠들곤 했어. 그와 9년, 10년 차이가 난다 해도 아무 상관 없었어. 디지는 내게 한 번도 나쁘게 말한 적이 없어. 사람들은 미친 것처럼 행동한다고 디지를 욕하곤 했지만 그는 진짜 미친 게 아니라 존나 웃길 뿐이야. 흑인의 역사에 심취해 있었고. 유행하기도 전에 이미 아프리카나 쿠바에서 연주한 경력이 있었지. 디지의 아파트—할렘 7번 애비뉴 2040번지—는 낮에 뮤지션들이 모이는 장소였어. 우리 같은 사람들이 점점 꼬이니까 디지의 부인인 로레인은 우릴 내쫓기도 했어. 나도 거기 많이 갔었어. 케니 도럼, 맥스 로치나 몽크도 거기 있는 사람들이었어.

피아노를 제대로 치는 법을 가르쳐준 사람도 디지였어. 거기 가면 몽크가 특유의 이상한 스타일로 여백을 강조하며 진행코드를 짚고 있곤 했어. 디지가 연습하고 있을 때면 나는 그의 곁에서 모든 걸 빨아들였지. 내가 줄리아드에서 배운 것들을 그에게 가르쳐줄 때도 있었어. 예를 들어 이집션 마이너 스케일 같은 것 말이야. 이집션 스케일에서는 반음 내리거나(플랫) 올리고 싶은 곳에서(샤프)

내리거나 올리면 돼. 그렇게 되면 두 개의 플랫과 하나의 샤프가 얻어지지. 이게 무슨 뜻이냐. E 플랫과 A 플랫으로 연주할 때 F가 샤프가 되는 거지. 이렇게 되면 플랫 두 개와 샤프 한 개가 있으니 웃기게 보일 수도 있지만, 기본 조성을 바꾸지 않고도 멜로디 아이디어를 실현할 수 있게 돼. 그래서 나는 디지에게 그 방법을 알려준 거야. 양쪽이 상부상조한 거지. 하지만 내가 그에게 배운 것이 더 많았어.

버드랑 어울리는 게 참 재미있었는데. 버드는 찐으로 자기 음악에 대해 비상한 사람이었고, 자주 사용하던 영국식 악센트를 섞어 누구보다도 사람을 웃길 줄 알았지. 그럼에도 불구하고 여전히 그는 어울리기 어려운 사람이었던 건 맞아. 헤로인이나 위스키를 비롯해 사고 싶은 것을 사기 위해 사람들을 속여먹는 버릇이 있었거든. 대부분의 천재가 그렇듯이 버드도 더럽게 욕심 많은 새끼였어. 모든 것을 갖고 싶어 했고. 헤로인 한 방이 갖고 싶어지면 그걸 얻기 위해 무슨 일이든 했어. 나를 속여 돈을 얻자마자 돌아서서 전당포에서 악기를 찾아야 한다는 등 짠한 이야기를 딴 사람에게 똑같이 늘어놓으며 돈을 뜯었어. 그는 빚을 갚는 일이 절대로 없었어. 그런 면에서 정말 함께 어울리기 좆같이 힘든 놈이었던 거야.

어느 날에는 버드를 아파트에 남겨 놓고 학교에 간 일이 있었어. 집에 돌아와 보니 그가 내 트렁크를 전당포에 맡기고 받은 돈으로 마약을 하고는 마룻바닥에서 꾸벅거리고 있더라고. 또 한 번은 자기 정장을 전당포에 맡기고 헤로인을 산 다음 내 옷을 빌려 입고 스리 듀시스에 연주를 하러 간 적이 있었어. 나보다 체격이 크니까 소매랑 바짓단이 적어도 4인치는 모자라는 옷을 입고 무대에 오른 거지. 그 옷은 당시 내가 갖고 있던 유일한 정장이어서 그가 그 옷을 전당포에서 찾아올 때까지 난 집에 있어야 했지. 그 와중에 버드는 그 꼬라지로 헤로인을 구하러 하루 종일 나돌아다닌 거야. 그래도 그날 그의 연주는 턱시도를 입고 하는 연주보다도 훨씬 좋았다고들 했어. 바로 그 점 때문에 사람들이 버드의 좆같은 버릇을 참아주며 그를 사랑하는 거였고. 버드는 지금까지 존재한 모든 연주자 중에 가장 위대한 알토 색소폰 연주자니까. 어쨌든 그런 식이었던 거야. 버드는 위대하고 천재적인 뮤지션이었지만 이 세상에서 가장 야비 하고 탐욕스러운 새끼이기도 했지. 최소한 내가 만나본 사람 중에는 그래. 그는 정말 보통이 아니야.

우리가 위쪽에서 연주를 마치고 52번가로 내려오던 날이 기억 나. 그날 버드는 택시 뒷좌석에 백인 여자애와 함께 있었어. 이미 헤 로인을 왕창 때린 상태였어. 그 상태로 치킨과 위스키를 먹으면서 여자에게 밑으로 내려가 자기 물건을 빨라고 시켰지. 참 나. 그 당 시만 해도 나는 그런 것에 익숙하지 않은 쑥맥이었어. 술도 잘 못 마 셨고 담배는 겨우 시작했는데 아직 약에는 전혀 손도 대지 않았었 어. 고작 열아홉이었고 그런 것을 쳐다보지도 못하던 때였다고. 어 쨌든 여자가 버드의 물건과 그 주위를 남김없이 빨고 버드는 또 여 자의 것을 빠는 것을 보고 나는 얼어붙었어. 그걸 눈치챈 버드가 나 더러 뭐 잘못된 거 있냐고 거북하냐고 묻더라구. 나는 내 눈앞에서 여자가 개처럼 남자의 그것을 빨고 있는 동안 남자는 치킨을 먹으며 사이사이 교성을 지르는 그런 짓을 하는 것 자체가 불편하다고 말했 어. "음, 좀 거북해요" 하고 말했지. 그랬더니 그 좆같은 놈이 뭐라 고 했는지 알아? 보기 싫으면 고개를 다른 쪽으로 돌리고 있으라는 거야 글쎄. 나는 내가 들은 말을 믿기가 힘들었어. 택시는 엄청 좁았 고 우리 셋 모두가 뒷좌석에 앉아 있는데 어디로 시선을 돌리라는 거야. 나는 택시 창문 바깥으로 머리를 내밀었지만 둘이 점점 흥분 하면서 내는 소리와 버드가 치킨을 쪽쪽 빠는 소리를 계속 들을 수 밖에 없었어. 참, 보통 놈이 아니긴 하지.

그래서 나는 인간으로서보단 뮤지션으로서 그를 존경하는 편이야. 그 판에선 그는 날 아들처럼 대해줬고. 디지도 버드도 나에겐 아버지 같은 존재였어. 버드는 내가 누구와도 연주할 수 있는 실력이라고 말하곤 했어. 그래서 그는 무대 위에, 내 생각에는 내가 함께 연주할 준비가 되지 않은 사람이 있을 때조차 나를 거의 떠밀어 올리다시피 했어. 이를테면 콜먼 호킨스나 베니 카터, 록조 데이비스 같은 사람들 말이야. 내가 아무리 내 연주에 자신 있다고 해도 난 고작 열아홉이었어. 그런 사람들과 연주하기에는 아직 너무 어리다고 생각했지. 그런 경우가 많지는 않았지만, 그럴 때마다 버드는 자기가 내 나이 때 캔자스시티에서 비슷한 일을 겪으며 컸다는 말로 내 자신감을 돋워줬어.

1945년 5월, 나는 첫 레코딩 스케줄을 잡았어. 허비 필드와 함께 연주하게 되어 있었지. 그때 얼마나 긴장했는지 연주가 제대로 안 될 정도였어. 솔로도 아니고 앙상블이었는데 말이야. 아마 레너드 가스킨이 베이스를, 러버렉스 윌리엄스가 노래를 했었을 거야. 나는 가능한 한 그 음반을 머릿속에서 지워버리려고 했기 때문에 그 이외에 누가 함께 연주했는지는 기억나지 않아.

그즈음에 처음으로 중요한 무대에 서기도 했어. 52번가의 스포트라이트 클럽에서 한 달간 록조 데이비스의 그룹에서 연주할 기회가 생겼거든. 민턴스에서 자주 함께 했기 때문에 그는 내가 어떤 식으로 연주하는지 잘 알고 있었어. 그때쯤인지 그보다 조금 전인지 잘 기억나지는 않지만 52번가 다운비트 클럽의 콜먼 호킨스 밴드에서도 연주를 시작했어. 빌리 홀리데이가 이 그룹에 소속된 스타 싱어였지. 빈의 그룹에서 연주하게 된 건 원래 트럼펫 주자였던 조 가이가 빌리 홀리데이와 결혼했기 때문이야. 조는 헤로인에 너무 취한 상태에서 열나 떡을 치다가 가끔씩 연주 시간을 놓치곤 했지. 호크는 조가 나타나지 않을 때 나를 부르곤 했어. 우리는 거의 매일 밤 다운비트에 앉아서 조가 나타나기를 기다렸어. 조가 나타나지 않으면 내가 트럼펫을 담당했지.

나는 기회가 생겼을 때 콜먼 호킨스와 함께 빌리의 뒤에서 연주하는 게 좋았어. 그들 모두는 정말 창의적이고 위대한 음악가였거든. 아무도 빈처럼 연주할 수 없었어. 그의 사운드는 정말 통이 컸지. 레스터 영은 가벼운 사운드를 가지고 있었고 벤 웹스터는 마치 피아노를 치는 것처럼 온갖 종류의 웃기는 코드 위에서 달리기를 좋아했어. 그는 피아니스트이기도 했거든. 또 거기엔 자기 자신의 스타일을 확실히 가지고 있는 버드도 있었고. 빈이 나를 점점 좋아하기 시작하니 조가 그걸 알아차리고 더 이상 연주를 빼먹지 않더라고. 그러고 나서 록조의 그룹에서 기회가 생겼던 거야.

록조의 세션으로 연주한 후에 52번가의 사람들이 점차 나를 쓰기 시작하더라고. 당시는 백인 비평가들이 비밥이 중요하다는 것을 이해하기 시작하던 때였어. 그때부터 그들은 버드와 디지에 대해 많이 이야기하고 쓰기 시작했지. 그래도 백인들이 언급하는 건 버드와 디지가 52번가에서 한 연주에 대해서만이었어. 물론 업타운의 민턴스에 대해서도 썼지만, 그건 이미 52번가가 백인들이 새 음악을 듣기 위해 찾아와서 돈을 엄청나게 쓰는 장소가 된 이후였어. 1945년 즈음에는 많은 흑인들이 돈을 위해, 그리고 언론 홍보를 위해 스트리트로 내려와서 연주했어. 52번가의 클럽들이 할렘의 클럽들보다 더 중요해지기 시작한 건 그 무렵부터야.

그렇지만 52번가에서 벌어지고 있는 일들을 좋아하지 않는 백인도 많았어. 그들은 새 음악이 무엇인지 이해하지 못했어. 본인들의 공간이 할렘의 흑인들에게 침입당했다고 생각해 점점 비밥을 둘러싸고 인종적인 긴장이 팽팽해졌지. 잘 빠지고 돈 많은 백인 여자들과 어울리는 흑인들도 보이기 시작했고. 존나게 말쑥한 흑인들이 존나게 잘난 체하며 구라를 풀면서 공공연히 나돌아다니다니 말야! 그러니 백인 중에서도 특히 남자 새끼들이 그 꼴을 좋아할 리가 없는 거지.

백인 비평가들 중 음악 잡지 『메트로놈』*Metronome*의 공동 편집자였던 레너드 페더와 배리 울라노프는 비밥이라는 새로운 경향을 이해했어. 그들은 비밥을 받아들였고 비밥에 대해 좋은 글들을 썼어. 다른 멍청한 백인 비평가들은 우리가 하는 음악을 싫어했어. 그들은 음악을 이해하질 못했어. 우리 뮤지션들도 이해하지 못할 뿐 아니라 미워했지. 그렇지만 그 와중에도 사람들은 비밥을 들으러 클럽으로 몰려들었고 스리 듀시스의 디지와 버드의 밴드는 뉴욕에서 가장 잘나가는 그룹이었지.

버드는 거의 신이나 마찬가지였으니까. 사람들은 어디든지 그를 따라다니며 그의 주위를 에워쌌어. 세상 모든 여자들, 내로라하는 마약상들이 주위에 득시글했고 수많은 선물이 그를 기다렸지. 당연하다는 듯 선물을 받고 또 받아먹으면서 연주는 빼먹는 일이 점점 잦아졌어. 그 일 때문에 디지는 골머리를 앓았지. 미친 척 행동하긴 해도 디지는 정도가 있는 사람이었고 그의 사전에 연주를 빼먹는 건 있을 수 없는 일이었거든. 버드를 불러다 놓고 제발 일 좀 같이 하자고 애원하기도 하고, 계속 이러면 본인이 관둘 거라고 위협하기도 했어. 그래도 버드가 말을 듣지 않자 디지는 그룹을 관둬버렸어. 그렇게 비밥의 가장 위대한 그룹이 깨진 거야.

디지가 그룹을 관두자 음악계의 모든 사람이 충격을 받았어. 그들 둘이 같이 연주하는 것을 좋아하던 뮤지션들은 혼란에 빠졌지. 둘의 그룹이 끝장났다구. 레코드가 아니면, 혹은 둘이 다시 합치지 않으면 둘의 멋진 연주를 더 이상 들을 수 없게 된 거야. 나를 포함해 많은 사람들이 그들의 재결합을 원했어. 그런데 내가 디지의 자리에 들어가게 된 거지.

디지가 스리 듀시스에서 밴드를 떠나고 난 후 버드가 밴드를 데리고 업타운으로 올라갈 것으로 보였지만 버드는 그러지 않았어. 적어도 바로 올라가지는 않았지. 52번가의 클럽 주인들이 다음 트럼펫 주자가 누구냐고 물어보면 버드는 나를 가리키며 "바로 여기 새 트럼펫 주자가 있어요. 마일스 데이비스요" 하고 말했어. 그러면 나는 농담처럼 "내가 안 하면 일을 따낼 수도 없을걸" 하고 받았지. 버드는 그 말에 그냥 씨익 웃었지. 어떤 때는 클럽 주인이 여전히 버드와 디즈가 있는 밴드를 원했기 때문에 무대에 서지 못하기도 했어. 그러다 1945년 10월, 스리 듀시스가 우리를 고용했지. 버드가 알토, 알 헤이그가 피아노, 컬리 러셀이 베이스, 맥스 로치와 스턴 레비가 드럼, 그리고 내가 트럼펫이었어. 리듬 섹션은 디지가 밴드를 떠나기 직전과 같았어. 나는 두 주 동안 계속된 스리 듀시스에서의 무대를 기억해. 탭댄서인 베이비 로런스가 플로어 쇼를 맡았어. 그는 정말 춤을 끝장나게 췄어. 내가 보고 들은 중 최고의 탭댄서였지. 그의 탭댄싱은 꼭 재즈 드럼 같았어. 대단한 친구였지.

나는 버드와의 첫 그룹 활동이 너무 부담스러워서 매일 밤 그에게 관둬도 되냐고 물었어. 그와 제법 함께 지내왔지만 돈을 받는 연주는 그때가 처음이었거든. 나는 그에게 내가 무엇 때문에 필요하냐고 묻곤 했어. 그룹에서는 그의 연주가 대부분이었으니까. 나는 그저 그 밑에서 그가 음을 끌고 가도록, 멜로디를 불면서 모든 것을 리드할 수 있도록 도울 뿐이었어. 그도 그럴 것이 모든 것의 리더인 버드 앞에서 리더를 하려는 건 정말 우스워 보이는 일이었거든. 내가 버드 앞에서 리드 멜로디를 연주한다고? 웃기지 말라 그래. 난 내가 연주를 망칠까 봐 전전긍긍했어. 어떤 때는 꼭 밴드를 관둘 것처럼 행동하기도 했지. 버드가 나를 해고할 것만 같아서, 그가 나가라고 하기 전에 먼저 나가리라고 마음을 먹었던 거야. 그러면 그는 그룹에 내가 필요하며, 자기는 내 연주를 좋아한다고 하면서 용기를 북돋워줬어. 그 덕에 밴드에 머무를 수 있었고, 그 시절 많은 것을 배웠지. 난 디지의 연주를 완전히 외우고 있었는데, 아마 그것이 버드가 나를 쓴 이유일 거야. 한편으로 버드는 디지와 다른 종류의 스타일을 원했어. 디지의 연주 중 어떤 것은 내가 할 수 있었지만 어떤 건 할 수 없었어. 나는 내가 할 수 없는 것들을 굳이 연주하려 하지 않았어. 왜냐하면 예전부터 내겐 나만의 색깔이 있다는 것을 알고 있었거든.

버드와의 첫 2주는 정말 끔찍했지만 내가 빨리 성장하는 데 많은 도움이 됐지. 열아홉의 나이에 최고의 알토 주자와 연주를 하고 있는 거야! 내심 기분이 날아갈 것 같았어. 겁에 질려 있긴 했지만, 동시에, 당시에는 몰랐지만 점점 자신감이 붙고 있었던 거야.

그런데 버드는 음악에 관한 한 나에게 뭘 잘 알려주지 않았어. 그와의 연주를 좋아했지만 그의 연주는 너무나도 독창적이었기 때문에 그대로 따라 하기가 어려웠지. 당시 내가 영향을 받은 사람은 디지나 몽크였어. 빈에게도 약간 받았고. 그치만 버드에게 배운 건 없었어. 그는 솔로였고 자기만의 것을 가지고 있는 아티스트였어. 고립되어 있는 존재였지. 그를 완전히 베끼지 않는 한 그에게서 배울 것은 없었어. 색소폰 주자들은 그를 베낄 수 있었지만 그들도 그러지 않았어. 할 수 있는 일이라곤 버드의 접근법과 개념들을 얻으려고 노력하는 일뿐이었지. 소니 스팃이 그랬고 조금 후에 루 도널드슨이 그랬고 그 이후에는 재키 매클레인이 그랬지. 근데 소니는 레스터 영의 스타일이 더 짙어. 또 버드 프리맨의 연주는 소니 스팃과 비슷한 면이 많고. 아마 재키와 루가 버드와 가까운 것으로 보이지만 단지 소리만 그랬고 연주 자체는 그렇지 않았어. 아무도 버드처럼 연주할 수 없어. 그때나 지금이나 마찬가지야.

음악에 대한 나의 개념을 말하자면 이래. 당시 디지와 프레디 웹스터 외에 내게 주요한 영향을 미친 스타일은 클라크 테리의 트럼펫 접근법과 델로니어스 몽크의 화성 감각 등이야. 몽크의 코드 구사에는 남다른 구석이 있었어. 그치만 역시 디지가 제일 중요한 영향을 미쳤던 것은 맞아. 뉴욕에 온 지 얼마 후에 디지에게 코드 하나를 물었던 기억이 나. 그랬더니 그가 "피아노에 앉아서 한번 쳐보지 그래?"라더군. 그래서 쳐봤지. 코드에 관해 그에게 묻긴 했지만 머릿속에 이미 그 코드가 다 그려져 있었던 거야. 단지 연주하지 않고 있었을 뿐이지. 버드의 밴드에서 처음 활동할 때 나는 이미 디지가 버드의 밴드에서 했던 연주를 다 알고 있었어. 나는 그의 연주를 사방으로 돌려가며 연구했어. 나는 그처럼 높은음으로 연주할 수는 없었지만 그가 '무엇을' 연주했는지는 알고 있었어. 나의 구강은 디지처럼 발달되어 있지 않아서 그처럼 높게 소리를 뽑지 못했지. 그래도 중음역에서는 내 연주가 더 잘, 그리고 깨끗하게 들려.

나는 또 디지에게 어느 날 물었어. "왜 나는 당신처럼 연주할 수 없죠?" 그랬더니 그가 대답했어. "너는 나처럼 연주하고 있어. 단지 한 옥타브 아래에서 하고 있는 것뿐이야. 코드를 한번 짚어봐." 디지는 독학했지만 음악에 관해 모든 것을 알고 있었어. 내가 모든 것을 아래 음역으로 듣는다고 그가 내게 일러줬을 때 나는 비로소 이해가 갔어. 왜냐하면 위 음역에서는 아무것도 들리지 않았거든. 무슨 말인지 알겠어? 지금은 할 수 있지만 그때는 그렇게 하지 못했어. 디지와 이런 말을 주고받은 지 얼마 후 내가 솔로를 마치고 내려오는데 그가 내게 와서 "야, 마일스, 훨씬 강해졌어. 처음보다 네 목구멍이 튼튼해졌는데?" 하고 말했어. 내가 처음보다 높게, 그리고 강하게 불고 있다는 거야.

　나는 한 음을 내도 그 음이 좋게 들려야 성이 찬다구. 언제나 그래. 또 연주하는 음이 코드와 같은 음역대여야 해. 최소한 당시에는 그랬지. 비밥 시절에는 누구나 다 엄청 빠르게 연주했지만, 나는 한꺼번에 여러 스케일을 뭉뚱그려 연주하는 걸 좋아하지 않았어. 나는 언제나 코드를 분해한 후 거기에서 가장 중요한 음을 연주하려고 했어. 그 많은 연주자들이 엄청난 스케일과 음을 연주하면서 하나도 기억하지 못한다는 게 그리 좋은 일은 아니야.

　자, 내가 봤을 때 음악은 스타일이야. 만일 내가 프랭크 시나트라와 연주한다면, 그가 노래하는 방식에 따를 것이고 그의 노래를 받쳐주는 연주를 할 거야. 숨넘어가는 속도로 연주하지는 않을 거라는 말이지. 나는 프랭크나 냇 킹 콜, 그리고 오손 웰스의 발음법을 들으면서 음을 분절하는 것에 관해 많은 걸 배웠어. 그들은 자신의 목소리를 가지고 음악적 라인이나 문장, 혹은 말 마디의 모양을 만들어내는 데 엄청 뛰어났어. 에디 랜들은 나더러 한 구절을 연주하고 숨을 쉬어라, 또는 숨 쉬는 방식 그대로 연주하라고 말하곤 했어. 가수 뒤에서 연주할 때는 해리 '스위츠' 에디슨처럼 연주하는 게 적절하지. 프랭크가 노래를 그치면 해리가 연주해. 조금 전이든 조금 후든 프랭크의 노래와 겹치는 경우는 절대 없어. 절대로 가수의 노래와 같이 연주하면 안 돼. 그 사이에 해야지. 그리고 블루스를 연주할 때는 어떤 특정한 느낌을 살려야 하는데, 그걸 느끼지 않으면 안 돼.

　나는 세인트루이스에서 이런 것들을 배웠기 때문에 대부분의 비밥 트럼펫 주자들이 하던 연주와는 좀 다르게 하고 싶었어. 한편으로는 스스로 '나도 할 수 있다'는 걸 증명하고 싶은 마음에서 디지처럼 높은음으로 연주하고 싶기도 했지. 비밥 시대에는 잘나가던 놈들 대부분이 내 연주를 무시했어. 그건 그들이 디지처럼 높은 소리를 내는 연주만을 들으려 했기 때문이야. 나같이 뭔가 다른 스타일을 가진 사람은 무시당할 위험을 감수해야 해.

버드는 디지가 밴드를 떠난 뒤 뭔가 다른 걸 원했어. 다른 접근법과 관념, 그리고 다른 소리를 원했지. 딱 디지의 정반대 스타일을 원했던 거야. 자기 소리를 받쳐주고 돋보이게 해주는 소리 말이야. 그래서 그가 나를 고른 거야. 그와 디지의 연주법은 비슷한 부분이 많았어. 엄청 빠른 속도로 스케일을 오르락내리락하면서 어떨 때는 어떤 스케일인지 분간도 안 가게 연주하는 게 그들이야. 그치만 나와 연주하기 시작하면서 버드에게는 자기만의 것을 할 수 있는 공간이 생겼어. 디지와 함께 할 때처럼 늘 고양된 상태에서 놀지 않아도 됐던 거야. 디지는 그에게 공간을 주지 않았어. 그들은 다 같이 현란하게 연주했고 아마 둘이 함께 할 때 가장 그랬을 거야. 나는 버드에게 공간을 주었고 그것이 디지 이후의 연주자에게 버드가 원하던 거였어. 스리 듀시스의 무대에 선 얼마 후에도 어떤 사람들은 여전히 디지를 원했어. 나는 그게 이해가 가.

얼마 후 우리 밴드는 더 아래쪽에 있는 스포트라이트 클럽으로 장소를 옮겼어. 버드는 피아노의 알 헤이그를 서sir 찰스 톰슨[†]으로, 베이스의 컬리 러셀을 레너드 개스킨으로 교체했어. 그런데 우리는 그곳에서 오래 연주하지 못했어. 경찰들이 스포트라이트 클럽과 또 다른 52번가 몇 개 클럽의 문을 닫아버렸거든. 명목은 마약과 가짜 주류 판매 허가증 때문이었지만 약 2주 동안 영업정지를 시킨 진짜 이유는 깜둥이들이 아래로 내려와 노는 게 싫었던 거지 뭐. 그놈들은 흑인이 돈 많고 멋진 백인 여자와 어울리는 걸 싫어했어.

52번가의 클럽 동네는 적색 사암 벽돌

[†] 우아한 연주와 세련된 매너로 붙은 별명으로 실제 기사 작위와는 무관하다.

을 쌓은 3층 내지는 4층짜리 건물이 줄지어 늘어서 있을 뿐 멋진 데라곤 하나도 없는 곳이었지. 예전에는 5번과 6번 애비뉴 사이에 부유한 백인들이 살았는데 금주법 이후로 부자들이 나가고 건물 1층에 조그만 사업체나 클럽이 들어서면서 분위기가 바뀌었다고 해. 이 클럽들은 소규모 밴드가 빅밴드를 대체한 1940년대에 큰 인기를 누렸어. 그 클럽들은 빅밴드를 유치하기에는 너무 작았어. 무대에 열 명이나 열두 명 밴드는 고사하고 5인조 밴드도 들어서기가 쉽지 않았거든. 이런 형편에 맞춰 소편성 밴드에 더 어울리는 새로운 뮤지션들이 탄생할 수 있었지. 내가 스트리트에서 음악을 시작할 당시의 음악적 분위기는 그랬어.

그런데 스리 듀시스나 페이머스 도어, 스포트라이트, 요트 클럽, 켈리스 스테이블, 오닉스 같은 작은 클럽들에는 창녀와 날라리, 마약상들과 꾼들, 협잡으로 먹고사는 양아치들이 꼬여들었어. 발에 채이는 게 그런 놈들이었을 만큼 흔전만전이었지. 백인이고 흑인이고 할 것 없이 그 새끼들은 여기저기 어슬렁거리며 일을 벌였어. 그놈들이 경찰한테 뒷돈을 준다는 건 공공연한 사실이었어. 특히 백인 꾼들은 백이면 백 뻔했지. 그런데 위쪽에서 음악이 내려오면서 상당히 많은 흑인 꾼들도 함께 내려왔단 말야. 백인 경찰들이 이를 달갑게 여기지 않았던 거야. 그들은 마약과 가짜 주류 판매 허가증을 문제 삼았지만 흑인 뮤지션의 입장에서 보자면 진짜 이유는 인종차별이야. 당시엔 당연히 그렇게 받아들여지지 않았지.

어쨌든 스포트라이트가 문을 닫자 버드는 그룹을 데리고 할렘의 민턴스로 갔어. 나는 거기서 훨씬 좋은 연주를 할 수 있었어. 이유는 모르겠지만 청중이 모두 흑인이어서 그랬던 것 같아. 딱히 꼬집어 말하기는 어렵지만 내 자신에 대해, 그리고 연주에 대해 자신감이 붙었다는 것은 확실했어. 언제나 기립박수를 받는 사람은 버드였지만 내 연주 역시 사랑을 받는 것 같았어. 가끔씩은 나도 기립박수를 받았지. 버드나 다른 밴드 멤버들은 내가 연주할 때면 미소를 지으며 바라봤어. 나는 여전히 「체로키」Cherokee나 「어 나이트 인 튀니지」A Night In Tunisia를 할 때는 힘들었어. 이 곡들은 디지가 불 같은 속도로 불던 곡들이고, 디지의 연주법에 맞게 지어진 곡들이기 때문이야. 그래도 대부분의 경우에는 내가 힘들다는 걸 관객들이 알아차리지 못하게 그럭저럭 제대로 연주를 마칠 수 있었어. 프레디 웹스터나 디지도 가끔 나타나곤 했는데, 그들은 내가 쩔쩔매고 있다는 걸 대번에 알아차렸을 거야. 그러나 그걸 대놓고 말하지는 않았어. 물론 은근히 드러내긴 했지만.

백인들을 포함해 많은 사람들이 우리 밴드를 따라 업타운으로 올라오기 시작했어. 그 때문에라도 52번가의 클럽들은 오랫동안 문을 닫은 채로 있을 수 없었어. 그쪽의 백인 주인들이 위쪽의 깜둥이들에게 돈과 손님을 다 뺏기고 있다고 불평하기 시작했던 거야. 어쨌든 버드가 업타운으로 손님들을 다 끌고 올라간 지 얼마 되지 않아 52번가의 클럽들이 다시 문을 열었어. 백인들을 의기투합하도록 만든 이유 중 하나는 지들 생각에 '원래 내 돈'인 것을 흑인들에게 뺏겨서는 안 된다는 생각이었을 거야. 그들은 자기들이 흑인 뮤지션들을 '소유'하고 있다고 생각하기 시작했어. 자기들이 돈을 벌게 해준다고 생각했지. 이런 새로운 현상 때문에 백인들의 돈주머니가 타격을 받고 급기야 할렘에 사업을 빼앗기게 될 것이라는 말이 퍼졌던 게 틀림없어. 그러다 클럽이 다시 문을 열었는데 뭔가가 달라진 것 같았어. 우리가 올라가서 연주하는 동안 이쪽의 신비감이나 에너지가 사라져버린 거야. 내가 잘못 봤을지도 모르지. 아무튼 내가 봤을 때 52번가 클럽이 문을 닫은 것이 그쪽의 모든 것이 끝나버리게 된 시발점이 된 것 같았어. 시간문제였던 거야.

내가 처음 뉴욕에 와서 할렘과 다운타운에서 놀 당시의 분위기는 대충 이랬어. 나는 줄리아드에서도 놀았지만 그쪽은 비밥의 세계와는 완전히 다른 곳이었어. 비밥의 세계에서는 버드가 왕이었고, 이쪽 세상의 모든 면에서 그는 대단한 사람이었어. 헤로인을 맞고, 여자들과 놀고, 헤로인을 맞기 위해 돈을 빌리고, 하여간 모든 면에서 버드는 내가 만난 누구보다도 기인이었어.

1945년 가을에 줄리아드를 관두기로 마음먹고 나서 처음 얘기한 사람이 프레디 웹스터였어. 강하고 좋은 친구였거든. 그는, 관두기 전에 아버지에게 전화로 미리 알리는 것이 마땅하다고 그러더군. 나는 먼저 자퇴를 한 다음에 아버지에게 말하려고 했지만, 프레디의 말을 듣고 나서 다시 고민하기 시작했어. 그러고 나서 프레디에게 말했지. "아버지에게 이 일을 전화로 말할 수는 없어. '아버지, 나는 버드와 디지라는 이름의 아티스트들과 함께 일하고 있기 때문에 학교를 관둘 거예요'라는 말을 말이야. 집에 가서 직접 말해야겠어." 프레디도 동의했고, 나는 집으로 갔어.

기차를 타고 이스트세인트루이스로 가서 아버지의 사무실로 찾아갔지. 사무실에는 '정숙'이라는 팻말이 걸려 있었어. 당연히 나를 보고 깜짝 놀라더라고. 그러나 아버지는 이런 일에 냉철한 사람이었어. 조금 있다가 아버지는 "마일스, 거기서 도대체 무슨 짓을 하고 있는 거냐?"라고 물었어.

나는 아버지께 말했어. "아버지, 제 말을 들어보세요. 뉴욕에서는 새로운 일이 벌어지고 있어요. 음악과 스타일이 바뀌고 있고, 저는 그 흐름에 속하고 싶어요. 버드, 디지와 함께 말이에요. 그래서 줄리아드를 관두겠다고 말하려고 왔어요. 줄리아드에서 가르치는 백인적인 것들에는 흥미가 없어요."

아버지는 "알았다"고 운을 뗐어. "네가 뭘 하고 있는지 스스로 알고 있다면 무슨 일이라도 좋다. 무슨 일을 하든 잘해라."

그러곤 잊을 수 없는 말씀을 하셨어. "마일스, 바깥에서 새가 우는 소리가 들리니? 저건 지빠귀다. 저 새는 자기 소리가 없다. 다른 새의 소리를 흉내 낼 뿐이지. 네가 원하는 건 저런 게 아닐 거야. 너는 자기 것이 있는 사람, 네 소리가 있는 사람이 되길 원하겠지. 바로 그거야. 다른 사람이 아닌 바로 너 자신이 되어야 해. 네가 뭘 해야 하는지 알고 있다면 나는 너의 판단을 믿는다. 걱정 말거라. 네가 자립할 수 있을 때까지 돈을 보내주마."

그게 아버지가 한 말의 전부였어. 아버지는 환자를 보러 곧 돌아갔지. 정말 대단한 양반이지? 나를 그렇게 잘 이해해준 것에 대해 나는 영원히 감사하게 생각할 거야. 어머니는 달가워하지 않았지만 그때쯤에는 내가 결정한 것에 대해서 아무 말 안 하기로 마음을 잡순 후였어. 사실 우리는 예전보다 가까워진 듯했어. 그 전 크리스마스 때 나는 어머니가 피아노로 간단한 블루스를 연주할 줄 안다는 걸 알았어. 그때까지 어머니가 음악을 할 줄 안다는 사실을 몰랐지. 어머니가 블루스를 치는 걸 보고 나는 이때까지 어머니가 블루스를 칠 줄 안다는 걸 몰랐으며 연주가 마음에 든다고 말했어. 어머니는 미소 지으며 "그래, 마일스. 너는 나에 대해 모르는 것이 많아" 하고 말했어. 우리는 함께 웃었고, 나는 그게 사실이라는 점을 깨달았어.

어머니는 아름다운 분이었어. 외모도 그랬고, 나이 들면서는 정신적으로도 그랬어. 태도가 아름다운 분이었지. 나는 어머니에게서 그 태도를 배웠어. 나이가 들수록 어머니의 태도는 더욱 훌륭해졌고 우리 사이도 보다 가까워졌어. 내가 그렇게 음악에 빠져 있었는데도 부모님은 나이트클럽에 가지 않았고 심지어 내 연주를 거의 보지도 않았어.

나는 줄리아드를 관두기 전에 디지의 충고를 받아들여 피아노 레슨을 받기로 했어. 또, 교향악단의 트럼펫 연주법을 배우기도 했는데 이게 많은 도움이 됐어. 레슨을 해준 뉴욕 필하모닉 오케스트라 단원들에게서 얻는 것이 있었어.

줄리아드가 아무 도움이 되지 않았다고 말한 것은 내가 진정으로 무엇을 연주하려 하는지를 이해하는 데 도움이 되지 않았다는 뜻이야. 학교에서 나를 위해 했던 일이 하나도 없다고 생각했지. 간혹 후회할 때가 있지만 나는 내가 한 일을 거의 후회하지 않는 편이야. 1945년 가을, 줄리아드를 관두면서도 후회가 되지 않았어. 세계에서 가장 위대한 재즈 뮤지션들과 연주를 하는데 안 좋을 게 뭐가 있겠어. 아무것도 안 좋아질 게 없었어. 나는 후회하지 않았어. 뒤돌아보지도 않았지.

4

1945년 가을에 사보이 레코드의 프로듀서인 테드 레이그가 버드에게 와서 레코딩을 제안했어. 버드는 동의했고 나에게 트럼펫을 불어달라고 했지. 디지가 몇 곡에서 피아노를 쳤고, 델로니어스 몽크와 버드는 못 했거나 안 했거나 둘 중 하나야. 버드[†]는 웬만해서는 버드와 잘 어울리지 못했어. 디지가 피아노를 치지 않은 트랙에서는 사딕 하킴이 피아노를 맡았고 베이스는 컬리 러셀이, 드럼은 맥스 로치가, 그리고 버드가 알토 색소폰을 맡았지. 레코드의 이름은 『찰리 파커의 리바퍼스』*Charlie Parker's Reboppers*였어. 이 레코드는 명반이야, 대부분의 사람들이 그렇게 생각하는 편이지. 이 앨범으로 내 이름이 비밥 역사에 아주 확실하게 남았지.

레코딩을 마치는 일이 수월치는 않았어. 버드가 나더러 「코-코」Ko-Ko를 연주하라고 했던 기억이 나. 이 곡은 「체로키」의 선율에 기반을 두고 있었어. 당시 버드는 이미 내가 「체로키」를 연주하는 데 애를 먹는다는

[†] 피아니스트 버드 파월을 말한다.

걸 알고 있었어. 그가 이 곡을 하라고 했을 때 나는 싫다고 했어. 그 곡들을 하고 싶지 않았어. 그래서 이 판의 「코-코」와 「워밍업 어 리프」Warmin' Up a Riff, 그리고 「미앤더링」Meandering에서는 디지 길레스피가 트럼펫을 불게 된 거야. 나는 그 곡들 때문에 당황하고 싶지 않았어. 「체로키」 정도 되는 템포의 곡을 연주할 준비가 제대 로 되어 있지 않다고 생각했거든. 나는 그 곡들을 거리낌 없이 연주 할 수 없었어.

레코딩 세션에서 우스운 일화 하나. 나는 디지가 그 아름다운 솔로를 할 때 플로어에서 잠을 자느라 하나도 듣지 못했어. 레코드 가 나온 후에 그 연주들을 들었을 때, 내가 할 수 있는 일이라곤 머 리를 흔들며 웃는 것뿐이었어. 그날 디지가 한 연주는 정말 끝내 줬어.

그런데 레코딩 자체는 좀 꺼림칙했어. 버드를 찾던 꾼이며 마 약 장수들이 와 있었던 거야. 레코딩 전체를 하루에 마친 것으로 기 억해. 11월 하순이었고 클럽 연주를 하루 쉬는 날이었으니까 월요일 이었을 거야. 어쨌든 그 사람들이 지켜보고 있었고 버드는 약장수와 함께 화장실로 사라졌다가 한두 시간 후에 다시 나타나곤 했어. 그 가 사라지면 다른 사람들은 앉아서 버드가 약에 취해 비몽사몽하다 가 돌아올 때를 기다렸어. 그는 완전 맛이 간 얼굴로 돌아오곤 했어. 그치만 약발이 오른 버드의 연주는 정말이지 끝내줬지.

음반이 발매되자 리뷰를 맡은 평론가들 중 나를 혹평한 사람 이 몇 명 있었던 게 기억나. 특히 『다운비트』Down Beat지가 그랬어. 필자의 이름은 기억나지 않는데 내가 어떻게 디지의 것을 잘못 베끼 고 있는지에 대해 썼던 것은 기억이 나. 결국 그런 식의 모방이 내게 나쁘게 작용할 것이라는 말도. 나는 평론가들의 말에 주의를 기울 이지 않지만, 그 새끼가 한 말은 상처가 되더라. 내가 너무 어렸고,

이 음반의 연주에 대한 평가가 내게 너무나 중요했으니까. 하지만 버드와 디지가 대가리에 똥만 찬 그따위 평론가의 말에 마음 쓰지 말라고 해서 그 이상은 신경 쓰지 않았어. 나는 버드와 디지가 내 연주를 호평한 것을 존중했거든. 『다운비트』에 그따위 리뷰를 쓴 자식은 평생 악기 하나 잡아본 적이 없는 놈일 게 뻔했고. 아마 그때부터 평론가에 대한 안 좋은 감정이 시작됐는지도 모르지. 아직도 배울 게 쌓여 있는 피도 안 마른 젊은이의 연주를 그렇게 신랄하게 내리까다니. 그들은 그때 나를 매우 차갑게 대했고 아껴주지도 않았어. 나는 젊고 경험이 없는 사람에게 아무런 용기도 주지 않고 그렇게 차갑게 대한 것은 옳지 않았다고 봐.

버드와의 음악적 관계가 좋아져가고 있던 반면 그와의 인간적 관계는 점점 나빠졌어. 이미 말했듯이, 버드는 아주 잠깐 내 방에서 살았었어. 글쟁이들이 쓴 것만큼 오랫동안은 아니지만 말이야. 나는 내 가족이 머무는 아파트에 그의 방을 잡아줬는데, 그가 늘 내 방에 내려와 있으면서 돈을 꾸고 아이린이 만든 음식을 먹고 만취해서 침대나 마루에 나가떨어져 있곤 했어. 게다가 그는 끊임없이 온갖 여자와 꾼들과 마약 장수들, 그리고 약에 중독된 뮤지션들을 끌고 들어오기까지 했어.

내가 이해할 수 없는 것 중 하나는 버드가 왜 그렇게 파괴적인 짓들을 하고 다녔나 하는 거야. 그렇게 똑똑한 사람이 말이야. 그는 소설과 시와 역사책 같은 것을 읽는 지적인 사람이었어. 또 누구하고도 어떤 주제로도 대화를 나눌 수 있는 사람이었지. 그 새끼는 멍청이도, 글을 못 읽는 무식쟁이도 아니었어. 그는 정말 감수성이 높았고, 그럼에도 엄청난 파괴적 기질을 지녔어. 모든 천재는 욕심쟁이니까 그 또한 그랬지. 그는 정치적인 문제들 따위에 대해 많은 이야기를 했고 멍청이를 놀려준다거나 가만 있다가 쏘아붙이길 즐겼어. 특히 백인들에게 그러길 좋아했어. 그들이 놀림당한 것을 스스로 깨달으면 버드는 그들에게 한바탕 웃어주곤 했어. 버드는 남다른, 아주 복잡한 사람이었어.

그런데 당시 버드가 저지른 가장 못된 일은 위대한 음악가에 대한 나의 사랑과 존경심을 이용해먹은 일이야. 마약 장사꾼들에게 자기가 빚진 돈을 내가 갚을 거라고 말하고 다녔던 거야. 그래서 어떤 때는 그놈들이 꼭 죽일 듯한 얼굴로 나를 찾아오곤 했지. 그건 좆나게 위험한 거야. 결국엔 버드한테 그 좆같은 양아치들을 내 집에 들이지 말라고 윽박질렀지. 얼마나 좆같았으면 아이린이 이스트세인트루이스로 돌아갔겠어. 버드의 발길이 뜸해지자마자 아이린은 다시 뉴욕으로 돌아왔어. 버드는 당시 도리스 시드너라는 여자를 만나고 있었는데, 맨해튼 애비뉴 어딘가에 있는 그 여자의 아파트로 거처를 옮겼거든. 버드가 나가고 아이린이 돌아오기 전에 프레디 웹스터가 들어왔어. 우리는 밤을 새워 가며 대화하곤 했어. 그는 버드보다 훨씬 어울리기 편한 친구였지.

1945년 가을, 버드와 그룹을 하는 사이사이에 나는 민턴스에서 콜먼 호킨스와 서 찰스 톰슨의 밴드와 함께 연주하기도 했어. 이미 말했듯이 나는 빈과 연주하는 것을 좋아했어. 그는 훌륭한 연주자이고 멋진 인격의 소유자이기도 했지. 그는 거의 나를 아들 취급하며 잘 대해줬어. 그의 발라드 연주는 정말 끝내줬어. 특히 「보디 앤드 소울」 같은 노래를 할 땐 더 끝내줬지! 그는 캔자스 시티 근처의 조그만 마을인 미주리주 세인트 조세프 출신이었어. 캔자스시티는 버드의 고향이고, 우리(나, 버드, 빈)는 모두 중서부 출신이었어. 음악적으로 서로 좋아하고 때로는—최소한 버드와는—인간적으로 허물 없이 지낼 수 있었던 것은 이 때문이 아니었나 싶어. 우리는, 말하자면 생각이나 관점이 비슷했어. 어쨌든 빈은 상냥한 사람이었고, 어쩌면 내가 만난 사람 중에서 가장 아름다운 사람 중 한 명일 거야. 음악적으로도 많은 것을 가르쳐줬고.

또 하나, 그는 내게 옷을 자주 줬어. 그의 코트나 셔츠를 보고 얼마에 팔겠느냐고 하면 50센트를 받을 테니 가져가라는 식이었어. 브로드웨이 52번가 근처의 멋진 양복점에서 산 옷들을 거의 거저 준 거지. 어떤 때는 멋진 오버코트를 10달러만 받고 준 적도 있었어. 한번은 필라델피아에 갔을 때, 빈을 통해 넬슨 보이드와 찰리 라이스라는 사람을 소개받았어. 잘 기억나지 않지만 찰리는 드럼도 칠 줄 알았을 거야. 어쨌든 찰리는 자기 정장을 만들어 입는 사람이었고 빈에게도 정장을 하나씩 만들어주곤 했어. 그 사람이 만든 옷은 정말 멋졌어. 나는 찰리에게 "이봐 찰리, 나도 하나 만들어주지 그래?" 하고 말했어. 그는 천 값만 주면 옷을 공짜로 만들어주겠다고 했어. 나는 그렇게 했고, 그랬더니 그가 정말 근사한 더블 수트를 하나 만들어주더라고! 1945년에서 1947년 사이에 찍은 사진들 중 상당수가 바로 찰리가 만든 정장을 입고 찍은 거야. 그 후로 나는 돈이 생기면 정장을 맞춰 입었지.

빈과 함께 일하면서 델로니어스 몽크와도 더 가까워졌어. 그 역시 빈의 밴드에 있었지. 덴질 베스트가 드럼을 쳤고, 나는 몽크의 「라운드 미드나이트」Round Midnight를 정말 좋아해서 그 곡의 즉흥연주를 제대로 하고 싶었어. 나는 매일 밤 그 곡을 연주하고 나서 그에게 물었어. "몽크, 오늘 내 연주 어땠어?" 그러면 그는 더럽게 심각한 표정으로 "틀렸어" 하고 대답하는 거야. 다음 날도, 또 그다음 날도 계속 마찬가지였어. 한참 동안 반복이었지.

"그런 식으로 연주해선 안 돼" 하고, 그는 어떨 때는 악의 있는, 화가 난 듯한 표정으로 말하곤 했어. 그러던 어느 날 밤, 내가 또 물었더니 그가 "그래. 바로 그거야" 하고 대답해줬어.

그때 나는 똥을 깔고 앉은 돼지처럼 존나 기뻐했어. 사운드를 깨우치려고 무진장 노력했었던 게, 이 곡이 가장 어려운 곡 중 하나거든. 멜로디가 복잡한 데다가 그 멜로디를 함께 끌고 나가야 하기 때문이야. 또 코드 변화와 함께 맨 위의 음들도 들리도록 연주해야만 하고. 선율 자체를 들어가면서 연주해야 하는 곡이 바로 이런 곡이야. 이 곡은 일반적인 여덟 마디 형식의 멜로디나 모티브와는 달리 중간에 단조로 멈추는 곳이 있어. 외우고 익히기 쉽지 않은 곡이야. 나는 여전히 이 곡을 연주하긴 하지만 지금은 그렇게 자주 하지는 않아. 가끔 혼자 연습할 때를 제외하곤 말이야. 이 곡의 연주가 그렇게 어렵게 느껴졌던 건 그 모든 화음을 직접 조성해내야 한다는 점 때문이었어. 나는 곡을 들으면서, 동시에 몽크의 귀에 멜로디가 들리도록 즉흥연주를 해야 했던 거야.

나는 빈과 몽크, 돈 바이어스, 럭키 톰슨, 그리고 버드에게서 즉흥연주를 배웠어. 버드는 엄청나게 위대하고 창조적인 즉흥연주자라서 곡을 맘대로 뒤집을 줄 알았어. 만일 음악을 제대로 모른다면 그가 어느 부분에서 즉흥연주를 하고 있는지 알기가 어려웠지. 반면 빈이나 돈 바이어스, 럭키 톰슨은 다들 비슷한 스타일이야. 그들이 솔로 파트에서 즉흥연주를 해도 여전히 멜로디를 들을 수가 있지. 근데 버드가 즉흥연주를 하면 이건 완전히 말이 달라져. 매번 다르고 매번 뭔가 대단한 것이 되지. 그래서 그가 대가 중의 대가인 거야.

다른 식으로 말해볼까? 화가는 많지만 화가 중의 화가라 할 사람들이 있잖아. 내 생각에 20세기에는 피카소와 달리가 있어. 버드는 약간 달리와 비슷해. 달리는 내가 좋아하는 화가인데, 나는 그가 죽음을 테마로 그렸을 때의 상상력을 좋아해. 그런 식의 이미지들을 좋아하고, 그래서 초현실주의를 좋아하지. 달리의 초현실주의에는 언제나 묘한 구석이 있어. 최소한 내게는 그런데, 그 방식이 정말 남달라. 알다시피 머리가 가슴팍에 붙어 있는 식인데, 달리의 그림은 그런 것들을 교묘하게 결합시켜. 그에 반해 피카소는 입체파적인 작업도 있긴 하지만 아프리카의 영향을 받은 그림을 그렸잖아. 그건 이미 내가 뭔지 '알고' 있는 요소들이야. 그래서 내게는 달리가 좀 더 흥미롭고, 사물을 보는 새로운 방식을 가르쳐주는 것으로 느껴져. 버드는 말하자면 음악으로 그런 걸 하는 셈이야.

버드는 완전히 다른 다섯 개 내지는 여섯 개의 스타일을 가지고 있어. 어떤 스타일은 레스터 영 같고 어떤 건 벤 웹스터, 또 어떤 건 소니 롤린스가 '부리질'pecking이라고 말했던 스타일이야. '부리질'은 짧은 프레이즈를 불 때 쓰는 스타일인데, 요즘에는 가수 프린스가 노래로 구사하기도 해. 또 그 이외에 둘 정도가 더 있는데 지금은 묘사를 못 하겠네. 몽크는 작곡가로서, 피아노 연주자로서 그 비슷한 식이야. 버드랑 완전 똑같지는 않지만, 비슷해.

나는 근래 들어 몽크의 음악에 대해 많은 생각을 하는데, 그가 쓴 음악들은 요즘 젊은 뮤지션들이 연주하는 새로운 리듬 속에서도 연주될 수 있는 곡들이야. 프린스나 나의 새로운 음악처럼 말이야. 그는 특히 작곡에 있어서는 위대한 음악가이자 혁신가였어.

또 몽크는 웃기는 친구이기도 했어. 연주할 때 발로 박자를 맞추는 습관이 있어서 그가 연주하는 걸 보면 되게 재미있거든. 발만 봐도 그가 음악을 마음에 들어 하는지 아닌지 알 수 있는 거야. 만약에 그의 발이 열라게 움직인다면 마음에 드는 거야. 반면에 발이 잘 안 움직이면 그렇지 않은 것이고. 그의 음악을 들으면 비트와 리듬 때문에 꼭 교회 음악을 듣는 것 같아. 어떤 면에서는 요새 서부 인디언들이 하는 음악을 연상시키는 면도 많고. 악센트나 리듬, 그리고 멜로디에 접근하는 방식 같은 게 말이야. 알다시피 많은 사람들이 몽크가 버드 파월만큼 연주하지 못한다고 말해왔잖아. 속도에서 버드가 테크닉적으로 앞선다는 거야. 근데 그렇게 말하는 건 틀린 거야. 잘못 접근한 거지. 그들은 스타일이 다른 거야. 몽크나 버드는 모두 음악을 끝내주게 연주하는 사람들이야. 그치만 그들은 서로 달라. 버드는 약간 아트 테이텀 같이 연주하는데, 당시 모든 비밥 플레이어들이 아트 테이텀에 미쳐 있었거든. 반면 몽크는 듀크 엘링턴의 스트라이드 주법†에 더 빠져 있었어. 그런데 버드의 플레이에서 몽크의 스타일을 읽을 수 있을 때도 있어. 둘 다 엄청난 놈들이야. 두 개의 다른 스타일의 소유자들일 뿐인 거야. 그건 마치 버드(찰리 파커)와 빈, 피카소와 달리가 다른 것과 비슷해. 그렇다 해도 몽크의 스타일이 특히 더 멋져. 작곡에 관한 한 더 그렇고. 그건 정말 혁신적이었어.

지금 들으면 이상하게 여겨질지 모르겠지만, 음악에 관해서는 몽크와 나는 아주 가까운 사이였어. 그는 자기가 지은 곡을 모두 내게 보여주곤 했고 이해 안 가는 구석이 있다고 하면 모든 것을 설명해줬어. 나는 그것들을 보고서 웃지 않을 수 없었어. 왜냐하면 너무 재미있고 재치 있는 곡들이었거든. 몽크는 음악적인 관점에서 엄청난 유머 감각을 지니고 있어. 그는 시대를 앞서간 진짜 혁신적인 음악가였어. 지금 시대의 퓨전 재즈나 대중음악에도 그의 음악은 어울려. 다 그런 건 아니지만, 팝적인 감각이 살아 있는 곡들은 충분히 그럴 수 있어. 제임스 브라운‡이 끝장으로 잘하는 그 흑인적인 리듬들 말이야. 몽크 역시 그런 걸 가지고 있고 그것이 작곡에 완전히 반영돼.

몽크는 진지한 음악가였어. 처음 그를 만날 무렵엔 그가 좀 맛

† 부기우기 스타일의, 왼손은 일정한 리듬을 치고 오른손은 멜로디를 치는 주법.

‡ 전설적인 흑인 리듬 앤드 블루스와 소울 가수.

이 가서 멍하니 있곤 했는데, 듣자 하니 덱세드린을 먹고 뻑가서 그랬다는 거야. 그래도 내가 그에게서 음악을 배울 때—그로부터 많은 것을 배웠지—는 그렇게 심하게 뻑가 있지는 않았어. 그는 188센티미터에 90킬로그램이 넘는 거구였어. 아무도 그를 호락호락 대할 수 없었다고. 그런데 「백스 그루브」Bag's Groove를 연주하던 중 내가 그를 씹고 나서 우리가 거의 싸울 뻔했다는 소문이 도는 걸 알고 나는 깜짝 놀랐어. 절대 그럴 수는 없어. 첫째로 우리는 친했고 둘째로 그가 너무 거구라 나 같은 사람이 싸울 생각조차 할 수 없거든. 맘만 먹으면 나 같은 사람은 으깨버릴 수도 있을 거야. 내가 한 일은 연주 중에 그에게 '까버리겠다'고 말한 것뿐이야. 그렇게 말한 건 우정이 아니라 음악 때문이야. 평소에 몽크가 사람들에게 '한번 까봐' 하고 말하곤 했거든.

음악적으로 대단한 친구이긴 하지만, 내가 솔로를 할 때 몽크가 받쳐주는 건 딱히 좋아하지 않았어. 리듬을 타면서 코드를 짚거든. 빈 곳과 균열된 곳이 너무 많아서 몽크와 연주하려면 콜트레인처럼 불어야 하는 거야. 그런데 요즘 다시 들어보면 그런 게 끝내주는 것들이었어. 최고야. 정말 다르긴 달라.

몽크는 조용한 친구였어. 그와 빈은 가끔 깊은 대화를 나누곤 했지. 빈은 여러 방면으로 몽크를 끌어들이길 좋아했어. 그러면 몽크는 빈을 좋아했기 때문에 그걸 받아들였지. 또 몽크는 체격이나 얼굴은 위협적이었어도 마음만은 진짜 부드러운 사람이기도 해. 조용하고 신사적이었고 아름답다 못해 거의 잔잔한 사람이었어. 그런데 입장이 바뀌어 몽크가 빈을 끌어들이려고 하면 빈은 별로 내켜 하지 않더라고.

당시에는 아무 생각이 없었는데 지금 돌이켜보면 몽크의 음악을 이해한 평론가가 거의 없었던 것 같아. 몽크는 52번가의 어느 누구보다도 내게 작곡에 대해 많은 것을 가르쳐줬어. 이 코드는 이렇게 치고, 이땐 이렇게 하고, 저걸 쓸 때는 저렇게 하라면서 모든 걸 보여줬지. 말로만 하는 게 아니라 피아노 앞에 앉아서 보여줬어. 그런데 몽크와 있으려면 눈치가 빠르고 행간을 읽을 줄 알아야 해. 절대로 말을 많이 하지 않거든. 자기만의 재미있는 방식으로 자기 일을 할 뿐이야. 만약에 당신이 말야, 그가 보여주는 것 ─ 말하는 것 말고 ─ 과 당신이 하는 것을 진지하게 대하지 않으면 "저게 뭐지? 저 친군 뭐 하고 있는 거지?" 말할 거 아냐. 그렇게 그냥 지나가고 말면 끝이야. 늘 그런 식이었어. 재방송은 없지. 헤매고 있으면 몽크는 벌써 저만큼 나가 있어. 그만큼 멍청한 건 못 참는 성미였다구. 그가 나에게서 진지함을 발견했고 그렇게 되니 최선을 다해 나를 도왔고, 그건 엄청난 거였지. 우리가 서로 친구처럼 자주 어울린 건 아니지만(몽크는 절대로 그렇게 놀지 않았어), 그와 나는 서로 친밀감을 느꼈어. 나는 몽크가 다른 사람에게도 내게 해준 것처럼 잘 해줬다고 보지는 않아. 그렇지 않을지도 모르지만 내 생각에는 그래. 몽크가 멋진 뮤지션이긴 해도 모르는 사람들에게는 이상하게 비춰졌을 수도 있어. 나중에 내가 사람들에게 이상하게 비춰졌던 것처럼.

서 찰스 톰슨도 괴짜였는데, 과묵하다는 이유로 괴짜 소리를 듣는 몽크와는 또 달랐지. 코니 케이가 드럼을 치고 서 찰스가 피아노를 치던 자기 밴드에 그는 자주 나를 데려다 썼어. 그때까지는 그런 편성을 본 일이 없었지만 서 찰스에게는 그런 게 문제가 되지 않았지. 자기 스스로 기사 작위를 준 인간이니까. 그 정도로 괴짜였고 조용한 부류도 아니었고.

서 찰스의 밴드와 일하던 잠깐 동안에 우리는 민턴스에서 많은 사람들과 함께 연주했어. 버드, 밀트 잭슨, 디지, 레드 로드니라는 이름의 끝내주는 백인 트럼펫 주자 등등. 프레디 웹스터도 오랫동안 함께 불곤 했고, 레이 브라운이 처음 민턴스에 나타나 실력으로 거기 있던 모든 사람을 날려버린 일도 기억나. 서 찰스의 밴드에는 훌륭한, 많은 뮤지션이 있었어. 스윙 시대 사람이었으니까 음악 역시 거기서 나왔지. 벅 클레이턴, 일리노이 자케이, 로이 엘드리지 등 온갖 종류의 음악가들. 그의 피아노는 카운트 베이시 스타일이었어. 그러니 그는 맘만 먹으면 버드 파월의 구절도 흉내낼 줄 알았던 거야. 그는 비밥 스타일의 사람들과 함께 하길 즐겼어. 길 에번스가 그를 좋아했었다는 것도 알아. 나도 잠시 동안은 그랬지만 적어도 그 당시에 내 음악의 방향은 버드나 디지가 하는 스타일로 옮겨가고 있었어.

버드의 밴드에서 연주한 다음부터 나는 맥스 로치와 진짜 가까워졌어. 그와 J.J. 존슨과 함께 밤새 거리를 싸돌아다니다가 새벽이 되어 브루클린에 있는 맥스의 쪽방이나 버드의 거처에 떡이 되어 쓰러지곤 했지. 밀트 잭슨, 버드 파월, 패츠 나바로, 태드 대머론, 몽크, 그리고 어쩔 때는 디지. 이렇게는 모두 생각이 엇비슷했어. 우리는 서로 많은 것을 주고받았지. 예를 들어 음악적인 자신감이나 돈 같은 것 말이야. 우리 중 누군가 그런 게 필요할 때, 우리는 서로 가진 것들을 나누었어. 버드의 밴드에서 일을 시작할 때 내가 뭔가 빠뜨리기라도 하면 맥스가 내 옷 뒷자락을 당기며 일러주곤 했어. 나 역시 그에게 그렇게 했고.

그래도 진짜 재밌었던 일은 역시 할렘이나 브루클린 등지에서 우리 세대 뮤지션들끼리 모여 잼 세션을 하는 거였지. 내가 어울리던 사람들은 주로 나보다 나이가 많고 나를 가르쳐줄 수 있는 사람들이었는데, 비로소 뉴욕에서 서로 배우고 나눌 수 있는 같은 세대의 음악인들을 만난 거야. 예전에는 나보다 어린 친구들과는 같이 하기가 힘들었어. 그들에게 뭔가를 배우기에는 음악적으로 내가 너무 앞서 있었어. 나는 다른 식으로 노는 때가 많았어. 나는 언제나 색다르고 새롭고 혁신적인 것을 배우길 즐기는 사람이야. 그래서 맥스를 비롯해 내가 언급한 친구들과 함께 밤새 어울리며 연주하고 음악에 관해 이야기할 수 있었던 거야. 나는 늘 그런 편이었어.

당시 뉴욕에서는 요즘과는 달리 어느 거리에서나 잼 세션이 이뤄졌어. 게다가 위대한 뮤지션들을 보통 사람들 마냥 아무 데서나 만날 수 있었지. 그땐 막 엄청 대단하지 않아도 잼 세션에 설 수 있었거든. 또 클럽이 요즘처럼 흩어져 있지 않고 거의 52번가와 할렘 가에 몰려 있기도 했고. 우리의 주요 관심사는 음악계의 한 부분이 되는 거였어. 요즘하고는 분위기가 달랐던 거야.

난 쭉 음악적인 모험을 좋아해왔어. 나이가 들면서는 내 인생 자체를 모험의 대상으로 삼았던 걸로 여겨지지만 1945년 당시에는 오로지 음악뿐이었어. 맥스 로치 역시 그랬지. 맥스와 나 둘 다 차세대 유망주로 꼽혔거든. 맥스가 비밥 최고의 드러머로 여겨지던 케니 클라크의 대를 이을 주자라는 말이 나돌았어. 또 나는 디지 길레스피의 뒤를 이을 주자로 여겨졌고. 지금에 와서는 사실인지 아닌지도 모르겠지만, 당시 비밥 뮤지션과 팬 들의 말은 그랬어.

평론가들은 여전히 나를 혹평했는데, 아마 그 이유의 일부는 내 태도와도 관련이 있을 거야. 나는 절대로, 특히 평론가 같은 놈들에게 아부하거나 히죽거리는 사람이 아니었으니까. 평론가가 사람을 좋아하는 기준은 대부분 얼마나 지들한테 잘해주느냐야. 게다가 대개 백인들이고. 좋은 글 좀 써주십사 하며 자기들한테 아부하는 흑인 뮤지션들에 매우 익숙했거든. 실제로 많은 연주자들이 악기를 제대로 연주하기보다는 그들에게 아부하고 헤헤거리고 그들을 즐겁게 하려고 무대에 서곤 했어.

나는 디지와 루이 '새치모' 암스트롱을 좋아하는 만큼 그들이 무대에서 관객에게 히죽대고 웃는 모습을 싫어해. 물론 왜 그러는지는 알아. 그들은 트럼펫 주자이기도 하지만 연예인이기도 하고 돈을 벌어야 하기 때문이야. 먹여 살려야 할 가족이 있고, 광대짓을 즐기는 면도 있지. 그게 디지나 루이의 방식이었어. 그들이 하고 싶어서 한다는데 내가 이래라저래라 할 수는 없지. 그렇지만 나는 그게 싫고 또 그걸 좋아해야 할 이유도 없는 거야. 나는 그들과 다른 사회적 계급을 가지고 있으니까. 또 나는 중서부 출신인 데 반해 그들은 남부 출신이었지. 그래서 우리는 백인을 대하는 입장이 달라. 그리고 그들이 음악판에 발을 담그기 위해 해야 했던 좆같은 일들을 그들보다 젊은 세대인 나까지 해야 할 필요는 없지 않겠어? 이미 음악판의 문이 예전보다 넓어졌고 나 같은 사람은 내가 원하는 유일한 일인 트럼펫만 불면 되는 거야. 나는 나 스스로를 그들 같은 연예인으로 생각하지 않아. 음악은 좆도 모르고 인종차별적인 백인 비평가 새끼들에게서 좋은 글 나부랭이나 받으려고 그따위 짓을 하지는 않아, 절대로. 나는 그들 때문에 내 원칙을 팔아먹진 않는다구. 나는 히죽대는 놈 말고 좋은 뮤지션으로 받아들여지고 싶었어. 예나 지금이나 마찬가지로. 받아들이려면 받아들이고 싫으면 됐다 이거야.

그래서, 요즘도 그렇지만 당시 많은 평론가들이 나를 별로 좋아하지 않았어. 내가 도도하고 쬐끄만 깜둥이놈으로 비쳐졌겠지, 아마. 어쨌든 내 스스로 내 음악에 대해 뭐라 끄적일 필요도 없고, 그들 역시 안 쓰거나 못 쓰거나 하는 거라면 씨발, 병신새끼들인 거지 뭐. 맥스나 몽크, J.J., 버드 등도 비슷한 생각을 했어. 이렇듯 우리 자신에 대한, 그리고 음악에 대한 태도가 우리를 보다 가깝게 묶어줬어.

우리는 점차 명성을 얻기 시작했어. 할렘, 다운타운, 브루클린

등 우리가 연주하는 곳이면 어디든지 사람들이 쫓아다니기 시작하더라고. 또 많은 여자들이 맥스와 나를 보기 위해 몰려들었지. 하지만 나에게는 아이린이 있었고 또 당시에는 남자는 한 여자와 지내야 한다고 생각했었어. 나중에 헤로인 중독자가 되어 여자들을 돈줄로 이용하는 사람으로 변하기 전까지, 오랫동안 나의 그런 믿음에는 변함이 없었어. 그래도 애니 로스나 빌리 홀리데이 등 몇몇 여자들과 관계가 있긴 했지만.

1945년 후반기 내내 52번가의 클럽들이 문을 닫게 되자 디지와 버드는 뉴욕을 떠나 로스앤젤레스로 가기로 결정했어. 디지의 매니저인 빌리 쇼가 로스앤젤레스의 어느 나이트클럽 주인에게 비밥이 대박 날 거라는 걸 귀띔해줬던 거야. 클럽 주인의 이름이 아마 빌리 버그였던 것 같아. 디지는 캘리포니아로 비밥을 퍼뜨리자는 생각에는 동조했지만 버드의 나쁜 짓들을 다시 견디고 싶어 하지는 않았어. 처음에 디지는 버드가 끼면 안 한다고 버티다가 결국 같이 가기로 결정했지. 그래서 디지, 버드와 더불어 밀트 잭슨이 비브라폰†을, 알 헤이그가 피아노를, 스탠 리비가 드럼, 그리고 레이 브라운이 베이스를 맡은 그룹이 결성됐어. 그들은 1945년 겨울, 모두 기차를 타고 캘리포니아로 향했어.

뉴욕이 좀 잠잠해지자 나는 잠시 휴식을 위해 이스트세인트루이스로 돌아가기로 했어. 그래서 브로드웨이 147번가의 아파트에서 방을 뺐지. 아이린과 셰릴이 같이 지내려면 좀 큰 집이 필요하기도 했고. 다시 뉴욕에 돌아오면 알아봐야지 했지. 그러던 중에 크리스마스를 지내기 위해 이스트세인트루이스로 온 거야.

다음 해 1월까지 난 계속 고향에 머물러 있었어. 베니 카터가 자기 빅밴드를 이끌고 리비에라 호텔로 왔다고 해서 난 밴드를 만나러 그리로 갔지. 베니를 알고 있던 터라 무대 뒤로 갔어. 그는 나를 반기면서 밴드에 합류하라는 거야. 베니의 밴드는 로스앤젤레스를 근거지로 활동하고 있었어. 나는 뉴욕에서 버드의 모든 일정을 관리하고 있던 로스 러셀에게 전화를 걸어 LA에 가게 됐고 버드와 디지를 찾아보려 한다고 말했지. 그가 버드의 전화번호를 줘서 버드에게 전화해서 나의 LA행 소식을 전했어.

여기서 짚고 넘어가야 할 부분이 있어. 내가 다른 이유가 있어서 버드에게 전화한 게 아니야. 그런데 버드가 함께 밴드를 하자는 말을 꺼내더라구. 나와 자기, 디지가 함께 연주하는 밴드 말이야. 다이얼 레코드사에서 녹음이 기획되어 있고 로스 러셀이 일을 진행시키고 있는데 녹음에 나를 참여시키고 싶다는 거야. 버드가 칭찬하는 소릴 듣고 있자니 기분이 좋더라구. 누군들 재즈계에서 최고로 통하는 사람에게서 연주가 끝내준다, 함께 연주하자 같은 말을 들으면 기쁘지 않겠어? 그런데 말야, 버드가 그런 이야기를 하면 벌써 그 뒷면에 음악 말고 다른 의도가 있을 가능성이 높아. 게다가 난 디지를 좋아하기 때문에 디지의 자리를 차지하고 싶지는 않았단 말이지. 버드와 디지가 뉴욕에서는 좀 안 좋았다는 걸 알았지만 예전처럼 사이가 좋아졌으면 좋겠다는 바람이 있었거든.

알고 보니, 그때 내가 몰랐던 내막이 있었던 거야. 버드와 로스 러셀이 이미 나를 이용해보자고 쿵짝을 맞춘 거였어. 버드는 디지와는 다른 종류의 트럼펫 주자를 원했어. 나처럼 중음역에서 보다 부드러운 스타일로 부는 사람을 원했다구. 로스앤젤레스에 도착하고서야 그 사실을 알았어.

도착해보니 베니는 오르페움 극장에서 일을 하고 있더라구. 거기서 일을 끝내고 다음 일을 위해 밴드는 잠시 해산했지. 베니는 나와 트럼본 주자 알 그레이 등이 끼어 있는(다른 사람들은 잊어버렸어) 소편성 밴드를 꾸렸어. 범프스 메이어스라는 사람도 끼어 있었던 것 같아. 우리는 LA를 돌면서 조그만 클럽들에서 연주하고 라디오 방송에도 출연했어. 나는 그때 당시에 대놓고 말하진 않았어도 베니의 그룹에서 하는 음악이 마음에 들지 않았어. 베니는 좋은 사람이고 그의 연주 방식은 괜찮았지만, 그 외에 다른 멤버들의 음악은 좀 아니었어. 대놓고 말하지 못한 이유는 LA에 처음 갔을 때 그의 집에서 머물렀기 때문이기도 해. 나를 봐준 사람을 확 제껴버리는 건 파렴치한 짓이라고 생각했지. 그래서 어쩔 바를 모르겠더라구. 옛날 곡들을 옛날 식으로 편곡해 연주하는 것이 맘에 안 들었거든. 베니는 알다시피 끝내주는 뮤지션이야. 그런데도 자기 연주에 자신감이 없었어. 자기 연주가 버드와 비슷하게 들리냐고 물을 때도 있었어. 그러면 나는 "아뇨, 베니 카터처럼 들려요"라고 대답하곤 했는데, 베니는 그 소리를 들으면 배꼽이 빠져라 웃었어.

나는 베니의 밴드에서 일하면서 동시에 피날레라는 심야 클럽에서 버드와 연주했어. 피날레는 2층에 있었어. 크지는 않지만 괜찮은 곳이었어. 음악이나 드나드는 뮤지션들 덕에 분위기는 쩔었고. 거기서 실황으로 라디오 방송을 타는 연주를 하기도 했어. 버드는 퇴역 탭댄서인 포스터 존슨이라는 이름의 주인을 설득해서 자기 밴드를 무대에 세웠어. 피날레 클럽은 '리틀 도쿄'라고 불리는 지역에 있었어. 일본인 지역 바로 옆에 흑인 지역이 있었지. 사우스 산 페드로였던 걸로 기억해. 어쨌든 피날레에서 버드의 밴드는 이렇게들 맡았지. 내가 트럼펫, 버드가 알토, 트럼펫 주자 아트 파머의 쌍둥이 형제인 애디슨 파머가 베이스, 그리고 조 알바니가 피아노, 척 톰슨이 드럼. 이외에도 수많은 좋은 뮤지션들이 함께 연주하곤 했어. 하워드 맥기도 자주 놀러왔어. 그가 나중에 포스터 존슨에게서 이 클럽을 인수했지. 또 알토 색소폰 주자인 소니 크리스 역시 자주 꼈고 아트 파머, 베이시스트 레드 캘린더, 그리고 레드가 데리고 다니던 멋진 놈인 찰리 밍거스†도 함께 했지.

찰리 밍거스는 진짜 버드를 좋아했어. 그렇게 열광적으로 버드를 좋아하는 사람은 본 적이 없어. 아마 맥스 로치가 그 정도로 버드를 좋아했을 거야. 밍거스는 아무리 들어도 모자라다는 듯이 거의 매일 밤 버드의 연주를 들으러 왔어. 밍거스는 내 연주도 좋아했어. 또 밍거스가 베이스를 치면 누구나 엄청 끝내주는 연주자가 나왔다는 걸 알아챘어. 우린 밍거스가 뉴욕으로 갈 수밖에 없다는 걸 예감했지. 실제로 그렇게 되기도 했고.

아무튼 베니의 밴드에서 하는 음악이 지겨워졌어. 그건 음악이 아니었거든. 친구인 럭키 톰슨에게 이 밴드에서 일하느라 죽겠다고 털어놓았어. 그랬더니 그가 그럼 밴드 관두고 자기랑 같이 있자고 하더라고. 럭키는 뉴욕 민턴스에서 만난 끝내주는 색소폰 주자야. LA 출신이었는데 그때 당시 고향에 와 있었지. 뉴욕에서 내가 그를 내 방에 몇 번 재워준 적이 있어서, LA에 갔을 때 그의 집에 머물고 있었지.

1946년 초에 나는 둘째 그레고리를 임신한 아이린과 함께 다시 이스트세인트루이스로 돌아왔어. 「체로키」나 「어 나이트 인 튀니지」A Night in Tunisia 그 무렵부터 가족을 부양할 돈벌이를 해야겠다는 생각이 들대. 밴드를 관두기 전에 베니는 내게 돈이 필요하냐고 물었지. 이미 내가 자기 밴드에서 일하는 걸 탐탁지 않아 한다는 걸 들어서 알고 있더라고. 난 돈은 필요 없고 그냥 관두겠다고 했지. 베니는 상처를 받았고 나 역시도 마음이 편치는 않았어. 베니가 나를 캘리포니아로 데려온 장본인이고 게다가 나를 신뢰하고 있었으니까. 그런 식으로 갑자기 밴드를 그만둔 건 그때가 처음이었어. 당시 한 주에 145달러 정

---

† 찰스 밍거스를 말한다. 밍거스는 찰리로 불리는 것을 싫어했다.

도를 벌고 있었는데, 그거랑 별개로 베니의 밴드에서 일하는 게 힘들었어. 아무리 돈을 많이 줘도 베니의 밴드에서 닐 헤프티† 풍으로 편곡한 후진 곡들을 연주하는 건 즐겁지 않았으니까.

베니의 밴드를 떠나니 주머니에 돈이 한 푼도 없는 거야. 그래서 럭키 톰슨의 밴드에서 잠깐 일하다가, 하워드 맥기와 함께 지내게 됐지. 우리는 매우 친해졌는데, 그는 트럼펫과 음악이론에 관해 나에게 배우고 싶어 했어. 그는 도러시라는 백인 여자와 살고 있었어. 도러시는 영화배우처럼 아름다웠지. 그들이 결혼했나 안 했나는 잘 모르겠어. 여하튼 도러시는 하워드가 새 차에 두둑한 용돈, 좋은 옷 등을 가질 수 있게 했어. 하워드 정말 대단했어. 그런데 도러시에게는 꼭 킴 노백을 닮은, 나으면 나았지 못하지는 않은 아름다운 친구가 있었어. 그녀의 이름은 캐럴이었어. 그녀는 조지 래프트의 여인들 중 한 명이었지. 캐럴은 하워드의 집에 자주 놀러 왔고 하워드는 내가 그녀의 파트너가 되어주길 원했어. 당시 나는 겨우 여자 두셋과 자봤을 뿐이었는데 말야. 그때쯤에는 담배를 피우긴 했지만, 아직 욕도 할 줄 모르던 시절이었다구. 캐럴이 놀러 와서 나에게 눈길을 줘도 나는 아무런 관심도 없었어. 캐럴은 내 주위에 앉아서 트럼펫 연습만 하는 나를 지켜보곤 했지.

캐럴이 가고 나서 하워드가 오면 나는 "하워드, 캐럴이 왔다 갔어" 하고 일러줬어.

"어떻게 됐냐?" 하고 하워드가 물으면,

나는 "뭐가 어떻게 돼?" 하고 대답하곤 했어.

"마일스, 아무 일도 없었냐?"

"없었지. 아무 일도 없었어."

그러면 하워드는 이렇게 늘어놓는 거야.

"이런, 마일스. 잘 들어. 그 여자는 부자

---

† 대중적인 편곡이 장기인 재즈 작곡가이자 편곡가.

라구. 그 여자가 여기 들락거린다는 건 널 좋아한다는 거야. 그러니까 좀 어떻게 해봐. 캐럴이 그저 운동 삼아 캐딜락 빵빵거리면서 여기랑 럭키네 집을 드나드는 줄 알아? 야, 그러니까 다음번에 캐럴이 오면 좀 어떻게 해보라고. 뭔 말인 줄 알아, 마일스?"

얼마 후 캐럴이 신형 캐딜락을 빵빵거리며 다시 나타났어. 내가 캐럴을 맞았는데, 그녀가 뭐 필요한 거 없냐고 묻더라고. 바깥에는 뚜껑 열린 캐딜락이 있고, 내 앞엔 엄청 예쁜 여자가 있는 상황이란, 참. 당시까지 백인과 떡을 쳐본 일이 없어가지고 약간 겁을 먹었지. 난 '필요한 건 없다'고 말했어. 그랬더니 그녀가 가버리대. 하워드가 집에 왔을 때 나는 캐럴이 또 들렀었다고 말했어.

"그래서?"

"필요한 게 없다고 했지. 돈 같은 게 필요하지도 않고 해서⋯."

"야, 너 미쳤냐?" 하워드가 길길이 뛰면서 말했어. "또 그 여자가 들렀을 때 그따위 소릴 해서 돈도 못 받아내면 니 그 잘난 코를 확 잘라버릴 줄 알라구. 이 근처에서 우릴 받아주는 데가 있는 줄 알아? 흑인놈들은 우리가 너무 모던하다며 싫어하고, 백인놈들은 우리가 흑인이니까 싫어하잖아. 근데 그년 같은 백인 창녀가 돈을 주려고 하는데 가진 건 좆도 없는 너 같은 놈이 필요 없다고 까? 또 그딴 식으로 하면 완전 아작 나버릴 줄 알아, 이 씨발놈아. 알아듣냐? 명심하는 게 좋을 거다. 나 농담 아니다, 응?"

하워드는 괜찮은 친구였는데, 그렇게 병신 짓 할 땐 딱 질색이었지. 아무튼 그다음 번에 캐럴이 와서 돈이 필요하지 않냐고 하길래 나는 그렇다고 했지. 나는 캐럴이 주는 돈을 받았고. 이 얘기를 하워드에게 했을 때 하워드는 내게 잘했다고 하더라. 그 일이 있은 후 나는 하워드가 한 이야기에 대해, 그보다는 나를 당황하게 했던 그 거래에 대해 생각해보곤 했어. 그런 식으로 놀아본 적은 없었거든. 하긴 그때처럼 돈이 한 푼도 없어 보기는 또 처음이었고. 그 후 캐럴은 나에게 스웨터 따위를 주기도 했는데, 밤에는 날씨가 쌀쌀했거든. 하워드와의 그런 대화들은 정말 잊히질 않아. 거의 한마디 한마디가 다 기억나는데, 그만큼 나에게는 이상한 일이었던 거야.

베니의 밴드를 그만두고 나는 비로소 버드와 합류해 잠시 그와 연주했어. 하워드 맥기는 버드도 함께 챙겼어. 버드는 빌리 버그의 클럽에서 디지와 하기로 되어 있던 연주를 끝내고 LA에서 대박을 쳤지만 그래도 디지는 뉴욕으로 돌아가기로 했어. 모두들 기뻐하는 눈치였어. 그러나 버드는 마지막 순간, 헤로인을 사기 위해 티켓을 환불해버렸고 돌아가지 못했어.

1946년 이른 봄, 아마 3월이었을 것 같은데, 로스 러셀이 다이얼 레코드와 녹음 스케줄을 잡았어. 로스는 버드가 말짱하다고 레코드사 측을 안심시키면서 나와 테너 색소폰의 럭키 톰슨, 아브 개리슨이라는 이름의 기타리스트, 베이스 주자 빅 맥밀런을 고용했어. 로이 포터가 드럼을 쳤고 도도 마마로사가 피아노였어.

버드는 싸구려 술을 마시고 헤로인을 맞았어. 웨스트코스트는 뉴욕처럼 비밥을 좋아하지 않던 시절이었지. 사람들은 우리의 연주를 좀 괴상한 음악이라고 생각했어. 특히 버드에 대해서는 다들 그렇게 생각했지. 그는 돈도 없었고 외모도 추레해 보였어. 찐팬들이야 그가 외양 같은 건 아무 신경도 안 쓰는 좆같은 놈이라는 걸 알았지. 하지만 버드를 스타로만 알고 있던 일반 대중은 술 취한 놈이 망가진 채로 무대에서 괴상한 음악을 한다는 것밖에는 알지 못했지. 많은 사람들이 그가 천재라는 것에 고개를 저으며 그를 무시해버렸어. 아마 버드는 자신감에 상처를 입었을걸. 뉴욕을 떠날 때 버드는 왕이었지만 로스앤젤레스에서는 이상한 음악을 불어대는 술 취하고 망가진 괴상한 깜둥이일 뿐이었던 거야. LA는 스타들을 찬양하는 도시인데, 버드는 전혀 스타 같아 보이지 않았거든.

그럼에도 로스가 주선한 다이얼 레코드의 레코딩에서 버드는 기운을 차려서 끝내주게 연주를 했어. 녹음 전날 밤 피날레 클럽에서 리허설을 했던 걸로 기억해. 무슨 곡을 할까, 순서를 어떻게 정할까 등을 따지다 보니 리허설의 절반이 지나갔어. 녹음 당일에는 리허설이 없었고, 익숙하지 않은 곡들을 하느라 모두 진땀을 뺐지. 버드는 어떻게 하는 게 좋겠다고 미리 짜놓은 적이 한 번도 없었어. 버드가 원하는 대로 불 수 있을 법한 사람을 골라 그냥 놔두고 해보는 식이었지. 멜로디를 스케치하는 정도 외에는 아무것도 써놓지 않았어. 그가 원하는 것은 그저 연주해서 돈을 받은 다음 나가서 헤로인을 사는 것뿐이었으니까.

버드는 자기가 원하는 멜로디를 연주했어. 그러면 다른 사람들이 그가 한 멜로디를 기억해야 하는 거야. 진짜 그 자리에서 즉흥적으로 모든 게 나오는 거야, 그는 그저 본능을 따라가는 거지. 모든 걸 짜놓고 하는 서부 밴드의 연주와는 절대로 어울리지 않았어. 위대한 즉흥연주가였던 버드는 즉흥연주에서 모든 위대한 음악이 비롯되고 거기에 위대한 음악가가 있다는 생각을 가지고 있었거든. 그의 개념은 '적혀 있는 것따윈 치워버려'였어. 알고 있는 것을 제대로 연주하면 모든 것은 따라온다는 생각. 기본적으로 악보가 중심이라는 서양음악 개념과는 완전히 정반대의 관점이지.

나는 버드의 그런 방식을 정말 좋아해. 그 방식으로 그에게 배운 것이 많았고. 나중에 나만의 음악 세계를 확립하는 데도 도움이 됐어. 그런 방식이 제대로 작동만 하면, 진짜 끝내주거든. 그렇지만 뭘 어떻게 해야 하는지 이해를 못 하는 사람들이 모여 있으면, 다시 말해 주어진 자유를 잘 다룰 줄 모르는 사람이 모여 '각자 원하는 대로' 연주하게 되면 아, 그건 진짜 꽝이 되는 거야. 녹음할 때나 실황 연주할 때 버드가 자신의 개념을 잘 이해 못 하는 사람들을 모아 놓는 경우가 간혹 있있어. 레코딩 전날 그렇게 입씨름이 길었던 것도 이 때문이었구.

레코딩 세션은 라디오 레코더스라는 이름의 할리우드에 있는 스튜디오에서 이뤄졌어. 그날 버드는 정말 끝내주게 잘 불었어. 우리는 「어 나이트 인 튀니지」, 「야드버드 모음곡」Yardbird Suite, 「오르니톨로지」Ornithology 같은 곡들을 녹음했어. 다이얼 레코드는 4월에 「어 나이트 인 튀니지」와 「오르니톨로지」의 78회전 SP를 발매했고. 또 「무스 더 무치」Mouse the Mooche도 녹음했는데, 이 곡 제목은 버드에게 헤로인을 구해 주던 놈의 이름을 따서 만든 거야. 그놈은 버드에게 헤로인을 대는 조건으로 버드가 받을 인세의 절반은 가져갔을 거야(버드의 계약서에 어떤 식으로든 이에 관한 부분이 들어가 있을걸).

그날 딴 친구들은 다 잘 불었는데, 나는 영 아니었어. 버드와 하는 두 번째 녹음이었는데 어째서 잘 안 됐는지 모르겠어. 긴장했던 탓일까? 물론 아주 망쳤다는 건 아니고, 더 잘 불 수 있었다는 말이야. 로스 러셀은 내 연주가 흠이 있다는 식으로 말했지(나는 그 새끼와 절대로 어울리지 않았어. 그놈은 흡혈귀처럼 버드를 빨아먹는 거머리에 지나지 않는 자식이었어). 미친 백인새끼, 음악도 좆도 모르는 새끼, 버드가 뭘 원하는지 알지도 못하는 쌍놈! 나는 로스 러셀에게 좆까고 찌그러져 있으라고 말해줬어.

그날 나는 뮤트mute†를 써서 디지와 다른 사운드를 내고자 했어. 그런데 뮤트를 댔는데도 내 소리가 그와 비슷한 거야. 내 소리를 갖고 싶었던 나로서는 미칠 노릇이었지. 당시 나는 내 트럼펫 소리에 거의 근접해 있다는 걸 느끼고 있었거든. 고작 열아홉에 불과했지만, 나는 나 자신이 되기를 갈망했다구. 그때 나는 나 자신을 포함해 모든 일에 참을성이 없었어. 그래두 그걸 속으로 억누르면서 눈과 귀를 활짝 열어 계속 배워나갔지.

레코딩이 끝난 후, 아마 4월 초였을 것 같은데, 경찰이 피날레 클럽을 폐쇄했어. 당시 피날레는 하워드와 도러시 부부가 함께 운영하고 있었는데, 하워드가 백인 여자와 산다는 이유로 경찰은 끊임없이 하워드한테 엿을 먹였지. 버드가 그들의 차고에서 술 처먹고 살면서 약장수, 창녀, 꾼 들과 수시로 어울리기 시작하자 경찰이 알아채고 수사를 시작한 거야. 경찰은 점점 더 피날레를 괴롭혔지만 하워드네도 대찬 사람들이라 끄떡없이 일을 계속했어. 경찰이 피날레를 어거지로 닫으면서 댄 이유는 거기서 마약이 거래됐다는 거야. 실제로 그렇기도 했고. 그렇지만 그들은 아무도 잡아가지 못했어. 그러니까 그냥 혐의만으로 거기 문을 닫은 거야.

재즈 뮤지션들, 특히 흑인 재즈 뮤지션들에게는 무엇보다 연주할 수 있는 공간이 그리 많지 않았어. 그러니 돈 벌기가 쉽지 않지. 얼마 후 아버지가 돈을 부쳐주기 시작해서 쪼들리진 않았지만, 그렇다고 뭐 풍족하거나 형편이 좋은 때는 없었지. 당시 로스앤젤레스에서는 헤로인을 구하기가 어려웠어. 물론 나는 헤로인을 몰랐기 때문에 나랑은 상관없는 일이었지만, 버드가 큰 문제였어. 그 무렵 그는 약에 완전 미쳐 있어서 금단현상 때문에 지독히 괴로워했거든. 그러다 그가 어딘가로 사라졌는데, 버드가 하워드네에 있다는 걸 아무도 몰랐지. 또 하워드도 버드가 자기 집에서 벌벌 떨며 헤로인을 끊으려 애쓰고 있다는 걸 아무에게도 말하지 않았고. 그런데 문제는 버드가 헤로인을 끊고 나서 술을 예전보다도 더 많이 마셨다는 거야. 버드가 헤로인을 끊으려 한다면서 일주일간 한 번도 안 했다고 나에게 말하던 기억이 나. 그런데 테이블에는 빈 와인병이 두 병이나 있고, 쓰레기통에는 다 비운 위스키병 하나에, 뿐이야! 테이블에 벤제드린(마약의 일종)이 쏟아져 있고 접시에 오물과 담배꽁초가 넘치도록 가득 담겨 있더라고.

버드는 그전에도 술고래였지만 헤로인을 끊은 다음에 비하면 새 발의 피였어. 그는 술을 손에 닿는 대로 퍼마셨어. 위스키를 좋아했으니 위스키가 보이면 그냥 원샷을 했지. 와인도 전보다 훨씬 더 퍼부었고. 나중에 하워드에게 들으니 버드가 자기 집에서 헤로인을 끊기 위해 금단현상을 겪을 때 포트와인으로 버텼다는 거야. 헤로인을 끊고 버드는 벤제드린 알약을 먹기 시작했는데, 이게 그의 몸을 완전 맛이 가게 했어.

피날레가 1946년 5월에 다시 문을 열었어. 버드는 트럼펫에 나 대신 하워드를 썼는데, 무슨 이유인지 그 5월은 내 머릿속에 남아 있네. 버드의 밴드에는 하워드와 레드 캘린더, 도도 마마로사, 로이 포터가 있었던 거 같아. 버드의 몸은 딱 보기에도 망가진 것 같았는데, 여전히 연주는 좋더라고.

나는 로스앤젤레스의 젊은 뮤지션들과 어울리기 시작했어. 밍거스라든지, 아트 파머, 그리고 물론 내 웨스트코스트 생활의 동반자 럭키 톰슨하고도. 4월달에 버드와 한 번 더 연주를 했던 것도 같은데, 잘 기억은 나지 않아. UCLA 구내에 있는 카버 클럽 비슷한 이름의 장소에서도 연주한 것 같아. 밍거스가 있었고, 럭키 톰슨, 브릿 우드먼, 그리고 아브 개리슨도 같이 했었지 아마. 5월, 6월이 되자 일거리 찾기가 점점 더 어려워지면서 이쪽에 있는 게 지겨워졌어. 너무 별 볼 일이 없는 거야. 배운 것도 하나 없고.

처음 아트 파머를 만난 것은 LA 다운타운 흑인 거리에 있는 흑인조합 사무실에서였어. 아마 로컬 767이 새 이름이었을 거야. 나는 타이니 브래드쇼의 밴드에서 일한 적 있는 새미 예이츠라는 트럼펫 주자와 이야기를 나누고 있었어. 그 말고도 몇 명이 내 주위에 둘러 서서 새로운 비밥이라는 음악이 뭐냐, 뉴욕은 어떠냐 등을 물어봤어. 나는 대답해줬어. 그러는 와중에, 내 옆쪽에 서 있던, 기껏해야 열일곱이나 열여덟쯤 먹어 보이는 진짜 조용했던 친구가 기억에 남더라구. 내가 하는 모든 말을 낱낱이 빨아들이는 듯했거든. 나중에 잼 세션을 할 때 내가 먼저 그 친구를 알아봤지. 바로 아트 파머였어. 난 그의 쌍둥이 형제와도 연주를 해봤고 아트가 트럼펫과 플뤼겔호른도 불 줄 안다는 것도 알고 있었지. 우리는 꽤 오랫동안 음악에 대한 대화를 했어. 나는 아트 파머가 좋았어. 정말 괜찮은 친구였고 나이에 비해서도 연주를 정말 잘했거든.

피날레에서 그가 가장 맘에 들더라구. 훗날 그가 뉴욕으로 온 뒤에는 더 잘 알게 됐지만, 내가 그를 처음 만난 건 LA에서였어. LA의 많은 젊은 뮤지션이 내게 뉴욕에서 벌어지고 있는 일에 대해 물었어. 내가 뉴욕에서 기라성 같은 사람들과 연주했다는 걸 아니까 나한테서 뭐라도 얻으려고 했던 거야.

1946년 여름에 나는 럭키 톰슨의 밴드와 함께 엘크스 볼룸이라는 곳에서 일했어. 센트럴 애비뉴에서 한참 남쪽에 위치한 곳으로, 와츠에서 온 흑인 청중을 받을 수가 있었어. 그들은 더럽게 촌놈들이었지만 우리가 하는 음악을 좋아했어. 춤을 출 수 있었기 때문이지. 밍거스가 베이스를 쳤어. 럭키는 엘크스를 일주일에 세 번 대관해 쓰면서 '럭키 톰슨 올스타! 신예 트럼펫 주자 마일스 데이비스와 함께! 바로 여기서 베니 카터와 연주한 적 있음!' 등등의 광고문구로 손님을 끌었지. 럭키는 정말 웃기는 친구였어. 대단했지. 그 일을 서너 주 계속하고 나서 럭키는 보이드 래번의 밴드와 함께 다른 곳으로 갔어.

그 무렵에 나는 밍거스의 앨범 『밍거스 남작과 심포니 악단』

*Baron Mingus and His Symphonic Airs*에 참여했어. 밍거스는 영특한 미친놈이었는데, 나는 그 제목이 뜻하는 바를 알 수가 없었어. 그가 한번은 그 제목에 대해 설명하려고 했지만, 자기 자신도 정확히 뜻을 모르는 것 같던데. 밍거스는 적당히 넘어가는 사람이 아니야. 자기 자신을 바보로 만들려고 작정을 하면 그는 남들이 자기를 바보로 만드는 것보다 더 철저하게 스스로 바보가 되는 사람이라구. 밍거스가 스스로 '남작'이라 칭하는 걸 많은 사람들이 싫어했지만, 그는 상관하지 않았지. 밍거스가 미친놈일지도 모르지만 시대를 앞서간 사람인 건 틀림없어. 그는 역사상 가장 위대한 베이스 주자 중 하나야.

찰리 밍거스는 아무도 건드리지 못했어. 난 그를 존경해. 그를 못 견뎌하는 사람이 많았지만 그의 면전에서 그 말을 하진 못했다고. 나도 그랬지만, 체격이 크다고 쫄지는 않았어. 그는 누가 자기를 엿먹이려 들지만 않으면 아무도 건드리지 않는 착한 성정을 지닌 사람이었어. 한 가지 알아둘 게 있어. 우리가 만날 입씨름을 한 건 사실이야. 그렇지만 그가 나를 때리겠다고 위협한 적은 결코 없어. 1946년에 럭키 톰슨이 로스앤젤레스를 떠난 뒤 밍거스는 그 도시에서 나의 가장 절친한 친구가 됐어. 우리는 늘 붙어 다니면서 연주하고, 음악에 대해 토론했어.

한편 버드가 너무 고래처럼 술을 마시고 살이 찌는 게 걱정이 되더라고. 몸이 망가질 대로 망가져 정말 연주가 말이 아닌 거야. 내가 본 중 처음이었지. 그즈음엔 하루에 위스키 1리터 이상을 꼭지가 돌아가도록 마셔댔으니. 중독자들은 대개 비슷한 코스를 밟아. 처음에는 계속 중독돼 있으려고 해. 그래야만 몸이 움직여 음악도 하고 노래도 하거든. 그렇지만 버드는 이미 캘리포니아에 있을 때 그 코스를 벗어나 있었어. 새로운 곳에 가서 필요한 약을 제대로 공급

받지 못하면 중독자들은 새로운 것을 찾곤 해. 버드에게는 바로 술이었어. 버드는 완전히 쩔었어. 그의 몸은 헤로인에는 적응한 상태였지만 그 엄청난 양의 술에는 적응이 안 돼 있었던 거야. 그러니 완전 돌아버린 상태가 된 거지. 로스앤젤레스에서 한 번 그랬고 나중에 시카고와 디트로이트에서도 그랬어.

이런 증세는 1946년 7월 로스 러셀이 다이얼 레코드와 한 번 더 녹음을 주선했을 때 드러났어. 그는 거의 연주할 수 있는 상태가 아니었어. 그날 트럼펫을 불었던 하워드 맥기가 밴드를 끌어갔어. 버드는 가련할 지경이었어. 아예 연주를 할 수가 없었던 거야. 아무도 알아주지도 않는 로스앤젤레스에서 약도 없이 엄청나게 위스키를 퍼마시며 끝내 벤제드린까지 복용하면서 그는 완전히 망가져버렸어. 완전히 고갈된 상태였고 내가 봤을 때는 정말 모든 것이 끝난 것 같았어. 내 말은, 버드가 당장이라도 죽을 것 같았다는 뜻이야. 그날 밤 녹음을 마친 후에 그는 호텔 방에 들어가 만취 상태에서 담배를 피우다 잠들어 침대에 불을 내고 말았어. 불을 내고서는 벌거벗은 채로 길거리로 뛰쳐나갔다가 경찰에게 체포됐고. 경찰들은 그가 미친 줄 알고 그를 카마릴로 주립병원으로 넘겼지. 버드는 거기서 7개월을 머무르게 돼. 병원에서 맛이 가게 하는 치료법을 쓰긴 했지만, 어쨌든 간에 거기 입원한 덕분에 목숨은 건질 수 있었지.

버드가 그렇게 사라지자 특히 뉴욕의 재즈계는 충격에 빠졌지. 재즈판 사람들이 정말 우려했던 것은 병원에서 충격요법을 썼다는 점이야. 한번은 너무 세게 충격을 줘서 혀를 깨물 뻔한 적도 있다더라고. 나는 병원에서 왜 충격요법을 썼는지 이해가 안 가. 그들 말로는 그게 도움이 된다지만 버드 같은 예술가에게 충격요법은 단지 사람을 더 또라이로 만드는 일 그 이상도 이하도 아니야. 버드 파월이 아팠을 때도 충격요법을 썼지만 도움이 되지 않았어. 버드는 상태가

너무 안 좋아서 독감이나 폐렴에만 걸려도 죽을지 모른다는 진단이
나왔다네.

버드가 신에서 사라지고 나서 나는 밍거스와 자주 어울렸어.
그는 자기와 럭키와 내가 함께 연주할 만한 곡들을 썼어. 그런데 밍
거스는 소리가 어떤지에 대해서는 신경을 쓰지 않더라고. 단지 자
기 곡이 어떻게 연주되나 듣고 싶어 할 뿐인 거야. 나는 그가 너무
급작스러운 코드 전개를 구사해서 자주 싸웠어.

"밍거스, 넌 존나게 아무 생각 없는 놈이야. 조바꿈도 제대로 안
하잖아. 속임수라구! 아무 코드나 갖다 누르면 어떤 땐 좋지만 매번
그런 건 아니라구."

그러면 그는 웃으면서 "마일스, 신경 끄고 내가 쓴 대로 연주나
하지" 하는 거야. 그러면 하는 수 없이 그렇게 했어. 당시로서는 정
말 괴상한 울림이 나는 음악이었지. 그런데 지나고 보니 밍거스가
듀크 엘링턴처럼 시대를 앞서간 사람이었다, 이 말이야.

밍거스의 연주도 정말 색다른 것이었어. 그는 거의 밤을 지새
우며 이상한 울림의 음악을 연주했어. 물론 음악에서 '틀린 것'은 없
지. 아무거나 연주할 수 있고, 아무 코드나 누를 수 있어. 존 케이지
의 음악도 마찬가지야. 음악은 모든 것을 향해 열려 있는 거야. 나는
그에게 "왜 그런 식으로 연주하지?" 하고 떠보기도 했어. 예를 들어
그는 D 마이너 키로 연주하게 되어 있는 「마이 퍼니 밸런타인」My
Funny Valentine 같은 곡을 메이저 키로 연주하기도 하는 거라. 내가
아무리 뭐라 해도 그 특유의 달콤한 미소를 지으며 계속 메이저로
연주해나가더란 말이야. 밍거스는 진짜 비범한 친구야. 나는 밍거
스를 정말 좋아해.

그러던 1946년 여름—아마 8월 말쯤—에 빌리 엑스틴 밴드
가 로스앤젤레스로 왔어. 패츠 나바로가 밴드의 정규 트럼펫 주자

였는데, 뉴욕에 계속 머물기 위해 밴드를 관둔 상태였고. 그래서 내가 LA에 있다는 말을 디지에게 전해 들은 B(빌리 엑스틴)가 나와 접촉하려고 했던 거야. B는 내게 함께 일할 의향이 있느냐고 물어왔어. "야, 딕(B는 나를 그렇게 불렀어), 준비됐냐 씨발놈아?"

"그럼"이라고 했지.

"딕, 너한테 한 주에 200달러씩 줄게. 일이 있건 없건 말야. 다른 멤버들에게는 말하지 마. 말하면 까버릴 거야."

"좋아." 좋아서 입이 벌어졌지.

B는 내가 뉴욕을 떠나기 전에도 밴드에 들어오라고 한 적이 있어. 나를 되게 쓰고 싶어 했지. 돈을 그렇게 많이 제시한 것도 그 때문이겠지. 그런데 당시에 나는 소규모 밴드에서 연주하면서 재미를 느끼고 있었고, 게다가 프레디 웹스터가 내게 오더니 이렇게 말하는 거야. "마일스, B의 밴드에서 연주하면 네 음악은 끝장인 건 알지? 그를 따라가면 창조적인 음악인으로서는 죽음이야. 네가 원하는 걸 할 수가 없다구. 밴드는 사우스캐롤라이나로 갈 텐데 거기 가면 재미없을걸. 억지 웃음이나 짓고 살래? 네가 뭐 엉클 톰도 아니고 남쪽에 가서도 너 하고 싶은 대로 할 텐데 그러면 아마 백인들이 널 쏴 죽일걸. 가지 마. 가기 싫다고 해."

그래서 결국 안 갔어. 프레디는 나의 가장 친한 친구였고 현명한 사람이었거든. B 역시 지 맘대로 하는 사람이니까 그도 총을 맞지 않겠냐고 반문하니까 프레디가 이러더라고. "야, B는 스타고 돈줄이야. 너는 아니잖아 인마. 그하고 똑같이 놓고 얘기하면 안 되지." B가 로스앤젤레스에서 나에게 밴드 합류를 권유하면서 "준비됐냐"고 말한 것은 그런 차원에서 한 이야기였어. 그는 내가 뉴욕에서 자기 제안을 거절한 것을 잡고 늘어졌어. 그러나 한편 그런 점 때문에 나를 존중하기도 했고.

B의 밴드 멤버는 다음과 같았어. 소니 스팃, 진 애먼스, 세실 페인이 색소폰 섹션, 린튼 가너—에롤 가너의 형제—가 피아노, 토미 포터가 베이스, 아트 블래키가 드럼이었어. 그리고 호바트 돗슨, 레너드 호킨스, 킹 콜랙스, 그리고 나, 이렇게가 트럼펫 섹션이었어.

그 무렵 B는 프랭크 시나트라, 냇 킹 콜, 빙 크로스비 등과 함께 미국 최고의 가수 대열에 속해 있었어. 그는 흑인 여성들의 섹스 심벌이자 스타였어. 백인 여성도 그를 좋아했지만 흑인 여성들의 열성적인 사랑과 레코드 구입에는 견줄 바가 못 됐지. B는 남자건 여자건 상관없이 막 대하는 존나 거친 사람이었어. 눈에 거슬리는 즉시 존나 패버리는 거야.

그렇지만 B는 자기 자신을 스타가 아니라 예술가라고 여겼어. 그가 밴드를 관두고 가수로 나섰다면 훨씬 더 많은 돈을 벌 수 있었을 거야. 내가 들어간 밴드 역시 B의 예전 밴드처럼 꼭 짜이고 잘 훈련된 밴드였어. 이 밴드는 B가 원하는 것이 뭐든 완벽하게 연주해냈지. 특히 B의 레퍼토리를 마친 후에 흥이 돋곤 했어. 그러면 B는 만족스럽다는 듯 얼굴에 환한 웃음을 띠고 서서 밴드 멤버들의 연주를 지켜보곤 했어. 그렇지만 B의 밴드가 제대로 녹음한 적은 한 번도 없어. 음반사들은 B가 가수라는 것에 더 흥미가 있었고 레코드에서는 보다 대중적인 노래들을 원했거든. 그는 밴드를 유지하기 위해 대중적인 것들을 해야만 했지.

B의 밴드는 아마 19인조였을 거야. 돈이 없어서 빅밴드 대부분 해산하고 있었지. 한 주 내내 일이 없던 어느 날 B가 돈을 주려고 나한테 온 거야. 나는 "못 받겠어요. 다른 멤버들은 받지 못했잖아요"라고 말했어.

B는 그저 웃으면서 돈을 도로 주머니에 넣더니 다시는 나에게 그러지 않았어. 내가 돈이 필요 없어서 거절한 건 아니야. 이스트세

인트루이스에는 아이린과 두 아이 셰릴, 그레고리가 자라고 있었거든. 그래도 다른 멤버들이 돈을 못 받는데 나만 돈을 받을 수는 없잖아.

로스앤젤레스의 댄스 클럽 등을 돌며 일을 하다가 일이 없는 날이면 우린 조그만 그룹으로 찢어져서 피날레 같은 작은 클럽에서 연주했어. 1946년 늦가을 시카고를 거쳐 뉴욕으로 다시 가기 전까지 우리는 두세 달 동안 LA에 머물렀어.

나는 B의 밴드와 함께 캘리포니아 전역을 돌았어. 그러면서 명성이 점점 퍼지기 시작했어. 한편 내가 B의 밴드와 함께 로스앤젤레스를 떠나려 하자 밍거스가 화를 많이 냈어. 그는 내가 카마릴로 병원에 여태 누워 있는 버드를 버린다고 생각하더라고. 나 보고 어떻게 버드를 떼어놓고 뉴욕으로 혼자 돌아갈 수 있느냐고 따지는 거야. 보통 열받은 게 아니더라고. 나는 할 말이 없어서 잠자코 있었어. 밍거스 말로는 버드가 나의 음악적 '아버지'라는 거야. 나는 이런 말을 했던 게 기억나. "잘 들어, 밍거스. 버드는 정신병원에 있고 언제 나올 수 있을지 아무도 모른다구. 넌 아냐 인마? 버드는 완전 맛이 가 있다고. 그걸 몰라서 묻냐?"

밍거스는 대꾸했어. "말했잖아, 버드는 너의 음악적 아버지야. 너는 좆같은 놈이야, 마일스 데이비스. 그 사람이 널 만들었다고."

그래서 나는 이렇게 말했어."좆까고 있네. 내 친아버지 말고는 어떤 새끼도 날 만들지 않았어. 버드가 나를 도와준 건 사실이야. 맞아. 그런데 그 또라이가 날 만든 건 아냐. 그러니까 좆까는 소리하지 마. 나는 이제 이 개떡 같은 로스앤젤레스가 지겨워. 진짜 일들이 벌어지고 있는 뉴욕으로 돌아가야겠어. 그리고 버드 걱정은 마, 밍거스. 너는 이해 못 해도 버드는 이해할 테니까."

밍거스에게 그런 식으로 말한 것은 매우 가슴 아팠어. 난 그를 좋아했고 내가 로스앤젤레스를 떠나는 것이 그를 정말 마음 아프게 한다는 게 보였거든. 그도 날 붙잡는 걸 포기했어. 아마 그 대화가 우리의 우정에 진짜 금이 가게 했는지도 몰라. 그 후에도 우리는 함께 연주한 적이 있지만 예전만큼 가까운 사이는 아니었어. 그래도 어떤 사람들이 책에 지들 맘대로 써놓은 것과는 달리, 우리는 여전히 친구였어. 그 책들을 쓴 인간들은 나와 말 한번 나눠본 적이 없는 새끼들이야. 그러니 내가 찰리 밍거스에 대해 어떤 감정을 갖고 있는지 알 턱이 없잖아? 나중에 우리는 다른 수많은 사람들이 그러듯 각자의 길을 갔어. 그러나 그는 내 친구였어. 그도 그걸 알아. 우리는 의견 충돌이 잦았지만 그건 버드 일을 가지고 싸우기 전에도 그랬어.

나는 B의 밴드에 있으면서 코카인 마시는 것을 배웠어. 내 바로 옆에 앉아 트럼펫을 불던 호바트 돗슨이 나를 꼬셨던 거야. 어느 날 그가 순수 코카인 덩어리 하나를 주더라고. 뉴욕 가는 길에 디트로이트를 들렀을 때였어. 난생처음 코카인을 들이마시던 때가 기억나네. 그게 뭔지도 몰랐어. 단지 갑자기 모든 게 환해지고 에너지가 솟구친다는 느낌이었어. 처음 헤로인을 꽂았을 때는 정신이 몽롱해지면서 뭔 일이 일어나는지 가물가물해졌어. 정말 이상한 느낌이었지. 근데 정말 편안했어. 그다음엔 나도 버드처럼 훌륭하게 연주할 수 있을 것 같은 생각이 들었어. 마치 어떤 천재성이 나를 탁 깨우기를 기다리기라도 하듯 많은 뮤지션들이 그런 식으로 헤로인에 빠져들었지. 그건 정말 큰 실수였어.

세라 본이 그 무렵 밴드를 떠났고 앤 베이커가 싱어로 들어왔어. 앤 역시 좋은 가수였어. 또 내게 '좋은 물건은 가리는 게 없다'는 말을 처음 해준 사람이기도 하지. 그녀는 자주 내 호텔 방문을 열고 들어와 나와 섹스를 했어. 끝내주는 여자였어.

우리는 버스를 타고 순회공연을 다녔는데 B는 버스 안에서 누가 입을 벌리고 자기라도 하면 입에다가 소금을 넣어 잠을 깨우곤 했어. 그러면 눈깔이 팍 튀어나와선 재채기하고 날뛰는 불쌍한 놈을 보고 모두들 웃고 난리였어. B는 정말 웃기는 사람이었어.

당시 B는 아주 말끔하고 멋졌어. 그래서 주위에 여자들이 들끓었지. 어찌나 잘생겼던지 어떤 때는 꼭 여자 같아 보일 때도 있었어. 하도 곱상하게 생겨서 사람들은 그가 부드러운 사람인 줄 알아. 그러나 B는 내가 만난 누구보다도 거친 사람이야. 한번은, 아마 클리블랜드나 피츠버그에 있을 때였던 것 같은데, 모두 나갈 준비를 마치고 호텔 바깥에 세워둔 버스에 탄 채 B가 호텔에서 나오기를 기다리고 있었어. 출발이 이미 한 시간은 지체된 상태였지. 드디어 B가 멋진 여자를 옆에 끼고 호텔에서 나왔어. 그는 내게 이렇게 말했어. "딕, 이 여자가 내 여자야."

그랬더니 여자가 "빌리, 내 여자가 뭐야, 내 이름을 말해줘야지." 뭐, 이 비슷한 말을 했어. B는 그 말을 듣고 여자를 향해 "입 닥쳐, 쌍년아!" 하면서 그 자리에서 싸대기를 갈기는 게 아니겠어?

여자는 "야, 이 씨발놈아, 잘생기지만 않았으면 목을 부러뜨리고 말았을 거야. 이 건달 같은 놈아!" 하고 되쏘았어. 그러자 B는 웃으면서 이렇게 말했어.

"어허, 닥치지 못해 이년아? 좀 쉴 테니 기다리라구. 확 보내줄 테니." 그래서 여자는 머리끝까지 화가 나버렸어.

나중에 뉴욕에서 밴드가 해산했을 때 나는 자주 B와 52번가에서 어울렸어. 나는 코카인을 흡입하고 다녔고 B는 코카인을 갖고 다녔어. 당시에는 코카인을 조그만 팩에 담아 팔았는데 B는 가끔 팩을 세면서 "딕, 얼마나 할래?" 하고 묻기도 했으니까.

나 역시 어렸을 때 B처럼 너무 곱상하게 보인다는 게 문제였어.

1946년 당시에도 너무 어려 보여서 내 눈이 꼭 여자 같다는 말을 들을 정도였어. 주류 판매점에 술을 사러 가기라도 하면 언제나 몇 살이냐는 소릴 들었고. 그러면 나는 두 아이의 아버지라고 말했지만 그래도 매번 신분증을 요구당했지. 나는 체구가 작고 여자아이 같은 얼굴을 가졌고 B는 명랑한 여자가 잘 따르게 생긴 얼굴이었어. 나는 내키지 않는 사람을 대하는 법도 그로부터 배웠어. 방법? 그냥 꺼져버리라고 말하는 거지 뭐. 그뿐이야. 다른 건 다 시간 낭비지.

뉴욕으로 가는 길에 우리는 시카고와 클리블랜드, 피츠버그, 그리고 잘 기억 안 나지만 거기 말고 몇 군데를 더 들렀어. 시카고에 들렀을 때는 집에도 들러 가족도 만났지. 아들은 처음 봤고. 크리스마스 무렵이어서 가족들과 함께 휴가를 보냈어. 밴드가 1947년 해산하기 전 두 달가량 함께 지냈지. 좋은 소식이 날아오기도 했어. 『에스콰이어』*Esquire*에서 나를 '올해의 트럼펫 신인'으로 뽑은 거야. 버드와 B의 밴드에서 일한 덕분인 것 같아. 도도 마마로사가 피아노 부문에서, 그리고 럭키 톰슨이 색소폰 부문에서 올해의 신인으로 뽑혔어. 우리 모두는 버드의 밴드에서 일한 사람들이었어. 1946년은 어렵고도 값진 한 해였지.

5

뉴욕으로 돌아오니 52번가가 다시 문을 열었더라고. 1945년에서 1949년 사이의 52번가를 경험하는 일은 마치 음악의 미래에 대한 교과서를 읽는 것과 같아. 어느 클럽에 들어가면 콜먼 호킨스와 행크 존스가 있지. 어떤 때는 아트 테이텀, 타이니 그라임스, 레드 앨런, 디지, 버드, 버드 파월 등이 하룻밤에 다 서기도 해. 52번가 한 군데에서 말야. 아무 데나 가도 듣고 싶은 훌륭한 음악을 들을 수 있었어. 진짜 믿어지지 않는 시절이었지. 난 세라 본과 버드 존슨을 위해 곡을 쓰고 있었고. 정말 다들 거기 모여 있었어. 요즘엔 그렇게 한꺼번에 다 볼 수는 없지 않나? 그럴 수 있는 기회가 어딨 겠어.

당시 52번가는 달랐다구. 그런 일이 벌어지는 거야. 아파트 거실 크기밖에 안 되는 클럽들이 사람들로 빼곡해. 그 작은 클럽에 미어터지게 사람들이 들어차는데, 바로 옆 가게도 클럽이고 길 건너도 클럽이야. 스리 듀시스가 오닉스 맞은편에 있었고 그 맞은편에는

딕시랜드 클럽이 있었고. 딕시랜드 클럽에 가잖아? 그럼 꼭 미시시
피주 투펠로하고 빼박이야. 백인 인종주의자들이 바글거렸거든. 하
긴 오닉스나 지미 라이언스 클럽도 다를 건 없었지 뭐. 건너편 스리
듀시스 옆에는 다운비트 클럽이 있었고, 그 옆은 클라크 먼로의 업
타운 하우스였어. 이 모든 클럽이 한데 몰려 있었던 거야. 에롤 가너
나 시드니 베셰†에서부터 오란 '핫 립스' 페이지, 얼 보스틱 같은 옛
날 뮤지션도 볼 수 있었어. 또 다른 클럽에서는 새로운 음악이 움트
고 있었고. 신 자체가 힘이 넘치는 거야. 그런 신을 다시 볼 수 있을
거 같아? 어림도 없지.

　　레스터 영도 뉴욕에 있었지. 나는 '프레즈'‡가 세인트루이스에
왔을 때 리비에라 호텔의 클럽에서 만난 적이 있어. 뉴욕에 오기 전
에 말야. 나더러 '꼬마'Midget 라고 부르더군. 이 양반은 테너 색소폰
인데 루이 암스트롱 소리가 나와. 테너 색소폰에서 그런 소리를 내
는 건 그뿐이었어. 빌리 홀리데이의 노래도 그 소리가 나고 버드 존
슨하고 그 백인 친구 누구냐, 그래 버드 프리먼도 그런 소릴 내지.
다들 쫙 달려주는 '러닝 스타일'이었어. 딱 내가 좋아하는 거지. 달
릴 때 달려줘야 톤도 넘쳐 나와. 기본 접근법 자체는 부드러운데 쭉
가다가 한 음을 탁 강조하는 식. 나는 이런 스타일을 클라크 테리에
게서 배웠어. 디지와 프레디에게 영향받기 전까지는 이 양반을 따
라 했었지. 하지만 레스터 영이 진짜 러닝 스타일을 가르쳐준 장본
인이야.

　　암튼 나는 한 며칠 빈둥대다가 1947년 3월에 일리노이 자케이
와 녹음을 했어. 이 그룹의 트럼펫 섹션은 정말 짱이었어. 나와 조
뉴먼, 패츠 나바로, 그리고 두 명 더 있었는데. 아마 매리언 헤이즐

---

† 뉴올리언스 재즈를 하는
클라리넷 주자.

‡ 레스터 영의 별명.
'프레지던트'를 줄여서
하는 말.

과 일리노이 자케이의 동생 러셀 자케이가 있었을 거야. 디키 웰스와 빌 도겟이 트럼본이었고 재즈 평론가이기도 한 레너드 페더가 피아노를 맡았지. 패츠와 다시 연주하게 되니 좋더라고.

　디지는 우리를 싹 데려다가 자기 빅 밴드에서 비밥을 연주시켰어. 디지의 빅밴드에는 월터 길 풀러가 있었지. B의 밴드에서 곡을 쓰면서 B의 음악 감독을 하던 사람. 길도 씨발 존나 짱이어서 디지의 빅 밴드에서 일하는 게 진짜 짜릿했어. 디지의 매니저인 빌리 쇼가 브롱크스의 매킨리 극장 일을 따냈는데, 이때가 특히 기억에 남아. 길 풀러가 고용한 최고의 트럼펫 섹션이 한 밴드에 갖춰진 거라. 프레디 웹스터, 케니 도럼, 패츠 나바로, 그리고 디지와 나, 이게 다 한 밴드 트럼펫 섹션이라구! 드럼이 누군 줄 알아? 맥스 로치야. 이 일이 막 시작될 때쯤 버드가 뉴욕으로 와서 밴드에 합류했어. 그는 2월에 캘리포니아 카마릴로에서 퇴소한 다음 로스앤젤레스에 머물면서 슬슬 음반 두 장을 녹음했지. 다이얼 레코드사 거 말야. 그렇게 어울려 다니면서 약습관이 다시 붙어버렸지. 근데 로스 러셀이 시켜서 만든 그 음반들은 정말 끔찍하더군. 뭐야 도대체? 버드를 어떻게 한 거냔 말야. 지금까지도 궁금해. 그래서 난 로스가 싫어. 이 씨발놈은 버드를 좆되게 한 사기꾼 새끼야. 어쨌든 버드가 뉴욕으로 왔는데, 보니까 로스앤젤레스에서 볼 때보다는 많이 나아졌더라구. 술도 별로 안 마시고 헤로인 꽂는 것도 많이 줄인 상태였어. 아예 끊지는 못하고 있었지만.

　근데 말야, 첫날 무대에 설 때, 밴드 전체가 그랬지만 트럼펫 섹션은 진짜 존나 멋졌어. 뭔지 알아? 음악으로 꽉 찬 분위기, 모든 사람 몸속에, 공기 전체에 음악이 차오르는 그런 거. 그 모든 사람들과 더불어 연주하는 게 진짜 좋았어. 나 그런 거 사랑해. 야아, 이거 뭔일 내겠구나 싶은 사람들과 함께 연주하는 거만큼 짜릿한 게 또 있

나. 내가 겪은 가장 짜릿하고 영적인 시간이야. 세인트루이스에서 B의 밴드에서 연주했을 때도 그랬지만. 첫 공연 때 온 관객들도 끝내줬어. 음악 들을 줄 알고 춤 좀 출 줄 아는 사람들이었지. 어떤 연주가 나올까 하는 기대감이 분위기를 꽉 채웠달까, 이게 말로 잘 묘사가 안 되네. 전기 오른 듯 마술적이었어. 내가 이 밴드의 멤버라니! 기분 진짜 째지드라. 음악의 신들이 모여서 밴드를 만들었는데 나도 그 일부라는 느낌 같은 거. 영광스럽기도 하고 뭔가 겸손해지는 기분이었어. 오직 음악만을 위해 존재하는 우리들. 이게 진짜 멋진 느낌이잖아.

그런데 디지는 밴드가 오염되지 않기를 원했던 터라 버드가 방해가 된다고 여겼어. 매킨리에서 시작하는 날, 버드가 약기운이 오른 채 무대에 올라 그냥 지 솔로만 연주했거든. 남들 받쳐주는 연주는 전혀 안 하고. 심지어 관객들조차 무대 위에서 해롱대는 그를 빈정대더라구. 버드에게 진절머리가 난 디지가 첫번째 무대 이후에 버드를 해고해버렸어. 그랬더니 버드가 길 풀러에게 이젠 약에서 깔끔하게 손 뗀다 약속할 테니 디지에게 말 좀 잘해달라고 한 거지. 길이 디지에게 이 말을 전하면서 버드랑 같이 가자고 하더라구. 나 역시 디지한테 가서 버드랑 같이 하자, 버드랑 같이 곡 쓰면 돈도 별로 안 들고 좋지 않냐고 그랬지. 당시 주급이 아마 100달러 정도였을 거야. 근데도 디지가 딱 거절하드라구. 버드에게 줄 돈이 없으니 버드 빼고 꾸려가는 수밖에 없지 않냐는 거야.

매킨리 극장에서 두 주 정도 연주했나. 그 와중에 버드는 밴드를 새로 짜면서 나더러 같이 하자고 해서 그러마 했지. 버드가 다이얼 레코드사에서 녹음한 음반 두 장이 발매됐어. 한 장은 내가, 또 한 장은 하워드 맥기가 트럼펫을 불었던가 그래. 1946년 연말에 발매됐는데 크게 히트한 재즈 앨범이 됐지. 52번가도 다시 열렸겠다,

버드도 돌아왔겠다, 그러니 클럽 사장들이 버드를 원할밖에. 다들 버드 어딨냐고 난리였어. 주인들은 다시 소편성 밴드를 원했고 버드가 새 밴드를 하면 사람들을 모을 것이라고 생각했지. 스리 듀시스가 버드랑 주당 800달러를 주는 조건으로 4주를 계약했어. 버드는 나와 맥스 로치한테 주당 135달러, 토미 포터하고 듀크 조던에게는 주당 125달러를 줬고. 그러니까 주당 280달러가 버드한테 갔는데, 생애 최고로 돈 많이 벌었을 때가 이때야. 나는 B의 밴드에서 받던 돈보다도 적은 65달러라도 상관없었어. 버드와 맥스랑 좋은 음악 연주하면 된 거잖아.

난 기분이 좋았어. 버드도 캘리포니아에 있을 때처럼 맛이 간 얼굴이 아니었고 눈동자도 선명했거든. 살도 빠지고 도리스와 사는 것도 행복해 보였어. 버드가 카마릴로 병원에서 퇴원할 때 도리스가 직접 캘리포니아까지 마중 나가서 동부행 기차로 데려왔잖아. 도리스는 정말 자기 남자 찰리 파커를 사랑했던 거야. 찰리 파커를 위해서라면 무슨 일이라도 할 태세였지. 버드는 행복해 보였고 준비가 다 된 거 같았어. 우리는 1947년 4월에 레니 트리스타노의 트리오와 함께 스리 듀시스의 간판으로 무대에 섰지.

나는 버드와 다시 연주하는 것이 정말 기뻤어. 당시 버드와 연주하면 내 최고 실력을 발휘할 수 있었거든. 엄청 다양한 스타일의 연주를 구사할 줄 아는 버드는 똑같은 걸 절대 반복 안 해. 그의 창의성과 음악적 아이디어는 끝이 없었어. 매일 밤 리듬 섹션을 뒤집어놨지. 예를 들어 블루스를 연주한다 쳐봐. 버드가 열한 번째 마디에서 시작하고,[†] 리듬 섹션이 자기 마디를 지키고 가는 동안 계속 그렇게 연주하면 리듬 섹션의 2, 4에 가 있어야 할 게 1, 3에 가 있는 것처럼 들려. 당시에 디지 말고는 아무도 버드를 따라갈 수가 없었

[†] 블루스는 12마디로 구성되어 있고, 11마디에서 시작하면 버드가 미리 들어가는 것이 된다.

어. 버드가 이런 식으로 가니까 맥스는 듀크에게 버드를 따라가지 말고 자기 리듬을 지키라고 소리치곤 했지. 버드를 따라갔다간 리듬을 망치기 십상이거든. 듀크는 맥스가 소리치는 걸 못 듣고 리듬을 여러 번 망치기도 했지. 버드가 이런 식으로 믿기지 않는 멋진 솔로를 하는 사이 리듬 섹션은 자기 자리를 지키며 정박의 리듬만을 쳐야 하는 거야. 마침내 버드가 리듬 섹션이 머물러 있는 자리로 정확하게 돌아와. 마치 머릿속에 모든 걸 짜놓은 듯이. 버드가 이걸 설명하고 연주하겠냐고. 그냥 음악을 타는 수밖에 없는 거야. 버드와 연주하면 음악적으로 무슨 일이 일어날지 몰라. 나는 버드와 같이 하는 동안 내 연주를 약간 발전시킬 수 있었어. 뭔 일이 일어나더라도 대비해야 했거든.

공연 시작 한 주 전쯤인가, 버드가 연습을 하자며 우리를 놀라라는 이름의 스튜디오로 부르더군. 당시 많은 뮤지션들이 거기서 연습을 했지. 그가 연습을 하자고 했지만 누가 그 말을 믿겠어. 절대로 그런 적이 없었는데. 연습 첫날 다들 모였지만 당연히 버드만 나타나지 않았어. 두어 시간 기다리다가 그냥 내가 연습을 시키고 말았지.

첫 공연 날, 스리 듀시스가 꽉 찼어. 일주일 내내 버드를 못 봤어도 우리끼리는 존나 맞춰 놨었고. 그런데 공연 당일 날 이놈의 깜둥이가 슥 나타나더니 하는 소리가 다들 준비됐냐는 거야. 특유의 가짜 영국식 억양으로 말야. 심지어 시작하려고 하는데 "뭐부터 할까?" 이러는 거야. 그래서 내가 일러줬지. 그는 끄덕이며 박자를 세더니 씨발 모든 곡을 우리가 존나 연습한 바로 그 키로 연주해나가더군. 쌍 정말 뭐 이런 새끼가 다 있나 싶더라. 밤새 박자 하나, 음 하나 놓치는 법이 없었고 키에서 절대 벗어나지도 않고. 맛이 확 가드라구. 우린 존나 놀라 자빠질 지경이었지. 완전 충격 먹고 쳐다보는 우리한테 버드는 "왜? 뭐 잘못됐냐?"고 말하는 듯 빙긋이 웃는 표정으로 응수하더란 말이지.

첫날 세트를 마치고 버드가 우리한테 오더니 그 가짜 영국 억양으로 "쫌 하든데 니네? 뭐 한두 군데 리듬 절뚝거리고 음 놓친 것 빼면" 이러는 거야. 근데 그 씨발놈을 보면서 웃음밖에 안 나오드라고. 버드는 무대에서 그런 식으로 사람들을 놀라게 했지. 관객들도 그런 것을 기대하고 오는 거고. 그가 뭔가 믿기지 않는 걸 안 하면 그게 오히려 놀라울 지경인 거지.

버드는 짧게 숨을 내뱉으며 몰아치는 프레이즈를 자주 연주했지. 미친놈처럼 확 지르는 프레이즈 말야. 나중에 콜트레인도 그런 식으로 했어.† 이렇게 확 음을 쏟아버리면 맥스 로치는 박자 사이에 애매하게 놓이게 돼. 씨발 버드가 뭘 하는 건지 난 도무지 알 수가 없었지. 그런 식의 연주를 들어본 적이 없었거든. 가련한 듀크 조던과 토미 포터도 박자를 놓치고 멍청하게 있을 뿐. 다 놓치기는 하는데 걔네들이 더 놓쳐. 버드가 그런 식으로 연주하면 꼭 그 곡을 처음 듣는 거 같았어. 그렇게 연주하는 사람은 생전 처음이었거든. 나중에 소니 롤린스와 내가 그런 시도를 한 적이 있었고 콜트레인과도 그런 식으로 해봤지. 짧게 몰아치는 프레이즈를 구사하는 거 말야. 당시에는 터무니없는 일이었어. '터무니없다'는 말이 싫지만 그는 정말 그랬어. 음들과 프레이즈를 조합하는 방식의 기괴함은 정말 악명 높았지. 보통 뮤지션이라면 논리적으로 자기 것을 발전시키려 하지만 버드는 아니었어. 그가 연주하는 것은 전부―그가 정신 차리고 제대로 연주할 때에 한해서―무시무시했고, 난 그런 사람과 매일 밤 같이 연주한 거야! 우리는 밤새 "헐! 지금 이거 들었지?"를 연발하는 수밖에 없었어. 그렇게 되면 말야, 우린 아무것도 연주할

† 이런 전광석화 같은 프레이즈가 존 콜트레인의 그 유명한 '소리 다발'(sheets of sound)이다.

수가 없는 거야. 그래서 그가 그런 '터무니없는' 연주를 하는 지점에 이르면 서로 눈치를 주고받았어. 그런 부분이 점점 넓어지더니 나중에는 진짜 넓어졌지. 시간이 좀 지나니까 그냥 오늘도 저 새끼 저러나 보다 싶더라. 도대체 현실 같질 않아서 말이야.

밴드를 연습시키고 잘 짜인 상태로 유지시키는 게 내 몫이었어. 이 밴드를 운영하면서 나는 훌륭한 밴드를 만들기 위해 뭘 해야 하는지 알게 됐지. 우리 밴드는 당시 최고의 비밥 밴드라는 소릴 들었어. 내가 그런 밴드의 음악 감독이라는 것이 자랑스러웠어. 스물한 살도 채 되지 않은 나이였지만, 음악에 대해 정말 빨리 많은 것들을 배워가고 있었고.

버드는 절대 음악 얘기를 하지 않아. 딱 한 번 클래식을 하는 내 친구와 논쟁을 한 적이 있긴 해. 버드가 내 친구에게 코드 위에서 아무 음이나 연주해도 된다고 했는데, 나는 수긍이 안 가더라구. 이를 테면 B 플랫 블루스의 다섯째 마디에서† D 내추럴 키로 연주할 수는 없지 않느냐고 따졌지. 근데 버드는 가능하다는 거야. 나중에 심야의 버드랜드에서 레스터 영이 그렇게 하는 걸 들었어. 음을 끌어올리는 식으로 연주하더라구. 그때 버드도 같이 있었는데, 꼭 '거봐 된댔잖아, 내가' 하는 표정으로 날 쳐다보더라. '네가 틀렸어'라고 전할 때 그가 자주 짓는 표정이었지. 그런데, 그러고 끝이야. 버드는 자기가 그렇게 해봤기 때문에 그게 가능하다는 것을 알고 있었던 것뿐이야. 아무리 그래도 그렇지, 이렇게 하는 거다 또는 저렇게 하는 거다, 속시원하게 말해준 적이 어떻게 단 한 번도 없냐고. 그냥 네가 터득하려면 해라, 이런 식. 아님 그냥 모르고 지나가는 거고.

나는 이런 버드에게서 많은 것을 배웠어. 그의 연주를 귀로 듣고 따지 않으면 프레이즈 하나도, 아이디어 하나도 건질 수가 없었어. 아까도 말했지만

† 그러면 코드는 E 플랫이 되고 일반적으로는 D 내추럴과 부딪힌다.

난 버드와 길게 이야기한 적이 없어. 심지어 돈 때문에 싸울 때에도 15분 이상 말한 적이 없었다구. 그냥 단도직입적으로 "버드, 돈 갖고 나 엿먹이진 마" 이렇게 말하고는 땡이야. 물론 그는 계속 나를 엿먹였지만.

나나 맥스나 듀크 조던이 피아노 치는 게 맘에 안 들었지만, 버드는 어쩐지 계속 그를 밴드에 두더라고. 나와 맥스는 버드 파월이 피아노를 맡길 원했지. 그런데 버드가 버드 파월과 앙숙이어서 그렇게 되질 않았어. 몽크네 갔을 때 버드 파월한테 말 좀 걸어보라고 버드를 찔러봤는데 꼼짝 않더라고. 버드 파월은 가끔씩 우리가 연주하는 클럽에 슥 나타나곤 했지. 검은 모자에 하얀 셔츠, 검은 양복, 검은 넥타이에 검은 우산을 든 그 차림새는 존나 말쑥했어. 그는 나에게 말을 걸거나 몽크가 있으면 몽크에게 말을 걸 뿐 아무하고도 말하지 않았어. 버드가 버드 파월에게 밴드 좀 같이 하자고 애걸을 해도 버드 파월은 버드를 쳐다보며 술잔을 들 뿐이었고. 심지어 그는 버드에게 웃음을 짓지도 않았어. 사실 버드 파월은 술과 헤로인에 완전 맛이 간 채로 멍하니 객석에 앉아 있던 거야. 이 사람도 약발이 너무 올라가지고 버드처럼 늘 그런 식으로 지냈던 거지. 그래도 천재는 천재지. 최고의 비밥 피아니스트였어.

맥스는 템포를 망친다며 맨날 듀크한테 시비를 걸었는데, 어떤 땐 너무 화가 나서 듀크한테 종주먹을 들이대기까지 했다구. 그래봐야 듀크한텐 안 먹혔지만. 연주하다가 버드가 뭔가 할라치면 박자를 놓쳐버려. 이렇게 되잖아? 그럼 내가 박자를 안 세어주면 맥스도 박자를 놓치게 돼 있거든. 맥스는 듀크에게 "야, 이 또라이야, 좀 꺼져. 너 땜에 또 박자가 엉망이 되잖아 씨발!" 하고 소리 지르곤 했어.

1947년 5월 사보이 레코드사에서 발매된 음반에는 듀크가 빠지고 버드 파월이 들어와 있긴 해. 음반 제목이 『찰리 파커 올스타스 』*Charlie Parker All Stars* 였었나. 듀크만 빼고 버드의 정규 밴드 멤버들이 참여한 음반이었지. 나는 이 음반을 위해「도나 리」Donna Lee 라는 곡을 썼는데, 이게 자작곡으로는 음반에 실린 최초의 곡이야. 그런데 음반이 발매되고 보니, 버드의 곡으로 잘못 나와 있더라구. 물론 버드의 잘못은 아니었지. 레코드 회사에서 잘못한 거고 내가 돈으로 손해 본 것도 없었고.

사보이 레코드사에서 이 음반을 취입할 당시 버드는 다이얼 레코드와 여전히 계약 관계에 있었어. 그렇다고 해도 버드가 하고 싶은 걸 안 하겠어? 누구든 당장 돈을 쥐고 있는 편에 붙지. 버드는 1947년에 내가 트럼펫을 담당한 네 장의 앨범을 취입했는데, 아마 세 장은 다이얼에서, 한 장은 사보이에서 냈던 것 같아. 그해에 버드는 음악적으로 진짜 왕성하게 활약했어. 1947년이 버드의 최전성기였다고 하는 사람들도 있지. 근데 난 모르겠어, 그런 식으로 말하는 거 별로거든. 그 무렵 버드가 대단한 음악을 선보였다는 게 내가 아는 전부야. 물론 그 후에도 그랬고.

바로 이 곡「도나 리」덕에 길 에번스를 만났지. 곡을 들은 길이 버드에게 가서 자기가 좀 만져보고 싶다고 했는데, 버드가 이 곡은 자기 곡이 아니고 마일스 데이비스 곡이라고 했다는 거야. 길은 클로드 손힐 오케스트라를 위한 편곡을 하려면 원곡 악보가 필요하다더군.「도나 리」의 편곡 때문에 길이랑 알게 됐어, 처음 만난 거지. 나는 클로드 손힐의「로빈스 네스트」Robbin's Nest 편곡 악보를 주면「도나 리」편곡을 허락하겠다고 했지. 그가 내게 악보를 주었고 서로 말을 좀 주고받아 보니 나는 길이 곡 쓰는 방식을, 그리고 길은 내가 트럼펫 부는 방식을 맘에 들어한다는 걸 알게 됐어. 우리가 소리를 듣는 방식이 같더란 말야. 그렇지만 길의「도나 리」편곡은 영 맘에 들지 않더라구. 내 감각엔 너무 느리고 뻔한 편곡이었어.

그렇지만 내가 다른 곡들에 대한 길의 편곡과 작곡 실력을 알아봤던 터라「도나 리」하나 때문에 거북하지는 않았어. 솔직히 좀 그렇긴 하드라만.

어쨌든 버드와 함께 녹음한 사보이 음반은 당시까지 내가 녹음한 것들 중에서 제일 낫다는 생각이 들어. 나는 내 연주에 점점 자신감이 붙어갔고 나만의 스타일을 개발해가고 있었거든. 디지와 프레디 웹스터의 영향에서 슬슬 빠져나오고 있었다는 뜻인데, 스리 듀시스에서 매일 밤 버드와 맥스와 함께 연주한 게 내 소리를 찾는 데 진짜 큰 도움이 됐어. 여러 연주자들이 무대에 끊임없이 올라왔고 그에 따라 우리는 다양한 스타일에 계속 맞춰줘야 했지. 버드는 이런 방식을 아주 좋아했고 나도 가끔씩은 좋다고 생각했어. 그런데 나는 이렇게 떼거지로 올라와서 연주하는 것보다는 밴드만의 사운드를 발전시키는 데 더 흥미가 당겼거든. 버드는 캔자스시티의 전통†에서 출발했고 할렘의 민턴스나 히트웨이브에서도 이 방식을 고수해왔던 터라 이걸 즐길 뿐 아니라 편안하다고 느꼈나 봐. 그런데 만일 연주가 별로인 사람이 올라왔다 쳐봐, 난감해지는 거라.

버드와 함께 매일 밤 52번가에서 연주하고 사람들한테 노출되니 내가 리더를 맡은 첫 레코드를 취입하는 데도 도움이 됐어. 음반 제목이 『마일스 데이비스 올스타스』Miles Davis All Stars였지. 사보이 레이블 발매. 찰리 파커가 테너 색소폰, 존 루이스가 피아노, 넬슨 보이드가 베이스, 그리고 맥스 로치가 드럼을 맡았어. 1947년 8월에 녹음했고. 나는 앨범을 위해 네 곡을 쓰고 편곡했지.「마일스 톤스」Milestones,「리틀 윌리 립스」Little Willie Leaps,「하프 넬슨」Half Nelson, 그리고「시핀 앳 벨스」Sippin' at Bell's 이렇게.「시핀 앳 벨스」는 할렘의 어느 바에 관한 곡이야. 게다가 콜먼 호킨스의 음

† 캔자스시티에서는 여러 뮤지션들이 끊임없이 무대에 올라와 즉흥연주를 하는 것이 전통이다.

반에서도 트럼펫을 불었고. 암튼 1947년은 바쁜 해였지.

아이린이 우리 두 애들을 데리고 뉴욕에 와 있어서 퀸스에 전보다 넓은 방을 얻었어. 나는 코카인 불고 술 마시고 담배도 피웠지. 마리화나는 그닥 좋아하질 않아서 안 피웠고. 헤로인도 안 했어. 사실은, 버드가 그런 적이 있어. 헤로인 찌르다가 자기한테 들키기라도 하면 조져버리겠다고. 그런데 밴드와 내 주위에 자꾸 여자들이 꼬이기 시작한 게 문제의 시작일 줄이야. 난 아직 여잘 몰랐어. 아이린도 잊을 만큼 음악에만 빠져 있었지.

한번은 링컨 스퀘어의 어느 무도장에서, 지금은 링컨 센터가 있는 거기, 여러 애들이 함께 한 공연이 열렸어. 정말 엄청난 올스타 콘서트였어. 아트 블래키, 케니 클라크, 맥스 로치, 벤 웹스터, 덱스터 고든, 소니 스팃, 찰리 파커, 레드 로드니, 패츠 나바로, 프레디 웹스터, 그리고 나 등등. 1달러 50센트만 주면 이 모든 위대한 뮤지션들의 음악을 들을 수 있던 시절이라니. 춤추는 사람, 잠자코 듣는 사람 다 있었지.

이 콘서트가 기억나는 건 뉴욕에서 프레디 웹스터가 무대에 선 거의 마지막 콘서트였기 때문이야. 1947년에 프레디 웹스터가 죽자 나는 병이 날 지경이었어. 우리 다 그랬지. 특히 버드와 디즈, 웹스―우리는 그를 '웹스'라 불렀어―는 시카고에서 헤로인을 하다 과다복용으로 숨졌어. 소니 스팃이 구한 약이었지. 소니는 약을 구하려고 아무한테나 마구 돈을 뜯어내는 부류였거든. 프레디와 연주하러 시카고로 갔는데, 거기서도 그랬던가 봐. 소니가 닦달하면 무슨 약이라도 구해 오는 수밖에 없는 거라. 틀림없이 스트리크닌 같은 흥분제였을 거야, 잘은 몰라도. 어쨌든 소니가 이걸 프레디에게 줬고, 프레디가 그걸 하고 죽은 거야. 이 일로 오랫동안 아팠지. 우리는 거의 형제나 마찬가지였으니까. 요새도 가끔 그가 생각나.

우리는 1947년 11월에 디트로이트로 원정 공연을 떠났었어. 엘시노라는 이름의 클럽에서 연주하게 되어 있었는데 버드가 클럽에 나타났다가 나가버리는 바람에 공연이 취소되고 말았어. 뉴욕을 벗어나면 버드가 헤로인 구입에 애로가 많았거든. 그러면 약 대신 술을 엄청 퍼마셨고 그날도 그랬던 거지. 그러니 연주가 될 리가. 클럽 매니저랑 싸우다가 나가서 호텔 방으로 가버렸는데, 얼마나 열을 받았는지 호텔 창문 밖으로 색소폰을 집어던져서 박살이 나고 만 거야. 나중에 빌리 쇼가 셀마에서 나온 새 제품으로 사다주긴 했지만.

뉴욕으로 다시 돌아와 녹음을 하나 하고(J.J. 존슨도 참여했지), 우리 그룹은 엘 시노와의 계약을 지키기 위해 다시 디트로이트로 가야 했어. 이번에는 모든 게 제대로 되었고 버드가 끝내주는 연주를 들려줬지. 베니 카터가 함께 따라갔었어. 하지만 그녀는 그 연주를 끝으로 라이어널 햄프턴의 밴드로 가고 말았어. 테디 레이그가 버드에게 와서 사보이에서 앨범 하나를 더 내자고 한 게 아마 디트로이트에서였을 거야. 빌리 쇼가 그 무렵 버드에게 엄청 큰 영향력을 행사했었는데, 아마 공동 매니저 비슷한 거였을 텐데, 그가 다이얼 같은 작은 레이블 말고 사보이 정도 되는 큰 레이블에 속해 있어야 한다고 귀띔해주곤 했지. 당시 미국음악가협회가 계약상의 분쟁 때문에 레코딩을 금하고 있었다는 건 알지? 당장 현금이 필요한 버드는 사보이 레이블을 위해 레이그와 서명했고 당장 스튜디오로 들어갔어. 아마 크리스마스 직전 일요일이었던 거 같아.

앨범 제목이 『찰리 파커 퀸텟』*Charlie Parker Quintet*이었던가? 이 앨범 마치고 디트로이트 건도 마무리하고, 버드는 노먼 그랜즈가 이끄는 '재즈 앳 더 필하모닉'*Jazz at the Philharmonic* 투어의 남서부 공연에 참여하기 위해 곧장 캘리포니아로 갔어. 그사이에 나는 누나와 누나의 남편 빈센트 윌번을 보러 시카고로 갔고 거기서 크리스마스를 보냈지. 그런 다음 다시 뉴욕으로 가서 버드와 합류했고. 버드가 도리스와 결혼하러 멕시코로 내빼는 바람에 콘서트 하나를 빼먹어 버렸어. 노먼 그랜즈만 좆된 거야. 투어의 스타가 버드였고 다 버드 보러 오는 건데 버드가 빠지니까 사람들이 노먼한테 지랄하고 난리가 난 거지. 그렇다고 버드가 눈 하나 깜짝하는 줄 알아! 천만에. 버드는 그 와중에도 또 뭔가 잘 구슬러가지고 새로운 호의를 끌어낸단 말이지, 하아 참.

필하모닉 투어 다녀온 이후 버드 자존감 진짜 쩔었지. 『메트로놈』에서 그를 '올해의 알토 색소폰 주자'로 선정한 직후였어. 내가 본 버드의 가장 행복한 시기였어, 그때가. 우리는 스리 듀시스에 다시 서게 됐는데 매일 입장객 줄이 점점 길어지는 거라. 그런데 내가 보기에 말야, 버드에게는 잘될 기미만 보이면 좆같은 일이 생겨. 스스로 초라도 쳐야 직성이 풀리는 건지 이건 뭐. 구닥다리라고 욕이라도 먹을까 봐 걱정하는 사람처럼 말야. 천재에다가 맘만 잡으면 참 좋은 사람인데, 비극이야 정말. 상습적으로 헤로인을 하다 보니 사람이 맛이 가기 시작하는 거야. 어딜 가도 약장사들이 따라 붙었지. 급기야 1948년부터는 어떻게 손을 쓸 수가 없게 되더라구.

1948년에 시카고의 아가일 쇼 바로 공연 갔던 일이 떠오르네. 딱 무대에 올라가려고 하는데 버드가 안 보여. 한참 후에 나타났는데 헤로인에 술에 완전 맛이 가서 연주가 안 되는 지경인 거지. 무대에서 거의 졸다시피 하더라구. 그를 깨우려고 나랑 맥스가 네 마디씩 끊어가며 연주했다니까. 예를 들어 F 장조였는데 버드가 완전 다른 조로 연주하니까 듀크가 이 개판 리드를 따라간 거야. 연주가 후지니 사장이 우릴 잘라버렸지. 버드는 클럽을 나가더니 화장실인 줄 알고 전화 부스에다 오줌을 싸질 않나. 빡이 친 백인 클럽 사장이 "흑인노조 사무실 가서 돈 찾아가쇼" 그러대. 당시 시카고 흑인조합은, 어후, 살벌했다구. 그냥 돈 못 받는 거나 마찬가지였어. 그래도 난 시카고에 사는 누나 집에 잠시 머물면서 용돈도 받고 그러면 되니까 걱정할 게 없었는데, 다른 멤버들은 걱정이었지. 하루는 버드가 우리를 불러 모으더니 흑인음악가조합에 가서 돈을 타자는 거야.

버드가 조합 회장인 그레이의 사무실로 가더니 "내 돈 내놔" 이러드라구. 그놈들이야 버드의 연주를 좋아하긴커녕 과대 평가된 또라이 정도로 취급하지 않았겠어? 버드가 돈 내놓으라고 하니까 그레이가 서랍에서 총을 꺼내면서 "씨발새끼들아 빨리 꺼져" 이러는 거야. 우린 존나 후달려서 바로 도망쳤지. 근데 맥스가 나오면서 "걱정 마, 버드는 돈을 받을 거야" 이러는 거야. 그는 버드가 무슨 일이든 할 수 있다고 믿었거든. 버드가 다시 들어가서 그레이와 한판 붙으려고 했는데 듀크가 말렸어. 아마 성질대로 했으면 버드는 망할 그레이가 쏜 총에 맞아 그날 뒈졌을 거야. 그레이 같은 쓰레기가 뭘 알겠어. 좆도 버드가 뭐 하는 새끼냐 싶었겠지.

그렇지만 버드는 그해가 가기 전에 클럽 주인한테 단단히 복수를 해버렸어. 한번은 자기 솔로가 끝나자 갑자기 색소폰을 내려놓더니 무대를 내려가서 로비로 가는 거야. 그러더니 로비에 있는 전화 부스에 들어가서 오줌을 갈겨대더라고. 그것도 존나 흥건하게. 오줌이 부스 바깥으로 철철 흘러나와 카펫까지 적셔버렸어. 씩 웃으며 부스에서 나오더니 바지 지퍼를 올리고 다시 무대로 올라오는 버드를 백인들이 다 쳐다보고 있는 상황이었다구. 다시 색소폰을 잡고 완전 쩌는 연주를 하더라. 그날은 약으로 뻑가 있는 상태도 아니었거든. 버드는 이런 식으로 입 한 번 뻥긋 안 하고 할 말을 다 하는 사람이었어. 나 엿먹여봐라, 니가 좆된다, 이런 거. 클럽 주인은 엿을 먹어놓고 본체만체 암말 못 하더라고. 출연료도 줬고. 물론 우리는 버드에게서 그 돈을 받지 못했지만.

이 무렵부터 52번가가 쇠퇴하기 시작했어. 사람들은 여전히 음악을 들으러 클럽에 왔지만 어딜 가도 경찰이 있었지. 근처에는 꾼들이 많았고 경찰은 클럽 주인들에게 클럽 운영을 깨끗하게 하라고 압력을 넣고 있었어. 경찰은 꾼들을 대거 체포했고 뮤지션도 몇 명 체포했지. 버드의 그룹에는 여전히 팬들이 꼬였지만 다른 그룹들은 그리 신통치가 않았어. 급기야 52번가는 재즈가 아니라 스트립쇼 클럽 구역이 되어갔지. 청중들도 예전의 '오붓한 휴가'를 즐기러 온 군인들이 아니었고. 전쟁은 이미 끝났고 사람들은 더 뻣뻣해졌고 옛날처럼 고분고분하지 않았어.

52번가는 쇠퇴하지, 녹음 거부는 계속이지, 그러니까 음악계가 타격을 안 받겠어? 녹음이 안 되니 클럽에서 듣지 않으면 비밥은 그냥 잊히는 거야. 우리가 오닉스나 스리 듀시스 같은 곳에서 정기적으로 공연을 하긴 했어. 근데 버드가 계속 돈 가지고 좆같이 구니까 좀 대가리가 복잡해지더란 말야. 처음엔 버드를 신처럼 바라봤는데 점점 안 그렇게 되더라구. 나도 이제 스물두 살이고, 가족이 있는 몸이며 1947년 『에스콰이어』의 트럼펫 부문 '뉴 스타 어워드'를 받았고 『다운비트』 독자 투표에서 디지와 동률 1위를 한 사람이잖아. 내가 대가리가 커져서라기보다는 음악적으로 내가 누구인지 알아가기 시작했달까. 버드가 우리에게 돈을 안 준 건 누가 뭐래도 옳지 않아. 자꾸 우리를 좆밥으로 보니까 나도 더는 못 받아들이겠더라구.

밴드가 시카고에서 인디애나폴리스로 연주여행을 갔던 기억이나. 맥스와 나는 한 방을 썼고 어딜 가든 붙어 다녔지. 우리가 인디애나 근처의 흑백 동석이 가능한 자그마한 식당에 뭘 좀 먹으러 들렀던 적이 있어. 앉아서 먹고 있는데 백인 네 명이 걸어 들어와 우리 맞은편에 앉더군. 맥주를 마시더니 점점 술이 취해가지고 꼭 남부 백인 촌놈이 술 취해서 그러는 것처럼 존나 큰 소리로 웃고 떠드는 거야. 이스트세인트루이스 출신인 나는 그들이 어떤 종류의 백인놈들인지 잘 알고 있었지만, 브루클린 출신인 맥스는 알 턱이 없었지. 그냥 일자무식 백인 씨발놈들이지 뭐. 게다가 맥주까지 들어갔겠다, 이건 뭐 엎친 데 덮친 격인데, 어쨌거나 그들 중 하나가 슥 말을 걸어오는 거야. "꼬마들아, 뭐 하는 애들이냐 니넨?"

똑똑하긴 하지만 이게 뭔 상황인지는 모르는 맥스가 그들에게 웃음 띤 얼굴로 "우리는 뮤지션이죠" 하고 대답한 거야. 맥스는 백인 노가다 새끼들이 어떤 놈들인지 몰라. 브루클린 출신이어서 그런 놈들을 겪어본 적이 없거든. 맥스의 대답에 백인놈들이 "그래? 니네 잘나가냐? 그럼 어디 한번 연주나 해보시지?" 이러는 거야. 그 말이 나온 다음에 뭐가 이어질지는 뻔할 뻔 자거든. 나는 테이블 위에 있는 것들을 테이블보에 다 싸가지고는 그 씨발놈의 새끼들이 지랄하기 전에 확 집어던져 버렸지. 맥스가 어안이 벙벙해서 막 비명을 지르더라. 그 백인 똘마니들은 완전 질려서 입을 떡 벌린 채 아무 말도 못 하고 있었고. 나오면서 내가 맥스한테 일러줬지. "야, 다음에 또 이런 일이 생기면 그냥 확 무시해버려. 여긴 브루클린이 아니라구."

그날 밤 공연하러 인디애나폴리스에 도착했는데 어찌나 빡이 도는지 분이 안 가시더라. 아무튼 어거지로 공연을 마쳤는데 이젠 버드 차롄 거야. 공연이 끝났는데 우리한테 줄 돈이 없다는 거지. 사장이 돈을 안 줘서 다음 공연 때까지 기다려야 한다네. 다들 그냥 수긍하는 눈치였지만 나는 맥스랑 버드 방으로 올라갔어. 마누라 도리스가 있더라구. 근데 거기서 버드가 베개 밑에다가 돈다발 묻는 꼴을 우리가 본 거라. 그런데도 버드는 모르쇠야. "돈 없어. 이 돈은 딴 데 쓸 데가 있다구. 뉴욕에 가서 주면 되잖아!" 버럭 소릴 지르네.

그 소릴 듣고도 맥스는 "알겠어요. 형이 그렇다면야" 이러는 거야. 난 "야, 알긴 뭘 알아. 버드가 돈 꼬불치는 거 안 보여? 지금 뻥치는 거잖아" 하고 대들었지.

맥스는 어깨를 으쓱하더니 잠자코 있더라고. 아무 말도 하지 않았어. 맥스는 사사건건 버드 편이었으니까. 나는 버드에게 따졌어. "버드, 씨팔 내 돈 내놔요."

그랬더니 나를 '동생'이라 부르던 버드가 "어이 동생, 너 줄 돈은 한 푼도 없어 인마. 없다구" 이러구 나오네. 근데 맥스가 그 말을 듣더니 "알았다구요. 그러자니까요. 그걸 못 기다려? 마일스, 우리 그러자, 응? 버드가 우리 스승님 아니냐" 이래 버리더라구, 참 나.

나는 맥주병을 들어 깨버리고 움켜쥐고는 버드한테 덤볐어. "씨발놈아, 내 돈 내놔. 안 그러면 너 죽는다." 그러면서 멱살을 콱 잡았더니 버드가 잽싸게 베개에서 돈을 꺼내가지고 주면서 좆같은 미소를 띤 얼굴로 이러더라구. "헐, 씨발 덤비는 거 보게? 야 맥스, 봤냐? 애새끼들 존나 가르쳐놨더니 씨발 어디서 덤비고 지랄이야."

그랬더니 맥스가 버드 곁으로 쓱 가더니 "마일스, 왜 이래 정말. 형은 그냥 우리가 어떻게 나오나 보려는 거잖아. 별거 아니라구!" 이러는 거야.

이제 이 밴드는 진짜 관둬야겠다 싶더라. 버드는 맨날 약에 뻑 가서 돈도 안 주고 저러고 있는데, 쌍, 나만 밴드 돌아가게 하느라 개처럼 일하고, 좆같잖아 이건. 난 자꾸 그따위로 취급받으면 울화가 쌓이는 성미라. 버드 마누라도 그래, 도리스 말야, 꼭 뽀빠이에 나오는 올리브처럼 생겨가지고 언제 봤다고 친한 척이야. 같잖아서, 쌍. 특히 꼭 지가 뭘 나눠주는 것처럼 그러는데 그 꼴은 정말 못 봐주겠더란 말이지. 백인 보스처럼 거들먹거리는 거, 도리스가 딱 그 식이었어. 물론 적당히 상냥하게 굴고 우리한테 잘해주긴 했는데 언제나 버드 편이었고, 특히 흑인들에게는 꼭 보스처럼 굴었단 말야. 지방공연 갈 때 버드는 도리스더러 역에 나와서 열차표를 나눠주게 했지. 뉴욕의 펜 역 한가운데서 올리브 닮은 이 쌍년이 거들먹거리면서 엄마라도 되는 양 위대한 뮤지션들을 기차에 태우는 꼴이란! 난 그런 년이 그렇게 구는 건 아주 딱 질색이야. 근데 도리스는 그걸 즐겼어요. 멋진 흑인 남자들한테 둘러싸인 채 그렇게 선심 쓰듯 하는 거. 천국이 따로 없었겠지. 버드는 뭐 삑가 있거나 아니면 오길 바라고 있거나. 이런 건 신경 안 썼어.

52번가가 급속도로 쇠퇴하자 재즈판은 브로드웨이 47번가로 옮겨 갔어. 로열 루스트라는 곳이 잘나갔지. 사장이 랠프 왓킨스이었어. 원래 치킨집이었는데 1948년에 몬테 케이가 사장한테 심포니 시드[†] 주선으로 심야 콘서트를 열라고 권했어. 몬테 케이가 누구냐면 당시 재즈판에서 놀던 젊은 백인이었는데, '색이 옅은 흑인'이라고 말하고 다니기도 했지. 그러다 돈이 벌리면 다시 백인 행세를 하고. 흑인 뮤지션들 매니저 하면서 백만장자가 됐지. 어쨌든 시드는 화요일을 잡아서 나, 버드, 태드 대머론, 패츠 나바로, 그리고 덱스터 고든을 무대에 세웠지. 이 클럽에는 '금주 섹션'이 있어서 청소년들이 90센트를 내고 들어와 연주를 들을 수 있었어. 나중에 버드랜드도 그걸 따라 했지.

그러다가 덱스터 고든과 친해졌어. 1948년 무렵 동부로 건너왔지 아마. 나는 덱스터, 스턴 레비랑 같이 다니기 시작했어. 덱스터를 처음 만난 건 로스앤젤레스에서였고. 덱스터는 진짜 멋쟁이였고 연주도 기가 막혔어. 우리는 서로 어울리며 잼세션도 했어. 스턴과는 1945년에 잠시 같이 지낸 적이 있어서 친한 사이였지. 스턴과 덱스터는 헤로인 친구였지만 그때까지만 해도 나는 깨끗했어. 우리

[†] 재즈 DJ인 시드니 타노폴(1909~1978)을 말한다. 긴 재즈 곡을 자주 틀어 심포니(Symphony Sid)라는 별명이 붙었다.

는 52번가로 가서 놀았지. 덱스터가 당시 유행이던 어깨가 넓은 수트를 입으면 정말 끝내주게 멋졌어. 나도 내 딴에는 짱 멋지다고 생각했던 브룩스 브러더스의 스리피스 수트를 입고 다녔고. 세인트루이스 스타일 말이야. 세인트루이스 출신 깜둥이들은 옷 잘 입는 걸로 소문이 자자했다고. 그래서 나한테 옷이 어떻다 이야기하는 사람이 없었어. 근데 덱스터는 내 스타일이 딱히 멋지다고 생각하질 않더라고. "야, 짐Jim(당시 뮤지션들은 서로를 흔히들 짐이라고 불렀어), 그렇게 입어가지고 우리랑 다니겠냐? 다른 옷 좀 입어보지 그래, 짐. F&M에서 사 입고 폼 좀 잡는 게 어때?" 맨날 이러는 거야. F&M은 미드타운 브로드웨이에 있는 옷가게였어.

"왜 덱스터, 이 옷이 어디가 어때서? 돈 많이 들인 건데."

"마일스, 이 스타일은 아냐. 멋지지 않다구. 봐봐, 이게 돈이랑 뭔 상관이냐. 멋지냐 아니냐가 문제지, 짐. 니가 입고 있는 옷은 진짜 별루야. 어깨 넓은 수트와 미스터 비 셔츠를 사라구. 멋져 보이려면 말야."

상처 존나 받은 나는 "하지만 덱스, 이 옷도 좋은 옷이라구" 하고 받아쳤지.

"넌 이게 멋쟁이 스타일인 줄 알겠지. 그런데 마일스, 안 그래. 너 같은 범생이 스타일하고 어울리는 게 쪽팔릴 지경이야. 이러고 니가 버드의 밴드에서 연주를 해? 세상에서 제일 멋진 밴드랑? 야, 그건 아니라구 본다."

난 상처받았어. 덱스터의 멋진 스타일을 늘 우러러봤었지. 덱스터는 재즈계를 통틀어서 제일 잘 빼입는 젊은 멋쟁이였거든. 한번은 그가 내게 오더니 "야, 마일스, 수염을 좀 길러보지 그래?" 이러더라구.

"뭐 수염? 나는 머리카락하고 겨드랑이 털, 그리고 아랫도리에 난 털 빼고는 털이 안 나. 우리 집안은 인디언 피가 많이 섞여 있는데, 그러면 수염도 많이 안 나. 내 가슴팍은 토마토처럼 빤질빤질하다구."

"야 짐, 이래가지고 되겠냐. 네 스타일로 우리랑 어울릴 수는 없어. 널 보면 황당하다구. 털도 없는 게 옷이라두 좀 빼입어야 하지 않겠냐?"

그래서 나는 47달러를 모아가지고 F&M에 가서 내 눈에는 너무 커 보이는 회색의 어깨 넓은 정장을 샀지. 이 옷이 내가 1948년에 버드의 밴드에 있을 때 찍은 여러 사진들에서 입고 있던 옷이야. 머리 모양을 바꾸고 찍었던 광고 사진에서 입었던 옷도 그 옷. 그 옷을 사니까 덱스터가 나더러 "야, 짐, 이거네 이거야, 멋져. 이젠 우리와 어울려도 되겠는데!" 이러더라구. 덱스터 걔 참 대단했지.

나는 점점 버드의 밴드에서 리더 노릇을 하게 됐어. 공연하고 돈 받는 날 빼고 버드는 코빼기도 안 보였거든. 나는 이러면 좀 알아먹을까 싶어 매일 듀크에게 코드를 보여줬지만, 듀크는 알아먹지 못했지. 우리는 한 번도 잘 맞춘 적이 없어. 그래도 버드는 그를 자르지 않았어. 내 밴드도 아닌데 내가 나서서 자를 순 없고. 나는 맨날 버드에게 듀크 좀 갈자고 말했어. 맥스와 나는 그 대신 버드 파월을 영입하자고 했지. 그러나 버드는 듀크를 고집했어.

실은 버드 파월도 문제가 없진 않았어. 몇 년 전에 생긴 일이 화근이었지. 하루는 그가 특유의 검은 양복을 입고 '누구라도 까불면 좆된다'고 으스대던 브롱크스의 자기 후배들을 거느리고 할렘의 사보이 볼룸에 갔던 거지. 그가 돈도 안 내고 들어가려고 하니까 기도가 돈을 안 내면 입장 불가라고 말한 거야. 당연히 기도도 버드를 알아보긴 알아봤지. 자타가 공인하는 최고의 피아니스트 버드 파월을 모른다면 말이 되나. 그래서 버드는 그 씨발놈은 신경도 안 쓰고 그냥 들어가려 했어. 그런데 거기서 기도가 나중에 깽값 물 짓을 한 거야. 버드 파월의 머리를 꺾고서 권총으로 때려버렸거든.

그 일이 있은 후 버드는 맛이 가도록 헤로인을 쏘기 시작했어. 정말 헤로인을 하면 안 될 사람이었어. 헤로인 때문에 완전 망가졌거든. 술도 못 마시던 사람이 고주망태가 되도록 술을 퍼먹기까지 하고. 버드 파월은 옷을 벗어 던지거나 몇 주씩 아무하고도, 심지어 어머니나 가장 친한 사람들과도 말을 안 하는 등 미친 짓을 하기 시작했어. 결국 그의 어머니는 그를 뉴욕의 벨뷔정신병원에 입원시켰지. 그게 1946년이었어. 그를 진짜 미친놈으로 본 병원에서는 그에게 충격요법을 써버렸어.

그게 그렇게 된 거야. 충격요법 이후에 그는 뮤지션으로서나 인간으로서나 예전 같지가 않았어. 병원에 가기 전 그의 연주는 반짝거렸거든. 음악 나오는 게 언제나 달랐어. 그런데 충격요법을 받고 머리가 떡이 된 이후부터는 달라졌어. 창의력을 그렇게 말살시킬 바에야 손을 잘라버리는 게 낫지, 원. 어떤 때는 의사들이 그에게 일부러 그랬나 싶기도 해. 버드(찰리 파커)에게 그랬던 것처럼 말이야. 그러나 버드(찰리 파커)와 버드 파월은 달랐어. 찰리는 대가 세고, 버드 파월은 좀 소심했거든. 찰리는 충격요법을 견뎠지만 버드는 그러질 못한 거라.

이 일이 있기 전까지 버드 파월은 진짜 존나 최고였어. 그가 있었더라면 우리 밴드는 진짜 비밥 역사상 가장 뛰어난 밴드가 됐을 텐데, 버드라는 연결고리가 우리 밴드엔 없었지. 맥스가 찰리를 탁 건드리면 찰리가 버드를 건드리고, 그러면 나는 그 위에서 돌아다니며 놀고. 바로 이거였는데. 생각만 해도 가슴 아파. 1948년에는 알 헤이그가 피아노를 맡기도 했었는데, 괜찮았어. 존 루이스가 도와준 적도 있었고, 그 역시 상당히 좋았어. 그러나 듀크 조던만은 공백이었어. 토미 포터는 마치 싫어하는 사람한테 뭔가를 조르듯 베이스를 당겨 연주했어. 우리는 "토미, 그 여자 좀 놔줘" 하고 놀리곤 했지. 그래도 토미의 박자는 나쁘지 않았어. 그치만 만일 버드 파월이 있었다면? 할 말 다 한 거지. 같이 할 수도 있었는데 그게 안 됐단 말이야.

왜 그런지 버드 파월의 어머니는 나를 믿고 좋아했어. 물론 당시에는 온갖 종류의 사람들이 나를 좋아했었지. 가끔씩, 이스트세인트루이스에서 신문 배달을 한 덕분에 사람들이 나를 좋아하게 되지 않았나 싶기도 해. 신문 배달을 돌다 보면 별의별 사람과도 말을 할 줄 알아야 하거든. 내가 버드의 어머니를 볼 때마다 말을 걸어줘서 나를 좋아했는지도 몰라. 버드가 돌아버린 후 버드의 어머니는 나더러 버드를 데리고 좀 놀다 오라고 이르곤 하셨어. 어머니는 내가 버드 주위의 사람들과는 달리 술도 잘 안 마시고 약도 안 한다는 걸 알고 계셨던 거야.

난 버드를 만나러 가서 맥주 한 병을 슥 주기도 했어. 한 병이 끝이야. 그 이상은 돌아버리거든. 버드는 맥주를 홀짝거리며 말없이 앉아 있곤 했지. 할렘의 세인트니컬러스가에 있는 아파트에서 그는 피아노 앞에 앉아 있곤 했어. 내가 「체로키」 좀 쳐보라고 하면 그는 멋지게 쳤어. 병든 이후에도 그는 피아노 앞에서는 마치 잘 길러진 말 같았어. 아무리 그래도 예전만은 못했지. 막상 잘 칠 수 있을 것 같아도 그게 어디 되나. 그럼에도 자기 머릿속에서만큼은 피아노를 못 친다는 게 있을 수 없는 일인 거야. 찰리 파커도 딱 그랬고. 사실 버드 파월과 찰리 파커 만한 뮤지션은 눈을 씻고 봐도 없어.

내가 할렘에 살 적에 버드가 147번가 내 아파트에 놀러 와서 그저 멍하니 앉아만 있다가 가기도 했지. 2주 동안 매일 하루에 한 번씩 그러더라구. 나, 아이린, 내 아이들이 있었는데, 전혀 말도 안 걸고 멍하니 앉아서 웃음 띤 얼굴로 허공만 바라보다가 가고, 또 와서 그러다 가고. 한참 후인 1959년에 나, 레스터 영, 그리고 버드 파월이 함께 순회공연을 한 적이 있었어. 레스터 영이 죽던 그해지. 버드는 여전히 아무 말 없이 앉아서 웃고 있기만 했어. 찰리 카펜터라는 뮤지션이 있었는데 맨날 멍하니 이 사람만 쳐다보는 거야. 찰리가 보다 못해 버드에게 "버드, 뭘 그렇게 실실 웃으며 쳐다봐?" 하고 물었어. 그랬더니 버드가 계속 웃음 띤 얼굴로 "너" 이러는 거야. 레스터 영이 배꼽이 빠져라 웃더군. 찰리 카펜터라는 새끼가 엄청 우거지상이라 버드가 계속 쳐다본 거였어.

정신병원에서 나온 후에 버드 파월이 찰리 파커 밴드의 연주를 들으러 시내로 나온 일이 있었어. 특유의 검은 정장과 검은 우산, 흰 셔츠, 검은 타이, 검은 신발, 검은 양말에 검은 모자 차림이었지. 휴식 시간에 나와서 보니 그가 서 있는데, 아주 깔끔했고 건강해 보였어. 찰리가 버드 파월을 밴드에 두기 싫어했던 건 연주가 맘에 안 들어서가 아니었어. 버드 파월이 너무 '약발이 올라 있다'는 게 이유였지. 찰리 같은 사람이 '약발이 올랐다'고 할 정도면 어느 정도인지 상상이 가?

그가 멀쩡한 걸 보고 나와 맥스는 "버드, 여기 잠깐 서 있어. 곧 돌아올게. 다른 데 가지 마" 하고 말했어. 그가 잠자코 우리에게 미소를 보내는 사이 우리는 클럽으로 냅다 들어가서 연주를 마치고 찰리에게 말했어. "바깥에 버드가 있는데, 진짜 멀쩡하든데요?"

그랬더니 찰리가 "그래? 별일이군" 하더라구. "자, 나와 봐요. 보여줄 테니" 하면서 찰리를 데리고 나왔는데, 웬걸, 버드가 차 옆에 좀비처럼 서 있는 거야. 곧 눈동자가 위로 뒤집히면서 미끄러지더니 땅에 풀썩 주저앉아 버렸지. "버드, 어디 갔다 온 거야?" 내가 물었지만 버드는 모퉁이에 있는 화이트 로즈 술집에 다녀왔다고 중얼중얼 얼버무릴 뿐이었어. 그 정도로 빨리 취했던 거지. 나중에 더 맛이 간 이후에는 말도 제대로 못 하는 신세가 돼버렸어. 참 안된 일이야. 금세기 최고의 피아니스트가 그렇게 되다니.

그 무렵 밴드 상황은 더 나빠졌어. 찰리 파커는 자기 색소폰을 전당포에 맡기기 일쑤였어. 본인 악기가 없을 때가 많아서 남의 색소폰을 빌려서 연주했어. 나중에는 스리 듀시스의 문지기쯤 되는 친구가 매일 전당포에서 색소폰을 빌려 왔다가 연주가 끝나면 갔다 주는 지경에 이르렀지.

나와 맥스는 우리끼리도 할 수 있다는 자신감을 얻게 된데다가 버드(찰리)의 멍청이 짓이 신물 나기 시작했어. 우리가 원하는 건 훌륭한 음악을 연주하는 것뿐이었는데 버드는 씨발 멍청한 광대처럼 굴잖아. 지가 그러면서 도리어 우리를 좆도 아닌 놈들 취급하고 말이야. 천만에 말씀이지.

한번은 스리 듀시스에 버드가 뒤늦게 나타나서는 탈의실로 들어오더니 정어리 캔과 크래커를 따더라구. 사장이 빨리 무대로 나가라고 성화였지만 그는 만사태평, 바보새끼처럼 실실대며 음식만 처먹는 거야. 빨리 나가서 연주하라고 애원하는 사장에게 크래커를 권하기까지 했으니 정말 웃기는 장면이었지. 나는 죽도록 웃을 수밖에 없었어. 가까스로 그가 무대로 나가서 연주를 하긴 했는데, 이게 결국 사장을 엿먹인 꼴이 됐고 사장은 그 일을 마음에 담아두었지. 그 후 버드는 그룹을 데리고 로열 루스트로 옮겼고 스리 듀시스에 다시는 서지 못했어.

1948년 9월쯤부터 12월경까지 우리는 로열 루스트에서 연주했어. 거기서 연주하는 것도 나름 이점이 있었는데, 심포니 시드가 거기서 라디오 방송을 따던 때였으니까 우리 청취자들은 더 많아진 거지. 또 나는 버드의 밴드 말고 다른 밴드와도 연주했고 내 밴드도 이끌기 시작했어. 당시 내가 연주했던 곡들은 버드나 다른 밴드에서도 하던 스타일이었지만 정작 내 연주는 좀 달랐어. 나는 내 소리를 찾아가고 있었고 내 주된 관심은 거기에 있었지.

바로 그 무렵에 버드의 밴드가 1948년 들어 첫 레코딩을 하게 됐어. 아마 9월이었을 거야. 나는 레코딩에서 피아노의 듀크 조던을 빼고 존 루이스를 쓰도록 버드를 부추겼지. 듀크는 나 때문에 엄청 열이 받았지만 난 신경 안 썼어. 내겐 음악이 더 중요했으니까. 컬리 러셀도 레코딩에 참여했지.

1948년 12월 즈음, 듀크가 알 헤이그로 교체됐어. 버드가 알을 채용한 걸 가지고 내가 화를 내지는 않았지만, 알에게 감정이 있어서 그러는 게 아니라, 알보다는 존 루이스나 태드 대머론이 더 나았단 말야. 버드가 그런 결정을 한 건 내가 아니라 자기가 밴드를 제어한다는 걸 사람들에게 보여주려 했기 때문이 아닌가 싶어. 다들 내가 피아니스트로 누굴 원하는지 알고 있었는데, 버드로서는 체면을 세울 필요가 있었던 것 같아. 잘은 모르겠어. 버드와 나는 길게 말하는 법이 결코 없었거든. 처음 알게 된 뒤로 길어봤자 15분이면 끝이었어. 1948년에는 예전보다 대화가 더 줄었어. 알 헤이그가 들어온 후 버드는 토미 포터를 컬리 러셀로 바꿨어. 나중에 다시 컬리를 토미로 바꿨고.

이 직후 나는 노넷(9중주단)을 결성해서 로열 루스트에 선보였어. 맥스 로치, 존 루이스, 리 코니츠, 제리 멀리건을 비롯, 베이시스트 알 매키번, 가수 케니 해굿 등으로 구성된 그룹이었지. 트럼본에 마이클 즈웨린, 프렌치호른에 주니어 콜린스, 그리고 튜바에는 빌 바버가 들어왔어. 그 얼마 전부터 길 에번스와 함께 일을 하기 시작했고 그가 편곡을 맡았어.

길은 1948년 여름에 클로드 손힐 오케스트라에서 편곡하는 일을 관뒀어. 그는 버드를 위해 편곡자로 일하고 싶어 했지만 버드는 길이 작업한 곡을 귀담아 듣지 않았지. 버드에게 길은 단지 편히 먹고 마시고 쌀 52번가에서 멀지 않은 공간을 제공하는 사람이었을 뿐이야. 길의 아파트가 55번가에 있었거든. 마침내 버드가 길의 음악을 듣고 좋아했지만, 그때는 더 이상 길이 버드와 작업하길 원치 않았고.

　길과 나는 이미 같이 일을 시작했고 모든 것이 진짜 잘 맞았어. 나는 내 귀에 잘 들리는 스타일의 음악과 함께 솔로도 좀 더 하는 식으로 가져갈 만한 수단이 뭐 없을까 찾던 중이었거든. 내 식의 음악은 버드의 음악보다 좀 느리고 덜 강한 것이어야 했어. 나는 길과 좀 더 섬세한 보이싱† 같은 것에 대한 실험을 토론하면서 희열을 느꼈어. 제리 멀리건, 길, 그리고 나는 그룹 결성을 논의하기 시작했어. 우리는 9중주단이 적당할 것이라 생각했지. 길과 제리는 내가 논의에 참여하기 이전에 이미 어떤 악기가 적당할 것인지 결정해놓은 상태였어. 그러나 이론, 해석, 레퍼토리 등은 내 아이디어였다구.

　나는 연습실을 빌려 연습을 시키고 일을 진행시켰어. 1948년 여름부터 49년 1월과 4월의 1차 레코딩, 그리고 50년 3월에 2차 레코딩을 할 때까지 제리와 길을 양편에 두고 일을 꾸려나갔지. 우리 그룹 일거리들을 잡으면서 레코딩을 위해 캐피톨 레코드사와 접촉도 했고. 특히 길과 일하면서 내가 곡 쓰는 일에 몰두하게 돼서, 길의 아파트에서 길한테 피아노를 치라고 하고 이 곡들을 연주해보곤 했어.

　노넷이 출범할 즈음 내가 알토 주자로 소니 스팃을 원했던 기억이 떠오르네. 소니는 버드와 상당히 비슷한 소리를 가졌기 때문에 당장 그가 떠올랐던 거야. 그러나 제리 멀리건은 하드 비밥 사운드보다 가벼운 소리를 내는 리 코니츠를 원했

† 성부를 쌓는 기법.

어. 그는 이런 소리가 앨범에 더 적당하고 밴드를 색다르게 만들 거라고 봤지. 나나 알 매키번, 맥스 로치, 존 루이스 등 그룹 멤버들이 모두 비밥 출신이어서 소니까지 가세하면 더 그런 비밥 사운드가 날 거라는 의견이었던 거야. 그의 충고를 받아들여 난 리 코니츠를 기용했어.

맥스나 존 루이스는 길과 제리 그리고 나와 함께 길의 아파트에서 어울렸던 터라 우리가 무슨 음악을 하려는지 이해하고 있었어. 알 매키번도 마찬가지였고. 우린 J.J. 존슨에게 트럼본을 맡기고 싶었지만 그는 일리노이 자케이의 밴드와 순회공연을 나가 있었어. 그래서 디지의 밴드에서 트럼본을 부는 테드 켈리를 염두에 뒀지만 바빠서 함께 하기가 힘들었지. 결국엔 나보다 어린 백인 주자인 마이클 즈웨린으로 낙찰됐어. 어느 날 밤 그와 민턴스에서 함께 잼을 하게 됐는데, 그에게 다음 날 놀라의 스튜디오에서 합주할 때 오겠느냐고 제안했더니 왔더라구. 그래서 밴드에 합류하게 된 거야.

알아둬야 할 것은 이 구상 전체가 하나의 실험, 공동 실험으로 출발했다는 점이야. 그런데 많은 흑인 뮤지션들이 나더러 흑인이 아닌 백인을 고용한다고 비난을 퍼부었어. 그래서 나는 그들에게 리 코니츠만큼 부는 흑인이 있다면 언제고 기용할 거라고, 그가 빨간 숨을 쉬는 녹색 인간이어도 상관하지 않을 거라고 말했지. 특히 리 코니츠의 기용에 대해 가장 열받아했어. 알토 색소폰을 부는 흑인 뮤지션들이 주위에 많았거든. 나는 부는 놈을 기용하는 것이지 색깔을 기용하는 게 아니었다구. 이렇게 말하니까 대체로 알아듣긴 했지만, 여전히 열받아 하는 쪽도 상당수였지.

어쨌든 몬테 케이가 우리에게 로열 루스트와 2주 계약을 맺도록 해줬어. 루스트에서 연주가 시작되는 날 나는 클럽 문 앞에 "마일스 데이비스 노넷; 제리 멀리건, 길 에번스, 존 루이스 편곡"이라는 문구를 내걸도록 했지. 이걸 성사시키느라 사장인 랠프 왓킨스랑 존나 싸웠어. 처음에 사장이 이걸 할 생각이 없었던 게, 보통 다섯 명만 돈을 주면 되는데 아홉이나 되는 새끼들한테 돈을 주는 게 엄청 아까울 거 아냐. 그런데 몬테 케이가 사장을 설득했지. 나는 왓킨스를 별로 좋아하지 않지만, 기회를 잡을 줄 안다는 점에서는 한 몫 놔주고 싶어. 1948년 8월 말에서 9월까지 카운트 베이시 오케스트라 헤드라이너에 우리가 두 번째 순서로 올라가기로 하고 로열 루스트에 섰어.

많은 사람들이 우리의 연주를 낯설게 받아들였지. 『메트로놈』지의 배리 울라노프도 우리 음악을 듣고 약간 어리둥절해했던 기억이 나. 우리와 같이 로열 루스트에 서던 카운트 베이시는 매일 밤 우리 음악을 들으며 좋다고 했어. 그는 내게 "느리고 낯설지만, 좋아. 정말 좋아"라고 말해줬어. 다른 뮤지션들도 와서 듣고는 좋다고들 했고. 버드도 마찬가지였지. 누구보다도 캐피톨 레코드의 피트 루골로가 우리 음악을 좋아했지. 그는 끝내준다며 '녹음 거부' 사태가 끝나면 녹음을 하자고 제의해 왔어.

9월 말에 나는 리 코니츠, 알 매키번, 존 루이스, 케니 해굿 그리고 맥스 로치로 구성된 또 다른 그룹을 루스트에 선보였어. 심포니 시드는 이 연주를 라디오로 내보냈고 그게 녹음됐지. 그래서 그때 우리 연주가 녹음으로 남아 있어. 딱 한 번 연주한 건데, 반응이 떠들썩했지. 솔직히 완전 난리도 아니었어. 맥스의 연주는 진짜 끝내줬고.

그런데 그 무렵 길이 잠시 슬럼프에 빠졌어. 여덟 마디 쓰는 데 일주일이 걸릴 정도였으니. 그러다가 다시금 회복하더니 『쿨의 탄생』*Birth of the Cool* 앨범을 위해 「문 드림스」Moon Dreams를 작곡했고 「밥리시티」Boplicity의 몇 대목을 썼어. 『쿨의 탄생』 앨범은 우리가 클로드 손힐의 밴드와 비슷한 소리를 얻으려고 한 몇 번의 세션을 통해 만들어졌어. 우리는 그런 느낌의 소리를 가능한 한 작은 규모에서, 다른 방식으로 얻고자 했던 건데, 나는 기본적으로 소프라노, 알토, 바리톤 그리고 베이스의 4성부 보이싱은 꼭 있어야 한다고 봤어. 거기에 테너와 하프 알토, 하프 베이스가 얹어져야 하고. 내가 소프라노 파트라면 리 코니츠는 알토였어. 프렌치호른이 한 성부를 맡았고 바리톤 파트는 튜바가 맡았지. 나와 리 코니츠가 맨 위 성부였어. 프렌치호른을 알토로 쓸 때는 바리톤 색소폰이 바리톤 파트를, 베이스 튜바가 베이스 파트를 맡았지. 나는 그룹을 4성부를 가진 합창단처럼 여겼어. 바리톤 색소폰을 맨 아래 성부로 쓰는 경우가 많은데, 사실 바리톤 색스가 튜바처럼 맨 아래 성부 악기는 아니야. 튜바가 베이스 악기지. 나는 악기들이 목소리처럼 소리 나길 원했고, 멤버들은 그렇게 연주해줬어.

제리 멀리건은 때로는 리와, 때로는 나와 짝을 이루었고 어떤 때는 늘 베이스 파트를 담당하던 베이스 튜바의 빌 바버와 짝을 이루기도 했어. 빌은 튀어나오기도 했고 사운드를 받쳐주기도 했고. 이런 방식이 잘 먹혔다구.

아마 1949년 1월이었을 듯한데, 노넷이 스튜디오에 날을 잡았어. 대학으로 돌아가야 했던 마이클 즈웨린 대신 카이 와인딩이, 피아노에 존 루이스 대신 알 헤이그가, 그리고 알 매키번 대신 조 슐먼이 기용됐지. 첫 번째 세션에서 「제루」Jeru랑 「무브」Move, 「갓차일드」Godchild, 「부도」Budo를 녹음했던 것 같아. 이 세션에서는 길 에번스의 편곡을 쓰지 않았는데, 왜냐면 피트 루골로가 좀 더 빠른 중간 템포의 곡들을 먼저 녹음하자고 했거든. 세션은 거의 한 번의 뻑사리도 없이 진행됐어. 모두들 제대로 연주했고, 드럼의 맥스 로치가 뒤에서 잘 밀어줬어. 나도 그날의 연주가 만족스러웠고. 캐피톨 레코드사가 이날의 녹음을 엄청 좋아해가지고 녹음한 다음 달에 「무브」와 「부도」를 78회전 판으로 발매했고, 4월에는 「제루」와 「갓차일드」를 발매해줬어. 우리는 1949년 3월인가 4월에 한 번 더 녹음하고 1950년에 다시 한번 녹음했어. 그 무렵 밴드 멤버가 또 바뀌었어. 트럼본에 카이 와인딩 대신 J.J. 존슨이 기용됐고, 샌디 지글스타인이 주니어 콜린스의 자리를 대신해 프렌치호른을 불었고 샌디는 또다시 건서 슐러로 교체됐어. 알 헤이그는 존 루이스로 다시 교체됐고. 베이스의 조 슐먼은 넬슨 보이드로 교체됐고 맥스 로치가 케니 클라크로 바뀌었다가 나중에 다시 돌아왔지. 그리고 마지막 날에 케니 해굿이 노래를 불렀어. 세 번에 걸친 레코딩에서 계속 멤버로 남은 사람은 나와 제리 멀리건, 리 코니츠 그리고 빌 바버뿐이었지.

나와 길이 함께 「밥 리시티」를 썼지만 이 노래는 내 어머니인 클리오타 헨리가 작곡자로 되어 있는데, 이유가 있었지. 계약한 출판사와 다른 출판사에서 악보를 내고 싶어서였어. 그래서 그냥 어머니의 이름을 써넣은 거야.

『쿨의 탄생』은 디지와 버드의 음악에 대한 반작용으로 나온 새로운 음악으로 애호가의 필수 소장품이 된 것 같더라고. 버드와 디즈는 멋진, 최고 속도의 음악을 연주했지만 웬만큼 귀가 빠른 사람이 아니고서는 그들의 음악에 들어 있는 유머와 감각들을 잡아채기가 힘들어. 그들의 소리가 달콤하지는 않잖아. 그리고 길거리에서 여자친구에게 키스를 하려 할 때 쉽게 허밍할 수 있는 멜로디 같은 게 없는 거지. 비밥은 듀크 엘링턴 같은 인간미가 없어. 뭔가 탁 집히는 게 없다 이거지. 버드와 디지는 위대하고 환상적이고 도전적인 뮤지션들이지만 달콤하진 않아. 그러나 『쿨의 탄생』은 소리가 전부 들리고 따라 부를 수도 있다는 점에서 달라.

『쿨의 탄생』은 흑인음악의 전통에서 나온 음반이야. 듀크 엘링턴에게서 나왔으니까. 우리는 클로드 손힐의 사운드를 참고했지만, 그의 음악은 듀크 엘링턴과 플레처 헨더슨에게서 나왔거든. 음반에서 편곡을 담당한 길 에번스 역시 듀크와 빌리 스트레이혼†의 열렬한 팬이었어. 듀크와 빌리는 우리처럼 짝을 이루는 편성을 즐겨 사용했어. 듀크가 그 방식을 쓴 것은 쉽게 확인할 수 있지. 또 그는 사운드가 잘 들리도록 편성해. 솔로가 나오면 그 사운드가 누구의 것인지 확인할 수 있을 뿐 아니라 섹션이 나와도 여전히 섹션 안에 누가 있는지 보이싱으로 확인할 수 있다구. 듀크와 빌리는 코드마다 연주자 각자의 인성이 부여되도록 했지.

우리가 『쿨의 탄생』에서 한 것도 그런 거야. 앨범이 성공한 것은 그 때문이라고 생각해. 당시 백인들은 자기들이 이해할 수 있는, 신경 안 쓰고도 들리는 음악을 좋아했어. 비밥은 그들의 전통 바깥에서 나온 음악이라서 그들이 듣기가 어려웠지. 비밥은 전적으로 흑인적인 것이니까. 그러나 『쿨의 탄생』은 따라 부를 수도 있고 그룹 안에 주도적 역할을 하는 백인이 많이 들어 있어서 백인 비평가들이 좋아했어. 백인 비평가들은 이 음악이 백인적인 것과 뭔가 관련이 있는 것 같다는 사실을 달가워했지. 악수할 때 조금 덜 세게 손을 흔드는 것과 비슷하다고 할까. 우리는 버드나 디지보다 더 부드럽게 듣는 이의 귀를 울렸고 음악을 주류에 좀 가깝게 만들었어. 그게 다야.

1948년 말에 이르러 나와 버드의 관계는 끊어지기 일보직전이었어. 그래도 버드가 제대로 연주할 때 그와 함께 연주하는 것은 엄청 좋아했으니까 나아지지 않을까 하는 희망을 품고 계속 그룹에 머물러 있었지. 하지만 그는 유명해질수록 혼자 놀기만 했고 밴드는 뒷전이었어. 그런 식으로 돈은 더 벌었을지

† 듀크 엘링턴의 편곡자.

몰라도 그룹이 치러야 하는 희생이 너무 컸어. 일도 거의 안 따왔고 자기 솔로가 끝나면 우리는 거들떠보지도 않고 무대 뒤로 나가버렸지. 심지어 곡이 시작하기 전에 템포를 세어주지도 않아서 우리는 그가 언제 들어갈지 알 수 없었을 정도야.

무대에 올라가 자기 연주만 하면 끝인데도 버드는 매번 개똥같이 할 맛 안 나게 만들었어. 한번은 스리 듀시스에서 연주하는데 뭔가 마땅치 않을 때 그가 짓는 특유의 존나 귀찮고 열받는다는 표정으로 날 쳐다보는 거야. 이유는 절대 모르지. 정말 나 때문일 수도 있고 약장사가 안 와서 그런 걸 수도 있고 마누라가 자기 좆을 제대로 빨아주지 않아서일 수도 있고 사장이나 관객 때문일 수도 있고. 암튼 이유는 절대 몰라. 그는 느낌을 언제나 표정에 담는 습성이 있었어. 그 표정은 내가 본 것 중 제일 볼 만한 거였지. 어쨌거나 그가 날 쳐다보며 내 쪽으로 몸을 구부리더니 너무 '시끄럽게' 연주한다는 거야. 뭐야, 이렇게 살살 연주하는데도 시끄럽다고? 속으로 난 생각했지. 내가 시끄럽게 연주한다고? 미친 거 아냐? 하지만 씨발 난 생각만 했지 입 밖에는 내지 않았어. 어쨌거나 그의 밴드잖아.

버드는 언제나 연예인 취급받는 것이 싫다고 말해왔지만, 당시 그는 이미 '볼거리'가 되어가고 있었어. 나는 버드가 또 뭔 바보짓을 할까 궁금해하며 웃을 작정을 한 백인이 클럽에 오는 게 싫었어. 처음 만났을 때부터 약간 멍청하긴 했지만 이렇게까지 또라이는 아니었다구. 한번은 곡을 소개하면서 제목을 「니미 씹」Suck You Mama's Pussy이라고 한 적도 있다니까. 다들 자기 귀를 의심했어. 진짜 당황스럽드라구. 내가 이런 광대와 일하려고 뉴욕에 왔나 진짜.

버드가 나타나지도 않는데 밴드를 열나 연습시켜 놓으면 그가 그런 식으로 초를 치기 시작했고 백인들은 그저 그의 그런 꼴이 재미있으니까 구경하러 왔어. 견디기 힘들더라. 나는 화가 났고 그에 대한 존경심이 사라졌지. 나는 뮤지션 찰리 파커를 사랑해. 인간으로서는 아니올시다고, 창조적이고 혁신적인 음악가, 예술가 찰리 파커를 사랑한 거야. 그런 그가 바로 내 눈 앞에서 코미디언으로 변해 가고 있는 게 아니겠어.

다른 일도 생기기 시작했어. 듀크 엘링턴 선생께서 1948년에 연주한 내 음악이 좋다며 나를 좀 보자고 사람을 보낸 거야. 듀크와는 일면식도 없던 때야. 안면도 없었지. 단지 무대에서 연주하는 그를 본 적이 있었고 그가 낸 음반을 전부 들어봤을 뿐이었어. 나는 그의 음악, 태도, 스타일을 다 정말 좋아했어. 그래서 그가 자기 사무실에서 날 좀 보잔다고 사람을 보낸 게 참 기분 좋더라구. 조였지 아마, 듀크가 보낸 사람이. 그 사람 말이, 듀크가 날 좋아한다는 거야. 내 옷차림이나 행동거지도 맘에 들고. 우상으로 여기는 사람으로부터 그런 전갈이 왔으니 왜 안 들뜨겠어. 난 어깨가 으쓱해지고 대가리가 획 뽑혀 하늘로 날아갈 듯한 기분이었어. 조가 듀크 사무실 주소를 건넸는데, 브로드웨이 49번가의 오래된 브릴 빌딩이더라구.

씨발 존나 빼입고 듀크를 보러 갔지. 계단을 올라가 노크하고 들어가니, 듀크가 팬티 차림으로 무릎에 어떤 여자를 앉혀놓고 있더군. 깜짝 놀랐어. 음악계에서 가장 멋지고 깔끔한 사람이라고 생각했던 사람이 사무실에서 팬티 차림에 여자를 무릎팍에 올려놓고 헤벨레 웃고 있으니 말이야. 기분이 쌍 좆같아지더라고. 근데 가을 시즌에 나를 쓸 계획이 있다며 밴드에 들어오길 바란다는 거야. 그 말에 다시 빽가버렸지. 기분 존나 와방이더라. 나의 우상 중 한 사람이 나를 생각했다는 것 자체만으로도, 그리고 내 음악을 들었다는 것만으로도, 게다가 내 연주가 좋다고 해준 것만으로도 빽가고도 남는데 가장 뛰어난 빅 밴드인 자기 밴드에 들어오라니!

하지만 밴드에 들어갈 수 없다고 말할 수밖에 없었어. 『쿨의 탄생』을 끝마쳐야 했거든. 듀크에게 사실대로 말했지. 그러나 그 밴드는 아니다 싶었던 진짜 이유는 똑같은 음악을 매일 밤 반복하는 뮤직 박스 같은 팀에 나를 욱여넣고 싶지가 않다는 내 의지 때문이었어. 내 머리는 이미 다른 곳에 가 있었어. 듀크를 전적으로 존경하고 사랑하긴 하지만 내가 가고 싶은 방향은 그의 방향과는 달랐어. 근데 그렇게 말할 수는 없잖아? 그래서 『쿨의 탄생』 핑계를 댄 건데, 이해해주더라고. 나는 당신이 나의 우상 중 하나고, 나를 생각해줘서 기분이 너무 좋다고 덧붙였어. 일이 성사되지 않았다고 언짢아하지는 않았으면 좋겠다고도 했고. 그랬더니 그는 걱정 말라면서, 나에게 가장 좋은 길을 가야 한다고 말해주더군.

사무실에서 나오자 조가 어떻게 됐냐고 묻더군. 나는 빌리 엑스틴의 빅밴드 이후로 그런 식의 음악은 더 이상 못 하겠다고 대답했지. 또 내가 듀크를 너무 흠모한 까닭에 그와 함께 일하고 싶은 마음은 안 생기더라는 말도 해줬고. 그 후로 듀크와 단둘이 만나 이야기한 적은 없어. 가끔씩 내가 그의 밴드에 합류했더라면 무슨 일이 일어났을까 생각해보기는 해. 확실한 건 알 수 없다는 것뿐이지 뭐.

그사이 길 에번스의 아파트에 자주 놀러 가서 음악 이야기를 하곤 했어. 길과 나는 금방 통했어. 서로의 음악적 아이디어가 잘 연결되더라고. 길과 함께 있으면 인종 문제 같은 건 전혀 안 떠올랐어. 언제나 음악이 중심이었어. 그는 색깔 같은 건 문제 삼지 않았어. 내가 만난 사람 중에 그런 걸 문제 삼지 않는 최초의 백인이 바로 길이었지. 아마 그가 캐나다 출신이라는 점이 관련이 있을지도 몰라.

『쿨의 탄생』이 나오고 길과 나는 진짜 친한 친구가 됐어. 길은 함께 있고 싶은 사람이었어. 그는 아무도 보지 못하던 것들을 볼 줄 알았거든. 그는 그림을 좋아했고 난생 보지 못한 것들을 내게 보여주곤 했어. 때론 오케스트라 곡을 들으며 "마일스, 이 부분의 첼로를 들어봐. 이 구절을 다른 방식으로 연주할 수는 없었을까?" 질문하기도 하고.

그는 늘 생각하도록 만들어. 음악 안으로 확 들어가서 다른 사람이 보통 방식으로는 듣지 못하는 것을 끄집어내곤 했지. 한번은 새벽 3시에 전화를 걸어서 "기분이 안 좋으면 「스프링스빌」 Springsville을 들어봐" 하고 말해주더라고(이 곡은 우리가 『마일스 어헤드』Miles Ahead 앨범에 넣은 훌륭한 곡이지). 그러더니 그냥 전화를 끊는 거야. 길은 사색가였고 나는 그런 그가 단박에 좋아졌어.

길은 내가 버드의 밴드에 있던 시절 버드의 음악을 들으러 오곤 했는데, 그때 처음 봤어. 그는 '말먹이용 무'(우리는 무를 그렇게 불렀어)를 한 봉지 가득 들고 들어와 소금에 찍어 먹곤 했어. 둘째가라면 서러울 멋쟁이, 캐나다 출신의 키가 훤칠하고 마른 백인이 납시는 거지. 그렇게 멋진 백인은 단 한 명도 본 적이 없었어. 진짜야. 이스트세인트루이스에서 흑인이 바비큐 돼지코 샌드위치가 가득 담긴 봉지를 클럽이나 영화관에 가지고 들어와 꺼내 먹는 건 봤어도 '말먹이용 무'를 가지고 들어와 소금에 찍어 먹는 백인은 첨 봤어. 아랫단을 좁힌 페그 레그peg leg 바지와 주트zoot 수트†를 입은 멋쟁이 흑인 뮤지션들이 득실거리는 발빠른 52번가에서 야구 모자를 쓰고 다니는 백인. 그는 정말 특이한 사람이었어.

55번가에 있던 길의 지하실 아파트는 많은 뮤지션들이 어울리는 장소였어. 길의 아파트는 너무 어두워 밤인지 낮인지도 구별할 수 없었지. 맥스, 디즈, 버드, 제리 멀리건, 조지 러셀, 블로섬 디어리, 존 루이스, 리 코니츠, 조니 카리시 등이 길네 집에 항상 놀러 왔

†
1940년대에 유행한 수트 스타일로, 재킷은 어깨가 넓고 길며 바지는 아랫단이 좁은 것이 특징이다.

어. 길의 집에는 넓은 공간에 떡하니 놓인 큰 침대와 요것조것 참견도 잘하는 요상한 고양이가 있었지. 우리는 빙 둘러앉아 음악에 관해 이야기하거나 뭔가에 대해 입씨름을 하기도 했어. 당시 제리 멀리건은 건드리면 터질 것처럼 뭔가 빡쳐 있는 느낌이었고 나도 좀 그랬어. 우리는 가끔씩 입씨름을 하기도 했지. 심각한 건 아니었고 그냥 서로 간 보는 정도. 거기서 길은 꼭 어미 닭 같았지. 모든 걸 진정시킬 만큼 진짜 쿨한 사람이었어. 그는 그저 음악하는 사람들과 어울리기를 좋아하는 아름다운 사람이었지. 우리도 그와 즐겨 어울렸는데, 그가 대인 관계나 음악, 특히 편곡 등에 관해 많은 것을 가르쳐줬기 때문이야. 심지어 버드도 그 집에 꽤 드나들었을걸. 아무도 버드를 감당하지 못하던 시절에 길이 그를 참아줬던 거야.

암튼지간에 나는 버드와는 다른 방향으로 움직여 가고 있었어. 1948년 12월, 우리 음악이 히트를 쳤을 때 나는 어떤 음악을 할 것이며 어떻게 갈 것인가가 이미 머릿속에 있었지. 버드의 밴드를 떠나기로 결심할 때쯤 밴드는 엄청 느슨해진 상태였어. 버드와 나는 거의 말을 하지 않았고 그룹 내에 알력도 심해졌지. 급기야 마지막 결정타가 그해 크리스마스 직전에 터지고 말았어. 버드와 내가 스리 듀시스에서 돈 때문에 다툰 거야. 클럽에 앉아서 엄청난 양의 프라이드치킨을 먹으면서 술을 마시고 있던 그는 이미 헤로인을 때려서 오를 대로 올라 있는 상태였어. 나는 몇 주 동안 돈을 받지 못했고. 그런데도 그는 엉덩이가 펑퍼짐한 체셔 고양이 같은 미소를 지으며 부처님처럼 있는 거야. 내가 돈 내놓으라고 하니까 그는 꼭 옆에 누가 있냐는 듯이 먹기만 하더라고. 내가 무슨 하인이라도 되는 것처럼 말야. 그래서 나는 그 새끼 멱살을 쥐고 "야 이 씨발놈아, 내 돈 내놔, 안 주면 죽여버릴 거야, 나 지금 장난하는 거 아니다, 이 깜둥아, 응?" 어쩌구 씨부렸지. 그랬더니 그가 어디서 잽싸게 돈을 가져오더라고. 물론 다는 아니고 반 정도 됐으려나.

　일주일 후, 크리스마스 직전에 우리는 로열 루스트에서 연주를 했어. 버드와 나는 무대에 올라가기 전에 내가 받을 나머지 돈 때문에 싸웠지. 무대에 올라가더니 버드는 또 바보짓을 하기 시작했어. 알 헤이그에게 총 쏘는 시늉을 하고 풍선을 마이크에 대고 바람 빠지는 소리를 들려주기도 했지. 사람들은 웃었고 그도 좋다고 따라 웃더라. 나는 그냥 무대 밖으로 나와버렸어. 맥스도 그날 밤 그만뒀지만 조 해리스가 드러머로 올 때까지는 버텨줬지. 나도 돌아와 좀 버텼지만 얼마 지나지 않아 내 옛 친구 케니 도럼한테 자리를 물려주고 나왔어.

　밴드를 관두니까 내가 무작정 무대에서 걸어 나와서는 다시는 돌아가지 않았다고 쓴 사람들이 여럿이던데, 사실은 그렇지 않아. 내가 막무가내로 확 관둬버린 게 아냐. 나는 그런 식으로 일하지 않거든. 프로답지 못한 짓이잖아. 나는 언제나 프로라는 것을 신봉해왔어. 사전에 버드에게 이런 식으로 하는 건 지겹다고 언질을 했었고 밴드를 떠나고 싶다고 말해놨었지. 그러다 결국 밴드를 떠난 거야.

　얼마 후에 노먼 그랜즈가 나와 맥스에게 버드의 재즈 앳 더 필하모닉 투어에 참여하면 하룻밤에 50달러를 주겠다고 제의해 왔어. 싫다고 했어. 맥스는 그 말을 듣고 노먼 그랜즈의 아가리를 날려버리겠다고 했지만 나는 맥스에게 "그냥 싫다고 하면 끝이야. 뭘 그 새낄 갈궈?" 그랬지. 그래서 맥스도 그냥 싫다고 했고. 맥스가 열받은 건 노먼이 평소에 우리가 진지하게 연주하는 음악을 좋아하지도 않고, 쓰려고도 하지 않았기 때문이야. 근데 뭔 돈을 받아. 그런데도 노먼은 버드를 프로그램에 넣었고 그 주위에 그가 편하게 느낄 만한 사람들을 깔아주려 했던 거지 뭐. 드러머, 피아니스트, 베이시스트를 써야 했는데, 버드가 트럼펫으로 나를 원했다는 거야. 노먼은 이미 에롤 가너를 피아니스트로 정해놓은 상태였지. 버드는 코드만 짚을 줄 알면 어떤 피아니스트와도 연주할 수 있었기 때문에 누가 되든 상관없었어. 에롤이 그걸 할 줄 아니까 그건 괜찮은데, 나는 노먼이나 버드가 원하는 식으로는 못 해. 그래서 그냥 싫다고 한 거야. 버드에게 '싫다'고 말하는 것은 괴로운 일이었지만 하는 수 없었어. 그때 그렇게 말한 게 내가 나를 알아가는 데 도움이 됐던 것 같아.

버드와 연주하는 일을 그만두고 길 건너 오닉스 클럽에서 일을 잡았어. 테너 색소폰에 소니 롤린스, 드럼에 로이 헤인스, 퍼시 히스가 베이스, 그리고 월터 비숍이 피아노를 맡았지. 나는 뒤돌아보지 않기로 결심했어.

그 후 나와 버드는 두세 번 더 같이 연주했고 몇 장의 음반을 만들기도 했어. 버드에게 나쁜 감정이 있지는 않아. 난 그런 사람이 아냐. 다만 개똥 같은 버드 곁에 서 있기가 싫었던 거지. 1950년쯤 레드 로드니가 케니 도럼을 대신했고 버드는 이따금 레드 로드니에게 우리를 너무 박대해서 미안하다는 이야기를 했다더라고. 케니도 똑같이 말했고, 버드 스스로 우리한테 직접 몇 번이나 그렇게 얘기를 하기도 했고. 그런 말을 하고 다니면서도 밴드에서는 계속 좆같은 짓을 하는 게 버드였어.

1949년 1월, 『메트로놈』은 '레코딩 거부' 종료 기념 음반 제작을 위해 올스타 팀을 선정했어. 녹음은 1949년 첫 근무일에 하는 걸로 하고. 트럼펫에는 나와 디지, 패츠 나바로가 뽑혔고 J.J. 존슨과 카이 와인딩이 트럼본, 버디 드 프랑코가 클라리넷, 그리고 버드가 알토, 레니 트리스타노가 피아노, 셸리 맨이 드럼을 맡았고 그 이외에도 몇 명이 더 선정됐지. 피트 루골로가 지휘를 담당했고 레코딩은 RCA에서 나섰어. 그래서 『메트로놈 올스타스』*Metronome All*

*Stars*라는 음반이 나오게 된 거지.

녹음하는데 버드가 웃기는 짓을 하더라고. 편곡이 이해가 가지 않는다면서 계속 재녹음을 하자는 거야. 그러나 알고 보니, 편곡이 이해가 가지 않는 게 아니었어. 그렇게 하면 돈을 더 받을 수 있기 때문이었어. 조합에서 마련한 새로운 녹음 계약에 따르면 세 시간을 한 프로그램으로 잡고 그 이상은 모두 특별수당이었던 거라. 그래서 버드가 계속한 재녹음 때문에 세 시간이 초과됐고 모두 돈을 더 받았지. 그중에 한 곡 제목이 「오버타임」Overtime이 된 건 다 버드 때문이지.

이 음반은 나, 디지, 패츠의 트럼펫 섹션 빼고는 그지 같은 앨범이었어. 솔로이스트가 워낙 많아서 제약이 너무 많았고 음반도 78회전짜리 SP였다구. 그렇지만 트럼펫 섹션의 연주는 존나 멋졌어. 나와 패츠는 우리 스타일을 고집하는 대신 디지의 리드를 따라가기로 했거든. 우리 연주가 디지의 연주와 엄청 비슷해서 디지 자신도 어디까지가 자기 연주고 어디서부터가 우리 것인지 헷갈릴 정도였지. 트럼펫 선율이 완전 발랐지! 그 일이 있은 후에야 사람들이 내가 내 스타일뿐만 아니라 디지의 스타일도 연주할 수 있다는 것을 알게 된 거야. 죽고 못 사는 디지 추종자들이 그 음반을 듣고 나한테 존경심을 표하더라.

오닉스에서 연주한 후 나는 태드 대머론의 밴드와 로열 루스트에서 일하기 시작했어. 태드는 위대한 편곡자, 작곡가에다가 훌륭한 피아니스트이기도 해. 이 일은 단타가 아니었고, 나는 가족을 부양하기 위해 그런 일이 필요했지. 패츠 나바로가 태드의 정규 멤버였는데 그 무렵 그는 완전 약돌이가 돼가지고 체중도 엄청 줄었어. 그는 몸이 안 좋아 많은 일들을 놓쳤지. 태드는 팻 걸(패츠의 별명)을 위해 많은 곡을 썼지만 1949년 1월 패츠가 몸이 아파 연주도 못

할 지경이 되자 내가 그 자리를 대신한 거야. 가끔씩 와서 연주할 때도 있었지만 예전 같지는 않았어.

태드와 로열 루스트에 선 직후에 나는 오스카 페티퍼드의 밴드에 들어갔어. 우리는 트럼본 주자 카이 와인딩과 함께 스리 듀시스에서 공연했지. 스리 듀시스의 사장인 새미 케이와 어빙 알렉산더가 브로드웨이에 클리크라는 이름의 새 클럽을 연 게 1949년 1월이야. 52번가에서 브로드웨이 47번가로 내려온 재즈 팬들을 잡아보려했던 건데 6개월 만에 문을 닫고 말았어. 그다음 주인이 그곳을 임대해서 새 클럽을 열었는데 그게 바로 버드랜드야. 1949년 여름이었지.

페티퍼드의 밴드에는 훌륭한 뮤지션이 많았어. 럭키 톰슨, 패츠 나바로, 버드 그리고 나. 그런데 이 밴드는 그룹 개념보다는 솔로 개념이 강했지. 다들 존나 긴 솔로를 하면서 다음 사람을 제압하려는 분위기였어. 그렇게 되면 밴드가 완전히 좆돼. 엄청난 밴드가 될 수도 있었는데, 안타까운 일이지.

1949년 초에 태드의 밴드는 나와 함께 프랑스 파리로 갔어. 우리는 로열 루스트에서 그랬던 것과 똑같이 버드의 밴드와 짝이 되어 연주했지. 이때가 나의 첫 해외여행이었고 이 여행으로 사물을 보는 방식이 완전히 바뀌고 말았어. 난 파리 생활과 파리 사람들이 나를 대하는 방식을 사랑했어. 몇 벌의 새 옷도 사고 그랬더니 좀 볼만해지더라고.

나와 태드, 케니 클라크, 제임스 무디 그리고 피에르 미슐로라는 프랑스인 베이시스트가 멤버였어. 우리 밴드는 '파리 재즈 페스티벌'에서 시드니 베셰 밴드와 함께 인기를 끌었지. 내가 장폴 사르트르와 파블로 피카소, 쥘리에트 그레코를 만난 것도 그때야. 내 생애에 파리 시절 같은 때는 다시 없었어. 그토록 기분 좋았던 건 처음 빌리 엑스틴 밴드에서 버드와 디즈의 연주를 들었을 때, 브롱크스에서 디지의 빅밴드 멤버였을 때 말고는 없었어. 그런데 그땐 음악 때문이었던 거고 파리에선 달랐어. 이건 삶에 관한 것이었거든. 나는 쥘리에트 그레코와 사랑에 빠졌어. 물론 아이린을 무척 사랑했지만, 이런 느낌을 준 건 파리가 처음이었어.

쥘리에트 그레코를 만난 건 합주 때였어. 한 여자가 들어오더니 앉아서 음악을 듣고 있는 거야. 나는 그녀가 유명한 가수인지 뭔지도 몰랐지. 그냥 앉아 있는 모습이 너무 좋았어. 길고 검은 머리에, 아름다운 얼굴, 아담한 체구에 세련된 스타일, 이전에 만났던 여자들과는 너무나 달랐어. 딱 보기에 남달랐고 몸가짐도 그랬어. 그래서 나는 저 여자가 누구냐고 물었지.

그랬더니 그 사람이 "저 여자에게 뭐 바라는 거라도 있어?" 이러더라구. "바라다니, 무슨 뜻이야? 그냥 만나보고 싶어서." 나는 이렇게 대답했지.

그러자 이런 답이 돌아왔어.

"음, 저 여자는 실존주의자들 중 하나지."

나는 곧바로 대꾸했어.

"뭐야, 좆같은 소리 하지 마. 저 여자가 뭐 하는 여잔지는 상관없다구. 그냥 아름다운 저 여인을 만나보고 싶어."

소개해줄 사람을 기다리다 지친 나는 어느 날 합주실에 그녀가 들어왔길래 검지를 까딱여 이리 오라고 신호를 보냈어. 그녀가 내게 오더군. 마침내 쥘리에트 그레코와 말을 나누게 된 거지. 근데 그녀가 자기는 남자들을 좋아하지 않지만 나만은 예외라고 말하더라구. 그 이후 우리는 줄곧 함께 있었지.

그런 감정은 처음이었어. 프랑스에 있다는 것, 그리고 인간으로, 중요한 사람으로 취급받는 가운데 자유를 느꼈어. 우리 연주도 더 좋은 소리가 나는 거 같았어. 뭔가 냄새 자체가 달랐어. 콜로뉴 화장수의 향기에도 익숙해졌는데, 내게 파리의 향기는 커피 향 비슷한 것이었어. 나중엔 프렌치 리비에라에서도 아침에 그런 냄새가 난다는 걸 알게 됐지. 그런 냄새는 진짜 처음이었어. 마치 코코넛과 라임을 럼주에 섞은 듯한 향기. 거의 열대에 가까운. 어쨌든 파리에 있으면서 모든 것이 바뀌는 듯한 느낌이었어. 심지어 곡목 소개를 프랑스어로 할 때도 있었다니까.

쥘리에트와 나는 센 강변을 함께 거닐었어. 서로 손을 잡고 키스하며 눈을 쳐다보고, 그러고는 다시 키스를 나누고 손을 더 꼭 잡고…. 그건 거의 마술 같았고 나는 최면에 걸린 듯 황홀경에 빠진 듯했어. 기필코 한 번도 없었던 일이었던 거야. 나는 언제나 음악에 몰두해 있었기 때문에 로맨스 같은 걸 경험할 시간이 없었거든. 쥘리에트 그레코를 만나기 이전에는 음악이 내 삶의 전부였는데, 그녀는 내게 음악 말고 사람을 사랑하는 게 뭔지 가르쳐줬어.

쥘리에트는 확실히 내가 동등한 인격체로 사랑한 첫 번째 여자야. 그녀는 아름다운 사람이었어. 우리는 서로 몸의 언어로 소통하는 수밖에 없었지. 그녀는 영어를 할 줄 모르고 나는 프랑스어를 할 줄 몰랐으니까. 우린 눈으로, 손가락으로 대화했어. 그런 식으로 의사를 나누면 거짓이 없어. 느낌으로 가는 수밖에 없는 거야. 정말 '파리의 4월'이었어. 맞아, 난 사랑에 빠진 거야.

케니 클라크는 당장 거기에 눌러앉겠다는 결정을 내렸고 나더러 왜 바보같이 미국으로 돌아가느냐더라구. 나 역시 슬펐어. 매일 밤 나는 사르트르와 쥘리에트와 함께 클럽에 나갔고 우리는 노천카페에 앉아 와인을 마시며 음식을 먹고 이야기를 나누었지. 사르트르는 심지어 "둘이 결혼하지 그래?" 하고 말하기까지 했지. 그러나 나는 그러지 않았어. 나는 두어 주일 쥘리에트와 사랑에 빠진 채, 그리고 파리와 사랑에 빠진 채 머물다가 떠나버렸어.

떠날 채비를 하고 공항에 나가니 나를 포함해 많은 슬픈 얼굴들이 나와 있더라고. 케니가 작별인사로 손을 흔들었지. 나는 고국으로 돌아오면서 너무 침울해져서 내내 한마디도 하지 않았어. 그게 나중에 나에게 타격을 미칠 줄은 몰랐어. 돌아온 후 내가 우울에 빠졌다는 걸 깨닫기도 전에 헤로인에 손을 댔고 결국 그걸 끊는 데 4년이란 세월을 허비했어. 난생처음으로 제어할 수 없는 상황에 빠져서 존나 빠른 속도로 죽음을 향해 빨려 들어가게 된 거야.

6

1949년 여름에 미국으로 돌아와 보니 케니 클라크가 말한 대로 아무것도 바뀐 것이 없더군. 도대체 뭘 근거로 뭐라도 좀 바뀌었을 거라고 기대했는지 잘 모르겠어. 아마 파리에서 벌어진 일들 때문에 뭔가 바뀌어 있지 않을까 생각했었나 봐. 여전히 파리의 환상에 젖어 있었던 거지. 그러나 미국에서는 저 밑바닥에서부터 하나도 바뀐 게 없다는 걸 깨달았지. 고작 딱 두 주 나가 있었는데 뭐가 바뀌었겠냐고. 뭔가 가능하지 않을까 하는 환상 속에서 기적이라도 일어나길 기대했던 게지.

파리는 나에게 모든 백인이 다 똑같지는 않다는 것, 선입견이 있는 사람도 있고 그렇지 않은 사람도 있다는 걸 이해하도록 해줬어. 길 에번스 그리고 그 외의 몇 사람을 이전에 만나보긴 했었지만 진짜로 그걸 알게 된 것은 파리에서였지. 이런 깨달음은 내게 중요했어. 나는 주위에서 일어나는 일들에 대한 정치적 의식을 갖기 시작했어. 전에는 알아차리지 못하던 정치적인 것들, 흑인들에게 일어나고 있던 일들을 알아차리기 시작한 거야. 아버지 곁에서 자라면서 알고는 있었지만 음악에 너무 빠져 있어서 그런 것에 관심을 기울이진 않았었거든. 이제야 싸대기 한 대 맞은 듯 내 속에서 뭔가 일어나기 시작한 거야.

당시에는 할렘의 애덤 클레이턴 파월과 시카고의 윌리엄 도슨이 가장 영향력 있는 흑인 정치가들이었어. 랠프 번치가 막 노벨평화상을 수상한 후였지. 오랫동안 헤비급 세계 챔피언 자리를 지키고 있던 조 루이스는 모든 흑인의 영웅이었어. 백인들까지도 영웅시할 정도였으니까. 슈거 레이 로빈슨의 인기도 그에 못지않았고. 둘다 할렘에서 놀았지. 레이는 7번 애비뉴에 클럽도 가지고 있었어. 재키 로빈슨과 래리 도비가 메이저 리그에서 선수 생활을 하고 있었고. 이 나라에서도 흑인들에게 뭔가 시작되고 있었던 거야.

내가 지나치게 정치 편향적인 사람은 절대 아니지만, 백인이 흑인을 어떻게 대하는지는 알고 있었거든. 그러니 흑인들을 엿같이 대하는 이놈의 백인 나라에 다시 적응하는 게 힘들더라구. 사태를 변화시킬 힘이 우리에게 없다는 걸 깨달으면 기분이 더 좆같아지고.

젠장, 파리에서는 잘하건 잘 못하건 박수받고 인정받았는데 말이야. 그게 뭐 대수는 아니지만 어쨌든 그런 식이었는데 와보니 일거리조차 찾기가 힘들더라구. 국제적인 스타들이 일거리를 찾기 힘들다니 참. 내『쿨의 탄생』을 베낀 백인 뮤지션들이 일자리들을 차지하고 있었던 거야. 그 꼴을 보니 존나 속이 쓰리더군. 여기저기서 일자리 몇 개를 잡았고 그해 여름에 18인조 밴드를 연습시켰지만 그뿐이었어. 1949년 고작 스물셋이었던 내가 스스로에게 너무 많은 걸 기대했던 게 아니었나 싶어. 난 규율과 자제력을 상실했고 방황하기 시작했어. 나한테 뭔 일이 일어나고 있는지 감은 잡히더라구. 알고 있었지만 돌보지를 않았어. 자제력을 상실하면서도 기고만장해가지고 실제로 모든 것을 제어하고 있다고 여긴 거야. 자기 꾀에 자기가 넘어간 꼴이지. 그런 식으로 살기 시작하자 내가 착실한 줄만 알고 있던 많은 사람들이 놀라 자빠지더라구. 어찌나 빠른 속도로 맛이 가버렸는지, 나조차 놀랄 지경이었다니까.

파리에서 돌아오고 난 다음 할렘 일대에서 떡이나 치고 다니던 게 기억나네. 당시 음악판 주변에는 마약이 널려 있었고 많은 뮤지션들이 마약, 특히 헤로인에 깊이 빠져 있었어. 헤로인을 해야 멋지다고 생각하는 부류도 있었으니 뭐 말 다했지. 덱스터 고든, 태드 대머론, 아트 블래키, J.J. 존슨, 소니 롤린스, 재키 매클레인 그리고 나, 전부 거의 비슷한 시기에 헤로인에 깊이 빠져들었어. 프레디 웹스터가 이 몹쓸 것 때문에 죽었다는 걸 알면서도 말이야. 버드 말고도 소니 스팃, 버드 파월, 패츠 나바로, 진 애먼스 등이 모두 헤로인을 썼지. 조 가이나 빌리 홀리데이는 말할 것도 없고, 다 중독자였어. 스탄 게츠, 제리 멀리건, 레드 로드니, 쳇 베이커 등 많은 백인 뮤지션들도 헤로인에 빠져 있었는데, 당시 언론은 애써 흑인 뮤지션들만 그 짓을 하는 것으로 만들려고 했었지.

헤로인을 하면 버드처럼 불 수 있다는 헛된 생각을 하는 축이 있었는데 난 그런 적은 없어. 많은 뮤지션들이 그런 생각으로 헤로인을 했는데, 진 애먼스도 그중 하나였지. 내가 헤로인에 손을 댄 건 그 때문이 아니야. 미국으로 돌아온 후 느낀 우울증과 쥘리에트에 대한 그리움 때문이었지.

또 전형적인 남미 계열인 코카인도 있었어. 차노 포조 같은 친구가 골수 코카인 중독자였는데, 차노는 디지의 밴드에서 타악기를 치고 있었어. 쿠바 출신의 흑인으로 먹어주는 타악기 주자였지. 거의 건달이었고. 약값도 잘 지불하지 않았는데, 누구라도 단숨에 때려눕히는 엄청난 싸움 실력 때문에 사람들이 그를 무서워했지. 거구에다가 성질도 더럽지, 겁나 큰 칼을 가지고 다니는 버릇까지 있었거든. 할렘 쪽에서 사람들을 위협하고 다녔다구. 그러던 그가 1948년에 라틴계 코카인 딜러랑 맞짱 뜨다 살해당하고 말았지. 할렘의 112번가 아니면 113번가 레녹스 애비뉴에 있는 리오 카페에서. 차노가 빚진 돈을 달라고 하는 딜러의 면상을 갈겼다대. 그랬더니 딜러가 총을 쏴 치노를 죽여버린 거야. 그의 죽음은 충격적이었어. 내가 파리에 가기 직전에 벌어진 일이긴 한데, 이것만 봐도 마약판이 어떻게 돌아가는지 빤하잖아.

업타운으로 약을 구하러 다니면서 나는 가족과 더욱 멀어져갔지. 가족을 퀸스의 자메이카로, 그다음에 세인트알반스로 이사시켰고. 1948년에 나는 닷지 컨버터블을 타고 쏘다녔어. 소니 롤린스는 그 차를 '푸른 악마'라 불렀지.

나와 아이린은 뭔가 가족다운 걸 하나도 안 했어. 두 아이까지 데리고 먹고살기도 힘든데 다른 걸 할 돈이 어딨겠어. 외출 한 번 안 했어. 난 악상이 떠오르면 두 시간 내도록 허공만 바라보기도 했으니까. 아이린이 내가 다른 여자 생각을 하나 보다 여겼을 법도 해. 한번은 내 코트인가 양복 주머니에서 여자 머리칼을 발견하고서 아이린이 너 떡치고 다니는 게 분명하다고 말한 적도 있어. 콜먼 호킨스한테서 그 옷을 샀더니 그렇더라구. 유명한 바람둥이인 그의 코트에는 온갖 여자들의 머리칼이 다 들어 있었거든. 하지만 그 옷을 살 때는 내가 아직 여자들한테 빠지기 전이었거든. 이런 아무것도 아닌 걸로 다투게 되면 기분 더러워지지. 그때만 해도 아이린을 진짜 좋아했거든. 아이린은 정말 좋은 사람이고 착한데다 진짜 고상하고 괜찮은 여자였지만 나는 슬슬 뭔가 다른 걸 원하게 됐지. 아이린은 변함이 없었는데 나는 그때부터 막 난봉질을 하고 다니기 시작한 거야. 쥘리에트 그레코를 만난 이후에 내가 원하는 여자가 어떤 타입인지 감을 잡기도 했고. 쥘리에트 그레코가 아니라면 침대 안에서건 바깥에서건 그 비슷한 삶의 태도와 스타일을 가진 여자여야 했던 거야. 쥘리에트는 독립적이고 자기 식대로 사고하는 여자였거든, 난 그게 좋았어.

아이린과 아이들을 집에 남겨두고 밖으로 돌았지. 그냥 집에 있기가 싫더라구. 식구들 얼굴 보기가 민망해서 그렇게 된 면도 있고. 아이린은 여전히 나를 철석같이 믿고 있었고 두 아이 그레고리와 셰릴은 너무 어려 무슨 영문인도 몰랐지. 아이린이 다 알고 있었다는 걸 나도 알아. 눈에 다 쓰여 있더라고.

내가 아이린을 떠나자 가수 베티 카터가 아이린을 챙겼어. 베티 카터가 아니었으면 아이린이 어떻게 됐을지 참…. 당시 내가 아이린을 막 대한 것 때문에 베티 카터는 지금까지도 나를 별로 달가워하지 않아. 베티 카터를 욕할 수는 없지. 왜냐하면 그 시절 식구를 돌보는 일에 관한 한 나는 완전 씹새끼였으니까. 그런 식으로 아이린을 곤경에 빠뜨릴 생각은 없었는데 오로지 헤로인 꽂는 것과 맘에 드는 여자에 대한 환상, 그것밖에는 안중에 없었던 거야.

헤로인을 계속하다 보면 적어도 내 경우에는 여자와 섹스할 마음이 사라지더라. 버드 같은 경우는 헤로인을 하건 말건 섹스를 하고 싶어 했고. 헤로인이 별 영향을 미치지 않았나 봐. 나는 쥘리에트와도 그랬지만 원래 아이린과도 섹스를 즐겼어. 그런데 헤로인이 몸에 붙으니까 섹스하고 싶다는 욕구조차 안 들고, 해도 그다지 좋지 않더라고. 생각나는 것이라곤 어떻게 또 헤로인을 구할까 뿐인 거야.

얼마간은 주사기를 사용하지 않고 손바닥에 놓을 수 있는 만큼 놓고 코로 흡입했어. 하루는 퀸스 어느 거리 모퉁이에 있는데 콧물이 존나 줄줄 나오더라. 꼭 몸살감기가 든 것처럼. 그 와중에 당시 친구였던, '마티니'라 불리던 꾼이 내게 와 뭐 하느냐고 묻더라구. 나는 매일 헤로인과 코카인을 흡입했는데 오늘은 맨해튼으로 나가질 못해 약을 못 구했다고 말했어. 마티니는 딱하다는 듯이 나를 쳐다보더니 내가 이미 인이 박였다는 거야.

"인이 박여?" 하고 내가 묻자 그가 "콧물이 줄줄 나고 몸이 으스스하고 힘이 없지? 인이 박인 거야, 인마!" 그러대. 그러더니 퀸스에서 헤로인을 구해다줬어. 그때까지는 퀸스에서 헤로인을 산 적이 없었거든. 마티니가 구해준 걸 흡입하니까 기분이 한결 나아졌어. 몸살 기운이 사라졌고 콧물도 그쳤어. 더 이상 매가리가 없지도 않았어. 내가 계속 흡입하는 걸 보더니 마티니가 "그 돈 갖고 흡입할 양을 사봐야 돈 낭비지. 몸이 또 아플 거야. 그러느니 주사기를 써. 훨씬 기분이 좋아질걸" 그러는 거야. 그때부터 4년간의 공포 영화가 시작된 거지.

잠시 후 나는 약을 사러 차를 몰고 나갔어. 안 사면 또 아플 게 뻔했으니까. 아플 땐 꼭 감기 걸린 것 같아. 콧물이 나오고 관절이 지독하게 쑤시는데 그 상태에서 헤로인을 맞지 않으면 좀 있다 구토가 나기 시작해. 그렇게 되면 정말 끔찍해지는 거지. 그래서 무슨 수를 써서라도 그런 상황을 피하려고 약을 찾게 되는 거야.

처음 헤로인 주사를 쓸 때는 혼자 했어. 그러다가 사람들과 어울리기 시작했지. 나와 리로이라는 이름의 탭댄서, 래피라 불리던 친구 등이 할렘 110번가, 111번가, 116번가 근처에서 물건을 구했어. 우리는 리오, 다이아몬드, 스털링스, 라반츠 같은 바에서 죽때렸지. 하루 종일 헤로인을 쏘고 코카인을 흡입했어. 리로이와 같이 있지 않을 때에는 소니 롤린스나 월터 비숍과 함께 있었고. 얼마 후에는 재키 매클레인이나 당시 우리와 어울리던 필리 조 존스 같은 애들하고 놀았어.

우리는 3달러짜리 캡에 든 헤로인을 사서 쐈어. 가진 돈에 따라 하루에 네 캡 내지는 다섯 캡을 사서 했지. 7번가와 레녹스 사이 110번가에 있던 케임브리지 호텔의 패츠 나바로의 방이나 월터 비숍의 집에 가서도 했어. '쏘거나'pop, '때리기'hit 위해 핏줄이 튀어나오도록 팔을 묶는 도구나 바늘 등 우리가 '거리'works라 부르던 것을 얻으려면 비숍네로 가야 했지. 비숍네서 너무 뽕 가는 바람에 도구들을 놓고 오기도 했어. 약을 한 다음 우리는 민턴스로 몰려가 탭댄서들이 짝을 이뤄 춤추는 걸 구경하곤 했지.

나는 탭댄서들이 춤추는 걸 보고 듣는 게 참 좋아. 발에서 나는 소리가 꼭 음악과 비슷하잖아. 그들은 거의 드러머나 매한가지고 그들이 발로 리듬을 구사하는 걸 들으면 많은 것을 배울 수가 있어. 낮에는 세실 호텔 옆 민턴스 밖의 길거리에서 탭댄서들이 서로 대결을 하는 걸 볼 수 있었어. 특히 기억에 남는 것은 베이비 로런스라는 댄서와 엄청 키가 크고 마른 그라운드 호그라는 별명의 친구가 벌이던 대결이야. 다 약돌이들이라서 민턴스 앞에서 약을 얻기 위해 춤판을 벌이곤 했지. 딜러들이 좋아했거든. 춤이 멋지면 딜러들이 공짜로 약을 줬어. 춤판이 벌어지면 구경꾼들로 장사진을 이뤘어. 엄청 멋있었어. 베이비 로런스의 춤은 진짜 묘사가 불가능할 정도로 존나 끝내줬어. 그라운드 호그도 그에 못지않았지. 옷 입는 것도 그렇고, 씨발 개같이 멋있었지. 버니 브릭스도 당시 난다는 탭댄서 중의 하나였고. 또 L.D., 프레드와 슬레지 그리고 스텝 브러더스 같은 친구들도 대단했어. 스텝 브러더스는 정확히 모르겠지만 나머지는 대부분 중독자들이었어. 직접 보지 않으면 민턴스 앞에서의 춤판이 어땠는지 상상하기 어려워. 거기서 노는 탭댄서들은 프레드 애스테어나 다른 백인 탭댄서들은 꽝이라고 말하곤 했어. 어디서 이 친구들하고 비교를 해. 엄청 끝내줬는데도 흑인이라는 이유 때문에 무대에 올라 유명해지거나 돈을 버는 것은 바라지도 못했지.

그 무렵 나는 정말 유명한 뮤지션이 되어 있었어. 내가 중요한 사람이라도 된 양 음악하는 사람들이 모두 내게 잘 보이려 했지. 나는 무대에 이런 자세로 설까, 저런 자세로 설까, 아니면 트럼펫을 이렇게 쥘까, 저렇게 쥘까 등에 관심을 쏟았어. 이런 걸 할까 말까, 관객에게 말을 할까, 왼발로 박자를 셀까, 오른발로 셀까 등등. 아무도 보지 못하게 신발 속 발가락으로만 할까도 생각했지. 스물네 살의 마일스 데이비스는 그런 좆도 아닌 것에 빠져들고 있었지. 또 노친네들이 말하는 만큼 내가 못 부는 것도 아니라는 걸 파리에 있을 때 알게 됐어. 나는 파리에 가기 전보다 대가리가 더 커져서 돌아왔어. 수줍음 많은 사람에서 자신감 넘치는 사람으로 변한 거라.

1950년 무렵에 다시 맨해튼으로 이사를 왔어. 48번가의 호텔 아메리카에 방을 구했지. 다시 뉴욕으로 돌아온 클라크 테리를 비롯해 많은 뮤지션들이 거기 살았어. 클라크는 뉴욕에 돌아와서 카운트 베이시 오케스트라에서 연주를 했던 것 같은데, 그래서 자주 순회공연을 떠났어. 베이비 로런스도 그 호텔에 살면서 어울렸고. 게다가 많은 약또라이들이 거기 살았지.

나는 헤로인에 보다 깊이 빠져들었고 그 무렵부터 소니 롤린스와 그의 슈거 힐 할렘 떼거지들과 어울리기 시작했어. 이 그룹에는 소니 말고도 피아니스트 길 코긴스, 재키 매클레인, 월터 비숍, 아트 블래키(아트 블래키는 원래 피츠버그 출신이지만 할렘에서 오랫동안 잔뼈가 굵은 사람이야), 아트 테일러 그리고 브루클린 출신인 맥스 로치 등이 속해 있었지. 아마 존 콜트레인을 처음 만난 것도 이 무렵이었을 거야. 그는 디지의 밴드에서 일하고 있었어. 할렘의 어느 클럽에서 그의 연주를 처음 들었지.

아무튼 소니는 할렘의 젊은 뮤지션들 사이에서 명성이 자자했어. 할렘 안팎에 그를 사랑하는 팬들이 많았지. 젊은 뮤지션들 사이에서 거의 전설이었고 신에 가까웠어. 그의 색소폰이 버드의 수준에 필적한다고 말하는 사람도 있었어. 내가 봐도 그는 정말 버드에 가까웠어. 늘 신선한 음악적 아이디어를 실현하는 공격적이고 혁신적인 연주가였어. 나는 연주가로서, 그리고 멋진 작곡가로서도 그를 좋아했어. (근데 나중에 콜트레인의 영향을 받아 스타일을 바꿨지. 내 생각엔 그러지 말고 처음에 들려주던 자기 걸 밀고 나갔더라면 훨씬 더 위대한 연주가가 됐을 것 같아. 뭐 여전히 엄청 위대한 연주가이긴 하지만.)

소니가 시카고에서의 일을 마치고 온 후였나. 그와 버드도 아는 사이였고, 버드 역시 소니를 '뉴크'라 부르며 진짜 좋아했거든. 뉴크는 그가 브루클린 다저스의 투수 돈 뉴컴과 닮았다고 해서 붙여진 별명이었어.† 하루는 나와 소니가 약을 사가지고 택시 타고 오는데 백인 기사가 뒤를 돌아보며 소니를 바라보더니 "당신 돈 뉴컴이죠?" 하고 묻는 거야. 기사는 완전히 흥분해 있었어. 나는 깜짝 놀랐어. 그전까지는 그런 생각을 못 했거든. 우리는 택시 기사를 놀려먹었지. 소니는 오늘 밤 경기에서 세인트루이스 카디널스의 강타자인 스탠 뮤지얼을 요리하기 위해 어떤 공을 던지겠다는 둥 썰을 늘어놓기 시작했지. 소니는 그날 의기양양해져 가지고서는 기사에게 경기장 입구에서 자기 이름을 대면 티켓을 주도록 하겠다고까지 했어. 그랬더니 기사가 우리를 신처럼 대하더군.

오듀본 볼룸에서 일이 생겨서 소니에게 같이 하자고 했더니 소니가 그러자 하더라고. 콜트레인도 밴드에 있었고 아트 블래키가 드럼을 쳤어. 소니, 아트, 콜트레인, 이들 셋이 그때 헤로인을 많이 하고 있었기 땜에 그들과 어울리면서 나 역시 헤로인에 더욱 깊이 빠졌지.

† 돈 뉴컴의 별명이 뉴크였다.

그때쯤 패츠 나바로는 진짜 가련한 상태의 중독자가 되어버렸어. 팻 걸의 부인 리나가 늘 남편 걱정을 했지. 백인이었어. 어린 딸 린다가 있었고. 팻은 약을 하기 전에는 귀엽고 통통한 생김새였는데 그즈음에는 뼈만 남은 사람이 됐고 기침을 하고 벌벌 떨며 다녔지. 기침을 할 때면 문자 그대로 몸 전체가 부르르 떨리더라고. 그 꼴이 얼마나 안됐던지. 진짜 멋진 사람이었고 위대한 트럼펫 주자였던 그를 정말 사랑했었거든. 나 역시 그와 가끔씩 어울리며 약을 때렸지. 나와 팻 걸, 또 다른 트럼펫 주자인 벤 해리스, 이렇게 셋이서 말이야. 팻은 벤을 미워했어. 난 알지. 그렇다고 벤이 나쁜 애냐 하면, 그렇진 않아. 약을 때린 후 우리는 둘러앉아 음악에 대해 이야기하거나 팻 걸이 트럼펫으로 사람들을 보내버리던 민턴스의 옛 시절 얘기를 했지. 나는 트럼펫에 관한 기술적인 것들을 그에게 알려주곤 했어. 봐봐, 팻 걸은 타고난 뮤지션이야. 그냥 천재야. 그런 그가 등한시하는 연주 기법 같은 게 있다구. 이를테면 발라드에는 서툴러. 나는 좀 더 부드럽게 연주하라든가, 코드 자리바꿈chord inversion†을 해보라든가 따위의 주문을 하곤 했어. 그는 나를 '밀리'라 불렀지. 맨날 헤로인 끊고 인생 새출발해야지 해야지 했는데 그러질 못했어. 끝내 못 그랬어.

팻 걸은 1950년 5월에 나와 함께 마지막 레코딩을 했어. 그거하고 몇 달 후에 죽었지. 겨우 스물일곱 나이에 말이야. 예전에는 아무렇지도 않게 누르던 음들을 힘겹게 누르며 연주하던 그의 마지막 연주를 듣는 건 슬픈 일이었어. 버드랜드에서 녹음했으니까 그 음반 제목이 아마 『버드랜드 올스타스』*Birdland All stars*였을 거야. J.J. 존슨, 태드 대머론, 컬리 러셀, 아트 블래키, 팻 걸, 브루 무어라는 색소폰 주자 그리고 나 등등이 녹음에 참여했

---

† 화음 구성음들의 순서를 바꾸는 것을 뜻한다. 이를테면 다장조에서 기본 구성음이 도, 미, 솔인데 솔을 밑음으로 하면 자리바꿈 코드가 된다. 코드 전위라고도 한다.

지. 그 후에 나는 지미 존스의 밴드에서 세라 본과 함께 음반을 냈고. 그 밴드에 있을 적에 팻 걸과 또 다른 올스타 밴드를 했는데 아마 그게 팻 걸과 함께 한 마지막 연주였을 것 같아. 확실치는 않은데, 아마 그것도 버드랜드 올스타였지 싶어. 디지, 레드 로드니, 팻 걸 그리고 케니 도럼이 트럼펫을 불었고 J.J. 존슨, 카이 와인딩, 베니 그린이 트럼본을 불었던 것 같아. 또 제리 멀리건, 리 코니츠가 색소폰을, 아트 블래키가 드럼을 맡았지. 알 매키번이 베이스, 빌리 테일러가 피아노였고.

모두들 존나 대단한 솔로들을 했지만 호흡 맞춰서 연주할 대목에선 좆돼버리는 그런 연주였어. 내 기억이 맞다면 아무도 편곡이 어떻게 되는지 몰랐지. 아마 디지가 하던 빅밴드의 악보에서 나온 편곡이었을 거야. 처음에 사장은 '디지 길레스피의 드림 밴드'라 부르고 싶어 했지만 다른 멤버들이 발리는 느낌 드는 걸 디지가 원치 않았어. 그다음엔 '심포니 시드의 드림 밴드'라는 이름을 붙이려고 했어. 근데 이건 좀 백인 인종주의 냄새가 심하지 않아? 시드 자신조차 이런 걸 받아들이지 않았지. 그래서 결국 '버드랜드 드림 밴드'라는 이름이 붙은 거야. 녹음 세션도 했지 아마. 그 후 나는 오닉스 클럽 자리에 새로 문을 연 블랙 오키드 클럽에서 연주했던 것 같아. 버드, 소니 스팃, 워델 그레이가 밴드에 있었고 아트 블래키가 드럼을 쳤었나. 맞나? 기억이 가물가물하네. 1950년 6월쯤이었어. 팻 걸은 그해 7월에 죽었고.

그해 여름이 지나면서 52번가는 끝이 났고 디지의 빅밴드가 해산하면서 음악판이 와해되는 분위기였어. 진짜 이유야 어찌 알겠냐마는, 딱 하나, 그 이유 말고 뭐가 있겠냐 싶어지더라고. 내가 상당히 직관적인 사람이거든. 살면서 미래도 꽤 예측해왔어. 물론 약 때문에 나한테 뭔 일이 벌어질지는 정작 알 수 없었지만. 숫자 점을 치면 난 꼭 6이 나와. 완전 6땡이 나오지. 그런데 6은 악마의 숫자잖아. 아마 내 속엔 악마의 요소가 많나 봐. 내가 6이라는 걸 알고 난 후엔 말이야, 남자건 여자건 나와 여섯 살 이상 차이 나는 사람들과는 잘 안 친해진다는 것도 알게 됐지. 미신일 수도 있지만, 내 머리로는 사실처럼 여겨져.

1950년은 내가 뉴욕에 온 지 딱 6년 되는 해였어. 그러니 씨발 일이 존나 꼬이는 걸 어쩌겠어 싶더라. 나는 이 악습관, 이거 나쁜거구나 생각이 들자마자 끊어버리고 싶더라구. 프레디 웹스터나 패츠 나바로처럼 끝장나고 싶지 않았어. 근데도 도저히 못 끊겠는 거야.

헤로인을 쏘면서부터 나는 사람들한테 잘해주고 조용하고 정직하고 사려 깊은 사람에서 그와 정반대의 사람으로 변해갔어. 헤로인을 구하려다 보니 절로 그렇게 되더라. 금단현상을 피하기 위해서라면 뭔 짓을 못 해. 그냥 매일 밤낮을 가리지 않고 끊임없이 헤로인을 하고 자빠져 있는 거야.

중독 상태를 유지하기 위해 날라리 기집애들 돈까지 뜯기 시작했어. 그게 뭔 짓인지도 모르면서 내가 포주 노릇을 하고 있더라고. 내가 날 그렇게 불렀지만 나는 '전문 중독자'가 된 거야. 그게 내 생활의 전부였어. 심지어 일을 잡을 때도 약을 구하기 편한가 아닌가를 따졌지. 매일 무슨 짓을 해서라도 헤로인을 구하려고 하다 보니 나는 가장 알아주는 꾼 중 하나가 돼버렸어.

심지어 약을 사기 위해 클라크 테리한테서도 돈을 뜯어냈지. 클라크 테리랑 나랑 호텔 아메리카에서 살던 때였어. 길거리 보도 연석에 걸터앉아 어떻게 어디서 약 살 돈을 구할까 궁리하던 차에 클라크 테리가 저기 걸어오는 거야. 난 콧물을 질질 흘리고 눈은 시뻘개져 있었어. 이 친구가 나한테 아침을 사주고 나를 자기 방에 데려가더니 눈 좀 붙이라고 하면서 자기는 카운트 베이시 오케스트라와 함께 공연을 떠난다는 거야. 나더러 기분이 좀 나아지면 문을 잠그고 나가라며, 있고 싶을 때까지 있으라대. 우린 그만큼 친했거든. 그는 내 약습관을 알고 있었지만 설마 자기까지 엿먹일 줄은 몰랐던 거지. 근데 뭐다? 그건 틀린 생각이었어.

클라크가 버스를 타러 나가자마자 나는 서랍이며 장들을 열어 손으로 들고 나갈 만한 건 모조리 집어 들었어. 나팔과 옷가지 등을 가지고 곧장 전당포로 달려가 맡겼고 받아주지 않는 것들은 약 사는 데 조금이라도 보태려고 헐값에 팔았지. 심지어 필리 조 존스에게 셔츠를 팔았는데 나중에 필리가 그 옷을 입고 있는 걸 클라크한테 들키기까지 했어. 나중에 알았지만 클라크는 그때 버스를 타지 않았어. 기다려도 버스가 오지 않아서 다시 아파트로 돌아왔는데 방문이 훤하게 열려 있었다더라고. 내가 무슨 짓을 했는지 눈치채고는 세인트루이스에 살고 있던 아내 폴린에게 전화를 걸어 이런 일이 있었고 마일스의 상태가 심각하다는 걸 내 아버지에게 전하라고 시킨 거야. 폴린이 전화했는데 아버지가 되레 버럭 화를 내더라는 거야.

"마일스가 그렇게 된 건 같이 어울리는 네 남편 같은 그놈의 딴따라들 때문이야!" 아버지가 폴린한테 그랬대. 아버지는 날 철석같이 믿고 있었고 내게 단단히 문제가 생겼다는 걸 받아들이기가 힘들어서 외려 클라크를 원망했다더라고. 아버지는 내가 음악에 빠진 것이 클라크 때문이라고 여겼거든.

클라크는 우리 아버지를 알았고 우리가 어떤 집안인지도 알았던 터라 넓은 아량으로 내가 한 짓을 용서해줬어. 그는 내가 약 때문에 상태가 나쁘지 않았으면 그런 짓을 할 사람이 아니라는 걸 알고 있었어. 그런데도 난 그 후 얼마간 클라크가 있을 만한 곳은 어디든지 피해 다녔어. 결국 외나무다리에서 딱 마주쳤을 때 나는 용서를 빌었고 다시 아무 일 없었다는 듯 사이가 좋아지긴 했어. 이게 진짜 친구지. 그 후 세월이 많이 흘렀어도 클라크가 바에서 술 마시다가 날 만나면 늘 카운터에 내 이름을 달고 마셔. 내가 훔친 물건 값이라 이거지. 쌍, 웃기는 일이지.

아이린하고 살던 호텔 아메리카의 방 값이 밀리기 시작했어. 나는 내 나팔을 비롯해서 오만가지를 전당포에 잡혔고. 급기야 하룻밤에 10달러를 주고 아트 파머한테 트럼펫을 빌려 쓰게 됐어. 한번은 악기를 빌려달랬더니 자기도 연주해야 된다며 빌려주질 않는 거야. 엄청 열받더라 진짜. 그는 악기를 빌려준 다음 꼭 내가 연주하는 장소로 와서 악기를 받아 갔어. 밤새 내 손에 자기 악기가 들려 있는 게 못 미더웠던 거지. 자동차 값도 밀렸어. 나에게 블루 데몬을 판 회사가 차를 차압해 가겠다고 줄기차게 통보를 하는 바람에 나는 맨날 은밀한 장소에 차를 주차해놔야 했어. 모든 게 무너져 내리더라 정말.

1950년에 나와 아이린은 블루 데몬에 아이들을 태우고 이스트세인트루이스로 돌아갔어. 잠시 뉴욕을 떠나 휴식을 취하면서 재충전하자는 거였지만 속으로는 이미 우리 사이가 끝났다는 걸 알고 있었어. 당시 아이린 심정이 어땠는지 알 길은 없지만 나라는 중독자의 뻘짓에 신물이 나 있었던 건 확실해.

도착해서 차를 아버지의 집 앞에 세우자마자 금융회사가 차를 빼 가더라. 다들 이게 뭔일이야 하고 의아해했지만 아무도 말을 꺼내진 않았어. 고향에서 내가 약에 빠졌다는 소문이 돌았지만 아직 대놓고 확인된 건 아니었으니까. 어쨌거나 이스트세인트루이스에는 약돌이들이 많지 않았기 때문에 걔네들이 어때 보이고 어떻게 행동하는지 잘 몰랐어. 그들한테 나는 그냥 마일스 데이비스야. 데이비스 박사의 음악하는 괴상한 아들, 저기 뉴욕에서 그 많은 괴상한 음악가들하고 사는 사람 정도였어. 물론 내 생각이지만 말이야.

친구 하나가 아이린이 다른 남자의 아이를 임신했다고 알려주더군. 이번에는 내 아이가 아닌 것이 확실했어. 왜냐하면 우리는 잠자리를 안 한 지 오래됐으니까. 친구는 뉴욕의 한 호텔에서 아이린과 그 남자가 나오는 걸 봤다고 했어. 우리는 법적으로 결혼한 것이 아니었으니까 법적으로 이혼할 필요도 없었어. 우린 뭐 싸우거나 하지도 않았지. 그냥 끝난 거야.

아이린은 뉴욕에서 줄곧 나를 따라 여기저기로 이사 다녔었어. 한번은 삼촌인 퍼디낸드가 사는 그리니치빌리지에 머문 적도 있었지. 퍼드 삼촌은 술꾼이었어. 나는 삼촌과 삼촌의 친구인 흑인 저널리스트들과 어울리곤 했는데, 다들 술에 떡이 되어 있는 꼴을, 특히 퍼드 삼촌 꼬락서니를 아이린이 보는 게 달갑지는 않더라구. 어머니가 내게 요즘 뭐 하고 지내냐고 물어서 퍼드 삼촌과 어울린다고 했더니 "끼리끼리도 논다. 장님이 장님 끌어주냐!"라고 하신 적이 있지. 우리가 똑같은 성격이라는 거야. 모두 중독되지 않고는 못 배긴다는 거. 당시 내 골수에 박힌 건 음악이었는데, 나중엔 그게 헤로인이 돼버렸어. 그때가 되어서야 어머니가 한 말이 무슨 뜻인지 알 수 있었지.

어쨌든 아이린은 이스트세인트루이스에 머물고 있었고 거기서 마일스 4세가 태어났어. 1950년의 일이었어. 나는 뉴욕으로 돌아와 잠시 머물다가 빌리 엑스틴 밴드에서 일거리를 마련해서 로스앤젤레스로 가는 순회공연 길에 올랐어. 당시 나는 돈이 좀 쭉 필요했던데다 달리 할 일도 마땅치 않았어. 이 밴드의 음악이 내키지 않았지만 아트 블래키를 비롯해서 내가 쳐주는 뮤지션들이 밴드에 있더라고. 그래서 스스로 좀 추스를 때까지 이 일을 하기로 한 거지.

　　로스앤젤레스는 순회공연의 종착지였고 중간에 이 도시에서
저 도시로 오랫동안 버스를 타고 이동하는 식이었어. 길에서는 어
디서 약을 구해야 할지 막막했고 정기적으로 좋은 약을 못 구하게
되니까 거꾸로 약을 끊을 수 있을 것 같다 싶었지. 덱스터 고든, 블
래키와 함께 아마 버드도 같이 갔을 거 같은데, 한번은 버뱅크 공항
으로 가던 길이었어. 아트가 어딘가에서 멈추더니 아는 사람이 있으
니 약을 사 오겠다는 거야. 그래서 다들 좀 기다렸는데 공항에서 경
찰한테 잡혔지 뭐야. 놈들이 딜러 집에서부터 우리를 미행했던 거
야. 경찰은 우리를 백차에 처넣으며 "자, 니들이 누군지도 알고 뭐
하는 애들인지도 다 알아" 그러더군. 전부 백인이었고 완전 씨알도
안 먹히겠더라고. 그러더니 이름을 대라더라. 나, 버드, 덱스터 모두
자기 이름을 말했는데 아트 블래키 차례가 된 거야. 얘는 자기의 이
슬람식 이름인 '압둘 라 이븐 부하이나'라고 말한 거지. 그랬더니 이
름을 받아적던 경찰이 "씨발 집어치우고 니 미국 이름을 대란 말야,
니 미국 이름 말이야!" 이러는 거야. 그래서 블래키가 그게 내 본명
이야, 이런 거지. 경찰이 열받아서 우리를 입건하더니 감옥에 처넣
더라구. 난 진짜 블래키가 미국식 이름을 말했으면 우리가 풀려났을
거라고 봐. 감옥에서 나는 아버지한테 꺼내달라고 도움을 청할 수
밖에 없었지. 아버지는 LA에 사는 치대 동창 쿠퍼 박사한테 전화했
고 쿠퍼 박사는 변호사 리오 브랜턴과 줄을 대줬어. 변호사가 와서
나를 꺼내줬지.

　　내 팔뚝에는 수많은 바늘자국이 있었고 경찰도 그 자국을 알아
보긴 했는데 난 그 시기에는 약을 하지 않았었어. 리오 브랜튼에게
이 이야기를 했더니, 나한테 존나 충격적인 이야기를 들려주더라구.
아트 블래키가 자기 혐의를 경감시키기 위해 내가 약을 쓴다고 경찰
한테 불었다는 거야. 믿기질 않았는데 경찰 하나가 그 사실을 확인

해줬어. 나는 아트에게 이에 관해 한 번도 말한 적이 없어. 이걸 공개적으로 밝히는 건 이번이 처음이야.

체포되어 감옥에 간 건 그게 처음이었어. 진짜 개싫더라. 사람을 사람 취급하지 않잖아. 씨발 니 인생 알 게 뭐냐는 식으로 구는 놈들의 손아귀에 니 목숨이 달랑달랑하는데 쇠창살 속에 들어가 있어봐, 진짜 절망적이지 않겠냐. 백인 간수 놈들 중에 어떤 놈들은 완전 인종주의자라서 사람을 물건처럼 뻥뻥 차고 파리나 바퀴벌레 죽이듯 죽여. 그래서 감옥에 있으면서 난 눈을 뜨게 됐고 진정한 계시를 받았지.

감옥에서 나온 후 나는 LA의 덱스터네 잠시 머물렀어. 우리는 가끔 일도 했지만 대개는 빈둥거렸어. 덱스터는 헤로인을 엄청나게 하고 있었고 좋은 물건을 구해서 집에 짱박히는 걸 좋아했어. 나 역시 다시 약을 때리기 시작했고.

처음 로스앤젤레스에 갔을 적에 아트 파머를 만났었는데 1950년에 다시 만났고 이번에는 좀 더 친해졌어. 덱스터네 집에 좀 있은 후에 난 웨스턴 애비뉴 가까이 웨스턴 애덤스에 있는 왓킨스 호텔에 방을 잡았어. 나는 아트와 어울리면서 음악 이야기를 했지. 전에 어디선가 들은 클리퍼드 브라운 이야기를 그에게 처음 했던 사람도 나였을 걸. 그의 연주가 맘에 들었고 아트도 좋아할 것 같았어. 클리퍼드는 아직 유명하지 않았지만 필라델피아 주변의 많은 뮤지션들이 이미 그에 대해 얘기하고 있었지. 아트는 그때나 지금이나 사람 좋고 조용한 친구에다가 뛰어난 트럼펫 주자였어.

연말쯤엔가 『다운비트』는 헤로인을 비롯한 마약이 어떻게 음악계를 망치고 있는지 다루면서 나와 아트 블래키가 로스앤젤레스에서 체포당한 기사를 실었어. 그렇게 모든 것이 공개된 다음엔 일거리를 거의 잡을 수가 없더라구. 클럽 주인들은 날 얼음장같이 차갑게 대했고.

난 금세 LA가 싫증 나기 시작해서 다시 동부로 돌아왔어. 아주 잠깐 집에 들렀다가 뉴욕으로 갔지. 근데 거기서도 이렇다 할 게 없었고 그저 소니 롤린스를 비롯한 슈거 힐 애들과 어울려 약을 때리는 게 전부였어. 일거리도 없었고.

LA 건에 관한 재판을 기다리는 일은 쉽지 않았어. 내가 무죄라고 누가 믿어주겠어. 크리스마스 무렵에 비로소 나는 시카고의 하이-노트에서 빌리 홀리데이와 함께 연주하는 일을 잡았지. 2~3주 정도 이어지는 일이었는데 참 재밌었어.

그건 훌륭한 경험이 됐어. 그 일을 하는 동안 나는 그녀와 뛰어난 백인 가수 아니타 오데이를 알게 됐고. 또 빌리가 아주 달콤하고 아름답고 굉장히 창조적인 사람이라는 걸 깨달았어. 그녀의 입은 엄청 관능적이었고 머리에는 언제나 흰 치자꽃을 달고 다녔지. 빌리는 아름다울 뿐 아니라 섹시한 여자라 생각해. 안타깝게도 약을 너무 많이 해서 몸이 골골했는데 나도 그랬으니까 잘 알지. 아픈 와중에도 그녀는 여전히 사람들에게 잘해줬어, 따뜻한 사람이었지. 몇 년 후 그녀가 완전 병들었을 때 내가 롱아일랜드에 있는 그녀의 집까지 방문해 할 수 있는 한 위로를 하기도 했어. 그녀가 좋아했던 내 아들 그레고리를 데리고 가서 몇 시간이고 진을 마시며 이야기를 나누었지.

밥 와인스톡이라는 백인 청년이 '프레스티지'라는 새로운 재즈 레이블을 시작했는데, 내 음반을 내고 싶다며 날 수소문했어. 그러다가 날 찾기가 힘드니까 아예 세인트루이스로 출장을 가버린 거야. 내가 거기 출신이라는 걸 알고 이스트세인트루이스와 세인트루이스의 전화번호부에서 데이비스란 데이비스는 다 찾아서 전화를 해댄 끝에 아버지와 통화를 하게 됐고, 아버지는 내가 시카고에서 일하고 있다고 알려줬어. 1950년 크리스마스 바로 직후였지. 빌리와 일하고 있던 하이-노트로 그가 달려왔어. 그래서 내가 뉴욕으로 돌아간다 치고 1월부터 시작하는 1년짜리 계약을 맺었어. 많은 돈은 아니었어. 750달러 정도 되려나, 그래도 이제 내가 직접 고른 멤버들로 밴드를 만들어 녹음하고 싶은 음악을 하면서 주머니에 돈도 좀 챙길 기회를 잡은 거야. 그 후 시카고에서 남은 시간은 줄곧 어떤 사람들과 녹음할까를 생각하며 보냈지.

1951년 1월에 고소가 취하되면서 정신적으로 큰 짐을 덜었어. 물론 그 충격은 남아 있었지만. 체포됐을 때는 『다운비트』의 헤드라인을 장식하더니 고소 취하 소식은 아무도 몰라. 클럽 사장들은 날 보며 여전히 '저 약또라이' 이런 식이었어.

이 시기를 정리하면, 9중주단(노넷) 음반을 낸 것이 내 경력에 어느 정도 좋은 영향을 미쳤다고 봐. 노넷의 음반을 발매한 캐피톨 레코드사는 이 음반에서 기대했던 만큼의 돈을 벌지 못해서 이 종류의 음악을 취입하는 데 더 이상 관심을 갖지 않았지. 또 나는 캐피톨과 독점 계약을 맺고 있던 상태가 아니었으니까 자유롭게 프레스티지로 갈 수 있었어. 난 여전히 응당 받아야만 할 평가를 받지 못하고 있다는 생각이 들었고. 1950년 말에 『메트로놈』에서 올스타 밴드를 선정했는데 나도 들긴 들었더라구. 나와 맥스 로치를 빼면 전부 백인이었지. 버드조차 빠져 있었어. 잡지사는 버드 대신 리 코니츠를, J.J. 존슨 대신 카이 와인딩을, 그 많은 흑인 테너 색소폰 주자들을 제치고 스탄 게츠를 뽑았어. 나 역시 디지를 누르고 선정된 게 기분이 좀 이상하더라고. 스탄 게츠, 쳇 베이커, 데이브 브루벡 등 내 음반의 영향을 받은 많은 백인 뮤지션들이 온갖 곳에서 음반을 취입하는 시절이 된 거야. 걔네들은 자기들이 하는 음악을 '쿨 재즈'라 불렀어. 백인들 눈에는 이것이 비밥, 블랙 뮤직, 혹은 '핫 재즈'라 불리는 흑인적인 재즈에 대응되는 것으로 보였지만 사실은 하나 다를 게 없는 음악이야. 또다시 흑인들의 것을 훔쳐간 것에 불과해.

그해에 버드는 도리스 시드너와 헤어지고 챈 리처드슨과 새 삶을 꾸렸어. 챈은 도리스에 비하면 나은 편이었어. 최소한 보기가 좋았고 음악과 뮤지션들을 이해하는 사람이었지. 도리스는 아니었거든. 나도 그랬지만 버드도 썩 좋아 보이지 않았어. 체중이 많이 불었고 나이보다 훨씬 늙어 보였지. 막 사는 스타일이 그를 잡아먹기 시작한 거야. 근데 다운타운인 이스트 11번가로 이사도 하고 일이 잘 돼가는 것처럼 보였어. 그가 메이저 회사인 버브와 새로운 레코딩 계약을 맺으면서 1951년 1월에 녹음에 참여해달라고 하길래 승낙했지. 새로운 한 해가 시작되고 나는 내 삶과 음악에 진전이 있기를 간절히 바라고 있었어. 프레스티지와의 계약이 어느 정도 정신을 차리는 데 도움이 되긴 했지. 1950년은 진짜 최악의 한 해였어. 더 이상 떨어질 데가 없었고 이제 올라갈 일만 남았던 거야. 난 이미 바닥에 와 있었으니까.

7

나는 희망에 부풀어 뉴욕으로 돌아왔어. 방이 없어서 일단 자리 잡을 때까지 드러머 스턴 레비의 집에 머물렀지. 1951년 1월 중순쯤, 17일 아니었나 싶은데, 하루에 녹음을 세 번 했지. 처음 녹음은 그날 일찍 버드와 했고 그다음엔 프레스티지에서 낼 판을 위한 녹음, 마지막으로 소니 롤린스 판 때문에 녹음을 했지. 버드 세션에서는 버드와 나, 또 피아니스트 월터 비숍, 테디 코틱이라는 베이시스트 그리고 드러머 맥스 로치가 함께 했던 걸로 기억해. 그날 버드는 상태가 괜찮았고 연주가 훌륭했어. 다른 사람들도 마찬가지였고. 라틴적인 색채가 깔려 있는 음악이라 재밌더라구. 난 이 녹음이 버드가 꾸린 것 중에서 제일 짜임새 있는 녹음에 속한다고 봐. 언제나 그렇듯이 리허설은 부족했지만 모든 것이 순조롭게 진행됐어. 버드의 일들이 잘 돌아가나 보다 싶었던 기억이 나네. 그는 행복해 보였고, 그건 좋은 신호잖아.

버드의 세션을 마치고 나서 나는 프레스티지사에 녹음을 하러 갔어. 리더로서 하는 첫 녹음이었지. 나는 소니 롤린스, 베니 그린, 존 루이스, 퍼시 히스, 그리고 로이 헤인스를 기용했어. 프로듀서인 밥 와인스톡은 아직 준비가 안 된 것 같다며 소니를 쓰는 것을 달가워하지 않았지만 내가 그렇게 하도록 했어. 심지어 소니 음반의 녹음 날짜도 잡아야 한다고 설득해서 그날 소니의 음반 녹음까지 이뤄진 거야.

프레스티지 녹음은 별로였어. 버드와의 녹음 세션을 마친 후라 피곤하더라구. 그날은 눈 같지도 않은 눈이 내려서 길이 질척거리는 추운 날씨였던 기억이 나. 으스스하고 좆같은 날이었지. 또다시 헤로인을 쏘기 시작해서 몸이나 입 상태가 베스트도 아니었구. 그렇지만 다른 사람들은 다 잘했던 것 같아. 특히 소니는 두어 곡에서 명연주를 했지. 밥 와인스톡은 내가 중독자라는 걸 알고 있었지만, 나아질 것이라는 쪽에 기꺼이 기대를 걸어주고 있었어.

소니의 녹음 세션 때엔 존 루이스가 떠나야만 해서 결국 내가 피아노를 치게 됐어. 나머지 멤버는 내 거 할 때와 같았고. 녹음이 다 끝나고 사람들이 농담 삼아 내가 그날 분 트럼펫보다 피아노가 훨씬 낫다고들 하더라고. 그날 소니는 딱 한 곡, 나는 네 곡을 녹음한 거 같아. 그게 다였어. 일을 마치고 나니 기분이 좋더라. 뉴욕에 돌아와 다시 연주를 시작했을뿐더러 음반을 두 장 더 낼 계약까지 했으니. 소니와 내가 진창이 된 길을 따라 헤로인을 사러 업타운으로 올라오는 동안 이런 생각이 들더라고. '이 버릇만 끊으면 다 잘될 거 같은데.' 하지만 약을 끊기에는 이미 너무 깊이 빠져 있었지.

나는 이놈의 약 살 돈을 대기 위해 음반을 듣고 첫 여덟 마디를 악보에 적어주고 25달러에서 30달러를 받는 일을 시작했지. 그건 쉬운 일이라 두어 시간이면 끝낼 수가 있었거든. 돈을 타서 업타운에 가 물건을 사는 거야. 그런데 말야, 금방이야. 이런 식으로는 지탱할 수 없을 정도로 약이 많이 필요해지는 게. 건강은 나빠졌고 정기적으로 일할 만한 공연도 그렇게 많지 않았어. 입도 상태가 나빴어. 트럼펫은 요구하는 게 많은 악기야. 트럼펫을 잘 불려면 몸 상태를 좋게 유지해야 하거든. 게다가 난 원래 쫙 빼입는 사람이었는데 이젠 아무 거나 몸을 덮을 수만 있으면 걸치고 다녔어. 쌍, 헤로인에 빠지기 전에는 진짜 멋쟁이였는데. 마르셀 웨이브†를 한 머리가 어깨까지 치렁치렁했었지. 완전 번드르르했었는데 말이야. 헤로인 습관이 나를 좀먹기 시작한 다음부터는 모든 게, 나의 태도를 비롯해서 모든 게 무너져 내렸어. 머리 손질도 할 수 없었어. 돈이 남아나질 않으니까. 내 머리 스타일이 점점 존나 후져지기 시작했어. 넝마 같은 머리에 바늘처럼 삐죽 솟은 머리칼들, 꼭 화난 고슴도치 같아 보였지. 머리할 돈 5달러마저 괴물을 먹이기 위해 팔에다 집어넣은 거야. 내 안에 있는 괴물이 배고파서 나를 아프게 하지 못하도록 자꾸자꾸 헤로인을 정맥에 쏴주어야 했어. 그런데도 1951년까지도 내 몸이 망가질 거라고 인정할 준비가 안 돼 있었어. 그냥 쭉 더 깊은 중독을 향해 길고 어둡고 미끄러운, 얼음 깔린 내리막길을 미끄러져 내려가고 있었지.

　프레스티지 녹음을 한 며칠 후에, 나는 캐피톨에서 나올 1951년 『메트로놈 올스타스』 녹음을 위해 스튜디오로 갔어. 이 녹음에 대해서는 특별히 언급할 게 없네. 프로들의 사운드였지만 그뿐. 존나 대단한 것도 없었고. 주최 측은 레니 트리스타노를 밀고 있었고 조지 시어링의 곡을 몇 곡했다는 것 정도. 빈틈없이 편곡된 잘 짜인 몇 분짜리 음악인 건데, 그런 분위기에서는 별것이 나오질 않아. 나와 맥스, 열한 명 중에서 흑인은 딱 우리 둘뿐이었는데, 그렇게 흑인 뮤지션을 토큰처럼 써서 백인 뮤지션들을 부각시키려고 애쓰는 똥 같은 홍보용 녹음이었으니까. 뭐 그러거나 말

<hr>

† 물결 웨이브 머리 스타일.

거나. 백인 뮤지션들이 돈을 다 벌고 앉았다는 것 말고는. 누구나 이게 무슨 짓거리인지 잘 알아, 흑인이 꼭 껴야 구색이 맞지. 나는 내 돈을 받아서 물건을 구하러 업타운으로 갔지 뭐.

한 달 남짓이나 지났나? 내 밴드가 버드랜드에 서게 됐어. 소니 롤린스, 케니 드루, 아트 블래키, 퍼시 히스, 재키 매클레인이 멤버였지. 버드가 꼭 재키를 써야 한다고 일러줬어. 그는 재키를 엄청 좋아했지. 재키가 할렘의 슈거 힐 출신이어서, 난 그를 본 적이 있었어. 소니 롤린스와 에지콤 애비뉴 부근의 한동네 출신이었기 땜에 서로 잘 알고 있었지. 버드랜드에 설 때 재키는 스무 살도 채 안 됐어. 뭔 상관이래, 벌써 뻑가게 불더라고. 버드랜드의 첫 공연 날 밤에, 재키가 어찌나 긴장했던지 약을 너무 많이 때려서 자기 솔로 일고여덟 마디를 불더니 그냥 무대를 내려가서 뒷문으로 나가버리더라고. 리듬 파트가 여전히 연주 중이었는데, 관중들은 입을 벌린 채 이게 뭔 일인가 의아해하고. 내가 무대를 나와 재키가 괜찮나 보러 갔지. 헤로인 때문일 거라 짐작하긴 했어. 그 나이에 벌써 헤로인을 쓰고 있다는 걸 알고 있었거든. 버드랜드 사장 오스카 굿스타인도 따라오더라구. 나가 보니 재키가 쓰레기통에 머리를 처박고 마구 토하고 있는 거야. 괜찮냐고 물었더니 그렇다며 고개를 끄덕이더라. 나는 악기를 닦고 어서 들어가자고 했지. 여전히 계속 리듬이 이어지고 있었으니까. 밥맛 떨어진다는 표정으로 옆에 서 있던 오스카가 "자, 닦아" 하고 재키에게 수건을 던지더니 그냥 돌아서서 클럽으로 들어가 버렸어. 재키는 수건으로 얼굴을 닦고 들어가더니 진짜 끝내주게 연주하더구만. 재키, 그날 대단했었지.

연주를 마치고 스턴 레비와 함께 머물던 롱아일랜드로 가서 재키에 대해 생각했지. 다음 날 전화를 걸어서 몇 곡 해보러 나오지 않겠냐고 했더니 그가 나왔어. 나는 재키에게 내가 결성한 밴드에 들어오라고 권했지. 아트 블래키, 소니 롤린스, 퍼시 히스, 월터 비숍 같은 멤버들과 말이야. 그 후 우리는 거의 2~3년이나 룸메이트 생활을 했지.

재키와 어울리기 시작하면서 우리는 약을 하고 42번가의 극장에 자주 갔어. 스턴 레비의 집에서 나온 이후에 나는 호텔을 이곳저곳 전전하면서 날라리년들과 놀았어. 약습관에 필요한 돈의 공급원들이었지. 나는 20번가의 유니버시티 호텔과 48번가의 호텔 아메리카를 드나들었어. 재키와 나는 완전 약발이 오른 상태에서 전철을 타고서 사람들이 걸치고 있는 촌스러운 신발이며 옷을 보고 깔깔대며 웃곤 했어. 누가 우스워 보인다 싶으면 약발 때문에 뒤집어질 정도로 웃었지. 재키는 재밌는 친구야. 뻑하면 짓궂은 장난을 쳤지. 내가 너무 약에 취해 나가기가 힘들 때면 나하고 재키 그리고 그의 여자친구가 21번가에 함께 머물기도 했어. 스틸먼의 체육관에 가서 복서들이 연습하는 것을 보기도 했고, 헤로인을 사서 쏘는 파트너로 어울려 다녔지. 재키와 별의별 짓을 다 하고 다니던 시절 그렇게 내 나이 스물다섯이 되어가고 있었지. 재키는 고작 열아홉이었는데 안 가본 데가 없더라구. 이미 유명했던 나를 재키는 존경심을 가지고 우러러봤어. 형님 모시듯 했지.

나는 소니 롤린스하고도 놀았어. '벨스'라는 곳에서 자주 놀았는데(이미 말했듯 내가 지은 「시핀 앳 벨스」라는 노래는 이 바에 대한 노래야), 브로드웨이 140번가에 있는 이 바는 상당히 수준 있는 바였고 오는 손님들도 말쑥했어. 거기 아니면 에지콤에 있는 소니의 아파트에서 죽때리기도 했지. 우리는 약발이 오른 채 그의 아파트 맞은편 공원의 아름다운 풍경을 마냥 바라보기도 했어. 소니의 집에서는 양키 스타디움도 보였지.

우리는 소니의 집이나 월터 비숍의 집에서 놀거나 재키가 부모님과 사는 곳으로 가거나(나는 재키의 부모님을 좋아했어), 149번가 또는 150번가와 세인트니컬러스 사이에 있는 작은 광장에 나가 앉아 있을 때도 있었지. 특히 여름이면 그랬어. 나, 재키, 소니, 케니 드루, 월터 비숍, 아트 테일러 등이 어울려 다녔지.

난 할렘 생활을 좋아했어. 클럽에 나가거나, 155번가와 세인트니컬러스 사이의 공원에 가고 맥스와 함께 145번가 브로드허스트에 있는 콜로니얼 풀에서 수영을 했어. 우리는 모두 완전 약에 취한 상태였고 약을 할 데도 엄청 많았어. 심지어 아트 테일러의 집에서도 했지. 성격 좋으신 그의 어머니가 참 좋더라구. 어머니가 하루 종일 나가 일을 하셨기 땜에 그 집에서도 약을 때릴 수 있었지.

약발이 오면 버드네 들러 연주를 보기도 했어. 그는 한마디도 않고 앉아 있었지만 얼굴은 특유의 웃음으로 가득했지. 또 우리는 슈거 레이 로빈슨이 차린 나이트 클럽에도 갔어. 거기도 잘나갔지. 스몰스 파라다이스, 럭키스 등 잘나가는 클럽들은 말할 것도 없고. 나는 헤로인을 좇으며 많은 시간을 할렘에서 보냈어. 헤로인이 내 여자친구였거든.

버드랜드에서의 연주를 마친 후 아마 리 코니츠의 사이드맨으로 프레스티지에서 녹음을 했을 거야. 맥스가 드럼을 쳤고 조지 러셀도 참여했어. 몇 사람 더 있었는데 잊어버렸네. 우리는 조지가 작곡하고 편곡한 걸 몇 곡 했어. 그는 언제나 흥미로운 작곡가야. 연주는 뭐 괜찮았는데, 특별한 건 없었어. 내게는 이 일 역시 돈벌이의 하나였지. 클럽 주인들이 나를 블랙리스트에 올려놓은 상태였는데, 나를 두 번 이상 고용한 사람은 버드랜드의 사장 오스카 굿스타인뿐이었어.

6월 버드랜드 공연 때 함께 선 사람들은 J.J. 존슨, 소니 롤린스, 케니 드루, 토미 포터, 아트 블래키 등이었지. 토요일 생방송으로 중

계된 토요일 세션은 녹음이 됐을 거야. 다들 잘 연주했지만, 내 입은 그때도 별로 좋지 않았어. 9월에는 나하고 에디 '록조' 데이비스가 찰리 밍거스, 아트 블래키, 빌리 테일러, 조지 '빅 닉' 니컬러스라는 색소폰 주자 등을 데리고 버드랜드에서 공연했어. 연주가 괜찮았지. 내 연주도 예전보다 나아졌고.

처음 민턴스에서 만난 이후로 난 언제나 록조의 연주를 좋아했어. 정말 힘 있는 스타일을 구사했거든. 록조랑 연주할 때 대강대강 하려 했다간 큰코다쳐. 록조가 당황하스럽게 만들거든. 빅 닉도 그랬어. 그는 큰 명성을 날리지는 못했지만 음악판에서 알아주는 명연주자였어. 닉이 어째서 더 많은 인기를 누리지 못했는지는 잘 모르겠어. 나는 그런 힘 있는 연주자들과 함께 하면서 오랜만에 열심히 불었지. 그러지 않을 수 없었던 게, 록조나 빅 닉이나 다 음악계 선배 축에 드는 사람들이야. 빅 닉은 디지와 함께 연주하기도 했어. 할렘의 스몰스 파라다이스에서 훌륭한 메인 밴드를 이끌었고 거기서 몽크와 버드 등과 정규 연주를 하던 분이라 이거야. 그러니까 나 같은 후배가 씨발 부는 둥 마는 둥 하면 내쫓기기 십상이지. 약에 완전 쩔어 있었지만 이런 사람들과 할 때는 지켜야 할 내 자존심이 있는 거야. 그래서 연습도 했고 가서 엄청 열심히 불었어.

밍거스와 다시 연주하니 좋았어. 밍거스는 레드 노르보의 트리오를 한 다음에 써주는 사람이 없었서 빈둥빈둥 뉴욕을 전전하고 있었지. 그가 여기저기서 몇 개의 일을 따내기 시작하던 단계였는데, 버드랜드에 서면 그 친구 사정에도 좀 도움이 되지 않을까 싶었어. 밍거스는 위대한 베이스 주자야. 그런데 사람들과 잘 어울리질 못했지. 특히 음악에 관한 한 좋고 나쁜 것에 대한 자기만의 명확한 기준이 있었기 때문에 딴 사람들 말은 귓등으로도 안 들어. 그런 점에서는 나랑 비슷하달까. 음악적 아이디어는 가끔 서로 다를 때가 있었지만 그와 다시 연주하게 돼서 기뻤어. 그는 언제나 창조적이고 열정적이고 풍부한 상상력을 지닌 음악가였다구.

프레스티지와의 두 번째 녹음은 1951년 10월에 이뤄졌어. 나는 첫 번째 녹음보다 잘해보리라 마음먹었지. 게다가 '마이크로그루브'microgroove라는 신기술을 내 레코딩에 써보고자 했던 터였어. 밥 와인스톡의 말에 따르면 이로써 78회전의 3분이라는 한계를 넘어서 연주해도 된다는 거야. 우리는 라이브 클럽에서 하는 것처럼 솔로 연주 시간을 늘릴 수 있었어. 최초로 33과 3분의 1회전 음반을 녹음하게 될 뮤지션 중 하나가 된 거야. 그때까지 33회전은 실황 녹음에만 사용됐었어. 나는 새로운 기술이 가져다줄 자유를 생각하며 흥분에 젖었지. 78회전 음반 특유의 3분 틀 속에 뮤지션들을 욱여넣는 일이 점점 지겨워지던 차였거든. 자유로운 즉흥연주를 위한 실제적인 여유가 전혀 없었거든. 재빨리 솔로를 하고 빠져나와야만 하니까. 밥은 아이라 지틀러가 앨범의 프로듀서가 될 거라고 일러줬어. 소니 롤린스, 아트 블래키, 토미 포터, 월터 비숍, 재키 매클레인이 녹음에 참여했지. 재키는 첫 녹음이었어.

이 녹음에서 오랜만에 내 베스트가 나왔어. 열심히 연습했고 밴드를 연습시키면서 모두들 곡과 편곡에 익숙해졌던 거야. 소니와 재키 역시 끝내주게 불었어. 이 앨범에 『마일스 데이비스 올스타스』라는 제목이 붙었어. 간단히 『딕』*Dig*이라는 제목이 붙어 나오기도 했고. 우리는 「마이 올드 플레임」My Old Flame, 「이츠 온리 어 페이퍼 문」It's Only a Paper Moon, 「아웃 오브 더 블루」Out of the Blue, 「컨셉션」Conception 등을 연주했어. 밍거스도 베이스를 들고 스튜디오에 왔지. 그는 「컨셉션」에서 몇 구절을 받쳐줬어. 버브와의 계약 때문에 앨범에 이름이 실리지는 못했지. 찰리 파커도 와서 엔지니어석에 앉아 구경했어. 첫 레코딩이라 긴장을 감추지 못하던 재키는 버드를 보더니 완전 뒤집어지더라고. 자기 우상이니까. 자꾸 앉아 있는 버드한테 가서 여기서 뭐 하시느냐고 묻는 거야. 버드는 그냥 앉아서 듣고 있는 거다 그러고. 재키는 거짓말 좀 보태서 천 번도 더 가서 버드한테 뭐 하시느냐고 묻질 않겠어! 버드는 무슨 뜻인지 알면서도 그냥 잠자코 있더라구. 재키는 버드가 좀 나가줬으면 했던 거잖아. 버드가 계속해서 사운드가 좋다는 둥 그에게 용기를 북돋워주는 말을 해주니까 잠시 후 재키도 긴장을 풀고 멋지게 불었지.

　나는 『딕』에서의 내 연주가 맘에 들어. 내 사운드가 정말 나만의 것이 됐기 때문에. 다른 사람들과 내 소리가 완전히 달랐고 내 톤을 되찾아가고 있는 게 보이거든. 특히 아주 멜로딕하게 접근한 「마이 올드 플레임」에서는 더 그래. 또 「페이퍼 문」과 「블루잉」bluing에서의 연주도 맘에 들었어. 새로운 롱-플레잉 형식long-playing format은 나의 연주를 위해 만들어진 것 같았어. 근데 레코딩을 끝내고 밖으로 나오니 여전히 좆같은 일들이 똑같이 우리를 기다리고 있더라.

　1951년 말에서 1952년 초까지 난 계속 헤로인을 해댔고 깊은 안개 속에 있는 것처럼 약에 취해 살았어. 계속 여자들에게서 돈을 뜯어 약을 마련했지. 당시엔 나를 기다리던 계집애들이 길에 널려 있었단 말이지. 여전히 호텔을 전전하며 지냈고. 너희들이 뭔 생각을 하는지 모르지만 이 여자들은 그저 좋아하는 사람과 어울리고 싶었던 거야. 나랑 있는 게 좋은 거지. 같이 있다가 저녁 먹으러 나가고 그러는 거 있잖아. 섹스를 즐기기도 했지만 많이는 아니었어. 헤로인 때문에 섹스 생각이 잘 안 났거든. 난 바람난 년들을 그저 다른 사람들과 똑같이 대했어. 내가 그들을 존중해주면 그들은 내게 약 살 돈을 주는 거지. 여자들이 나보고 잘생겼다고 했거든, 난 처음으로 '아, 내가 잘생겼구나' 싶더라구. 나와 계집들은 꼭 식구 같았어. 그렇지만 그들이 주는 돈으로도 모자랐지. 밑 빠진 독이니까.

1952년이 되자 이거 약을 끊기 위해서 무슨 수를 내야지 안 되겠더라구. 복싱을 좋아하니까 복싱이나 해볼까 싶어졌어. 매일 제대로 훈련을 하면 약을 끊는 데 도움이 될 거 같았어. 맨해튼 미드타운에 있는 글리슨 체육관의 트레이너인 바비 맥퀼런을 전에 만난 적이 있었거든. 체육관에 가서 권투 이야기를 나누기도 했고. 원래 웰터급 유망주였는데 시합 중에 상대 선수가 죽는 불상사를 겪은 후 선수생활을 관두고 코치와 트레이너로 전직한 사람이었어. 1952년 초 어느 날 그에게 복싱을 배울 수 없겠느냐고 물었더니 생각해보자더라고. 그다음에 매디슨 스퀘어 가든에서 열린 시합을 보러 갔다가 선수 대기실에서 바비를 만나 가르쳐줄 거냐고 또 물었어. 그런데 웬걸, 이 사람이 메스껍다는 표정으로 나를 보더니 약쟁이는 안 가르친다는 거야. 그래서 내가 무슨 약돌이냐고 대들었지만 사실 존나 약에 떡이 된 상태로 해롱대고 있었지. 그는 어디서 사람을 속이냐면서 낙향해서 약이나 끊으라더라고. 빨리 꺼져, 가서 정신이나 차려, 이러는 거야.

난 그때까지 그런 말을 들은 적이 없어. 특히 약 하는 걸 가지고 뭐라 한 사람은 없었지. 바비의 말에 나는 기가 팍 죽어버렸어. 맨날 어울리던 뮤지션들은 같이 약을 하거나, 안 하더라도 약 한다고 뭐라 하지는 않았거든. 근데 그런 좆같은 말을 들으니 참.

바비에게 혼쭐이 나고서 잠깐 정신이 말짱할 때 아버지에게 전화를 걸어서 날 좀 데려가 달라고 했어. 물론 전화를 끊자마자 다시 약을 쐈지만.

다운비트 클럽에서 연주하던 어느 밤이었어. 재키 매클레인이 알토 색스, 지미 히스가 테너, 그와 형제인 퍼시 히스가 베이스, 길 코긴스가 피아노 그리고 아트 블래키가 드럼이었지. 관객석을 쳐다보니 아버지가 와 계시더라. 레인코트를 입고 서 있는 아버지가 나를 쳐다보고 있는 거야. 꼴이 말이 아니었을 거야. 나도 날 알아. 빚더미에 트럼펫까지 남한테 빌린 거였어. 그날도 아마 아트 파머의 트럼펫을 빌려서 연주하고 있었을 거야. 내가 돈을 빌릴 때마다 클럽 사장이 담보로 끊어준 차용증이 한두 장이 아니었어. 내 추레한 모습을 나도 알겠는데 아버지라고 안 보였겠어. 아버지가 메스껍다는 표정으로 나를 보는데 기분이 완전 똥 되더라. 재키한테 말했지. "저기 있는 양반이 내 아버지야. 잠깐 할 말이 있으니 알아서 끝내." "그러죠." 그는 우습다는 듯 나를 보며 말했어. 아마 내 모습이 좀 우스꽝스러웠을 거야.

내가 무대를 나오자 아버지는 나를 따라 대기실로 왔어. 사장도 들어왔고. 아버지는 내 눈을 똑바로 쳐다보더니 꼴이 그게 뭐냐고 하면서 오늘 밤 당장 이스트세인트루이스로 돌아가자고 하셨어. 사장이 이번 주 공연을 마쳐야 한다고 말했지만 아버지는 쓸데없는 소리 말라고 하면서 나 대신 다른 사람을 구하라고 했지. 나와 사장은 나 대신 트럼본 주자인 J.J. 존슨을 넣자는 데 합의했고 난 당장 그에게 전화를 걸어 승낙을 받았어. 그러더니 사장이 차용증 이야기를 꺼내더라고. 아버지가 수표 한 장을 써서 그한테 주면서 나한테는 가서 짐 싸라는 거야. 알았다고 했지. 나가서 밴드 멤버들한테 자초지종을 설명해야겠다고 하자 아버지는 알겠다며 밖에서 기다린다더라고.

공연이 끝나고 나는 재키를 한쪽으로 데리고 가서 J.J.가 나 대신 이번 주 공연을 끝내게 될 거라고 말했어. "돌아오게 되면 전화할게. 아버지가 왔으니 같이 가는 수밖에 없다구." 재키는 행운을 빌어줬어. 나는 아버지와 함께 이스트세인트루이스행 기차를 탔지.

다시 아빠를 따라가는 어린애가 된 기분이었어. 그런 기분은 그 전에도, 그 후에도 느껴본 적이 없어.

집에 가는 길에 나는 아버지에게 이제 약을 끊을 거고 잠시만 쉬면 된다고, 주위에 약이 없으니 집에 가 있는 게 도움이 될 것 같다는 등의 말을 했어. 당시 아버지는 일리노이주 밀스타트에 살고 계셨지. 그곳에 농장을 소유하고 있었고 세인트루이스에도 땅이 있었어. 나는 농장에 잠시 머물면서 말도 좀 타고 쉬려 했는데, 쌍, 금방 따분해지더라구. 게다가 이놈의 악마가 스멀스멀 기어 나오면서 금단현상이 나타나 몸까지 아파 오고. 그래서 나는 어디 가면 헤로인을 살 수 있는지 알 만한 애들을 좀 잡아놨지. 난 나도 모르는 사이에 헤로인을 다시 시작했고 아버지에게 20달러, 30달러씩 빌려서 약을 샀어.

나는 세인트루이스 출신의 뛰어난 색소폰 주자인 지미 포레스트를 데리고 약을 구했어. 걔도 약돌이라 어디 가면 좋은 약이 있는지 알았거든. 나와 지미는 세인트루이스 델마에 있는 배럴하우스 같은 클럽에서 자주 연주를 했지. 백인 손님이 대부분인 이 클럽에서 나는 어리고 멋지고 돈 많은 백인 아가씨를 하나 만났어. 아버지가 신발 공장 사장이래. 나를 엄청 좋아했고 돈도 엄청 많았어.

하루는 또 몸이 아파서 아버지 사무실로 가 돈 좀 달라고 했더니 아버지가 안 된다는 거야. 내가 그 돈 가지고 약을 산다고 누나가 아버지한테 일러바쳤단 말야. 아버지는 처음에는 내가 아직도 약을 쏜다는 사실을 믿지 않으려 했어. 내가 약을 끊었다고 했거든. 근데 누나가 그건 순 거짓말이라고 부는 바람에 아버지가 더는 나한테 돈을 안 주겠다는 거야.

아버지가 그렇게 나오자 나는 이성을 잃고 온갖 욕을 존나 퍼부었어. 아버지를 그렇게 무례하게 대한 건 그때가 처음이었지. 속 깊은 곳에서는 그러면 안 된다고 말하고 있었지만 아버지에게 욕을 한다는 사실에 대한 두려움보다 헤로인이 필요하다는 생각이 더 강했던 거야. 아버지는 아무 말 없이 내가 욕하고 날뛰게 내버려두더라. 사무실에 있던 사람들 전부 이 어이없는 광경을 입 딱 벌리고 쳐다보고 있었지 뭐. 어찌나 격렬하고 시끄럽게 욕을 퍼부었는지 나는 아버지가 전화하는 것도 못 알아차렸어. 눈 깜짝할 사이에 떡대 좋은 흑인새끼 둘이 오더니 나를 잡아 일리노이 벨빌의 감옥에 처넣어 버리더라구. 거기서 일주일을 지냈는데 열은 존나 받지 토악질은 계속 나오지 진짜 죽는 줄 알았다니까. 근데 안 죽더라. 그때 이 금단현상을 떨쳐버릴 수 있을 것 같다는 생각이 처음으로 들더라구. 마음만 먹으면 되는 일인 거였어.

아버지는 이스트세인트루이스의 민선 보안관이었기 때문에 이 체포 사건을 비공식적으로 처리했고 이 일은 전과에서 빠져 있지. 나는 감방 동기들한테 도둑질, 소매치기 등 많은 걸 배웠어. 나한테 좆같이 굴던 어떤 새끼하고는 주먹다짐까지 했는데, 그놈을 때려눕히니까 그제야 나한테 한몫 놔주더라. 그러다가 내가 마일스 데이비스라는 것을 알더니, 웬걸, 날 모시는 거야, 이젠. 거기 있는 애들도 내 음악을 많이 들었더라구. 그때부턴 아무도 나한테 지랄하지 않았어. 그렇게 좀 살다가 나왔지. 감옥 나와서 내가 한 첫 번째 일이 뭐겠어, 약 때리는 거지. 그런데 아버지는 이미 문제가 심각한 걸 알고 뭔가 손을 쓰지 않으면 안 되겠다고 결심한 거야. 나를 연방 마약 중독자 재활원으로 데리고 가서 재활교육을 받도록 할 생각이었던 거지. 내가 아버지에게 욕지거리를 퍼부을 때, 아버지는 내가 이성을 잃었다고 보고 얘가 진짜 큰일 났구나, 도움이 절실하다고 본 거야. 당시에는 나도 아버지 의견에 동의했어.

나는 아버지와 아버지의 두 번째 부인 조세핀─조세핀의 결혼전 이름은 헤인스였지—과 함께 아버지의 새 캐딜락을 타고 켄터키 주 렉싱턴으로 내려갔어. 내 잘못이 너무 커서, 그리고 아버지를 더는 실망시키고 싶지 않았기 때문에 재활교육을 받겠다고 말해놨던 거야. 이미 아버지를 너무 실망시켰다고 생각했거든. 이렇게 해서라도 이제 지긋지긋한 약을 끊고 아버지를 기쁘게 해드리고 싶었어. 그 무렵 정말 약이 싫어지고 있었어. 감옥 나와서 약을 딱 한 번밖에 안 한 상태였고, 그러니까 지금이 약을 끊을 적기라고 생각했어.

그런데 렉싱턴에 도착하고 보니 나는 형사범으로 형을 받은 적이 없었기 때문에 자원해서 입소해야 하더라구. 아무리 재활교육이라지만 내 손으로 서명을 하고 감옥에 들어가? 그것만은 도저히 못하겠더라. 이런 소굴에 제 발로? 말이 되나, 씨발. 감옥에 얼씨구나 하고 들어갈 수는 없는데다가, 벌써 두 주나 약을 안 했으니까 기분에는 약을 끊은 것 같았단 말야(나중에 들은 이야기이지만, 이미 렉싱턴에 와 있던 뮤지션들한테 내가 자원해서 들어오기로 했다는 소문이 돌았나 봐. 걔네는 내가 입소를 포기한 것도 모르고 마중까지 나왔다더라고). 내가 아니라 아버지를 만족시키려고 입소하는 게 말이 돼? 싶은 거라. 이제 괜찮아졌다고 계속 아버지를 안심시키니까 결국엔 용돈을 좀 주더라고. 아버지는 내가 욕을 퍼부은 일에 대해서도 전혀 책망하지 않았어. 몰라, 최소한 겉으로는 입도 뻥끗 안 하더라고. 그래도 내가 렉싱턴에 등록하지 않겠다고 하자 아버지는 일말의 걱정하는 낯빛을 보이셨어. 말은 안 했지만 작별인사를 하는 얼굴에 걱정이 어려 있더라구. 아버지는 내게 행운을 빌어주고 아내와 함께 할아버지를 보러 루이빌로 차를 몰고 떠나셨지. 그렇게 나는 다시 뉴욕으로 돌아가게 된 거고.

뉴욕으로 오는 길에 재키한테 전화를 걸어서 가고 있다고 알렸어. 버드랜드의 오스카 굿스타인한테 말했더니 공연 날짜를 잡아주더라. 자, 그러니 그룹을 꾸려야 한다 이거지. 재키와 소니 롤린스를 멤버로 쓰고 싶었는데 소니는 약 때문에 체포돼가지고 감옥에 있다고 했어. 나는 재키한테 드럼은 코니 케이가 치면 되는데 피아노하고 베이스가 없다고 했더니 재키가 길 코긴스와 코니 헨리를 섭외해주면서 자기 집에 머물러도 된다더라고. 난 뉴욕에 도착하자마자 다시 약을 했지. 도착하자마자는 아니고, 조금씩 시작해서 결국 다시 빠지고 말았어. 처음엔 이렇게 조금밖에 안 하니까 약을 끊은 게 확실하다고 나 자신을 속였어. 하지만 얼마 후 나는 아, 씨발 내가 왜 렉싱턴에 등록하지 않았지? 존나 빡치네, 에이 그래도 뉴욕 생활이 좋긴 좋아, 약을 끊거나 죽거나 둘 중 하나일 텐데 난 죽기는 싫어, 그러니까 언제가 될진 몰라도 약을 끊긴 끊겠지, 뭐. 이렇게 계속 잔대가리를 굴리는 거지. 게다가 고향에서 감옥에 들어갔을 때 마음만 먹으면 약을 끊을 수 있다는 자신감이 생기기도 했고. 하지만 마음을 먹는 일은 생각보다 훨씬 힘든 일이었어.

뉴욕에 돌아오자 심포니 시드가 합동 순회공연을 기획하고 있는데 참가하겠느냐고 묻길래 하겠다고 했어. 당연히 돈 때문이지. 그리고 5월에는 재키가 결성을 도와준 그룹과 함께 버드랜드의 무대에 올랐지. 멤버는 나, 재키, 드럼에 코니 케이, 베이스는 코니 헨리, 피아노는 길 코긴스 그리고 멜로폰†에 돈 엘리엇이었어.

갓 돌아온 후여서 연습할 시간이 없었어. 공연에서 연습 안 한 티가 좀 났던 것 같아. 그런데 하루는 객석에 앉아 있던 버드가 잘하든 잘못하든지 간에 재키의 연주에 계속 박수를 치고 난리를 부리는 거야. 물론 그날 재키가 존나 빡가게 연주했고 별로 틀리지도 않긴 했어. 공연이 끝나자 버드가 달려오더니 재키의 목이며 뺨에다가 키스를 퍼붓기까지 하더라구. 나한텐 한마디 말도 않으면서 말야. 빡칠 만도 했는데 그러지는 않았던 거 같

† F조의 중음역대 관악기.

애. 그래도 거참 이상하다, 뭐지, 싶었어. 버드가 그렇게 구는 건 처음 봤거든. 약 때문에 또라이가 된 건가 싶기도 했는데, 그날 재키한테 그렇게 열광적인 박수를 보낸 건 거의 버드밖에 없었거든. 물론 재키 연주가 좋긴 했지만 완전 존나 죽인다 정도는 아니었다구. 버드가 왜 저러는지 계속 궁금해지더라. 일부러 날 빡치게 하려고 그랬나? 아니면 재키를 치켜세우고 나는 개무시해서 날 깎아내리려 했던 건가? 그런데 버드가 하도 그러는 바람에 평론가들이 재키의 연주에 더 주목하게 됐어. 그날 밤 연주가 재키를 음악계에 자리 잡도록 하는 계기가 됐지.

재키의 연주는 존나 대단했지만 아직 훈련이 더 필요했고 곡들을 더 배워야 했어. 버드랜드에서의 연주가 있은 후에 스튜디오에서 재키가 「예스터데이스」Yesterdays, 「우든 유 」Wouldn't You 같은 곡을 하지 않겠다고 버티는 바람에 크게 다툰 적이 있어. 재키는 타고난 재능이 있었지만 진짜 게을렀거든. 이 곡들 좀 하자 그랬더니 재키가 "난 그 곡들 모르는데" 이러는 거야.

"모르다니 무슨 말이야? 그럼 배워" 그랬지.

그랬더니 재키가 그 곡들이 존나 옛날 거네 어쩌네 하면서 자기 같은 젊은 연주자가 뭐 하러 구린 '구닥다리' 노래들을 배워야 하나는 거야. 그래서 한마디해줬지.

"야, 음악에는 시대가 따로 없어. 음악은 음악이야. 나는 이 곡이 좋아. 그리고 이 밴드는 내 밴드야. 너는 밴드 멤버고, 내가 연주하는 곡들은 다 배워. 좋든 싫든 배우라구."

1952년 어느 날 나는 앨프리드 라이언의 블루노트 레이블과 첫 번째 레코딩을 했어(프레스티지와 독점 계약을 한 게 아니라서). 이 세션에서 길 코긴스가 피아노를 쳤지. J.J. 존슨이 트럼본, 오스카 페티퍼드가 베이스, 파리에서 돌아온 케니 클라크가 드럼 그리고 재키가 알토였어. 앨범에서 멤버들 정말 잘해줬어. 나 역시 연주가 괜찮았던 것 같고, 우리는 「우디 앤 유」Woody 'n' You, 재키의 곡 「도나」Donna(이 곡은 다른 앨범에서는 「딕」이라는 제목으로 실렸고 내 곡으로 되어 있지), 「디어 올드 스톡홀름」Dear Old Stockholm, 「챈스 잇」Chance It, 「예스터데이스」, 「하우 딥 이즈 디 오션」How Deep Is the Ocean 등을 녹음했어. 「예스터데이스」를 녹음 할 때 재키가 또 똑같은 것으로 불평을 하더라구. 이번에는 내가 화를 버럭내면서 재키를 밟아버렸지. 서슬 퍼렇게 욕을 퍼부었더니 재키가 찔찔 울었던 거 같아. 재키가 영 제대로 불지를 않아서 "이 곡에서 넌 빠져" 그랬지. 그래서 그 곡에서 재키가 빠져 있는 거야. 이게 내가 1952년에 취입한 유일한 앨범일 거야.

한번은 필라델피아로 내려가 클럽 공연을 한 적이 있었지. 나, 재키, 아트 블래키, 퍼시 히스 그리고 행크 존스가 피아노를 쳤던 것 같네. 그런데 듀크 엘링턴, 폴 퀴니쳇, 조니 호지스를 비롯한 듀크 엘링턴 밴드의 멤버들이 걸어 들어오는 게 아니겠어! 나는 속으로 '야, 지금은 이 곡이 딱이야'라고 생각하며 「예스터데이스」를 하자고 외쳤지. 나는 재키와 멜로디를 열어갔고 내가 솔로를 한 다음 재키에게 솔로를 하라고 신호를 보냈어. 보통 나는 이 곡에서 재키에게 솔로를 시키지 않았지만 그가 배우겠다고 약속한 걸 지켰나 확인할 겸 솔로를 시킨 거야. 그런데 얘가 멜로디를 슬슬 쫓아가다가 씨발 그냥 뭉개버리네? 공연이 끝나고 멤버 소개를 하는데(옛날에는 나도 그런 구닥다리 짓을 했었지), 재키 차례에 내가 "신사 숙녀 여러분, 재키 매클레인입니다! 재키가 어떻게 조합카드를 발급받았는지 잘 모르겠군요. 「예스터데이스」도 연주하지 못하는데 말입니다" 그랬지. 관객은 이게 웃으라고 한 소리인지, 재키에게 박수를 보내야 하는지 아니면 존나 야유를 보내야 하는지 몰라서 어리둥절해하더라. 공연 후에 나랑 아트 블래키가 클럽 뒷골목에서 약을 때리고 빽가 있는데 재키가 달려와서 따지는 거라. "마일스, 나한테 왜이래? 내 음악적 아버지인 듀크 앞에서 나를 쪽팔리게 만들어? 이씨발놈아." 울더라고. 그래서 내가 존나 까대줬지.

"좆까 새꺄. 덩치만 컸지 넌 애기야 씨발아, 뭐? 젊어서 옛날 곡은 못 배우겠다고? 쌍 좆까는 소리하지 마, 인마. 내가 말했지? 음악은 음악이라고. 좆도 그런 곡들도 모른 채로 내 밴드에서 버틸 수있을 줄 알아? 연주하려면 처배워야 한다 이거야. 뭐? 객석에 듀크가 있었고 내가 널 그렇게 소개해서 쪽팔렸다? 「예스터데이스」도 제대로 못 하는 게 더 쪽팔리지 않디? 듀크 엘링턴이 그 곡을 모를 것 같냐? 어디서 지랄이야? 내가 널 쪽팔리게 만든 게 아냐. 니가 씨발 니 자신을 쪽팔리게 만든 거지. 씨발 그만 처울고 호텔로 돌아가."

재키가 잠잠해지자 나는 처음 빌리 엑스틴 밴드에 멤버로 들어갔던 시절에 있었던 일을 얘기해줬어. B가 예쁜 여자랑 노는데 내가 심부름을 하던 일. "마일스 거기 있냐?" B가 날 그렇게 호출하면 난 양복을 챙기고 구두가 잘 닦였는지 봐야 했지. 또 B에게 담배 심부름을 한 이야기며, B가 트럼펫 섹션에서 앉아 있는 법을 가르쳐주던 이야기 등을 했어. B가 밴드 리더고 나는 밴드의 막내, 꼬마니까 감수하고 해야 할 일로 받아들였던 거야. "재키, 그러니까 너한테 하는 말에 대해 이러쿵저러쿵하지 마. 넌 아직 '해야 할 일'을 시작도 하지 않았어. 버르장머리하고는. 이 곡들을 배우든가, 아니면 씨발 내밴드에서 꺼져."

재키는 한 방 먹은 듯 아무 말이 없었지. 만일 재키가 곧바로 대꾸했으면 존나 패버렸을 거야. 상처를 주려는 게 아니라 도움이 되는 말을 해주고 있었던 거거든.

나중에 재키가 밴드를 관두고 난 뒤, 그의 연주를 들으러 가보면 늘 옛날 곡을 한두 개씩 하는 걸 들을 수 있었어. 특히「예스터데이스」는 빼놓지 않더라구. 공연이 끝나면 재키는 내게 달려와 그 곡들이 어땠냐고 묻곤 했어. 그즈음엔 대가가 돼서 아무 곡이나 맘대로 주무를 줄 알더라고. 나는 이렇게 대답했어. "젊은이치곤 꽤 괜찮군." 그러면 재키가 웃어젖혔지. 후에 사람들이 어디서 음악을 배웠냐고 물으면 재키는 이렇게 대답했다고 해. "마일스 데이비스 대학에서요." 바로 그때를 두고 하는 말인 거 같아.

그해에 나는 재키를 존 콜트레인으로 교체했어. 테너 둘에 알토 하나를 쓰고 싶었지만, 색소폰 세 명에게 돈을 주기는 힘들었거든. 그래서 같은 테너 색소폰 주자인 소니 롤린스와 존 콜트레인을 동시에 써본 거야. 오더본 볼룸—나중에 맬컴 엑스가 암살당한 곳이지—에 설 때였어. 너 대신 트레인(콜트레인)을 쓰겠다, 재키한테 이렇게 말하니까 신경질을 내더라. 해고당하는 걸로 생각했나봐. 한번에 색소폰 세 명을 쓸 수가 없어서 그런 거고 딱 하루만이라고 설명했더니 잠잠해지더라고. 그날 소니가 어찌나 잘 불던지 트레인은 완전 주눅이 들어버렸어. 몇 년 후엔 상황이 역전되지만.

그런저런 일들 때문에 나와 재키 사이가 예전 같지는 않게 됐어. 필라델피아에서 너무 욕을 퍼부은 게 우정을 삐끗하게 했는지 서먹서먹하게 지내다가 그가 결국 밴드를 떠났지. 물론 이후에도 함께 연주한 적이 있긴 해.

재키는 내게 길 코긴스를 비롯해서 많은 명연주자를 소개해줬어. 길 코긴스 기가 막힌 피아노 주자였지. 그런데 그는 나중에 부동산업자가 됐어. 음악가들의 생활 방식을 별로 좋아하지 않았고 돈도 일정하게 들어오지 않아서 싫었던 모양이야. 중산층 출신의 정말 사람 좋은 친구였고 안전을 생각하는 친구였어. 나는 그의 연주가 참 좋았어. 재즈계에 남아 있었더라면 최고의 피아니스트 중 한 사람이 됐을 텐데. 처음에 소개받았을 때는 잘 몰랐는데, 「예스터데이스」를 받쳐주는데 존나 뻑가더라고. 렉싱턴에서 돌아온 직후에 처음 만난 거 같아. 또 재키는 베이시스트 폴 체임버스와 드러머 토니 윌리엄스를 소개해주기도 했지. 드러머 아트 테일러도 재키 아니면 소니 롤린스를 통해 소개받은 것 같아. 재키가 맞을 거야. 나는 재키와 소니의 할렘 슈거 힐 인맥을 통해 여러 사람들을 만났어. 당시 슈거 힐 떼거지들은 정말 음악을 할 줄 알았지. 찐 멋쟁이들.

몇몇 일을 한 것 빼고는 약 때리는 데 모든 시간을 보냈어. 1952년 역시 끔찍한 해였지. 1949년을 정점으로 뭔가 점점 악화됐던 것 같아. 처음으로 나 자신을 의심하기 시작한 것도 1952년이었지. 내 능력이나 연습 상태 같은 거. 처음으로 음악을 해서 제대로 될까, 제대로 할 만큼 내가 내공이 있나 싶은 생각이 들더라.

백인 재즈 비평가들은 우리 음악의 모방자인 백인 뮤지션들이 완전 잘나가는 새끼들인 양 계속 떠들어댔어. 스탄 게츠, 데이브 브루벡, 카이 와인딩, 리 코니츠, 레니 트리스타노, 제리 멀리건 같은 사람들을 신처럼 떠받들었지. 그 백인들 중에도 우리처럼 약돌이들이 있었지만 우리에게 그랬던 거랑 달리 그들의 약습관에 대해서는 일언반구 기사화된 게 없어. 나중에 스탄 게츠가 약을 구하러 약국을 털다가 체포되는 사건이 있고 나서야 백인 약돌이들한테 주의를 기울이더라고. 그 사건이 머리 기사를 장식하다 사람들이 잊을 만하니까 다시 흑인 뮤지션들의 약물남용에 대해 쓰기 시작했지.

물론 그 백인 뮤지션들이 훌륭하지 않다는 건 아냐. 제리, 리, 스탄, 데이브, 케이, 레니, 다들 훌륭하지. 그치만 그들이 시작한 건 없어. 지들도 그걸 알아. 걔네가 당시에 최상급은 아니었다는 말이야. 내 기분을 특히 상하게 만든 건 평론가들이 너 나 할 것 없이 제리 멀리건 밴드의 쳇 베이커를 마치 제2의 예수가 나타난 양 떠들 썩하게 소개하기 시작한 거야. 뭐야, 나랑 사운드가 똑같잖아. 아니지, 내가 제일 약에 쩔어 있을 때만도 못하다고. 얼마나 추어올리는지 어떤 때는 나조차도 쳇이 나나 디지, 그리고 당시 진짜 혜성처럼 등장한 클리퍼드 브라운보다 잘하나 싶을 정도였어. 지금 생각하면 그때 등장한 애들 중에 클리퍼드가 단연 으뜸이었지. 그런데 쳇 베이커라니? 말도 안 돼. 평론가들은 나를 이미 기억(그것도 나쁜 기억) 속에만 존재하는 한물간 옛날 연주자로 취급하기 시작했지. 그런데 1952년이면 나 아직 스물여섯밖에 안 먹었었거든. 진짜 슬슬 이젠 한물가는 건가 걱정이 들더라니까.

8

우리는 심포니 시드의 1952년 순회공연을 가기로 서명했어. 투어로 몇 도시를 돌 예정이었지. 시드의 투어 밴드는 트럼펫에 나, 지미 히스가 테너, J.J. 존슨이 트럼본, 밀트 잭슨이 비브라폰, 지미 히스의 형 퍼시 히스가 베이스, 그리고 케니 클라크가 드럼이었어. 주트 심스가 같이 가려 했는데 안 됐고, 그래서 지미가 그를 대신하게 된 거지. 처음 지미를 만난 건 버드의 밴드에서 일할 때였는데 우린 1948년 다운비트 클럽 공연 때문에 필라델피아에도 같이 갔었어. 지미는 버드에게 색소폰을 빌려줬었지, 버드 것은 전당포에 가 있었거든. 지미는 공연이 끝날 때까지 기다렸다가 찾아가고 그랬어. 버드가 자기 악기마저 전당포에 넘길까 봐. 버드는 공연이 끝나자마자 기차를 타고 뉴욕으로 돌아오곤 했지. 필라델피아는 약돌이들이 머물기 힘든 곳이었거든. 눈 깜짝할 사이에 경찰들이 잡아가니까.

지미는 작달막한 키에 멋쟁이 구두를 신고 다녔지. 옷도 존나 쫙 빼입고. 나는 필라델피아에 가면 거기 출신인 그를 자주 만났었어. 그의 어머니가 재즈 뮤지션들을 좋아하기도 했고. 퍼시와 지미의 동생이 드러머 앨버트 히스였어. 모두들 앨버트를 '툿시'Tootsie라 불렀지. 히스 형제는 음악 가문 출신이었고 어머니는 요리를 기막히게 잘하는 분이었어. 그래서 많은 뮤지션이 히스네 집에 드나들었지. 콜트레인이 바로 지미의 빅밴드 출신이야. 다들 진짜 존나 끝내주는 녀석들이었지.

또 지미는 헤로인에 도사였어. 아마 거의 비슷한 시기에 그와 내가 헤로인에 손을 댔을 거야. 내가 알기로 지미는 버드와도 약을 자주 때렸어. 함께 약을 할 사람이 필요했기 때문에라도 그를 투어에 추천했던 게 아닌가 싶어. 그 무렵 투어 밴드에 참여한 사람들은 대개 약을 끊은 후였으니까. 약돌이였던 주트가 끊고 나서는 나만 남아 있었거든.

우리는 '심포니 시드 올스타'라는 이름이 맘에 안 들었지만 돈을 위해서는 하는 수 없었어. 버드랜드 라디오 방송 때문에 시드의 인기는 우리보다도 높았지. 한밤에 보통 사람들의 가정으로 방송되는 그의 목소리가 사람들의 생활을 바꿔놨을 정도였으니. 그의 유명세 때문에 사람들은 그가 우리 모두를 발굴했고 그가 있기에 우리 음악이 존재하는 줄 알고 있을 정도였어. 물론 주트 같은 백인이 음악판에 끼어 있어서 백인들이 그의 쇼를 보러 왔다는 점은 인정해. 그치만 흑인들도 우리를 보러 왔고 쇼의 대부분은 흑인을 위한 것이었어. 시드는 우리에게 주당 250에서 300달러를 지불했는데, 당시로서는 괜찮은 조건이었어. 그렇지만 그는 자기 이름 값과 약간의 말발로 우리보다 몇 배의 돈을 더 벌었다구. 좆같은 거지.

애틀랜틱시티에서도 연주했어. 내 기억엔 어쩐 일인지 피아노 자리를 밀트의 비브라폰이 대신 차지하고 있었는데, 음악적으로 재미있는 편성이었어. 누군가 피아노를 원하면 나나 다른 친구가 피아노를 쳐줬는데, 그런 식으로 배울 기회가 됐던 거야. 아무도 피아노를 원하지 않으면 그냥 피아노 없이 연주했는데, 그렇게 하면 일상적으로 끼어 있던 피아노 자리를 비운 채 드럼과 베이스만을 따라 노닐 듯 연주할 수 있었지. 마치 날씨 좋고 쨍쨍한 날 걸리적거리는 사람 없이 길을 걷는 것과 비슷하달까. 그게 바로 '노닌다'는 거지. 이렇게 되면 상상력을 이용할 수밖에 없어. 피아노 없이 연주하니 음악이 분방해지더라구. 이 투어를 하면서 나는 가끔은 피아노가 방해된다는 걸, 보다 느슨하고 분방한 사운드를 원할 때는 피아노가 필요 없다는 걸 깨달았어.

다음엔 할렘 125번가의 아폴로 극장 연주였지. 그땐 존나 지리게 연주했어 진짜. 극장은 우리 음악을 정말로 사랑하는 깜둥이들로 가득 찼어. 관객의 열띤 호응에 힘입어 나는 오랜만에 실력 이상을 발휘할 수 있었어. 다들 머리를 말끔히 손질하고 올라갔고 나는 전당포에서 옷을 빌려 입었지. 브로드웨이의 로저스에서 머리도 했어. 그렇게 뽀대도 나고 하니 모두 환호할 수밖에 없잖아. 나는 말쑥했고 아폴로 극장에서 훌륭한 뮤지션들과 더불어 끝내주는 연주를 했어. 약발도 올랐겠다, 돈도 심심찮게 받았겠다, 깜둥이가 더 바랄 게 뭐가 있었겠어.

그러고 나서 우리는 본격적으로 순회공연에 나섰지. 클리블랜드, 디트로이트의 그레이스톤 볼룸 등등. 그런데 사정이 나빠지는 거야. 왜냐고? 헤로인 구할 줄을 대기가 어려워졌거든. 시드가 쇼 전체의 사회를 맡은 이 공연들은 공연 같지 않고 꼭 댄스쇼 같았어. 몇 마디 씨부리는 것 말고 시드가 한 일은 돈을 긁어모아서 우리에게 지불하는 것밖엔 없는 거야.

중서부에서는 약을 구할 수가 없거나, 구한다 하더라도 보통 힘든 게 아니더라구. 약 구하다가 공연에 늦기도 하고. 그러면 공연은 우리 없이 먼저 시작해버리는 거야. 중간 휴식 시간에도 이런 일이 벌어졌어. 관객 중에 약을 쥔 사람을 찾아 약을 구해다가 호텔 방에 가서 한 방 때린 후에 다시 나타나 보면 이미 쇼가 시작된 후였어. 점점 다른 밴드 멤버들이 우리 때문에 열받아가지고 삐딱선 좀 타지 말라고 화를 내기 시작했지. 특히 지미의 형 퍼시가 주로 지미를 혼냈어. 반면 나에게는 멤버들이 집단으로 덤벼들더라고. 나와 지미를 감싸는 일도 이젠 지긋지긋하다는 거지. 케니, 밀트, 퍼시가 특히 불평이 심했지.

시드와 나머지 멤버들 사이에도 엿같은 일들이 생기기 시작했어. 버팔로에서는 시드가 나타나지 않아서 시드의 몫 200달러를 우리끼리 나눠 먹었지. 돈을 안 주니까 우리를 조합에까지 몰고 갔지만 결국 그가 지고 말았어. 또 시카고에서는 2,000달러를 받아놓고 우리한테는 700달러를 받았다고 속인 게 들통나기도 했지. 밀트 잭슨이 시드와 클럽 주인 사이에 오가는 말을 엿들었던 거야. 시드가 공연 주선자였으니까 총액의 5퍼센트에서 10퍼센트를 먹고, 또 쇼의 아나운서인데다 자칭 스타여서 그만큼의 돈을 더 먹어. 그 돈에다가, 700달러와 2,000달러의 차액인 1,300달러가 몽땅 시드의 주머니로 들어가는 셈이지. 반면 우리는 500달러를 여섯이서 나눠 먹을 수밖에 없는 거라. 겨우 몇 마디 잘난 척하는 걸로 200달러나 벌다니 말이 되나? 이런저런 일을 따져봐도 시드는 그런 일이 없다고 잡아떼면서 오히려 우리 보고 고마움도 모른다고 지랄을 하는 거야. 이게 바로 백인들 짓거리 아니겠어. 뉴욕으로 돌아올 때쯤에는 다들 시드가 사기 치는 데 질려 있었어. 시드가 미워서가 아니라 그냥 재랑은 못 해먹겠다 이런 거였지.

뉴욕에서 투어가 종료된 후 시드가 J.J.에게 50달러를 빌린 일이 있었어. J.J.가 그 돈을 달라고 했는데 시드가 그냥 쌩까더라고. 존나 잘난 체하는 씨발 새끼. 그래서 J.J.가 그 자리에서 시드한테 주먹을 날려 틀니를 박살내버렸지. 둘이 플로어에서 뒹굴고 난리도 아니었어. 사실 내가 본 건 아냐. 약 때리다가 늦었는데 밀트가 나한테 그러더라구. 그러자 시드가 건달들을 클럽으로 불러서 J.J.를 거의 패 죽일 분위기였지. 깡패놈들이 꼭 영화에서 튀어나온 것처럼 클럽으로 들어오는 걸 모두가 지켜봤어. 큰 모자, 시가, 검은 양복, 떡대 좋은 놈이라도 덤비면 바로 죽여버리겠다는 살기등등한 모습 그런 거 말야. 놈들이 내게 와서 너도 J.J. 패거리냐고 묻더라. 나는 "그래, 한 패다, 어쩔래?" 그랬지. 그렇게 우린 모두 J.J. 뒤에 쫙 모였어. 그랬더니 애초에 화근이 된 시드가 놈들을 말리면서 J.J.한테 돈을 주는 걸로 사건이 일단락됐지. 어후, 사실 후달리는 장면이지.

그 무렵 나는 수전 가빈이라는 백인 여자와 놀았는데, 금발에 크고 예쁜 가슴을 지녔고 배우 킴 노백을 빼닮았지. 나는 나중에 그녀를 위해 「레이지 수전」Lazy Susan이라는 곡을 써줬어. 나에게 돈도 주고, 잘해줬어. 좋은 여자였지. 그녀는 나를 사랑했어. 나 역시 많이 좋아했지만, 약 때문에 섹스를 많이 하지는 못했어. 물론 하면 서로 즐겼지만 말야. 다른 여자들도 만났어. 나한테 돈도 주고 하던 애들이 더 있었는데, 한 트럭은 될 거야. 하지만 수전과 지내는 시간이 제일 많았어. 또 세인트루이스에서 만난 돈 많은 백인 여자도 계속 만났어. 날 보러 뉴욕에 와 있었으니까. 이 여자는 그냥 '앨리스'라고 부를게. 아직도 살아 있고 결혼까지 한 여자라 괜히 말썽나게 하고 싶진 않아. 수전이나 앨리스나 다들 멋졌고 나한테 돈도 줬지. 그중에서도 나는 수전을 많이 좋아했고 클럽에 함께 나가기도 했어.

1952년에는 이외에는 별 게 없네. 여전히 내 인생을 좀 추슬러 보려던 때였지. 맞다, 세실 테일러가 그 무렵에 일어난 일이라고 자꾸 우기는 게 하나 있긴 해. 난 쌍 이 일화에 관한 기억이 없는데 말야. 보스턴 출신의 개쩌는 트럼펫 주자 조 고든에 관한 얘긴데, 보스턴은 세실 테일러의 고향이기도 하지. 세실 말로는, 조가 버드랜드에서 나랑 연주하러 와서 함께 했는데, 너무 잘하니까 내가 그냥 무대를 내려갔다는 거야. 그걸 본 찰리 파커가 내게 달려와서 "너는 마일스 데이비스야. 이렇게 물러설 수는 없어" 그랬다더라고. 그러고는 내가 다시 무대에 올라가서 그냥 뻘쭘하게 서 있었다지 아마. 어떤 사람은 그때 내가 조 고든을 꼬나봐서 그가 씨발 너도 한 방 먹어봐라 하고 퍼뜨린 이야기라고 쓰기도 했어. 도무지 기억이 안 나. 그랬을 수도 있어, 근데 아닌 거 같아. (조는 나중에 화재로 죽었다고 들었어. 버드랜드 이후로는 조를 본 적이 없으니까 그게 사실인지는 확인할 길이 없지. 어쨌거나 조는 델로니어스 몽크의 앨범 하나에서 분 것 말고는 뭐 이렇다 할 게 안 남아 있어. 그것만 봐도 이 소문이 앞뒤가 안 맞잖아. 게다가 내가 세실 테일러에게 '피아노를 못 친다'고 혹평한 다음부터 세실은 날 싫어했어. 무슨 말이라도 들이댈 인간이야.)

프레스티지에서 음반 하나를 만들면서 1953년 새해를 기분 좋게 시작했지. 감옥에서 나온 소니, 버드(앨범에는 '찰리 찬'이라는 이름을 썼어), 월터 비숍, 퍼시 히스가 참여했고 드럼에는 당시 나와 많이 어울리던 필리 조 존스가 앉았어. 버드는 당시 머큐리와 독점계약을 맺고 있어서(아마 버브와의 계약은 종료됐을 거고) 가명을 사용할 수밖에 없었지. 레드 로드니가 약으로 체포돼 렉싱턴의 감호소로 가는 것을 본 버드는 경찰이 자기를 감시하고 있다고 보고 약을 안 하고 있었어. 문제는 상당한 양의 헤로인 대신에 엄청난 양의 술을 퍼마셨다는 거지. 연습 때 보드카 됫병을 쫙 비우던 게 기억나. 엔지니어가 녹음 테이프를 돌릴 때쯤 버드는 완전 개떡이 돼 있었지.

 녹음하는데 꼭 리더가 두 명 있는 것 같았어. 버드가 나를 지 아들처럼 대하면서 이게 자기 밴드인 양 구는 거야. 이 녹음은 내 음반 녹음인데도 말이야. 버드를 휘어잡아야 했지만 쉽지 않더라구. 사사건건 토를 다니까. 너무 열받잖아, 그래서 확 치받아버렸지. 내가 댁 녹음에선 한 번도 그런 적이 없었는데 당신은 왜 이 모냥이슈, 난 언제나 프로답게 틀림없이 했잖아, 라고 말야. 그랬더니 이 씨발놈이 뭐라는 줄 알아? "알았다 꼬마야… 아름다움을 탄생시키기 위해서는 고통을 감내해야 하지. 조개에서 진주가 나오고" 하면서 혀가 꼬부라져서는 가짜 영국 억양으로 씨부리는 거야. 그러더니 씨발놈이 그냥 곯아떨어지더라구. 나도 완전 열이 받아서, 씨발 다 집어치워! 하고 큰소리를 냈지. 당시 프레스티지 사장 와인스톡을 위해 프로듀서 역할을 하던 아이라 지틀러가 부스에서 나오더니 "연주들 안 할 거야?" 하고 다그치대. 난 거기서 완전 빡쳐서 나팔을 케이스에 싸서 나오려 했어. 그런데 버드가 일어나더니 "마일스, 뭐 하는 거야? 녹음 안 해? 자, 자, 연주하자, 연주해" 이러는 거야, 새끼가. 그래서 겨우겨우 했는데 그날 녹음이 존나 멋졌어.

 아마 1953년 1월이었을 거야, 녹음한 게. 그 얼마 후 프레스티지에서 발매될 또 다른 음반을 녹음했지. 이 음반에서는 알 콘과 주트 심스가 테너 색소폰, 소니 트루잇이라는 이름의 트럼본 주자, 존 루이스가 피아노, 레너드 개스킨이 베이스 그리고 케니 클라크가 드럼을 맡았어. 밥 와인스톡이 지난 번 녹음 때 버드가 한 짓을 전해 듣고 엄청 화가 났었나 봐. 그래서 이번에는 최소한 스튜디오 안에서는 약발로 뺄짓 안 하는 좀 '존경할 만한' 뮤지션들을 모은 거래. 그렇지만 주트 심스는 약돌이였거든, 당연히 녹음 전에 한 방 때리고 갔지. 녹음은 뭐 괜찮았어. 다들 잘해줬어. 솔로가 거의 없었고 (나와 존 루이스만 한 번씩 했지), 다들 앙상블 위주로 갔어. 내 연주도 전보다는 조금 나아진 것 같았고.

이 앨범을 취입한 얼마 후 나는 J.J., 지미 히스(테너), 길 코긴스(피아노), 퍼시 히스(베이스) 그리고 아트 블래키(드럼) 등과 함께 블루노트 레이블 녹음을 했어. 그날 녹음이 기억나는 건 음악도 음악이지만 약 때문이야. 나와 지미는 46번가 너머에 사는 피아니스트 엘모 호프한테서 약 좀 사볼까 하고 잔머릴 굴리고 있었어. 녹음실이 그 근처였고, 엘모는 약도 좀 팔았거든. 녹음이 있기 전에 약발을 좀 받아놔야 했으니까. 지미나 나나 몸속의 괴물에게 밥 줄 시간이 되면 몸이 스멀스멀 아파왔거든. 우리는 프로듀서이자 블루노트의 사장인 앨프리드 라이언에게 지미의 색소폰 리드를 갈아야 돼서 잠깐 나갔다 오겠다고 했지. 나는 리드가 든 박스 드는 거 거들러 같이 나간다고 했어. 근데 말이 되니, 비눗갑만 한 크기의 상자 드는 걸 도와주겠다고 했으니 참. 앨프리드가 곧이곧대로 믿고 그랬는지 아니면 그냥 보내줬는지 모르겠지만, 하여간 우리는 잠시 후 약발이 존나 올라가지고 녹음을 했어. 아트 블래키도 약이 올라 있었고. 로스앤젤레스에서 함께 체포당했을 때 아트가 나를 불었다는 이야기를 들은 이후엔 절대로 아트랑 같이 약을 하는 법은 없었지만.

그때 「CTA」라는 지미 히스의 곡을 녹음했지. 이 곡의 제목은 지미의 여자친구인 중국계 흑인 혼혈의 코니 테레사 앤Connie Theresa Ann의 앞글자를 딴 거야. 필라델피아의 레이놀즈 홀에서 나와 지미 그리고 필리 조 존스와 공연을 하던 기억도 나. 나는 멋진 백인 여자인 수전을 데려갔고 지미는 코니를, 그리고 필리는 푸에르토리코 출신의 미녀를 데려갔지. 그들의 미모에 함께 연주한 사람들 모두가 뻑갔지. 그녀들을 우리는 '국제연합여인들'United

Nations Girls이라 부르곤 했었어.

1953년에 음반 녹음을 하나 더 했고, 디지의 밴드에 디지 대신 들어가서 버드랜드 실황 녹음도 했어. 버드랜드 무대에 두 번 올랐고 공연 중에 녹음한 거야. 정기적으로 연주를 했기 때문에 입술 상태도 괜찮았어. 앞의 녹음은 나, 맥스 로치, 존 루이스, 퍼시 히스 4중주 편성이었고 프레스티지에서 발매됐지. 앨범에서 내가 중심 솔로 주자였기 때문에 나만의 플레이를 더 넓게 펼칠 기회가 마련됐어. 또 찰리 밍거스가 한 곡에서 피아노를 쳤지 아마. 「스무치」 Smooch였을 것 같아.

그런데 버드랜드 실황 때는 열이 받더라고. 뮤지션들 때문은 아니었고, 진짜 연주들 좋았지, 문제는 맨날 바보짓을 하는 조 캐럴이라는 가수였어. 나는 디지를 좋아하지만 그가 백인 손님들을 위해 하던 광대짓거리들은 싫어했거든. 어쨌든 그의 비지니스였고 그의 밴드였으니 하는 수 없었지만. 이틀간 조 캐럴의 광대짓을 보고 있으려니 속이 쓰린 거야. 그래도 어쩌겠어, 돈이 필요했기 때문에 디지의 밴드에서 무슨 일이라도 해야 했어. 그 짓거릴 이틀 내도록 참다가 바로 그 자리에서, 더 이상 이런 좆같은 짓은 안 하리라 결심했어. 내 공연에는 딱 음악만 들으러 오라 이거야.

약 중독이 심각하게 악화됐어. 그 무렵부터 경찰이 정기적으로 내 팔뚝을 검사하기 시작했지. 새 바늘 자국이 있나 보는 거였어. 그래서 중독자들은 다리 정맥에 주사를 놓기 시작했고. 경찰이 우리를 수색하려고 무대에서 끌어내리기라도 하면 기분이 좆같아져. 특히 LA와 필라델피아는 뮤지션들에게 가혹했어. 그 동네에서는 뮤지션이라면 백인 경찰들이 무조건 약돌이로 생각했거든. 그나마 여자들이 도와줘서 나는 겨우 버티고 있었어. 당시에는 정말 필요한 게 있으면 여자들한테 도움을 청할 수밖에 없었거든. 나를 받쳐준 여자들이 아니었으면 난 어쨌을까. 그 허다한 약돌이들처럼 도둑질을 하는 수밖에 없었을 거야. 이렇게 여자들 도움을 받는데도 너무 미안한 짓들을 저질렀지 뭐야. 클라크 테리한테 한 짓거리, 헤로인을 사려고 덱스터 고든의 돈을 뜯어낸 일 등등. 그 시기엔 매일 그런 식으로 살았어. 나팔, 옷가지, 보석 등등 닥치는 대로 전당포에 맡기고 남의 것까지 맡기고서는 결국 찾지 못했지. 찾을 돈이 없었으니까. 도둑질로 감방 갈 일까지야 없었지만 아트 블래키와 나에 관한 기사가 『다운비트』에 나간 다음에, 그리고 캡 캘러웨이가 앨런 마셜한테 털어놓은 약돌이 기사가 『에보니』*Ebony*에 실렸을 때 내 이름이 등장한 이후로는, 이건 감옥에 있는 게 낫지, 아무도 우리한테 일거리를 주질 않는 거라.

우리가 연주하는 음악을 부정적으로 보는 시각이 약 때문에 더욱 따가워졌어. 사람들이 나를 삐딱하게 보면서 더러운 놈 취급하기 시작했고. 나를 보는 시선에 동정과 공포가 섞여 있었는데, 예전에는 안 그랬었거든. 바로 그 기사에 나와 버드의 사진이 같이 실렸지. 앨런 마셜, 나는 이 사람을 절대로 용서할 수가 없어. 그리고 캘러웨이도. 그런 좆같은 이야기를 기사로 싣다니 참. 그 기사 때문에 우리가 얼마나 개고생을 한 줄 알아. 그가 언급한 많은 사람들이 회복 불가능한 치명타를 맞은 거야. 당시 꽤나 인기가 있어서 사람들이 그의 말을 귀담아들었다구.

나는 지금도 마약을 길거리의 골칫거리가 되지 않도록 합법화해야 한다는 입장이야. 무슨 뜻이냐면, 왜 빌리 홀리데이 같은 사람이 자꾸 자꾸 약을 끊으려고 고생하다가 죽어야만 하는가 말이야. 마약은 의사가 처방해준다든가 해서 그녀가 사용할 수 있어야 되는 거였다구. 그러면 마약상을 찾아 헤메지 않아도 됐잖아. 버드의 경우도 마찬가지고.

1953년 늦봄인가 초여름쯤 된 어느 날 밤 내가 버드랜드 바깥
에 서 있었었거든. 디지 대신 연주한 직후거나 하던 중간이었을 거야.
요새는 이 사건이 1953년 캘리포니아에서 일어났다고들 하더라. 연
도는 맞지만 장소는 틀렸어. 그 일은 뉴욕에서 벌어졌어. 더러운 옛
날 옷을 입고 존나 약에 절은 상태로 해롱대며 버드랜드 바깥에 서
있는데, 맥스 로치가 지나가면서 "너 좋아 보인다" 이러고는 내 주
머니에다 100달러짜리 신권 두어 장을 넣어주는 게 아니겠어. 백만
장자처럼 존나 쫙 빼입고 말이야. 맥스는 자기 몸을 돌보는 사람이
었지.

맥스와 나는 형제 같은 사이 아니었겠어? 그 일이 너무 쪽팔리
더라고. 평소 같았으면 돈을 받아서 약이나 때리러 갔을 텐데, 그러
지 않고 아버지에게 전화를 걸어서 집에 가서 몸을 좀 추스려야겠다
고 했어. 아버지는 언제나 내 뒤를 받쳐주는 분이었기 때문에 나더
러 집에 오라고 하더라고. 나는 제일 이른 버스를 타고 곧장 집으로
갔어.

이스트세인트루이스로 가서 여자친구 엘리스를 만나기 시작했
어. 그러다 언제나 그렇듯 머리 한쪽 구석에서 따분하다는 생각이
스멀거리자 다시 약을 시작했지. 많이는 아니지만, 걱정될 만큼은
했어. 1953년 8월 말이나 9월 초쯤이었나. 맥스 로치가 뉴욕인가
시카고에서 전화를 걸어서 찰리 밍거스랑 로스앤젤레스로 차를 몰
고 가고 있다는 거야. 셸리 맨 다음으로 하워드 럼지의 '라이트하우
스† 올스타'에 서게 됐다며, 마침 이스트세인트루이스 부근을 지나
고 있다고 만나고 싶어 전화했다는 거야. 그래서 나는 와서 밀스타
트에 있는 아버지 집에서 하룻밤 머물러도 된다고 했지. 친구들이
와서 엄청 넓은 아버지의 땅에 하인과 요리사
에 말, 소, 품종경연대회 우승 돼지들 등등이

있는 걸 보더니 입이 딱 벌어지더라. 나는 맥스와 밍거스에게 실크 파자마를 입혀줬지. 아무튼 그들을 만나니 반갑더라고. 맥스는 평소와 같이 말쑥했고 돈을 좀 벌던 때라 새로 산 올즈모빌을 몰고 왔어. 게다가 부자 여자친구가 돈도 많이 주던 때였지.

우리는 밤새 음악 이야기를 했어. 정말 즐거운 시간이었지. 그러다 보니 아, 내가 뉴욕의 음악판에 있는 친구들을 정말 그리워하는구나 하는 생각이 들더라고. 이미 나는 이스트세인트루이스의 옛 친구들과는 완전히 다른 사람이 되어 있었던 거야. 물론 그들을 정말 형제처럼 사랑하지만, 더 이상 고향에 머무를 수가 없겠더라구. 대가리에 뉴욕물이 들어가지고 고향은 맞지가 않았어. 다음 날 맥스와 밍거스가 떠날 채비를 마쳤을 때 나도 그들과 같이 떠나기로 했어. 아버지가 용돈을 좀 주셨고 나는 캘리포니아를 향해 떠났지.

캘리포니아로 가는 자동차 여행은 정말 대단했어. 나와 밍거스는 가는 내내 논쟁을 했고 맥스가 중재자 역할을 하는 식이었어. 백인들에 관해서 토론할 때에 밍거스는 그냥 게거품을 물더라. 당시 밍거스는 백인이라면 완전 죽음이었어. 백인적인 것, 특히 백인 남자면 무조건 싫어했지. 뭐 섹스는 백인 여자나 동양인과도 했지만 백인 여자랑 섹스하는 것과 백인 남자, WASP[†]라 불리는 사람들에 대한 혐오는 완전 별개의 문제라고 했어. 그러다가 동물 이야기가 나왔어. 밍거스가 백인은 짐승이나 다름없다고 말하다가 진짜 동물 이야기로 넘어갔는데, 갑자기 이런 질문을 하는 거야. "새 차를 몰고 가는데 동물이 도로에 있으면 어떻게 할래? 동물을 치지 않으려고 비켜 가다가 사고를 낼래, 아니면 그냥 멈출래, 아니면 갖다 박을래? 어떻게 할래?"

맥스의 대답은 이랬어. "나 같으면 갖다 박겠다. 달리 방법이 없잖아? 뒤에 차가 오는

데 급정거하면 내 새 차를 뒤차가 박고, 그럼 차가 망가지잖아."

그랬더니 밍거스가 바로, "봐. 너는 백인들과 똑같은 생각을 하고 있는 거라구. 그게 바로 백인들의 생각이지. 백인들은 죽든 말든 불쌍한 동물을 그냥 치어버리고 말아. 나? 나 같으면 자기를 방어할 능력도 없는 동물을 치느니 차를 망가뜨리고 말겠다." 캘리포니아로 가는 길 내내 우리는 이런 대화를 하면서 갔어.

망연히 가던 중에, 아마도 오클라호마쯤이었을 거 같은데, 아버지의 요리사가 만들어준 치킨을 다 먹어버려서 뭘 좀 먹으려고 차를 세웠어. 밍거스한테 가서 먹을 것 좀 사오라고 시켰지. 밍거스의 피부색이 아주 옅었으니까 혹시 외국인으로 봐줄 수도 있지 않을까 기대했던 거지. 유색인이 식당에 들어가서 먹기는 힘들다는 걸 알고 있었기 때문에 샌드위치 따위나 사가지고 나와서 먹자고 한 거였어. 밍거스가 차문을 열고 나가 식당으로 들어가더라. 나는 맥스에게 야, 저 미친놈을 괜히 혼자 보낸 것 같아, 하고 말했지.

아니나 다를까, 밍거스가 갑자기 식당에서 존나 열받아가지고 나오는 거야. "이런 씨발놈의 백인새끼들, 우리는 식당 안에서 식사 못 한다네. 씨발 이 좆같은 식당을 확 날려버릴까 보다!"

그래서 내가 그를 달랬지. "야, 좀 앉아라 앉아. 그리고 씨발 그 주둥이 좀 제발 한 번만 닥쳐줄래? 한마디만 더하면 병으로 머리를 날려버릴 줄 알어. 니가 떠드는 바람에 우리가 다 감옥 가면 좋겠냐구."

그랬더니 조금 잠잠해지더라. 당시는 이런 외딴 시골에서 흑인과 눈이 마주치면 그냥 쏴버리던 시절이었어. 사람을 죽여놓고도 그들 자신이 법이기 때문에 별 탈 없이 넘어가지. 밍거스의 고향 캘리포니아로 가는 길 내내 이런 식이었어.

내가 의외로 밍거스를 잘 몰랐더라고. 맥스와는 같이 다녀본 적이 있어서 서로 어떤지 잘 알았는데. 밍거스와는 다녀본 일이 없어서 그가 무대 바깥에서 어떤지 몰랐던 거지. 물론 캘리포니아에서 버드 때문에 의견이 갈린 적은 있었지만, 나나 맥스나 말수도 적고 떠드는 걸 별로 좋아하지 않는 사람들이야. 근데 밍거스 이 새끼는 잠시도 쉬지 않고 계속 떠들어. 또 제 딴에는 심각한 소리랍시고 떠드는데, 실은 모기 좆보다도 하찮은 것일 때가 많았어. 그가 계속 떠드는 바람에 신경이 곤두서 있던 나는 듣다듣다 더 이상 참을 수가 없어 병을 들어 확 까버릴까 보다, 하고 겁을 줬어. 떡대 좋은 밍거스가 내가 그런다고 겁을 낼까 싶었지만 웬걸, 갑자기 확 주눅이 드는 거야. 물론 조금 지나니 다시 떠들기 시작했지만.

캘리포니아에 도착할 무렵에는 모두들 완전 떡이 되어 있었어. 밍거스를 내려주고 나는 맥스와 함께 그의 호텔 방으로 들어갔지. 맥스는 허모사 비치 바로 앞에 있는 라이트하우스에서 연주하기로 되어 있었어. 어느 날 맥스가 밍거스에게 차를 빌려줬는데, 밍거스가 바퀴 하나를 해먹었다는 거야. 왠지 알아? 고양이를 피하려다가 소화전을 들이받았대. 차 타고 오면서 했던 소리랑 판박이여서 난 배꼽 잡고 웃었네. 맥스야 당연히 존나 열받았지. 둘은 그때랑 똑같이 싸우더라구.

캘리포니아에 있을 때 좋은 일이 하나 생겼어. 라이트하우스에서 뮤지션들과 합주를 몇 번 했는데, 그걸 음반으로 만들게 된 거야. 당시에는 캘리포니아 출신인 쳇 베이커가 가장 주목받는 신예 트럼펫 주자였지. 우연히, 내가 연주한 다음에 그의 연주 차례가 된 적이 있었어. 그게 우리의 첫 만남이었지. 1953년에 쳇이 '『다운비트』가 뽑은 베스트 트럼펫 주자'로 선정됐는데, 어째 좀 당황해하는 모습이더라고. 자기가 디지나 다른 기라성 같은 트럼펫 주자들을 누르고 베스트로 선정될 실력이 아니라는 걸 알고 있기라도 했나. 누가 그를 뽑았는지 뚜껑이 좀 열리긴 해도 그에 대해 개인적인 감정은 없었어. 쳇은 사람 좋고 쿨한 멋진 연주자야. 그치만 그가 내 스타일을 많이 베껴먹었다는 건 그도 알고 나도 아는 일이었지. 그가 나중에 한 얘기인데, 그날 내가 관객석에 끼어 있어 신경이 좀 쓰였다더라고.

또 하나, 캘리포니아에서 생긴 좋은 일은 프랜시스 테일러를 만난 거야. 나중에 우린 결혼했지. 내가 법적으로 결혼한 첫 번째 여자가 프랜시스야. 나는 뉴욕에서보다 외모를 좀 잘 꾸며보려고 신경을 썼어. 머리도 손질하고 옷도 빼입고 다녔지. 하루는 나랑 잘 놀던 보석 예술가 버디가 지나는 길에 나를 차에 태웠어. 어떤 백인 부자가 캐서린 던햄의 그룹에서 춤을 추는 댄서에게 보석을 선물해서 갖다주는 참이라는 거야. 그 여자의 이름이 프랜시스인데 보통 예쁜 게 아니니 한번 만나보라고 하더라.

선셋 대로변에 있는 그녀의 집 앞에 차를 세우니 프랜시스가 계단을 내려왔고 버디가 그녀에게 보석상자를 줬지. 보석상자를 받으면서 프랜시스가 나를 보더니 웃더라구. 나는 완전 말쑥한 차림이었고. 난 그녀가 너무 멋져서 숨이 멎을 뻔했어. 종이를 꺼내서 내 이름과 전화번호를 적어 주면서 그렇게 빤히 쳐다보지 않아도 된다고 했어. 그녀는 얼굴을 붉혔고 우리가 떠나자 계단을 걸어 올라가며 고개를 돌려 나를 다시 보더라. 그때 아, 나한테 호감이 있구나, 감이 오더라구. 버디는 돌아오는 길에 틀림없이 날 좋아하는 것 같다며, 내내 입에 침이 마르도록 그녀 칭찬을 했지.

당시 맥스는 샐리 블레어라는 멋진 흑인 여자와 같이 다녔는데 샐리 때문에 돌아버리기 직전이었지. 샐리는 볼티모어 출신이었는데 꼭 흑인 매릴린 먼로 같았어. 둘 사이에 문제가 엄청 많았어. 난 맥스를 대할 때 늘 정신을 바짝 차리는 편인데, 맥스가 어떤 일에는 상당히 민감했기 때문이야. 맥스는 주변 사람들을 엿먹이는 일이 없었는 데 반해 샐리가 여우짓으로 맥스를 빡돌게 만들더라구. 그래서 맥스는 다른 여자를 만나보려고 하던 참이었어.

그러고 나서 조금 후에, 맥스는 가수 해리 벨라폰테의 부인이 된 줄리 로빈슨과 만났어. 그녀를 무척 좋아했었지. 마침 줄리의 친구가 하나 있는데 진짜 이쁘다면서 한번 만나보라는 거야, 나더러. 그래서 좋다, 함께 보자고 했지.

어떤 여자도 내 여자로 만들 수 있다고 생각하던 때였거든. 줄리의 친구라는 여자를 픽업하려고 나가서 봤더니 그 여자가 바로 프랜시스 아니겠어. 프랜시스는 나를 보더니 "그때 버디가 보석 선물을 들고 왔을 때 함께 있었죠?" 이러는 거야. 맞다고 했지. 우리는 금세 가까워졌어. 맥스는 이 여자가 자기가 말한 여자라고 하면서 놀랐어. 만남은 우연이었는데, 맥스가 소개시켜준 뒤로는 우리 둘 사이에 무슨 일이 생길 거 같은 예감이 들었고 그녀도 마찬가지였던 거 같아.

첫 데이트에서 맥스가 운전하고 줄리가 조수석에 탔고 뒷자리에 나와 프랜시스 그리고 재키 월콧이라는 댄서 한 명이 탔었지. 차를 타고 쫙 달리는데 줄리가 소리를 지르고 싶다고 하니 맥스가 "좋아! 될 대로 되라지, 지르고 싶으면 질러요" 그러니까, 줄리가 있는 힘을 다해 소리를 지르는 거야.

내가 맥스더러 말했지. "야, 돌았냐? 여기가 어딘 줄 알어? 여기 베벌리힐스라구. 저 여자는 백인이고 우린 흑인이야. 경찰이 보면 우릴 가만 놔둘 거 같아? 뻘짓 좀 그만하라고 해." 그랬더니 그만두더라. 암튼 우린 엄청 즐겁게 놀았어. 또 B의 집에 가서 그의 개소리를 다 들어주며 놀기도 했고. 그는 "딕, 어디서 저런 못난 날라리들을 데리고 왔어? 노새 같은 년들" 이런 식으로 말하거든. 사람 놀리는 거지. 하여튼 재미있었어.

　얼마 안 있어서 나는 헤로인을 살 수 있는 끄나풀을 찾았고 라이트하우스에 약기운이 오른 채 나가기 시작했어. 맥스가 완전 황당해했지. 맥스로서는 모든 일이 잘돼가고 있었으니까. 약이 다시 나를 성가시게 하기 시작했지만 난 애써 외면하고 있었던 거야. 맥스와 함께 라이트하우스에서 놀다가 이런 적도 있었어(아마 맥스 생일이었을걸). 클럽 바깥에서 어정거리며 장난 삼아, 가지고 다니던 나이프를 꺼내 그에게 주며 찌르려고 위협하는 사람에게서 어떻게 칼을 뺏는지 보여주겠다고 했지. 이스트세인트루이스에 있을 때 유도 강습을 받았었거든. 그에게 칼을 든 강도처럼 해보라고 했어. 그가 시늉을 하자 나는 잽싸게 그를 업어치며 칼을 빼앗았지. 맥스는 "야, 마일스, 대단한데!" 하고 말했어. 아무 일도 없었다는 듯이 난 나이프를 다시 주머니에 넣었지.

　우리는 다시 안으로 들어가 바에서 술을 마셨는데, 맥스가 나더러 "니가 돈 내" 이러는 거야. 그래서 "웃기지 마. 니 생일이니까 니가 내야지" 했지. 그런데 나를 계속 달갑지 않게 여기던 바텐더가 이 대화를 들었나 봐. 맥스가 연주하러 무대에 올라간 사이에 "어이, 술값 내야지?" 나더러 이러는 거야. 나는 맥스가 공연 끝내고 와서 낼 거라고 했어. 그런데도 계속 시비를 걸더라고. 입씨름 끝에 바텐더가 "그래, 일 끝나고 보자. 아주 조져줄게" 이러는 게 아니겠어? 뭐, 당연히 백인이지 않겠어? 맥스가 휴식 때 내려와서 그 얘길 듣고는 바텐더에게 "왜 그런 말을 했어요? 아무 짓도 안 한 사람한테"라며 돈을 냈어. 그런데도 바텐더는 이미 뚜껑이 열려 있었지. 맥스가 꼭 '어이구, 이거 어쩌냐, 저 새끼를 어떻게 다루나 한번 보자' 이런 표정으로 날 보며 웃어젖히는 거야. 그리고 마지막 무대를 하러 올라갔지. 바텐더가 "씨발, 밟아버린다"는 둥 계속 지껄이길래 확

질러버렸지. "일 끝날 때까지 기다릴 필요 없어, 씨발놈아. 당장 내려와서 맞짱 떠볼까, 응?" 그랬더니 이 멍청이가 바를 건너 나오는 게 아니겠어. 그가 왼손잡이인 걸 눈치챈 나는 새끼가 휘두르는 주먹을 피한 다음 머리가 위로 돌아가도록 한 방 먹이고 손님들 좌석 쪽으로 확 던져버렸지. 맥스는 좆됐다는 표정으로 무대에서 계속 연주하고. 손님들이 비명을 지르고 피하려고 내달리고 난장판이 됐지. 그놈 친구들 몇이 내게 달려들었고 누군가가 경찰을 불렀고. 이 일이 벌어지는 동안 맥스는 무대에서 내려오지도 못하고 계속 연주만 하고 있었어.

놈의 친구들이 나를 조지겠다고 달려들어서 기도가 우릴 뜯어 말리는데 경찰이 왔어. 자 봐봐, 클럽에는 나와 맥스 빼고는 전부 백인 일색이었던 거야. 당시 흑인들은 라이트하우스에 놀러 오지도 못했어. 경찰이 나를 경찰서로 데리고 갔고, 나는 경찰서에서 그 사람이 나를 '씨발 깜둥이 새끼'라 부르고 먼저 주먹을 휘둘렀다고 했어. 실제로 그렇게 불렀으니까. 그 와중에도 갑자기 속주머니에 들어 있던 나이프가 생각나서 덜컥 겁이 나는 거라. 경찰들이 칼을 찾으면 감옥에 갈 게 뻔했거든. 다행히 내 몸을 수색하지는 않더라고. 순간, 삼촌인 윌리엄 피킨스가 전미흑인지위향상협회의 높은 자리에 있다는 것이 생각나 경찰에게 슬쩍 얘기를 꺼냈더니 순순히 풀어주는 거야. 맥스가 경찰서까지 와서 나를 집으로 데리고 갔지. 나는 완전 빡돌아서 "새꺄, 내가 그렇게 달려들게 내버려둬?" 했지만 맥스는 배꼽을 잡고 존나 웃기만 하더라.

다시 상태가 안 좋아지기 시작했어. 맥스조차도 나 때문에 힘들어했지. 나는 다시 아버지에게 전화를 걸어 집으로 가는 차비를 보내달라고 했어. 머릿속에는 이번에 집에 가면 꼭 약을 끊고 말리라, 그 생각뿐이었지.

이스트세인트루이스에 돌아오자마자 나는 밀스타트의 아버지 농장으로 직행했어. 누나가 시카고에서 왔고 나와 아버지, 누나는 오랫동안 산책을 했어. 산책 끝에 아버지는 "마일스, 만일 네가 여자 문제로 힘들다면 나는 다른 여자를 만나보라고 하거나 그 여자를 떠나라고 하면 되지만, 이 마약은 말이다, 너에게 아무것도 해줄 수가 없구나. 내 사랑을 주고 너를 받쳐주는 일밖에는 말이다. 나머지는 네가 알아서 하는 수밖에 없다" 그러시더라고. 아버지는 그 말을 하더니 누나와 함께 돌아갔고 나는 거기 홀로 남았어. 농장에 방 두 개짜리 객실이 있었는데, 내가 갈 곳은 거기였어. 나는 문을 잠그고 금단현상이 멎을 때까지 버텼어.

몸이 아파 왔어. 소리를 지르고 싶었지만 옆의 큰 하얀 집에 머무는 아버지가 뭐가 잘못됐나 싶어 달려올 테니 그럴 수도 없었어. 숨죽여 참는 수밖에. 가끔씩 아버지가 지나가면서 무슨 일이 있나 귀를 귀울이는 것 같은 인기척을 느낄 수 있었지. 그럴 때면 나는 더 잠자코 있었어. 식은땀을 줄줄 흘리며 어둠 속에 누워 있었어.

약을 떨쳐버리려니 몸이 엄청 아팠어. 안 아픈 데가 없더라고. 목, 다리, 온몸의 관절이 완전히 뻣뻣해졌지. 마치 관절염에 걸린 것 같았고 가장 지독한 독감보다 더하면 더했지 못하지 않더라구. 그 느낌은 묘사가 불가능해. 관절이 있는 대로 욱신거리고 뻣뻣해지는데 만질 수도 없어. 살짝 닿기만 해도 악 소리가 튀어나올 정도로 아팠거든. 그러니 마사지도 할 수가 없어. 나중에 엉덩이 수술을 할 때의 아픔이 이와 비슷했던 것 같아. 도저히 멈출 수 없는 생생한 아픔이야. 꼭 죽을 것 같은 기분이었고 누군가 2초 후에 죽는다고 하면 순순히 받아들이고 싶은 심정이었어. 이런 삶의 고통 대신 죽음의 선물을 받는 게 낫겠다 싶더라고. 나중에는 창문으로 뛰어내렸어. 그냥 팍 정신줄을 놓으려고 했던 거지. 거기가 2층이었거든.

다행히 다리만 부러져서 고통 속에 땅바닥에 널부러져 있었지만.

　이런 상태가 한 7, 8일 계속되더라구. 음식도 못 먹어. 여자친구 앨리스가 왔길래 떡을 쳐보았지만 웬걸 더 나빠지더라. 나는 3~4년간 오르가슴을 느껴본 적이 없었어. 하다못해 불알까지 하여튼 좃나게 아프기만 하더라구. 그 뒤로 이틀이나 더 폭풍처럼 휩쓸고 간 후 오렌지 주스를 마셔봤지. 바로 토해버렸어.

　그러더니 감쪽같이 이런 현상이 걷히더라. 마침내 끝난 거야. 기분이 나아졌어. 신선한 느낌이 들어. 깨끗하고 달콤한 공기를 마시며 아버지 거처로 뚜벅뚜벅 갔어. 아버지가 날 보더니 함박웃음을 지었고 우리는 껴안고 울었어. 아버지는 내가 끝내 약을 떨쳐버렸다는 걸 알았어. 그러고서 곧장 보이는 건 닥치는 대로 먹어치웠어. 어찌나 배가 고프던지. 그전에도 그 후에도 그렇게 많이 먹은 적이 또 있나 싶어. 이제 내 삶을 어떻게 다시 추스를까 고민하기 시작했어. 그런데 그건, 쉬운 일이 아니었어.

9

약을 떨쳐버리자마자 디트로이트로 갔어. 모든 게 자리 잡혀 있는 뉴욕으로 갈 자신이 없더라구. 혹시나 헤로인에 다시 빠져들게 되더라도 최소한 디트로이트의 것은 뉴욕 물건만큼 순도가 높지 않았으니까 디트로이트가 낫다고 생각했어. 이런 식으로 지푸라기라도 잡고 싶은 심정이었던 거지.

디트로이트에 도착해서 나는 드러머 엘빈 존스와 피아니스트 토미 플래너건과 함께 지역 클럽들에서 연주하기 시작했어. 헤로인을 약간씩 사용하긴 했지만 그렇게 강하지도 않았고 그 지역에서 쉽게 구할 수도 없었고. 여전히 머릿속에는 약기운이 남아 있었지만 거의 뗄 단계에 와 있다는 걸 알겠더라구.

디트로이트에 6개월가량 머물렀어. 거기서도 여자들하고 좀 놀았지. 여자친구가 두세 명 있었어. 이제는 섹스를 즐기기까지 했지. 그중 한 명은 디자이너였는데, 최대한 나를 도와주려 애썼어. 이름을 밝히지는 않을게. 엄청 유명한 사람이 돼서. 그녀는 정신과 의사를 소개해주기도 했어. 의사가 나더러 자위행위를 해본 적이 있느냐고 묻더군. 그래서 나는 없다고 했지. 그는 못 믿겠다면서 약을 끊으려면 약 대신 매일 자위행위를 하라는 거야. 그게 그가 말해줄 수 있는 전부라면서 말야. 이 새끼부터 정신병원에 처넣어야 되는 거 아냐, 싶었어. 약을 끊기 위해 자위행위를 하라고? 씨팔. 미친새끼인가 싶더라고.

약을 완전히 끊기란 정말 너무 힘든 일인데 마침내 해내긴 했어. 존나 오랜 시간이 걸렸지만. 그걸 어떻게 단번에 끊겠어. 손을 담갔다 뺐다 하며 나는 깨끗해, 하다가도 다시 시작하기 일쑤였으니. 당시 우리가 부르던 이름으로는 프레디 프루라는 생짜 건달 친구가 있었어. 그때 나는 밥도 잘 안 먹고 호텔에 짱박혀 지냈는데, 이 친구가 내 디트로이트 약줄이었다구. 그놈이 호텔로 올라와서 하루치 약을 건네곤 했지. 그런 친구들 때문에, 그리고 나의 나약한 의지 때문에 약을 끊기가 힘들더라구. 나는 수없이 약을 끊겠다고 다짐하기를 거듭했어. 심지어 결혼하는 것이 도움이 될까 싶어서 아이린에게 도움을 청할까도 생각했어. 그래서 이스트세인트루이스로 가서 아버지에게 우리를 결혼시켜달라고까지 했다니까. 그러다가 또 생각이 바뀌어서 그러느니 쌍, 디트로이트로 가는 게 낫겠다 싶어져서 다시 디트로이트로 와버렸어.

디트로이트에 있을 때 젊고 착한 여인을 만났어. 정말 상냥했고 아름다웠지. 다른 여자와 그랬던 것처럼 그 여자와도 그냥 떡만 쳤어. 돈 없는 여자들은 거들떠보지도 않았던 게, 아직 이놈의 약이 내 등에 업혀 있었으니까. 약이라는 괴물이 손아귀를 살짝 놔주고는 있었지만 완전히는 아니었어. 여전히 난 약돌이로서 생각하고 살고 있었던 거야.

디트로이트에서 도박업을 하고 있는 클래런스라는 사람과 알고 지냈는데, 그가 "그 여자한테 왜 그래? 정말 착한 사람이고 당신을 돌봐주고 있잖아. 왜 그렇게 막 대해?" 하고 따지듯 달려드는 거라. 나는 그를 쳐다보면서 "씨발, 좆같은 소리 하고 있네" 하고 받아쳤어.

알아? 씨발, 이 거물 폭력배는 디트로이트 전역에 부하들을 거느리고 있었다구. 주머니에 총 넣고 다니는 새끼를 존나 갈궜으니 말 다했지. 내가 그런 거야? 아냐. 내 속의 약이 들이댄 거야. 그랬더니 그가 "어 이 새끼 봐라, 이상하네?" 하는 식으로 꼬나보더라고. 이걸 쏴버려 말아 하고 고민하는 것같이 말야. 다행히도 그는 음악을 사랑하는 사람이었고 내 연주를 좋아해서 나를 존경하고 있었거든. 다시 정색을 하더니 이러는 거야. "내 말은, 왜 그 여자를 그렇게 대하냐 이거야! 알아들어?"

내가 원하는 건 오직 다음 번 약을 구하는 일이었으니까 그냥 이렇게 쏴붙였지. "좆까 씨발. 너랑 뭔 상관이야."

그랬더니 꼭 죽이기 1초 전 같은 표정으로 날 보더라고. 그런데 그다음 순간 그의 차가운 눈에 연민의 빛이 스미는 거야. 잠시 뜸을 들이더니 길거리를 떠도는 유랑개 보듯 날 보며 내뱉는 말이, "야 이 미친새꺄, 넌 살 가치도 없는 가련한 씹새끼야 인마. 이 약 또라이. 존나 불쌍해서 못봐주겠다 새꺄, 내가 니 엉덩이를 뻥뻥 차면서 디트로이트를 돈다고 니 버릇이 고쳐지겠냐? 그래도 이것만은 말해두지. 또 그 여자를 그딴 식으로 따먹기만 하면 그땐 씹창나는 줄 알어, 이 불쌍한 약 또라이 새끼야!"

그러더니 홱 돌아서서 가버리더군. 존나 쪽이 팔리는 거야. 맞는 말만 골라서 했잖아. 약에 취하면 아무 생각이 없어져. 그저 아프지만 않으면 끝이거든. 클래런스에게 완전 개쪽을 당한 이후로 또 한 번 진짜 약을 끊어야지 생각했어.

디트로이트 약은 질이 정말 안 좋았어. 필리 조 존스의 말대로 '초콜릿을 사먹는 게 남는 장사'였어. 불순물이 너무 많이 섞인 거야. 그래서 오히려 약에 대한 내성이 사라지기 시작하더라구. 점차 약을 하는 것이 팔에 더 많은 주삿바늘을 꽂는 것에 불과해졌지. 나는 단지 주삿바늘을 꽂는 쾌감으로 약을 하고 있었던 셈인데, 어느 날 갑자기 더 이상 바늘을 꽂고 싶지가 않아서 관둬버렸어.

디트로이트에는 훌륭한 뮤지션들이 많았고 같이 연주하기 시작했어. 합주가 도움이 되더라고. 거의 약을 하지 않는 친구들이었어. 그들은 내가 해놓은 음악들을 우러러봤는데, 날 우러러보는 애들이 약을 안 하니까 나 역시 그러고 싶어졌지. 이름이 클레어 로커모어였나, 진짜 뛰어난 트럼펫 주자도 있었어. 이 새끼 연주 진짜 대단했어. 내가 들은 최고 중 하나였으니. 게다가 나와 엘빈 존스의 호흡이 짜릿하게 맞기 시작했어. 우리가 블루 버드라는 작은 클럽에서 연주하면 사람들이 우리 음악을 들으러 꽉 들어차곤 했지.

그 시기에 일어났던 일 중에서 확실히 해두고 싶은 게 하나 있어. 베이커스 키보드 라운지에서 나와 클리퍼드 브라운과 맥스 로치 사이에 있었던 일. 당시 난 블루 버드 전속 밴드인 빌리 미첼 밴드의 게스트 트럼펫 주자로 몇 달간 무대에 서고 있었지. 이 밴드의 드러머가 엘빈 존스였고 피아니스트는 토미 플래너건이었어. 베티 카터도 가끔씩 함께 했고 유세프 라티프, 배리 해리스, 태드 존스, 커티스 풀러, 도널드 버드 등도 함께 연주했어. 음악적으로 진짜 멋진 도시였지. 하루는 맥스가 클리퍼드 브라운과 새로 결성한 밴드를 데리고 디트로이트에 나타난 거야. 리치 파월(버드 파월의 동생)이 피아노, 해럴드 랜드가 테너 색소폰 그리고 조지 모로가 베이스였지. 맥스는 나에게 베이커스로 와서 함께 연주하지 않겠느냐고 했어.

그런데 내가 갈색 종이봉지에 트럼펫을 싸가지고 빗속에서 비틀거리며 들어와「마이 퍼니 밸런타인」을 불기 시작했다는 소문이 돈 거야. 순 뻥이지. 내가 하도 불쌍해 보여서 브라우니(클리퍼드 브라운을 그렇게 불렀다)가 밴드 연주를 멈추고 내가 연주하도록 놔뒀다는 거야. 그랬는데 정작 내가 하다 말고 다시 빗속으로 뛰쳐나가더래. 영화로 치면 멋진 장면일지 모르지만, 그런 일은 일어난 적이 없어. 첫째로, 나는 같이 불어도 되냐고 사전에 묻지도 않고 멋대로 맥스와 클리퍼드의 공연에 끼어드는 식으로 굴지를 않아요. 둘째로, 나는 빗속에 종이봉지 따위에 트럼펫을 싸들고 다니질 않아. 악기는 너무나 소중하니까. 또 내가 엄청 어려워져서 종이봉지에 트럼펫을 싸들고 다닐 신세가 됐다고 치자, 그럼 난 절대 맥스 앞에 얼씬거리지 않아. 내 자존심이 허락하지 않기 때문에.

베이커스에서 맥스가 나한테 연주해달라고 한 건 맞아. 그는 프레디 웹스터 식의 '즈즈즈즈' 하는 사운드를 좋아했고 나는 프레디처럼 낮은 음역에서 그렇게 불 줄 알았거든. 혀를 써서 소리를 끊어내는 일종의 기법 비슷한 거야. 난 걔네들과 그거 딱 한 곡 했다구. 근데 어디서 그 이상한 소문이 나온 건지, 참. 그건 그냥 전설일 뿐이야. 내가 아무리 약돌이였어도 그런 식으로 굴 정도는 아니었어. 이미 약을 끊어가고 있기도 했고.

어쨌든 나는 슈거 레이 로빈슨를 모범 삼아 진짜로 약을 끊고자 했어. 내가 만일 그만큼 자제력이 있다면 약을 끊을 수 있겠다 싶더라. 권투를 좋아했는데, 특히 슈거 레이 로빈슨은 정말 좋아하고 존경했었거든. 그는 격조 있는 위대한 선수였고 존나 끝판왕 멋쟁이였지. 잘생겼고 여자들이 많이 따랐어. 훌륭한 구석이 많았지. 사실 그는 나의 몇 안 되는 우상 중의 하나였어. 신문에 난, 멋지게 차려입고 멋진 여인들과 팔짱을 낀 채로 리무진에서 내리는 사진 같은 걸 보면 꼭 사교계의 명사 같아 보이잖아. 그러다가 딱 훈련에 돌입하면 말야, 다 아는 얘기지만 여자는 얼씬도 못 하게 해. 또 링에 올라 시합을 할 때면 사진과는 딴판으로 절대 웃지 않아. 링 위에 있을 때 그는 진지하고 경기에만 몰두해.

나도 그렇게 가리라 결심했어. 내 일과 관련해서는 진지하고 자제력 있게 행동하자. 이제 뉴욕으로 돌아가서 모든 걸 다시 시작 할 때가 됐다고 생각했어. 나는 마음속에 슈거 레이의 이미지를 지 니고 갔어. 뉴욕을 다시 상대할 만한 힘이 생겼다고 생각하게 된 것 은 슈거 레이 덕분이었어. 진짜 힘겨웠던 나날을 뚫고 나가게 해 줬지.

나는 5개월 남짓 디트로이트에서 보낸 뒤 1954년 2월에 뉴욕으 로 돌아왔지. 실로 오랜만에 기분이 좋았어. 매일 트럼펫을 불었고 헤로인을 끊었기 때문에 내 입 상태도 좋았지. 음악적으로나 육체 적으로 힘을 되찾았다는 것이 느껴졌어. 무슨 일이든지 할 준비가 되어 있었지. 호텔 방을 잡았고, 그리고 블루노트의 앨프리드 라이 언 사장과 프레스티지의 밥 와인스톡에게 전화를 걸어 녹음할 준비 가 됐다고 말한 것이 기억나. 나는 그들에게 약을 끊었고, 4중주 편 성만으로 앨범을 두어 장 내고 싶다고 말했지. 그들이 내 말을 듣더 니 좋아하더라구.

뉴욕의 재즈계는 내가 떠날 때와 달라져 있었어. 당시는 MJQ Modern Jazz Quartet가 최고였어. 그들이 구사한 실내악풍의 '쿨 재 즈'가 히트를 친 거야. 사람들은 계속 쳇 베이커와 레니 트리스타노 가 어떻고 조지 시어링이 어떻고 했지만, 그건 다 『쿨의 탄생』에서 나온 것들이야. 디지는 여전히 명연주를 들려주고 있긴 했어, 버드 는 존나 완전 망가졌고. 뚱뚱하고 지치고, 연주도 후져져서 가는 데 마다 말썽이었지. 심지어 버드랜드 매니저는 그의 출입을 금지했어. 동업자 한 명 하고 고함치며 싸운 일이 있었던 직후에. 버드를 기념

해서 이름을 지은 클럽에 정작 버드가 출입금지를 당하다니 참.

뉴욕에 도착한 후 나는 음악을 연주하고 음반을 만들고 그동안 잃어버린 시간을 충당할 생각밖에는 들지 않았어. 그해에 내가 만든 첫 두 장의 앨범은 블루노트에서 나온 『마일스 데이비스 2집』 *Miles Davis Vol.2*과 프레스티지에서 나온 『마일스 데이비스 쿼텟』 *Miles Davis Quartet*이었는데, 이 앨범들은 내게 매우 각별해. 프레스티지와의 계약이 효력을 발휘하기 전이어서 블루노트에서 앨범을 내는 일이 가능했거든. 나는 여전히 돈이 부족했기 때문에 블루노트의 앨프리드 라이언과 음반을 낼 생각을 했던 거야. 그 음반들로 힘을 되찾았어. 아트 블래키가 드럼, MJQ의 퍼시 히스가 베이스, 그리고 레스터 영과 스탄 게츠와 함께 연주했던 신예 호러스 실버가 피아노를 맡았어. 아마 아트 블래키가 호레이스 실버를 소개했던 것 같아. 둘이 매우 친했지. 호레이스도 내가 머물던 5번 애비뉴 근처 25번가에 있던 알링턴 호텔에 머물고 있었어. 그래서 금방 친해졌어. 호레이스가 자기 방에 업라이트 피아노(가정용 피아노)를 들여놔서 나도 거기서 곡을 쓰고 연주도 할 수 있었지. 나보다 서너 살 아래일 거야. 그에게 음악과 피아노에 대해 몇 가지 가르쳐주기도 했지. 나는 호레이스의 피아노 연주 스타일이 맘에 들었어. 당시 내가 꽤 좋아하던 횡키한, 리듬감 있는 스타일을 가지고 있었거든. 그가 아트의 드럼과 함께 밑불을 때면 건성으로 연주할 수가 없었지. 나 역시 신명을 내 연주해야 했어. 그래도 첫 앨범의「웰, 유 니든트」Well, You Needn't와 발라드 곡「잇 네버 엔터드 마이 마인드」It Never Entered My Mind 같은 곡은 몽크 스타일로 연주해달라 주문했지. 우리는「레이지 수전」도 녹음했어.

나는 밥 와인스톡의 프레스티지사와 3년 계약을 맺었어. 내 연주 경력의 초반기에 밥 와인스톡이 나에게 해준 것에 대해 언제나 고맙게 생각해. 레코드 업계에서 블루노트의 앨프리드 라이언만 빼고 나를 좆밥으로 보던 때에 나를 기용했으니까. 프레스티지에서 발매된 초기 음반에 대해 밥이 나에게 준 돈이 많지 않았어. 아마 한 장당 750달러였을 거야. 출판권도 다 자기가 갖기를 원했지만 주지 않았지. 1951년 무렵에는 그 돈으로 약을 지탱할 수 있었어. 또 당시의 녹음을 통해 좋은 밴드 리더가 되려면, 그리고 좋은 음반을 만들려면 어떻게 해야 하는지 배울 수 있었고. 우리는 줄곧 사이가 좋았어. 그렇게 지냈는데 언젠가부터 내 음반에 관해 자꾸 감 놔라 배 놔라 하려 들더라구. 그래서 그에게 "내가 뮤지션이고 당신은 제작자요. 당신은 기술적인 문제나 신경 쓰고 창조적인 부분은 내게 맡겨요" 하고 말하곤 했지. 그래도 곧이듣지 않으면, "밥, 좆까지 말고 꺼져, 씨발. 우릴 좀 가만 내버려두라구!" 하고 까대곤 했지. 내가 그러지 않았으면 소니 롤린스나 아트 블래키, 나중에 콜트레인과 몽크의 명연주를 얻지 못했을 거야. 밥이 녹음 세션에서 자꾸 다른 스타일을 들이밀었거든.

백인 제작자 대부분은 좀 더 백인적인 사운드를 만들려고 하기 때문에 흑인적인 것을 지키기 위해서는 사사건건 싸워야 했지. 밥 역시 존나 구린 '유사-백인스러운 걸' 들이대더라고. 그런데 좀 지나서 바뀌긴 했어. 그건 정말 한몫 놔줄 만한 일이지. 그는 절대 돈을 후하게 주지는 않았어. 우리가 그 숱한 명반들을 발매할 때도 마찬가지였고. 쥐꼬리만큼 쥐어주면서 이거면 됐지 하는 식. 당시 제작자들은 재즈 뮤지션들, 특히 흑인 뮤지션들을 그렇게 대했지. 요새도 사정이 크게 나아진 것은 아니지만.

나는 어쩌다가 트럼펫을 잃어버려서 몇 번 아트 파머 나팔을 빌려서 불었어. 프레스티지에서 발매된 『마일스 데이비스 쿼텟』 앨범에 실린 「블루 헤이즈 」Blue Haze가 아트 파머 악기로 연주한 곡이야. 31번가에 있는 녹음실에서 녹음했는데, 「블루 헤이즈」를 할 때 멤버 모두 내가 바라는 분위기에 젖도록 전등을 전부 껐던 기억이 나네. 불을 다 끄라고 하자 어떤 멤버가 "야, 불을 다 끄면 아트나 마일스를 볼 수가 없잖아"고 했는데, 웃겨 정말, 아트나 내가 특히 색깔이 검었거든. 아트 파머가 그 녹음과 그다음 4월의 녹음 때 와 있었던 기억이 나. 밥 와인스톡이 루디 반 겔더를 엔지니어로 쓰기 시작했어. 루디가 뉴저지주 해컨색에 살고 있어서 우리는 해켄색에 있는 그의 집 거실에서 녹음을 했지. 루디가 나중에 더 큰 스튜디오를 마련하기 전까지 프레스티지의 녹음 대부분이 거기서 이뤄졌어. 공간이 작고 비좁았지. 어쨌든 나는 아트 파머의 나팔을 쭉 빌려 쓰고 있었는데, 나중에 서로 공연 일정이 겹치는 바람에 나팔 가지고 서로 다투기도 했었어. 빌릴 때마다 10달러를 내고 있었으니 나한테 독점권이 있다고 생각했었나 봐. 심지어 그보다도 우선권이 있는 걸로. 그 이후엔 내 악기를 살 때까지 줄스 콜롬비의 트럼펫을 썼지. 줄스는 프레스티지에서 음반 포장 일을 하고 있었어. 아마추어 연주자였는데, 나중에 블러드, 스웨트 앤드 티어스의 멤버가 된 바비 콜롬비와 형제지간이야.

프레스티지의 4월 세션에서는 케니 클라크가 아트 블래키 대신 드럼을 쳤어. 케니의 브러시 테크닉†이 필요했거든. 부드러운 브러시를 쓰는 데에는 '클룩'Klook‡을 당할 사람이 없었지. 나는 그날 트럼펫에 뮤트를 써서 연주했고. 부드럽고 스윙감 있는 드럼을 원했거든.

그달 하순에는 프레스티지의 『워킹』Walkin' 앨범을 녹음했는데, 이게 내 인생과 경력을 통째로 바꿔놓게 돼. 녹음 때 J.J. 존슨과

† 드럼을 스틱이 아니라 솔로 연주하는 기법.

‡ 케니의 별명.

럭키 톰슨을 기용한 이유는 그들이 웅장한 사운드를 낼 줄 알았기 때문이거든. 알다시피 럭키는 벤 웹스터나 비밥 스타일에 어울렸어. J.J. 역시 웅장한 사운드와 음색을 지니고 있었고. 그밖에 베이스에는 퍼시 히스, 드럼에 아트 블래키, 피아노에 호레이스 실버가 참여했어. 음악에 대한 아이디어는 알링턴 호텔의 내 방 아니면 호레이스의 방에서 구상된 거였어. 대부분은 호레이스의 낡은 업라이트 피아노에서 나왔지. 녹음 세션이 끝난 후 상당히 잘됐다는 느낌이 들었어. 밥 와인스톡과 루디마저도 결과물에 흥분을 감추지 못하더라구. 하지만 그해에 앨범이 발매되고 나서야 비로소 그 영향력을 실감할 수 있었어. 진짜 존나 쩌는 앨범인 거야. 호레이스가 횡키한 피아노를 깔고 아트가 죽이는 리듬으로 받쳐줬잖아. 정말 엄청났다구. 내가 그 위에다 디즈와 버드가 시작했던 비밥의 즉흥연주를 다시 끌어들여 불을 붙이는 거지. 거기서 그와 동시에 이 앨범을 좀 더 횡키한 블루스 쪽으로 밀고 가려 하는데, 호레이스가 바로 그게 되잖아! 그 위에서 나와 J.J., 럭키가 놀고. 그러니 쌍, 이 음악이 새로운 방향으로 안 갈 수가 없지 않겠느냐 말야.

딱 그 무렵에 캐피톨이 1949년과 1950년에 녹음했던 『쿨의 탄생』을 재발매했어. 당시 녹음했던 열두 곡 중에서 여덟 곡을 골라 LP로 재발매하면서 앨범 제목을 『쿨의 탄생』이라 붙인 거야. 우리 음악을 『쿨의 탄생』으로 부르기 시작한 게 그때부터야. 그런데 회사에서 「부도」Budo, 「무브」, 「밥리시티」를 빼는 바람에 열 좀 받았었지. 어쨌거나 당시에 이 음반이 사람들의 귀에 쏙 들어오는 『쿨의 탄생』이라는 제목을 달고 나와서 평론가(특히 백인)들을 위시한 많은 사람이 나한테 다시 주목하게 됐지. 그 무렵 나는 순회 공연을 할 수 있는 정규 밴드를 구상하기 시작했어. 피아노에 호레이스 실버, 테너에 소니 롤린스, 베이스에는 퍼시 히스 그리고 드럼에 케니 클라크를 기용하고 싶었는데 소니는 약물중독과 주살나게 감옥을 드나드는 생활 때문에 참여하기가 힘들었어. 그래도 머릿속에서는 그에게 테너를 맡기고 싶었어.

1954년 여름이 되어 다시 프레스티지의 스튜디오로 들어갔지. 이번에는 소니, 호레이스, 퍼시 그리고 클룩이 참여했어. 내가 원하던 소리를 내기 위해서는 이 멤버들이 필요했어. 클룩이 아트 블래키보다 더 알맞았지. 클룩이 아트보다 섬세했거든. 그가 아트보다 드럼을 잘 친다는 말이 아니라, 그의 스타일이 당시 내가 원하던 음악에 더 적당했다는 뜻이야.

그 무렵 내가 좋아하는 피아노 스타일이 또 있었어. 누나 도러시가 1953년에 소개해준 아마드 자말의 연주나 음악적 아이디어가 마음에 들더라구. 누나가 시카고 페르시안 라운지의 유료 전화기로 전화를 걸어와서는, "주니어(식구들은 그때까지도 나를 마일스라 부르지 않았어. 아버지가 돌아가실 때까지 그랬어), 지금 여기서 어떤 사람이 피아노 치는 걸 듣는데, 이름이 아마드 자말이더라. 니가 좋아할 것 같아" 이러는 거야. 시카고 쪽에 일이 있을 때 그를 보러 한번 들렀다가 그의 여백을 중시하는 아이디어와 가벼운 터치, 절제된 표현력, 그리고 음들과 코드와 선율을 분할하는 방식에 뻑가고 말았어. 또「더 서레이 위드 어프린지 온 탑」The Surrey With a Fringe On Top,「저스트 스퀴즈 미」Just Squeeze Me,「마이 퍼니 밸런타인」My Funny Valentine,「아이 돈 워너 비 키스트」I Don't Wanna Be Kissed,「빌리 보이」Billy Boy,「어 걸 인 칼리코」A Girl in Calico,「윌 유 스틸 비 마인」Will You Still Be Mine,「벗 낫 포 미」But Not For Me 등의 스탠더드 곡들과「아마드의 블루스」Ahmad's Blues,「뉴 룸바」New Rhumba 같은 그의 자작곡 레퍼토리까지 마음에 드는 거야. 서정적인 선율이 아주 좋았고 또 그의 연주 방식과 그룹 전체의 보이싱을 위한 여백 두기 등이 맘에 들었어. 늘 그렇게 생각해왔는데, 아마드 자말은 실력에 비해 명성을 못 누린 피아니스트라고 봐.

1954년 여름의 내게 미친 그의 영향력이 나중만큼 크지는 않았어도 상당했던 터라 프레스티지의 앨범에 「벗 낫 포 미」를 넣게 되는 계기가 됐어. 그 곡 말고 그날 녹음한 다른 곡들은 전부 소니의 곡이었지. 소니 롤린스는 진짜 대단해. 번뜩번뜩해. 당시 그는 아프리카에 관심이 많았는데, 한 곡에서는 나이지리아의 철자를 뒤집어서 「에어진」Airegin이라고 제목을 붙이기도 했지. 그의 또 다른 곡 「독시」Doxy의 경우에는 곡을 가져와서 그 자리에서 고치더라고. 종이 한 장을 북 찢더니 첫 마디, 음, 코드, 코드 변화 등을 써 내려갔어. 스튜디오로 들어갈 때가 되어 소니에게 "곡 어디 있어?" 하고 물으면 "아직 안 됐어"라거나 "끝내질 못했어"라는 대답이 나와. 그럼 난 그가 가져온 걸 좀 불어보는 거야. 소니가 그사이에 구석에 가서 종이 쪼가리에다 쓱쓱 곡을 적더니 금방 다시 가져오면서 "야 마일스, 이제 다 됐어" 이래. 그런 식으로 그가 쓴 곡 중 하나가 「올레오」Oleo야. 그는 이 제목을 당시 버터의 싸구려 대용으로 대박을 친 '올레오 마가린'에서 따왔어. 나는 뮤트를 사용했고 베이스 라인은 비워놨지. 우리가 딱 연주를 멈추면 호레이스가 피아노로 치고 들어와. 이런 연주가 이 곡을 독특하게 만들었어.

당시 우리는 이런 걸 '쪼기'라고 불렀어. 조금 장황한 리프 하나를 쪼갠 다음, 리듬이 그 사이로 탁 들어왔다가 빠지는 식인데, 훌륭한 드러머가 있으면 이걸 멋드러지게 할 수 있지. 클룩만큼 요 짓을 잘하는 드러머는 없어.

나는 헤로인은 끊었지만 코카인은 가끔 썼는데, 이게 습관성이 아니라고 봤던 거야. 해도 그만 안 해도 그만, 하다 말아도 금단현상이 없더라구. 특히 뭔가 창작을 할 때, 또는 오랫동안 스튜디오로 들어갈 때 이걸 하면 좋아. 이번 녹음에서는 액체 코카인을 스튜디오에 가지고 들어갔었어. 녹음이 잘 끝났고 내 자신감은 매일 붙어만 갔지. 그런데도 그때까지도 내게 정규 밴드를 결성할 만한 여력이 없다는 것이 실망스러웠어. 이 스튜디오 안에 있는 멤버로 정규 밴드를 꾸리면 위대한 밴드가 될 텐데, 케니는 MJQ 쪽으로 갔지, 퍼시와 아트와 호레이스는 다음 해에 새 그룹을 만들자고 하지, 그래서 나는 내 걸 꾸리기 위해 필리 조 존스와 여러 도시를 돌면서 그 지역 뮤지션들과 함께 연주하고 다녔어. 필리가 먼저 가서 사람들을 섭외한 후 내가 따라가서 연주하는 식으로. 그치만 안타깝게도 이 짓거리는 대개의 경우 내 신경질만 돋웠어. 뮤지션들이 편곡을 잘 모르거나 심지어는 곡조차 잘 모를 때가 있어. 내가 생각한 대로 일이 돌아가려면 아직 먼 거지.

그렇긴 해도 우리는 이 시기에 버드랜드에서 잼 세션을 많이 했어. 버드랜드에 설 때면 여기저기 코카인이 흘러다니곤 했었지. 모든 뮤지션이 썼으니까. 그때 트럼펫 주자가 코카인을 많이 하면 입이 마르지 않도록 물을 많이 마셔야 한다는 걸 알게 됐어. 입은 얼얼했지만 내 창조적인 아이디어는 마를 새가 없었어. 머릿속에서 계속 튀어 올랐으니까.

내가 약돌이였을 때 클럽 주인이나 평론가들은 나를 더러운 놈 취급했잖겠어? 그런데 1954년에는 헤로인도 끊은 것 같고 뭔가 강해지는 기분도 들고 날 좆밥 취급하는 것들을 이제 상대 안 해도 될 거 같다는 감이 오더라구. 이런 생각들은 마음속 저 밑바닥에 있는 거라 당시엔 내가 그렇게 생각하거나 느끼는 줄도 몰랐지만. 나는 지난 4년간 나 자신에게 벌어진 일들에 몹시 분노를 느꼈어. 거의 아무도 믿지 않았어. 이게 내가 취한 태도와 관련이 있다고 봐. 공연에 나가면 난 새끼들한테 차갑게 대했어. 돈 내놔, 그럼 연주할게,

이런 식이었지. 남들 똥꼬를 핥거나 썩소 날리는 따위의 짓거린 절대 안 하리라 맘먹었지. 그 무렵부터는 곡 소개도 안 했어. 곡 제목이 뭐 중요해, 음악이 중요하지. 무슨 곡인지 알 만한 사람들은 아는데 내가 뭐 하러 또 소개를 하나? 멘트 치는 것도 관뒀어. 내 이야기 들으러들 왔어? 음악 들으러 온 거지, 엉?

많은 사람들이 나를 쌀쌀맞다고 여기는데, 맞아, 실제로 그랬으니까. 솔직히 누구를 믿어야 할지 알 수가 없더라구. 그래서 경계심을 늦추지 않았고, 그게 사람들이 보는 내 모습이었어. 모르는 사람들과 어울릴 때는 걱정이 들어. 게다가 나는 약물중독을 경험한 터라 사람들과 깊이 접촉하지 않으면서 나를 지키려고 노력했지. 그렇지만 친한 사람들은 내가 신문에 보도된 것처럼 굴지는 않는다는 걸 잘 알고 있었지.

드디어 나는 바비 맥퀼런에게 가서 그의 문하생이 될 만큼 깨끗하다는 걸 확인시켜줬지. 나는 틈만 나면 체육관에 갔고 바비가 복싱을 가르쳐줬어. 그는 강도 높게 나를 훈련시켰어. 우린 친했지만 바비는 친구라기보다는 트레이너였어. 나는 그처럼 권투하는 법을 배우고자 했고.

바비와 나는 같이 시합도 보러 가고 맨해튼 미드타운에 있는 글리슨 체육관이나 업타운 할렘 116번가 8번 애비뉴(지금의 110번가 너머 프레드릭 더글러스 블러바드)의 모퉁이 빌딩 5층인가 6층에 있던 실버맨 체육관에서 훈련도 하고 그랬지. 슈거 레이도 거기 와서 훈련하곤 했는데, 그가 훈련하러 들어오면 모두 하던 걸 멈추고 그를 구경했어.

바비는 '축회전'swivel(내가 그냥 이렇게 부르는 거야)의 기술에 관해서는 도사였어. 축회전은 펀치를 날릴 때 몸을 축으로 다리와 엉덩이를 회전시키는 걸 뜻해. 펀치를 날릴 때 이렇게 하면 훨씬 강도를 높일 수가 있지. 바비는 꼭 조 루이스의 트레이너 블랙번 같단 말이야. 블랙번이 조 루이스한테 이걸 전수했고 조 루이스가 단 한 방으로 상대방을 때려눕힐 수 있었던 비결이 이거야. 나는 바비가 틀림없이 이 기술을 조에게서 전수받았을 걸로 봐. 둘이 서로 잘 아는 사이인 데다가 같은 디트로이트 출신이거든. 조니 브래튼도 그 기술을 썼고 슈거 레이도 축회전이 뭔지 알아. 그러니까 위대한 복서들이 시합에서 쓰는 여러 움직임의 하나쯤 되는 거지.

이 움직임은 계속 반복해서 연습해야만 얻어져. 그래야만 반사적으로, 거의 본능적으로 동작이 나와. 꼭 악기를 연습하는 것과 비슷해. 그렇잖아, 또 하고 또 하고 계속 반복 연습해야 해. 많은 사람들이 내가 복서의 마음가짐으로 복서처럼 생각한다고들 하는데, 틀림없이 그런 거 같아. 음악을 하거나 뭔가 내게 중요한 것을 할 때는 매우 공격적인 스타일이 되는 사람인가 봐. 누군가 내 모자를 툭 떨어뜨려도 그게 나를 해하는 거라면 나는 싸워. 몸으로. 난 그런 놈이라구.

복싱은 과학적인 운동이야. 그래서 나는 진짜배기 선수들이 붙는 복싱 경기를 즐겨 봐. 잽을 날릴 때만 해도 그래. 상대방이 잽을 흘리면서 오른쪽이나 왼쪽으로 움직이잖아, 그럼 그의 머리가 가는 방향에 따라서 날려야 하는 주먹이 순간적으로 달라져. 펀치를 그가 움직이는 궤적 위에 정확히 놓아야 하는 거지. 권투는 사람들이 생각하는 것처럼 싸움질이 아니라 과학적이고 정확성을 요구하는 운동이야.

바비는 내게 조니 브래튼의 스타일을 가르쳐줬어. 내가 그걸 배우고 싶어 했기 때문이지. 복싱도 음악처럼 스타일이 있어. 조 루이스 스타일, 에저드 찰스 스타일, 헨리 암스트롱 스타일, 조니 브래튼 스타일, 슈거 레이 로빈슨 스타일 등. 최근에는 무하마드 알리,

슈거 레이 레너드, 마빈 해글러, 마이클 스핑크스, 마이크 타이슨 같은 선수들이 자기 스타일을 가지고 있어. 아치 무어의 스타일도 특이한 스타일이지.

하긴 무슨 일을 하건 자기 스타일이 있어야 하는 건 마찬가지겠지. 문학, 음악, 그림, 패션, 권투 등등. 세련되고 창조적이고 상상력이 풍부하고 혁신적인 스타일이 있는 반면 그렇지 않은 스타일도 있고. 슈거 레이 로빈슨의 스타일은 그 모든 걸 갖추고 있어. 그는 지금까지 내가 본 중에 가장 정교한 복서야. 바비 맥퀼런이 말해준 건데, 슈거 레이는 처음 2, 3라운드에 상대방이 어떻게 나오나 시험하기 위해 네댓 개 정도의 덫을 던진다는 거야. 어떤 때는 그냥 팔을 뻗고 상대방의 리치 바깥에 머물면서 때려눕힐 길이를 재. 그러면 상대방은 멍하니 있다가 갑자기 퍽! 하고 한 방 먹고서야 뭔 일이 났는지 알게 되지만, 그땐 이미 별을 세고 자빠져 있는 거지. 또 어떤 때는 상대방의 잽을 두어 번 피한 후 인사이드로 들어가 강한 펀치를 쾅! 하고 날려. 그게 1라운드일 수도 있어. 슈거는 여덟아홉 번쯤 옆구리를 강하게 가격한 후 상대방이 어리바리할 때 얼굴에다가 펀치를 꽂기도 해. 그렇게 서너번 연타로 얼굴을 때린 후 다시 파고들어 갈비뼈 쪽을 가격한 다음 다시 얼굴을 노려. 그런 식으로 왔다 갔다 하며 4, 5회가 되잖아? 그럼 상대방은 이제 슈거가 어떻게 나올지 가늠을 못 하게 되는 거지. 게다가 그맘때쯤이면 복부나 얼굴에 심한 통증이 시작돼.

그런 것들은 절대 저절로 터득할 수 없어. 누군가가 가르쳐줘야만 알 수 있는 것들이거든. 마치 올바른 악기 연주법을 가르치듯이 말이야. 올바른 주법을 배우고 난 다음에야 방향을 돌려서 음악 소리가 들리는 대로, 니 '마음대로' 연주할 수 있게 되는 거야. 음악이건 권투건 처음에는 제대로 연주하는 법을 배워야 해. 디지와 버드가 나에게 이런 걸 가르쳐줬지. 몽크도 그랬고, 아마드 자말, 버드 파월도 그랬고.

116번가에서 훈련하는 슈거 레이 곁에는 사람들이 '쫄병님'Soldier이라 부르던 흑인 노인이 있었어. 본명은 모르겠어. 슈거는 트레이너 말고 딱 한 사람의 말만 들었는데, 그게 쫄병님이야. 슈거가 링에서 내려오면 이 노인이 레이의 귀에다 대고 뭔가 속삭여. 그러면 슈거는 고개를 끄덕끄덕. 아무도 쫄병님이 무슨 말을 했는지 몰라. 그런데 슈거는 그 말을 듣고 링에 올라가 상대방을 꼭 자기 마누라와 놀아난 새끼처럼 조져버려. 나는 슈거를 보는 것을 정말 즐겼고 그를 우상으로 삼았어. 그해 여름, 슈거한테 내가 헤로인을 끊은 원동력이 당신이었다고 하니까 슈거가 웃었던 게 기억나.

나는 슈거가 낸 바에 놀러가기도 했어. 그 바는 122번가와 123번가 사이 7번 애비뉴에 있었어(지금의 애덤 클레이턴 주니어 불러바드). 가면 레이가 나와 있을 때도 있었지. 거기서 많은 멋쟁이들과 미녀들, 복싱선수와 거물급 꾼 들이 어울렸어. 다들 서서 크게 손짓을 하며 왁자지껄 떠들곤 했지. 바에서 싸움꾼이 시비라도 걸면 슈거는 이렇게 말했어.

"내가 챔피언인 게 안 믿겨? 여기 서서 당신이랑 말 섞고 있어서? 바로 지금, 여기에서 증거를 보여줄까? 우리가 서서 이야기 하는 바로 여기서?"

그렇게 말하고는 그는 어깨를 쫙 펴고 늠름하게 발을 딛은 후 양손을 모은 채 스텝을 밟아. 옷은 쫙 빼입었지, 머리는 완전 올백으로 넘겼지, 존나 멋진 모습으로 어디 한번 덤벼볼래? 하는 태도를 보일 때 자주 띠던 그 씩 웃는 웃음을 얼굴에 머금고 말야. 위대한 파이터는 도전적이야. 위대한 아티스트가 그렇듯이. 그들은 누구와도 대결해. 슈거 레이는 할렘 슈거힐 언덕의 왕이었고 자기도 그걸 알고 있었지.

　슈거는 사람들에게 나를 파이터가 되고 싶어 하는 위대한 뮤지션이라고 소개하곤 했어. 그런 후 특유의 높은 톤으로 웃어젖히지. 드럼 치는 걸 좋아해서 뮤지션들과 즐겨 어울렸어. 한번은 조니 브래튼의 경기를 보러 갔는데 슈거가 내게 오더라. 그는 내가 조니 브래튼의 팬이라는 걸 알고 있었지. 그가 내게 "니가 미는 선수가 어떻게 할 것 같아?" 묻길래, "뭘 어떻게 해?" 하고 되물었지.

　"내 말은 이 경기를 어떻게 소화할 것 같냐, 이거야. 조니에게는 지금 상대가 너무 강해. 상대가 조니 같은 웰터급 선수에 비해 체중이 너무 많이 나가." 조니는 그날 캐나다 출신의 미들급 정도 되는 선수와 경기를 하고 있었는데, 슈거가 그와 10라운드 경기를 한 적이 있다는 거야. 그러더니 레이는 스텝을 현란하게 밟으며 어깨를 딱 펴고 두 주먹을 쥔 채 자세를 낮춰 내 눈을 똑바로 쳐다보더니, 씩 웃으며 "자, 어떻게 생각해, 마일스. 조니가 이길 거라고 지금 당장 말할 수 있겠어?" 이러는 거야.

　내가 조니 편을 들 수밖에 없다는 건 그도 알고 있던 터라, 나는 "조니가 이길 거야!"라고 대답했지. 그랬더니 슈거가 특유의 차가운 미소를 띤 채 "그래? 한번 볼까? 보면 알겠지" 하고 대꾸하더라.

　그런데 웬걸, 조니가 그 캐나다 선수를 1회에 KO시키고 말았어. 그래서 나는 의기양양하게 "거봐, 레이, 조니가 어떻게 하는지 봤지?" 하고 말했지. 그랬더니 슈거가 이렇게 응수하더군.

　"흠. 이번엔 그랬군. 저 링 위에서 그와 내가 맞붙을 때 한번 봐. 아마 이번처럼 운이 좋지는 않을걸." 과연 슈거는 나중에 조니를 때려눕히더라. 그 후 슈거는 나와 만난 자리에서 언제나 그렇듯 구두굽에 의지해서 몸을 앞뒤로 까딱까딱거리면서 씩 웃으면서 이러는 거야. "자, 마일스. 니가 응원하던 선수에 대해 어떻게 생각해?" 이렇게 말하고는 높은 목소리로 떠나가라 웃더라. 저렇게 웃다가 죽지 않을까 싶을 정도였지.

이렇게 슈거 레이에 대해 길게 늘어놓은 건 1954년의 나에게 그가 음악을 제외하면 가장 중요했기 때문이야. 심지어 어느 순간 내가 그를 모방해서 행동한다는 게 느껴지더라고. 모든 면에서 말이야. 그 오만한 태도하며, 뭔지 알지?

레이는 냉철했고 최고였으며 1954년에 내가 원하던 모든 것이었어. 처음 뉴욕에 왔을 때 난 군기가 바짝 들어 있었지. 내가 할 일은 그 좆같은 마약의 덫에 걸리기 전에 내가 하던 방식으로 돌아가는 것뿐이었어. 그래서 그때부터 아무 나부랭이의 말은 곧이듣지 않았어. 나도 슈거 레이의 '쫄병님'과 같은 사람을 구했는데 그게 바로 길 에번스였어. 나는 헛소리를 하는 작자들한테는 그냥 "좆까"하고 말하기로 결심했어. 그러면 내 길을 똑바로 갈 수 있더라고.

내가 아는 모든 사람 중에서 길 에번스는 내가 음악에 관해 생각하는 바를 제대로 끌어낼 줄 알았던 거의 유일한 사람이야. 그는 내 연주를 들으러 와서 편안하게 내 곁으로 다가와 "마일스, 너는 멋지고 개방적인 사운드와 음색을 가지고 있어. 그걸 좀 더 사용해보지 그래?" 하고 툭 던지곤 했어. 그런 다음 그냥 슥 가버려. 그러면 나는 남아서 그가 한 말을 곱씹게 되는데, 바로 그 자리에서 그의 말이 옳다는 판단이 와. 어떨 때는 내게 다가와서 다른 사람이 듣지 못하게 조용히 속삭이기도 하지. "마일스, 왜 멤버들이 멋대로 불게 놔두는 거야. 그 위에다가 뭔가 니 연주를 쌓아 올려. 거기다가도 니 소리를 집어 넣어야지." 또 내가 백인들과 연주할 때면, "쟤네들 사운드 위에 너의 사운드를 덧씌워"라는 말도 해줬어. 그러니까 그들의 '백인적인' 사운드 위에 나의 색채를 부여하라 이거지. 흑인적인 걸 걔네들 거 위에 얹으라는 거야. 나도 알고 있는 것들이지만, 그의 말은 그걸 더 확실하게 하고 내가 잊지 않도록 해줬어.

1954년에 나는 몸과 마음을 다지기 위해 규칙적으로 체육관에 갔어. 내 깊은 곳에 뭔가가 있다는 걸 알고 있었어. 뉴욕에 오기 전부터 있었고, 뉴욕에 온 초기에도 있었으니까. 그런데 1949년 파리에 다녀온 이후에 잃어버렸던 거야. 또, 인생에서 '쫄병님'이나 길 에번스 같은 동반자가 한 사람 있으면 행운이라는 것도 깨달았어. 잘못된 길로 들어섰을 때 옷깃을 잡아줄 만큼 친한 사람 말이야. 길 에번스 같은 사람이 뭔가 일깨워주지 않았다면 내가 진짜 어떻게 되었을까. 약을 끊고 보니 내 깊은 내면은 옛날 그대로더라구. 그게 속에 있다 하더라도 약돌이가 된 이후부터는 진짜 내가 아니었던 거야. 나는 약을 끊은 후 다시 나 자신으로 돌아와 계속 성장하고자 했어. 그 생각밖에는 안 들더라. 처음 뉴욕에 왔을 때처럼 '성장하는' 거 말이야.

그해 여름, 쥘리에트 그레코가 뉴욕에 왔어. 헤밍웨이의 『태양은 다시 떠오른다』*The Sun Also Rises*를 영화화하려는 제작자를 만나기 위해서였지. 제작진은 쥘리에트를 배우로 쓰고 싶어 했어. 그 무렵 그녀는 프랑스에서 가장 유명한 영화 스타 중 한 명이었고, 그에 걸맞게 파크 애비뉴의 월도프-아스토리아 호텔의 특실에 묵고 있었지. 내게 연락이 닿았어. 우리는 1949년 이후로 만나지 못했었고, 그사이에 많은 일이 있었지. 두어 번 편지를 교환했고 서로의 친구들을 통해 안부를 전했지만 그뿐이었어. 나는 그녀가 나에게 어떤 영향을 미칠지 궁금했고, 그녀도 틀림없이 똑같이 느꼈을 거야. 그동안 내가 겪은 짓거리들을 쥘리에트가 알고 있었는지는 알 수 없었어. 내 헤로인 문제에 관한 소문이 유럽에까지 퍼졌을까 궁금하더라.

그녀가 나를 초대했고 나는 갔지. 그런데 그녀가 내 머리와 가

숨과 피, 그 모든 것을 흥분시키던 곳, 파리를 떠나오기 전에 일어났던 일들을 생각하니 약간 조심스러워지더라구. 그녀는 내가 최초로 진정 사랑했던 여인이었고, 그녀와 헤어지면서 상심한 나머지 구렁텅이에서 허우적대다가 헤로인에 빠졌던 거야. 마음 깊이 그리움이 자리했고 그녀를 보고 싶었어. 아니, 봐야만 했지. 하지만 혹시 몰라 드러머 아트 테일러를 데리고 갔어. 아무래도 상황을 최대한 조절하려면 그게 나을 거 같더라구.

우리는 내가 갖고 있었지만 별로 사용하지 않던 MG 스포츠카를 몰고 월도프로 갔지. 엔진을 붕붕거리며 차를 주차장에 대자 백인들이 존나 발린 기분이 들었나 봐. 야리꾸리한 차림새의 두 깜둥이가 MG 스포츠카를 몰고 월도프에 오다니 이건 뭐지. 프런트로 걸어 올라갔더니 로비에 있는 사람들 모두가 우릴 쳐다보지 않겠어? 짐꾼도 아닌 깜둥이 둘이 월도프의 프런트에 있는 게 갸네들 대가리엔 씨발 존나 충격적이었겠지. 나는 데스크 직원한테 쥘리에트 그레코 좀 불러달라고 했어. 그랬더니 카운터에 있던 사람이 "쥘리에트 누구요?" 하고 다시 묻더군. 이 씨발놈은 내가 지금 꿈을 꾸나, 이 깜둥이가 돌았나 하는 표정이었어. 나는 다시 그녀의 이름을 말하면서 룸에 전화하라고 시켰지. 직원은 다이얼을 돌리면서도 믿기지 않는 듯한 표정으로 날 보더라. 그녀가 올려 보내라고 하자 이 씨발 새끼는 그 자리에서 자빠져 죽어버릴 태세였어.

우리가 로비를 가로질러 가는데 꼭 묘지처럼 조용하더군. 엘리베이터를 타고 쥘리에트의 방으로 올라갔어. 그녀가 문을 열더니 팔을 벌려 내게 안기며 마구 키스를 퍼붓더라. 나는 그녀에게 아트를 인사시켰는데, 내 뒤에서 충격 먹은 표정으로 서 있던 아트를 보더니 쥘리에트의 얼굴에서 반가운 기색이 싹 가시더라구. 저 깜둥이가 여기 서 있는 건 보기 싫다는 표정이었어. 진짜 실망했던 거지. 자, 그렇게 우리가 안으로 들어갔단 말야. 딱 보니 존나 이쁜 게 예전보다 더해. 심장이 쾅쾅 뛰는데 감정을 조절하려고 무진장 애를 쓰고 있었단 말이지. 근데 그게 쥘리에트를 차갑게 대하는 걸로 이어졌어. 갑자기 기둥서방 근성이 튀어 나오는데, 겁이 나서이기도 했지만 약돌이 시절 버릇이 몸에 배어 있었기 때문이기도 해.

나는 이렇게 말해버려. "쥘리에트, 돈 좀 줘, 지금 당장 돈이 좀 필요해!" 그랬더니 지갑을 가져와서 돈을 좀 꺼내주는데 도대체 이게 지금 뭔 일인 거야 싶어 어안이 벙벙해진 표정인 거라. 나는 돈을 받고 그녀를 열라 차가운 시선으로 바라봤지. 속으로는 당장 그녀를 안고 사랑을 나누고 싶은데, 그러면 내가 어떻게 될지 두렵고, 감정을 조절할 수 없을지 몰라 겁이 나더라.

한 15분 지났나, 난 할 일이 있다고 말해. 그랬더니 나중에 또 만날 수 있어? 나 영화 찍는 동안 스페인에 같이 갈까, 물어. 그래서 난 생각 좀 해보고 다음에 알려줄게, 해버려. 그녀가 그런 취급을 받은 적이 또 있었을까. 널 원한다, 갖고 싶다, 이런 남자들이 지천이니 맘만 먹으면 못 얻을 게 어딨겠어. 내가 문 밖으로 나가자 그녀는 내게 또 물어. "마일스, 정말 다시 오는 거야?"

"야 이 쌍년아, 좀 닥쳐줄래. 나중에 연락한다고 그랬지!" 그렇게 내뱉으면서도 속으로는 그녀가 나를 붙들기를 바라고 있어. 난 이렇게 다시 만난 쥘리에트를 지랄스럽게 개같이 대한 거야. 그녀는 크게 충격을 먹은 나머지 나를 보내는 것 말고는 할 수가 없었어. 난 그 후 그녀에게 연락해서 일이 너무 바빠서 스페인에는 같이 갈 수 없지만 나중에 프랑스에 갈 일 생기면 한번 보자고 했어. 너무나 충격을 받은 그녀는 어찌할 바를 몰라했지만, 그러자고 하더라. 나중에 프랑스에 오게 되면 보자고. 그러더니 내게 주소와 전화번호를 남기고 전화를 끊었어. 그걸로 끝.

결국 나중에 우린 재회했고 그다음엔 오랫동안 연인 사이를 유지했어. 월도프에서 만났을 때 내 문제가 뭐였는지 털어놓으니 그녀는 내 태도에 너무나 혼란스러웠고 실망이 컸다고 하면서도 종국엔 나를 이해하고 용서했어. 쥘리에트가 나중에 찍은 영화들 중 하나에서(장 콕토의 영화였을 것 같은데), 그녀가 침대 곁의 탁자 위에 내 사진을 놓는 장면을 볼 수 있지.

그러니까 약습관이 생긴 이후에 내 태도가 변한 거야. 내게 적대적이라고 생각되는 세상으로부터 나를 보호하려고 난 내 안으로 파고들었어. 그리고 때로는, 쥘리에트 그레코를 만났을 때처럼 누가 내 적이고 친구인지 분간을 못했고, 그래서 자꾸 편을 가르려 했어. 그냥 전부 냉정하게 대한 거야, 실은. 바로 그런 식으로, 누구도 내 감정이나 느낌 속으로 들여보내지 않으면서 나 자신을 보호하려 했어. 그리고 그건 오랫동안 먹혀들었고.

1954년 크리스마스이브에 밀트 잭슨, 델로니어스 몽크, 퍼시 히스, 케니 클라크를 데리고 스튜디오로 들어갔어. 우리는 프레스티지를 위해 『마일스 데이비스 앤드 더 모던 재즈 자이언츠』*Miles Davis and the Modern Jazz Giants*라는 음반을 취입했지. 녹음은 루디 반 겔더의 해컨색 스튜디오에 가서 했고. 그런데 그 녹음을 둘러싸고 델로니어스 몽크와 나 사이에 있었다고들 하는 알력과 분노에 관한 소문은 상당 부분 잘못됐어. 거의 순 거짓말인 이 소문은 사람들이 자꾸 되풀이해서 이야기하는 바람에 사실처럼 돼버렸어. 그날 '일어났던' 일은 우리 모두 뭔가 위대한 음악을 연주했다는 거였어. 나와 몽크 사이에 벌어진 일에 대해 이번 한 번만 분명히 해둘게.

나는 몽크에게 그의 곡인 「범샤 스윙」Bemsha Swing 이외에는 내가 연주할 때 뒤에서 받쳐주지 말고 그냥 빠져 있으라고 했어. 몽크에게 그렇게 말한 이유는 관악기 주자 뒤에서 연주하는 방법을 몽크가 전혀 몰랐기 때문이야(이제까지 그와 함께 연주했던 트럼펫이나 색소폰 주자들 중 좋은 사운드를 낸 사람은 존 콜트레인, 소니 롤린스와 찰리 라우스뿐이었어). 몽크는 나팔 뒤에서 터프하게 연주할 줄 모른다니까, 특히 트럼펫하고는 더 그래. 트럼펫은 낼 수 있는 음이 그리 많지 않기 때문에 리듬 섹션이 잘 받쳐줘야 하는데, 몽크는 그게 잘 안 돼. 심지어 트럼펫이 발라드를 할 때조차 리듬 섹션은 격렬하게 가야 해. 그런 식으로 리듬이 몰아가 줘야 한단 말야, 근데 몽크는 그런 건 잘 안 키워. 그래서 내가 연주할 땐 좀 빠져 있으라고 한 거야. 코드 변화를 보이싱하는 방식도 불편했고 그날 녹음에서 호른 파트는 나 혼자뿐이었거든. 나는 피아노 사운드 없이 리듬 섹션이 노니는 것을 듣고 싶었어. 음악에서 공간을 듣고 싶던 거야. 난 작·편곡 모두에서 음악을 통해 숨 쉬는 공간의 개념을 막 사용하기 시작하고 있었거든. 그건 아마드 자말에게서 가져온 거야. 그날 우리는 그가 자주 연주하던 곡이자 나도 좋아하던 「더 맨 아이 러브」The Man I Love를 녹음했거든.

그 앨범에서 몽크의 연주는 사운드가 좋았고 자연스러웠으며, 내가 그에게서 듣고 싶어 하던 방식이었어. 나는 그에게 뭘 듣고 싶은지 말했고, 몽크가 그 방식대로 해준 거라구. 미리 말해놓은 거야, 내가 연주하고 나서 좀 있다가 들어오라고. 그는 바로 그렇게 했고. 논쟁도 전혀 없었어. 그런데도 몽크와 심한 말다툼 끝에 거의 주먹질을 할 뻔했다는 이야기가 어디서 나왔는지 참 알다가도 모르겠어.

뭐 몽크가 줄곧 미친놈처럼 떠들며 돌아다니긴 했지만 원래 그래. 행동 자체가 그런 식인 사람이고 몽크를 아는 사람들은 다 그걸 이해한다구. 같이 모여 있는데 혼자 막 중얼거려, 뭔 생각이 나면 갑자기 툭 말해버려, 지 맘대로야. 몽크는 엄청 위장을 잘하는 아티스트였고, 바로 그런 식으로, 그렇게 미친 척하며 떨거지들을 떼어냈지. 어떤 놈이 세션을 이끄는데 존나 개떡같이 끌고 가면 그땐 한마디할는지 몰라. 몽크는 애기 같아. 내가 잘 알지. 참 정도 많은 친구고, 몽크가 나를 사랑하는 거 다 알아, 나도 그를 사랑하고. 아마 내가 일주일 동안 자기 발을 세게 짓밟아도 나와 싸우려 들지 않을걸. 아무렴, 그럼. 그런 사람이 아냐, 몽크는. 친절하고 속은 따뜻하지만 황소 같은 힘의 소유자이기도 해. 내가 몽크 면상에 한 방 날려주겠다느니 그런 말을 했다 쳐봐, 그런 적이야 당연히 없지만, 그럼 바로 날 정신병원에 처넣는 게 나을걸. 왠지 알아? 몽크가 내 아담한 궁둥짝을 콱 잡고 벽에다 냅다 던져버릴 수도 있는 장사란 말이지.

어쨌거나 우리는 그날 위대한 음악을 만들었고 그 음반은 『워킹』과 『블루 앤 부기』*Blue 'n' Boogie*가 그랬듯 클래식이 되어갔어. 근데 내가 피아노를 빼고 그냥 모두를 여유롭게 노닐도록 놔두며 공간을 창조하는 방법을 제대로 이해하기 시작한 건 『모던 재즈 자이언츠』 앨범에서였어. 나중에는 확장시켜 이용하게 되지만, 1954년, 55년 무렵에는 아직 개념이 명확하게 잡혀 있지는 않았던 거야.

1955년은 나에게 대단한 한 해였어. 비록 당시에는 이게 얼마나 대단한 거였는지 깨닫지 못했지만. 나는 약을 끊었고 그전보다 연주가 좋아졌어. 『쿨의 탄생』과 『워킹』을 비롯해서 그해에 발매된 몇 장의 앨범 덕에 뮤지션들 모두가 전보다 깊은 관심을 가지고 나를 주시하게 됐고. 비평가들의 머리는 아직도 어딘가 다른 곳에 있었지만, 사람들이 내 앨범을 사기 시작하고 있었지. 그즈음에 밥 와인스톡이 다음 앨범을 내자며 3,000달러 정도를 준 것만 봐도 그래. 이 돈은 그때까지 그에게서 받은 가장 큰 액수였어. 내 나름의 것으로 목표를 향해 가고 있다는 느낌이 들더라. 나는 인정 좀 받겠다고 내 정체성을 타협의 대상으로 삼지 않았어. 여태 그래왔는데 괜찮은 걸 보면, 앞으로 계속 그래도 될 거 같았어.

그렇게 정말 기분 좋게 1955년으로 접어들었어. 그런데 버드가 3월에 죽는 바람에 다들 기분이 좆같아졌어. 버드가 몰골도 말이 아니고 연주도 안 돼, 살은 쪄, 술과 마약에 쩔어 있어, 그러니 다들 저렇게 얼마나 더 가려나 싶었지. 그렇긴 해도 그가 5번 애비뉴에 있는 파노니카 드 쾨니히스바르터 남작 부인의 아파트에서 그렇게 죽은 건 충격적이었어. 나는 파리에 연주하러 갔던 1949년에 남작 부인을 처음 봤어. 거기 있더라고. 흑인 음악, 특히 버드를 참 좋아하던 사람이었지.

엎친 데 덮친 격으로 아이린이 부양의무 불이행으로 나를 감옥에 집어넣는 바람에 버드가 죽었다는 말을 들었을 때 나는 감옥에 있었어. 나중에 내 변호사이자 좋은 친구가 될 해럴드 러빗이 버드의 부고를 전해줬어. 항상 음악판 주변에 있었고 당시에는 맥스 로치의 변호사였던 그가 나를 꺼내주려고 라이커스 아일랜드에 온 거야. 내 생각엔 맥스가 그를 보냈거나, 아니면 그냥 내가 거기 있다는 말을 듣고 왔거나 그래. 어쨌든 그렇게 부고를 접했는데 이래저래 정말 기운 빠졌던 기억이 나. 무엇보다 일이 좀 잘 돌아가나 싶었는데 바로 그때 좆같은 놈들하고 감옥에 있는 게 참담했고, 게다가 말했다시피 버드가 몰골이 말이 아닌데다가 건강도 나빴다는 걸 알았지만(마지막 그를 보았을 때는 정말 끔찍한 상태였어), 진짜 죽었다니까 너무 충격적이더라구. 딱 사흘 감옥에 있는 사이에 그렇게 갑자기 죽어버리다니.

해럴드는 밥 와인스톡한테 받은 돈하고, 필라델피아에서 공연 몇 개 잡아놓고 선금으로 받은 돈으로 나를 꺼내줬어. 나중에 알았지만 해럴드는 필라델피아까지 차를 몰고 가서 돈을 받아 가지고 왔던 거야. 제대로 만난 적도 없는 사이인데도 말야. 그런데 그가 라이커스 아일랜드의 감방으로 뚜벅뚜벅 들어오는데 왠지 오래 알고 지낸 사람처럼 쳐다보면서 "맞아. 당신이 올 줄 알았어. 그럴 거 같았어" 놀란 기색도 없이 그렇게 말하니까 그가 당황하더라고. 말했지만 고런 정도는 예언하는 사람이야, 내가.

우린 그의 1950년형 밤색 쉐보레를 타고 바로 할렘에 있는 슈거 레이의 클럽 '스포츠맨 바'로 올라갔어. 거기 좀 앉아 있다가 해럴드가 나를 그리니치빌리지 존스가에 있는 내 여자친구 수전의 거처로 데려가 줬지. 그 일로 나는 그 녀석이 맘에 들기 시작했고, 슈거 레이의 클럽에서 슈거 레이를 다루는 방식을 보고 그가 예리하다는 것도 알았어. 그래서 같이 어울리기 시작했고, 그 후로 내 매니저 일을 봤지.

버드가 그렇게 죽고 나니 많은 사람들이 헤로인을 끊으려 했어. 그래, 그건 좋아. 하지만 어쨌든 그가 그런 식으로 죽어버린 게 슬펐어. 아아, 그는 천재였고 앞으로도 할 게 진짜 많았었는데. 인생은 꼭 그렇게 돌아가. 버드는 존나 탐욕스러운 놈이었고 멈출 줄을 몰랐어. 그게 버드를 죽인 거야. 그놈의 탐욕.

버드의 장례식은 검소하고 조용하게 치러질 예정이었어. 적어도 챈†의 계획은 그랬어. 나는 어떻게 치러지든 장례식에 가고 싶지 않더라구. 원래 내가 장례식에 가는 걸 싫어해. 그가 살아 있었을 때를 기억하고 싶거든. 전해 들은 바로는 꼬챙이 같은 도리스 '올리브 오일'이 도착해서 모든 게 좆돼버렸다더라고. 모든 게 다 곡마단 짓거리가 돼버렸고 챈은 아예 거들떠도 안 봤다더라고. 심지어 버드를 몇 년 동안 만나지도 않았는데 말야. 진짜 웃픈 일이잖아. 그렇게 장례식장에 나타나서 시신 내놓으라질 않나, 할렘의 아비시니아 침례교회에서 뻑적지근한 장례식을 하겠다질 않나. 그 교회는 애덤 클레이턴의 교회였기 때문에 거기까지는 그나마 봐주겠어. 하지만 장례식장에서 재즈나 블루스를 연주하지 못하게 했다는 거야, 도리스가. 꼭 나중에 루이 암스트롱 때처럼 말이야. 거기서도 재즈나 블루스는 안 나왔어. 게다가 디즈의 말에 의하면, 버드의 시신 앞에서 울려퍼진 그 멍청한 음악이며, 도리스가 사준 넥타이를 하고 가는 세로줄 무늬 정장을 입은 채 누워 있는 버드까지, 참 가관이었다는 거야. 개판이었던 거지. 운구할 때 관을 멘 사람 하나가 미끄러지는 바람에 시신을 거의 떨어뜨릴 뻔했던 것도 예삿일이 아니지. 버드가 내 장례식에서 이게 뭔 바보짓이냐고 항의한 거 아니겠어?

더군다나 버드의 시신을 그가 싫어하던 곳인 캔자스시티로 보내 매장하려고 했다니. 버드가 절대 거기다가는 묻지 말라고 챈에게 신신당부를 했다는데. 버드의 매장 장면도 존나 장관이었다고들 해. 그를 청동관에 넣고는 번쩍이는 유리판을 덮어놨다는 거야. '후광이 버드의 머리를 둘러싸고 있는 것'처럼 보였다고까지 한 녀석도 있다니까. 이런 일 때문에 버드가 신이라고 맹세하던 새끼들이 개발리는 거야. 그건 버드에게 덧씌운 사탕발림일 뿐이잖아.

버드는 죽었지만 내 삶은 계속돼야 했어. 1955년 6월 나는 밥 와인스톡이 발매하는 내 다음 음반 녹음을 위해 스튜디오로 쿼텟을 데리고 들어갔어. 아마드 자말처럼 연주하는 피아노 주자를 구하려던 중에 1953년 버드가 '찰리 챈'으로 자칭했던 그 세션에서 필리 조에게 소개받은 레드 갈랜드를 쓰기로 결정했어. 복싱 덕후였던 그는 내가 원했던 가벼운 피아노 터치를 가지고 있었거든. 텍사스 출신이었는데 몇 년 동안 뉴욕과 필라델피아 일대를 돌며 연주하고 다니다가 필리 조도 만난 거고. 나는 멋쟁이인 그가 맘에 들었어. 레드는 내가 아마드 자말을 좋아하며, 자신이 내가 찾고 있던 타입의 피아노 주자라는 사실을 알고 있었지. 그래서 나는 그에게 아마드의 사운드를 내달라고 요구했어. 그는 그런 식으로 연주할 때가 가장 좋았거든. 필리 조가 그 세션에서 드럼이었고, 오스카 페티퍼드가 베이스를 쳤어. 그렇게 『마일스 데이비스 쿼텟』이라는 꽤 근사한 앨범이 나오게 됐지. 이 앨범에는 당시 자말의 영향이 잘 드러나 있어. 「어 걸 인 칼리코」와 「윌 유 스틸 비 마인」은 자말이 항상 연주하던 곡이야. 우리는 이 앨범에서 자말의 감성과 터치로 연주하는 레드와 더불어 내가 듣고 싶던 소리에 좀 더 다가갔어. 자말이 가진 서정적인 표현법과 가벼움을 이 앨범에 집어넣었어. 맞아. 자말이 나에게 지대한 영향을 끼쳤어. 하지만 이것도 기억해야 해. 아마드 자말을 듣기 오래전부터 나 자신이 그런 감성을 좋아했고 그렇게 연주하고 있었다 이거야. 단지 내가 줄곧 가지고 있던 나만의 연주에 다시 초점을 맞추도록 자말이 도와준 것뿐이야. 한마디로 그가 나를 나 자신으로 돌아가게 해준 거지.

당시 나는 내 음악이 마음에 들었는데 클럽에서는 내 이름이 여전히 개똥만도 못했던 모양이야. 평론가들은 여전히 나를 약돌이 취급했지. 그때까진 그다지 인기가 있지는 않았는데 1955년 뉴포트 재즈 페스티벌에서 연주하고 난 다음부터는 좀 달라지기 시작하더라구. 일레인과 루이 로릴라드라는 부부가 만든 페스티벌이었는데 그해가 첫해였지. 프로듀서로 조지 와인이 선임됐는데, 아마 보스턴 출신일 거야. 조지는 첫 페스티벌 라인업으로 카운트 베이시, 루이 암스트롱, 우디 허먼과 데이브 브루벡을 뽑았지. 또 주트 심스, 제리 멀리건, 몽크, 퍼시 히스, 코니 케이로 구성된 올스타 밴드도 구성됐는데 나중에 나까지 더해졌지. 나 빼고 두어 곡을 연주한 다음, 버드에게 헌정하는 곡인 「나우스 더 타임」Now's the Time에서부터 내가 합류하는 거였어. 그다음에 몽크의 곡인 「라운드 미드나이트」를 연주했지. 뮤트를 써서 연주했는데 모두들 미친 듯 열광했어. 대단했지. 나는 긴 기립박수를 받았어. 내가 무대를 떠나자 다들 내가 왕이나 된다는 듯 쳐다보고 있더라고. 사람들이 달려와 나와 레코딩 계약을 하려 했어. 거기 있던 뮤지션들 모두가 나를 신처럼 떠받들었지. 오래 기간 힘들여 익혀야 나오는 내 솔로를 듣더니 말야. 구름 같은 관중이 갑자기 일어나 나의 연주에 환호하고 난리였어. 그걸 보니 좀 색다른 기분이 들더라.

그날 밤 그 존나 으리으리한 저택에서 빽적지근한 파티가 열렸어. 우리 모두 거기에 갔는데, 온갖 부유한 백인들이 널렸더란 말이지. 난 구석에서 그냥 잠자코 앉아 있었는데 페스티벌을 꾸린 일레인 로릴라드라는 여자가 멍청하게 헤헤거리는 백인놈들과 슥 나타나서 "오, 너무나 아름답게 연주한 꼬마가 여기 있네? 이름이 뭐죠?" 뭐 그 비슷하게 말하는 거야.

내가 너한테 존나 호의를 좀 베풀었잖아, 그치? 꼭 그런 분위기로 씩 웃으며 서 있길래 내가 꼬나보면서 이랬지. "좆까고 있네 내가 씨발 꼬마로 보이냐? 나 마일스 데이비스거든, 앞으로 말이라도 걸고 싶으면 기억해 둬라, 응?" 다들 씨발 놀라 자빠지고 있는데 휙 걸어 나왔지. 일부러 못되게 굴 생각은 없었는데 이 여자가 날 '꼬마'라고 부르는 바람에. 그런 개소리는 못 참겠더라고.

여튼 나는 같이 갔던 해럴드 러빗과 그 자리를 떴어. 우리랑 몽크가 함께 차를 타고 뉴욕으로 돌아가는데, 그때 몽크하고 말다툼을 했어. 몽크하고 다툰 건 그게 유일해. 몽크가 차에서 나보고 「라운드 미드나이트」를 제대로 연주하지 않았다는 거야. 그래서 난 아, 그러냐, 알았다, 하지만 니 반주도 별로였어, 그랬지. 그러면서 난 니가 맘에 안 들어도 암말 안 하는데 넌 뭘 그딴걸 내뱉고 그러냐, 내가 연주하니까 사람들이 좋아갖고 일어나 박수치고 그런 건 그럼 뭐냐, 너 질투하는 거 같아, 라고 받아쳤지.

웃으면서 말했고 거의 농담조였어. 근데 몽크는 내가 자길 비

웃으며 곯려먹는다고 받아들였나 봐. 기사에게 차를 세우라고 하더니 내려버리더라구. 난 몽크가 얼마나 고집 센지를 안단 말이야. 일단 맘먹으면 그걸로 끝이고 절대 꿈쩍도 안 해. 그래서 기사한테 "저 씨발놈, 미친놈이에요. 그냥 갑시다" 했지. 그러고서 그냥 떠났지 뭐. 거기서 뉴욕 가려면 배를 탈 수밖에 없는데 말야. 몽크가 덩그러니 서 있는데 우리끼리 뉴욕으로 돌아와버린 거지. 나중에 몽크를 다시 만났는데 별일 없었어. 몽크는 가끔 그런 식이야, 존나 씨발 사차원이거든. 그 후 그날 그 건에 대해 한 번도 말 나온 적이 없어.

뉴포트에 출연하고 나니 뭔가 일이 될 조짐이 보이더라. 컬럼비아 레코드의 재즈 프로듀서인 조지 애버키언이 독점 계약을 맺자고 하대. 조건이 좋으니 컬럼비아에 가고 싶다고 말했지, 그렇지만 프레스티지와의 장기 계약은 언급을 안 했던 거야. 나중에 그걸 안 조지가 밥 와인스톡과 협상을 시도했는데 밥이 어마어마한 돈과 그 밖에 자잘한 것들을 요구하더래. 솔직히 말해 나도 환장하겠더라. 씨발놈들이 돈 이야길 하네, 진짜 돈다발 말이야. 이러면 좀 뽀대가 나기 시작하는 거 아니겠어? 여기저기서 욕 먹는 게 아니라 칭찬을 듣는다는 건 니가 지금 좋은 위치에 있다는 뜻이야. 그리니치빌리지에서 새로 뜨고 있던 재즈 클럽인 카페 보헤미아에서 그룹 하나 모아서 공연 좀 해달라는 부탁이 왔어. 이 모든 긍정적인 관심, 감이 좋드라. 진짜 좋았어.

또 찰리 밍거스의 소속사인 데뷔 레이블에서 발매할 음반에도 참여했어. 밍거스가 살아 있는 가장 뛰어난 베이시스트 중 하나인데다가 훌륭한 작곡가라는 소리까지 듣던 때였어. 그런데 그 세션은 뭔가 잘못 돌아갔고, 손발이 전혀 맞지 않아서 연주에 불이 붙지 않더라고. 뭣 때문이었는지는 잘 모르겠어, 아마 편곡 때문이었을 거 같긴 한데, 분명 뭔가 잘못됐어. 밍거스는 드럼에 엘빈 존스를 기용했는데, 알다시피 이 새끼는 아무한테나 불을 싸지르는 애잖아. 근데도 그렇더라고.

그 무렵은 카페 보헤미아에서 선보일 밴드를 연습시키고 있던 때라 밍거스의 녹음 때에는 정신이 좀 없었을 수도 있어. 내 밴드는 테너 색소폰 소니 롤린스, 피아노 레드 갈랜드, 드럼에 필리 조 존스, 트럼펫에 나, 마지막으로 베이스에는 재키 매클레인이 소개시켜줬고 조지 월링턴 퀸텟과 작업하고 있던 신예, 바로 폴 체임버스로 구성될 예정이었어. 폴은 뉴욕에 온 지 몇 달밖에 안 됐는데도 이미 J.J. 존슨과 카이 윈딩이 만든 새 그룹에서 뛰었지. 디트로이트 출신인 폴을 다들 격찬했어. 나도 연주를 들었는데 대번에 씨발놈 기가 막히네 싶더라.

보헤미아 공연이 시작됐어. 1955년 7월이었을 거야. 맨날 꽉 찼지. 내가 보헤미아에 선 이후에, 오스카 페티퍼드가 이끌고 온 쿼텟에 줄리안 '캐넌볼' 애덜리라는 알토 색소폰 주자가 있었지. 그때 여자친구였던 수전과 놀 겸 보헤미아에 가서 죽때리곤 했는데, 거기서 캐넌볼의 블루스를 듣고 존나 뻑가버렸어. 그런 방식의 연주는 한 번도 들어본 적이 없었어. 다들 이 덩치 큰 새끼가 동네에서 짱 먹을 거라는 걸 대번에 알아봤지. 백인 평론가들까지 그의 연주를 격찬하고 레코드사란 레코드사는 다 그를 쫓아다니고, 정말 빨리 뜬 애야.

아무튼 이 친구는 믿어지지 않는 알토 연주자인데다가 엄청 상냥해서 함께 앉아 얘기를 나누곤 했지. 그가 온통 주목을 끌고 모든 레코드사가 혈안이 되어 있을 때 나는 누가 누군지, 누가 괜찮고 누가 좆밥인지 알려주려고 했던 거야. 일단 앨프리드 라이언을 추천했어. 신뢰할 만하고 스튜디오에서 감 놔라 배 놔라 못 하는 사람이니까. 또 존 레비도 알려줬는데 나중에 매니저가 됐지. 근데 캐넌볼이 내 말을 잘 안 듣더니 결국 사사건건 이 곡 해라, 이거 녹음해라 하는 머큐리—이머시와 계약하더라구. 그것 땜에 캐넌볼이 좆된 거야. 하고 싶은 연주, 잘하는 연주를 거의 못 했다구. 걔네들은 그의 재능을 어떻게 만져야 할지 몰랐으니까.

고향인 플로리다에서 음악 선생을 하다 와서 그런지 캐넌볼은 누가 자기 앞에서 음악을 논하는 걸 못 봐주더라구. 내가 캐넌볼보다 고작 두어 살 많지만 뉴욕 음악판에는 훨씬 오래 있었단 말이지. 그 씨발 기라성 같은 새끼들이랑 한솥밥 먹으면서 음악에 관해 존나 많은 걸 배웠잖겠어? 대학교 강의실 같은 데서는 그런 건 못 배워. 줄리아드도 그래서 떠났고. 그런데 당시 캐넌볼은 자기가 모르는 게 없다고 생각하는 것 같더라. 니가 연주하던 코드 몇 개가 어색한데, 그건 어프로치를 바꿔서 연주해야 된다고 충고하니까 그냥 싹 무시하더라고. 그러다가 캐넌볼이 소니 롤린스를 주의 깊게 듣더니 아차 마일스가 말한 게 이거구나, 알게 된 거라. 그 얼마 후 있었던 인터뷰에서 내가 캐넌볼은 코드는 몰라도 연주는 할 줄 안다고 했는데 그다음에 나한테 오더니 처음에 해준 말을 귀담아듣지 않았다며 사과하더라.

그의 연주를 처음 딱 들어보니 이 사람이 내 밴드에 있으면 어떤 소리가 나겠구나 알겠는 거야. 알잖아, 캐넌볼은 블루스 쪽이었고 나 역시 블루스 좀 좋아하니까. 마침 밴드 멤버인 소니 롤린스가 걱정되던 참이었어. 연주 뭐 그런 것 때문이 아니라, 자꾸 자긴 뉴욕을 영영 뜨겠다는 식으로 말하는 것 때문에. 그래서 나는 소니가 떠날 경우를 대비해 대타를 고민하고 있었거든. 그런데 웬걸, 캐넌볼이 선생 일을 다시 하겠다며 플로리다로 내려가더니 해가 넘어가도 안 오네. 뭐야 씨발 다들 엿이나 먹이고.

보헤미아 공연을 마치고 8월이 돼서 나는 프레스티지의 또 다른 음반을 만들러 스튜디오로 돌아갔어. 이번에는 비밥 사운드를 구사하고 싶어서 알토에 재키 매클레인, 비브라폰에 밀트 잭슨, 베이스에 퍼시 히스, 드럼에 아트 테일러, 피아노에 레이 브라이언트를 썼어. 근데 약에 완전 떡이 된 재키가 자꾸 무섭다면서 연주를 못 했던 게 생각나네. 무슨 영문인지는 알 수 없었는데, 그 이후로는 재키를 안 불렀어.

재키가 작곡한 곡들을 일단 녹음했지. 「닥터 재클」Dr. Jackle 과 「마이너 마치」Minor March 이렇게 두 곡. 그다음에 태드 존스의 「비티 디티」Bitty Ditty를 녹음하는데 아트의 박자가 좀 이상하더라구. 내심으론 아트가 결국 바로잡을 거라는 걸 알았지만 말야. 아트는 좀 예민한 친구라 너무 호되게 꾸짖으면 안 돼, 그걸 마음에 담아둘지도 모르거든. 그런데 약에 완전 맛이 간 재키가 갑자기 내게 다가오더니 이러는 거야. "마일스, 나한테 왜 이래? 내가 뻑사리 낼 때하고 아트가 그럴 때하고 왜 다르게 대해? 내가 그러면 바로 지적하잖아. 나한테는 바로 들이대면서 왜 아트한테는 안 그러는 거야, 응?"

재키, 이 친구는 여전히 마약에 깊이 빠져 있고 나는 빠져나왔기 때문에 서로 각자의 길을 간 지가 좀 됐지만, 예전에는 좋은 친구였지. 난 재키를 쳐다보며 말했어. "야, 뭐가 문제야, 그래서 오줌이라도 쌀 거 같다는 거야 뭐야?" 이 말을 들은 재키가 완전 뚜껑이 열려서 자기 나팔을 챙기더니 휙 나가버리더라. 이 앨범에서 재키가 딱 두 곡만 연주한 건 그 탓이지.

우리가 그 앨범을 만들고 있는 동안 끔찍한 일이 하나 일어났어. 시카고 출신의 에밋 틸이라는 열네 살 난 흑인 소년이 백인 여자에게 말을 걸었다는 이유로 미시시피 강가에서 백인 깡패들에게 폭행당해 죽은 거야. 백인들은 그의 시체를 강에 던졌지. 놈들이 시신을 찾아서 강에서 꺼냈을 때 완전 퉁퉁 불어 있었는데, 이것들이 그 사진을 찍어서 신문에 낸 거야. 아, 진짜 존나 끔찍한 일이었고 뉴욕에 있는 모든 이에게 충격을 줬어. 나는 위가 아플 지경이었어. 이 일은 다시 한번 이 나라의 백인 대다수가 흑인들을 어떻게 보는지를 알려줬어. 난 살아 있는 한 그 소년의 사진을 잊지 않을 거야.

9월에 시작될 클럽 공연을 몇 개 계약했고, 그쯤 되니 소니 롤린스는 입버릇대로 잠수를 타버렸어. 그가 시카고에 갔다고 하는 사람들도 있었는데 그렇다고 추적할 수도 없는 노릇이고. (나중에 알았는데 소니는 헤로인을 완전히 끊으려고 제발로 렉싱턴 갱생원에 들어갔던 거였어.) 나는 테너 주자가 절실했던 터라 선 라의 아케스트라에서 연주하고 있던 존 길모어와도 합주를 해봤어. 한때 필라델피아로 넘어갔던 적이 있어서 필리 조와 안면이 있었고 그래서 필리 조가 추천했던 거야. 몇 번 연습을 같이 했는데, 엄청난 연주자이긴 했는데 뭐가 잘 안 나오더라. 내가 하고 싶은 것과는 잘 안 어울리더라구. 내가 밴드에서 듣고 싶었던 소리가 아니었어.

그러고 나서 필리 조가 존 콜트레인을 데려왔어. 이미 몇 년 전 같이 섰던 오더본 극장 공연 때부터 콜트레인을 알고 있었지. 그날 밤에는 소니가 그를 압도했었잖아. 그래서 나는 필리가 이 친구 데려왔다고 하는데 처음엔 별 감흥이 없더라구. 그때는 와서 몇 번 합주하더니 집에 가겠다며 나가버리더라고. 그런데 이번에 들어보니 옛날 그때 소니의 연주를 듣고 화들짝 놀랐던 때보다 더, 완전 좋아졌더라구. 처음에 그렇게 서먹했던 게 아마, 요건 요렇게 하고 저건 아니라는 둥 존나 씨발 질문도 하고 막 그러고 싶었을 거 아냐, 그런데 내가 좆까지 말고 프로 뮤지션답게 니 자리를 니가 알아서 찾아라, 이런 분위기니까 좀 그랬나 봐. 내가 무뚝뚝하지, 표정은 못돼먹었지, 그러니까 밥맛 떨어진 거지.

그렇게 트레인이 지미 스미스의 밴드에서 연주하겠다며 필라델피아로 돌아가는 바람에 그룹은 하마터면 결성되지 못할 뻔했어. 1955년 9월 말에 볼티모어에서 공연이 있으니 제발 좀 밴드에 합류해달라고 트레인한테 말 그대로 비는 수밖에 없었어. 자초지종은 이래.

갑자기 나를 원하는 사람들이 확 늘어나는 바람에 일 봐줄 회사가 필요하던 차에 쇼 아티스트 코퍼레이션을 부킹 매니저로 고용하게 됐어. 밀트와 빌리 쇼의 가족회사가 내 연주 일정을 잡아주는 거지. 그렇긴 하지만 그들에게(백인들이었어) '니네들' 말고 '내가' 원하는 대로 갈 거다 못을 박았지. 당시만 해도 백인들이 항상 흑인들한테 이래라저래라 하던 때였어. 그래서 나는 걔네 면전에서 니네들 말 안 들을 거다 딱 질러버린 거지.

회사에서 같이 일할 사람으로 잭 위트모어라는 사람을 붙여주더군. 서로 금세 친해지긴 했지만, 나는 해럴드 레빗을 시켜 매의 눈으로 지켜보도록 했어. 아무리 잭을 좋게 보기로서니 놈이 나를 이용해먹도록 놔둬서야 되겠어? 콜트레인이 내 밴드에 들어오고 나서 첫 투어를 잡아준 게 잭이었지. 볼티모어, 디트로이트, 시카고, 세인트루이스를 돌고 다시 뉴욕으로 와서 카페 보헤미아에서 막을 내리는 일정이었어.

아무튼지 간에 마침내 일정이 잡혔는데 소니 롤린스는 어디 가서 안 오지, 트레인은 오르간 주자 지미 스미스와 연주하러 필라델피아로 돌아갔지, 갑자기 테너 색소폰이 비는 거야. 그래서 필리 조가 트레인에게 연락해서 함께 하자고 부탁한 거지. 모든 곡을 알고 있는 사람은 트레인뿐이었다구. 곡도 모르는 애들을 함부로 쓸 수는 없잖아. 그런데 같이 좀 맞춰보다 보니까 테너 색소폰의 보이스로 내 보이스도 돋보이게 만드는 씨발 내가 찾던 놈이 바로 이 새끼였던 거야!

그런데 트레인도 지미 스미스의 음악보다 우리 음악이 더 맘에 들어서 만일 연락이 오면 우리를 따라가야지 마음 먹었었다는 걸 나중에야 알았어. 내 밴드에서 좀 더 뻗어나갈 여지가 있다고 느꼈던 거겠지. 그런데 우린 그걸 모르고 있었어. 트레인은 사전에 필리 조한테 이것저것 좀 알아보더니 볼티모어에서 우리와 만나기로 결정했지. 트레인은 당시 여자친구였던 나이마 그럽스와 동행했는데, 우리가 볼티모어에 도착해보니 둘이 결혼을 하네? 그래서 우리 모두가, 밴드 멤버 모두가 신랑 들러리를 서게 됐지 뭐야. 무대 안팎으로 한 그룹으로서 멋지게 출발한 셈이지.

이제 테너 색스에 트레인, 드럼에 필리 조, 피아노에 레드 갈랜드, 베이스에 폴 체임버스, 그리고 트럼펫에는 나, 그렇게 멤버가 정해진 거야. 그런데 말야, 우리가 함께 연주한 음악이, 상상 이상으로 진짜 믿을 수 없을 만큼 대단해졌어. 연주하다 보면 너무나 기막힌 음악이어서 소름이 돋을 정도였는데 청중에게도 마찬가지였던 거라. 난 우리 연주가 겁이 날 지경이었어. 어찌나 그렇던지 이게 꿈인가 생신가 싶어 꼬집어볼 때도 있었다니까. 트레인과 내가 같이 연주를 시작하고 얼마 지나지 않아 비평가 휘트니 발리엣은 정교한 보석 아래 거친 마운팅mounting†을 받친 것처럼 콜트레인은 데이비스를 돋보이게 하는 건조하고 다듬어지지 않은 톤을 가지고 있다고 썼어. 하지만 얼마 안 가서 트레인은 완전 그 이상이 됐지. 그 스스로 다이아몬드가 된 거야. 나도 알았고, 들어본 사람들은 다 그걸 알았어.

<hr>

† 보석의 밑받침 부분.

10

　　콜트레인이 그룹에 들어온 덕에 우린 전설이 됐어. 프레스티지에서, 그리고 더 나중에 컬럼비아 레코드에서 만들었던 그 모든 훌륭한 앨범들이 날 최고의 음악인으로 만들어줬어. 애버키언은 결국 바라던 걸 얻었지. 이 그룹으로 유명해진 것은 물론이고, 풍문에 의하면 그 어떤 재즈 뮤지션보다도 많은 돈을 벌게 됐다나. 난 잘 모르겠는데, 아무튼 사람들이 그렇게 말하더라고. 비평가들도 그 밴드를 진짜 좋아했으니까, 호평도 굉장했지. 비평가들은 나와 트레인이 하는 거의 모든 연주를 좋아했고, 필리 조, 레드, 폴 모두를 스타로 만들어줬지.

　　공연은 연일 매진이었어. 비가 오나 눈이 오나, 추우나 더우나 우리의 연주를 보러 온 사람들 줄이 클럽을 넘어 거리까지 가득찼어. 아, 그땐 대단했었지. 또 매일 밤 우리 연주를 들으러 오는 유명인도 정말 많았어. 프랭크 시나트라, 도러시 킬갤런, 토니 베넷(어느 날 무대에 올라와서 밴드 음악에 맞춰 노래를 불렀던), 에바 가드너, 도러시 댄드리지, 리나 혼, 엘리자베스 테일러, 말론 브란도, 제임스 딘, 리처드 버턴, 슈거 레이 로빈슨 같은 사람들 말이야.

온통 좋은 말만 듣고 있을 때, 아마 미국은 새로운 흐름으로 접어들었던 것 같아. 그러니까, 흑인과 백인 사이에 새로운 감성이 자라나고 있었다는 말이야. 마틴 루서 킹이 앨라배마주 몽고메리에서 버스 보이콧을 이끌고 있었고 거의 모든 흑인이 지지했어. 메리앤 앤더슨이 흑인 중에는 처음으로 메트로폴리탄 오페라 극장에서 노래를 했고, 아서 미첼은 메이저 백인 무용단인 뉴욕 시티 발레단과 함께 처음으로 춤을 춘 흑인이었어. 말론 브란도와 제임스 딘이 '성난 젊은이'라는 반항적인 젊음의 이미지를 보이면서 영화계의 새로운 스타가 됐어.「이유 없는 반항」이라는 영화가 인기를 끌기도 했고. 이렇게 흑인과 백인은 하나가 되기 시작했고 음악계에서 엉클 톰의 이미지가 사라지기 시작했어. 갑자기 모두가 강렬함 or 격정, 쿨함, 힙함, 그리고 깔끔하면서 세련된 스타일을 원하는 것 같았어. 이제는 반항이 유행이 됐고, 그때 그런 사람 중에 한 명이었다는 게 공교롭게도 내가 미디어 스타가 되는 데 영향을 끼쳤던 것 같아. 젊고 근사하고 패셔너블한 사람이었던 것도 영향을 미쳤다는 건 뭐 두말할 것도 없고 말이야.

체제를 따르지 않는 반항적인 흑인. 쿨하고 힙하고 성깔 있어 보이고 세련되며 매우 단정한, 근사한 사람. 그걸 뭐라 부르든지 간에 나는 그 전부에 해당됐고 어쩌면 그 이상이었지. 그런데 또 나는 트럼펫 부는 뮤지션이었고 대단한 그룹의 멤버이기도 했기 때문에, 단지 반항적인 이미지만으로 유명해진 건 아니야. 창조적이고 상상력이 풍부하며 최고의 테크닉을 가진 최고의 밴드를 이끄는 트럼펫 연주자였다고. 내가 보기에 우리가 인정받은 건 그 이유지.

1955년 가을 콜트레인이 그룹에 들어온 다음에 한 첫 번째 투어를 우리는 정말로 많이 즐겼어. 같이 놀고 같이 먹으면서 디트로이트 주변을 어슬렁거렸지. 폴 체임버스가 디트로이트 출신이었고 나도 거기서 살았던 적이 있으니까, 마치 집에 돌아온 것 같았어. 마약상 친구 클래런스는 자기 친구들을 데리고 매일 밤 공연을 보러 왔어. 아, 디트로이트는 정말로 유쾌한 도시였지. 그다음엔 시카고로 가서 사우스사이드의 서덜랜드 라운지에서 공연을 했어. 시카고에 살면서 교사 일을 하는 도러시 누나를 비롯해서 많은 사람들을 알고 있었기 때문에 거기서도 정말 재밌었지. 누나가 공연에 사람들을 많이 데리고 왔던 기억이 나.

이 투어에서 우울했던 사건은 폴 체임버스가 버드의 전 부인인 도리스 시드너와 함께 그 여자의 서덜랜드 호텔 방에서 함께 지냈다는 거 딱 하나뿐이야. 난 폴에게 내 근처에 그 쌍년을 절대 데리고 오지 말라고 했어. 다른 건 니 맘대로 해, 하지만 그 년을 데리고 내 앞에서 어슬렁거리지마, 쳐다보는 것도 싫어, 그렇게 일렀지. 거기 있는 동안 폴은 시드너를 따로 만났고, 내가 걔를 싫어하는 것 때문에 나한테 조금 실망했던 것 같아. 폴은 아마 이 여자가 버드의 전 부인인데다가 깃털을 꽂은 모자를 쓰고 다니는 멋쟁이라고 여겼나 봐. 하지만 난 버드가 이 못생긴 여자의 뭐에 그렇게 끌렸는지 도무지 이해가 안 가. 폴처럼 잘생기고 훤칠한 애도 뭐가 좋다고 걔랑 다니는지 참. 겉으론 볼 수 없는 뭔가가 있었겠지. 침대에서 존나 끝내줬나?

아무튼 시카고를 떠나서 우리는 세인트루이스의 피콕 앨리로 내려갔어. 알겠지만, 우린 그곳에서 너무 즐겁게 지냈어. 특히 내가 그랬지. 같이 학교를 다녔던 친구들을 만났다는 것도 참 재밌는 일이었어.

가족들에게 내가 마약 없이 단정하게 잘 지내고 있고, 밴드를 이끌면서 돈도 좀 만지고 있는 걸 보여줄 수 있어서 행복했어. 특히 컬럼비아 같은 곳과 진행한 레코드 계약을 전부 말씀드렸더니 아버지와 어머니가 나를 자랑스러워하시더라고. 부모님에게 컬럼비아와의 계약은 정말 기쁜 일이었던 것 같아. 물론 나에게도 그랬고. 어쨌든 세인트루이스에 있을 때까진 모든 일이 잘되고 있었어.

내 생각에 많은 사람들이 소니 롤린스가 밴드에 있는 줄 알았던 것 같아. 세인트루이스 사람들은 아무도 트레인을 들은 적이 없어서, 연주가 시작되기 전까진 많이들 실망하더라고. 어떤 사람들은 아직도 트레인을 좋아하지 않았는데, 곧 그는 모두를 놀라게 했어.

소니 롤린스가 렉싱턴에서 뉴욕으로 돌아올 때까지 트레인은 밴드의 고정 멤버로서 소니를 위해 비워둔 자리를 넘겨받았어. 트레인의 연주는 정말 기가 막혀서, 소니는 밴드를 떠나고 굉장했던 본인 스타일을 바꾸면서 다시 맹연습을 하게 되기도 했지. 몰래 연습할 수 있는 장소를 찾아 몇 번은 브루클린 다리에도 갔다나. 아무튼 누군가 그렇게 말하더라고.

뉴욕으로 돌아와서 그리니치빌리지의 배로가에 있는 클럽인 카페 보헤미아에서 공연을 시작할 때, 밴드의 연주는 정말 훌륭했지. 특히 트레인의 색소폰은 진짜 끝장이었어. 컬럼비아 레코드의 조지 애버키언이 거의 매일 밤마다 우리 연주를 들으러 왔어. 물론 우리 밴드가 정말 대단했기 때문에 그룹 전체를 좋아했지만, 특히 애버키언은 콜트레인의 당시 연주 방식을 좋아했어. 어느 날엔 그가 "트레인은 연주하는 음표마다 몸이 불고 키가 크는 것 같다"면서, "각각의 코드를 외적인 한계, 즉 공간으로까지 밀어붙이는 것 같다"고 말하기도 했지.

근데 트레인의 위대한 연주만큼이나 필리 조 또한 많은 것에 불을 당겼다구. 필리 조는 내가 어떻게 연주해나갈지를 미리 알고 있었거든. 그러니까, 필리는 나보다 먼저 내 생각을 느꼈던 거야. 난 가끔 필리한테 나랑 겹쳐서 니 걸 하지 말고 나 '다음에' 하라고 말했어. 그래서 내가 뭔가 연주한 다음에 필리가 친 림 샷이 나왔고 그게 바로 '필리 릭'Philly lick이 된 거야. 이걸로 필리는 유명해졌고, 최고의 드러머 반열에 오른 거지. 급기야 다른 밴드에서도 자기 드러머한테 "야, 내 파트가 끝난 뒤 그 필리 릭 좀 해줘 봐"라고 말할 정도였으니까. 그런데 말야, 진짜로 필리가 채워야 할 음악적 여백을 충분히 남겨준 건 나였어. 필리 조는 내 음악에 꼭 필요한 종류의 드러머였다고 봐. 심지어 필리가 떠난 다음 후임 드러머들에게서도 필리의 스타일을 조금이나마 끌어내려고 했을 정도였으니.

필리 조와 레드 갈랜드는 동갑내긴데, 나보다는 세 살 위였지. 콜트레인은 나와 갑인데 내가 생일이 빨랐고. 폴 체임버스는 갓 스무살 먹은 그룹 막내였지만 꼭 옛날 옛적부터 함께 연주해온 거 같았어. 레드도 마찬가지였고. 그는 아마드 자말의 가벼운 터치와 어느 정도 에롤 가너적인 터치를 자기 스타일과 섞어서 내게 들려주곤 했어. 이 모든 게 어우러져 우리 소리가 된 거라구.

그해에 제일 놀랄 만한 일은 컬럼비아에서 내 첫 음반에 대해 선인세로 4,000달러를 지급하고, 매년 30만 달러를 주기로 했다는 거. 그런데 또 프레스티지도 날 놓치길 싫어했어. 아무도 나를 원하지 않았을 때 날 받아줬다 이거지. 한 1년 프레스티지와의 계약이 남아 있었는데, 컬럼비아는 바로 녹음에 들어가길 원했어. 그런데 조지 애버키언이 밥 와인스톡을 어떻게 구워삶았는지는 모르겠는데, 6개월 후에 내 음악을 녹음하기로 했어. 프레스티지와의 계약이 끝나기 전까지 음반을 내지 않는다는 조건으로 말이야. 그사이에 내가 프레스티지에서 녹음해야 할 앨범이 네 장이었어(결국 다섯 장반의 앨범을 녹음하긴 했지만). 1955년 10월 말, 내가 아직 카페 보헤미아에서 연주하는 동안에 우리는 컬럼비아에서 녹음에 들어갔지만, 이 곡들을 1956년 5월까지 발매하지 않았어. 조지는 프레스티지가 나와의 계약을 풀어줄 것이라고 생각했지만 밥은 어림도 없었지.

프레스티지에서 내가 생각하는 만큼 돈을 주지 않았기 때문에 난 거기를 떠나고 싶었어. 중독자 시절에 아주 적은 액수로 계약했었는데, 그 이상을 준 적이 없었거든. 내가 밥을 떠날 거라는 말이 나왔을 때, 아무도 나 같은 행동을 하려 하지 않았어. 같이 음반을 만든 후에 그렇게 떠나는 것은 냉정하다고 생각했던 거야. 하지만 나는 그때 내 미래를 생각했고, 앞을 내다봐야 했어. 컬럼비아가 주는 높은 금액을 거절할 수 없다고 생각했지. 그걸 거절하는 건 바보였어. 게다가 그 돈은 전부 백인들이 주는 거였으니까, 내가 그때 얻을 수 있는 만큼 최대한 뽑아내는 걸 주저할 이유가 있었겠어? 밥 와인스톡과 프레스티지가 나에게 잘해준 건 고맙게 생각해. 하지만 그땐 컬럼비아가 주는 돈과 기회를 이용해서 앞으로 나아가야 할 타이밍이었어.

11월에 프레스티지와의 의무를 이행하기 위해 스튜디오로 들어갔어. 그 세션 때, 우리는 「데어 이즈 노 그레이터 러브」There is No Greater Love, 「저스트 스퀴즈 미」Just Squeeze Me, 「하우 엠 아이 투 노우?」How Am I to Know?, 「스테이블메이츠」Stablemates, 「테마」The Theme 그리고 「스포진」S'Posin' 등의 스탠더드 곡을 녹음했어. 그 모음집이 『마일스』Miles야. 컬럼비아의 첫 레코딩 세션을 우리가 비밀로 했었기 때문에, 모두가 오랫동안 그걸 밴드의 첫 녹음이라고 생각했어. 그 프레스티지 음반은 괜찮았지만, 다음 세션에서 우리가 할 것과는 많이 달랐어.

1956년 초반까지, 나는 이 그룹과 연주하는 것을 진심으로 즐겼고 멤버들의 개인 연주를 듣는 것도 좋아했어. 하지만 클럽 주인들은 아직도 옛날 재즈 뮤지션들의 몸값 정도밖에 안 되는 적은 돈을 주려고 했지. 나는 잭 위트모어에게 우리 덕에 클럽이 가득 차니까 돈을 더 달라고 요구했어. 사장들이 처음에는 거절했지만 그 다음엔 받아들이더라고. 그리고 잭한테 당시 클럽 관행이던 '20-40' 방식도 안 하겠다고 했어. 40분 연주하고, 20분 쉬었다가 또 40분 연주하고 20분 쉬는 거야. 어떤 날엔 그런 식으로 네댓 번씩 세션을 돌리기도 했는데 그럼 지쳐서 완전 씹창나버리거든. 그게 바로 마약을, 특히 코카인을 쓰는 이유가 되기도 한 거야. 언젠가 필라델피아에서 클럽 사장한테 우린 딱 세 바퀴만 돌겠다고 하고, 그게 전부라고 했어. 사장이 그건 안 된다길래 그럼 계약은 없다고 잘라 말했더니, 클럽 바깥에 늘어선 줄을 보고선 마음을 고쳐먹더라고.

그러던 와중에 한 번에 1,000달러를 받고 공연할 일이 생기드라. 프로모터가 로버트 라이스너였지. (그가 해왔던 '오프닝 세션'이라는 걸 나에게 요구했을 때 대기 수당으로 25달러를 요구한 다음 연주하지 않고 하루 종일 빈둥거린 적이 있었지.) 나중에 버드에 대한 엿같은 책을 썼던 새끼야. 어쨌든, 라이즈너는 첫 번째 공연이 엄청 빨리 매진되는 걸 보고 나에게 또 공연을 해달라더라고. 그런데 두 번째 공연 출연료로 500달러를 주겠다고 잭 위트모어에게 말했다는 거야. 나는 잭한테 안 한다고 했어. 분명 매진일 텐데 왜 첫 공연의 절반 가격으로 나팔을 불어야 하냐 이거야. 나머지 반을 안 줄 거면 공연장이든 타운홀이든 간에 객석 절반에 밧줄을 치라고 잭한테 일렀지. 그 말을 듣더니 나머지 반을 더 주더라고.

그 시절 프로모터들과 클럽 주인들은 재즈 뮤지션에게, 특히 흑인들에게 그딴 짓을 했었어. 뭐 거기 아니면 돈을 못 버나? 우린 아쉬울 게 없으니까, 사장들이 우리 요구에 굴복하는 수밖에 없는 거지. 그래서 깐깐하다는 평판이 나온 거야. 난 내 권리를 챙겼고 누가 날 함부로 엿먹일 수 없게 했을 뿐이야. 거의 모든 일을 해럴드 러빗이 처리하도록 했지. 상당히 냉정한 애였어. 클럽 사장들은 다들 해럴드라면 겁을 집어먹었지. 해럴드가 나를 위해 많은 일들을 똑바로 처리해주는 걸 보고, 언제든 부를 수 있고 믿을 만한 좋은 변호사를 둔다는 게 얼마나 중요한지 알게 됐어. 그래서 그때부터 항상 변호사를 고용했지.

1959년 후반이었지 아마, 다음 스케줄을 잡자는 결정을 하지도 않았는데 내가 늦었다는 이유로 벌금 100달러를 물리려고 달려든 돈 프리드먼이라는 프로모터를 때려눕힌 적이 있어. 그래 놓고 해럴드를 불렀지. 해럴드는 원래 존나 떠벌리면서 어깃장을 놓는 식이거든. 그가 오더니 일이 떡하니 수습되더라고. 또 한번은 어떤 일이 있었냐면, 그 이전이었는데, 토론토의 클럽 사장이 필리 조 존스의 연주가 싫다며 나더러 해고하라는 거야, 그래서 내가 아예 공연을 취소해버렸어. 그런데 트레인과 폴 체임버스는 벌써 토론토로 출발해버린 후인 거라. 도착해서 보니 허탕을 치게 된 거지. 걔네가 나한테 화를 내더라고. 하지만 뭐 내가 자초지종을 설명하니 이해하긴 했지.

토론토 건이 있고 바로 다음에, 1956년 2월인가 3월이었는데, 내가 첫 성대 수술을 받는 바람에 나을 때까지 그룹을 해산시켜야 했어. 암은 아니었지만 후두에 난 양성 종양이 자꾸 커져서 제거하는 수술이었어. 한동안 고생했지. 병원에서 나오자마자 계약 문제로 나를 설득하려는 레코드사 놈한테 달려갔어. 따박따박 짚어가며 언쟁을 하다가 언성이 높아졌고 다시 목이 좆돼버렸어. 적어도 열흘은 말도 하지 말았어야 했는데 소리까지 질러버렸으니. 그 일 이후로 내 목소리가 이렇게 쉬어버린 거야. 한동안은 신경이 쓰이더만 좀 지나니 그냥 그런가 보다 하게 됐지.

5월에 프레스티지에서 다시 녹음을 하기 전까지 나는 처음으로 오랫동안 휴식을 취했어. 하얀 메르세데스-벤츠를 사고 57번가 윗쪽 10번 애비뉴 881번지로 이사했지. 특히 독신에게 좋은 주거지였어. 큰방 하나랑 부엌이 있는 집이었지. 그때 존 루이스가 그 건물에 살고 있었고 다이앤 캐럴과 몬테 케이가 복도 맞은편에 살았어. 돈을 좀 번 상태였지만 생각만큼 많이 벌리진 않더라구. 당시엔 데이브 브루벡이 나보다 훨씬 수입이 좋았어. 아무튼, 난 옷을 완전 빼입고 다녔지. 브룩스 브러더스 정장과 이탈리아제 맞춤복 같은 거 말야. 어느 날 밤엔 완전 쫙 빼입고 거울을 보면서 혼자 자뻑에 취해 있는데 옆에 해럴드 러빗이 있었거든. 그날 밤 공연에 나하고 같이 나가기로 했던 거야. 내가 해럴드에게 말했지. "야, 봐라, 이 파란 정장을 입으니 존나 끝내주지 않냐." 그가 고개를 끄덕끄덕해주니 완전 기분이 좋아져서 나가는데 아뿔싸, 트럼펫을 깜빡한 거야. 존나 뻐기면서 문을 열어젖히고 성큼성큼 내딛는데 해럴드가 뒤에서 외치더군. "어이 마일스, 트럼펫도 없는데 보헤미아에서 널 참도 멋지다고 해주겠다 야." 헛웃음이 나오더라.

그 시절에는 수전을 비롯해 한 백 명 정도 여자를 사귀고 있었어. 적어도 그땐 그 정도로 많았던 것 같아. 하지만 여전히 프랜시스 테일러라고, 1953년 로스앤젤레스에서 만났던 무용수를 머릿속에서 지울 수가 없었어. 가끔 보긴 했지만 맨날 춤을 추러 사방을 돌아다니고 있더라고. 그녀가 너무 맘에 들었는데 정작 그 여자는 내 근처에 결코 오래 머물지 않았어. 프랜시스가 말한 대로 뉴욕에 정착할 때까지 나는 타이밍을 기다리는 수밖에 없었지.

1956년 봄에 소니 롤린스, 토미 플래너건, 폴 체임버스 그리고 아트 테일러와 녹음을 했어(토미의 생일이었지). 프레스티지를 위해 해줘야 할 세션도 그걸로 반환점을 돌았지. 그 후 5월에 트레인, 레드, 필리 조 그리고 폴로 구성된 정규 밴드를 다시 꾸려서 뉴저지 해컨색에 있는 루디 반 겔더 소유의 스튜디오로 녹음하러 갔어. 이 것도 프레스티지 세션이었지. 이 세션이 많이 기억나. 꽤 오래 했었고 연주도 대단했어. 괜찮았던 녹음이었던 걸로 기억해. 한 번도 재녹음을 안 했거든. 마치 나이트클럽에서 공연하듯 녹음했어. 트레인이 음반에서 "맥주 병따개 어딨죠?"라고 말하고, 밥 와인스톡에게 "어땠어요, 밥?"이라고 묻고, 밥이 놀리느라 내 허벅지를 꼬집으며 "이 곡 다시 해야겠어" 그러자 "왜요"라고 반문하는 목소리도 들을 수 있어. 그다음 달에는 컬럼비아의 스튜디오로 들어가서 서너 면을 더 녹음했고, 이 녹음들이 나중에 내 첫 컬럼비아 앨범인 『라운드 어바웃 미드나이트』*'Round About Midnight*에 수록된 거지.

밴드를 재결성한 후에는 카페 보헤미아로 돌아가서 1956년 초봄부터 늦가을까지 매일 밤 꽉 들어찬 청중 앞에서 연주했어. 내가 번 돈으로 이제 아이린에게 세 아이들의 양육비를 보내면서 그녀가 트집을 못 잡게 할 수 있었어. 그리고 그리니치빌리지의 카페 보헤미아에서 연주하면서 또 다른 종류의 사교계를 접하게 됐지. 포주들과 남창들 대신 시인, 화가, 배우, 디자이너, 영화감독, 무용수 같은 예술가들 사이에 있게 된 거야. 앨런 긴즈버그, 리로이 존스(현재의 아미리 바라카), 윌리엄 버로스(마약 중독자에 관한 소설인 『네이키드 런치』를 쓴), 잭 케루악 같은 사람들에 대해 듣게 됐지.

1956년 6월에, 클리퍼드 브라운이 버드 파월의 동생인 피아니스트 리치 파월과 함께 교통사고로 죽었어. 브라운과 리치가 그런 식으로 죽다니, 존나 젊은 나이에. 정말 슬픈 일이었지. 브라운은 아직 스물여섯도 채 안 됐었어. 필리와 함께 진짜 선배들 뺨치게 연주 잘하던 이 젊은 트럼펫 연주자를 모두 칭송하기 시작했는데 말이야.

언제 그의 연주를 처음 들었더라, 라이어널 햄프턴 밴드에 있던 때였던 것 같은데, 난 그때부터 그가 눈에 띌 거라는 걸 알았어. 자신만의 연주 방식이 있었거든. 살아 있었다면 분명히 대단해졌을 거야. 여기저기서 나와 브라운이 경쟁 상대라서 서로 안 친하다는 기사를 본 적이 있는데 다 헛소리야. 우린 둘 다 트럼펫 주자였고 최선을 다해 연주하려고 했던 것뿐인데 뭐. 브라운은 같이 있어보면 친해지지 않을 수 없는 멋지고 귀여운 녀석이었어. 나돌아다니는 성향이 아니어서 생활이 깔끔했어. 우린 서로를 존중하며 정말 잘 지냈어. 어울려 다니진 않았지만 싫어했던 게 아니라구. 브라운의 죽음 때문에 진짜 맛이 간 건 맥스 로치였어. 둘이서 엄청난 그룹을 꾸리고 있었거든. 리치와 브라운이 떠나자 맥스는 그냥 그룹을 해산했어. 그 일로 맥스가 완전 무너지고 말았지. 이후로는 어째 연주가 전 같지 않았으니까. 그 둘은 정말 서로를 필요로 하는 연주자였어. 전광석화 같은 연주 방식 때문에 서로를 키워주는 식이었거든. 난 항상 위대한 트럼펫 주자는 위대한 드러머와 서로를 살려주면서 상부상조해야 한다고 생각해. 내가 추구해왔던 바지. 맥스는 브라운과 함께 연주하는 게 진짜 좋다고 입버릇처럼 말하곤 했어. 맥스는 브라운의 죽음이 뼛속 깊이 사무쳐서 오랫동안 떨쳐 내지를 못하더라구.

카페 보헤미아에서 여름내 계속됐던 공연도 이제 막을 내리려던 참이었어. 우린 9월 말에 컬럼비아의 스튜디오로 돌아가「라운드 미드나이트」와「스위트 수」Sweet Sue를 녹음했지.「스위트 수」는 테오 마세로가 편곡했는데, 나중에 컬럼비아에서 내 프로듀서가 된 사람이야. 이 노래는 당시『왓 이즈 재즈?』*What is Jazz?*라는 재즈 앨범을 녹음 중이던 레너드 번스타인으로부터 가져왔어. 테오는「스위트 수」를 구해서 빅스 바이더벡 식으로 해석해 새 커트를 뽑아냈지. 그 세션에서 「올 오브 유」All of you도 녹음했고. 그렇게 멋진 발라드 세 곡을 테이프에 담게 됐어.「올 오브 유」와 「라운드 미드나이트」는 『라운드 어바웃 미드나이트』 앨범에, 「스위트 수」는 『베이직 마일스』Basic Miles 앨범에 들어갔지.

그 후 나는 사이드맨으로서 '더 브라스 앙상블 오브 더 재즈 앤드 클래시컬 뮤직 소사이어티'the Brass Ensemble of the Jazz and Classical Music Society라고 자칭하는 그룹과 몇 곡을 녹음했어. 컬럼비아 레이블에서 나온 그 앨범에서 메인 솔로 주자였지. 이 세션을 마치고 며칠 후, 프레스티지의 마지막 세션을 위해 트레인, 레드, 필리 조 그리고 폴을 데리고 스튜디오로 갔지. 여느 때처럼 해컨색의 루디 반 겔더의 스튜디오였지.「마이 퍼니 밸런타인」,「이프 아이 워 어 벨」If I Were a Bell을 비롯해 『스티밍』Steamin', 『쿠킹』Cookin', 『워킹』Workin' 그리고 『릴랙싱』Relaxin'이라는 프레스티지 앨범들에 실린 모든 곡을, 한 번의 긴 세션으로 녹음해버렸어. 1956년 10월 말에 앨범들이 다 나왔어. 그 세션들에서 우리가 만든 음악은 대단한 것이었고, 지금까지도 정말 자랑스러워. 하지만 이로써 프레스티지와의 계약은 끝이었어. 난 앞으로 나아갈 준비가 된 거야.

음악 신에 잠시 머물면서, 나는 버드 같은 다른 위대한 뮤지션에게 어떤 일이 일어났는지 알게 됐어. 내가 알게 된 근본적인 것들 중 하나는 언제나 이 업계에서의 성공은 앨범을 얼마나 파냐, 즉 사업가들에게 얼마나 많은 돈을 벌게 해주느냐에 달려 있다는 사실이야. 위대한 뮤지션, 그러니까 창조적이고 중요한 예술가여도 경영하는 백인들에게 돈을 벌게 해주지 못하면 아무도 알아주지 않지. 진짜 돈은 미국이란 나라의 메인스트림 안에 들어가야 만질 수 있다구. 컬럼비아 레코드가 바로 이 나라의 메인스트림이잖아. 프레스티지는 아니고 말야. 훌륭한 레코드를 만들고 있긴 했지만, 메인스트림 밖이었어.

　뮤지션으로서, 또 예술가로서 나는 항상 음악을 통해 가능한 한 많은 사람들에게 다가가고 싶었어. 그걸 부끄럽게 여긴 적도 없었고. 내 생각엔 말야, 재즈라는 음악은 소수 집단에게만 통하는 음악이 아니야. 또 한때는 예술로 통했다가 나중에 죽어버린 그 숱한 것들처럼 박물관 유리 안에 갇힌 물건도 절대 아니라구. 난 재즈도 보통 '대중음악'이라고 일컬어지는 음악처럼 많은 사람들에게 다가가야 한다고 봤어. 그러지 말란 법이 있어? 뭔가 적을수록 낫다고 생각하는 사람들 있잖아. 난 절대 그 부류가 아니야. 많은 사람들이 자기 작업이 이해하기에는 너무 복잡하기 때문에, 자기 음악을 듣는 사람이 적을수록 자기가 더 괜찮은 예술가라고 생각하는 부류가 있지. 많은 재즈 뮤지션들이 버젓이 그런 말을 하고 다녀요. 넌 많은 사람들에게 다가가기 위해 니 예술을 타협하는 거 아니냐고 말하지만, 근데 사실 걔네도 속으론 대중에게 다가가고 싶어 하거든. 누구라고 이름을 대진 않겠어. 이름이 뭐 대수라고. 난 음악에는 경계도, 다다를 수 있는 한계도, 창조성에 대한 제한도 없다고 생각해왔어. 좋은 음악은 어떤 종류건 간에 무조건 좋은 음악인 거지. 나는 그렇게 갈라치기가 싫드라. 음악엔 어떤 경우에도 그런 게 낄 자리가 없어.

　내 음악을 많은 사람들이 좋아하게 되니까 기분이 나쁘다? 난 그랬던 적은 절대로 없어. 내 음악이 인기를 얻게 되면 인기 없는 음악에 비해 덜 복잡한 음악이 된다? 그렇게 느낀 적도 없고. 대중성으로 인해 내 음악의 가치가 떨어진 적도, 그렇다고 올라간 적도 없어. 1955년에 컬럼비아는 내 음악이 더 많은 청취자에게 닿을 수 있도록 관문이 돼줬어. 문이 열리자 나는 뒤 한번 안 돌아보고 쫙 나간 거야. 난 그저 트럼펫을 불면서 음악과 예술을 창조하고 내 음악을 통해 내가 느끼는 걸 소통하길 바랐을 뿐이야.

맞아, 컬럼비아와 같이 가는 건 돈을 더 많이 번다는 뜻이야. 그래서 뭐? 일하고 돈 좀 두둑히 받는 게 뭐, 그게 나빠? 가난했던 시절, 어려웠던 시절과 내 블루스에 대해서도 주눅든 적이 없다구. 그게 내 탓이야? 오직 헤로인 중독에 빠졌을 때, 그땐 진짜 힘들었어. 다시는 그러고 싶지 않았어. 내 식으로 '백인 세상'이라고 부르는 판에서 날 착취하려고 덤벼드는 사람들에게 나를 팔아치우지 않고서도 정당한 대가를 받아낼 수 있다면 나는 정말 진짜배기가 되는 거야. 니가 니 걸 하게 되잖아? 그럼 저 하늘 끝까지 거리낌 없이 가는 거야.

그 시기에 백인 여자를 하나 만나게 되는데, 그냥 낸시라고 부를게. 맨해튼 웨스트 80번가에 있는 센트럴파크가 내려다 보이는 널찍한 펜트하우스에 사는 텍사스 출신의 고급 콜걸이었어. 카페 보헤미아에서 일하던 칼 리라는 흑인 사회자를 통해 그녀를 알게 됐지. 낸시는 나한테 푹 빠졌어. 존나 이쁜데다가 나 포함 누구한테도 쌍 좆까라 그래 식이었어. 언제나 날 확 보내줬고. 흑발에 정말 깜찍하고 육감적인 애였지. 얘 때문에 마약 생각이 안 나게 됐을 정도니까 참 대단한 여자였지.

낸시는 절대 거리에서 일하는 법이 없었어. 고객들은 최상류층 사람들이었는데, 대개 백인들이었지. 누구라고는 못 밝히고. 그냥 VIP에다가 최고의 권력과 부를 누리는 그런 치들이라고만 말해둘게. 그 인간들은 진짜 낸시한테 뻑가 있었는데 만나다 보니 왜 그런지 알겠더라구. 정말 남자들이 탐할 만한, 엄청 따스하고 배려도 깊고 완전 지적인데다가 끝내주게 멋있고 진짜 섹시한 여자 있잖아, 그랬거든. 침대에선 또 얼마나 잘하는지, 색기가 좔좔 흐르고 완전 녹여줘요. 거의 울어버릴 지경이 되니까. 이런 애가 날 너무 좋아하는 거야. 난 얘랑 자려고 한 푼도 낸 적이 없어. 정말 둘도 없는 친구였지. 내가 어떻게 할 건지, 하고 싶은 게 뭔지, 척하면 척이었어. 나를 정말 150퍼센트 지원해줬어.

친해진 다음부터 낸시는 내가 너무 빡빡한 잼 세션에 박혀 있을 때 빼내주곤 했어. 여기저기 돈 되는 임시 공연을 하러 다니다가 발이 묶이면 바로 낸시에게 전화를 걸고 그랬지. 그러면 "뭐야 쌍 당장 거기서 나와! 얼마가 필요한 건데?"라고 묻고는 그게 얼마든 바로 그 돈을 보내줬지.

1956년 10월 프레스티지에서 마지막 음반들을 녹음한 다음에 카페 보헤미아로 그룹을 데리고 돌아갔어. 바로 거기서 콜트레인과 나 사이에 많은 일이 일어난 거야. 뭔가 쌓이고 또 쌓이더라고. 일단 트레인이 자기 자신을 학대하는 걸 보는 게 점점 지긋지긋해졌어. 헤로인에 심하게 중독돼 있었고 술을 겁나 퍼마셔서, 공연에 늦게 나타나서 무대에서 졸고 그러는 거야. 급기야 어느 날엔 어찌나 열이 받는지 분장실에서 콜트레인 싸다구를 날리고 배에다가 냅다 발길질을 해버렸어. 근데 그날 밤 델로니어스 몽크가 인사하러 들어왔다가 그걸 본 거야. 지가 볼 때 트레인이 덩치만 큰 애새끼처럼 그냥 맞고만 앉아 있으니까 지 딴에는 뚜껑이 열렸겠지. 이러는 거야. "어이 트레인, 색소폰만 멋지게 연주하면 됐지 뭘 이렇게 당하고 있어. 이럴 바엔 언제고 나한테 오라구. 함께 연주해. 그리고 너 인마, 마일스. 쟬 그렇게 때리면 안 되지."

존나 열받드라. 몽크 이 자식은 지가 뭘 안다고 참견이야, 참견이. 남의 일에 왜 끼냐구. 난 그 새끼가 뭐라 씨부리든 쌩까버리고 그날 밤 트레인을 바로 해고해버렸어. 트레인은 헤로인을 끊어볼 셈으로 필라델피아로 돌아갔지. 그를 보내서 기분이 언짢았지만 그 상황에선 달리 수가 없잖아.

콜트레인을 소니 롤린스로 교체하고 보헤미아에서 주말 일을 마치자마자 밴드를 해산시켜버렸어. 그리고 바로 비행기를 타고 파리로 갔지. 레스터 영을 비롯해서 모던 재즈 쿼텟(퍼시 히스, 존 루이스, 코니 케이, 밀트 잭슨)과 프랑스, 독일의 뮤지션들을 포함한 올스타 그룹의 헤드라이너로 초대됐거든. 우리는 암스테르담, 취리히, 프라이부르크, 파리에서 연주를 했어.

난 파리에서 쥘리에트 그레코와 다시 어울렸지. 쥘리에트는 당시 가수로, 또 영화 스타로 진짜 최고였어. 처음엔 날 만나는 걸 약간 주저하더라고. 지난번 뉴욕에서 만났을 때 내가 했던 짓 때문이었겠지. 하지만 내가 왜 그랬는지 설명하니 나를 용서했어. 그 담부턴 꼭 처음 만났을 때처럼 정말 친하게 지냈어. 장폴 사르트르와도 물론 어울렸고, 그들의 집이나 노천카페에 앉아서 얘기를 나누며 아주 즐거운 시간을 보냈어. 어설픈 프랑스어와 어설픈 영어, 몸짓을 섞어 쓰면서 말이야.

파리 콘서트를 마치고 많은 뮤지션들이 생제르맹 클럽으로 몰려갔어. 센강 좌안에 있는 멋진 음악 클럽이었지. 난 쥘리에트를 데리고 가서 마침 그날 밤 거기서 연주하던 대단한 미국 흑인 색소폰 주자인 돈 바이어스의 공연을 봤어. MJQ의 모든 멤버가 우리와 같이 있었고 케니 클라크도 같이 갔을 걸. 아무튼 그랬는데 버드 파월이 자기 아내 버터컵과 함께 놀러 온 거야. 반갑더라고. 당시 버드는 파리에 완전히 정착해 있었거든. 난 버드와 진짜 오랜만에 상봉한 친형제처럼 서로 얼싸안고 기뻐했어. 몇 잔의 술이 오가고 한참 수다를 떨고 나니 누군가 버드가 연주할 거라고 귀띔해주더라. 야, 이거 버드 연주를 듣는 게 정말 얼마만인지. 엄청 기분 좋더라. 버드가 피아노로 올라가더니 「나이스 워크 이프 유 캔 겟 잇」Nice Work if You Can Get It을 치기 시작했지.

시작은 정말 빠르고 훌륭했는데, 뭐가 어떻게 된 영문인지 연주가 엉망이 되고 말았어. 그냥 끔찍했어. 그날 나를 포함해 거기 있던 사람들이 다 충격을 받았을 정도니. 도대체 뭘 듣고 있는 건지 믿기지도 않고 다들 말문이 막혀서 멍하니 서로 쳐다보기만 했던 것 같아. 연주가 끝나니까 쥐죽은 듯이 조용해지드라. 버드가 일어서며 흰 손수건으로 얼굴을 닦고 머리 숙여 인사를 했는데, 우리는 어쩔 줄 몰라서 마냥 박수만 쳤어. 버드의 그따위 연주를 듣는 게 정말 힘들더라고. 버드가 무대에서 내려오자 버터컵이 맞으러 가서 안아주더니 잠깐 뭐라고 얘기를 했어. 버드도 이게 뭔 일인지 눈치챈 듯 참 슬픈 표정을 짓고 있더라고. 알다시피 당시 버드는 정신분열증에 시달리고 있었고 빈 껍데기에 불과했어. 버터컵이 버드를 우리가 앉아 있던 곳으로 데려왔고, 다들 황당한 표정으로 버드를 봤지. 우린 너무 당황해서 잠자코 그냥 희미한 미소를 머금은 채 내색을 안 하려고 애썼어. 찬물을 끼얹은 듯 조용해서 바닥에 깃털이 떨어지는 소리까지 들릴 정도였어.

그때 내가 벌떡 일어나서 버드를 껴안으며 말했어. "버드, 그렇게 술 마시고 바로 연주하면 안 된다는 걸 이젠 알겠지. 알고 말고. 안 그래?" 나는 버드를 똑바로 쳐다보며 모두가 들을 수 있도록 큰 소리로 말했어. 그러자 버드가 고개를 끄덕이면서, 미친 사람의 웃음과는 아주 거리가 먼 조용한 미소를 지으며 앉았던 것 같아. 버터컵은 일어나서 거의 울면서 나에게 고마워했어. 그러자 갑자기 모두가 말하기 시작했고 모든 것이 버드가 연주하기 전으로 돌아갔어. 하지만, 알다시피, 나는 아무 말도 안 할 수 없었어. 버드는 내 친구였고, 만신창이가 돼서 벨뷰로 보내지기 전까지는 살아 있는 가장 위대한 피아노 주자 중 한 명이었잖아. 그런데 이제 버드는 파리라는 타지에서 그가 어떤 사람인지 알지 못할, 아마 신경도 쓰지 않을,

그러니까 그냥 취한 놈으로 볼 사람들 사이에 있는 거야. 버드가 그런 식으로 연주하는 걸 보게 되다니, 정말 슬픈 일이었어. 평생 절대 못 잊을 거야.

1956년 12월에 난 뉴욕으로 돌아왔고, 밴드를 다시 모아서 두 달짜리 투어를 돌았어. 필라델피아, 시카고, 세인트루이스, 로스앤젤레스를 들렀고 샌프란시스코에서는 블랙호크 클럽에서 2주간 연주했어.

하지만 56년 가을 무렵엔 밴드로 돌아온 트레인과 필리 조가 마약 때문에 지각을 하고, 때로는 아예 안 나오기도 하며 엄청 신경을 긁는 거야. 트레인은 심지어 무대 위에서 헤로인에 취해서 졸기도 했고. 막 필라델피아에서 뉴욕으로 이사한 트레인과 그의 아내 나이마가 거기선 구할 수 없던 센 약을 접했던 거지. 이사 후에 그놈의 버릇은 점점, 아주 빠르게 나빠졌어. 나도 겪어봤으니까 그게 물리치기 쉽지 않은 병이라는 걸 알고 있었기 때문에, 트레인과 나머지 놈들이 헤로인을 맞는 것에 대해 훈계를 하려고 들지는 않았어. 그런 걸로 걔네를 괴롭히진 않았다는 뜻이야. 내가 걔들한테 간섭했던 이유는 지각하고 무대에서 조는 일 때문이었어. 그런 건 용서할 수 없다고 말했지.

콜트레인이 밴드로 돌아왔을 때 우리는 일주일에 1,250달러를 벌고 있었는데, 그 새끼들이 무대에서 졸고 있는 거야. 그런 짓은 절대로 용납할 수 없었다고! 사람들이 그걸 보면 '내가' 다시 마약 중독자가 됐다고 생각할 거 아니야. 뭔 뜻이냐면 약을 그냥 떠올리는 것만으로 난 유죄가 되는 거야. 코카인을 잠깐씩 흡입하는 것 말고는 난 티끌 한 점 없이 깔끔했다고. 체육관에서 운동하면서 좋은 컨디션을 유지하고, 술도 절제하면서 일에 집중하고 있었단 말야. 걔네가 그룹과 자기 자신한테 무슨 짓을 하고 있는지 이해시키려고 말도 해봤어. 레코드 프로듀서가 계약 좀 해볼까 싶어 연주를 들으러 와봤자 니가 조는 걸 보면 망설일 거 아니겠냐고. 뭔가 이해하는 것 같긴 했는데, 그래도 계속 헤로인을 맞고 술을 들이붓더라고.

트레인이 아니라 다른 멤버 같았으면 처음에 두어 번 그랬을 때 바로 해고해버렸을 거야. 난 필리 조랑 어울리던 것처럼 트레인하고 놀지는 못했지만 트레인이 정말 좋았거든. 정말이야. 트레인은 멋진 사람이었고 천성이 정말 비단결 같은데다가 영적이고, 아무튼 그런 친구였어. 누구라도 트레인을 좋아하고 챙겨주지 않을 수 없었을걸? 그때까지로 치면 걔가 생애 최고로 돈을 많이 벌던 때였으니까 내가 강하게 타이르면 약을 끊을 거라고 생각했지. 근데 안 되더라구. 맘이 아프더라. 같이 밴드를 하던 시기에 필리 조가 트레인에게 나쁜 영향을 끼쳤다는 걸 나중에야 알게 됐어. 트레인이 헤로인을 쓰던 초기에도 음악은 너무 엄청났기 때문에 난 걔가 어떤 상태인지 알아채지 못했어. 게다가 트레인과 필리는 항상 약을 끊겠다고 약속했어. 하지만 사태가 점점 심각해져갔던 거야. 때때로 필리 조는 무대에서 너무 괴로워하며 나에게 속삭였어. "마일스, 발라드를 연주해. 나 토할 것 같아서 화장실에 가야겠어." 무대를 떠나서 토하고 온 뒤에 필리 조는 아무 일도 없었다는 듯이 돌아왔어. 그런 멍청한 짓을 저지르곤 했다니까.

필리 조와 같이 1954년엔가 55년 초엔가, 즉석 공연을 했던 기억이 나네. 아마 우리 둘이었을 거고, 그 지역 그룹을 잡았던 거 같아. 1,000달러를 준대서 좋다 하자 했지. 클리블랜드였지 아마. 뉴욕으로 돌아가려던 참이었을 거야. 필리 조는 두세 시간 전에 약을 맞아서 약기운이 슬슬 떨어지고 있었는데, 내가 공항으로 항공권을 사러 갔을 때 벌써 안절부절못하더라고. 그때 내가 우연히 위조지폐—'자줏빛 지폐'라고 불렀던—를 발견했어. 표를 파는 그 귀여운 백인 계집애 앞에 서서 돈을 세어보니, 그녀에게 그 지폐를 주지 않으면 돈이 모자랄 판인 거야. 우리에게 위조지폐를 준 그 쌍노무 프로모터 이름을 불진 않을게. 필리 조와 눈이 마주쳤는데, 그 지폐를 보고 내가 뭘 생각하고 있는지 걔도 알아차린 것 같아. 필리 조가 그녀에게 예쁘다, 귀엽다, 우린 뮤지션인데 네가 너무 괜찮아서 너에 대한 노래를 쓰고 싶으니 제발 이름을 알려달라 따위의 말을 떠들기 시작했어. 그녀는 활짝 웃었고, 타이밍에 맞춰서 내가 돈을 건넸어. 자기 이름을 급하게 쓰느라 돈을 세어 보지도 않더라고.

표를 사고 나서 비행기를 타러 갈 때, 필리는 뉴욕에 돌아가 약을 맞고 아프지 않게 되려면 얼마나 기다려야 될지 계산하고 있었어. 그런데 가는 도중에 뉴욕에 눈이 내려서 비행기가 워싱턴 D.C.를 경유하게 됐지. 필리는 결국 비행기 화장실로 가서 토를 하고 말았어. 워싱턴에 도착한 후에도 마찬가지였고. 뉴욕에는 계속 눈이 내리고 있었어. 그래서 표를 환불하고 뉴욕행 기차를 타려고 했지. 그런데 필리가 D.C.에 아는 사람이 있으니 그 집에 가자고 애걸복걸하는데, 씨발 존나 빡이 치는 거야. 기진맥진한지 지가 가지고 있던 드럼 케이스조차 못 들더라고. 내가 대신 내 짐과 걔 짐을 한꺼번에 들어 택시에 실으려다가 손목을 삐끗했어. 그 와중에도 녀석은 또 화장실에 토하러 다녀오고. 눈발을 뚫고 그 집을 찾아갔는데 또 마침 약장수 놈이 외출한 상태라 기다리라네. 약장수 아내가 우리더러 들어오라고 했고, 필리는 그 집 화장실에서 토하고 난리였지. 마침내 약장수 새끼가 돌아오고, 필리는 약을 때리더니 그제야 멀쩡해졌어. 헤로인 값 지불은 내 몫이었고. 난 늘 비상금을 가지고 다녔지만 필리가 그걸 내놓으라고 할까 봐 그 새끼한텐 절대 알리지 않았었거든.

드디어 뉴욕으로 돌아가는 열차를 잡았어. 난 개빡쳐 있는데 손목까지 부러진 느낌인 거야. 도착해서 눈 내리는 펜 역 앞에서 그 새끼 얼굴에 삿대질을 해가며 이렇게 쏴붙였지. "인마, 또 이런 식으로 했다간 봐라, 응?"

그러자 필리가 우거지상을 지으며 이렇게 너스레를 떠는 거야. "형, 나한테 왜 그렇게 말하는 거야? 난 동생이잖아. 내가 형 사랑하는 거 몰라? 형도 알잖아, 약기운 떨어져서 아프기 시작하면 어떤 느낌인지! 근데 왜 나한테 화를 내, 응? 애초에 눈 때문에 이 사달이 난 거잖아. 그러니까 눈한테 화를 내야지, 왜 애꿎은 나한테 이래! 난 동생이야. 형 사랑한다고. 그러니까 나 말고 하느님한테나 화를 내 형!"

그걸 듣고 있는데 존나 웃긴 거야. 씨발, 배꼽 빠지게 웃었네. 야, 진짜 웃긴 소리로 기발하게 넘기는 재주 하난 끝내준다 싶었지. 아무리 그래도 존나 빡쳐서 집에 갔고, 그다음부터는 그따위 개수작은 무시하겠다고 다짐했어.

이 밴드로 투어를 도는 동안 필리는 자주 이런 식이었어. 나는 보통 약속 한 시간 전에 필리 조를 호텔로 데리러 가서 로비에 앉아 그가 체크아웃하는 걸 보곤 했지. 필리는 항상 호텔 직원에게 계산서에 적힌 내용을 가지고 따지곤 했는데, 참 웃기는 장면들이었지. 필리가 직원한테 "매트리스가 방에 들어갔을 때부터 불에 그을려 있었어요"라고 말하면 직원은 "아 그래요? 그런데 어떻게 여자분과 같이 계셨던 거죠?"

그러면 조는 "아, 걘 오래 있지 않았어요. 날 보러 온 것도 아니라고요" 이렇게 둘러대는 식이야.

직원이 "그래도 당신하고 통화하고 올라갔잖아요"라고 따지면, "그게 아니고, 한참 전에 떠난 체임버스 씨 만나려고 연락한 거예요" 이래.

이런 식으로 질질 옥신각신이 다반사였지. "샤워기가 사흘 동안 작동하지 않았는데요", "전등 네 개 중 두 개가 켜지지 않았는데요" 따위의 뻥을 늘어놓으면서 필리는 항상 일주일 숙박비 중 20~40달러를 돌려받았고, 마약 사는 데 그 돈을 썼어.

그런데 언젠가 샌프란시스코였나. 거기선 개수작이 통하지 않았어. 나는 거리 맞은편 카페에 있었는데 필리가 길거리쪽 창문으로 가방이며 물건을 막 던지는 게 보이더라. 그러더니 아래층으로 내려와서는 직원에게 뭐라뭐라 말을 하는 거야. 직원이 필리에게 "전에도 이런 짓을 했으니 이젠 돈을 내야 할 겁니다. 그리고 돈을 내기 전까지는 제가 올라가서 당신의 짐을 방 안에서 안 꺼내줄 거예요"라고 말하는 걸 바깥에서 들었어. 조는 그러시라며 시내에 있는 친구에게 돈을 빌리러 가겠다고 했어. 직원이 방을 잠그러 올라가는 동안 필리가 열받은 표정으로 식식거리며 호텔 밖으로 나오더니 옆으로 달려가서 미리 던져놓은 짐을 들고 쥐새끼처럼 낄낄거리며 내빼더라고. 양아치 새끼.

만일 필리가 백인 변호사였다면 미국 대통령이 됐을 거야. 대통령들은 그럴싸한 말들을 늘어놓지만 순 뻥쟁이들이거든. 딱 필리가 그랬어. 더하면 더했지 못하진 않았어.

콜트레인 같은 경우는 그렇게 웃을 일이 아니야. 조를 보면 웃겼지만 트레인은 불쌍해 보였지. 트레인은 며칠씩 입고 잔 거 같은 열나 구겨지고 지저분한 옷을 입고 연주했어. 도중에 졸지는 않더라도 코를 후빈다거나 때로는 그걸 먹기도 했지. 나나 필리처럼 여자를 밝히진 않았어. 그냥 연주에 집중했고 내내 음악에 빠져 있었어. 어떤 여자가 자기 바로 앞에 홀딱 벗고 서 있어도 눈길 한 번 안 줄 녀석이지. 그만큼 연주에만 집중했다 이거야. 반면 필리 조는 여자밭이 엄청났어. 무대 위에 있을 때 필리는 번지르르하니 멋졌고 나만큼이나 시선을 한 몸에 받았던 거야. 진짜 한 인물 했으니까. 트레인은 정반대였어. 트레인이 사는 이유는 오직 음악 하나였어. 그게 다야.

투어에서 필리 조와 트레인의 약쟁이 습관보다 나를 더 힘들게 했던 일이 있었어. 일주일에 1,250달러를 벌었지만 그것 가지고는 나를 포함해 밴드 전체를 유지하기에 벅찬 거야. 나는 내 몫으로 400달러를 갖고 나머지를 그룹과 나눴는데, 그 투어에서 걔들이 맨날 부어라 마셔라 하더니 술집에 자꾸 빚을 져서 수입을 넘기고 말았어. 그때 필리가 내게 빚진 돈이 한 3만 달러쯤 됐나, 결국 난 필리를 밴드에서 쫓아냈어.

아무리 연주를 해도 남는 게 없어. 클럽은 꽉 차고도 넘쳐서 한 블록을 돌아 줄을 서는 정도였는데 우리는 빚에 허덕이다니! 난 속으로 생각했지. '쌍, 이거 가지고는 안 되겠는걸. 더 받아내야지.' 나는 잭 위트모어한테 전화해서 더 이상 일주일에 1,250달러 받고는 연주를 못 하겠다고 말했어. 그랬더니 알겠다면서도 이미 계약서에 서명을 했으니 이번에는 그냥 그렇게 하라는 거야. 맞는 말이긴 해. 그래도 난 도저히 안 되겠다며 2,500달러를 불렀지. 잭이 알겠다, 어떻게 해보겠다, 그러더니 결국은 내가 하자는 대로 됐어. 2,500달러는 흑인 밴드에게는 큰돈이었어. 클럽 주인들이 열받아 하면서도 결국은 그 돈을 주더라고.

외상 술버릇은 폴 체임버스가 제일 심했어. 폴한테 출연료를 줬는데도 술집에서는 돈을 안 내. 한번은 정말 화가 나서 아구창을 날려버린 적도 있어. 폴은 정말 좋은 녀석이지만 그땐 아직 망나니였지.

뉴욕의 로체스터에서 우리가 연주하던 클럽이 있었는데 장사가 좀 시원치 않았던 때가 있었지. 내가 거기 여사장을 잘 알거든.

전부터 나한테 잘해줬으니 돈 안 줘도 된다고 했어. 난 돈에 환장한 사람이 아니기 때문에 돈을 도로 돌려주지만 다른 멤버들한테는 돈을 줘야 한다고도 했지. 난 늘 그랬어. 나한테 잘해주던 사장이 돈을 못 벌면 가끔씩 그렇게 했던 거야. 아무튼 로체스터 투어에서 폴이 좀비Zombie†를 마시고 있었어. 그에게 말했지. "왜 그딴 걸 마시냐? 왜 그렇게 많이 마시냐구. 응?"

그가 말했어. "형, 내가 마시고 싶어서 마시는데 왜 그래? 난 열 잔도 더 마실 수 있다고. 그래도 멀쩡하다니까."

"그래 다 마셔라. 내가 계산할 테니."

"좋아."

그러고 나서 대여섯 잔을 마신 후에 "보라구, 난 멀쩡해" 이러 더라. 그 후 폴과 나, 필리 조는 스파게티를 먹으러 갔어. 다같이 스파게티를 주문했는데 폴이 자기 거에 핫소스를 잔뜩 뿌리더라고. 내가 말했지. "야, 왜 그러는 거야?"

폴이 말했어. "핫소스를 좋아하니까 그러지."

필리 조와 대화를 나누고 있는데 갑자기 쿵 소리가 났어. 옆을 보니 폴의 얼굴이 스파게티와 핫소스로 범벅이 돼 있더라. 그 좀비 들 때문에 만취 상태가 된 거야. 완전히 맛이 가버린 거지. 마약에 쩔어 있는 폴이 그 좀비들을 다 마셨으니 견딜 수가 없었겠지. (그렇게 살다가 1969년에 그는 죽었어. 술에, 마약에, 모든 걸 너무 과하게 하다가 그렇게 된 거야. 겨우 30대 초반이었어.)

또 한번은 캐나다 퀘벡에서 공연할 때인데, 버라이어티 쇼의 일환이었어. 취한 폴이 정말 완전 쪼글쪼글하게 늙은 백인 여자들한 테 가더니 "어이 아가씨들, 쇼 끝나고 오늘 밤엔 뭘 하지?" 아, 이러 는 거야. 여자들이 완전 뚜껑이 열려가지고 사장한테 따지고, 사장 은 또 나한테 뭐라 하고, 그래서 난 "맞아요.

† 럼 베이스의 강한 칵테일.

내 친구가 확실히 잘못했죠. 하지만 우린 이런 데서 이런 쇼나 하는 게 정말 내키지 않네요. 당장 그만둘게요. 지금까지 한 만큼 돈을 당장 줘요, 우린 갈게요." 주인이 알았다더라고. 그런데 조는 헤로인도 못 하고, 몸이 말이 아니었어. 맛이 간 상태였는데 아무도, 아무것도 없었던 거야. 우리는 비행기표가 있었지만 퀘벡에 눈이 와서 떠날 수도 없었고, 그 돈 가지고는 멤버 전부의 기차표를 사지도 못하겠더라고. 그래서 난 애인인 낸시에게 연락을 했고 낸시가 필요한 돈을 바로 보내줬지.

1957년 3월에 뉴욕으로 돌아오니 상황은 더 좆같이 됐고 난 결국 트레인과 필리 조를 해고했어. 트레인은 파이브 스팟으로 가서 몽크와 연주했고 필리는 그때 '스타'였기 때문에 여기저기 불려다녔지. 나는 트레인을 소니 롤린스로 다시 교체했고 아트 테일러를 드럼으로 데려왔어. 트레인을 또 해고하는 것도 쉽지 않은 결정이었지만, 필리 조하고 헤어지는 게 더 힘들더라. 우린 정말 좋은 친구 사이였고 함께 많은 일을 겪어왔거든. 하지만 그 꼴을 당하면 달리 방법이 없는 거라.

트레인과 필리 조를 해고하기 전 마지막 연주를 카페 보헤미아에서 두 주 동안 했는데, 지금까지도 잊을 수 없는 사건이 하나 터졌지. 트럼펫 주자인 케니 도럼이 어느 날 밤에 찾아와서 자기도 공연에 낄 수 있는지 묻는 거야. 케니는 자신만의 위대한 스타일을 갖고 있는 대단한 트럼펫 연주자였어. 나는 그의 톤과 보이스를 좋아했지. 그는 트럼펫에 관해서는 정말 독창적이고 상상력이 풍부한 예술가였지만 응당 받아야 할 평가를 제대로 못 받고 있었어. 당시 나는 내 밴드 공연에 아무나 끼워주지 않았어. 연주할 줄 아는 사람만 허락했는데, 케니는 연주할 줄 아는 사람이었지. 게다가 우리는 오랫동안 알고 지낸 사이였어. 어쨌든 그날 밤도 늘 그렇듯 자리가 꽉 차 있었어. 나는 연주를 마치고 나서 케니를 소개했고 그가 올라와서 존나 기막힌 솔로를 하는 거야. 내가 바로 전에 한 연주를 뻥 차서 날려버리고 관객의 머릿속을 자기 연주로 꽉 채워버리는 그런 연주. 자기 공연인데 누가 끼어들어서 자기를 뛰어넘어 버리는 걸 좋아할 사람이 있겠어? 갑자기 존나 열이 받더라. 마침 재키 매클린이 청중 속에 있는 게 보여서 "재키, 내 사운드 어땠어?" 하고 물었어.

재키는 나와 친하고 내 연주를 좋아했기 때문에 허튼소리를 하지 않을 거라는 걸 난 알았지. 근데 이 친구가 내 눈을 똑바로 쳐다보더니 이러더라구. "마일스, 오늘 밤 케니가 너무나 훌륭한 연주를 하는 바람에 넌 그냥 그저 그런 소리로 들리던데."

그걸 듣고 있자니 뚜껑이 열리대. 아무한테도 안 알리고 그냥 집에 와 버렸어. 그게 마지막 곡이었거든. 집에 와서 자꾸 곱씹게 되더란 말야. 이게 내 자존심을 건드려. 클럽을 나오면서 케니가 가는 걸 본 게 머릿속을 맴돌고. 쌍 존나 씩 웃으면서 거들먹거리기는. 관객들이야 모를 수 있지만, 케니는 뭔 일이 일어난 건지 알았던 거야. 나도 알았고, 케니도 딱 알았고.

다음 날에 케니가 또 슥 나타나더라고. 역시 예상대로군 싶었지. 내가 뉴욕 바닥에서 제일 음악 잘 알고 유행에 민감한 관객들 앞에서 연주한다는 걸 케니도 알고 있었겠지. 한 번 더 해볼까 싶었나 봐. 오늘도 끼어도 되냐고 묻더라. 이번에 나는 케니더러 먼저 연주하라고 했어. 그다음에 내가 올라가서 완전 혼쭐을 내줬지. 알다시피 전날 밤에 나는 케니를 편하게 해주고 싶어서 케니와 비슷한 걸 연주하려 했어. 내가 왜 그러는지 케니도 알고 있었고. 그치만 이날엔 내가 케니보다 뒤에 섰고 걔가 내가 뭘로 자기를 날려버릴지 알 재간이 있나. 시간이 지나 1960년대에 샌프란시스코에서 똑같은 일이 일어났긴 해. 그러니, 내 생각이지만 말야, 이건 무승부라 치자구.

당시는 늘 그런 식이었어. 사람들은 항상 잼 세션에서 상대방을 난도질하려 했어. 때로 이기고 때로 지는 과정을 통해 케니 같은 위대한 연주자와 지지고 볶고 나면 분명 뭔가 얻는 게 있었겠지. 어떤 때는 난감한 상황이 닥치기도 했지만 거기서 뭔가를 익혀야만 해. 안 그러면 음악 때려 치워야지 뭐.

1957년 5월에 나는 길 에번스와 스튜디오로 가서 『마일스 어헤드』를 녹음했어. 길과 다시 만나 작업하는 건 굉장한 경험이었어. 길과 나는 『쿨의 탄생』을 만든 후에도 가끔 만났어. 그때 나중에 꼭 앨범 하나 더 해보자고 했었는데, 『마일스 어헤드』의 음악 콘셉트로 이어진 거야. 그가 너무나도 세심하고 창조적인 사람이어서, 또 내가 그의 편곡을 완전히 믿고 있었어서, 길과 작업하는 건 대체로 즐거웠어. 우리는 항상 음악적으로 훌륭한 한 팀이었고 『마일스 어헤드』를 할 때 특히 그렇다는 걸 깨달았지. 길과 내가 함께 하면 뭔가 특별한 시너지를 냈어. 그때 우리는 빅밴드를 썼어. 세션은 대개 폴 체임버스를 비롯한 동료 뮤지션들이었고. 나중에 『마일스 어헤드』가 나오고 어느 날 디지가 나를 보러 와서, 너무 많이 들은 나머지 자기 음반이 3주 만에 닳아버렸으니 음반을 새로 한 장 더 달라고 하더라고! '최고였다'면서 말이야. 디지 같은 사람이 내 음악에 그런 말을 하다니, 내가 받은 최고의 칭찬 중 하나였어.

『마일스 어헤드』를 녹음하면서 카페 보헤미아 일도 계속했어. 테너에 소니 롤린스, 드럼에 아트 테일러, 베이스에 폴 체임버스, 피아노는 레드 갈랜드가 함께 연주했고. 그 후 여름 내내 동부와 중서부를 누비며 연주하러 다녔지. 그러고 나서 뉴욕으로 돌아오면 트레인과 몽크의 밴드를 보러 파이브 스팟에 가곤 했어. 그즈음 트레인은 필라델피아의 어머니 집에 머물며 내가 예전에 그랬던 것처럼 금단현상 이상의 고통을 참아가며 마약을 끊었지. 돌아온 그는 정말 멋진 연주를 했고 몽크와 함께 훌륭한 사운드를 냈어(물론 몽크의 사운드도 훌륭했고). 몽크는 베이스에 윌버 웨어와 드럼에 섀도 윌슨 등 정말 탄탄한 밴드를 꾸리고 있었어. 몽크는 늘 빈 공간을 남겨놓기 때문에 트레인은 그의 음악에 완벽하게 들어맞는 색소폰 주자였어. 트레인은 그때 자기가 연주하던 사운드와 코드로 그 모든 공간을 채울 수 있었어. 마침내 약을 끊고 정기적으로 무대에 서는 트레인이 대견하더라. 나는 밴드에서 소니와 아트 테일러의 연주를 언제나 좋아했지만 트레인과 필리 조와 함께 했던 때만큼은 아니었어. 내가 그들을 그리워한다는 걸 깨달았지.

9월에 다시 내 밴드의 멤버가 교체됐어. 소니가 자기 그룹을 만들기 위해 떠났고, 카페 보헤미아에서 말다툼을 한 이후 아트 테일러도 떠났지. 아트는 내가 필리의 연주 방식을 좋아한다는 걸 알고 있었어. 그런데 아트는 정말 예민한 녀석이었기 땜에 나는 어떻게 하면 아트의 감정을 상하지 않게 하면서 한두 단계 더 높은 차원의 연주를 하라고 말할지 고심하곤 했지. 나는 삭 심벌sock cymbal†을 좀 어떻게 해보라는 둥 에둘러서 뭔가 알려주려고 해봤는데 그게 점점 그의 신경을 건드렸던 모양이야. 내 딴에는 아트를 위한답시고 보통 때보다 덜 직접적으로 말한 건데 말야.

어쨌든 그런 일이 며칠간 계속되자, 셋째 날인가 넷째 날에 내가 인내심을 잃었지. 영화계 스타들로—내 생각엔 말론 브란도와 에바 가드너가 있었던 것 같아. 항상 거기 있었거든—꽉 차 있었어. 게다가 아트의 동네 친구들도 그의 연주를 들으러 왔었고. 공연이 시작되고 솔로를 연주하고 난 다음 늘 그렇듯 팔짱을 끼고 트럼펫을 팔 아래 숨긴 뒤 그에게 몇 가지 제안을 하기 위해 연주를 주의 깊게 들으며 아트의 삭 심

---

† 풋 페달에 마운트된 한 쌍의 심벌. 하이 햇(Hi-hat)이라고도 한다.

벌 바로 옆에 섰어. 아트가 인기척을 못 느끼더라고. 자기 친구들이 와 있어서 온통 신경이 곤두서 있었던 걸지도 모르고. 하지만 그게 뭐 대수야? 나는 그가 제대로 연주하기를, 그리고 이제까지처럼 삭 심벌을 너무 크게 치지 않기를 원했기 때문에 그따위 것에 신경 쓸 틈이 없었어. 그래서 삭에 대해 뭔가를 말했는데, 아트가 "씨발 저리 안 비켜?"라고 말하는 듯한 표정을 짓는 거야! 그래서 그에게 목소리를 낮춰서 말했어. "씨발놈아, 넌 필리가 어떻게 그놈의 브레이크를 치는지도 몰라?"

아트는 정말 개 빡쳐서 곡이 끝나기도 전에 연주를 멈추고 드럼 세트를 빠져나가 무대 뒤로 가버렸고, 세션이 끝난 후엔 돌아와서 드럼을 챙기고 떠났어. 나를 비롯해 모두들 벙쪘지. 난 다음 날 밤에 지미 콥을 그 자리에 대신 앉혔고 아트와는 그날 이후로 그 일에 대해 말해본 적이 없어. 한 번도 입에 올린 적이 없을 거야. 거의 만난 적도 없고.

그 주인가 그다음 주에, 나는 레드 갈랜드를 해고하고 토미 플래너건을 피아노로 데려왔어. 필리에게 돌아오라고 했더니 그렇게 해줬고, 내 옛 친구인 블로섬 디어리와 결혼한 벨기에 출신의 색소폰 주자인 바비 재스퍼를 소니 자리에 앉혔어. 트레인에게 다시 돌아오라고 부탁했지만, 몽크와 약속한 게 있어서 당장 넘어올 수 없다고 하더라고. 뉴욕에 돌아온 캐넌볼 애덜리와도 얘기해봤는데(그는 코넷을 연주하는 동생 냇과 여름 내내 그룹을 이끌고 있었어), 10월에는 가능할지 모르겠는데 당장은 힘들다더라고. 바비는 매우 좋은 뮤지션이었지만 내가 찾는 종류는 아니었어. 10월이 되어 캐넌볼이 가능하다고 할 때 바로 그를 불러들였고 바비를 내보냈지.

난 트레인과 캐넌볼, 그렇게 색소폰 두 명을 두는 퀸텟이나 섹스텟으로 그룹을 늘려볼까 궁리 중이었어. 머릿속으로는 음악이 바로 들렸고 그게 현실이 된다면 존나 대단한 게 나오리라는 걸 알았어. 아직은 준비가 안 돼 있었지만, 정말 곧 그렇게 될 것 같은 감이 오는 거야. 그러면서 캐넌볼을 알토로 기용한 내 그룹으로 '재즈 포 모던스'라는 투어에 참여했어. 약 한 달간 투어를 돈 다음 여러 그룹들과 함께 카네기 홀에서 마무리 공연을 했지.

그 후 몇 주 동안 다시 게스트 솔로 주자로 연주하러 파리로 갔어. 그 여행에서 쥘리에트 그레코를 통해 프랑스 영화 감독인 루이 말을 만났지. 그는 늘 내 음악의 팬이었다면서 자기가 만든 새 영화인 「사형대의 엘리베이터」L'Ascenseur pour l'Echafaud(미국에서는 *Elevator to the Gallows*나 *Frantic,* 또 영국에서는 *Lift to the Scaffold*라는 제목으로 개봉했다)의 배경음악을 작곡해주면 좋겠다고 하더라고. 승낙했지. 영화음악을 써본 적이 없던 내게는 굉장한 기회였어. 영화 가편집본을 보고 작곡을 위한 아이디어를 얻을 예정이었어. 살인사건을 다룬 서스펜스 영화에 맞는 분위기를 내기 위해 녹음 장소로 낡고 음울하고 어두운 건물을 활용했어. 그게 음악적 분위기 만드는 데 좋을 것 같다고 생각했는데 실제로도 그랬지. 그 영화에서 내가 했던 음악을 모두 좋아했어. 나중에 『재즈 트랙』*Jazz Track*이라 불린, 「그린 돌핀 스트리트」Green Dolphin Street가 들어 있는 컬럼비아 앨범에 그 영화음악이 실렸어.

파리에서 말의 영화음악을 쓰면서 난 생제르맹 클럽에 나가 연주했지. 드럼에 케니 클라크, 베이스에 피에르 미슐로, 색소폰에 바니 빌렌, 그리고 피아노에 르네 위트르레제가 함께 했지. 나는 무대에서 말도 안 하고 곡 소개도 안 했어. 음악이 스스로 말하고 있다고 여겼으니까. 그랬더니 여러 프랑스 비평가들이 화를 내더라. 그래서 그 연주를 기억해. 그들은 내가 거만하게 굴면서 자기들을 무시한다고 생각했어. 그치들은 흑인 뮤지션이 무대에서 살살거리며 싹싹하게 구는 데 익숙해 있었거든. 딱 한 명, 내 뜻을 이해하고 나를 비난하지 않은 비평가가 있었는데, 그게 바로 앙드레 오데이르였어. 그 사람은 내가 만난 제일 좋은 음악 비평가 중 한 명이었어. 매일 밤 클럽이 가득 찼기 때문에, 청중들은 아마 그런 거에 신경 쓰지 않았던 것 같아.

쥘리에트를 자주 만났고, 내 생각엔 그 여행에서 우리가 언제까지나 그냥 좋은 친구 사이로 지내기로 결정했던 것 같아. 나는 미국에서 잘나가고 있었고, 그녀는 프랑스에서 성공했고 거기서 사랑받았지. 줄곧 미국에서 사는 것이 싫었지만, 그렇다고 파리로 넘어가는 걸 고려한 적도 없었어. 파리를 정말 사랑했지만 거기서 뭔가 음악적으로 이뤄내는 게 가능할 거라는 생각이 안 들었거든. 그저 방문하는 것으로 족했지. 게다가 거기로 옮겨 간 뮤지션들은 내가 볼 때 미국에서는 가능했던 뭔가를, 그러니까 어떤 에너지를, 예리함을 잃은 것처럼 보였어. 잘 모르지만, 내 생각엔 자기가 태어났고, 잘 알고 있고, 익숙한 문화에 둘러싸여 있는 게 어느 정도 중요한 것 같아. 내가 파리에 살았다면 그냥 멋진 블루스를 들으러 가거나 뉴욕에서 그랬던 것처럼 몽크와 트레인과 듀크와 사치모 같은 사람들의 연주를 들으러 갈 수 없었겠지. 파리에는 클래식을 배운 좋은 뮤지션들이 있었지만, 미국 뮤지션들 같은 음악은 아직 들을 수 없었어. 그 모든 이유 때문에 나는 파리에 살 수 없었고, 쥘리에트도 이해해줬어.

1957년 12월 뉴욕으로 돌아왔을 때, 나는 다시 내 음악을 할 준비가 돼 있었어. 레드에게 돌아오라고 부탁했고, 그는 승낙했어. 파이브 스팟에서 계속되던 몽크의 공연이 막을 내렸다는 소식을 듣고 나는 트레인에게 연락해서 다시 같이 하자고 했지. 트레인이 좋다고

했을 때, 나는 음악적으로 정말 대단한 뭔가가 일어날 것 같은 예감
이 들었어. 뼛속 깊은 곳에서 느낌이 오더라고. 그리고 그 일이 이뤄
졌지. 그것도 정말 제대로 말이야.

11

　당시까지 소편성 그룹의 재즈 기법은 대부분 루이 암스트롱에서 시작해서 레스터 영과 콜먼 호킨스를 거쳐 디지와 버드로 내려오면서 형성됐어. 비밥은 기본적으로 거기서 나왔지. 1958년 무렵에 연주되던 것들은 대개 비밥에서 비롯한 것이었어. 『쿨의 탄생』은 약간 결이 달랐지만 그건 주로 듀크 앨링턴과 빌리 스트레이혼이 이미 했던 것에서 비롯됐어. 그러니까 단지 그 음악을 더 '백인적으로' 손본 것뿐이야. 백인들이 더 잘 소화할 수 있도록 말이야. 반면 『워킹』과 『블루 앤 부기』 같은 음반은 비평가들은 하드 밥이라고 불렀지만 블루스를 기반으로 버드, 디지가 했던 스타일 쪽으로 돌아간 것뿐이야. 물론 연주도 좋고 훌륭한 음악이긴 해도 음악적인 아이디어라든가 개념 같은 건 대부분 이미 있던 것이었어. 그냥 그 안에 여백을 좀 더 줬달까.

　소편성으로 한 것들 가운데 '모던 재즈 자이언츠' 세션에서 했던 게 당시 내가 하고 싶었던 음악과 가장 가까웠어. 「백스 그루브」,

「더 맨 아이 러브」,「스윙 스프링」Swing Spring에서 우리가 시도한 길게 늘어지는 사운드 말이야. 비밥은 정말 많은 음표를 연주하잖아. 디즈와 버드는 진짜 빠른 음표와 코드 변화를 자주 연주했는데, 그건 그들이 음악을 그렇게 들었기 때문이야. 보이싱도 그런 식으로 위쪽 음계에서도 높은음 가지고 했고. 그 선배들이 음악을 바라보는 방식은 덜어내기보다는 더하는 쪽이었어.

개인적으로 나는 음표를 줄이길 원했어. 왜냐하면 항상 대부분의 음악가들이 너무 많은 음표를, 그것도 너무 길게 연주한다고 생각했거든(트레인만은 빨리 연주해도 좋았어. 연주가 빼어났고 듣고 있으면 참 좋거든). 나는 음악을 그런 식으로 듣지 않았어. 나는 중음역대나 그 밑 낮은 옥타브에서 음악을 듣는 편이었고 콜트레인도 마찬가지였어. 우리가 제일 잘할 수 있는 것, 우리의 목소리에 맞는 걸 찾아야 했어.

나는 새로운 그룹이 좀 더 자유롭게 연주하고, 모드mode†를 더 적극적으로 쓰며, 더 아프리카적이고 동양적이면서 덜 서양적이길 원했어. 나는 이 친구들이 자신을 넘어서길 바랐어. 봐봐, 평소에 하던 것과 다른 걸 할 수밖에 없는 위치에 처하면 뮤지션은 그걸 할 수 있게 되지. 근데 그게 가능하려면 다르게 생각해야 해. 상상력을 펼쳐야 하고, 더 창조적이고 더 혁신적이어야 해. 더 큰 위험을 감수해야 하지. 자기가 알고 있는 걸 훨씬 넘어서야 하는 거야. 훌쩍 말이야. 그럼 그는 계속 연주하던 곳 너머로, 스스로가 바로 지금 찾아야 하는 새로운 곳으로, 그리고 자신이 갈 다음 곳과 그곳 너머까지 갈 수 있게 될 거야. 그럼 그는 더 자유로워질 거야. 기대하는 것이 달라지게 되고, 뭔가 새

† 선법. 장단음계가 확정되기 전 사용되었던 고대의 다양한 음계, 서양 음악에서는 19세기 말 프랑스의 작곡가 클로드 드뷔시에 의해 재도입되었고 재즈에서는 1950년대에 길 에번스의 제안, 빌 에번스, 마일스 데이비스의 연주 등에 의해 본격적으로 도입되었다.

로운 것이 다가올 걸 예상하고 알게 될 거야. 나는 항상 내 밴드의 뮤지션들에게 '아는 것'을 연주한 다음 그 '너머에 있는' 것을 연주하라고 했어. 그러면 어떤 일이든 가능하게 되고, 그게 바로 위대한 예술과 음악이 탄생하는 순간이거든.

또 하나 기억해야 될 것은 이때가 1944년 12월이 아니라 1957년 12월이었다는 거야. 상황이 달랐고, 사운드가 달랐고, 사람들은 이전에 들었던 것과 같은 걸 듣지 않았어. 항상 그런 식이었지. 시기마다 각자의 스타일이 있었어. 버드와 디즈가 했던 건 그 시기의 스타일이었어. 정말 훌륭했지만 이젠 뭔가 다른 것이 필요한 시기였지.

음악의 개념을 바꾸고 그걸 완전히 다른 곳, 앞서가는 신선한 곳으로 보내는 그룹이 있다면 바로 이 그룹이라고 생각했어. 하루 빨리 함께 연주하면서 각자가 믹스에서 뭘 가져와야 할지 파악하고, 서로의 목소리를 듣는 데 익숙해져서 장단점을 알 수 있기를 바랐어. 모든 사람은 서로한테 익숙해지는 데 시간이 걸리기 때문에, 나는 스튜디오로 들어가기 전에 새로운 밴드를 데리고 늘 투어를 다녔어.

그 섹스텟에서 나는 트레인, 레드, 조, 폴과 내가 이전에 했던 방식을 유지하면서 캐넌볼 애덜리의 블루스 보이스를 보태고 영역을 확장시키고 싶었어. 콜트레인의 보이스가 이미 새로운 방향으로 가고 있었기 때문에, 블루스에 뿌리를 둔 캐넌볼의 알토 색소폰이 트레인의 화성적이고 코드적인 연주 방식과 더 자유로운 형식적 접근과 만난다면 새로운 종류의 느낌과 사운드를 만들어낼 수 있을 거라고 생각했거든. 그리고 아마드 자말의 음악에서 얻은 개념을 활용해서 그 음악적 혼합물에 더 많은 공간을 주고 싶었어. 내 트럼펫 보이스는 이 모든 혼합물을 가로지르는 듯 들렸고, 이걸 제대로만 해낸다면 음악 안에 텐션이 더해질 수 있겠다고 느꼈어.

캐넌볼을 제외하면 그 그룹의 모두가 2년 이상 같이 연주한 경험이 있는 멤버들이었어. 하지만 오랫동안 함께 연주해왔다고 해도 보이스 하나가 전체 리듬과 타이밍을 바꾸면 밴드 전체를 완전히 새롭게 바꿀 수 있어. 그만큼 하나의 보이스가 더해지거나 없어지는 건 완전히 새로운 일이야.

1957년 크리스마스 시즌에 우리는 시카고의 서덜랜드 라운지에서 투어를 시작했어. 크리스마스 무렵이면 언제나 나는 가족들과 함께 지내려고 시카고에 가려고 노력했어. 동생 버넌은 이스트세인트루이스에서 올라오고, 세인트루이스에 살고 있는 내 아이들은 누나 도러시의 시카고 집으로 왔어. 나와 함께 자라고 시카고에 살고 있는 녀석들도 함께 모였지.

우리는 일주일 정도 다같이 모여서 먹고 마시곤 했어. 그래, 끝내주게 놀았지. 서덜랜드에서 섹스텟이 처음 오프닝을 했을 때 피아노를 치던 다넬이라는 오랜 고등학교 친구가 일리노이의 피오리아에서 곧장 시내버스를 몰고 와서 사흘 동안 우리 호텔 앞에 주차해줬지 뭐야! 걔는 우리가 시카고에서 공연할 때마다 와줬어. 내 고향인 이스트세인트루이스가 바비큐의 본고장이어서 나는 항상 좋은 바비큐와 순대를 찾아다녔어. 그래서 부니라는 친구는 시내에서 가장 잘하는 바비큐 집으로 나를 데려가 줬지. 나는 콜라드 그린과 설탕에 절인 고구마, 옥수수 빵, 검은 콩에다 기막힌 핫소스를 뿌린 남부식 닭튀김 같은 모든 흑인 요리를 정말 좋아해.

투어는 시작하자마자 그냥 끝내줬지. 대박! 우리는 그 빌어먹을 장소를 거의 날려버렸어. 그때 나는 이게 뭔가 될 거라는 걸 알았어. 시카고에서의 첫날 밤에서 우리는 블루스를 연주하기 시작했는데, 캐넌볼이 입을 떡 벌리고 서서 트레인의 즉흥 블루스 연주를 듣더라고. 캐넌볼이 나에게 이 연주가 무엇이냐고 물어보길래 말했어. "블루스지."

그는 "글쎄, 난 이런 블루스를 들어본 적이 없는데!"라고 대답했지. 알다시피, 트레인은 몇 번을 연주한 곡이더라도 매일 밤 항상 다르게 연주할 방법을 찾곤 했어. 공연이 끝난 후 나는 트레인에게 캐넌볼을 주방으로 데려가서 했던 걸 보여주라고 했어. 트레인은 그렇게 했지만, 열두 마디의 모드에서 너무 많은 걸 바꿔 버렸기 때문에 솔로가 시작될 때 귀를 기울이지 않으면 무슨 일이 일어났는지조차 모를 수도 있었어. 캐넌볼은 트레인이 블루스처럼 '들리게' 연주했지만 완전 블루스는 아니고, 이건 전혀 다른 음악이라고 말했어. 캐넌볼은 블루스 연주자였기 때문에 당황했던 거야.

하지만 캐넌볼은 손가락 튕기듯 쉽게 그 기법을 빨리 익혔어. 마치 스펀지처럼 모든 걸 흡수했지. 블루스에 관해서 나는 캐넌볼한테 걔와 완전히 다른 트레인의 방식이 어떤지 직접 말해줘야 했어. 캐넌볼은 그룹에서 유일하게 트레인과 연주해보지 않은 멤버였거든. 하지만 캐넌볼은 일단 파악을 하자 바로 그 자리에서 기가 막히게 연주할 수 있었어. 캐넌볼과 트레인은 서로 정말 다른 연주자였지만 둘 모두 훌륭했어. 캐넌볼이 처음 밴드에 합류했을 때 그룹 모두가 금방 걔를 좋아했는데, 덩치 크고 쾌활한 새끼가 항상 웃고 있는데다 정말 친절하고 영리한 신사였으니까.

캐넌볼이 합류하고 얼마 후에 트레인이 돌아왔고, 이후에 밴드 사운드가 여자가 화장을 겁나 진하게 하는 것처럼 진해져갔어. 각자의 연주 방식과 케미스트리가 좋아서 모두들 처음에 알고 있던 것 이상으로 연주하게 됐지. 트레인이 이상하지만 쩌는 연주를 하면 캐넌볼이 그걸 다른 방향으로 가져가고, 나는 내 소리를 중간에 넣거나 그 위에 띄우거나 하는 식이었지. 그러니 나는 마치 프레디 웹스터처럼 윙윙거리면서 정말 빠르게 연주할 수 있었어. 그다음엔 트레인이나 캐넌볼이 어딘가로 가서 다른 곡들을 가지고 돌아왔어. 그럼 폴이 트럼펫들 사이에서 창의적인 긴장감을 고조시켰고, 레드는 가볍고 힙한 음악을 깔았으며, 필리 조는 그 힙한 연주와 기가 막히게 능란한 림 샷('필리 릭'이라고 부르는)으로 우릴 보내버렸지. 이야, 그건 진짜 힙하고 기가 막혔어. 다들 서로한테 자기가 알고 있는 온갖 욕을 퍼부었지. 나는 걔들한테 항상 이렇게 말했어. "마지막 비트까지 F를 놓지 마. 그럼 네 박자에서 마칠 때보다 다섯 비트 더 모드를 연주할 수 있을 거야. 마지막 마디에서 떠나면, 알다시피 그 마디에 악센트를 줄 수 있다구." 걔들은 내 말을 들었어. 멋진 것 이상으로 훨씬 멋졌을 거야.

트레인은 내가 들은 것 중에서 가장 요란하고 빠른 색소폰 연주자였어. 걔는 진짜 빠르면서 동시에 아주 크게 연주할 줄 알았어. 그렇게 하기가 여간 힘든 게 아니지. 대부분의 연주자들이 크게 연주할 때 스스로를 가두기 때문이야. 그런 식으로 연주하려다가 되레 망쳐버리는 색소폰 연주자를 많이 봤는데, 트레인은 그러지 않았어. 정말 유별난 놈이었지. 입에 악기를 물면 마치 뭐에 홀린 것 같았어. 트레인의 연주는 열정적이고 격렬했지만, 연주하지 않을 때는 아주 조용하고 점잖았어. 귀여운 녀석.

캘리포니아에 있을 때 트레인이 이빨을 박으러 치과에 갈 거라고 해서 덜컥 놀랐던 적이 있어. 트레인은 동시에 두 음을 연주할 수 있었는데, 나는 빠진 이가 그 원인일 거라고 생각했거든. 이빨이 빠진 게 트레인의 사운드를 만드는 것 같았어. 그래서 트레인이 이빨을 심으러 치과에 간다고 했을 때 나는 거의 자빠질 뻔했어. 치과에 가는 시간에 맞춰서 리허설을 잡았다고 말하고 치과 예약을 미룰 수 있는지 물어봤어. "아니," 걔가 말했어. "아니, 이봐. 나는 리허설

못 해. 치과에 갈 거야." 나는 어떤 종류의 이빨을 심을 건지 물었고 그는 영구치라고 대답했어. 그래서 연주하기 전에 뺄 수 있는 탈착식을 심으라고 설득했더니 트레인이 나를 미친놈 보듯 쳐다보더라. 결국 치과에 갔다가 트레인은 마치 피아노 같은 이빨을 드러내면서 더럽게 히죽댔어. 그날 밤, 아마 블랙호크였을 거야. 나는 첫 솔로를 한 다음 필리 조 옆으로 돌아가서 거의 울먹거리면서 기다렸어. 트레인이 연주를 개같이 망칠 거라고 생각했거든. 그런데 트레인이 늘 그랬던 것처럼 빠르게 연주하면서 찢어버리다니! 그 새끼는 한결 시원해졌던 거야.

내 밴드에 있을 때 트레인은 한 곡도 쓰지 않았어. 그냥 연주를 시작하기만 했지. 리허설이나 공연을 하러 가는 길에 우리는 음악에 대해 많은 이야기를 나눴어. 나는 그에게 많은 걸 보여줬고 트레인은 항상 잘 듣고 따라 했어. "트레인, 여기 코드가 있어. 그래도 항상 그대로 연주하지는 마. 알지? 한 번씩 중간부터 시작해서 제3도에서 연주할 수도 있다는 걸 잊지 마. 두 마디로 열여덟, 열아홉 가지를 연주할 수 있단 뜻이야." 트레인은 두 눈을 크게 뜨고 거기 앉아서 모든 걸 이해했어. 트레인은 혁신가야. 그런 사람한테 그런 단어를 쓰는 거지. 그게 내가 트레인에게 중간부터 시작하라고 했던 이유야. 트레인의 머리는 그런 식으로 돌아갔기 때문이지. 트레인은 늘 도전받기를 좋아하는 듯 보였고, 잘못된 걸 말하면 들으려 하지 않을 거라고 생각했어. 트레인은 내가 코드 같지 않은 걸 줘도 코드답게 연주할 수 있는 유일한 연주자였어.

연주가 끝나고 모두가 놀고 있을 때도 트레인은 항상 호텔 방으로 돌아가서 연습을 하곤 했어. 세 세션이나 연주하고 나서도 몇 시간씩 연습했을 정도야. 나중에 1960년이 됐을 때, 파리에서 알고 지내던 골동품상 여자한테서 받은 소프라노 색소폰을 선물한 게 트레인의 테너 연주에 영향을 미쳤어. 소프라노를 받기 전에는 여전히 덱스터 고든, 에디 '록조' 데이비스, 소니 스팃과 버드처럼 연주했는데, 그걸 받은 후에 스타일이 변했어. 다른 사람이 아닌 자기 자신만의 사운드를 냈어. 테너보다 소프라노로 더 가볍고 빠르게 연주할 수 있다는 걸 깨달은 거지. 이게 그를 흥분시켰어. 알토에서 할 수 있는 것들을 테너에서는 할 수 없었으니까. 소프라노 색소폰은 일자 나팔이어서, 그가 낮은 음역을 좋아하긴 했지만서도, 테너가 아닌 소프라노에서 더 잘 생각하고 좋은 소리를 들을 수 있다는 걸 알아차렸던 거야. 얼마 후에 그는 소프라노 색소폰으로 거의 사람이 울부짖는 것 같은 절묘한 소리를 냈어.

그런데 내가 트레인을 좋아하긴 했지만, 노는 스타일이 서로 달라서 무대 밖에선 시간을 자주 보내지 못했어. 그전에 그가 헤로인에 깊이 빠져 있었고 나는 이제 막 빠져나왔던 참이었거든. 이제 트레인도 약에서 벗어났고, 사람들과 거의 어울리지 않고 호텔 방으로 돌아가서 연습에 매달렸어. 트레인은 항상 음악에 대해 진지했고 연습을 많이 했지. 어떤 사명을 가진 것처럼 자기는 너무 많은 일을 망쳤고 너무 많은 시간을 날려버렸다며 자기 삶과 가족, 그리고 무엇보다도 본인의 연주를 등한시했었다고 트레인이 내게 말한 적이 있어. 그래서 그는 오로지 연주하며 뮤지션으로서 성장하는 것에만 신경을 썼지. 트레인의 머리에는 음악밖에 없었어. 이미 음악의 아름다움이라는 유혹에 빠졌고 아내에게 충실했기 때문에 여자에는 빠질 수가 없었어. 반면 나는 연주가 끝난 후에 어떤 예쁜 아가씨와 밤을 보낼지 생각하면서 문을 나섰어. 가끔 여자와 같이 있지 않을 때면 캐넌볼과 대화하면서 시간을 보냈지. 필리와 나는 여전히 친구였지만 캐넌볼은 항상 폴과 레드와 함께 약을 빨았어. 하지만 우리는 모두 친했고 정말 잘 지냈어.

뉴욕으로 돌아와서 블루노트와 레코드 계약을 맺은 캐넌볼은 나한테 연주해달라고 부탁했고, 나는 기꺼이 그렇게 했어. 『섬싱 엘스』*Something Else*라는 음반이었는데, 정말 괜찮았어. 나는 내 그룹을 스튜디오에 데려가고 싶었고, 4월에 컬럼비아의 『마일스톤스』 앨범에 수록될「빌리 보이」,「스트레이트, 노 체이서」Straight, No Chaser,「마일스톤스」,「투 베이스 히트」Two Bass Hit,「시즈 어헤드」Sid's Ahead와「닥터 재클」Dr. Jackle(「지킬 박사」Dr. Jekyll로 수록된)를 녹음했어.「시즈 어헤드」에서는 내가 피아노를 쳤는데, 내가 뭔가를 말하려고 하자 레드가 화를 내면서 자리를 떴기 때문이야. 하지만 그 음반에서 밴드 사운드는 정말 좋았고 우리에게 뭔가 특별한 게 있다는 걸 알았어. 트레인과 캐넌볼은 진짜 기가 막히게 연주했고, 그 무렵 우리는 서로에게 정말 익숙해져 있었어.

이 앨범은 내가 모드적인 형식으로 작곡하기 시작한 첫 음반이었고, 타이틀 곡인「마일스톤스」에서 그 양식을 썼어. 모드 음악은 각 스케일과 각 노트에서 출발한 일곱 음을 써. 각각의 마이너 노트에서 출발한 스케일이 있지. 작곡가이자 편곡자인 조지 러셀은 모드 음악에서 F가 있어야 할 자리에 C가 있다고 말하곤 했어. 조지는 모든 피아노가 F에서 시작하는 거라고 말했어. 모드 형식에서 내가 배운 건 이런 식으로 연주하면서 이 방향으로 가면 영원히 계속할 수 있다는 거였어. 변화 따위의 것들을 걱정할 필요가 없었지. 음악적 라인으로는 더 많은 걸 할 수 있어. 모드를 써서 작업할 때 가장 중요한 건 멜로디적으로 얼마나 창의성을 발휘할 수 있는지 확인하는 거였어. 코드에 기반한 곡을 만들다가 32마디가 끝나면 변주를 둬서 되풀이하는 수밖에 없는 것과는 달라. 나는 거기서 벗어나서 더 멜로디적인 방식을 썼어. 그리고 모드적인 방식에서 나는 좀 더 많은 가능성을 뒀어.

레드 갈랜드가 날 떠난 후에 나는 빌 에번스라는 새로운 피아니스트를 찾았어. 레드에게 미운 감정은 없었지만, 내가 원하는 밴드 사운드에 기여할 수 있었던 지점을 이미 지나갔어. 나는 모달modal에 정통한 피아니스트가 필요했고 빌 에번스가 그랬어. 빌과 함께 공부했던 조지 러셀을 통해 그를 만났지. 조지는 55번가에 있는 집에 살던 시절부터 알고 지냈고. 모달에 점점 더 빠져들면서 내가 원하는 연주를 할 수 있는 피아니스트를 알고 있는지 조지에게 물어봤는데, 그가 빌을 알려준 거야.

나는 기니의 레 발레 아프리캥Les Ballets Africains의 공연을 보고 모달에 더욱 빠져들었어. 그리고 프랜시스 테일러를 다시 만났는데, 그녀는 이제 뉴욕에서 살면서 공연에서 춤을 추고 있었어. 52번가에서 그녀를 우연히 만났는데, 정말 기뻤지. 그녀는 모든 댄스 공연을 보러 다녔고, 나도 함께 따라갔어. 어쨌든 발레 아프리캥의 공연을 보고, 스텝과 플라잉 점프 같은 기술들에 정말 깜짝 놀랐어. 그리고 그 밤에 그들이 핑거 피아노를 연주하면서 댄서들과 함께 노래를 부르는 걸 처음 들었는데, 와, 진짜 힘이 넘치더라. 아름다웠지. 그리고 그 리듬! 댄서들의 리듬은 뭔가 있어도 있더라고. 나도 그 공연을 보면서 박자를 맞추고 있었어. 그들은 정말 아크로바틱했어. 드러머도 있었는데, 드러머는 댄서들이 공중제비를 돌고 뛰어오를 때 그 박자에 맞춰서 '다 다 다 다 포우!' 하고 드럼을 쳤어. 그들이 떨어질 때마다 그 리듬을 쳤지. 누가 어떤 춤을 추든지 다 맞춰 줬어. 다른 드러머들도 마찬가지였어. 그들은 4분의 5, 8분의 6, 4분의 4 같은 리듬을 연주했고, 리듬은 언제든 바뀌고 불쑥 튀어나왔어. 바로 그게 그들만이 가진 은밀한 방법이었어. 아프리카식 말이야. 나는 아프리카 사람이 아니기 때문에 보는 것만으로는 그걸 따라 할 수 없다는 걸 알았지만, 그럼에도 그들의 연주를 사랑했어. 따라 하고 싶지는 않았지만 거기서 영감을 얻었던 거지.

빌 에번스(우리는 때때로 모Moe라고 불렀어)가 처음 밴드에 합류했을 때, 그는 정말 너무 조용했어. 하루는 그냥 빌이 뭘 할 수 있나 보려고 "빌, 이 밴드에 있기 위해 뭘 해야 하는지 알지?" 라고 말했어.

그런데 빌이 당황한 표정으로 고개를 흔들며 말했어. "아니, 마일스, 내가 뭘 해야 하는데?"

"빌, 알다시피 우리는 이제 모두 형제고 다 같이 이 일을 하지. 그러니까, 내가 너에게 원하는 건, 모두와 함께 하면서 성공해야 한다는 거야. 무슨 말인지 알지? 빌어먹을 밴드와 함께 말이야." 농담이었는데 빌은 정말 심각했어. 마치 트레인 같았지.

빌은 15분 정도 혼자 생각하더니 돌아와서 말했어. "마일스, 당신이 한 말에 대해 생각해봤는데 나는 못 하겠어, 못 할 것 같아. 나도 모두를 기쁘고 행복하게 해주고 싶지만 그럴 수가 없는걸."

나는 그를 보고 웃었어. 그리고 말했지. "이봐 친구!" 그제야 빌은 내가 농담을 하고 있는 걸 알더라고.

빌은 클래식 음악, 세르게이 라흐마니노프나 모리스 라벨 같은 사람들을 아주 잘 알고 있었어. 나에게 이탈리아의 피아니스트인 아르투로 미켈란젤리의 음악을 들어보라고 했던 사람이 빌이었어. 그 연주를 듣고 나는 사랑에 빠졌어. 빌은 아주 조용한 열정을 가지고 있었는데 그건 내가 피아노를 좋아하는 이유이기도 했어. 빌은 수정 같은 음색과 마치 맑은 폭포에서 떨어지는 톡톡 튀는 물방울 같은 음색을 가졌어. 나는 밴드의 사운드를 우선 빌의 스타일에 맞춰 더 부드럽게 바꿔야 했어. 빌은 리듬 아래에서 연주했고, 나는 빌이 밴드와 함께 연주할 때 스케일 쓰는 방식이 좋았어. 레드의 연주는 리듬을 이끌어냈지만 빌은 리듬을 신중히 다뤘어. 바로 그때 내가 하고 있던 모드적인 작업에는 빌의 연주가 더 잘 맞았지. 나는 여전히 레드를 좋아했고 몇 번 그와 함께 했지만, 레드는 주로 아마드적인 작업을 할 때 잘 맞았어. 빌도 아마드를 할 수 있었지만, 그럴 땐 약간 거칠게 들렸지.

1958년 봄에 우리는 2년 동안 연주했던 카페 보헤미아를 떠나 맥스 고든이라는 사람이 소유하고 운영하던 빌리지 뱅가드 클럽으로 갔어. 우리를 보러 보헤미아에 갔던 사람들이 뱅가드로 옮겨 왔고, 거기도 만석이 됐지. 내가 그곳으로 옮기기로 했던 건 맥스가 보헤미아보다 돈을 더 많이 줬기 때문이야. 시작하기 전에 맥스는 우리에게 현금으로 1,000달러를 줘야 했어. 그러지 않으면 공연을 하지 않겠다고 했지.

그래도 역시 1958년 봄에 내게 일어났던 가장 중요한 일은 프랜시스 테일러가 내 인생에 다시 돌아왔다는 거였어. 프랜시스는 정말 멋진 여자였고, 나는 그냥 그녀와 함께 있는 것만으로 좋았어. 그때 나는 다른 사람들을 다 제쳐두고 프랜시스 옆에만 있었어. 우리는 정말 잘 맞았지(나는 쌍둥이자리고 프랜시스는 천칭자리였거든). 나는 프랜시스가 내게 과분하다고 생각했어. 그녀는 키가 크고, 연한 갈색에 아름답고 부드럽고 매끄러운 피부를 가졌고, 기민하고 예술적인 사람이었지. 고상하고, 자애롭고, 우아한 사람이었고. 결국 완벽하다고 말하고 있는 건가? 맞아, 거의 존나 완벽했지. 다른 사람들도 프랜시스를 모두 사랑했어. 말론 브란도가 그랬고, 현장에 있던 퀸시 존스도 그랬어. 퀸시는 프랜시스에게 반지까지 줬어. 내가 그걸 알고 있다는 사실을 모를걸. 프랜시스와 나는 10번가에 있는 내 아파트에서 같이 살기 시작했어. 어딜 가나 우리 때문에 차가 막힐 정도였지.

나는 한 8,000달러 정도를 들여서 내 벤츠를 하얀 페라리 컨버터블로 바꿨어. 당시에는 거금이었어. 죽여주는 차를 몰고 시내를 돌아다니고 있는 거야. 나 같은 흑인 새끼가 기절할 만큼 아름다운 여자와 함께 말이야! 그 겁나 멋있는 차에서 프랜시스가 내릴 때는 다리밖에 안 보이는 것 같았어. 무용수다운 길고 멋진 다리를 가진 데다가, 또 무용수다운 걸음걸이를 가지고 있었거든. 이봐, 그건 진짜 쩌는 장면이었어. 사람들이 모두 멈춰서 입을 벌리고 쳐다볼 정도로 말이야.

우리는 나갈 때마다 칼같이 단정하게 하고 나갔어. 『라이프』 *Life* 해외판에서는 나를 흑인을 위해 좋은 일을 하는 사람으로 소개하기도 했지. 다 괜찮았어. 하지만 나는 왜 국내판에서는 내가 다뤄지지 않는지 항상 궁금했어.

프랜시스는 시카고 출신이었고 나도 중서부 출신이라 우린 서로 뭘 많이 설명할 필요가 없었어. 그게 우리가 금방 친해질 수 있었던 이유 중 하나겠지. 프랜시스가 흑인이었던 것도 하나의 이유였겠지만, 뭐 나는 만나는 여자의 인종을 신경 써본 적이 없었어. 피부색이 어떻든 간에, 멋있으면 멋있는 여자인 거지. 그건 백인 남자도 마찬가지야.

프랜시스가 내게 각별했던 건 그녀 덕에 내가 안정을 되찾았고 거리에서 벗어나서 음악에 집중할 수 있었기 때문이야. 나는 기본적으로 외톨이였고, 프랜시스도 마찬가지였지. 그녀는 항상 "우리는 이걸 위해 4년 동안 리허설을 했던 거야. 그러니까 마일스, 잘해보자"라고 말했어. 나는 프랜시스를 너무 사랑한 나머지 살면서 처음으로 질투라는 걸 하기도 했어. 한번은 프랜시스가 집에 오더니 퀸시 존스가 잘생겼다는 개소리를 하길래 프랜시스를 때렸던 적이 있어. 무슨 일이 일어나고 있는 건지 깨닫기도 전에 나는 그녀를 때려눕혔고, 그녀는 알몸으로 아파트에서 나와 몬테 케이와 다이앤 캐럴이 있는 집으로 도망갔지. 그러고는 내가 그 집 문을 부수고 또 자기를 때릴까 봐 무서웠는지 옷을 챙겨 길 에번스의 집에서 하룻밤을 보냈어. 길이 내게 연락해서 프랜시스가 자기 집에 안전하게 있다고 연락했어. 나는 다시는 퀸시 존스의 이름을 내 앞에서 꺼내지 말라고 했고, 그녀는 내 말을 들었어.

여느 커플이 그렇듯 이전에도 말다툼은 했지만 그녀를 때린 건 그때가 처음이었어. 그게 마지막은 아니었지. 그녀를 때린 건 모두 프랜시스 잘못이 아니라 내 성질과 질투심 때문이었어. 그래서 기분이 좋지 않았어. 내 말은, 프랜시스를 만나기 전까지는 내가 질투가 많은 남자인 줄 전혀 몰랐어. 전에는 만나는 여자가 뭘 하든 신경 쓰지 않았어. 음악에 몰두했기 때문에 그런 건 중요하지 않았거든. 이제는 아주 중요한 일이 됐고, 나는 스스로가 정말 낯설었어. 이해하기 힘든 일이었지.

프랜시스는 스타였고, 슈퍼스타가 되는 중이었으며, 나와 지낼 때는 아마 최고의 흑인 여성 무용수였을 거야. 브로드웨이에서 「웨스트 사이드 스토리」West Side Story로 최우수 무용수상을 받으면서 그녀는 온갖 출연 제의를 받고 있었어. 하지만 나는 프랜시스가 나와 함께 집에 있기를 바랐기 때문에 일을 하지 말라고 했지. 나중에 제롬 로빈스가 그녀에게 개인적으로 「웨스트 사이드 스토리」 영화에 출연해달라고 부탁했을 때, 나는 허락하지 않으려 했어. 필라델피아에서 공연할 때 새미 데이비스 주니어가 직접 부탁한 「골든 보이」Golden Boy†에 대해서도 마찬가지였지. 다음 날 아침 트라이아웃에 와달라고 부탁하더군. 다음 날 오전 8시 우리는 뉴욕으로 돌아가는 고속도로를 달리는 페라리에 타고 있었어. 그게 내 대답이었지.

† 흑인인권운동이 한창이던 1964년 브로드웨이에서 첫 선을 보인 뮤지컬로, 인종을 넘어선 사랑을 다룬 작품. 새미 데이비스 주니어가 주연이었다.

나는 그녀가 나와 언제나 항상 함께 있기를 바랐을 뿐이야. 프랜시스는 자신도 직업을 가지고 있는 예술가라고 말했지만, 나는 우리를 갈라놓는 그따위 일에 대해서 듣고 싶지 않았어. 얼마 후에 프랜시스는 그 일에 대해 말하기를 그만뒀고 다이앤 캐럴이나 조니 마티스 같은 사람들을 위한 무용 수업을 하기 시작했어. 거기까지는 상관하지 않았어. 밤에는 매일 나와 함께 있었거든.

프랜시스는 결혼한 적이 있었고 장 피에르라는 어린 아들이 있었는데, 프랜시스가 무용 일을 하는 동안 그 아이는 시카고에서 프랜시스의 부모인 마세오와 엘런의 집에서 지냈어. 우리가 함께 살기 시작할 무렵의 어느 날에 그녀의 아버지가 전화를 걸어서 나와 대화를 좀 하고 싶다고 했어. 그는 한참 뜸을 들이더니 나에게 프랜시스와 언제 결혼할 거냐고 물었어. 그가 말했지. "음, 마일스. 오랫동안 충분히 함께 같이 지내보고, 자리를 잡고, 맛을 봤으니 그에 대해 알 만큼 알고 있겠지. 그리고 그 물건을 사고 싶은 것인지 아닌지도 알 거야. 그래, 자네와 프랜시스는 어때, 어떻게 할 텐가? 언제 결혼할 겐가?"

나는 그녀의 아버지를 좋아했어. 아주 좋은 분이었지. 딸을 끔찍하게 걱정하는 사람인 걸 알았기 때문에 나는 남자 대 남자로 말했어. "마세오 씨, 이 빌어먹을 일은 당신이 신경 쓸 일이 아닌 걸 알텐데요. 프랜시스가 상관하지 않는데 당신이 왜 상관합니까? 이것 보세요, 우리도 클 만큼 컸어요. 알잖아요!"

그 후 그는 한동안 아무 말도 하지 않았지만, 가끔씩 그 이야기를 꺼냈어. 나중에 결혼하기 전까지 나는 똑같이 대답했지.

처음 프랜시스를 다시 만났을 때 그녀는 시민회관에서 『포기와 베스』*Porgy and Bess* 공연을 하고 있었어. 그 공연을 자주 보러 갔던 게 바로 1958년 여름에 길과 함께 작업한 『포기와 베스』 앨범에 대한 아이디어를 얻는 계기가 됐어. 프랜시스와의 만남은 음악 외의 여러 가지 방면에서 나에게 큰 영향을 줬어. 프랜시스의 춤을 보러 다니면서 춤과 연극에도 관심을 갖게 된 거야. 프랜시스를 위해 「프란 댄스」Fran Dance라는 곡을 써서 『그린 돌핀 스트리트』 앨범에 수록하기도 했어. 프랜시스는 『포기와 베스』를 끝낸 후 새미 데이비스 주니어와 함께 『미스터 원더풀』Mr. Wonderful을 하고 있었어.

이때 사람들은 '마일스 데이비스의 신비함'에 대해 이야기하기 시작했어. 그딴 소리가 어디서 나왔는지 모르겠지만 어디에서나 그 소리를 해댔지. 음악 비평가들조차 나를 성가시게 굴지 않고, 많은 비평가들이 '찰리 파커의 계승자'라고 불렀어.

빌 에번스를 영입한 후 섹스텟에서 처음으로 만들었던 중요한 음반은 1958년 5월에 발매된 『재즈 트랙』Jazz Track이었어. 「그린 돌핀 스트리트」, 「스텔라 바이 스타라이트」Stella by Starlight, 「러브 포 세일」Love for Sale과 「프란 댄스」를 만들었던 때였지. 이때 필리 조는 이미 나를 떠났기 때문에 카페 보페미아에서 잠깐 아트 테일러를 대신해 나와 함께 일했던 적이 있는 지미 콥이 그 자리를 대신했어. 약에 쩔어 있는 필리 조 그 새끼한테 모두가 지쳐 있었기 때문에 더 이상 감당할 수가 없었거든. 결국 걔는 나를 떠나 자기 밴드를 만들었는데, 레드 갈랜드가 그 밴드에 몸담았던 적이 있었지. 나는 그 '필리 식', 림 샷 '필리 릭'을 정말 그리워했어. 하지만 지미도 자기 스타일을 그룹 사운드에 잘 녹여낸 훌륭한 드러머였어. 나는 폴, 빌, 지미로 구성된 리듬 섹션과 일한 후로 내가 무언가를 던지면 그들이 그걸 받아서 자기 것을 밴드에 더할 수 있다는 걸 알았어. 필리가 그립겠지만 또한 지미를 좋아하게 될 것이라는 걸 알았지.

컬럼비아는 「그린 돌핀 스트리트」 작업들을 『온 그린 돌핀 스트리트 』On Green Dolphin Street 라는 제목으로 다시 발매했어. 내가 작곡한 루이 말레의 영화「사형대의 엘리베이터」배경음악의 뒷면에 수록했지. 새로운 밴드의 첫 번째 음반이었어. 그 후 6월에는 프랑스인 미셸 르그랑이 컬럼비아에서 발매한 대규모 오케스트라 녹음에 게스트로 참여했어. 콜트레인과 폴 체임버스, 빌 에번스도 연주에 참여했지. 그다음 뉴욕의 뱅가드에서 연주했고, 뉴포트 재즈 페스티벌에서 공연을 했어.

페스티벌을 끝낸 후에는 길과 함께 스튜디오에 들어가서 『포기와 베스 』를 만들었어. 7월 말에 시작해서 8월 중순까지 작업했지. 이 앨범에는 트레인과 캐넌을 쓰지 않았는데, 색소폰 섹션에서 그들이 너무 지배적이었을 것이기 때문이었어. 내가 원했던 건 직선적인 톤이었어. 그들의 사운드에 맞는 연주자도 없었고, 해서 순진한 곡에 걸맞는 순진한 사운드를 가진 녀석들하고만 작업했지. 피아노도 안 써서 빌 에번스도 부르지 않았어. 하지만 폴과 지미 콥을 썼고, 필리 조를 불러서 몇 가지 작업을 같이 했어. 나머지는 모두 스튜디오의 세션맨들이었고, 그중 한 명인 튜바 주자 빌 바버는 『쿨의 탄생 』에서도 함께 작업한 적이 있었어. 어떤 부분에서는 사람의 목소리에 가까워야 했기 때문에 그와 함께 하는 건 좋은 일이었지. 힘든 작업이었지만, 해냈어. 길의 편곡도 대단했고. 그는 내가「아이 러브스 유, 포기 」I Loves You, Porgy를 연주할 수 있도록 편곡해줬고, 내가 연주해야 할 스케일을 써주기도 했어. 코드는 없었어. 그는 다른 보이싱에 두 개의 코드를 사용했고, 때문에 내 두 코드로 된 스케일의 패시지는 다른 것들을 들을 수 있는 공간과 많은 자유를 주었어.

모리스 라벨과 다른 많은 사람들 말고도 빌 에번스는 내게 러시아-아르메니아인 작곡가 아람 하차투리안을 소개해줬어. 나는 그의 음악을 주의 깊게 들었는데, 그가 온갖 다양한 스케일을 사용한다는 점이 흥미로웠어. 클래식 작곡가 몇몇은 오랫동안 그런 방식을 써왔지만 재즈 뮤지션들은 많이 쓰지 않았지. 재즈 뮤지션들은 항상 코드가 있는 곡을 줬는데, 당시에 나는 그런 것들을 연주하고 싶지 않았어. 너무 둔했거든.

어쨌든 『포기와 베스』를 하고 나서 필라델피아의 쇼보트에 연주하러 갔는데, 거기서 마약 수사반이 지미 콥과 콜트레인을 잡아넣으려 했지만 모두 결백했어. 한번은 그 새끼들이 마약을 찾으려고 공연 중에 나를 찾으러 오기도 했어. 나는 그냥 내 팬티를 내리고 그 씹새끼들한테 "다른 데선 아무것도 못 찾을 테니 내 똥구멍을 뒤져봐"라고 해줬지. 진짜, 필라델피아 경찰 새끼들은 이 세상에서 제일 썩은 개새끼들이었어. 인종차별주의자이기도 했고.

그런데 그때 그룹 상황이 나빠지기 시작했어. 일곱 달 정도 지났을 때 빌은 순회공연에 이골이 났고 자기 일을 하고 싶다는 이유로 떠나고 싶어 했어. 캐넌볼도 비슷하게 이야기하며 예전의 자기 그룹을 모으고 싶어 했고, 트레인마저 같은 생각을 하기 시작했지. 캐넌은 자기가 멤버들에게 돈을 나눠 주는 로드 매니저라는 사실을 달갑지 않아 했어. 하지만 캐넌이 그 역할을 맡았던 이유는 그가 그런 쪽으로 머리가 비상하고, 내가 캐넌을 진심으로 믿었기 때문이야. 그래서 캐넌에게 돈을 좀 더 주기도 했고. 나를 제외한 나머지보다 더 많이 가져갔지. 캐넌이 처음 들어왔을 때 그는 1년쯤 있겠다고 했고, 그 1년은 1958년 10월까지였어. 캐넌에게 조금 더 있어 달라고 설득했고 그도 동의했지만, 해럴드 러빗과 나는 그를 붙잡기 위해 정말 얘기를 잘해야 했어.

빌이 밴드를 떠나게 된 계기 중 하나는 정말 가슴이 아팠는데, 몇몇 흑인이 우리 밴드에서 빌만 백인이라고 욕을 해댔어. 많은 흑인이 내가 최고의 소규모 재즈 그룹을 이끌고 있고 돈을 많이 버니까 피아노 주자 또한 흑인을 써야 한다고 했어. 나는 그딴 건 생각하지 않았어. 흑인이건 백인이건, 파랗건 빨갛건 노랗건 간에 최고의 연주자를 써야 한다고 생각했지. 내가 원하는 연주를 할 수 있다면 그걸로 충분했지. 하지만 빌의 피부색과 관련된 일들이 벌어졌고 그것 때문에 빌이 상처를 입었어. 빌은 아주 섬세한 사람이었기 때문에 별 거 아닌 일에도 기분 나빠했어. 사람들은 빌이 만족스러울 만큼 충분히 빠르고 세게 연주하지 않는다고, 너무 연약하다고 떠들었어. 이런 좆같은 일들이 투어 동안 극에 달했고, 빌이 자신만의 그룹과 음악을 만들겠다고 결심한 계기가 됐지. 콜트레인과 캐넌볼도 마찬가지였고.

우리는 매일 밤마다 같은 프로그램을 연주했고, 그 대부분이 스탠더드나 나의 음악이었어. 그들이 자기만의 음악을 연주하고 자신만의 음악적 정체성을 세우길 원했다는 것을 나는 알고 있었어. 그들이 그렇게 생각하는 걸 탓했던 건 아니야. 하지만 우리는 업계 최고의 밴드였고, 그 밴드는 '나의' 밴드였기 때문에 가능한 한 그들이 오래도록 함께 했으면 했어. 바로 그게 문제였지만, 어느 정도 시간이 지나면 대부분의 밴드가 겪는 일이기도 했지. 버드와 내가 그랬듯, 더 성장하기 위해서는 서로를 떠나야 하지.

빌은 1958년 11월에 밴드를 떠났고, 동생과 함께 살기 위해 루이지애나로 내려갔어. 얼마 후에 다시 돌아와서 자기 그룹을 만들었지. 빌은 베이스에 스콧 라파로, 드럼에 폴 모션을 영입했고, 그 그룹이 상당히 유명해지면서 그래미상을 여러 번 수상했어. 빌은 젊고 훌륭한 피아노 주자였지만, 내 생각엔 나와 함께 했을 때만큼 좋은 소리를 낸 적은 없었던 것 같아. 이상한 일은, 물론 전부는 아니지만, 대부분의 백인 연주자들이 흑인 그룹에서 성공한 후에 백인 녀석들과 함께 하러 가버리지. 흑인들이 아무리 잘해줘도 말이야. 빌이 그랬고. 그가 스콧과 폴보다 더 좋은 흑인들을 영입할 수 있었다고 말하는 건 아니야. 그냥 내가 늘상 반복해서 봐 왔던 일을 이야기하는 것뿐이야.

나는 대체 멤버를 찾을 때까지 레드 갈랜드에게 빌을 대신해 달라고 부탁했고, 그는 3개월을 더 있다가 자신의 트리오를 만들기 위해 떠났어. 레드와 함께 하는 동안 우리는 짧은 투어를 떠났다가 돌아와서 타운 홀에서 연주했고, 지미 콥이 아파 보여서 필리 조를 쓰기도 했어. 그건 마치 재결합 같았고 모두들 기가 막히게 연주했지. 하지만 우리는 이제 각자의 길을 걸어야 했고, 나는 이제 정말 떠나고 싶어 하는 트레인과 이야기를 해야 했어. 그는 그 어느 때보다 더 편안하게, 잘 연주하고 있었기 때문에 자신감이 올라 있었어. 게다가 행복하게 집에 머물면서 살도 쪘지. 내가 그의 몸무게에 대한 농담을 하게 될 정도였는데, 트레인은 신경도 쓰지 않았어. 알다시피, 몸무게나 패션 따위 말고 오로지 음악과 자기 연주에만 신경을 썼지. 트레인이 마약 대신 군것질을 많이 하는 게 걱정돼서 운동 기구를 사줄 테니 몸무게를 줄여보라고 권한 적도 있어.

트레인은 나를 '선생님'이라고 부르곤 했고 떠나고 싶다는 말을 꺼내기 어려워했어. 나는 다른 사람들에게 들어서 그 사실을 알게 됐지. 하지만 결국 그는 이야기를 꺼냈고 우리는 타협점을 찾았어. 그의 재정적인 문제를 처리해줄 매니저로 해럴드 러빗을 소개시켜준 거였지. 그 후 해럴드는 트레인이 처음 그룹에 들어왔을 때부터 그의 연주를 좋아했던 애틀랜틱 레코드의 네수히 에르테귄과의 음반 계약을 따내줬어. 트레인은 프레스티지에서 리더로서 어떤 일들을 해오고 있었는데, 나는 그에게 기대를 걸었지만, 여느 때와 마찬가지였어. 밥 와인스톡은 제대로 된 돈을 주지 않았지. 해럴드는 트레인을 위해 출판사를 차렸어(1967년에 그가 죽을 때까지 사업이 유지됐고, 해럴드는 계속 매니저로 일했어). 나는 트레인이 자기 일을 하려면 사업에 대해 좀 배우고 믿을 수 있는 사람들과 일해야 한다고 생각했어. 트레인을 밴드에 더 오래 남게 하기 위해 내 에이전트인 잭 위트모어에게 우리 연주가 없을 때마다 트레인 그룹의 공연을 예약해달라고 부탁했고, 그는 그렇게 했어. 그래서 1959년 초에 트레인은 자신만의 커리어를 쌓을 수 있는 좋은 위치에 있게 됐고, 그렇게 시작하게 된 거지. 나와 함께 연주하지 않을 때 트레인은 항상 어딘가에서 헤드라이너로서 자기 밴드를 이끌고 있었어.

캐넌볼도 마찬가지였기 때문에 1959년에 우리 그룹에는 밴드 리더가 세 명이 있는 격이었고, 상황은 점점 복잡해졌어. 그 무렵에 트레인은 나의 오랜 디트로이트 친구인 엘빈 존스를 찾아내서 자기 드러머로 썼어. 트레인은 엘빈을 항상 극찬했지만 나는 엘빈이 이미 형편없다는 걸 알고 있었어. 그리고 캐넌은 형인 냇과 함께 연주하고 있었기 때문에 둘 모두 본인이 어디로 가는지 알고 있었지. 곧 다 끝나버릴 거라는 조짐이 보였어. 그들을 생각해서는 다행이었지만 나를 생각해서는 기분이 좋지 않았지. 이들과 연주하는 것을 정말 좋아했거든. 역대 최고의 밴드, 아니 적어도 그때까지 들어본 중 최고의 밴드였다고 생각했기 때문에 슬프지 않았다면 거짓말이지.

2월에 윈턴 켈리라는 새로운 피아노 주자를 찾았어. 내가 좋아했던 또 다른 피아노 주자가 있었는데, 그의 이름은 조 자비눌(나중에 나와 같이하게 될)이었어. 하지만 밴드에 합류한 사람은 윈턴이었지. 윈턴은 서인도 제도의 자메이카에서 왔고 잠깐 동안 디지와 함께 연주했던 적이 있어. 나는 레드 갈랜드와 빌 에번스를 섞어놓은 듯 거의 모든 연주를 할 수 있었던 윈턴의 방식의 마음에 들었어. 또 그는 솔로 주자 뒤에서도 정말 뒤지게 멋진 연주를 할 줄 알았어.

캐넌볼, 트레인, 나도 그를 좋아했어.

윈턴은 내가 『카인드 오브 블루』*Kind of Blue*를 녹음하기 위해 스튜디오에 들어가기 직전에 합류했지만, 그때 나는 빌 에번스가 연주하는 피아노에 맞춰서 앨범을 계획해놓은 상태였고 빌도 그 앨범에 함께 하기로 합의되어 있었어. 1959년 3월 1일인가 2일에 『카인드 오브 블루』를 연주하러 갔어. 트레인, 지미 콥, 폴, 캐넌, 나와 윈턴 켈리의 섹스텟이었지만 윈턴은 한 곡만 연주했어. 바로 「프레디 프리로더」Freddie Freeloader였지. 항상 재즈 신을 맴돌면서 뭔가를 공짜로 얻어먹을 수 없을까 알아보고 다니던, 내가 알던 흑인 녀석의 이름을 딴 것이었어. 나머지 곡들은 빌 에번스가 연주했지.

우리는 3월과 4월 두 번의 녹음 세션으로 『카인드 오브 블루』를 만들었어. 그사이에 길 에번스와 나는 텔레비전 쇼에서 대규모 오케스트라를 데리고 『마일스 어헤드』에 수록된 많은 음악을 연주했지.

『카인드 오브 블루』도 『마일스톤스』에서 시작한 모드적인 작업에서 나온 노래야. 이번에는 아칸소에 있을 때 교회에서 집으로 걸어가는 길에 들었던 기막힌 가스펠을 생각하면서 다른 종류의 사운드들을 조금 추가했어. 그런 느낌이 다시 떠올랐고, 그 음악이 어떤 사운드였고 어떤 느낌이었는지 기억하기 시작했어. 그건 내가 가까이 가려고 했던 종류의 것이었어. 그 느낌은 내 창작적인 피와 상상력에 항상 스며들어 있던 것이지만 내가 잊고 있던 것이었지. 여섯 살 때 사촌과 함께 어두운 아칸소 길을 걸으며 느꼈던 그 느낌으로 돌아가려고 블루스를 썼어. 다섯 마디 정도를 작곡하고 녹음한 다음 믹싱으로 일종의 달리는 듯한 사운드를 입혔는데, 그게 내가 핑거 피아노 사운드를 낼 수 있는 유일한 방법이었기 때문이야. 하지만 작곡가의 손을 떠난 노래에 다른 사람들의 창의력과 상상력이 더해져서 연주가 다른 방향으로 가게 되면, 원래 작곡가가 의도했던 부분을 놓치게 되는 법이지. 나는 결국 원래 하려 했던 것과는 조금 다른 것을 하게 됐어.

『카인드 오브 블루』를 미리 완벽하게 작곡한 건 아니었어. 레발레 아프리캥의 무용수들과 드러머들, 핑거 피아노 주자들 사이의 상호작용과 같은 즉흥성을 많이 넣고 싶었기 때문에 모두가 연주해야 할 스케치만을 내놓았지. 모든 연주가 첫 테이크였기 때문에 모두의 수준이 드러났지. 정말 황홀했어. 어떤 사람들은 빌이 『카인드 오브 블루』 음악의 공동 작곡가라고 떠들어대곤 했어. 그건 사실이 아니야. 전부 내 곡이고 콘셉트도 내 것이었어. 빌은 나에게 영향을 줬던 클래식 작곡가 몇 명을 소개해준 것뿐이야. 다른 사람들과 마찬가지로 빌도 내가 스케치를 보여줬을 때 처음 음악을 봤어. 우리는 그 음악에 대한 리허설을 안 했어. 2년 동안 대여섯 번이나 했나. 밴드에 대단한 뮤지션들이 있었으니까 그렇게 할 수 있었던 거지.

빌에게 나는 『카인드 오브 블루』를 마이너 모드로 연주하게 했어. 빌은 합주 때 무언가를 시작하면 그것을 끝내면서도 조금 더 길게 가져가는 스타일을 가진 연주자였어. 멤버들은 이걸 어렴풋하게 알았는데, 이건 모두의 연주에 항상 약간의 긴장감을 가져다줬고, 그래서 좋았어. 그리고 우리는 라벨(특히「왼손을 위한 협주곡」)과 라흐마니노프(「협주곡 4번」)에 빠져 있었기 때문에, 이것들이 음악의 어딘가에 있었어. 내가 『카인드 오브 블루』에서 하고자 했던 것을 빼먹었다고, 아프리카식 핑거 피아노 사운드를 정확히 담아내지 못했다고 말하면 사람들은 나를 미쳤다는 듯이 쳐다봤어. 다들 그 음반이 걸작이라고 말했기 때문에(물론 나도 좋아했어), 내가 자기들을 놀리려 한다고만 생각했던 거야. 하지만 그 앨범의 거의 모든 노래, 특히「올 블루스」All Blues와「소 왓」So What

에서 내가 하려고 했던 것은 바로 그것이었어. 그걸 놓쳐버렸다고.

빌리 홀리데이가 1959년 6월에 죽었던 때가 생각나. 빌리를 아주 잘 알지는 못했어. 같이 어울려서 놀거나 했던 적은 없었거든. 빌리는 내 아들 그레고리를 좋아했어. 귀여워했지. 빌리가 나에게 "마일스, 남편에게 그냥 나를 내버려두라고 했어요. 우리 집과 다른 모든 것을 가져도 되지만 나는 그냥 내버려두라고 말이죠" 라고 말한 적이 있어서, 나는 빌리가 남편과 사이가 안 좋다는 것을 짐작하고는 있었어. 하지만 그게 그녀가 내게 건넨 유일한 사적인 이야기였어. 그녀는 브루클린 다저스의 포수였던 로이 캄파넬라 같은 다부진 남자가 좋다고 했는데, 그런 남자가 사랑을 나눌 때 본인이 원하는 성적인 자극을 줄 수 있을 것 같다고 했어. 빌리는 짧고 두껍고 큼직한 다리와 낮은 엉덩이를 가진 버팔로 같은 체형을 좋아했지. 마약과 술이 성욕을 죽이지 않았을 때 빌리는 정말 섹스에 빠져 있었다고 하더군.

빌리는 매우 따뜻하고 상냥한 여자였어. 마약으로 얼굴이 망가지기 전에는 연한 갈색 피부의 부드러운 인디언 같은 얼굴이었던 걸로 기억해. 그녀와 카먼 맥레이를 보면 내 어머니의 얼굴이 떠올랐어. 카먼이 빌리보다 더 그랬지. 술과 마약이 망가뜨리기 전까지 빌리는 정말 아름다운 여자였어.

빌리를 마지막으로 본 게 1959년 초에 내가 연주하던 버드랜드에 왔을 때였어. 헤로인을 사게 돈을 좀 달라고 해서 가지고 있던 돈을 줬어. 아마 100달러쯤이었을거야. 그녀의 남편인 존(그의 성을 잊어버렸네)이 그녀를 통제하려고 계속 마약을 줬어. 그 자신도 아편 중독자였고. 나한테 소파에 누워서 같이 아편을 피우자고 말하곤 했어. 나는 절대 응하지 않았고, 평생 아편은 피우지 않았어. 존은 온갖 마약을 가지고 있었고 내킬 때마다 빌리에게 줬어. 존이 빌리를 다루는 방식이었지. 존은 돈을 위해서라면 무엇이든지 하는 할렘 출신의 교활한 길거리 남창 새끼 중 하나였어.

"마일스, 존 그 개자식이 내 돈을 몽땅 가지고 튀었어요. 그러니 마약 좀 맞게 돈 좀 꿔줄래요? 정말로 약이 필요해요." 빌리가 부탁해서 나는 내가 가진 돈을 줬어. 그 무렵 빌리는 얼굴과 몸이 전부 닳고 닳아서 정말 안 좋아 보였거든. 야위어 있었고 양쪽 입꼬리가 축 처져 있었고 몸을 자꾸 긁었어. 전에는 그렇게 잘 가꿔진 여자였는데, 이제는 살이 다 빠지고 얼굴은 술 때문에 부어 있었어. 와, 정말 안쓰럽더군.

빌리를 보러 갈 때마다 항상 그녀에게 「아이 러브스 유, 포기」 I Loves You, Porgy를 불러달라고 했는데, 그 이유는 그녀가 "그의 뜨거운 손으로 나를 건드리도록 하지 마"don't let him touch me with his not hands라고 부를 때 그 고통을 고스란히 느낄 수 있었기 때문이야. 빌리가 그 노래를 부르는 모습은 무척이나 아름답고 슬펐어. 모두가 빌리를 사랑했지.

빌리도 버드와 같은 병으로 죽었어. 둘 다 폐렴에 걸렸지. 한번은 빌리가 마약 때문에 필라델피아에서 밤새 감옥에 갇힌 적이 있어. 며칠이었는지 기억은 잘 안 나지만 감옥에 갇혔던 것은 확실해. 거기서 빌리는 땀을 뻘뻘 흘린 다음 추위에 떨었지. 습관을 깨려다 보면 더웠다 추웠다 하는데, 이때 적절한 치료를 받지 못하면 폐렴에 걸리게 되지. 이게 빌리와 버드에게 일어났던 일이야. 마약을 하다 끊다를 반복하면서 내성이 강해지다가 마약이 신경계로 들어가면 그냥 죽게 돼. 그냥 죽는 거야. 빌리와 버드가 그랬지. 그냥 그 좆같은 마약에 굴복하게 된 거야. 모든 것에 지쳐서 그냥 가버린 거야.

그것만 빼면, 1959년에 나는 세상의 꼭대기에 있는 것 같은 기분이었어. 윈턴 켈리가 피아노를 치는 새로운 섹스텟이 만석의 버드랜드에서 첫 연주를 했어. 에바 가드너와 엘리자베스 테일러 같은 유명 인사들이 매일 밤 객석에 있었고 분장실로 인사하러 왔어.『카인드 오브 블루』의 마지막 세션이 끝나고 두 주쯤 지났을 때 콜트레인은 스튜디오로 가서『자이언트 스텝스』*Giant Steps*를 녹음했는데, 내가『카인드 오브 블루』녹음에서 그랬던 것처럼, 그날의 연주자들 중에서 누구도 들어본 적이 없는 스케치를 들고 스튜디오에 들어갔어. 나에 대한 일종의 찬사였지. 할렘의 아폴로 극장에서 헤드라이너로 공연을 마친 다음 샌프랜시스코의 블랙호크로 가서 3주를 보냈는데, 사람이 넘쳐서 줄이 코너를 돌 정도로 매일 밤 객석이 꽉 찼어.

샌프랜시스코에서 트레인이 러스 윌슨이라는 기자와 인터뷰를 하다가 그룹을 떠나는 것을 진지하게 고민하고 있다고 말했고, 이튿날 신문에 기사가 났어. 그다음 그 자식은 누가 트레인을 대신할 것인지를 말했지. 지미 히스라고 말이야. 그가 트레인의 후임이 되기는 했지만, 내가 사적으로 말했던 걸 기자에게 전하다니. 내 생각에 그건 트레인이 상관할 바가 아니었어. 화가 머리끝까지 치솟았고, 트레인에게 다시는 그러지 말라고 했어. 내가 이제까지 뭘 어쨌길래 그런 식으로 대든 거지? 나는 트레인에게 너를 위해 모든 것을 해줬고 내 형제처럼 대해줬는데 왜 이딴 식으로 백인새끼한테 내 일을 몽땅 말해버렸냐고 따졌어. 떠나고 싶으면 떠나라고, 그래도 다른 새끼들한테 홀랑 말하러 달려가기 전에 나에게 먼저 말하고, 누가 널 대신할지 찾으러 다니지는 말라고 했어. 그때 모두가 트레인을 칭찬하고 있었기 때문에 홀로서기를 하러 나가지 못한다는 것이 힘든 일이었을 거라는 걸 알아. 트레인은 점점 더 그룹과 멀어지고 있었어. 그해 여름 우리가 시카고의 플레이보이 재즈 페스티벌에서 연주했을 때, 그는 다른 일정이 있어서 우리와 함께 하지 않았어. 하지만 캐넌볼이 자기 솔로와 내 솔로를 번갈아가며 기가 막히게 연주하는 데 성공했지. 8월 초의 그날 모두가 훌륭하게 연주했고, 뉴욕에 돌아왔을 땐 모두가 트레인 없이도 우리가 얼마나 훌륭한 사운드를 냈는지에 대해 이야기했지.

8월 말에 버드랜드는 다시 좌석을 없애고 스탠딩으로만 채워서 문을 열었어. 버드랜드의 유명한 마스코트였던 난쟁이 사회자 피 위 마케트가 매일 밤 에바 가드너를 무대에서 소개하면, 그녀는 키스를 날린 다음 무대 뒤로 와서 내게도 키스를 돌려줬어. 한번은 피 위가 와서 에바가 문 밖에서 나에게 할 말이 있어 기다리고 있다고 전했어. 나는 피 위에게 물었지.

"나한테 하고 싶은 말이 뭐지?"

"모르지, 하지만 너를 파티에 데려가고 싶다고 하더군."

"좋아, 피 위. 들여보내."

그는 등신같이 웃으며 그녀를 들여보냈어. 그녀가 나를 많이 좋아했기 때문에 파티에 데려가려고 수작을 부렸던 거야. 파티가 지루해지자 나는 에바 가드너를 보고 등신같이 웃고 있던 제스라는 흑인 멋쟁이를 그녀에게 소개시켜줬어. 에바는 기막히게 아름답고, 어둡고 관능적이고, 입이 뒤지게 섹시한 여자였어. 존나 화끈한 여자였지. 나는 "에바, 저 새끼가 당신을 그만 쳐다보게 빨리 저 빌어먹을 뺨에다 키스를 해줘. 저 새끼 거의 애를 낳으려고 하잖아"라고 말했어. 그러자 에바가 제시의 뺨에 키스를 한 뒤 말을 나누기 시작했어. 그러고서 그녀는 나에게 키스를 해서 그 새끼를 얼려버렸고, 우리는 자리를 떴지. 나는 그녀를 데려다줬고, 그 이상의 일은 없었지. 어쨌거나 그녀는 꽤 좋은 여자였어. 내가 원했다면 잘 수도 있었겠지. 왜 그러지 않았는지 알 수는 없지만, 그러지 않았어. 많은 사람들이 그랬을 거라고 장담하지만 말이야.

이 시기에 부정적인 일은 오직 트레인이 밴드를 떠나겠다고 투덜대는 것뿐이었지만, 모두가 거기에 익숙해져 있었어. 그러던 중 내 모든 인생과 태도를 다시 바꿔놓을 만큼 엄청나게 좆같은 일이 일어났지. 이 나라의 변화를 지켜보며 기분이 좋아지려던 참인데 다시 신랄하고 냉소적인 태도를 갖게 된 사건이지.

미군 주간방송을 막 끝냈을 때였어. 알잖아, 미국의 소리니 뭐니 하는 개소리 말이야. 주디라는 예쁜 백인 여자와 밖으로 나와서 택시를 잡았어. 주디는 택시에 탔고, 뜨겁고 습한 8월의 후덥지근한 밤이었기 때문에 나는 버드랜드 앞에서 축축하게 젖은 채 서 있었어. 그런데 백인 경찰이 내게 와서 저리로 가라고 하더군. 나는 그 씹새끼가 뭘 하고 있는지 알고 있었어. 당시 복싱을 꽤 하고 있었기 때문에 나는 속으로 이 망할놈을 때려눕히는 상상을 했어. 하지만 그러는 대신에 이렇게 말했지. "가라고, 뭣 때문에? 나는 아래층에서 일하고 있어. 저기 위에 내 이름이 있잖아. 마일스 데이비스."

그 새끼가 말했어. "네가 어디서 일하는지는 상관없어. 꺼져! 꺼지지 않으면 체포하겠어."

나는 그냥 그 얼굴을 똑바로 쳐다보면서 꼼짝 않고 서 있었어. 그러자 그가 "너는 체포됐다!"라고 말했지. 그 새끼는 수갑에 손을 뻗었지만 뒤로 물러서고 있었어. 권투선수들이 해준 말이 있었는데, 상대방이 날 때리려 할 때 그를 향해 곧장 걸어가면 상대가 뭐 하는 놈인지 알 수 있다는 거였어. 몸놀림을 보니 그 새끼가 전직 파이터였다는 걸 알 수 있었지. 그 새끼가 내 머리를 때릴 수 있는 거리를 주지 않으려고 몸을 숙이면서 가까이 다가갔어. 그 새끼는 넘어졌고, 자기 짐을 모두 도로에 떨어뜨렸어. 나는 속으로 생각했지. 이런 씨발, 사람들이 내가 이 새끼를 갈겼다고 생각하겠군. 나는 그놈이 다시 수갑을 집기를 기다렸어. 그다음 걔가 나를 엿먹이지 못하게 더 가까이 갔지. 어디서 나타났는지도 모를 사람들이 몰려들었고, 그 백인 형사가 갑자기 달려들더니, 퍽! 내 머리를 때렸어. 그놈이 오는 줄도 몰랐어. 입고 있던 카키색 정장에 피가 흐르더군. 그때 도러시 킬갤런(나는 여러 해 동안 도러시를 알고 지냈고 그녀의 절친한 친구인 진 박과 데이트를 하곤 했어)이 겁에 질린 표정으로 나와서 "마일스, 무슨 일이야?" 하고 물었어. 나는 아무 말도 할 수 없었어. 일리노이 자케이도 거기 있었어.

거의 인종 폭동이 날 지경이었기 때문에 경찰은 겁에 질려서 서둘러 나를 데리고 54번 지구대로 가서 피 흘리는 나를 사진 찍었어. 그래서, 나는 미친 새끼보다 더 미친 양 거기 앉아 있었지. 경찰서 놈들이 "그래, 네가 그 현명한 새끼야? 응?" 그러면서 나를 툭툭 치더군. 그러니까, 나를 화나게 해서 내 대가리를 녹초가 되도록 팰 기회를 노렸던 거야. 나는 그냥 앉아 있었지. 그 모든 걸 바라보면서 참았어.

벽을 올려다봤더니 꼭 해외여행을 광고하는 것처럼 장교들의 독일 연수를 선전하는 벽보가 붙어 있었어. 전쟁이 끝난 지 14년이나 됐는데 말이야. 거기서 경찰 업무 따위를 배우라는 거였지. 아마도 어떻게 하면 더 비열해질 수 있는지를 가르치겠지. 나치가 저기 유대인들에게 했던 짓을 여기 깜둥이들한테 하라고 말이야. 그 딴 게 붙어 있는 곳에서 나를 보호하고 있다는 사실을 믿을 수 없었어. 난 그저 내 여자친구가 택시 잡는 걸 도와줬을 뿐인데, 백인이었던 경찰 새끼는 그녀가 백인이고 나는 깜둥이인 걸 보기가 싫었던 거지.

나는 새벽 3시쯤에 내 변호사인 해럴드 러빗을 불렀어. 경찰은 체포 거부와 폭력, 경찰관 구타 혐의로 나를 기소했어. 나를! 아무 짓도 안 한 내게 말이야! 너무 늦었기 때문에 해럴드는 아무것도 할 수 없었어. 그 새끼들은 나를 센터 스트리트에 있는 경찰서로 데려 갔고, 해럴드도 따라왔어.

이 사건은 각종 뉴욕 신문의 1면을 장식했는데, 헤드라인으로 내 혐의를 반복해서 보도했어. 나중에 유명해진 사진도 함께 실렸 는데, 내가 머리에 붕대를 칭칭 감은 채로(그 새끼들이 나를 병원으 로 데려가서 머리를 꿰매게 했어) 감옥을 나서고, 시내로 이송될 때 나를 보러 왔던 프랜시스가 자랑스러운 종마처럼 내 앞을 걸어가는 모습이었지.

프랜시스는 경찰서에 와서 내가 두들겨맞은 모습을 보고는 거 의 히스테리에 가까운 비명을 질렀어. 이 깜둥이 새끼 때문에 이렇 게 아름다운 여자가 소리를 지르다니. 내 생각에 그때부터 경찰관 들은 자기들이 실수했다고 생각하기 시작했던 것 같아. 그 후에 도 러시 킬갤런이 찾아왔고, 다음 날 이 일에 대한 칼럼을 썼어. 경찰에 게 엄청나게 부정적이었던 그 기사는 내 소송에 어느 정도 도움이 됐어.

완전히 흑인 도시가 되기 전의 이스트세인트루이스였다면 체 포 거부에 대한 이딴 식의 헛소리를 예상했었을 거야. 그런데 여기 는 뉴욕이잖아. 세상에서 가장 세련되고 힙한 도시 말이야. 하지만, 또다시 백인것들에게 둘러싸여서 이런 일을 겪고 나니 흑인에게는 정의라는 게 없다는 것을 알게 됐지. 절대로.

청문회에서 지방 검사가 나에게 "경찰이 당신을 체포한다고 말 했을 때 당신이 그를 쳐다본 것, 그 표정은 무슨 의미였나요?"라고 물었어.

내 변호사 해럴드 러빗이 말했지. "'그 표정이 무슨 의미였냐'는 말이 무슨 뜻이죠?" 그들은 내가 경찰관을 때려눕히려고 했는지 물 었던 거야. 내 변호사들은 백인 판사와 백인 배심원들이 내 자신감을 거만함으로 오해하고, 내가 욱해서 성질을 참지 못할 것이라고 판단해서 나를 증인석에 세우지 않았어. 하지만 그 사건은 나를 영원히 바꿔놨고, 전보다도 훨씬 더 신랄하고 냉소적인 사람이 됐어. 세 명의 판사가 체포가 위법이었다고 판단하고 기소를 기각하는 데 두 달이 걸렸어.

나는 나중에 경찰 당국에 50만 달러의 소송을 걸었어. 해럴드는 과실 소송을 취급하지 않았기 때문에 그가 다른 변호사를 구해줬는데, 그 새끼가 소멸 시효가 끝나기 전에 요구서를 제출하는 것을 잊어버렸어. 나는 좆같은 손해배상 소송에서 져버렸어. 미친놈처럼 화가 났지만, 달리 할 수 있는 일이 아무것도 없었어.

경찰이 내 업소 출입 면허를 취소했기 때문에 나는 한동안 뉴욕 클럽에서 공연을 할 수 없었어. 밴드는 나 없이 마지막 세션을 연주했고 클럽에서는 무슨 일이 있었는지 공지를 내렸어. 나는 밴드가 나 없이도 죽을 힘을 다해서 멋지게 연주하고 있다는 말을 들었어. 아마도 곡을 쭉쭉 늘여서 모든 곡을 자기 그룹에서 연주했을 법한 방식으로 연주했겠지. 캐넌볼과 콜트레인 모두 내가 떠난 후에 연주를 중단해서 공연장이 떠들썩해졌다는 건 알았어. 하지만 며칠 동안 내 일이 뉴욕 신문의 1면을 장식했는데도 순식간에 조용해졌지. 사람들은 이 일을 잊어버렸어. 하지만 흑인이든 백인이든 뮤지션들과 사정을 아는 이들은 그렇지 않았고, 경찰에 맞섰던 나를 영웅으로 생각했어.

이 무렵부터 사람들, 그러니까 백인놈들은 내가 항상 '화나 있다'거나, '인종차별주의자'라는 등의 별 개 같은 소리를 지껄이기 시작했어. 나는 그 누구에게도 인종차별을 한 적이 없지만, 그게 단지 백인이라는 이유로 그 새끼의 똥받이가 되겠다는 뜻은 아니었어. 그렇다고 가운뎃손가락을 세우고 돌아다니거나 구걸을 하지도 않았고, 내가 백인들보다 열등하다고 생각하면서 비굴하게 웃고 떠들고 다니지도 않았어. 나도 미국에 살고 있었어. 나도 기회가 되는 대로 모든 것을 얻으려고 했을 뿐이라구.

9월 말경에 캐넌볼이 밴드를 탈퇴하면서 우리는 다시 5인조가 됐어. 그는 다시 돌아오지 않았어. 다른 멤버들은 모두 남았지. 캐넌이 떠나면서 밴드 사운드가 바뀌었기 때문에, 우리는 모달 이전의 스타일로 돌아갔어. 피아노의 윈턴 켈리가 레드 갈랜드와 빌 에번스를 섞어놓은 듯한 스타일이었기 때문에 우리는 원하는 대로 연주할 수 있었어. 하지만 캐넌의 알토 보이스가 믹스에서 빠지니 소규모 그룹 사운드에 대한 나의 아이디어는 막다른 길에 이른 것 같았지.

그냥 좀 휴식이 필요하다고 생각했어. 나는 항상 새로운 연주와 음악적 아이디어에 대한 도전을 추구했고, 대부분 성공했어. 아마도 혼자 살았던 것, 그리고 음악을 들을 때 항상 상황의 중심에 있었던 것이 어느 정도 영향을 미쳤겠지. 프랜시스와 함께 집에 머무는 시간이 많아졌고, 디너 파티에 가는 등 커플의 삶을 살고 있었어. 하지만 1959년 말에 꼭 해야 할 일이 남아 있었는데, 바로 길 에번스와 함께 『스케치스 오브 스페인』*Sketches of Spain*이라고 부르고 있던 앨범을 시작하는 일이었어.

1959년 로스앤젤레스에 있을 때 샌퍼낸도밸리에 살던 훌륭한 세션 베이스 주자인 조 몬드래건이라는 친구를 보러 갔던 게 계기가 됐어. 조는 매우 잘생긴 멕시코 출신의 스페인계 인디언이었어. 조의 집에 갔더니 그가 "마일스, 이걸 들어 봐. 넌 할 수 있어!"라고 말하면서 스페인 작곡가인 호아킨 로드리고의 「아랑후에스 협주곡」 Concierto de Aranjuez 녹음을 틀어주더군. 그래서 거기 앉아서 음악을 듣고 조를 보면서 속으로 생각했지. 젠장, 이 멜로디 라인은 정말 강렬하잖아. 라인이 계속 내 머리에 남아 있었기 때문에 나는 그걸 녹음해야겠다고 결심했어. 뉴욕에 돌아와서 길에게 연락해 이에 대해 의논했고, 음반을 한 장 주면서 어떻게 하면 좋을지 물어봤어. 길도 마음에 들어했지만, 앨범을 완성하려면 곡을 더 구해야 한다고 했어. 우리는 페루 인디언 민속 음악 음반을 구했고, 거기서 즉석반주vamp를 따냈어. 이게 그 앨범 수록곡인 「팬 파이퍼」The Pan Piper였지. 그다음에는 스페인에서 금요일마다 찬양을 하며 행진하는 데 쓰이는 곡인 행진곡 「사에타」Saeta를 구했어. 트럼펫 주자들이 마치 스페인에서 행진을 하는 것처럼 「사에타」를 연주했지.

흑인 무어인들이 스페인에 있었어. 아프리카인들이 예전에 스페인을 정복했었잖아. 안달루시아 지역의 음악, 건축, 문화 전반에 아프리카의 영향이 많이 남아 있고, 사람들에게도 아프리카인의 피가 흐르고 있어. 그래서 그 음악의 느낌, 백파이프, 트럼펫 그리고 드럼에 아프리카 흑인 음악의 정서가 있었지.

「사에타」는 안달루시아에서 가장 오래된 종교 음악 중 하나로, 안달루시아 사람들에게는 노래의 화살 the arrow of song 로 알려져 있지. 세비야의 '성 주간'이라는 종교 의식 동안에 반주 없이 주로 혼자 부르는 노래인데, 그리스도의 수난에 관한 내용을 담고 있어. 거리 행진이 이어지는 동안 여 가수가 아래에 멈춰 서 있는 행렬을 내려다보며 발코니의 철제 난간을 잡고 서서 노래를 해. 행진은 노래가 이어지는 동안 발코니 아래에서 멈추지. 내가 트럼펫으로 그녀의 목소리를 맡았어. 그리고 내가 끝나면 트럼펫 팡파르가 행렬이 움직여도 좋다는 신호를 보내. 곡 내내 소리를 죽인 드럼이 가수를 돋보이게 하지. 이 노래는 끝날 때 행진곡 느낌이 나는데, 그 이유는 그게 맞기 때문이야. 가수가 노래를 마치면 그들은 그녀를 발코니에 놔두고 행진해 가버려. 이 노래에서 나는 기쁨과 슬픔을 동시에 표현해야 했는데, 그것도 정말 힘들더군.

　그때 내가 느끼기에『스케치스 오브 스페인』에서 가장 어려웠던 건 이런 거였어. 이를테면, 누군가 노래해야 하는 파트에서 트럼펫을 연주하는 것, 특히 대부분의 경우였던 애드리브로 이뤄진 파트일 때, 그리고 노래의 가사와 가사 사이에 있는 부분을 연주하려 할 때 어려움이 있었어. 거기에는 아랍 음악과 아프리카 흑인 음악의 스케일이 모두 들렸거든. 그리고 음계가 변조되고 휘고 꼬이고 꿈틀거리고 마치 뱀처럼 움직이지. 마치 모로코에 있는 것처럼 말이야. 그게 정말 힘들었던 건 내게 한두 번의 기회밖에 없었다는 거야. 이런 곡을 서너 번 이상 하면 거기서 얻어야 하는 감정을 잃게 되거든.

　거기에는「솔레아」Solea 트럼펫 연주와 비슷한 종류의 보이스가 약간 있었어.「솔레아」는 플라멩코의 기본 형태인데, 외로움과 그리움, 비탄에 대한 노래였어. 블루스에 들어 있는 미국 흑인 정서와 가까웠지. 안달루시아에서 유래했기 때문에 아프리카에 근원을 두고 있고. 하지만「사에타」에서는 길이 모든 걸 모으기 전까지 나는 그걸 연주해본 적이 없었어.

　모든 보이스의 악보와 파트들이 너무 빽빽하고 비슷하게 모여 있었기 때문에, 먼저 길은 곡 전체를 다시 편곡해야 했어. 음악적으로 말하자면 길은 모든 것을 있는 그대로 정확히 표현했기 때문에, 누가 숨소리만 내도 악보에 그걸 적었을 거야. 길은 아주 아주 작은 비트도 악보에 적어 넣었지. 너무 빽빽한 나머지 트럼펫 주자들 중 한 명은(내가 좋아하는 버니 글로라는 백인) 그 멕시코적인 멜로디를 연주하다가 얼굴이 새빨갛게 달아올랐어. 버니는 나중에 그 곡이 자신이 연주했던 것 중 가장 어려웠다고 말했지. 나는 길에게 편곡을 다르게 해보라고 했지만, 길은 이 곡에 문제가 없다고 생각했어. 버니가 왜 이 편곡을 연주하기 어려워하는지 이해하지 못했지.

길은 여덟 마디를 완벽하게 작곡하는 데 2주를 쓰곤 하던 녀석이었어. 다시 하고, 다시 하고, 또다시 했지. 그 후에는 다시 돌아가고, 되돌아가고, 또 되돌아갔어. 음악을 넣을지 뺄지 결정하는 데 시간을 너무 많이 써서, 나는 그를 감시하고 있다가 그 짜증 나는 작업을 뺏어야 했어. 그는 완벽주의자였지.

버니의 얼굴이 보라색으로 변하기에 바로 길에게 가서 말했어. "길, 음악을 그런 식으로 쓸 필요는 없어. 뮤지션들이 연주하기에는 너무 빡빡해. 이 트럼펫 연주자들은 클래식 교육을 받았고 음표 빼먹는 것을 좋아하지 않으니까, 네가 완벽한 사운드를 내도록 만들어줄 필요가 없다구." 그도 내 말에 동의하더군. 일단 클래식 교육을 받은 트럼펫 주자들이라는 점부터가 잘못됐었어. 그게 문제였지. 우리는 그들에게 악보대로 정확히 연주하지 말라고 말해야 했어. 그들이 우리를 미쳤다는 듯이 쳐다보더라고. "무슨 좆같은 소리야? 이건 협주곡이잖아?" 우리가 "악보에 없는 걸 연주해" 라고 말하는 걸로 보아 미친 게 분명하다고 생각했겠지. 우린 그들이 그저 느끼고, 읽고, 연주하기를 바랐지만 첫 연주자들은 그렇게 할 수 없었어. 때문에 트럼펫 연주자를 바꿔야 했고, 길은 악보를 재편성해야 했지. 그다음에 우리는 클래식하면서 동시에 감각도 있는 트럼펫 연주자를 구했어. 파트가 너무 적어서 마치 군악대 같았어. 그래서 트럼펫을 바꾸고 악보를 재편성한 후, 버니(여전히 얼굴이 보라색이었지만)와 어니 로열, 태프트 조던과 루이스 무치가 기가 막히게 연주하니 모든 게 제대로 잘 풀렸어. 나는 이 앨범에서 트럼펫과 플뤼겔호른을 모두 연주했어.

그다음에는 내가 원하는 소리를 내는 드러머가 있어야 했어. 내가 원하는 소리란, 스네어 드럼이 종이가 찢어지는 것처럼 작고 팽

팽하게 구른다는 뜻이었지. 세인트루이스의 베일드 프로펫 퍼레이드에 있던 정통 마칭 드러머가 그런 소리를 냈어. 그건 마치 스코틀랜드 밴드처럼 들렸어. 하지만 백파이프가 나온 곳도 아프리카였기 때문에, 그 또한 아프리칸 리듬이었지.

그 말인즉슨, 드럼의 지미 콥과 퍼커션의 엘빈 존스 뒤에 코러스를 연주할 정통 드러머가 있어야 한다는 말이었어. 드러머, 그러니까 정통 드러머들에게서 그런 사운드를 얻었고, 지미와 엘빈은 그들이 평소에 연주하는 솔로를 하게 했어. 정통 드러머들은 즉흥 연주를 할 수 있는 음악적 상상력이 없었기 때문에 솔로를 할 수 없었어. 대부분의 다른 클래식 연주자들과 마찬가지로 앞에 놓인 것만 연주하는 거지. 클래식 음악이라는 게 바로 이런 거야. 앞에 있는 것만 연주하고 다른 것은 아무것도 할 수 없지. 암기하는 로봇 같은 능력인 거야. 클래식 음악에서는 한 연주자가 다른 뮤지션과 달리 완전한 로봇이 되지 않으면 다른 로봇들이 그를 조롱하곤 하는데, 특히 흑인이면 더욱 그렇지. 그게 다야, 클래식 음악은 모든 게 그런 로봇 같은 식이야. 그런데도 사람들은 그들이 대단하다고 칭송하지. 그 안에 물론 훌륭한 클래식 작곡가가 만든 훌륭한 음악도 있고, 훌륭한 연주자도 있지만, 그들은 모두 솔리스트여야 하지. 하지만 여전히 로봇이 연주하는 것일 뿐이라는 걸 그들은 공개적으로 인정하지 않지. 그럼에도 마음속으로는 깊이 자각하고 있을 거야.

그래서 『스케치스 오브 스페인』 같은 음반에서는 악보를 읽고 감정을 넣지 않거나 아주 적게 넣는 뮤지션들과, 느낌으로 가득 채우는 뮤지션들이 균형을 이뤄야 해. 나는 뮤지션이 악보도 읽을 수 있고 느낌을 살릴 수도 있으면 제일 좋다고 생각해. 나라면, 악보를 읽으면서 연주한다면 그렇게 많은 감정이 실릴 것 같지 않아. 하지만 음악을 그냥 듣고 연주한다면 많은 감정이 실리겠지. 『스케치스 오브 스페인』에서 내가 하고자 했던 건 악보를 몇 번 읽고, 몇 번 들은 다음에 연주하는 거였어. 나에게는 악보를 막 알게 된 다음에 연주하는 것이 가장 중요했어. 잘된 것 같아. 모두가 그 음반을 좋아했거든.

『스케치스 오브 스페인』 작업이 끝난 후에 내 안에는 아무것도 남아 있지 않았어. 모든 감정을 다 써버렸고, 어려운 연주를 끝내고 나니 그 좆같은 걸 다시는 듣고 싶지 않았어. 테이프를 들으러 가자는 길에게 나는 "'너나' 가서 들어. 나는 듣기 싫으니까"라고 했어. 1년이 지나서 음반으로 나올 때까지도 듣지 않았지. 나는 다른 무언가로 넘어가고 싶었어. 마침내 그 곡을 들었을 때 내 음악적 사고는 다른 데 가 있었기 때문에, 정말 별다른 생각이 들지 않았어. 자세히 들은 건 딱 한 번이었지. 내 말은, 프랜시스가 그 노래를 정말 좋아해서 집 안 곳곳에 있는 레코드 플레이어에서 들렸을 수도 있겠지만, 가만히 앉아서 모든 곡을 세밀하게 음미하듯이 들었던 건 딱 한 번이었다는 뜻이야. 음반이 마음에 들었고, 모두들 연주를 잘 했고, 길의 편곡이 훌륭하다고 생각했지만 큰 인상을 받지는 못했어.

「아랑후에스 협주곡」의 작곡가인 호아킨 로드리고는 그 음반이 마음에 들지 않는다고 했지만, 애초에 그(의 작품)는 내가 『스케치스 오브 스페인』을 만든 이유였어. 그가 음반에 수록된 곡의 사용에 대한 로열티를 받고 있었기 때문에, 나는 그의 지인에게 누가 그를 위해 그 연주를 시작했는지 말했지. "로열티가 불어나기 시작하면 호아킨이 이 음반을 좋아하게 될지 한번 보지." 그 후로 호아킨 본인의 말도, 그와 관련된 어떠한 말도 듣진 못했지만.

어떤 여자가 나에게 말하기를, 투우장에서 황소를 다루던 은퇴한 늙은 투우사를 찾아갔대. 미국의 흑인 뮤지션이 만든 음반에 대해 이야기했는데, 그는 외국인, 즉 미국인이 (그것도 미국 흑인이)

플라멩코 음악을 비롯한 스페인 문화에 대한 폭넓은 지식이 필요한 음반을 만들 수 있다는 걸 믿지 않았어. 그녀는 음반을 틀어줘 봐도 되냐고 물었고, 그는 그렇게 하라고 대답했지. 그는 가만히 앉아서 음반을 들었고, 음악이 끝나자마자 일어나서 투우 장비와 복장을 갖추고 밖으로 나가 은퇴한 후 처음으로 황소 한 마리와 싸워서 황소를 죽였어. 그녀가 이유를 물으니 그가 음악에 너무나도 감동받아서 황소와 싸울 수밖에 없었다고 말했다더라. 믿기 힘든 얘기였지만, 그녀는 이게 사실이라고 맹세했어.

12

『스케치스 오브 스페인』 이후, 길이나 나나 한동안 스튜디오로 돌아가고 싶지가 않았어. 1960년 초쯤이었는데, 그 무렵 노먼 그랜즈가 나와 내 밴드의 유럽 투어를 예약했지. 3월에 시작해서 4월 내내 계속된, 상당히 긴 투어였어.

트레인은 유럽 순회공연을 할 마음이 없었어. 우리가 떠나기 전에 이미 그룹을 옮길 준비를 했지. 근데 어느 날 밤 웨인 쇼터라는 그 바닥의 새로운 테너 주자가 불쑥 전화를 해 온 거야. 내가 새 테너 주자를 찾는다는 말을 트레인으로부터 들었는데 자기를 추천했다는 거야. 완전 충격이었어. 전화를 끊으려는 찰나에 나는 이렇게 쏘아붙였어. "색소폰 주자가 필요하다면 내가 알아서 구할 겁니다!" 그러고 전화를 끊었지. 쾅!

후에 트레인을 만나서 이렇게 말해줬어. "아무에게도 그딴 식으로 전화하지 말라구 그래. 그만두고 싶으면 그냥 그만둬. 그래도 유럽 투어나 마치고 관두지 그러냐?" 그가 그때 바로 그만뒀다면,

그건 진짜 우릴 물먹이는 일이었어. 중요한 투어인데, 그 말고는 누구도 곡들을 모르잖아. 그래서 트레인이 투어에 합류하긴 했는데, 가 있는 내내 투덜거리고 불평하면서 혼자 따로 놀더라구. 투어를 마치고 돌아가면 그룹을 떠나겠다는 눈치를 계속 주는 거지. 어쨌든 나는 밴드를 관두기 전에 앞서 말한 소프라노 색소폰을 트레인에게 건넸고, 받자마자 연주를 해보더라. 내 귀엔 벌써 소프라노 색소폰이 그의 테너 연주에 미칠 영향이 들려왔어. 그게 얼마나 그의 연주를 혁신시킬지 말이야. 그담부터 항상 트레인에게 농담하곤 했지. 니가 우리랑 투어를 떠나지 않고 집구석에 박혀 있었다면 어디서 소프라노 색소폰을 얻겠냐, 평생 나한테 빚진 거다. 이런 식으로 말이야. 트레인이 거의 눈물을 글썽거릴 정도로 깔깔대면 난 "야, 농담 아니다?" 하고 정색하곤 했지. 그러면 그는 나를 정말 꽉 껴안으면서 "그래 그래, 니 말이 맞다"고 몇 번을 계속하는 거야. 뭐 나중 일이야, 이건. 트레인도 자기 그룹을 꾸리고 사람들 앞에서 존나 죽여주는 연주를 하던 때니까.

5월에 미국으로 돌아온 직후, 트레인은 밴드를 떠났고 재즈 갤러리에서 오프닝 뮤지션으로 연주하기 시작했지. 1960년 여름 내 그룹 활동이 재개됐을 때 난 트레인 대신 옛 친구 지미 히스를 기용했지. 그가 마약으로 감옥에 갔다가 막 나온 참이었어.

트레인은 지미가 1948년경 필라델피아에서 꾸리던 빅밴드에 있었는데 그해에 둘 모두 디지의 밴드로 이적했어. 서로 오래 알고 지낸 사이였지. 지미는 1955년에서 1959년까지 감옥에 있느라 무대에서 완전히 사라졌었어. 트레인이 밴드에서 완전히 떠나면서 내게 말하기를 지미가 막 나왔으니까 돈벌이 연주가 필요할 테고, 우리가 하는 음악들도 많이 알 거라는 거야.

하지만 1953년 지미가 처음 연주했던 내 앨범 『마일스 데이비스 올스타스』에서 내 음악은 이미 멀리 이동했기 때문에, 그가 예전에 몰두하던 비밥류에서 벗어나기가 힘들 거라는 생각이 들더라. 그래도 우리 상황이 여유가 좀 있고 해서 지미에게 기회를 줄 용의도 있었어. 트레인은 항상 지미의 연주를 높이 봤고, 나도 마찬가지였어. 게다가 재미있고, 깔끔하고, 매우 영리해서 함께 지내기에 아주 멋진 놈이기도 했고.

우리가 캘리포니아에 있을 때, 난 지미한테 전화해서 밴드에 들어올 의향이 있냐고 물었지. 그러고 싶다고 해서 이쪽으로 올 비행기표를 보냈어.

우리가 처음 연주한 곳은 할리우드의 재즈 서빌 클럽이었어. 지미가 도착했을 때 우리가 뭘 하고 있는지 알려줬는데, 도대체 그게 뭔 빌어먹을 건지 그가 못 알아먹었다는 걸 대번 알겠더라. 뭐냐면, 그가 모드적인 음악을 알고는 있었지만 한 번도 연주해본 적이 없어서 생소하게 받아들이더라 이거야. 우리가 다들 모드 스케일에 기반한 연주를 하는데 지미는 코드 변화를 다 따라가다 똑같이 매듭짓는 그 방식의 연주를 했지. 몇 가지 이유로 캐넌볼이 같이 공연을 했던 기억이 나네. 지미가 처음에는 곡들 때문에 고생하다가 모드적인 방식에 적응하려고 애썼던 것도 생각나고. 그런데 얼마 안 가서 지미가 편하게 음악에 끼어드는 걸 듣고 알 수 있었어. 동부로 돌아와서 인디애나의 프렌치 릭(농구 선수 래리 버드가 여기 작은 시골 출신이었지)과 시카고의 리갈 극장 등 몇 군데에서 연주했어.

동부로 돌아온 후 캐넌볼은 영영 밴드를 떠나버렸고, 우리가 시카고의 플레이보이 페스티벌로 연주하러 가기 전, 지미는 필라델피아로 가족을 만나러 갔어. 그런데 그때 가석방 담당자가 필라델피아 반경 60마일 이내에 머물러야 한다는 가석방 조건을 통보했지. 그래서 여러 해 동안 지미의 음악 경력이 좆돼버린 거야. 심지어 뉴욕에 연주하러 올 수도 없었지. 지미는 우리가 투어하던 기간 내내 정말 깔끔했어. 공연장에 와서 연주하고 자기 호텔 방으로 돌아가는 것 말고는 아무 일도 한 게 없어. 이 밴드에서 그는 평생 벌었던 것보다 더 많은 돈을 벌고 있었는데, 그 씨발 가석방 담당자 이탈리아놈이 훼방을 놓다니. 때로 삶은 좆같은 거야. 특히 흑인에게는 더 그래.

지미가 그런 사정을 털어놓아서 난 필라델피아에 있는 지인들한테 어떻게 좀 손을 써볼 수 없겠냐고 물어봤는데 방법이 없었어. 지미가 모드 기반의 연주에 적응하고 있었고 더 나아질 거라고 생각했는데 그런 식으로 밴드를 떠나는 걸 본다는 게 싫었어. 그가 상처 받았다는 걸 알았고, 나도 가슴이 아팠지.

그 와중에 트레인이 추천했던 다른 녀석인 웨인 쇼터 생각이 나더라구. 그래서 그에게 연락해 밴드에 들어올 수 있는지 물었지. 그런데 그때 그는 재즈 메신저스에서 아트 블래키와 연주하고 있어서 올 수가 없었어. 그래서 나는 테너와 알토 둘 다 불 줄 아는 소니 스팃을 구했어. 또 다른 유럽 투어를 하러 런던으로 떠날 때쯤, 그가 우리와 합류했지.

그 무렵 어머니께서 암에 걸렸다는 충격적인 소식이 들려왔어. 어머니는 재혼 후 남편 제임스 로빈슨과 1959년에 이스트세인트루이스로 다시 이주했어. 그해 수술을 받다가 암이 발견돼서 다들 걱정했지. 그런데 어머니와 통화해보니 건강하신 것 같았고, 뵀을 때에도 좋아 보였어.

런던 공연은 아마 1960년 유럽 투어가 처음이었을걸. 공연은 매일 밤 꽉 찼어. 3,000~8,000명 규모의 공연장들이었어. 나는 프랜시스와 동행했는데, 다들 완전 뻑이 가서 그녀에게 시선을 던졌지. 영국 신문은 날마다 그녀가 얼마나 예쁜지 대서특필하더군. 대단한 일이었어. 거의 나에 대해서 만큼이나 그녀에 대해 떠들어댔으니. 그녀에 대해서는 괜찮게 써주면서 나는 엄청 물어뜯더라고. 처음엔 이해가 안 가더라구. 내가 영국식 말투를 싫어한다든가, 보디가드를 뒀다든가 하면서 나더러 거만하다고 그러는 거야. 사실 난 밴드 멤버들 말고는 프랜시스, 해럴드 러빗 외엔 동행한 사람이 없었는데 말이야. 내가 백인을 싫어한다는 둥 온통 씹어대더라구. 그런데 유명인사를 그런 식으로 대하는 게 영국 언론이라고 누군가 말해줬어. 그담부터는 신경 안 썼지. 우리는 영국 다음에 스웨덴과 파리를 돈 후 미국으로 돌아와 투어를 마쳤어.

지미 히스와 나, 그리고 경찰 사이에 일어난 일 때문에 필라델피아에서 연주했던 게 특별히 기억에 남아. 지미도 자동차광이었잖아, 아마 그때 지미의 차가 트라이엄프 스포츠카였던 것 같은데, 아무튼 난 내 페라리를 몰고 필리로 갔어. 당시 난 서부를 제외한 모든 공연에 그걸 몰고 가곤 했어(나중에는 서부까지도 내 페라리 하나를 몰고 간 적이 있긴 해). 지미를 태우고 가면서 나는 음악 따위에 대해 얘기하면서 가다가 내가 분명 소니 스팃이「소 왓」에서 좀 틀리게 연주한다고 불평을 늘어놨을 거야. 소니가 그 곡에서 항상 망쳐서 지미를 볼 때마다 그걸 말하곤 했지. 아무튼지간에 그런 말들을 주고받으며 페라리를 타고 가는데 제한속도 시속 25마일 언저리였던 브로드가에서 내 애마가 얼마나 빠른지 자랑하고 싶어서 빨간불이나 노란불이 되기 전에 모든 신호등을 지나갈 수 있다고 했어. 그러면서 기어를 바꿨지. 눈 깜빡하기도 전에 시속 55마일이 넘었겠지? 지미는 눈이 휘둥그래져서 놀라더라. 난 그 빌어먹을 신호등을 모두 무시하고 냅다 달렸어. 차가 낮고 빠르게 날아간단 말이야, 꼭 휘파람 불듯이. 그렇게 전속력으로 가다가 신호가 바뀌는 바람에 브레이크를 밟아버렸지. 급브레이크를 밟아도 끄떡없이 차가 바로 멈출 거라는 걸 난 알고 있었어. 지미는 빨간불이 켜졌는데 그걸 위반하고 지나갈까 봐 완전 개쫄더라. 나는 시속 약 60마일에서 기어를 바꾸고 짐작대로 바로 멈췄는데, 지미는 믿을 수 없다는 표정이더라구. 그렇게 멈췄는데, 아무 표시도 없는 차 안에 잠복 중인 백인 마약 수사관 둘이 보이는 거야. 걔네 차 바로 옆에 우리가 선 거지. 놈들이 우리를 슥 훑어보며 지껄이길 "야, 씨발 마일스 데이비스하고 지미 히스가 존나 페라리를 타고 있네?" 이러네. 새끼들이 그러더니 차를 길가에 대라면서 번쩍거리는 배지를 꺼내서 보여주더니 지네들 차로 오래. 난 가석방중인 지미를 난처하게 하고 싶지 않아서 순순히 따랐지. 우리가 가니까 놈들이 조사를 하더라. 알잖아, 샅샅이 뒤졌지만 아무것도 나온 건 없었고 우리를 보내주더군. 개 짜증 나는 일이었지.

1960년에는 오넷 콜먼이라는 새로운 흑인 알토 색소폰 주자가 뉴욕에 와서 재즈계를 뒤집어 놓은 걸 비롯해서 많은 일들이 일어났어. 그가 나타나서 다들 개발렸지. 얼마 안 가서 그들이 매일 연주하던 파이브 스팟에서 표를 구할 수 없을 정도가 됐지. 플라스틱 포켓 트럼펫을 연주했던 돈 체리, 오넷도 플라스틱 알토가 있었지 아마? 베이스의 찰리 헤이든, 드럼의 빌리 히긴스가 함께 연주했어. 다들 '프리 재즈'나 '아방가르드', '새로운 것'New Thing 등으로 불리던 스타일을 구사했어. 나를 보러 왔던 여러 '스타'라는 사람들, 도러시 킬갤런과 레너드 번스타인(어느 날 달려와 내게 "이것이 재즈에서 일어난 가장 위대한 것이오"라고 말했던 거 같아)이 이제 오넷을 보러 갔어. 대여섯 달 동안 파이브 스팟에서 쭉 연주하는 그들을 나도 시내에 있을 때면 가서 살펴보았고, 몇 차례 함께 즉흥연주도 했어.

그때 나는 모든 스타일의 트럼펫 주법을 익힌 상태라 누구와도, 어떤 스타일로도 연주할 수가 있었어. 누가 특정한 스타일로 연주하면 난 바로 같이 할 수 있었지. 돈 체리가 하던 건 그냥 하나의 스타일일 뿐이었어. 오넷도 딱 한 가지 방식으로만 연주할 수 있었지. 그들의 연주를 몇 번 듣고 나니 뭔지 알겠더라구. 그래서 그냥 앉은 자리에서 걔네 연주를 함께 할 수 있었고. 그냥 적당한 템포의 어떤 곡이었는데, 무슨 곡인지는 잊어버렸어. 돈이 나에게 연주해달라고 해서 한 거야. 돈은 나를 많이 좋아했고, 괜찮은 녀석이었지.

하지만 오넷은 질투심이 많은 친구였어. 다른 뮤지션의 성공을 질투하는, 무슨 비뚤어진 심사인진 모르겠어. 게다가 자기는 색소폰 연주자인데도 바로 트럼펫이나 바이올린을 집어서 아무 연습도 안 하고 마구 연주할 수 있다고 여기는 건 좋은 연주자 모두를 무시하는 거라고 봐. 자기가 뭔 말을 하는지 알지도 못하고 떠들어 대며 으스대는 게 뭐 좋아 보여 응? 그래도 음악은 어쨌든 사운드가 다야. 바이올린은 그나마 나아. 바이올린을 켤 줄 몰라도 그냥 빈 자리 채워주는 몇 개의 음 정도 내는 건 가능하지 않겠어? 물론 솔로 같은 건 못하지. 그냥 군데군데 음 몇 개를 짚어서 켜는 거 말이야. 반면 트럼펫은 주법을 모르면 진짜 끔찍한 소리가 나. 반대로, 그걸 연주할 줄 아는 사람은 관이 막혀 있어도 소리가 나고. 리듬 파트를 연주한다고 할 때, 트럼펫이 고장 났더라도 대강 음만 맞으면 어울리게 할 수 있어. 어떤 스타일을 구사하는지가 중요해. 발라드면 발라드, 뭐면 뭐 이런 식으로. 근데 오넷은 트럼펫에 대해 아무것도 몰랐기 때문에 그 악기를 가지고 그렇게는 못 해. 암튼 그래도 멋진 친구야. 질투만 좀 어떻게 하면 좋겠다 이거지 뭐.

난 오넷과 돈을 인간적으로 좋아했고, 내 기억에 오넷이 돈보다 연주를 더 많이 했던 거 같아. 하지만 연주 면에서 뭔가 혁명적인 게 보이거나 들리지는 않았어. 난 대놓고 그렇게 말했어. 트레인이 나보다 훨씬 더 자주 거기 가서 공연을 보고 듣고 했지만, 나처럼 대놓고 말하진 않더라구. 내가 오넷을 까대고 나니 비평가들이 며 젊은 연주자들이 우르르 달려들어 내 말을 물고 늘어졌고, 내가 '구식'이라는 둥 욕을 해댔어. 솔직히 난 걔네 연주가 맘에 들지 않았어. 특히 그 작은 트럼펫으로 돈 체리가 하는 연주도 그랬고. 내가 보기엔 그냥 심각한 표정으로 엄청 많은 음표를 연주하는 것뿐인데, 그게 가짜라는 걸 모르는 사람들은 괜히 자기가 잘 이해 안 가는 거에 매료되는 거 같았어. 새로 나온 걸 멋지지 않다고 하면 안 멋져 보일까 봐 그냥 멋지다고 하는 거야. 백인들이 특히 그런 식이지. 지들이 잘 모르는 걸 어떤 흑인이 하고 있을 때 꼭 아는 척한단 말이야. 자기들이 이해하지 못하는 걸 흑인이 할 수 있다는 것 자체를 인정하지 못하는 거야. 흑인이 좀 더 지적일 수도, 아니, 훨씬 더 그럴 수도 있다는 걸 인정할 수 없다 이거지. 그런 일 자체를 못 참아, 백인들은. 그러니까 "야, 새로운 게 나왔다" 떠벌이다가, 다음 새로운 게 나오면 "또 새로운 게 나왔어!" 계속 이러는 거야. 난 오넷이 뉴욕을 강타했을 때가 딱 그런 식이라고 봤어.

지금 돌아보면 오넷이 그로부터 몇 년이 지나 했던 건 멋진 거 맞아. 그에게도 그 말을 했지. 하지만 처음에 그들이 하던 건 이른바 '자유 형식'free form으로 주고받으면서 그냥 자발적으로 연주하는 게 다였어. 그건 그럴듯하긴 했는데 이미 있던 거야. 단지 아무런 형식이나 구조 없이 했다는 사실이 중요하지 그 연주가 대단한 건 아니었다구.

오넷과 같은 시기였나, 아니면 약간 뒤였나, 암튼 그때쯤 세실 테일러가 무대에 등장했던 것 같아. 오넷과 돈이 나팔로 하던 일을 그는 피아노에서 했지. 세실한테도 비슷한 느낌이 들었어. 그는 클래식 교육을 받았고 전문적으로 피아노를 연주할 수 있었지만, 나는 그의 접근방식이 마음에 안 들더라. 단지 음표들을 위한 음표랄까, 그냥 마구 연주하는 거, 그러니까 자기 테크닉이 얼마나 뛰어난지 뽐내는 거 말이야. 어느 날 밤 디지와 세라 본과 같이 있었는데 누군가가 우리를 버드랜드로 끌고 가는 바람에 세실 테일러의 연주를 듣게 됐지. 나는 조금 듣다가 나와 버렸어. 세실을 미워하는 게 아냐. 전혀. 단지 그 연주는 별로 안 좋아해. 그게 다야. 누가 세실한테 마일스 데이비스의 연주를 좋아하냐고 물었다나. 그런데 세실이 "백만장자들 앞에서는 괜찮게 불죠" 이랬대. 짜식. 한 유머 하네? 그 말을 듣기 전까지는 그가 유머 감각이 있다고 생각하지 않았거든.

1961년 초쯤이었나, 소니 스팃이 밴드를 나갔어. 행크 모블리가 대신 들어왔고, 그해 3월에 『섬데이 마이 프린스 윌 컴 』*Someday My Prince Will Come*을 녹음하러 스튜디오로 들어갔지. 콜트레인이 서너 곡 연주했고 필리 조가 한 곡 하고, 나머지 연주의 멤버는 같았어. 윈턴 켈리, 폴 체임버스, 지미 콥, 그리고 두세 곡에서 행크 모블리. 『포기와 베스 』, 『스케치스 오브 스페인 』에서 테이프 편집을 시도했던 내 프로듀서인 테오 마세로는 이 앨범에서도 그렇게 했어. 우리는 그 앨범들에서 솔로를 오버더빙으로 녹음했고, 트레인과 내가 트럼펫과 색소폰의 보충 녹음을 추가했어. 이런 작업 과정이 흥미롭더라. 난 그 후에도 종종 이런 식으로 했지.

『섬데이 마이 프린스 윌 컴 』에서 나는 컬럼비아 측에 앨범 커버에 흑인 여자를 쓰도록 요구했어. 그래서 프랜시스가 『섬데이 마이 프린스 윌 컴 』 재킷에 등장하게 된 거야. 그 후 프랜시스는 앨범 커버에 두 번 더 나왔고, 그다음 베티 메이브리가 『피유 드 킬리만자로 』*Filles de Kilimanjaro*, 시슬리 타이슨이 『소서러 』*Sorcerer*, 마거리트 에스크리지가 『마일스 데이비스 앳 더 필모어 』*Miles Davis at the Fillmore*에 나왔어. 이건 내 앨범이었고, 말하자면 내가 프랜시스의 왕자라 이거지. 앨범에 있는 「프란싱 」Pfrancing은 그녀를 위해 쓴 곡이었어. 나는 그 바보같은 속지 해설liner notes을 없애버렸어. 사실 오래전부터 그럴 작정이었어. 내 앨범에 대해 누가 이러쿵저 러쿵하는 게 말도 안 된다고 생각했거든. 누구든지 음악을 듣고 자 기 의견을 정하면 되잖아. 내가 음악적으로 시도한 걸 누가 자꾸 설 명하려는 게 싫더라구. 음악은 제 스스로 말하는 거야.

1961년 봄, 4월이었을 거야. 샌프랜시스코의 블랙호크 클럽에 서 공연이 잡혔는데 나는 캘리포니아로 차를 몰고 가보기로 맘먹었 어. 뉴욕 빌리지 뱅가드에서 연주하던 중이었는데, 밴드 안에서 행 크 모블리의 연주가 맘에 들지 않으면서 음악들이 점점 지겨워지기 시작했어. 길과 함께 컬럼비아에서 내려던 앨범 작업 하나 하던 거 말고는 모든 일이 더뎌졌고.

행크와 연주하는 게 별로 재미가 없었어. 그가 내 상상력을 자 극하지 않더라구. 내가 솔로를 짧게 연주한 다음 무대에서 떠나기 시작한 게 그 무렵이야. 관객들이 불평하기 시작했어. 내가 연주하 는 모습 또는 그냥 나를 보는 거 자체가 그들이 온 이유였거든. 당시 사람들은 나를 '스타'로 만들어놓고 그냥 나를 보러 오는 거야. 내 가 씨발 좆같은 동물원의 유리장 안에 들어 있는 무슨 미친놈도 아 니고, 그냥 욕지거리를 씹어 뱉어도 그런 내가 구경거리가 되는 거 지. 점점 우울해지더라고. 게다가 나는 겸상 적혈구 빈혈증에 걸려 서 관절염이 생겼고, 특히 왼쪽 엉덩이 관절이 항상 많이 아팠어. 괜 히 울화가 치밀고, 체육관에서 운동하는 것도 소용이 없고. 그래서 마음도 진정시킬 겸 캘리포니아로 운전해서 가기로 한 거야. 시카 고와 세인트루이스를 들러서 다음 밴드가 오기 전에 캘리포니아에 도착한다는 계획이었어. 재밌을 거 같았어. 변화가 필요하다고 느 꼈거든.

컬럼비아가 블랙호크에서 우리의 연주를 녹음했는데, 클럽에

다 설치한 장비들이 밴드 멤버들과 나를 짜증나게 했어. 사운드 레벨 따위를 일일이 체크했고, 그러면 타이밍을 놓치기 일쑤였어. 그래도 내가 엄청 좋아하던 랠프 J. 글리슨이라는 작가 녀석이 와 있어서 다행이었지. 그 친구하고 얘기를 나누는 건 항상 좋았어. 오직 그와 레너드 페더, 냇 헨토프만이 바보 같은 글을 쓰지 않는 비평가들이었어. 나머지는 뭐 그랬다고 봐야지.

1961년 4월 블랙호크에 있다가 뉴욕으로 돌아왔을 때, 내가 고대하던 카네기 홀 공연이 잡혔어. 소규모 밴드도 공연하고, 길 에번스가 지휘하는 대규모 오케스트라도 『스케치스 오브 스페인』의 여러 곡들을 연주할 예정이었지.

위대한 음악의 밤이었어. 유일하게 좆같았던 건 맥스 로치가 다른 시위자들과 무대에 앉아 있었다는 점이었지. 존나 짜증 나서 연주도 못 할 지경이었어. 그 공연은 아프리카자선재단의 기금 마련을 위한 것이었는데, 맥스와 그의 친구들은 이것을 아프리카의 식민주의를 영속화하려는 CIA의 방패막이 단체를 위한 기금 조성으로 봤던 거야. 나는 맥스가 그 단체를 미국의 앞잡이로 생각하는 걸 뭐라 하진 않았어. 단체의 회원이 대부분 백인이었거든. 하지만 막 연주를 시작하려고 하는데, 쌍 피켓들을 들고 무대 위로 올라 앉아서 음악을 망치는 건 영 아니지. 딱 연주가 시작되려는데 시위대가 나오는 바람에 완전 좆됐구나 싶더라구. 도대체 맥스가 왜 저럴까, 이해가 안 갔어. 하지만 맥스는 내게 형제나 다름없다구. 나중에 맥스는 내가 발을 담그려는 곳이 뭐 하는 덴지 일깨워주고 싶었다고 하더라. 그랬으면 좀 다른 식으로 말해줘야 하는 거 아니냐고 했더니, 자기도 그럴 걸 그랬다고 하더군. 누군가 그를 무대 밖으로 나가도록 한 다음에야 나는 다시 무대로 올라가서 연주를 마쳤어.

이 사건 말고도 맥스와 부딪힌 일이 또 있었어. 전에 말했던 것처럼, 맥스는 1956년 클리퍼드 브라운의 죽음 때문에 너무 힘들어한 나머지 술도 과하게 마시게 됐어. 맥스가 가수인 애비 링컨과 결혼한 뒤였어. 그 무렵 그를 자주 볼 기회도 없었지. 근데 왜 그랬는지 맥스는 내가 애비를 건드렸다고 생각하는 거야. 급기야 프랜시스를 강간하려고까지 했어. 내가 없을 때 그가 우리 집에 찾아와 문을 쾅쾅 두드리며 문 좀 열어달라고 우기더라는 거야. 밤에 갑자기 찾아와 문을 부수고 들이닥치려 해서 정말 무서웠대. 처음엔 프랜시스의 말을 못 믿겠더라, 그치만 결국 그녀의 말이 사실이라는 걸 깨달았지. 난 바로 차를 타고 맥스를 찾으러 나갔어. 할렘에 있는 슈거 레이의 클럽에서 그를 찾아냈지. 난 애비 링컨에게 머리카락을 잘라준 게 전부였다고 그에게 설명했어. 듣자 하니 누군가 맥스에게 내가 애비를 "다듬었다"trimmed고 말했다는데, 그걸 맥스는 내가 그녀와 잤다는 뜻으로 여긴 거였어. 맥스가 마구 소리를 지르며 내 목을 조르려고 할 때 어퍼컷 한 방을 먹였어. 맥스는 바로 나가떨어졌고. 그러면서도 계속 소리를 치며 달려들었고 나는 빠져나가려 했지만 그가 놔주질 않더라고. 다들 알겠지만 드러머들은 황소처럼 힘이 세다구. 맥스도 보통내기가 아니었어. 나도 그걸 알고 있었고. 프랜시스도 거기 있었는데, 사람들은 꼭 미친놈들 보듯 우릴 쳐다보고 있더라.

존나 서글픈 일이었지. 마약 중독자였던 시절의 내가 진짜 마일스 데이비스가 아니었던 것처럼, 클럽에서 꽥꽥대던 건 진짜 맥스가 아니었어. 마약이 맥스 대신 말하고 있는 거니까. 그때 그렇게 맥스를 패주는데 이게 내가 알던 진짜 맥스를 때리는 건지도 모르겠더라고. 난 존나 맘이 아팠고 집에 와서 밤새 프랜시스의 품에서 애처럼 울었어. 내가 감정적으로 겪었던 가장 힘들고 괴로운 일들 중 하나였어. 그러나 얼마 후, 언제 그랬냐는 듯 예전의 우리로 돌아가긴 했지. 맥스를 만나도 그 날 일을 입에 올리진 않았고.

　프랜시스와 나는 1961년에 정말 잘 지냈어. 내가 일찍이 버드랜드에서 그녀에게 포장지로 칭칭 싸맨 별 모양의 사파이어 반지를 선물해서 놀라게 한 것도 기억나. 전혀 기대하고 있지 않았기 때문에 프랜시스가 정말 깜짝 놀라더라구. 그날 밤 버드랜드에서 다이나 워싱턴이 노래하는 걸 봤을걸. 나는 또 집에 자주 머무르면서 프랜시스에게 요리를 가르쳐주기도 했어. 나는 훌륭한 음식을 좋아하는데 맨날 레스토랑에 나가서 먹는 게 싫어서, 요리책도 보고 연습도 하며 요리법을 배웠지. 꼭 악기를 배우는 것처럼 말이야. 훌륭한 프랑스 요리라면 거의 다 할 줄 알아. 정말 프랑스 요리를 좋아했거든. 미국식 흑인 요리는 뭐든 다 할 수 있고. 그중에서도 내가 가장 좋아하는 요리는 '마일스의 남부 시카고 칠리 맥'이라고 소개하던 칠리 요리였어. 스파게티, 간 치즈와 굴 크래커를 곁들여 먹는 거지. 그 요리를 어떻게 만드는지 프랜시스에게 가르쳤고, 얼마 후 그녀는 모든 요리를 나보다 더 잘하게 됐어.

　그 무렵 웨스트 77번가 312번지로 이사를 갔어. 러시아정교회 교회를 개조한 건물이었지. 내가 그 5층짜리 건물을 산 건 1960년이었지만, 리모델링하느라 그제야 이사를 가게 된 거였어. 그 건물은 허드슨강가의 리버사이드 드라이브와 웨스트 엔드 애비뉴 사이에 있었어. 지하실이 있어서 거기에 운동 기구를 놓고 운동도 할 수 있었고, 작업실에서 그 집에 있는 다른 사람을 방해하지 않고 합주도 할 수 있었어. 1층에는 큰 거실 하나와 큰 부엌 하나, 그리고 침실들로 올라가는 계단이 있었지. 위의 두 층에는 세를 놓을 수 있는 방들이 있었고. 뒷뜰에 작은 정원도 딸려 있었어. 그 당시 형편이 상당히 괜찮았지. 나는 한 해에 20만 달러 정도를 벌었고 일부를 주식에 투자했어. 그래서 시장이 어떻게 돌아가는지 알려고 하루 종일 신문을 붙들고 살기도 했지.

그때 프랜시스와 나는 아이들이 여럿 있었기 때문에 집이 필요했어. 내 딸 셰릴, 내 아들들인 마일스 4세와 그레고리, 프랜시스의 아들 장 피에르가 같이 살았어. 동생 버넌이 가끔 와서 머물렀고 누나와 어머니도 그랬지. 아버지도 한두 번 오셨지.

어머니를 아주 자주 뵙지는 못했지만, 뵐 때마다 정말 남다른 분인 걸 느꼈지. 어머니는 잠시도 입을 쉬지 않으셨어. 마크 크로퍼드라는 사람이 『에보니』 잡지에 긴 분량으로 내 특집을 썼던 게 기억나. 당시 나는 시카고의 서덜랜드 라운지에서 연주하고 있었어. 마크가 식탁에 나, 어머니, 누나 도로시, 그리고 누나의 남편 빈센트와 같이 앉아 있었어. 어머니께서 "마일스, 관중들이 너에게 힘차게 박수를 보낼 때 적어도 웃을 수는 있잖니. 네가 좋아서, 네가 연주하는 게 아름다우니까, 좋아서 박수 치는 거잖아."

이러시길래 내가 대꾸했지. "내가 뭐 엉클 톰이라도 됐으면 싶으신 건가요?"

어머니가 날 엄청 째려보더니 "네가 백인들에게 굽신거린다는 소리를 듣기만 하면, 난 가서 자살해버릴 거다" 그러는 거야. 어머니가 어떤 분인지 다들 아니까 다른 사람들은 그러려니 했는데 마크 크로퍼드는 눈이 휘둥그레져가지고 있더라고. 이걸 써야 할지, 말아야 할지 난감한 표정이더라구. 그게 어머니 화법이었어. 완전히 솔직한.

1961년에 나는 다시 『다운비트』의 설문에서 최우수 트럼펫상을 탔고 최우수 콤보combo†상도 탔어. 엘빈 존스, 매코이 타이너, 지미 개리슨으로 구성된 트레인의 새 그룹은 최우수 신인 콤보상을 탔고, 트레인은 최우수 테너 색소폰 주자와 소프라노 색소폰 부문의 최우수 신인으로 지

† 소규모 재즈 그룹을 말한다.

명됐지. 나는 겸상 적혈구 빈혈증만 제외하면 모든 것이 괜찮았어. 이게 뭐 죽을 병은 아니지만 걱정거리가 될 만큼 심각했어. 그래도, 그것 빼고는 모든 면에서 상승세였어.

내 공연을 보러 많은 배우들이 놀러 왔었지. 말론 브란도가 매일 밤 버드랜드에 와서 음악을 들으며 프랜시스한테 시선을 던지곤 했지. 그가 프랜시스와 한 테이블에 앉아 공연을 보며 밤새 수다를 떨면서 애들처럼 웃던 게 기억나. 에바 가드너는 버드랜드 단골이었고 리처드 버턴과 엘리자베스 테일러도 들렀어. 폴 뉴먼도 자주 왔어. 그냥 음악을 듣는 것만이 아니라 자기가 제작하던「파리 블루스」Paris Blues라는 뮤지션 영화에 대한 내 태도를 연구하기 위해서이기도 했어. 로스앤젤레스로 공연을 가면 항상 로런스 하비가 놀러 와서 흰 롤스로이스(보라색 실내 장식을 한)를 클럽 바로 앞에세우곤 했어. 잇 클럽이었지, 아마. 존 T. 매클레인이라는 흑인이 주인이었는데, 우리는 그를 '존 T.'라 불렀어. 아버지와 이름이 같은 존 T. 매클레인은 오늘날 가장 막강한 레코드 프로듀서 중의 하나가 됐어. A&M 레코드에서 재닛 잭슨 같은 뮤지션의 음악을 제작했지. 나는 뉴욕의 집이 참 마음에 들었어. 어쩌다 콜트레인이 들르면 지하실로 내려가서 잼을 하기도 했어. 캐넌볼도 찾아왔고. 그 무렵 빌이 헤로인 중독이라는 소리를 들었는데 속상하더라고. 처음 맛 들이기시작할 때 충고를 해줬건만 귀 기울여 듣질 않았나봐. 참 아름다운 뮤지션인데, 소니 롤린스와 재키 매클레인 같은 애들도 벗어나는 마당에 끝물로 헤로인에 빠지다니, 화가 많이 났었어.

난 늘 클래식 음악을 틀어놔서 집 안에 온통 그 소리가 울려퍼졌어. 그렇게 된 건 아마 빌의 영향이었을 거야. 클래식 음악은 생각하거나 작업해나갈 때 마음을 누그러뜨려줬어. 방문객들은 보통 내가 재즈를 주로 틀어놓을 거라 짐작했겠지만 웬걸, 항상 스트라빈스키, 아르투로 미켈란젤리, 라흐마니노프와 바이올리니스트 아이작 스턴 같은 뮤지션들의 음악 소리가 들리는 걸 보고 적잖이들 놀라더군. 프랜시스도 클래식 음악을 좋아했는데, 그녀 역시 내가 클래식을 엄청 좋아한다는 걸 알고 조금 의외라는 듯한 반응이었어.

마침내 1960년 12월 21일, 프랜시스와 나는 결혼식을 올렸어. 그녀가 다섯 개의 줄무늬가 있는 결혼반지를 사오더라구. 나는 그런 걸 신봉하는 사람이 아니었으므로 끼지 않았어. 공식적으로는 그게 나의 첫 결혼이었어. 장인 장모님이 몹시 흡족해하셨고, 나 역시 그래서 행복한 기분이었어. 내 부모님도 잘된 일로 여기셨어. 다른 사람들과 마찬가지로 프랜시스를 좋아하셨거든.

집안일은 이렇게 잘 돌아가는데 음악 일은 별로 잘되는 게 없더라구. 행크 모블리가 1961년 그룹을 떠났고 나는 그를 아주 잠깐 로키 보이드란 친구로 교체했지만, 그도 잘해내지 못했어. 말했던 대로, 그때 나는 많은 팬들을 거느린 '스타'였어. 1961년 1월에 『에보니』가 새 집에서 찍은 나와 내 가족과 친구들의 많은 사진들, 어머니의 사진이며 돼지 농장에서 찍은 아주 부유해 보이는 아버지의 사진 등과 함께 일곱 페이지에 걸쳐 내 특집을 실었어. 대단했었지. 나도 그랬지만 흑인들 전체를 한껏 띄운 일이었어. 그래봐야 나한테는 별거 아니었어. 음악 일이 좆같이 돌아가는 바람에 말이야. 나는 옛날보다 술을 더 많이 마시기 시작했고 겸상 적혈구 빈혈증 때문에 진통제를 처방받았지. 거기에 코카인도 늘었고. 우울증 때문이었던 거 같아.

1962년 J.J. 존슨의 참여가 가능해졌고 소니 롤린스가 돌아와 몇 공연에 합류해준 덕에 나, 윈턴 켈리, 폴 체임버스, 지미 콥으로 이뤄진 정말 좋은 6중주단이 결성됐어. 우리는 순회공연에 나섰어. 5월 중순에는 시카고 공연이 있었지. 시카고에 사는 부모님을 만나려고 동행한 프랜시스도 내내 우리와 함께 있었지. 아버지도 볼 겸 이스트세인트루이스를 거쳐 갔는데, 아버지 상태가 좀 이상한 거야.

그 2년 전인 1960년이었나, 아버지는 차를 몰고 신호등 없는 시골 건널목을 건너다 열차에 받쳤어. 그 동네에서는 백인 응급차가 흑인을 안 받아줘서 흑인 응급차가 올 때까지 기다리는 수밖에 없었다고 해. 사고의 여파가 컸지만 이 일을 별로 심각하게 생각하지 않았어. 사실은 타지를 전전하고 있는 나에게 걱정을 끼치지 않으려고 다들 잠자코 있었던 거야. 일이 터지고 일주일쯤 후에 우연히 전화해서 안부를 물었는데, 아버지가 별거 아니라는 듯 "내가 열차에 치었단다" 이러시는 거야.

그래서 "뭐라고요? 뭔 일이에요?" 하고 물었더니,

"별일 아냐. 그냥 열차에 좀 받친 건데 뭘. 집사람하고 가서 검사받았는데 아무 이상 없단다."

그 후로 아버지는 수전증 때문에 손을 덜덜 떨면서 물건을 집게 됐어. 심지어 물건 쪽으로 가서 몸을 숙이고 물건을 잡는 데 어려움을 겪기도 했어. 아버지의 부인이 나에게 상태가 점점 안 좋아진다고 해서 난 아버지를 뉴욕으로 모시고 와 신경외과 진찰을 받게 했어. 그래봤자 어디가 잘못됐는지 알아낼 수 없었어. 꼭 펀치 드렁크에 걸린 권투선수 같았어. 그 지경인데도 아버진 막무가내였어. 뉴욕에 있는 동안 한번은 물건을 가져다드렸는데 이러시는 거야. "누가 너더러 도와달라든?"

아버지는 이제 똑바로 걷지도 못하고 일도 할 수 없게 됐어. 1962년 공연 때 집에 들러서 보니 수전증은 그대로였는데 절대 남의 도움을 청하질 않으셨어. 자기 힘으로 아무것도 할 수 없는 상태면서도 자존심은 세가지고 애를 쓰고 있는 걸 보다 못해 누가 거들기라도 하면 계속 불평만 늘어놓는 거야. 그러면서 빨리 이 상태를 극복해서 누가 이걸 알기 전에 다시 일터로 복귀하겠다고 고집만 부리셨어.

우리가 캔자스시티로 가기 위해 집을 막 떠나려 할 때, 아버지가 편지 한 장을 주시더군. 난 그걸 그냥 프랜시스에게 건넸고 우린 서로 포옹한 다음 길로 나섰어. 그러다 편지는 잊었고. 사흘쯤 후 캔자스시티 공연을 하는 중에 J.J.가 나한테 오더니 앉아보라는 거야.

나는 꼬나보며 물었지. "뭐야 씨발? 할 말이라도 있어?" 그런데 뭔가 엄청 슬프게 쳐다보는 것으로 봐서 낌새가 좀 이상하긴 했어. "야, 너네 아버지께서 방금 돌아가셨단다. 클럽으로 전화가 왔는데 지배인이 부고를 들었대." 나는 충격에 빠져서 그를 쳐다보며 이렇게 말했어. "제기랄 안 돼! 빌어먹을! 뭐야 이게!" 절대 잊히지 않아. "제기랄 안 돼!"라고 말한 게. 그게 뭔 뜻인지 알고 말한 것도 아니고, 눈물도 안 나오더라구. 그냥 멍했고, 믿을 수가 없었어.

그제야 편지가 생각났어. 그래서 바로 호텔 방으로 돌아가 프랜시스에게 편지 어딨냐고 했지. 뜯어보니 이렇게 쓰여 있었어. "네가 이걸 읽고 나서 며칠 뒤면 나는 이 세상 사람이 아닐 것이다. 아들아, 잘 지내라. 마일스, 진심으로 널 사랑했고, 네가 자랑스럽단다." 편지를 읽고 난 완전 맛이 갔어. 울고 또 울고, 한참 대성통곡을 했어. 그리고 그때까지 그 편지를 까맣게 잊고 있던 나 자신에게 화가 났어. 자책감이 들어 정말 마음이 안 좋더라고. 절망감이 진짜 존나 컸어. 아버지는 언제나 나를 도와주셨는데 정작 나는 당신이 편찮으실 때 도와드리지도 못하고. 글씨가 그렇게 떨리고 삐뚤빼뚤한 것만 봐도 얼마나 아픈 상태였는지 짐작이 가. 편지를 읽고 또 읽고, 그렇게 계속해서 읽고 난 다음 고이 간직했어. 아버지가 돌아가실 때 예순이셨어. 아버지는 항상 나를 위해 거기 계셨기 때문에, 영원히 사실 줄로만 알았어. 내가 위대한 아버지를, 아니, 위대한 분을 모셨다는 것을 알고 있었지만, 그런 식으로 자기 죽음을 통보하다니 참 모진 양반이야. 하긴 지난번에 만났을 때를 곱씹어보면 좋아 보이지 않았던 것은 당연하고, 기억나는 아버지의 마지막 모습 하나 하나를 떠올려 볼수록 말이야, 뭔가 느낌이 아주 안 좋을 때 영적인 시골 사람들 눈에 나타나는 특유의 서글픈 표정을 하고 계셨던 게 기억나는 거야. 작별인사를 할 때에는 "틀림없이 널 다시 볼 수 없겠지"라고 말하는 듯한 슬픈 눈을 하고 계셨고. 그런데 난 까맣게 몰랐던 거지. 하긴 내가 그걸 눈치챘더라면 오히려 더 서글퍼지고 죄책감도 더 들었을 거야. 아버지가 나를 가장 필요로 하던 때에 소홀히 한 거잖아. 아, 조금만 더 주의 깊게 살필걸! 버드를 마지막 봤을 때 그의 눈에서 본 것도 비슷했어. 다른 사람들에게서 전에도 그런 표정을 많이 봤었는데.

1962년 5월에 치른 아버지의 장례식은 이스트세인트루이스의 흑인 장례식 가운데 제일 큰 장례식이라고까지야 할 수 없겠지만 역대급으로 성대한 장례식이었던 건 맞아. 새로 지은 링컨고등학교 체육관에서 장례식이 행해졌어. 각지에서 온 사람들, 아버지가 알고 지내던 의사들, 치과의사들과 변호사들, 아버지께서 대학에서 알던 아프리카 사람들, 부유한 백인 등으로 인산인해였지. 또 여러 해 동안 보지 못했던 사람들과 만났어.

우린 가족들과 첫 줄에 자리했어. 이미 많은 슬픔을 겪었기에, 거기 앉아 아버지를 마지막으로 본다는 것이 고통스럽지도 않았고, 슬프지도 않았어. 아버지가 꼭 관 안에서 주무시는 것 같더라구. 나보다 훨씬 더 또라이인 동생 버넌은 눈에 걸리는 여자들에 관한 농담을 늘어놓기 시작했어. "형, 큰 엉덩이를 어떻게 좀 가려보려는 저년 좀 봐" 이런 식이었어. 그래서 봤더니 진짜 꼴이 그래서 배꼽 빠져라 웃다가 죽는 줄 알았어. 또라이 깜둥이 새끼. 그래도 동생이 사람들의 마음을 어루만져주긴 했어. 그러다가 아버지를 묘지에 안장하고 나니 정말로 다시 슬퍼졌어. 아버지를 땅에 묻고 나니 이젠 정말 아버지를, 그러니까 그 육체적인 이미지를 이승에서 마지막으로 봤구나 싶어지는 거야. 그 후로는 아버지를 오직 사진이나 내 마음속에서만 생생히 볼 수 있을 뿐이었지.

난 뉴욕으로 돌아왔어. 일을 하려다 보니 아버지 생각은 가급적 하지 않으려고 했어. 우리는 이스트코스트에 있는 뱅가드에서 연주했지. 클럽에서 연주도 하고 체육관도 열심히 다니면서 그해 7월에는 길 에번스와 『콰이어트 나이츠』*Quiet Nights*를 녹음했어. 8월과 11월에는 또다른 세션을 녹음했고. 앨범 작업을 하고 보니 내가 뭔 음악을 한 거지 싶더라. 별 느낌이 안 드는 거야. 예전처럼 확 빠져들지도 않았고. 뭔가 보사노바 비슷한 걸 해보려고 했는데 그렇더라구.

그 후 컬럼비아가 크리스마스 앨범을 만들어보자는 약아빠진 제안을 했지. 그들은 길이 편곡하고 밥 도로우라는 멍청한 가수를 쓰면 멋질 거라고 봤던 거지. 웨인 쇼터를 테너에, 프랭크 리핵이라는 친구를 트럼본에 기용하고 윌리 보보가 봉고를 치는 구성으로 8월에 그 앨범을 만들었어. 그 앨범 이야기는 꺼내지 말자구. 그렇긴 해도 그 덕에 웨인 쇼터와 처음으로 합을 맞춰봤고 난 웨인이 추구하던 게 정말 마음에 들었어.

11월에 길과 함께 한 『콰이어트 나이츠』는 죽도 밥도 안 된 작업이었어. 쓸데없이 힘을 쏟다가 지쳐서 그냥 될 대로 돼라는 식이었지. 컬럼비아는 어쨌든 돈을 벌기 위해 그걸 출시했지만 나와 길에게 맡겼다면 우린 그냥 테이프를 창고에 처박아놨을 거야. 이 좆같은 작업 때문에 얼마나 열이 뻗치던지 그 후로 오랫동안 테오 마세로와 얘기도 하지 않았어. 악보를 슥 훑어보고 여기저기 끼어들지를 않나, 이걸 불어라 저걸 쳐라 하면서 음반의 모든 걸 망쳐버렸거든. 그냥 녹음실에 짱박혀서 좋은 사운드나 뽑아줄 것이지 씨발 뭘 안다고 들쑤시고 다니면서 다 좆같이 만들어 만들기는. 그 음반 이후에 내 이 씨발놈을 잘라버려야지 싶어서 당시 컬럼비아의 사장이었던 고더드 리버슨에게 전화했어. 그런데 막상 고더드가 진짜 해고할 거야? 물으니까 또 그럴 순 없더라구.

11월 『콰이어트 나이츠』의 마지막 세션 전에, 나는 결국 『플레이보이』와의 인터뷰를 승낙했어. 『에보니』에 내 얘기를 썼던 마크 크로퍼드가 앨릭스 헤일리[†]를 소개시켜주면서 이 사람이 인터뷰를 원한다는 거야. 처음에는 마다했는데 앨릭스가 이유가 뭐냐고 묻더군. 그래서 대답했지.

"백인들을 위한 잡지야. 백인들이 흑인들한테 뭘 묻는다면 그건 보통 뇌 속에 들어가 뭔 생각을 하는지 까보거나 속을 떠보기 위해서 그러는 거예요. 또 내가 지들 질문에 대답을 하면 그 대답조차 지네 걸로 생각하는 놈들이라구." 또 다른 이유도 말해줬지. "『플레이보이』에 흑인이나 갈색 피부 또는 아시아계 여자 나오는 거 봤어? 전부 금발 백인에 가슴만 빵빵하고 엉덩이는 아예 납작하거나 없다시피 한 애들뿐이잖아. 그러니 어느 흑인이 그걸 주구장창 보고 싶겠냔 말야. 알잖아, 흑인들은 엉덩이 큰 걸 좋아한다는 거. 또 입에 키스를 하고 싶어도 입술이나 있어야 하거나 말거나 하지." 이렇게까지 말했는데 앨릭스는 체육관까지 쫓아와서 링에도 함께 오르고 나는 앨릭스 이마 위쪽으로 펀치를 몇 대 날리기까지 했지. 그 때부터 좀 남다르게 느껴지더라. 그래서 말해줬지. "들어봐요, 내가 이 모든 걸 말해준다구 쳐. 그럼 그들이 원하는 정보를 전부 당신한테 주는 셈인데, 나를 회사 임원으로 데려가는 건 어때?" 그가 자기는 그럴 수 없다더군.

[†] 흑인 소설가. 대표작으로 큰 반향을 불러일으킨 『뿌리』가 있다.

그래서 나는 인터뷰의 대가로 앨릭스에게 2500달러를 준다면, 인터뷰에 응하겠다고 했지. 그쪽에서 동의했고, 그래서 인터뷰가 성사된 거야.

하지만 그의 인터뷰 기사는 마음에 들지 않았어. 문장은 술술 잘 읽혔지만 몇 가지 이야기를 꾸며냈더라고. 예를 들어 일리노이의 최우수 트럼펫 주자를 선정하는 대회에서, 키 작은 유색인종 트럼펫 주자인 내가 어떻게 백인 아이한테 항상 밀렸는지에 관한 대목에서 말이야, 고등학교 시절 '전미 대표 음악 밴드' 경연대회에 나갔던 얘긴데, 내가 그걸 생각할 때마다 항상 기분이 더러워진다고 말한 걸로 썼어. 좆까라고 그래! 이건 틀렸어. 비록 대회에서는 졌지만 씨발 난 알거든, 내가 대단하다는 걸. 그 백인 아이도 마찬가지로 그걸 알아. 그래서 난 하나도 기분이 더럽지 않았거든. 암튼 그 새끼 요샌 뭐해?[†] 난 그가 그렇게 그럴 듯하게 꾸며내는 게 맘에 안 들었어. 물론 앨릭스는 좋은 작가지만 너무 극적이야. 나중에 알았지만, 그게 그의 글쓰기 방식이더라구. 그 당시엔 그걸 잘 몰랐지.

우리 — 나, 윈턴, 폴, J.J. 그리고 지미 콥 — 는 1962년 12월에 시카고 공연을 마쳤어. 그리고 자기 그룹을 만들어서 짱박혀 연습하겠다고 다시 팀을 떠난 소니 롤린스를 대신해서 지미 히스가 몇 번 일을 도와줬어. 내 생각에 그 무렵부터 지미가 브루클린다리의 교각 저 높이서 연습한다는 소문을 들은 거 같아. 다들 그러더라고. 지미 콥 빼고는 모두 돈을 벌기 위해서나 자기 음악을 하기 위해 밴드를 떠나는 이야기들을 했어. 리듬 섹션은 윈턴이 이끄는 트리오로 일하고 싶어 했고, J.J.는 세션 연주로 돈을 좀 모아가지고 LA 집에 가서 가족과 머물고 싶어 했지. 결국 지미 콥과 나만 남았는데, 둘 가지고 밴드가 되겠어?

[†] 마일스는 앨릭스가 유명한 소설가가 됐다는 걸 알면서 일부러 까부는 태도로 말한다.

1963년 초 나는 예약된 필라델피아, 디트로이트, 세인트루이스 공연을 취소해야 했어. 취소될 때마다 프로모터들이 그 손실 때문에 소송을 걸어왔고 난 2만 5,000달러를 물어줘야 했지. 그러고 나서 샌프란시스코의 블랙호크 공연이 잡혔는데 폴과 윈턴은 데려가지 않을 작정이었어. 더 많은 돈을 원했고 자기 음악을 연주하고 싶어 하는 바람에 말썽이 생겼거든. 걔들은 내가 준 악보대로 연주하는데 싫증을 내면서 신선한 걸 하고 싶다더라고. 당시에 걔네들 인기가 대단하긴 했지. 근데 그것보다도 윈턴이 리더가 되기를, 즉 독립하기를 원했던 걸로 짐작돼. 나와 함께 5년을 보내고 나니 자기도 그런 책임 있는 역할을 맡을 준비가 됐다고 생각한 모양이야. 게다가 멤버들이 다들 떠난 터라 나가고 싶었던 것도 있고.

블랙호크 측에 밴드를 좀 추슬러야 해서 한 주만 미뤄 줄 수 없냐 물었더니 그러라고 했어. 기존 밴드에서 유일하게 남은 지미 콥과 새로운 그룹으로 나섰지. 그런데 며칠 지나 걔 마저 윈턴과 폴에게 합류하러 떠나고 말았어. 이제 나는 완전히 새로운 밴드를 꾸릴 판이었어.

나는 밑바닥부터 시작해야겠다고 생각하고 조지 콜먼을 색소폰에 기용했어. 콜트레인이 추천해줬는데 물어보니 하겠다더라고. 그래서 같이 연주하고 싶은 사람 있냐고 물었더니 알토에 프랭크 스트로저와 피아노에 해럴드 메이번을 추천해줬어. 자, 베이시스트가 남았는데, 1958년 뉴욕의 로체스터에서 만난 디트로이트 출신의 론 카터가 떠올랐지. 쇼가 끝난 후 무대 뒤에서 만난 적이 있었거든. 게다가 디트로이트에서부터 폴 체임버스와 알고 지내던 사이였고. 론은 당시 이스트맨 음악학교에서 베이스 전공으로 공부하고 있었지. 몇 년 지나 토론토에서 다시 만났는데 우리 연주에 대해 폴하고 많은 이야기를 나누고 있던 모습이 기억났어. 당시는 『카인드 오브 블루』스타일의 모드 주법에 빠져 있던 시기였지. 론은 졸업한 후 뉴욕에 와서 이런저런 일거리들을 찾아다녔고, 그러던 중 아트 파머와 짐 홀의 4중주단에서 연주하는 그를 봤어.

론이 엄청난 베이스 주자라는 말을 폴한테 이미 들은 터였어. 폴이 막 떠날 참에 론이 연주를 한다길래 가서 그를 살펴봤는데 연주가 마음에 들더라고. 그래서 나는 밴드에 합류해달라고 청했지. 그는 아트와 약속한 게 있긴 하지만 나더러 좀 물어봐 달라며 아트가 괜찮다고 하면 내 밴드에 들어오고 싶다더라고. 공연 뒤에 아트에게 부탁을 해봤는데 론을 보내는 걸 진짜 달갑게 여기지 않았지만 그래도 그렇게 하라고 해줘서 같이 하게 됐어.

뉴욕을 떠나기 전, 예행연습을 좀 해봤어. 그렇게 해서 멤피스 출신인 콜먼, 스트로저, 그리고 메이번이라는 뮤지션과 함께 하게 된 거야. 이 친구들은 얼마 후에 백혈병으로 세상을 떠난 위대한 젊은 트럼펫 주자 부커 리틀, 피아니스트 피니어스 뉴본과 같은 학교 출신들이었지. 거참, 이 뮤지션들이 전부 남부의 한 학교 출신이라니, 거기서 한솥밥을 먹으면서 뭘 하며 지지고 볶았을지 참 궁금해, 안 그래? 이미 론은 알고 있었기 때문에 시험해볼 필요가 없었지만, 합주를 해봤어. 재키 매클린과 같이 연주하던 토니 윌리엄스라는 열일곱 살밖에 안 된 드러머에 대한 소문이 돌길래 들어봤더니 진짜 엄청났어. 듣자마자 난 완전 뻑이 갔지. 그의 연주를 듣자마자 캘리포니아에 같이 가자고 했지만 재키와의 공연이 잡혀 있다더라고. 토니가 나중에 말해주길 재키가 감사하게도 자기 공연 마치고 내 밴드에 들어가도 된다고 했다는군. 이 애송이 자식의 연주를 듣는데 다시 온통 흥분에 휩싸였지. 전에 말했지, 트럼펫 주자는 훌륭한 드러머와 합을 맞추고 싶어 한다고. 얘 연주를 듣자마자 이제까지 드럼 세트를 두드렸던 가장 기막힌 씨발놈 중 하나가 될 거라는 걸 딱 알겠더라고. 토니가 내 일순위였지만 그가 밴드에 들어올 때까지 LA 출신의 프랭크 버틀러가 대타를 뛰었어.

블랙호크에서 새 밴드와 함께 한 공연은 꽤 순조롭게 진행됐지만, 메이번과 스트로저는 내가 찾던 연주자들이 아니라는 걸 바로 알았지. 무척 좋은 뮤지션들이었지만 종류가 달랐어. 그 공연 다음에 우리는 LA로 내려가서 존 T의 잇 클럽에서 공연했고, 거기서 몇 곡을 녹음하기로 했지. 나는 메이번을 영국 출신의 기똥찬 피아노 주자 빅터 펠드먼으로 교체했어. 그는 비브라폰과 드럼도 연주할 줄 알았지. 녹음 날 우리는 그의 곡을 두 곡 연주했는데, 타이틀 곡인 「세븐 스텝스 투 헤븐」Seven Steps to Heaven과 「조슈아」Joshua였어. 나는 그가 밴드에 들어오기를 바랐지만, LA에서 세션 일을 하며 한몫 챙기고 있던 그로서는 나랑 공연을 다니면 손해였겠지. 결국 나는 새 피아노 주자를 구하러 뉴욕으로 돌아왔어. 그렇게 뉴욕에서 찾은 사람이 바로 허비 행콕이야.

한 1년 전쯤, 트럼펫 주자 도널드 버드가 웨스트 77번가의 내 집에 그를 데려와서 만난 적이 있었어. 그가 막 도널드의 밴드에 들어갔을 때였지. 허비에게 내 피아노로 연주해보라고 했는데, 난 단박에 그가 훌륭한 연주자라는 걸 알아봤어. 새 피아노 주자가 필요해지자 난 허비를 먼저 떠올렸고 그에게 와달라고 연락했어. 토니 윌리엄스와 론 카터는 이미 온다고 했으니, 그들과 허비가 어떤 사운드를 낼지 궁금했거든.

그렇게 다들 모여서 한 며칠을 날마다 연주했고, 난 작업실은 물론이고 집 안 곳곳에 달아놓은 인터폰 시스템으로 그들의 연주를 계속 들었는데, 함께 내는 사운드가 너무나 좋더라. 사나흘 지난 후 난 아래층으로 내려가서 그들과 같이 몇 곡을 연주했지. 론과 토니는 벌써 밴드 멤버가 된 거였고, 나는 허비에게 바로 내일 녹음 스튜디오에서 만나자고 했어.『세븐 스텝스 투 헤븐』작업이 막바지에 다다를 무렵이었지. 허비가 나에게 묻더군. "그러면 나도 그룹에 들어가게 되는 건가요?"

"같이 레코드 좀 만들어보자 이거지 뭐." 난 그렇게 대답해 줬어. 나는 이게 존나 엄청난 그룹이 될 거라는 걸 직감했어. 며칠 안 지났는데도 애들 연주가 이렇게 좋은데, 몇 달 지나면 어떤 연주가 될까? 오랜만에 들뜬 기분이 들었지. 여기저기서 그런 씨앗들이 튀어나오는 게 그냥 들렸어. 우리는『세븐 스텝스 투 헤븐』을 끝낸 다음 잭 위트모어에게 연락해서 남은 여름 동안 가능한 한 많은 공연을 잡으라고 했고, 잭은 그 기간을 예약으로 꽉 채워줬지.

1963년 5월에 새 앨범을 끝낸 다음 필라델피아의 쇼보트에 순회공연을 나갔어. 지미 히스가 관중 속에 있는 게 보였던 거 같아. 그의 의견을 진지하게 들어온 나는 내 솔로를 마치고 내려가서 밴드가 어떤 거 같냐고 물었더니, 이러는 거야. "야, 대단한데? 근데 나라면 저기 올라가서 쟤네들과 매일 밤 연주하고 싶지는 않겠는데? 저 씨발것들이 완전 불을 질러버릴 거 아냐!" 바로 그게 내 생각이었어. 그래야 연주할 맛이 나지! 얘네들은 정말 척하면 척이었어. 지미가 맞았던 거야. 진짜 대단했거든. 그래서 우리는 뉴포트, 시카고, 세인트루이스하고 또 몇 군데 더 공연하러 다녔어. 세인트루이스 공연은 VGM에서『마일스 데이비스 퀸텟 인 세인트루이스』 *Miles Davis Quintet: In St. Louis*라는 음반으로 나왔지.

몇 주일 동안 미국에서 연주한 다음, 지중해 니스 근처에 있는 프랑스 남부의 앙티브에 가서 페스티벌에 참여했어. 우린 완전 죽여줬어. 토니한테 다들 뻑이 가더라고. 재즈계의 흐름만큼은 누구보다고 잘 따라간다고 자부하던 프랑스 사람들한테도 토니는 들어본 적이 없는 애였으니까. 그가 그룹 멤버들의 마음에 큰불을 질러

놓았지. 나조차도, 그놈의 성가신 관절 통증마저 잊고 엄청 빨리 연주하고 있더라니까. 나는 토니와 더불어 우리 그룹이 원하면 어떤 식으로도 연주할 수 있다는 걸 깨달아가고 있었어. 토니는 항상 그룹의 사운드가 발전되어나가는 핵이었어. 정말 남다른 친구지, 암.

토니는 또 내가 「마일스톤스」를 공연 때 다시 연주하게 만든 장본이이야. 밴드에 들어온 지 얼마 지나지 않아서 토니는 『마일스톤스』 앨범이 "모든 시대의 재즈 음반 중에서도 결정적인 음반"이고 거기엔 "모든 재즈 연주자의 정신"이 들어 있는 것 같다는 거야. 난 완전 깜짝 놀란 나머지 입에서 "쌍 뭐라고?"밖엔 안 나오더라. 자기가 처음으로 "사랑에 빠진" 음악이 내 음악이었다는 거야. 나는 그를 내 아들처럼 아꼈어. 토니는 맞는 소리를 낼 줄 알았어. 들리는 소리에 귀신같이 걸맞는 멋진 연주를 했지. 매일 밤 연주 방식을 바꿨고, 매일 밤 소리 하나하나에 반응하며 템포를 바꿔 연주했지. 토니 윌리엄스와 공연을 하려면 정말 정신을 바짝 차리고 두 귀를 쫑긋 세우고 있어야 해. 안 그러면 금세 따돌림당해서 템포도 사운드도 다 놓치고 완전 망해버리는 수가 있거든.

앙티브 공연을 CBS 프랑스가 『마일스 데이비스 인 유럽』*Miles Davis in Europe*이라는 앨범으로 발매했어. 미국으로 돌아온 우리는 8월에 캘리포니아 북부 샌프란시스코 바로 밑에 있는 몬트레이 재즈 페스티벌 무대에 섰어. 페스티벌 동안 토니는 두 나이 든 뮤지션들, 당시 60대 후반이던 기타리스트 엘머 스노든, 그리고 한 70 되셨나, 베이시스트 팝스 포스터와 합주했어. 드러머가 오질 않았거든. 그렇게 이름도 음악도 들어본 적이 없는 그 두 노친네랑 연주하는데, 씨발놈, 그냥 팝스와 엘머를 우주 밖으로 날려보내더라고. 어린 새끼가 참 대단도 했어. 그들과 연주한 다음에 바로 우리랑 하는데, 완전 죽여줬지. 그 모든 게 이름조차 들어본 적 없는 열일곱 살짜리로부터 나오다니. 당시에 토니가 현존해온 가장 위대한 드러머가 될 거라고 말하는 사람들이 많았어. 난 이렇게 말해볼게. 토니는 잠재력이 풍부했고, 나하고 연주하면서 그렇게 잘한 경우는 한 번도 없었어. 무시무시할 정도였어. 게다가 론 카터하고 허비 행콕, 조지 콜먼도 엄청난 애들이잖아. 뭐가 좀 제대로 될 거 같더라구.

나는 길 에번스와 무대 음악 작업을 하면서 캘리포니아에 좀 더 머물렀어. 「타임 오브 바라쿠다」Time of Barracuda라는 연극이었는데, 로런스 하비가 주연이었고 LA에서 상연할 예정이었어. 길과 나는 웨스트 할리우드의 샤토 마르몽에 머물렀지. 로런스는 우리가 작업 중인 음악을 들으러 오곤 했어. 그는 내가 자기 연극의 음악을 해주길 진심으로 원했는데, 로스앤젤레스에서 내 공연이 있으면 매번 어디든 구경하러 오던 열성적인 팬이었거든. 나도 그의 연기를 좋아하는 팬이어서 그 배경음악을 하는 게 좋은 아이디어라고 생각했어. 우린 음악 작업을 마쳤는데, 로런스하고 다른 사람들 사이에 의견이 엇갈리면서 연극이 그만 접히고 말았지 뭐야. 어떻게 된 영문인지 알 도리가 없었지. 우린 작업비를 받았고, 컬럼비아는 이걸 녹음해놓고 내놓지는 않았어. 아마 컬럼비아의 테이프 창고 어딘가에 있을 거야. 난 그때 했던 음악이 마음에 들었어. 정식 오케스트라를 썼고 어빙 타운젠드가 음반 제작을 했지. 당시 뮤지션조합 측이 테이프에 녹음된 음악 대신에 무대의 오케스트라석에서 실제로 연주하는 밴드를 원해서 문제가 생겼던 게 거의 확실해. 그 후 길과 함께 음악을 한 건 별로 없어. 우리는 가까운 친구 사이로 남았지만, 나는 새로운 밴드와 함께 또 다른 방향으로 가고 있었어.

1963년 8월 어머니의 남편 제임스 로빈슨이 동부 세인트루이스에서 세상을 떠났어. 그건 정말 나하고는 상관없는 일이어서 장례식에 안 갔고. 전화로 어머니와 얘기를 나눴는데, 건강이 그리 좋게 느껴지진 않더라구. 말했듯이 어머니께서는 암이 있었고 호전될 기미가 안 보였지. 사는 게 사는 거 같지 않은 상황이었는데 남편과 사별한 다음에 더 나빠진 거 같아. 아버지가 돌아가신 게 컸는지 이야기를 나누다 보면 온통 그런 생각뿐이셨어. 심지가 강한 분이라고는 해도 난생처음으로 어머니가 걱정되더라. 나는 원래 걱정을 안고 사는 성격이 아니어서 그 상황이 힘들더라고. 그래서 마음속에서 떨쳐버리려고 애썼지. 그 와중에 모두를 좆같이 만든 사건이 하나 벌어졌어.

나는 『다운비트』 잡지에서 또다시 올해의 트럼펫 연주자로 뽑혔고 내 새로운 밴드는 몽크의 밴드에 이어 그룹 부문에서 2등을 차지했어. 나는 녹음 스튜디오에 들어가는 게 별로 내키질 않았는데, 그건 우선 테오 마세로가 『콰이어트 나이츠』에서 개판을 친 걸 생각하면 여전히 화가 치밀었기 때문이야. 게다가 스튜디오 녹음에 넌더리가 나기 시작했고 라이브 음악을 더 하고 싶었어. 뮤지션들이 라이브 상황에서 연주를 더 잘해야 한다고 항상 생각했으니까 스튜디오 녹음 따위가 지겨워진 거야. 스튜디오에 들어가는 대신 전미흑인지위향상협회와 인종평등회의 그리고 학생비폭력조정위원회가 후원하는 시민권 등록 운동의 자선공연 스케줄을 잡았지. 흑인인권운동이 최고조에 달했던 시기였고, 흑인의 자존감이 상승세를 타던 때였지. 그 콘서트는 1964년 2월 필하모닉 홀에서 열렸고, 컬럼비아는 그 공연을 테이프에 담을 예정이었어.

그날 밤 우리는 그 장소를 광란의 도가니로 만들었어. 진짜 멤버 전부가 하나같이 존나 기막힌 연주를 했어. 우리가 연주했던 그 많은 빠른 곡들에서 우린 한 번도, 정말 단 한 번도 박자를 놓치지 않았어. 조지 콜먼의 그날 밤 연주는 내가 이제까지 들었던 어느 연주보다 좋았어. 문 밖의 사람들은 알 도리가 없는 수많은 창조적인 긴장감이 그날 밤 불꽃을 튀겼어. 당시 우린 각자 다른 것들을 하면서 잠시 밴드를 쉬던 참이었는데 멤버 중에는 자선공연이라 돈을 받지 못한다는 사실을 내켜하지 않는 이도 있었지. 딱 한 친구였는데, 엄청 유명한 사람인지라 이름을 밝혀서 그를 실망시키고 싶지는 않네. 게다가 이외의 모든 면에서 참 괜찮은 사람이기도 하고. 아무튼 이 친구가 이러더라구. "봐봐, 나는 돈을 받으면 내가 하고 싶은 만큼 기부하겠어. 난 자선공연은 안 해. 마일스, 난 너처럼 돈을 많이 벌지 못한다구." 설전이 오가다가 결국 하기로 했지만, 딱 한 번뿐이라고 못박았지. 우린 서로에게 완전 존나 열받아 있는 상태였어. 나는 그 분노가 불을 질렀다고 봐. 모두의 연주에 깃든 텐션을 만들어낸 거야. 어쩌면 그래서 우린 그렇게 격렬하게 연주할 수 있었던 거 같아.

그 콘서트가 끝나고 두 주쯤 지난 2월의 마지막 날, 한밤중에 동생 버넌이 전화를 걸어와 프랜시스가 받았는데 어머니가 세인트루이스의 반즈 병원에서 방금 돌아가셨다는 부고였어. 새벽녘에 집에 들어왔더니 프랜시스가 소식을 알려줬지. 어머니를 그 병원에 모신 걸 들어서 한번 가야지 했지만 그렇게 심각한 건지는 몰랐어. 젠장, 내가 또 이러다니. 아버지가 주신 편지는 읽지도 않았고, 이번엔 들었는데도 임종을 못 한 거야.

나는 며칠 후에 열릴 장례식에 참석하려고 프랜시스와 이스트 세인트루이스로 날아가려 했어. 비행기를 탔는데 조종사가 이륙하려고 막 활주로를 질주하다가 점검할 게 있다며 기수를 돌리더라고. 비행기가 게이트로 돌아왔을 때, 나는 그냥 내려서 집으로 와 버렸어. 비행사는 엔진에 문제가 생겼다고 했어. 난 이런 일에는 그놈의 미신이 좀 있어. 엔진 문제로 비행기가 되돌아왔다는 건 내게는 가지 말라는 뜻이나 마찬가지였어.

그래서 이스트세인트루이스의 세인트 루크에 있는 아프리카 감리성공회 교회에서 행해진 장례식에는 프랜시스만 갔어. 나는 집에 그냥 돌아와서 밤새 엄청나게, 몸이 아프도록 대성통곡을 했어. 하긴 어머니의 장례식에 안 갔다는 걸 사람들이 이상하게 여길 만도 했지. 또 나를 어머니는 안중에도 없는 불효막심한 놈으로 여겨 지금까지도 이건 못 봐주겠다고 하는 축도 있을 거고. 그치만 난 어머니를 사랑했고, 어머니로부터 많은 걸 배웠고, 어머니가 그리워. 돌아가시고 나서야 내가 어머니를 그토록 사랑했구나 깨닫게 되더라. 때로 홀로 집에 있을 때면 내가 잘 지내나 보러 와서 말을 거시는, 방을 채우는 따스한 바람 같은 어머니의 존재를 느껴. 위대한 영혼을 지니신 어머니, 나는 그 영혼이 오늘날까지도 나를 보살펴주고 있다고 믿어. 내가 장례식에 왜 안 갔는지 어머니는 알아주실 거야. 내가 어머니에 대해 항상 지니고 싶은 이미지는 강하고 아름다웠던 때의 모습이야. 난 그걸 늘 간직하고 싶어.

그때쯤 나와 프랜시스의 상황이 나빠지기 시작했어. 그녀는 아이를 갖고 싶어 했는데, 나는 더 이상 아이들을 원하지 않아서 말다툼이 잦아졌지. 그러면 또 꼬리를 물고 다른 걸로 또 싸우고. 나는 겸상 적혈구 빈혈증으로 인한 통증 때문에 옛날보다 술이 늘었고 코카인도 더 많이 흡입했어. 그 둘을 섞으면 완전 신경질이 뻗쳐올라. 코카인 때문에 예민해져서 잠이 안 오게 되면 그 기세를 누그러뜨리려고 술을 마시고, 그러면 신경질만 더 늘고 지독한 숙취에 빠져. 전에도 말했지만, 난 여태껏 프랜시스 말고는 질투심을 느껴본 여자가 없어. 질투심에 빠진 상태로 약과 술을 섞어서 하고 나잖아, 그러면 심지어 그녀가 동료 여자 무용수들과 동성애를 한다는 망상까지 들어서 그녀를 들들 볶아댔어. 그러면 프랜시스는 미친놈 보듯 날 쳐다봤지. 맞아. 난 진짜 미친놈이었어. 그런데도 그땐 몰랐어. 내가 멀쩡하고 제일 잘난 놈이라는 생각밖에는 안 들었거든.

어디에도 가고 싶지 않았고, 심지어 코너만 돌면 바로 옆에 살았던 줄리와 해리 벨라폰테처럼 우리가 알고 지내던 사람들도 꼴 보기가 싫었어. 나는 다이앤 캐럴하고 마주치고 싶지 않았고, 프랜시스가 어딜 가고 싶다고 하면 위대한 배우였던 로스코 리 브라운이나 뛰어난 미용사였던 해럴드 멜빈과 같이 가라고 그랬어. 그래서 프랜시스는 그 친구들과 여기저기 어울려 다니게 됐고. 내가 춤을 안 추기 때문에 프랜시스 역시 다른 누구와도 춤추길 바라지 않았어. 정말 개또라이 짓이야. 한번은 파리의 한 나이트클럽에서 프랑스의 코미디언 한 사람과 프랜시스가 춤을 췄던 게 기억나. 나는 그녀를 플로어에 그냥 남겨두고 호텔로 돌아와 버렸어. 알아? 내가 쌍둥이자리잖아. 난 한순간 정말 상냥하다가 갑자기 돌변해버리는 성미야. 도대체 내가 왜 그런 식으로 구는지 누가 알겠어. 나는 그냥 나일 뿐이고 내가 그런 식이라는 걸 인정해. 내가 진짜 맛이 가면 프랜시스는 내가 진정될 때까지 해리와 줄리 벨라폰테의 집에 가 있었어.

게다가 온갖 여자들이 집으로 전화를 걸어댔어. 내가 어떤 여자와 통화하는데 프랜시스가 수화기를 들기라도 하면 나는 버럭 화를 냈고 그렇게 입씨름은 싸움으로 번졌지. 나는 꼭 오페라의 유령처럼 변해갔어. 완전 망상에 사로잡힌 채 건물 밑에 있는 터널을 통해 몰래 내려가서 그 밑 구석에 처박혀 있고. 엉망진창으로 점점 나빠져갔지. 낯선 사람들이 코카인을 배달하러 집에 오는 것도 프랜시스가 좋아할 리 없었지.

아이들은 분명 그 꼬락서니를 다 보고 있었겠지. 내 딸 셰릴은 컬럼비아 대학에 다니고 있었고, 그레고리는 권투를 하고 싶어 했어. 그레고리는 복싱을 아주 잘했어. 난 내가 알던 많은 걸 가르쳐줬지. 아들은 나를 숭배해서 나처럼 되고 싶다면서 트럼펫까지 불려고 했어. 하지만 나는 아들한테 자기만의 걸 해야 한다고 일렀지. 아들은 프로선수가 되고 싶다고 했지만, 권투하다가 다칠 게 걱정돼서 허락해주지 않았어. 물론 나 자신은 권투를 좋아했지만, 내 아이가 뭔가 더 나은 걸 하길 바랐어. 나도 아들도 그게 뭔지는 몰랐지만. 그런데 얘가 나중에 베트남에 가더라고. 왜 그랬는지는 몰라. 무슨 훈련 같은 게 필요하다고 그러더라고. 당시 아들은 자기 삶에 어떤 목적도 없다고 느꼈지. 아직 너무 어린 꼬마 마일스는 나와 프랜시스 사이의 긴장감을 몰랐겠지만, 다른 아이들은 그걸 알았고 뭔가 안 좋게 돌아간다는 걸 느끼고 있었어. 프랜시스가 애들의 친엄마는 아니었지만 정말 잘해줬고 아이들도 그녀를 많이 좋아했어. 그래도 난 결국 프랜시스와 내가 어려움을 잘 헤쳐나갈 수 있으려니 했어.

그 후 설상가상으로 조지 콜먼이 밴드를 관두게 됐어. 토니 윌리엄스는 조지의 연주 방식을 늘 못마땅하게 여겼고, 밴드의 향방은 토니를 중심으로 돌아가고 있었지. 조지는 토니가 자기 연주 방식을 좋아하지 않는다는 걸 알았지. 내가 솔로를 마치고 무대 뒤쪽으로 걸음을 옮기는데 토니가 이렇게 내뱉은 적도 있어. "조지도 같이 데려가요." 조지는 모든 걸 거의 완벽하게 연주하는 타입이었고, 토니는 그런 그를 달갑지 않게 봤지. 토니는 그런 식으로 부는 색소폰 주자보다는 키에서도 좀 벗어나고 실수도 하고 그러는 뮤지션을 오히려 더 선호했거든. 반면 조지는 딱 코드에 맞추기만 했으니까. 엄청난 뮤지션이었지만 토니가 좋아할 만한 스타일이 아니었어. 토니는 오넷 콜먼처럼 뭔가 색다른 걸 지향하는 사람을 원했어. 오네트의 그룹이 그가 가장 좋아하는 밴드였지. 콜트레인도 좋아했고. 내 기억엔 아마 뱅가드에서 공연하던 날이었을걸. 아치 셉을 데리고 와서 합주를 시킨 게 토니였던 거 같아. 아치가 하도 엉망이어서 나는 무대에서 그냥 걸어 내려왔어. 그는 연주할 줄 몰랐고, 그 존나 연주라고는 쥐뿔도 못하는 새끼와 거기 서 있을 수가 없더라구.

조지가 떠난 또 다른 이유도 있어. 내가 엉덩이 통증 때문에 무대에 못 올라가는 경우가 생기면서 종종 쿼텟으로 연주할 수밖에 없게 된 거야. 내가 빠지면 조지는 허비, 토니와 론이 너무 프리하게 연주한다고 불평이 이만저만이 아니었어. 얘네들은 내가 빠지는 날이면 전통적인 연주를 안 하려고 했으니까 조지가 방해된다고 느꼈고. 조지는 원하기만 했다면 프리하게 연주할 수 있었어. 다만 그걸 하고 싶어 하지 않았을 뿐이야. 조지는 더 전통적인 방식을 선호했어. 샌프랜시스코에서였나, 어느 날 공연에서 조지가 자기도 할 수 있다는 걸 증명하기 위해 프리하게 연주를 하더라. 그랬더니 토니가 대가리를 맞은 듯 어리바리하더군.

조지가 떠난 후 밴드에 에릭 돌피를 기용하는 일에 관한 얘기를 좀 정리하고 넘어가야겠어. 에릭은 성격 좋은 친구였지만, 난 그의 연주가 전혀 마음에 들지 않았어. 연주할 줄은 알았지만, 나는 단지 그의 연주 '방식'이 마음에 들지 않았어. 반면 많은 사람들이 그걸 좋아했지. 이를테면 트레인이 그랬고, 허비, 론과 토니도 마찬가지였어. 내가 알지. 조지가 떠나고 토니가 에릭의 이름을 꺼냈지만 난 에릭은 안중에도 없었어. 토니는 보스턴에서부터 알고 지내던 샘 리버스라는 뮤지션을 적극 추천하기도 했지. 토니는 맨날 그런 식으로 자기 지인을 추천해. 나중에 에릭 돌피가 죽은 해인 1964년 무렵, 『다운비트』에서 레너드 페더의 '눈가리개 테스트'blindfold test 코너에 내 말이 인용되면서 난 많은 비난을 받았지. 난 에릭이 "그냥 서서 연주할 뿐"이라고 했거든. 그런데 마침 그 호가 에릭이 죽을 무렵 나왔고 다들 날 너무 매정하다고 생각했지. 그 말을 한 건 몇 달 전이었는데도 말이야.

조지를 대체할 일순위는 내게 웨인 쇼터였지만, 아트 블래키가 웨인에게 재즈 메신저스의 디렉터를 맡기는 바람에 떠날 수가 없었지. 결국 난 샘 리버스를 기용했어.

우리는 콘서트를 위해 도쿄로 여행을 떠났어. 내 첫 일본 순회 공연이었고, 프랜시스도 같이 가서 일본의 음식과 문화에 관해 많은 걸 배웠지. 그 당시 나는 벤 샤피로라는 로드 매니저가 있었으므로, 멤버들과 돈을 나누거나 호텔과 비행기를 예약하는 일 등 내 어깨의 짐을 많이 덜었어. 난 더 자유롭게 즐길 수 있게 된 거야. 우리는 도쿄와 오사카에서 연주했지. 일본에 도착했을 때가 잊히지 않아. 일본으로 가려면 장거리 비행을 해야 하잖아. 난 그래서 코카인과 수면제를 가져갔고, 둘 다 사용했어. 그랬더니 잠이 안 와서 술도 마시기 시작했지. 일본에 도착했는데 공항에는 우리를 만나려는 사람들로 인산인해였어. 비행기에서 내리니까 사람들이 "일본에 온 걸 환영해요. 마일스 데이비스"라고 외치더라고. 난 그때 속에 있는 걸 다 게워냈지. 그런데 일본 사람들이 박자를 안 놓치더라고. 무슨 약을 가져와 내게 챙겨줬고 날 꼭 왕처럼 대해줬어. 난 진짜 신나게 놀았고, 그 이후로 일본 사람들을 존경하고 사랑하게 됐지. 참 아름다운 사람들이야. 나를 항상 대단한 사람으로 대해줬지. 공연도 대성공이었고.

미국에 돌아왔는데 통증이 싹 사라졌더라고. 로스앤젤레스에 머무르는 동안 고대했던 대단한 소식이 전해져 왔어. 웨인 쇼터가 재즈 메신저스를 떠났다는 거야. 나는 잭 위트모어에게 웨인에게 전화하라고 시켰어. 밴드 멤버들도 전부 나만큼이나 그의 연주 방식을 좋아했던 터라, 나는 그사이에 애들한테도 웨인한테 연락하라고 했고. 그러니까 웨인은 멤버 전부가 밴드에 들어와 달라고 사정하는 전화를 받는 상황이 된 거지. 마침내 웨인이 전화했고, 난 그에게 와달라고 말했어. 확실하게 단도리를 하기 위해 난 그 씨발놈한테 일등석 표를 보냈지. 하, 그는 화려하게 등장할 수 있었어. 그 정도로 내가 너무너무 원했으니까. 그가 도착하고 나서 음악이 이뤄지기 시작했지. 첫 공연이 할리우드 볼에 잡혀 있었어. 웨인을 영입하게 돼서 정말 기분이 좋았어. 그와 함께라면 뭔가 위대한 음악이 이뤄질 거라는 걸 난 알고 있었거든. 그리고 딱 그렇게 됐어. 그것도 바로.

13

나라의 상황이 변화하고 있었어. 그것도 정말 빠르게. 1964년에는 음악도 많이 바뀌고 있었고. 많은 사람들이 재즈가 죽었다고 말하기 시작했고, 아치 셉, 앨버트 에일러, 세실 테일러 같은 이들이 연주하던 이른바 '확 가는 프리 재즈'the Way out Free Thing를 비난했어. 멜로디 라인도 없고 서정적이지도 않으니 그 음악들을 흥얼거릴 수도 없다는 거지. 내 말은 그쪽 뮤지션들이 건성으로 음악을 했다는 게 아냐. 사람들이 그들에게 등을 돌리기 시작했다 이거지. 콜트레인은 여전히 한창때였고 몽크도 그랬어. 또, 사람들은 여전히 그들을 많이 좋아했고. 그치만 그 '확 가는 프리 재즈'는 많은 사람들이 듣고 싶어 하던 게 아니었어. 트레인마저도 죽기 바로 전에 그런 쪽이었지.

몇 년 전으로 거슬러 올라가면 우리가 연주하던 음악이 유행의 첨단이었고 정말 대중적이었으며 폭넓은 청중을 끌고 있었는데, 비평가들(백인 비평가들)이 프리 재즈를 일반 재즈 뮤지션들의 음악

보다 더 밀어 올려주는 바람에 그 모든 것이 멈추기 시작했어. 재즈
는 그즈음에 폭넓은 호소력을 잃기 시작했지.

재즈 대신에 사람들은 록 음악을 듣기 시작했어. 비틀스, 엘비
스 프레슬리, 리틀 리처드, 척 베리, 제리 리 루이스, 밥 딜런, 이런
뮤지션들. 스티비 원더, 스모키 로빈슨, 슈프림스 같은 뮤지션의 모
타운 사운드가 새로운 대유행이었고. 제임스 브라운도 뜨기 시작했
지. 내 생각인데, 나 같은 사람들이 음악 산업 안에서 너무 인기 있
고 너무 강해졌다고 생각하는 이들이 많았기 때문에, 백인 음악 비
평가들이 프리 재즈를 지지한 것은 의도적이었던 것 같아. 나를 무
력하게 만들 방법을 찾아야 했던 거지. 그들은 우리가 『카인드 오브
블루』에서 하던 멜로딕하고 서정적인 것을 좋아했지만, 우리가 그
렇게 함으로써 얻은 대중성과 영향력이 두려워진 거겠지.

그런데 프리 재즈를 지지하던 그 비평가들은 사람들이 등을 돌
리기 시작하자 뜨거운 감자를 놓듯 그걸 지체없이 놔버렸어. 그런
데 그렇게 되고 보니 재즈 음악 자체의 인기가 식어가는 꼴이 된 거
야. 갑가기 재즈가 낡은 것, 박물관의 유리 너머에 넣어놓고 연구할
만한 죽어버린 것이 됐어. 갑자기 로큰롤이, 그리고 불과 몇 년 뒤에
는 하드록이 미디어의 최전방에 있었지. 흑인적인 리듬 앤드 블루
스 기반의 리틀 리처드, 척 베리 같은 사람들과 모타운 사운드로부
터 훔친 백인들의 로큰롤과 백인 팝 음악이 텔레비전을 비롯한 매체
를 온통 발랐어. 그 이전에 미국 백인의 대중음악이라는 게 뭐 있었
어? 하지만 도둑질해서 건진 반쯤 새로운 사운드를 내고, 거기에 손
질을 좀 하고 허풍을 섞어서 반쪽짜리 유행을 만들었지. 그래봐야
아직 촌스러웠고, 별거 아니었어. 반면 재즈가 선율적이지도 않고
따라 부르기도 어렵다는 인식이 퍼지면서 재즈 뮤지션들은 생활하
기가 힘들어졌지.

재즈 클럽 상당수가 문을 닫는 바람에 재즈 뮤지션들이 대거 이 땅을 떠나 유럽으로 넘어갔어. 레드 갈랜드는 연주할 곳이 없다고 불평하며 텍사스 댈러스에 있는 집으로 내려갔지. 윈턴 켈리가 갑자기 죽었고, 폴 체임버스는 아직 죽지는 않았지만 죽기 직전이었고.

나는 아직도 오넷 콜먼, 세실 테일러, 존 콜트레인을 위시해서 프리 재즈에 몰두했던 녀석들이 당시 백인 비평가들에게 어떻게 이용되고 있었는지 깨달았으리라고 생각하지 않아. 당시에 벌어진 많은 일들이 마음에 들지 않았어. 트레인마저도 그래. 내 밴드에서 초기 2~3년 동안 했던 것들이 더 좋았다고 봐. 이후 그는 그룹을 위해서가 아니라 자신만을 위해서 연주하더라구. 나는 항상 그룹이 함께 할 때 음악이 이뤄진다고 생각해왔거든.

내 새로운 그룹이 연주하던 음악에 대한 대중의 태도는 잘해봐야 무관심 정도였어. 그래도 어쨌든 콘서트는 만원이었고, 음반은 잘 팔렸어. 왜 그랬냐면 흑인 반항아 이미지의 유명인사였던 내가 뭐 별난 짓이라도 하려나 궁금해서 그랬던 것 같아. 어떤 이들은 여전히 음악을 들으러 오고 있었고, 음악을 별로 마음에 들어하지 않는 사람들도 있었지만 내 생각에 대다수가 그냥 무관심했던 것 같아. 우리는 탐구적인 음악을 연주하고 있었지만, 시대가 변해버렸어. 다들 춤을 추던 때였어.

한 밴드 안의 사람들, 즉 뮤지션의 자질이 밴드를 훌륭하게 만든다는 걸 명심해야 해. 열심히 작업하고 열심히 연주하며 '함께' 연주할 의사가 있는, 재능과 자질 있는 뮤지션들이 있다면, 훌륭한 밴드가 될 수 있어. 트레인이 내 그룹에 속해 있던 마지막 시기에, 특히 마지막 한 해 동안에는 자기만을 위해 연주하기 시작했지. 그런 일이 생기면 밴드에서 마법은 사라지고, 함께 연주하기를 좋아하던

사람들은 더 이상 서로 신경 쓰지 않게 돼. 그리고 바로 그때가 밴드
가 실패하고 그 모든 음악이 낡아가는 때야.

나는 웨인 쇼터, 허비 행콕, 론 카터와 토니 윌리엄스가 훌륭한
뮤지션들이며 그룹으로서, 즉 하나의 음악적 단위로서 작업하리라
는 것을 알고 있었어. 훌륭한 밴드를 갖는다는 것은 모두에게 희생
과 타협을 요구하지. 그게 없으면 아무것도 되질 않아. 난 그들이 그
럴 줄 알았고 또 그렇게 했어. 맞은 시기에 맞은 친구들로 하여금 딱
맞은 것들을 연주하게 하면 엄청난 것을 얻게 돼 있어. 그러면 필요
한 모든 것을 얻게 되는 거야.

내가 이 밴드에서 영감이고 지혜이며 연결점이었다면, 토니는
창조의 원동력, 힘이었어. 또 웨인은 아이디어 맨, 즉 우리가 했던
아주 많은 음악적 아이디어의 개념을 정리하는 사람이었고, 론과 허
비는 닻이었지. 나는 우리 모두를 한데 모으는 리더였을 뿐이야. 그
들은 모두 젊었고 나에게 배우고 있었지만, 나도 그들로부터 새로
운 것, 그러니까 프리 재즈를 배웠어. 훌륭한 뮤지션이 되고 계속 그
상태를 유지하려면 항상 당대에 일어나고 있는 것, 다시 말해 새로
운 것에 열려 있어야 해. 계속 자기 음악을 성장시키고 소통시킬 것
이라면 그걸 흡수할 수 있어야 된다는 뜻이야. 그리고 어떤 예술이
라도 창조성과 천재성은 나이를 몰라야 해. 또, 천재성이 있든 없든
나이가 든다는 건 예술적 성취에 도움이 되질 않아. 나는 우리가 뭔
가 다른 식으로 하고 있다는 걸 깨달았어. 내가 새로운 기분으로 손
가락을 놀리는 훌륭한 젊은 뮤지션들과 연주하고 있다는 걸 알겠더
라구.

처음에 웨인은 프리 쪽의 연주자로 알려졌지만, 몇 년을 아트
블래키와 함께 하면서 디렉터로도 일했으므로 어느 정도 그 이전으
로 되돌아갔어. 그는 아트의 밴드보다는 더 프리하게 연주하길 바

랐지만 완전히 벗어나는 것도 꺼렸어. 웨인은 항상 형식 '없이' 했던 사람이 아니라 형식을 가지고 실험해왔던 사람이야. 그래서 난 웨인이 내 음악이 나아갈 바로 그 자리에 완벽하게 어울린다고 봤던 거야.

당시 웨인은 버드가 했던 식으로 곡을 쓸 수 있는 유일무이한 사람이었어. 비트를 기보하는 방식이 그랬어. 럭키 톰슨은 우리가 연주하는 것을 듣고 "제기랄, 저 녀석 음악 좀 쓰네!"라고 말하더군. 웨인은 진정한 작곡가였기 때문에, 그가 들어오자 밴드는 훨씬 더 많이 그리고 훨씬 더 빨리 성장해나갔어. 그는 전체 악보를 만들었고, 자신이 요구하는 사운드에 맞춰 모든 파트의 음악을 작곡했지. 내가 몇 가지 고친 것 말고는 그대로 정확하게 실행됐어. 그는 자기 음악에 대한 여러 사람의 해석을 믿지 않았기 땜에 총보를 그려서 멤버들이 그냥 자기 파트를 악보대로 베끼게 했어. 멜로디와 변화들을 쭉 훑은 다음 방향을 잡도록 하는 대신 말이야.

웨인은 또 음악적 규칙을 그대로 따라가는 걸 의아해했어. 그게 통하지 않으면 그걸 깨뜨렸어. 물론 음악적 감각을 가지고 말이지. 그는 음악에 있어서 자유가 뭔지를 이해하고 있었어. 규칙을 알아내서 자기 만족과 취향에 맞게 적용하는 것, 그게 자유인 거야. 웨인이 항상 저 위에서 비행기를 타고 별 주위를 선회하고, 밴드 멤버는 여기 땅 위를 걸어 다니고 있었달까. 그가 내 밴드에서 하던 걸 아트 블래키의 밴드에서는 할 수 없었어. 내 밴드에 있을 때 작곡가로서 개화하고 있던 것 같아. 우리가 녹음했던 그의 작품들을 스스로 편곡했다는 점에서, 그가 밴드의 지적이고 음악적인 기폭제였다고 내가 말하는 것도 바로 그런 이유 때문이지.

나는 그룹과 더불어 매일 밤 새로운 것을 배우고 있었어. 또 하나, 토니 윌리엄스가 대단히 발전이 빠른 드러머였다는 것도 컸지.

그는 음반 하나를 들으면 음반 전체, 모든 솔로, 모든 걸 기억하려 했어. 밴드 안에서 이제까지 나에게 "이봐요, 연습 좀 해요!"라고 말한 건 그 녀석뿐이었지. 나는 그놈의 노트 따위를 빼먹고 있었고, 그 젊은 녀석에게 뒤떨어지지 않으려고 애쓰는 중이었어. 그렇게 나는 나도 모르게 슬그머니 멈췄던 연습을 이런 일 때문에 다시 시작하게 됐지. 그가 나를 다시 연습하게 만든 거야. 내가 말해줄게. 드러머 중에서 토니 같은 사람은 토니뿐이야. 이전에도 이후에도 그와 같은 사람은 없었어. 암튼 이 씨발놈은 최고야. 토니는 비트를 좀 당기는 편인데, 아주 살짝 앞서가는 거라 리듬의 날이 서게 되고 그러면 다른 모든 부분에도 날이 서게 되는 거야. 토니는 항상 폴리 리듬을 연주했지. 아트 블래키와 필리 조 존스, 로이 헤인스와 맥스 로치를 합쳐놓은 느낌이었어. 그들은 그의 우상이었고, 그는 그들 모두의 것들을 약간씩 가지고 있었어. 물론 자기 것은 분명히 자기만의 것이었고. 처음 내 밴드에 들어왔을 때 하이햇을 안 쓰길래 내가 쓰게 했어. 나는 또 맥스와 로이를 많이 들어온 그에게 발을 쓰라고 했지. 맥스는 발을 쓰지 않지만 아트 블래키는 발을 썼어. 그 당시 그런 식으로 연주했던 주자들은 토니, 알폰스 무존과 잭 디조넷뿐이었어.

론은 들은 걸 곧이곧대로 연주한다는 면에서는 토니보다 덜 음악적이었어. 그는 토니와 허비 행콕처럼 음악적 형식을 알지는 못했지만, 당시 웨인과 허비에게 부족했던 활기를 가지고 있었어. 토니와 허비는 항상 눈빛만 봐도 통했지만, 론이 없이는 하나의 구성을 이룰 수 없었어. 론이 뭔가 제대로 익히려면 한 네댓새가 걸렸지만 일단 익히고 나면 다들 정신 차려야 한다구. 이 씨발놈이 그걸 쫙 펼쳐놓으면 벌떡 일어나서 기막히게 연주해야만 했어. 그렇지 않으면 뒤처져서 진짜 멍청해 보이기 일쑤지. 다들 자존심이 강해서 절대 그럴 순 없었지. 토니가 템포를 이끌었고, 허비는 스폰지 같았어.

그와 함께라면 뭘 연주해도 근사해져. 그냥 모든 걸 빨아들이는 거지. 한번은 내가 그에게 코드가 너무 뭉쳐 있다고 했더니 "가끔 뭘 연주해야 할지 모르겠더라구요" 이러더라구.

그래서 내가 일러줬어. "그러면 허비, 뭘 연주할지 모르겠으면 연주하지 마. 알잖아, 그냥 가게 놔둬. 계속 연주하고 있을 필욘 없는 거야!" 그는 단지 술이 거기 있다는 이유로 모든 병을 비울 때까지 죽어라고 마시는 사람 비슷했지. 초기에는 그런 식이었다고. 그러니까 그는 능력도 있고 아이디어가 결코 마르지 않는 데다가 연주하는 것을 좋아했기 때문에, 그저 연주하고 연주하고 또 연주하곤 했어. 이 자식이 피아노를 지나치게 많이 연주하곤 해서, 가끔 내 솔로를 끝낸 다음 그에게 다가가서 손모가지를 잘라버리는 시늉을 하기도 했지.

허비가 처음 밴드에 들어왔을 때, 나는 이런 이야기를 해줬어. "코드에 구성음이 너무 많아. 코드가 완결되면 사운드도 그렇게 돼. 그러니 아래쪽 노트를 다 연주할 필요는 없다구. 론이 그걸 해주잖아." 근데 그게 다였어. 빨라지지 말고 좀 천천히 가라는 거 빼고는. 그리고 오버하지 말라는 이야기. 이를테면, 밤새 멍하니 앉아 있는 한이 있더라도, 때로는 아무것도 연주하지 말아라 이거야. 연주할 건반이 여든여덟 개나 있다는 이유만으로 마냥 연주하지는 말란 거지. 피아노나 기타를 치는 애들은 맨날 그런단 말이야. 언제나 너무 많이 연주하니까 늘 일깨워 줘야 하거든. 그때까지 들었던 기타리스트 중에서 맘에 드는 건 찰리 크리스천 딱 하나였어. 전기 기타를 나팔처럼 연주했고, 내가 트럼펫을 연주하는 방식에 영향을 미쳤지. 베이스 주자 오스카 페티퍼드도 찰리 크리스천처럼 연주했고, 기타처럼 연주하는 방식을 도입해서 베이스의 현대적인 연주 방식을 제시했어. 오스카와 지미 블랜턴, 찰리 크리스천은 나와 디지 길레스피와 쳇 베이커의 트럼펫에 대한 접근 방식에 영향을 줬고, 프랭크 시나트라와 냇 '킹' 콜의 프레이징에도 영향을 줬어.

나는 밴드를 위해 곡을 쓸 필요가 없었어. 멤버들이 곡을 쓴 다음 그것을 연주할 수 있는 방식으로 편곡하고 마지막 붓질을 가하는 게 내 일이었지. 웨인은 뭔가를 써서 그냥 "여기요, 미스터 마일스, 새 곡을 좀 썼어요" 이렇게 말하고 나에게 준 다음 휙 가버렸지. 아무 말도 없이 말이야. 미스터 마일스라니! 슥 훑어보면, 대개 엄청난 곡이었어. 순회공연 다니던 때, 내 호텔 방문을 두드리는 소리가 나서 나가보면 그 젊은 새끼들 중 하나가 나보고 좀 훑어보시라며 한 더미의 새로운 곡들을 가지고 서 있는 경우가 허다했어. 그들은 나에게 그것들을 전해주고 겁이라도 난 것처럼 사라졌지. 속으로 저렇게 대단한 놈들이 도대체 뭐 때문에 겁이 난 거야 이런 생각이 들기도 했어.

대체로 곡을 쓰는 애들은 자기 곡에 붙는 솔로를 듣고 싶어 하거든. 그래서 온갖 솔로를 악보에 덕지덕지 적어놓기 마련인데, 얘네들은 그러질 않더라고. 솔로들이 별로 없었어. 그래서 나도 그 곡들을 그런 식으로 다루지 않고, 오히려 앙상블이나 보이싱, 블렌딩blending†을 중시하는 쪽으로 갔지. 첫 대목을 8비트로 간다고 치자. 코드나 뭐 그런 걸 바로 진행하려고 하면 난 그런 걸 조금 바꾸게 했어. 많은 경우 나는 허비에게 코드를 싹 빼고 중음역대에서 솔로를 하게 하면서 베이스가 그걸 받쳐주게 했어. 그러면 사운드는 기막히게 좋아져. 알잖아, 허비는 버드 파월과 델로니어스 몽크에서 한 발 더 나간 거고, 나는 아직도 그 뒤를 잇는 피아니스트의 연주를 들어본 적이 없어.

훌륭한 밴드에서 최우선으로 가져야 할 게 멤버들에 대한 신뢰야. 자기들이 해야 할

394

건 뭐든 해낼 수 있을 거라는 믿음 말이야. 뭘 하자고 해도 할 수 있다는 것. 나는 토니나 허비, 론이 우리가 하고자 하는 연주는 뭐가 됐든 할 수 있고, 그때그때 결정된 걸 바로 해낼 수 있다는 믿음이 있었어. 핵심은 뭐냐면, 쉴 새 없이 연주만 해대지 않는다는 거야. 우리는 마냥 솔로만 하는 게 아니었고, 그래서 음악이 신선했어. 또 무대 위든 밖이든 멤버들이 서로 좋아했고, 그게 항상 많은 도움이 됐어. 이를테면 론은 자기 연주가 다듬어질 때까지 허비와 토니를 참아주는 편이었고 그러다가 허비와 토니가 하던 것을 알아내는 식이었지. 이런 거야. 론이 장7도로 베이스를 가면 허비가 거기에 근사하게 코드를 걸어줘. 그럼 토니가 그 위에 기분을 내고 웨인과 나도 마찬가지야. 웨인이 앉아 있는 걸 보면 꼭 천사 같아. 그런데 색소폰만 잡으면 씨발 괴물이 돼버린단 말이야. 그렇게 주고받다가 스며들듯 완전히 통하면 토니와 허비와 론이 깔끔하게 마감을 해주는 식이지.

우리가 처음 할리우드 볼에서 연주했을 때는 별로였지만 갈수록 더 좋아졌어. 정말 훌륭한 소리를 내기 시작한 게 언제인지, 서로 연주가 익숙해진 게 언제인지 따질 게 없어. 그냥 삼투하듯 그렇게 되는 거야. 밴드 멤버는 다섯 명이지만 처음에 둘이 서로 통해서 맞추기 시작하는 수도 있지. 그럼 다른 애들이 그걸 듣고 "뭐? 어떻게 한다고?" 그러면서 나머지 멤버들이 처음에 둘이 했던 것과 따로 자유롭게 뭔가를 추가해. 그러고 나면 그 음악이 모두의 안에 들어 있지.

이 밴드에선 말이야, 1년 내내 한 곡을 연주해도 연초에 들었던 바로 그 곡을 연말이면 못 알아채. 그래서 난 이 밴드가 좋았어. 젊은 천재 토니와 함께라면, 그의 연주에 대해 내 연주로 반응해야 해. 밴드 전체로도 마찬가지지. 그렇게 우리 모두 함께 연주했던 방식은 당시 우리의 연주를 매일 밤 변화시켰어.

　나는 그 녀석들이 밴드에 들어오기 전에 하던 내 연주 방식이 뭐랄까, 거슬리기 시작했어. 맘에 들어서 맨날 신고 다니던 구두도 시간이 지나면 갈아치우잖아. 오넷 콜먼에게서 좋았던 것은 그의 음악적 아이디어와 멜로디가 스타일에 구속되지 않는다는 점이야. 자발적으로 창조하고 있는 걸로 보인다는 점에서 독립적이었지. 나는 멜로디 체계에 대해 거의 완벽한 감각이 있었어. 근데 오넷의 연주와 그가 말하던 것들 중 일부분에 정말로 주의를 기울인 다음, 특히 밴드에 합류한 토니가 오넷의 연주에 대해 한 말을 듣고 나서 말이야, 내가 트럼펫으로 한 음표를 연주할 곳에서 실제로는 네 개 정도를 연주하고 있다는 걸 발견했어. 또 내 트럼펫 소리로 기타 솔로를 옮기고 있다는 사실도. 토니와 했던 음악에서, 나는 아프리카 음악처럼 드럼의 백비트back beat†를 전면에 내세우고 맨 위에 놓기 시작했어. 서양 음악에서, 당시의 백인들은 리듬을 자꾸 억누르려고 했어. 리듬의 뿌리인 아프리카에 대한 인종적인 연상 때문이었겠지. 하지만 리듬은 숨 쉬는 것과 같아. 그러니까 내가 그 그룹에서 배우기 시작했던 게 바로 그거야. 그렇게 난 앞으로 나아갈 방향을 잡은 거야.

　개인적으로 본다면 난 론하고 제일 가까웠던 게 분명해. 론이 밴드의 회계였고 이동할 때 나와 같은 차를 탔고 가끔은 운전도 했으니까. 세인트루이스 근방에서 공연이 잡히면 우린 차를 몰고 내려가고 그랬어. 돌아가시기 전에 어머니를 뵌 사람은 밴드에서 론뿐이었지 아마. 그는 내 학교 친구들도 다 만났어. 심지어 그중에 몇 명은 유명한 건달이 되어 있었지.

---

† 보통 4비트에서 2박과 4박, 8비트에서는 3박과 7박을 백비트라 부른다. 백비트를 강조하는 방식은 블루스, 재즈, 록의 핵심적인 리듬 운영법으로, 첫 박을 강조하는 서양 음악과 대조를 이루는 박진감 넘치는 리듬감을 만들어낸다.

무대에 오르면 난 론이 연주하는 소리를 듣고 싶어서 늘 그의 곁에 서 있었지. 예전에는 항상 드러머 곁에 서 있었지만, 이제 토니의 연주는 하나하나 다 들리기 때문에 그가 뭘 연주하는지는 걱정하지 않았어. 허비에 대해서도 마찬가지였고. 그치만 그 당시엔 앰프가 없어서 론의 연주를 듣는 게 때로는 힘들었어. 또 모두들 나와 웨인과 허비와 토니에 대해서만 얘기하고 있었고 론에 대해서는 별로 얘기하지 않았으니까, 그가 기분 상하곤 했어. 그를 옹호하는 입장에서라도 곁에 있었던 거야.

매일 밤 허비와 토니, 론은 호텔 방에 모여 앉아 아침이 될 때까지 전날의 연주에 대해 얘기를 나누었어. 매일 밤 그들은 무대로 돌아와서 뭔가 다른 걸 연주했지. 그리고 매일 밤 나는 거기에 반응할 수밖에 없었고.

우리가 함께 한 음악은, 쌍 매일 밤 바뀌었어. 어제 공연을 들었더라도 오늘 밤은 또 달라져. 진짜 밤이면 밤마다 존나 바뀌더라. 그 음악이 다 어디로 가고 있는지 우리조차 모를 지경이었어. 그래도 어딘가 다른 곳으로 가고 있었고 분명 꽤나 멋스러울 건 확실하니까 그렇게 계속 가는 게 모두를 흥분시키기에 충분했지.

그 그룹과 4년 동안 『초감각적 지각』*E.S.P.*(1965), 『마일스 스마일스』*Miles Smiles*(1966), 『소서러』(1967), 『니퍼티티』*Nefer-titi*(1967), 『마일스 인 더 스카이』*Miles in the Sky*(1968)와 『피유드 킬리만자로』(1968), 여섯 장의 스튜디오 앨범을 만들었어. 발매된 것보다 훨씬 더 많은 음악을 녹음했는데, 그중 일부는 나중에 『디렉션스』*Directions*와 『서클 인 더 라운드』*Circle in the Round*로 발매됐지. 또 라이브도 몇 번 녹음했는데, 내 짐작으로는 컬럼비아 것들이 이걸로 돈을 가장 많이 벌 수 있다고 생각할 때 발매하겠지. 분명 내가 죽고 나면 그렇게 할 거야.

내 예전 레퍼토리를 매일 연주하는 게 밴드를 점점 지치게 만들었어. 예전에 내 앨범들에서 들었던 곡들을 들으러 오는 사람들이 문 앞까지 꽉 들어찼으니까. 이를테면, 「마일스톤스」, 「라운드 미드나이트」, 「마이 퍼니 밸런타인」, 「카인드 오브 블루」 그런 것들. 반면에 밴드는 라이브로 한 적이 없는, 우리가 녹음하고 있던 곡들을 연주하고 싶어 했지. 나는 그것 때문에 애들이 좀 열받아 있다는 걸 알았어. 우리가 녹음하고 있던 그 모든 훌륭한 곡들, 「킬리만자로」Kilimanjaro, 「진저브레드 보이」Gingerbread Boy, 「풋프린츠」Footprints, 「서클 인 더 라운드」, 「니퍼티티」 같은 곡들을 작업하고 있던 터라 나는 그들이 왜 그러는지 이해가 갔어. 새로운 곡을 가져오면 모든 파트 악보를 다 적은 다음 그걸 넘겨서 연주하고 녹음하는 건데, 소리를 좀 내보고 나서 어떤 파트가 필요한지, 어떤 파트를 바꿔야 하는지 가늠해서 수정하고 그런단 말이야. 전에 그 곡을 본 적이 없었기 때문에 리허설에서 가다 서다 하면서 곡을 만들고, 고치고 그래야 했어. 이게 그러니까 육체적이고 기술적으로 문제가 되더라고. 그 음 밑에 G 코드야, A 코드야? 라던가, 두 번째 비트인가, 세 번째 비트인가? 그런 상황에서는 사람들이 그걸 직접 들을 수 있는 데서 라이브로 연주해보지 않으면 이 모든 과정이 좀 짜증 나는 일이 되는 거지. 우스운 건 우리가 매일 밤 라이브로 녹음하기도 한 그 옛날 곡들이 점점 속도가 빨라지더니 급기야는 더 이상 빨리 연주할 수 없는 극한에 이르게 됐다는 거야. 그러니까 음반으로 나올 새로운 음악을 공연하면서 다듬는 대신 당시 우리가 녹음하던 새로운 음악만큼이나 옛날의 음악 사운드를 새롭게 만들어나갈 수 있는 길을 찾게 되는거지.

1964년에 나는 하룻밤에 100달러 정도의 후한 돈을 밴드에게 줬어, 우리가 깨질 무렵에는 아마 하룻밤에 150달러나 200달러였을걸. 나는 돈을 더 많이 벌고 있었고, 업계의 누구보다도 더 많이 줬지. 게다가 애들은 나하고 연주한다는 것 때문에 명성이 자자해지면서 녹음 세션 나가서도 점점 더 받게 되고. 뻥이 아니고, 진짜 있는 그대로 말하는 거야. 모두들 말하기를, 나와 같이 연주하면 그 다음에는 리더가 된다고 했어. 리더밖에는 남은 자리가 없다는 거야. 아부 떠는 말일 수도 있겠지만 내가 그런 말을 시킨 것도 아니고. 내가 그 역할을 받아들이는 게 문제될 것도 없었어.

밴드 내에서 웃지 못할 일도 많이 있었지. 내가 처음 그들을 모았을 때, 밴드의 유일한 문제는 토니가 너무 어려서 클럽에서 연주할 수 없다는 것뿐이었지. 클럽 공연할 때마다 음료수를 마실 수 있는 청소년석을 따로 마련해야 했어. 더 나이 들어 보이도록 나는 토니에게 콧수염을 기르고, 시가를 피우게 한 적도 있었다니까. 그래봐야 그가 미성년자라는 이유로 우리 스케줄을 안 잡아주는 클럽이 부지기수였지.

밴드는 토니 위주로 돌아갔고, 그는 모두가 조금 벗어나게 연주할 때를 좋아했어. 그가 샘 리버스를 무척이나 좋아했던 것도 바로 그 때문이었지. 그는 어떤 연주자가 한 발 더 나아가려는 걸 좋아했어. 곧이곧대로가 아니라 한 걸음 더 가다가 삐끗해서 실수하는 건 상관하지 않았어. 그런 면에서 토니는 나랑 무척 닮았어.

허비는 전자 어쩌구 하는 것들의 빠돌이였어. 순회공연 다니다 보면 허비는 전자 장비를 사는 데 많은 시간을 할애했지. 허비는 모든 걸 녹음하고 싶어 했고, 항상 무대에 조그만 테이프 녹음기를 가지고 올라왔지. 왕창 늦는 건 아니지만 허비는 자꾸 지각을 했는데, 뭐 마약이나 그런 일 때문은 아니었고, 첫 곡 시작하려고 하나, 둘 세고 있을 때 걸어 올라올 때가 많았어. 그럼 난 이 새끼 봐라, 하는 눈초리로 존나 꼬나보고 그랬어. 근데도 애는 다른 일 제쳐놓고 그 빌어먹을 피아노 밑에다가 연주를 모조리 녹음할 테이프 녹음기를 설치하는 거야. 설치를 마칠 무렵이면 벌써 첫 곡의 4분의 3이 지나가. 근데 허비는 아직 시작도 안 했어. 실황 녹음에서 도입부에 피아노가 안 들리는 건 바로 그 때문이라구. 오늘 허비가 늦을까, 안 늦을까가 밴드 내에서 언제나 농담거리였지.

토니가 새 테이프 녹음기를 가지고 와서 모두에게 돌려가며 자랑하던 때도 떠오르네. 허비가 그걸 보더니 토니에게 작동법을 알려주기 시작하더라구. 토니는 자기 거니까 지가 말하고 싶었을 거 아냐. 그런데 허비가 나서서 다 떠들어버렸으니 완전 열받았지. 토니는 누구한테 빈정이 상하면 그 사람이 솔로할 때 드럼을 안 받쳐줘. 그날 난 론한테 이렇게 귀띔했지. "오늘 밤 허비가 솔로할 때 토니가 드럼을 안 받쳐줄 거야. 어떤지 잘 보라구." 과연 허비가 솔로를 시작하니까 토니가 사사건건 삐딱하게 연주하며 전혀 받쳐주질 않는 거지. 허비가 토니를 쳐다보며 저게 도대체 왜 저래, 하고 의아해하는데 토니는 아랑곳없이 허공으로 머리를 쳐들고 될 대로 되라는 식이야. 또 가끔 웨인이 취한 채로 무대에 올라 뭘 빼먹고 그러는 바람에 토니가 열받기도 했어. 그러면 토니는 아예 연주를 중단해버려. 토니는 그런 애였어. 토니가 앙심을 품잖아? 그럼 그 사람이 연주하는 동안 아무것도 기대할 수 없어. 그러다 차례가 바뀌면, 언제 그랬냐는 듯이 딱 제대로 연주를 시작해.

또 다른 일화는, 어느 날 밤 빌리지 뱅가드에서 연주하는데, 지배인 맥스 고든이 여가수 한 명을 데려오더니 우리 무대에 함께 세우면 좋겠다는 거야. 그래서 난 여가수 뒤에서는 연주하지 않겠다고 대답했지. 하지만 허비가 할 맘이 있는지 허비한테 물어보라고 했어. 허비가 하는 건 나도 괜찮다고 했지. 그래서 허비, 토니 그리고 론은 그녀 노래를 반주해줬고, 관객 반응이 좋았어. 나하고 웨인은 빠졌고. 맥스한테 저 가수가 누구냐고 물었더니 "바브라 스트라이샌드라고, 엄청 큰 스타가 될 거예요." 그러는 거야. 그 후로 난 여기저기서 그녀를 볼 때마다 "빌어먹을" 하며 고개를 젓곤 해.

1964년에 프랜시스와 나는 우리 집에서 로버트 케네디를 위한 파티를 열었어. 그가 뉴욕 상원의원에 출마할 예정이었는데 친구 버디 기스트가 그를 위한 파티를 하자고 제의했거든. 온갖 부류의 사람들―밥 딜런, 리나 혼, 퀸시 존스, 레너드 번스타인―이 그 파티에 왔는데, 이상하게 케네디를 만난 건 기억이 안 나. 사람들 말로는 왔다는데, 도무지 만난 기억이 안 난단 말이야.

그 무렵 작가 제임스 볼드윈[†]을 알게 된 것도 기억나. 내가 잘 아는 마크 크로포드가 그를 데리고 왔지. 그가 존나 대단해 보였기 때문에 경외심을 느꼈던 생각이 나. 그가 쓴 그 숱한 훌륭한 책들 하며, 난 무슨 말을 해야 할지 모르겠더라구. 그런데 나중에 듣자 하니 이 양반도 마찬가지였다는 거야. 아무튼 그 사람을 딱 만났는데 좋더라구. 그도 나를 많이 좋아했고. 우리는 서로 큰 존경심을 가지고 있었어. 그도 나도 굉장히 수줍은 사람이었어. 난 우리가 꼭 형제 같다는 느낌이 들었어. 이 수줍음은 뭐냐면, 다른 사람의 시간을 배려하는 예술적인 타입의 수줍음을 말하는 거야. 나는 그에게서 그것을 봤고, 그도 그걸 의식하고 있다는 걸 알았어. 와 씨발 내가 우리 집에 제임스 볼드윈과 함께 있다니! 나는 그의 책들을 읽었고 그가 왜 그렇게 쓸 수밖에 없었는지가 좋았고 존경스러웠어. 우리는 점점 친해졌어. 서로를 터놨고 정말 좋은 친구가 됐어. 나는 앙티브에서 연주하려고 남부 프랑스에 갈 때마다[‡] 항상 생폴드방스에 있는 그의 집에서 하루나 이틀을 보냈어. 우리는 그의 크고 아름다운 집에서 엉덩이를 푹 파묻은 채

[†] 미국의 흑인 소설가, 극작가, 인권운동가. 1950년대에 프랑스 파리로 건너가 살다가 1960년에 인권운동이 발흥하자 미국으로 다시 돌아왔다. 1970년부터는 남부 프랑스 생폴드방스에 정착했다.

모든 화제를 놓고 편하게 이야기하곤 했지. 그러다가 그의 멋진 와인 가든에 나가서 또 그렇게 하고. 돌아보면 남부 프랑스에 갈 적에 그를 만났던 게 정말 그리워. 대단한 사람이었지.

프랜시스와의 결혼 생활은 진짜 나빠져갔어. 순회공연을 다니느라 집을 거의 비우다시피 한 것도 한몫 거들었지. 『세븐 스텝스 투 헤븐』을 녹음하느라 로스앤젤레스에 오래 머무른 것도 우리 관계에 도움이 되지 않았지. 내 엉덩이 통증이 날씨가 추워지면 더 심해지는 거 같아서 따뜻한 곳에 있으려고 했던 거긴 해. 근데 이런 것들은 그냥 핑계였고, 마약과 술, 그리고 계속 다른 여자를 만나는 게 진짜 문제였어. 그리고 그녀도 술을 마시기 시작해서 우리의 말다툼은 정말로 끔찍해졌어. 급기야 나는 다들 코카인을 때리고 인사불성이 되는 심야영업 무허가 술집에 가기 시작했고, 그녀는 그걸 진짜 혐오했지. 난 며칠 동안 나가서 집에 연락도 안 하곤 했어. 그러면 프랜시스는 걱정이 태산이었고, 그렇게 속을 끓이다 기진맥진해져갔지. 난 그렇게 돌아다니다 들어오면 이틀을 꼬박 뜬눈으로 지냈기 때문에 완전 떡이 돼서 깨어나 밥 먹을 때까지 죽어라고 잠만 자. 1964년 말 벨라폰테 부부가 우리를 크리스마스 파티에 초대해서 거기 갔었어. 연말에 시카고에 안 간 몇 안 되는 해가 그때였지. 거기서 난 아무하고도 한마디도 안 하고 있었어. 약에 취해서 거기 있는 것 자체가 짜증 나더라고. 프랜시스는 그 일로 진짜 마음의 상처가 컸어. 제일 친한 친구인 줄리 면전에서 내가 그랬으니.

그녀가 자기 일을 하고 친구들과 외출하고 자기 관심사를 추구하기 시작했지만, 나는 그녀를 탓하지 않았어. 살 만큼 산 거지 뭐. 내가 그녀를 올려다보고 있는 『E.S.P.』 앨범의 재킷 사진은 그녀가 나를 아주 버리기 일주일 전 우리 집 정원에서 찍은 거야. 그때 나

‡
앙티브와 인접한 주앙레팽에서 재즈 페스티벌 "재즈 아 쥐앙"(Jazz à Juan)이 열린다.

는 집에 다른 누군가가 있다는 환각을 겪고 있었어. 그 환영을 찾는답시고 벽장 안을, 침대 밑을 샅샅이 살폈고, 프랜시스 빼고 모든 사람을 추운 바깥으로 내쫓은 기억까지 나. 씨발 완전 좆같은 놈이 된 거지. 미칠 대로 미쳐서 도축용 칼을 들고 그녀를 지하실로 데리고 내려가 거기 있지도 않은 사람을 찾으려고 하질 않나. 그녀가 나처럼 미친 척하며 "그래, 마일스, 이 집에 누가 있어, 그러니 경찰을 부르자" 그러더라. 경찰이 와서 집을 수색하더니 나를 미친놈처럼 쳐다봤지. 경찰이 왔을 때 프랜시스는 집을 나가서 친구 집에 머물렀어.

내가 겨우 달래서 아내가 집에 돌아오면 또 시끄러운 말다툼이 시작되고, 그러면 애들은 어쩔 줄을 모르고 자기 방에서 엉엉 울고. 이 모든 게 내 아들 그레고리와 마일스 4세가 어디 감당할 일이겠어? 내가 애들한테 상처를 준 거 같아. 셰릴은 그들 셋 중 유일하게 그런 거지 같은 상황에서 잘 빠져나왔지만, 그런 셰릴에게까지도 상처가 남아 있다는 걸 알아.

내가 맥주병을 냅다 던지며 돌아올 때까지 저녁을 차려 놓으라고 말했던 마지막 말다툼이 끝난 후, 그녀는 친구들 집을 전전하다가 캘리포니아로 가서 가수였던 낸시 윌슨 부부 집으로 가 머물렀어. 신문과 TV에 그녀가 말론 브란도하고 같이 다닌다는 보도가 나오기 전까지 나는 그녀가 어디 있는지도 몰랐다가, 낸시의 집에서 지낸다는 걸 알아내고는 아내에게 전화를 걸었어. 나 대신 다른 여자를 시켜서 전화한 다음 내가 수화기를 받아서 말했지. 널 데리러 그리로 갈게. 그리고 끊어버렸어. 그 순간 깨달았어, 내가 프랜시스한테 얼마나 심하게 굴었는지를 말야. 이젠 끝이라는 것도 깨달았고. 다른 할 말이 남아 있지 않았으므로 난 더 이상 말 안 했어. 그러나 이것만은 지금 말할 수 있어. 프랜시스는 내가 만난 최고의 아내였고, 그녀를 얻는 사람은 누구라도 복 터진 씨발놈이라고. 이걸 그때 알았더라면 더 좋았을 것을.

1965년 4월에 엉덩이 수술을 했어. 정강이 뼈 일부를 엉덩이 관절구에 이식했지만 잘 안 돼서 8월에 재수술을 해야 했어. 이번엔 플라스틱 관절을 넣었지. 내 사이드맨들은 이제 엄청난 명성을 얻고 있었으니까, 지들끼리 다녀도 아무 문제가 없었어. 난 집에 머물러 텔레비전으로 와츠 폭동†을 보면서 회복하는 중이었고.

난 1965년 11월이 돼서야 빌리지 뱅가드에서 연주를 재개할 수 있었어. 베이스에 레지 워크맨을 기용했지. 다른 사람이랑 한 약속을 저버리지 않는다고 해야 하나, 그럴 수가 없는 성격인 건지, 론이 안 된다고 했거든. 그 새끼는 가끔 그런단 말이지. 훌륭한 컴백 공연이었어. 사람들이 음악을 좋게 받아줬지. 그 후로, 12월에 필라델피아를 거쳐 시카고로 순회공연을 갔고, 거기 있는 플러그드 니켈에서 실황 음반을 만들었어. 테오 마세로가 복귀해서 그 녹음을 했지. 컬럼비아는 아직도 그 테이프를 발매하지 않고 있어. 론이 돌아와서 함께 연주했는데 다들 전혀 떨어져 지낸 기색이라곤 없었지. 말했다시피 좋은 뮤지션들이 있고 함께 연주하는 걸 좋아한다면, 잠시 동안 함께 연주하지 않는 건 밴드에게 좋다고 항상 믿어왔어. 그러면 음악이 더 신선해지거든. 똑같은 레퍼토리였는데도, 플러그드 니켈 경우가 딱 이거야. 1965년이 되자 사람들이 듣는 음악은 눈에 띄게 프리해졌어. 다들 그런 식으로 연주하는 거 같아 보였지. 이젠 정말 프리가 뿌리를 내린 거야.

1966년 1월에 간염에 걸려서 3월까지 다시 몸져누워 있었어. 회복 후 밴드를 데리고 서부로 투어를 갔는데, 론 카터가 또 안 된대서 리처드 데이비스를 데리고 갔어. 그 투어는 대학가 공연이 많

† 1965년 11월 LA 경찰의 인종주의적 행태가 도화선이 되어 LA 인근 와츠에서 일어난 폭동.

있는데 그때 난 대학이 클럽보다 덜 깐깐하다는 걸 알았어. 점점 클럽 신에 넌덜머리가 나던 때였지. 매일 같은 장소에서 연주하고, 같은 사람들을 보면서 부어라 마셔라. 간염 때문에 일을 많이 줄였지만 그래도 완전 그만둔 건 아니었어, 적어도 그때까진. 우리는 뉴포트 재즈 페스티벌에 나갔고, 그다음 11월에 『마일스 스마일스』를 만들었지. 그 앨범을 들으면 우리가 뻗어 나아가고 있음을 알 수 있을 거야.

1966년이었나, 1967년이었나, 확실하지가 않은데, 리버사이드 공원에 갔다가 시슬리 타이슨을 만났어. 조지 C. 스콧이 나왔던 『이스트 사이드/웨스트 사이드』*East Side/West Side*라는 텔레비전 쇼에서 그녀가 비서 역을 하는 걸 본 적이 있었지. 아프로 스타일의 머리를 한 게 인상적이었고, 볼 때마다 항상 지적인 느낌이었어. 그녀에게는 텔레비전에 나오는 보통의 흑인 여성한테서 볼 수 없는 다른 종류의 아름다움이 있었어. 매우 자존심이 강해 보였고, 내적으로 타오르는 불꽃 같은 것이 있었거든. 흥미로웠지. 처음 만났을 때, 그녀가 뭐라고 했는데 내가 못 알아들어서 다시 말해달라고 하니까, 그럴 줄 알았다는 듯한 표정을 지으며 입을 삐쭉 내밀더라고. 영화에서는 절대 보여주지 않던 표정이었지. 연기할 때는 그 표정을 숨기는 거지. 나 말고는 아무도 본 적이 없는 표정 같은데, 적어도 그녀 말에 의하면 말이야. 그녀는 할렘 출신이었지만 부모는 서인도제도 출신이었어. 아프리카적인 유산을 자랑스럽게 여기면서 동시에 서인도제도 쪽 사람의 의식을 가진 사람이었지.

처음에 우리는 그냥 친구였어. 아무런 심각한 게 없었지. 난 그때 웨스트 77번가의 집에서 아래쪽 방향으로, 로스앤젤레스 출신의 코키 매코이라는 미술하는 친구하고 리버사이드 공원을 함께 걷고 있었어. 그러다가 시슬리를 본 거지. 공원 벤치에 앉아 있던 그녀가 나를 보더니 일어서더라구. 다이앤 캐럴 아니면 다이애나 샌즈하고 함께 한두 번 만난 적이 있었나, 그런데 그때쯤엔 잊어버리고 있었지. 나는 그녀를 코키에게 소개해줬어. 왠지 코키와 그녀가 서로 좋아하게 될 거 같다는 생각이 들었지. 사실 난 프랜시스가 떠난 뒤 어떤 여자하고도 전혀 감정이 안 생겼어. 밴드 사람들과 극소수의 친구들을 제외하면 사람 자체를 멀리하던 때였지. 그런데 시슬리가 코키는 쳐다도 안 보고, 내가 프랜시스와 같이 살지 않는다는 걸 알았는지 나를 빤히 보면서 이러는 거야. "날마다 여기 와요?"

나는 일단 그렇다, 매일은 아니고 목요일마다 온다고 말해줬어. 그녀의 눈에서 호기심을 알아볼 수 있었지만, 나는 시슬리뿐 아니라 다른 어떤 여자로도 고민하고 싶지 않았어. "몇 시쯤 와요?" 하고 그녀가 또 묻는 거야. 코키한테는 눈길도 안 주면서 말이야. 나는 속으로 '젠장' 하며 시간을 알려줬어. 그 후로는 공원에 갈 때마다 그녀가 거기 있거나 곧 나타나더라고. 그러더니 자기는 어디 산다고 알려주더군. 그렇게 우린 같이 다니게 됐지. 하지만 그녀는 착한 아이였고 난 그녀를 꼬시고 싶지 않았기 때문에, "시슬리, 아무 일도 없을 거야. 난 아무 생각 없어. 감정도 없고. 당신이 나를 좋아하는 것도 알고 우리 관계가 더 진지해졌으면 한다는 것도 알지만, 지금 내 안의 이 공허함은 어쩔 수가 없어"라고 말해줬어. 하지만 시슬리는 끈질기고 집요한 성미였어. 한번 열중하면 그 사람의 피 속, 머릿속에 들어앉아버리는 타입 말이야. 하나씩 하나씩 일이 벌어지더니 데이트도 하고 재미나게 놀기도 하게 됐어. 우린 한참을 섹스도 없이 함께 지냈어. 그녀는 내가 독한 술을 끊는 걸 도왔어. 난 그 후로 한동안 맥주만 마셨지. 그녀는 그저 나를 지켜봐 줬고, 기꺼이 나를 위해 마음을 써줬어. 얼마 후 내 맘속에는 온통 그녀뿐이었고, 그다음엔 내 모든 일 안에 그녀가 있었지(반면 그녀는 자기 일에 관해서는 한마디도 안 했고). 1967년에『소서러』음반을 발매할 때 난 그녀의 얼굴을 커버에 실었어. 그때까지 전혀 몰랐던 사람들도 그때부터는 우리가 한 쌍이라는 걸 알 수 있게 됐지.

나는 그 몇 년 전부터 해마다 몇 달 동안을 로스앤젤레스 안팎에서 지내곤 했어. 1967년도 초에는 조 헨더슨이 밴드에 들어왔어. 당시 나는 두 명의 테너를 두는 6인조를 실험하고 있었거든. 그리고 그 무렵일거야, 곡 사이를 끊지 않고 한 곡에서 바로 다음 곡으로 넘어가면서 전 곡을 쭉 쉬지 않고 연주하기 시작했던 게. 이 스케일 저 스케일 넘나들면서 내 음악이 쫙 가고 있는데 괜히 중간에 브레이크를 주면서 분위기를 깨고 싶지 않았거든. 나는 템포에 구애받지 않고 바로 다음 곡으로 넘어가는 방식으로 연주했어. 그래서 내 공연은 점점 더 스위트, 그러니까 모음곡 풍으로 돼갔고, 그때문에 더 많고 긴 즉흥연주가 허용됐지. 이 새로운 움직임에 공감하는 사람들도 꽤 있었지만 나머지 사람들한테는 존나 지나치게 급진적이어서 마일스 저 새끼 미친거 아냐 그런 반응이 나왔어.

4월에 캘리포니아로 다시 가서 공연했는데 이번에도 론 카터는 안 왔고, 대신 리처드 데이비스가 또 따라왔어.† 버클리에서는 폭풍우 때문에 장소를 실내 체육관으로 옮긴 후에 만 명 정도 앞에서 역시 쭉 이어지는 세션을 했어. 우리 공연은 관중을 그냥 존나 뻑가게 만들었어. 심지어『다운비트』까지 좋은 평가를 해주다니 놀랍더라구.

버클리 다음엔 로스앤젤레스로 갔고, 거기선 버스터 윌리엄스가 리처드 데이비스의 자리를 대신했어. 로스앤젤레스 출신인 내 친구 햄프턴 호즈가 그를 소개시켜줬지. 샌프란시스코의 보스 앤드 클럽 공연 때, 햄프턴은 허비 행콕을 피아노에서 일어나게 하더니 우리와 몇 곡을 함께 연주했어. 햄프턴은 존나 괴짜인 멋진 새끼였는데, 피아노에 관해서 응당 받아야 할 평가를 못 받았지. 그가 1977년 죽을 때까지 우리는 평생 친구였어. 『소서러』를 녹음하러 1967년 5월에 뉴욕으로 돌아올 때까지 우린 웨스트코스트에서 연주했어. 론 카터가 스튜디오로 돌아왔고, 우리는 『니퍼티티』를 같은 달에 사흘 넘게 녹음했어. 이번에는 커버에 내 사진을 실었지. 그 앨범으로 사람들은 웨인 쇼터가 진짜 얼마나 위대한 작곡가인지 주목하기 시작했어. 우리는 그달에 또 다른 레코딩 세션을 했는데, 『워터베이비스』Water Babies라는 앨범의 한쪽 면을 제작하는 녹음이었어. 앨범이 1976년까지 발매되지 않았기 때문에 다른 쪽 면은 다른 뮤지션들 하고 녹음할 수밖에 없었지.

7월에 콜트레인이 죽었어. 다들 씨발 좆같은 기분이었지. 콜트레인의 죽음은 모두에게 충격이었어. 모두들 경악했으니까. 어쩌다 마주치면 안색이 별로 좋아 보이진 않더라구. 마지막으로 봤을 때는 체중도 많이 는 것 같았어. 그가 대중 앞에서 그리 자주 연주하지는 않는 걸 알긴 알았어. 그래도 그렇게 아팠는지는 몰랐어. 아니, 아픈지 자체를 몰랐으니까. 그가 병들었다는 건 진짜 극소수의 사람만 알았을 거야. 당시 우리 변호사였던 해럴드 러빗조차 알고 있었나 몰라. 트레인은 모든 걸 속 깊이 감추고 있었어. 트레인은 트레인대로, 나는 나대로 바빠가지고 거의 보질 못했어. 게다가 나도 아팠고. 그를 마지막 봤을 때 아프다는 게 얼마나 성가신 일인지 서로 이야기했던 거 같아. 트레인은 몸이 안 좋았는데도 전혀 내색을 안 한 거야. 그런 식으로 철저히 혼자 끙끙 앓다가, 1967년 7월 17일 그러니까 죽기 하루 전날에야 병원에 갔나 봐. 간경화가 악화되면서 통증이 너무 심해져서 도저히 참을 수 없게 된 거지.

트레인이 삶의 마지막 2~3년간 하던 음악은 많은 흑인들, 특히 그 당시의 젊은 흑인 지식인들과 혁명가들이 느끼던 힘과 열정, 흥분과 분노, 반항과 사랑 자체였어. 그가 음악을 통해 표현하던 것은 H. 랩 브라운과 스토클리 카마이클과 흑표당 당원과 휴이 뉴턴이 말로 표현했던 그것이고, 라스트 포에츠와 아미리 바라카가 시로 드러내던 바로 그것이었어. 그는 당시 나보다 앞장서서, 재즈의 횃불을 들고 있던 선봉장이었지. 그들이 마음속으로 느끼던 것과 1960년대 내내 이 나라 곳곳에서 일어났던 폭동들을 통해 그들이 보여주려 했던 걸 트레인이 음악으로 들려줬어. "태워라, 태워"burn, baby, burn라고 했던 바로 그 정서야.† 아프로 헤어스타일, 다시키dashiki‡, 블랙 파워Black Power Movement, 하늘을 향해 치켜든 주먹*, 이 모든 게 다 혁명의 일부였어. 콜트레인은 그들의 상징이었고, 그들의 자존심, 아름답고 흑인적이며 혁명적인 자존심이었어. 몇 년 전 내가 그랬다면, 이제 그가 그랬고, 그건 내가 봐도 멋졌어.

지적이고 혁명적인 백인들과 아시아인들도 마찬가지였지. 기도와도 같았던 『어 러브 수프림』A Love Supreme에서 그는 보다 영적인 음악으로 변화했지만 그의 음악은 평화를 사랑하던 많은 사람들, 히피들에게 다가갔고 영향을 줬어. 나는 그가 히피들의 수많은 사랑 모임love ins에서 연주한다는 걸 들어서 알고 있었어. 그 모임

---

†
1960년대의 폭동,
특히 인종적 연관성이
있는 폭동에서 구호로
자주 쓰였다. 왓츠
폭동 당시 지역 디제이
매그니피선트 몬태규가
항쟁을 고무시키기 위해
라디오에서 이 표현을
쓴 것이 유래로 알려져
있다.

‡
원피스 스타일의
서아프리카 민속의상.

*
1968년 멕시코 올림픽
200미터 달리기 결승전
시상식에서 동메달을
수상한 존 카를로스가
금메달을 수상한 토미
스미스에게 권유하여
둘이 함께 미국 국가가
울려퍼지는 동안, 미국 내
인종차별에 항의하기 위해
검은 가죽 장갑을 끼고
주먹을 하늘로 치켜든
사건을 말한다.

들은 캘리포니아 전역에서 백인들 사이에서 대유행이 됐지. 그렇게 그는 다양한 부류의 사람들에게도 다가가고 있었어. 그의 음악은 온갖 부류의 수많은 사람에게 공감을 불러일으켰어. 그것은 아름다웠으며, 나 역시 그가 자랑스러웠어. 물론 나는 그의 초기 음악을 더 좋아하긴 했지만 말이야. 예전에 콜트레인 자신도 초기에 했던 음악이 지금 하는 것보다 좋다고 말하기도 했지. 그치만 트레인은 탐색 중이었고, 자기의 여정에서 그는 더 멀리멀리 가고 있었어. 하긴 자기가 원했어도 돌이킬 수는 없었을 거야.

그의 죽음으로 인해 '프리 재즈'가 혼돈에 빠졌어. 그가 그쪽의 리더였기 때문이야. 이른바 '나가'out 있다고 여기는, 그러니까 우주로 나가서 '프리'하다고 느끼는 뮤지션들에게 콜트레인은 찰리 파커와 같았어. 다시 말해서 그들에게는 콜트레인이 신이었으니까. 정작 버드 자신은 오랜 세월 정처 없이 떠돌았지만 많은 비밥 뮤지션들이 그가 방향을 제시하기를 기대했던 때에 버드가 죽은 것과 당시 트레인이 죽은 건 거의 같았어. 오넷 콜먼이 여전히 건재했고, 그에게 기대는 사람들도 있었어. 그러나 대부분의 사람에게 트레인은 그들을 인도하는 빛이었고, 그가 사라진 후 그들은 망망대해에서 나침반이나 노 한 자루 없이 배를 타고 있는 사람들처럼 보였지. 그가 음악적으로 지탱하고 있던 많은 것들이 함께 죽어버린 느낌이었어. 몇몇 제자들이 그의 메시지를 계승한다 해도 그걸 전해받고자 하는 관중은 점점 줄어갔어.

버드의 죽음을 전했던 것처럼, 해럴드 러빗은 나에게 트레인의 죽음을 알렸어. 위대하고 아름다운 뮤지션이었을 뿐만 아니라, 다정하고 훌륭하며 영적인 사람이었고 내가 사랑했던 사람이기 때문에 그의 죽음은 나를 정말 슬프게 했어. 그와 그의 영혼과 창조적인 상상력과 그의 탐구, 자기 작업에 대한 혁신적인 접근이 그리웠어.

그는 버드처럼 천재였으며, 삶과 자기 예술에 대해서, 특히 마약과 술과 음악에 대해서 욕심이 너무 많았고, 결국 그것이 그를 죽였지. 그치만 그는 자기 음악을 우리에게 남겼고, 우리는 모두 그 음악으로부터 배울 게 있는 사람들이지.

그 무렵 미국은 정말 모든 게 급변하는 상태였어. 음악, 정치, 인종적 관계 등등 전부. 그 누구도 상황이 어디로 흘러갈지 모르는 거 같았어. 다들 혼란스러워했고, 심지어 수많은 예술가들, 뮤지션들이 이제까지와는 다른 자유를 작업 중에 갑자기 누리게 된 듯이 보였지. 트레인이 많은 사람들에게 크나큰 영향을 줬기 때문에, 그의 죽음으로 인해 그들은 굉장한 혼란에 빠진 거 같았어. 듀크가 1965년 「인 더 비기닝 갓」In the Beginning God이라는 음악을 지어서 미국과 유럽 각지의 교회에서 연주하고 다닐 정도였으니까, 듀크 엘링턴조차 트레인이 『어 러브 수프림』에서 했던 그 영적인 방향을 좇는 거 같아 보였거든.

트레인이 죽고 나서, 디지 길레스피와 나는 각각 자기 밴드를 이끌고 빌리지 게이트로 들어가서 8월 내내 공연했어. 사람들이 우리 공연을 보려고 그 블록을 빙 돌아 줄을 섰지. 슈거 레이 로빈슨이 세인트루이스 출신의 위대한 옛 챔피언 아치 무어와 함께 공연장에 와주어서, 무대에서 디지에게 그들을 소개해달라고 부탁했는데 디지가 권투 팬은 바로 '너'니까 직접 하는 게 어떠냐고 했던 기억이나. 근데 나는 그런 걸 잘 못하는 편이라 결국 디지가 소개하는 걸로 끝났지. 이 일을 하는 동안 우리 밴드가 연주한 음악은 뉴욕의 화젯거리가 됐어.

아주 괜찮은 남아프리카 출신 트럼펫 주자 휴 마세켈라를 만난 게 그 당시였던 거 같아. 막 미국에 온 직후였는데 꽤 잘나가고 있었어. 디지의 친한 후배였는데, 그가 여기서 음악학교를 다닐 동안에 디지로부터 재정적인 도움을 받았던 모양이야. 어느 날 밤 그와 업타운을 달리고 있었는데, 그가 나와 같은 차에 탔다는 것만으로 황송하게 여기던 게 기억나. 예전에 버드랜드 밖에서 경찰들과 맞짱뜰 때부터 내가 자기를 포함한 남아프리카 흑인들의 영웅이었다고 말해주더라고. 멀리 아프리카에까지 이 소문이 퍼졌다는 게 놀라웠어. 휴는 벌써 트럼펫 연주에 대한 자기만의 접근 방식이 있었고, 자기 사운드가 있었어. 상당히 괜찮게 들렸어. 미국의 흑인 음악을 썩 잘하는 건 아니었지만 말이야. 나는 볼 때마다 우리가 여기서 하는 음악을 연주하려 들지 말고, 차라리 자기 것을 그냥 계속하라고 말해줬어. 얼마 후 그의 연주가 더 나아진 걸 보면 내 말을 곧이 들은 모양이야.

빌리지 게이트에서 디지와 연주하고 나서 미국을 한 바퀴 돈 다음 나는 1967년의 나머지 시간 대부분을 유럽 투어에 할애했어. 뉴포트 재즈 페스티벌 인 유럽이라고 이름 붙은, 조지 와인이 조직한 기나긴 순회공연이었지. 너무 많은 그룹이 투어를 한 탓에 얼마 후 투어는 존나 엉망이 돼버렸어. 델로니어스 몽크, 세라 본, 그리고 아치 셉 등 별의별 새끼들이 함께 다녔으니. 토니 윌리엄스가 부탁해서 아치와 몇 번 연주하기까지 했지만, 아직도 난 그의 연주와는 안 맞더라구. 급기야 스페인에서 조지 와인과 나는 돈 문제로 심한 말다툼을 했지. 나는 조지가 맘에 들고 오랫동안 알아왔지만, 말다툼은 좀 있었던 편이야. 속임수 쓰는 게 보이면 난 바로 까대거든. 물론 그는 괜찮은 사람이야. 대체로 멋지고, 음악가들에게나 그들이 하는 음악에 호의적인데다 나를 비롯해서 뮤지션들에게 후하게 출연료를 지불해왔어. 단지 가끔 그가 돈을 속이는 건 못 참겠더라고.

뉴욕으로 돌아오자마자인 1967년 12월에 나는 그룹을 데리고 길 에번스와 함께 스튜디오로 들어갔어. 그가 편곡한 것들이 있었거든. 나는 조 벡이라는 젊은 기타리스트를 그룹에 추가했지. 당시 제임스 브라운을 많이 듣기 시작했고 그가 자기 음악에서 기타를 쓰는 방식이 좋았기 때문에, 이미 난 기타 사운드를 지향하고 있었어. 나는 항상 블루스가 좋았고 그것을 연주하고 싶었거든. 그 무렵 머디 워터스와 B.B. 킹을 들으며 그런 보이싱을 내 음악에 집어넣기 위한 방법을 찾고 있었지. 허비, 토니, 웨인과 론에게서 많은 걸 배운 나는 그들과 함께 연주한 근 3년 동안 그들로부터 얻은 모든 것을 막 소화했던 참이었어. 이제 나 자신이 변화하고 싶다는 느낌이 들더라. 그 변화가 도대체 무엇에 관한 것인지 아직 아리송했기 때문에 연주하고 싶던 음악에 접근할 수 있는 다른 방법들을 궁리하기 시작했던 거지. 그러다가 그게 기타 보이스와 관련이 있다는 걸 알았고, 전기를 꽂은 악기의 보이싱이 내 음악에서 무엇을 할 수 있는지에 대해 관심을 가지기 시작했어. 나는 시카고에 갈 때마다 시간이 되면 매주 월요일 시카고의 미시간 33번가에서 연주하던 머디 워터스의 음악을 들으면서 그의 것을 내 음악에 어떻게 좀 집어넣을 수 없을까 생각했어. 1달러 50센트짜리 드럼과 하모니카와 코드 딱 두 개로 내는 블루스 사운드, 알지? 우리가 하던 게 너무 추상적으로만 변해갔기 때문에 이제는 블루스로 돌아가야 했어. 물론 추상적인 것도 멋졌지만, 그냥 내 음악의 뿌리로 돌아가고 싶었어.

그 녹음에서 허비가 처음으로 전기 피아노를 연주했어. 나는 조 자비눌이 캐넌볼 애덜리의 그룹에서 연주하는 걸 들은 적이 있고 그렇게 나오는 소리가 마음에 들었던 터였어. 그게 나의 미래였어. 하지만 전자 악기로 옮겨 가려다 보니 얼마 안 가 밴드가 해체됐고, 그렇게 나는 새로운 종류의 음악으로 넘어가게 된 거야.

조 벡은 괜찮은 연주자였지만, 그 당시 내가 원하던 게 나오진 않았어. 내 정규 퀸텟을 먼저 녹음한 다음에 조지 벤슨이라는 또 다른 젊은 기타 주자를 추가했어. 1968년 1월, 2월, 3월에 했던 다른 세션들에서였지. 조지가 연주했던 곡 중에서 「파라퍼날리아」 Paraphernalia는 그해에 발매된 『마일스 인 더 스카이』에 수록됐고, 나머지는 더 나중에 발매됐어.

또 나는 베이스 라인이 좀 더 강하게 들리도록 하고 싶었어. 베이스 라인이 잘 들리면 다른 파트의 연주에서 나오는 음들도 잘 들리거든. 그래서 기존 곡들의 베이스 라인을 바꿔봤어. 살짝 변화를 준 거지. 내가 베이스 라인을 고친 다음, 우리는 5인조 그룹 치고는 조금 큰 사운드를 낼 수 있도록 변화를 기했어. 뭐냐면, 전기 피아노를 도입하고, 허비가 코드도 치지만 기타와 함께 베이스 라인을 같이 치고, 론은 베이스로 같은 음역대에서 그 라인을 치게 하면 소리가 더 신선하고 좋게 들릴 것 같았어. 해보니 진짜 그렇더라고. 그런 보이싱으로 녹음을 해놓고 보니 나중에 비평가들이 '퓨전'이라고 부르게 될 음악과 가까워졌지. 신선하고 새로운 접근 방식이 막 시작되고 있었어.

그 무렵 컬럼비아는 길과 내가 영화 「닥터 두리틀」Doctor Dolittle의 음악을 재즈 버전으로 출시해주기를 원했어. 『포기와 베스』가 내 베스트셀러 앨범에 들어가잖아. 그러니까 이 멍청한 새끼들이 우리가 『닥터 두리틀』을 하면 엄청나게 잘 팔릴 거라 봤나 봐. 이런 엿같은 소릴 듣고 나서 난 이렇게 대답했지. "안 해."

나는 길과 함께 밴드를 데리고 캘리포니아의 버클리로 가서 빅밴드를 추가한 공연을 했어. 컬럼비아가 공연 실황을 녹음했는데, 그 테이프가 아직도 창고 어딘가에 있을 거야. 공연을 하러 떠나기 직전에, 마틴 루서 킹 목사가 멤피스에서 살해당했다는 소식을 들었지. 4월이었어. 또다시 이 나라에서 폭력이 분출한 거야. 킹이 노벨평화상을 탄 위대한 지도자였고 훌륭한 사람이긴 했지만, 나는 한쪽 뺨을 맞으면 다른 쪽 뺨을 내밀라는 식의 비폭력 철학은 결코 지지할 수 없었어. 아무리 그래도 그가 폭력적으로 간디처럼 살해 당한 건 존나 안타까운 일이었지. 미국의 성자와도 같았던 그를 진 짜로 죽인 건 어쨌든 백인이야. 킹 목사가 흑인들에 대해서만 말하 다가 베트남 전쟁과 노동자 등으로 말을 확대시키자 두려워졌던 거 지. 살해당할 무렵 그는 모두에게 말하고 있었고, 정권은 그게 달갑 지 않았겠지. 그가 계속 흑인 이야기만 했다면 무사했을지도 모르 지만, 맬컴 엑스가 메카에 다녀온 후에 했던 것과 똑같은 일을 했고, 그래서 킹 목사도 살해된 거야. 나는 그렇게 확신해.

5월에 뉴욕으로 돌아온 다음, 나는 허비, 웨인, 토니와 함께 『마일스 인 더 스카이』 앨범을 완성하기 위해 스튜디오로 들어갔 어. 6월에 『마일스 인 더 스카이』를 끝낸 후, 우리는 스튜디오로 들 어가 『피유 드 킬리만자로』 앨범을 시작했지. 그러다가 여름 내내 투어를 하는 바람에 9월이 돼서야 앨범을 마쳤어.

시슬리와의 사이가 그저 그렇던 와중에 나는 젊고 아름다운 가 수이자 작곡가인 베티 메이브리와 사귀었어. 그걸로 시슬리와는 끝 이 났지. 『피유 드 킬리만자로』의 표지에 나온 게 바로 베티야. 앨 범에는 그녀의 이름을 딴 「마드무아젤 메이브리」Madermoiselle Mabry라는 곡도 실렸지. 다시 사랑에 빠진 나는 너무 기분이 좋았 어. 나하고 만났을 때 그녀는 스물세 살이었고, 피츠버그 출신이었 지. 그녀는 새로운 실험적인 팝 음악에 깊이 빠져 있었어. 1968년 2 월에 프랜시스와의 이혼이 마무리된 터라 베티와 나는 그룹이 플러 그드 니켈에서 공연하는 중이었던 9월에 결혼했어. 인디애나의 게 리에서 결혼식을 올렸고, 동생과 누나가 참석했어.

베티는 내 음악적 삶만큼이나 개인적 삶에도 큰 영향을 줬어. 그녀는 내게 지미 헨드릭스의 음악뿐 아니라 지미 본인도 소개해줬고 다른 흑인 록 음악과 뮤지션 들도 알려줬어. 그녀는 슬라이 스톤과 다른 모든 애들을 알고 있었고, 그녀 자신도 대단한 가수였지. 베티가 오늘날 노래한다면 마돈나나 여자 프린스 같은 가수가 될 수 있을 거야. 그녀가 베티 데이비스라는 예명으로 활동하던 때는 그 모든 게 겨우 시작 단계였어. 그녀는 시대를 앞서갔지. 또 내 옷 스타일도 그녀 덕에 바뀌었어. 결혼은 겨우 1년 정도 지속됐지만, 그 해는 정말 새로운 일들과 놀라움으로 가득찬 한 해였어. 음악적인 면에서나 어찌 보면 라이프스타일 면에서도, 내가 갈 방향이 보였던 거야.

14

1968년은 온갖 종류의 변화들로 가득했던 한 해였어. 내 음악에 일어나고 있는 변화 역시 매우 흥미진진했는데, 곳곳에서 펼쳐지는 음악 또한 믿기 힘들 정도였어. 이런 일들이 나를 미래로 이끌었고 『인 어 사일런트 웨이 』*In a Silent Way*로 나아가게 만들었지.

1967년과 1968년 무렵에 음악 안에서 정말 많은 것이 달라졌고 새로운 것들이 우후죽순으로 나왔어. 그중에는 큰 인기를 끈 찰스 로이드의 음악도 있었지. 그의 밴드가 성공가도를 달리던 때 멤버로 드러머 잭 디조넷과 피아니스트 키스 자렛이라는 젊은이들이 있었어. 찰스가 리더였지만, 그 음악을 이뤄낸 친구들은 그 두 사람이었어. 그들은 재즈와 록을 넘나드는 엄청 리듬 위주의 음악을 구사했어. 찰스는 딱히 규정하기 힘든 연주자였지만 가볍고 흐르는 듯한 색소폰 사운드를 가졌고 키스와 잭이 그 아래와 주위에서 그 연주를 받쳐줬어. 그의 음악은 몇 년 동안 선풍적인 인기를 끌면서 많은 사람들의 주목을 받았지. 1967년 말이었나, 1968년 초였나, 우리 두 그룹은 빌리지 게이트의 프로그램을 양분하고 있었어. 진짜 발 디딜 틈 없이 꽉 찼었지. 나는 잭이 토니 자리를 메워줄 때부터 그를 알고 있었고, 찰스의 그룹이 시내에서 공연하면 가서 듣고 그랬어. 그런데 점점 자기 뮤지션을 훔쳐가려 한다고 나를 비난하기 시작하더군. 찰스의 인기는 그리 오래가지 않았지만, 그가 뜨던 그 시기 동안 돈을 많이 벌었어. 찰스는 부자가 돼서 요새는 부동산 매매를 한다지. 더 강력해진 거지 뭐.

1968년에 내가 진짜 귀담아 듣고 있던 음악은 제임스 브라운하고 위대한 기타리스트 지미 헨드릭스, 그리고 『댄스 투 더 뮤직』 *Dance to the Music*이라는 히트 음반으로 막 등장한, 샌프랜시스코 출신의 슬라이 스튜어트가 이끌던 새로운 그룹 슬라이 앤드 더 패밀리 스톤이었어. 걔네들 음악은 씨발 존나 죽였어. 모든 종류의 훵키한 것들을 다 모아놨잖아. 근데 베티 메이브리가 소개시켜줘서 내가 처음 빠지게 된 건 지미 헨드릭스였어.

지미를 처음 만난 건 그의 매니저가 내게 전화해서 내 주법과 음악 구성법을 지미에게 알려주면 좋겠다고 해서였지. 지미는 『카인드 오브 블루』를 비롯해서 내가 했던 몇 가지를 좋아했고 자기 음악에 재즈적인 요소를 더 많이 보태고 싶어 했어. 그는 콜트레인이 구사하던 특유의 '소리 다발'sheets of sound 주법을 좋아해서 그 비슷한 방식으로 기타를 연주했지. 게다가 내가 트럼펫 주법으로 활용했던 기타 보이싱도 귀에 와닿더라고 했고. 뭐 그렇게 우린 어울리기 시작했어. 베티가 그 음악을 진짜 좋아했는데, 나중에 알고 보니 육체적으로도 좋아했더라만, 암튼 지미가 가끔 찾아오게 됐어.

지미는 참 괜찮은 친구였어. 조용하고 진지했고, 사람들의 생각과는 전혀 달랐어. 이를테면 무대에서 보이는 야성적이고 기이한 이미지와는 정반대였지. 함께 어울리면서 음악 이야기를 하다 보니 그가 악보를 못 읽는다는 걸 알게 됐지. 1969년 어느 날이었을 텐데, 웨스트 77번가의 내 집에서 베티가 그를 위한 파티를 열었어. 나는 그날 밤 녹음 때문에 스튜디오로 가야 해서 파티에는 못 가고 그에게 읽어보라고 악보를 놔두고 나왔어. 나중에 그 음악 이야기를 좀 해보려고 했던 건데, 어떤 놈들은 남자를 위한 파티가 내 집에서 열리는 게 싫어서 그 파티에 내가 안 갔다는 거지 같은 기사를 썼단 말야. 순 뻥이야.

스튜디오에서 집으로 전화를 걸어서 악보는 좀 봤냐고 했더니, 그가 악보를 못 읽는다는 거야. 내가 알아왔고 함께 연주했던, 존경스럽고 위대한 수많은 흑백 뮤지션들이 악보를 못 읽어. 내가 그걸 가지고 지미를 무시했겠어? 지미는 타고난, 스스로 터득하는 위대한 뮤지션이었지. 누구하고 같이 있더라도 거기서 뭔가를 끌어낼 줄 알아, 그것도 진짜 빠르게. 딱 듣기만 하면 벌써 훤해. 얘기하다가 내가 "지미, 감화음 연주할 때는 말이야…" 뭐 이렇게 기술적인 것 따위를 말하다 보면 뭔가 멍한 표정이 되는데 그럼 난 "참, 그렇지, 까먹었어" 이러면서 피아노나 트럼펫으로 직접 연주해주면 씨발 진짜 존나 빨리 이해하더라구. 음악 듣는 귀를 타고난 거야. 그래서 난 그런 식으로 직접 연주해가며 그에게 알려줬어. 아니면 내 음반이나 트레인의 것을 틀어놓고 설명해주거나. 그러면 내가 말했던 걸 자기 앨범 안에 녹여내더라고. 대단해. 그는 나에게 영향을 줬고 나도 그에게 영향을 미쳤지. 위대한 음악은 언제나 바로 그런 식으로 만들어져. 서로에게 뭔가를 보여주고 바로 그 자리에서부터 움직여나가는 거 말이야.

지미는 저 깊은 산골에 살던 백인들의 힐빌리, 컨트리 음악하고도 가까웠어. 그가 자기 밴드에 영국 애들 둘을 둔 것도 그런 이

유였어. 많은 영국 백인 뮤지션들이 미국 힐빌리 음악을 좋아했었
거든. 내가 들은 그가 낸 최고의 사운드는 그가 버디 마일스를 드럼
에, 그리고 빌리 콕스를 베이스에 두었을 때야. 지미는 그 인디언 음
악 비슷한 거 아니면 기타와 함께 겹으로 들려주던 짧고 재미난 멜
로디† 따위를 연주했지. 난 그 겹 멜로디가 좋았어. 지미가 그 영국
백인 녀석들과 함께 하던 때는 항상 8분의 6박자로 연주했고, 바로
그 때문에 난 그의 사운드가 힐빌리처럼 들렸어. 딱 그 개념이었던
거지. 그가 『 밴드 오브 집시스 』*the Band of Gypsys*에서 버드와 빌리
와 연주하더니 자기 것이 확 나오더라구. 하지만 음반사와 백인들
은 밴드에 백인 애들이 있을 때 더 반겨. 걔들은 내가 『 쿨의 탄생 』
을 하던 9중주단 시절이나 길 에번스, 빌 에번스 같은 애들하고 앨
범 낸 거 가지고 말하는 걸 좋아하는데, 딱 그거야. 백인 것들은 항
상 흑인적인 것 안에 지들이 들어 있는 것을 보고 싶어 한다 이거야.
자기들도 그거 나오는 데 쫌 했다 이거지. 하지만 지미 헨드릭스도
나도 블루스에서 나왔어. 그래서 우린 곧바로 통하게 된 거야. 그는
훌륭한 블루스 기타리스트였어. 그와 슬라이 모두 타고난 위대한
뮤지션이야. 자기들이 들은 대로 연주하거든.

　　난 음악을 그렇게 해온 놈이야. 우선 내가 할 음악이 나한테 편
해야 돼. 그다음은, 거기에 맞는 뮤지션들을 찾아야지. 이런 과정을
통해서 난 다양한 사람들과 연주하면서 내 갈 길을 찾아나가. 나는
시간을 들여서 귀 기울여 듣고, 이 사람이 할 수 있는지 또는 없는지
느껴가며 되는 애들은 뽑고 안 되는 애들은 탈락시켜간다구. 해봐
서 나오는 게 없으면 지가 알아서 관둬. 그러
는 게 맞아.

　　1968년 말이었나, 우리 그룹이 깨졌어.
해달라는 공연도 하고 우리가 꾸리는 공연도

하고 그랬어. 적어도 허비, 웨인, 토니는 같이 했지. 하지만 론이 전기 베이스는 안 치겠다며 밴드를 아주 탈퇴해버리는 바람에 사실상 밴드가 깨진 거나 마찬가지가 됐어. 허비는 이미 「워터멜론 맨」 Watemelon Man을 녹음해놨었고 자기 그룹을 하고 싶다고 했어. 토니도 마찬가지였고. 그래서 둘 다 1968년 말에 그룹을 떠났지. 웨인은 몇 년 더 나와 함께 했고.

피차 서로 배울 게 많았던 훌륭한 경험이었어. 밴드가 영원히 언제까지나 함께 할 수는 없어. 그들이 떠났을 때 나는 힘들었지만, 정말로 우리 모두 다 앞으로 나아가야 했던 때였어. 우리는 서로에게 긍정적인 입장으로 헤어졌고, 그거면 됐지 뭘 더 바라.

1968년 7월 론 카터를 체코슬로바키아 출신의 젊은 베이시스트 미로슬라프 비토우시로 바꾸면서 내 밴드에 변화가 시작됐어. 스튜디오 일은 몇 개 남아 있었지만, 론은 클럽 일이 잡히는 실질적인 그룹은 그만뒀거든. 미로슬라프는 데이브 홀랜드를 구할 때까지의 일시적인 대타였어. 영국으로 건너가 공연을 하던 1968년 6월, 데이브의 연주를 들었는데 난 완전 뻑갔어. 론이 곧 떠날 것을 알았기 때문에 데이브에게 내 밴드 합류에 관해 이야기했어. 다른 일정이 좀 있더라고. 7월 말이 지나서 나는 런던으로 전화해서 합류해달라고 부탁했어. 할렘에 있는 카운트 베이시스 클럽 공연 때 그가 넘어와서 우리와 연주했어. 당시 내 관심은 전기 베이스 주자를 찾는 일이었는데, 그건 내 밴드에 그 사운드를 더해야 했기 때문이야. 데이브가 전기 베이스로 바꿔서 연주하고 싶어 할지는 잘 몰라서, 나는 내 밴드에서 계속 전기 베이스를 칠 사람을 찾아다니던 중이었지. 그치만 당분간 내가 잡아놓은 공연에서 그는 론을 대신할 수 있었고, 그렇게 되자 우리는 또 다른 다리를 건널 수 있었어.

나는 또 칙 코리아와 조 자비눌 모두를 그해에 한 녹음 중 일부에 피아노로 쓰기 시작했지. 그 기간에 피아노 주자 셋—허비, 조, 칙—을 두었어. 또 어떤 녹음 세션에서는 론과 데이브 두 명의 베이시스트를 기용했고. 가끔 토니 윌리엄스 대신 드럼에 잭 디조넷을 쓰기도 했어. 앨범 표지에 '음악 감독 마일스 데이비스'Directions in Music by Miles Davis라는 문구를 써넣어 '누가' 그 음악의 뒤에서 창조적인 감독을 하고 있는지 아무도 오해하지 않도록 했지.『콰이어트 나이츠』에서 테오 마세로가 그 짓을 한 이래로, 나는 내 이름을 걸고 내는 어떤 음반에서도 음악을 통제하고 싶었거든. 원하던 사운드가 점점 전자 악기를 많이 쓰는 방향으로 가고 있었는데, '음악 감독 마일스 데이비스'라는 문구가 그런 방향을 나타내는 감이 없지 않지.

조 자비눌이 캐넌볼 애덜리와 「머시, 머시, 머시 」Mercy, Mercy, Mercy에서 전기 피아노를 연주하는 걸 들었는데 소리가 참 좋더라고. 그래서 내 밴드에서도 그 소리가 나면 좋겠다 싶었지. 칙 코리아는 나와 연주하기 시작하면서 펜더 로즈† 전기 피아노를 쓰기 시작했고, 로즈를 접하자마자 거기 빠져들었던 허비도 마찬가지고였어. 어쨌든 허비는 항상 전자 장비를 좋아했으니까 물 만난 고기처럼 로즈에 익숙해졌어. 반면 칙은 애초에 로즈 연주에 자신 없어 했는데, 내가 다짜고짜 시켰어. 나중에 거기에 빠져들기 전까지는 내가 이 악기를 연주하라 마라 하는 걸 달가워하지 않았지만, 막상 나중에는 정말 좋아하게 됐고, 또 그걸 통해 명성을 얻었어.

아시다시피 펜더 로즈는 딱 한 가지 사운드를 가지고 있고 그 사운드가 곧 그 악기야. 그 이외의 사운드는 없어. 누구나 딱 들으면 아는 소리. 나는 길 에번스가 자기만의 편성으로 내는 소리가 미치도록 좋았거든. 소규모 밴드에서 길 에번스의 사운드를 얻고 싶었고 그러기 위해서는 그런

422

온갖 다양한 사운드를 얻을 수 있는 신시사이저 같은 악기가 필요했어. 신시사이저 소리를 들어보니 길이 빅밴드 보이싱에서 쓰는 베이스 라인을 적용할 수 있겠더라고. 그 위에 신시사이저로 화음을 얹을 수 있거든. 그렇게 하면 사운드가 좀 더 꽉 차 보였어. 그런 다음 그 라인을 베이스와 함께 연주하면 겹쳐진 베이스 리프를 얻을 수 있어. 이렇게 하니 보통 피아노가 있을 때보다 더 괜찮았어. 일단 그런 생각이 들었고, 그렇게 하면 내 음악이 어떻게 영향받는지 알게 되니까 더 이상 피아노가 필요 없었어. 많이들 이야기했던 것처럼, 내가 그냥 일렉트릭한 걸 해보고 싶어서 일렉트릭으로 갔다는 건 말이 안 돼. 그냥 보통 피아노로는 안 되지만 펜더 로즈로 낼 수 있는 소리, 그런 보이싱을 원했을 뿐이라구. 전기 베이스도 마찬가지야. 콘트라베이스 대신에 그 당시에 내가 듣고 싶었던 소리를 들려주더라 이거지. 뮤지션들은 자기가 속해 있는 시대를 가장 잘 반영하는 악기를, 듣고 싶은 것을 들려줄 수 있는 기법으로 연주해야 해. 순수주의자들은 전자 악기가 얼마나 음악을 망칠 것인지 떠벌였지만, 나쁜 음악이 음악을 망치는 것이지, 뮤지션들이 연주하려고 택한 악기가 그러는 건 아니야. 제대로 연주할 훌륭한 뮤지션만 있다면 전자 악기에는 아무런 잘못이 없지.

1968년 8월 허비가 밴드를 떠난 뒤 칙 코리아가 그의 자리를 대신했어. 생각해보니 토니가 그를 추천했던 것 같아. 둘 다 보스턴 출신이었고, 그 동네에서부터 알고 지냈으니까. 칙은 스탄 게츠와 작업했었고, 내가 같이 일해보자고 했던 시절엔 세라 본과 일하고 있었어. 1969년 초쯤 잭 디조넷이 토니 대신 드럼을 치게 됐고, 이제 우리는 나와 웨인을 제외하면 새로운 밴드였어. 물론 허비와 토니는 나와 계속 음반을 만들어갔지만.

1969년 2월에 우리는 스튜디오로 들어갔어. 웨인, 칙, 허비,

데이브, 드럼에 잭 대신 토니(내가 토니의 사운드를 원했기 때문에), 조 자비눌, 그리고 내가 합류시킨 존 매클로플린이라는 또 다른 젊은 영국 출신 기타리스트가 멤버였지. 그는 토니 윌리엄스의 새 그룹인 라이프타임에 합류하러 와 있던 중이었어. 오르간을 치는 래리 영도 있던 밴드 말이야. 토니와 내가 영국에 갔을 때 데이브 홀랜드가 우리에게 존을 소개시켜줬어. 거기서 그의 연주를 처음 들었지. 그 후 데이브가 토니에게 존이 연주한 테이프를 빌려줬고, 토니가 그걸 나한테 들려줬어. 카운트 베이시스 클럽에서 나는 그와 토니의 연주를 들었는데, 새끼 존나 잘하더만. 그래서 날 한번 잡자고 했지. 그랬더니 자기가 오랫동안 내 음악을 들어왔는데 자기 우상 중 한 명과 스튜디오로 들어가는 게 뭔가 부담스럽다는 거야. 난 이렇게 말해줬어. "그냥 편안하게 마음먹고 카운트 베이시스 클럽에서 했던 대로만 하면 다 잘될 거야." 그랬더니 그렇게 하더라고.

그게 『인 어 사일런트 웨이』의 레코딩 세션이야. 자비눌한테 음악을 좀 가져오라고 했어. 난 걔 곡들이 좋았거든. 그는 「인 어 사일런트 웨이」라는 곡을 가져왔고 그게 이 앨범의 타이틀곡이 됐지. 앨범의 다른 두 곡은 내가 썼고. 1968년 11월에 있었던 레코딩 세션에서는 조가 쓴 「어센트」Ascent와 「디렉션스」Directions라는 두 곡을 더 녹음했어. 「어센트」는 「인 어 사일런트 웨이」와 매우 유사한 시적인 곡이었지만, 약간은 덜 강렬했달까. 조가 「인 어 사일런트 웨이」를 가져왔을 때 이미 걔가 뭘 하자는 건지 알아봤는데 이번에는 좀 더 잘 짜 왔더라고. 그 세션을 위해 내가 쓴 「스플래시」Splash 같은 곡을 들으면 내가 더 리드믹한 블루스-훵크 사운드 쪽으로 가고 있는 게 보일 거야. 우리는 조가 가져온 「인 어 사일런트 웨이」를 죄다 바꿨어. 코드를 확 줄였고 멜로디만 따서 써먹었지. 더 록 음악 같은 사운드를 만들고 싶었거든. 리허설할 때는 조가 썼던 대로 연주했는데, 코드들이 장황하고 그래서 좀 별로였어. 조가 쓴 멜로디는 아름답게 들리는데, 다른 부분이 어수선해서 그게 가려지더라고. 녹음에 들어가서 나는 코드 악보를 던져버리고 모두에게 멜로디만, 그냥 코드 없이 쭉 연주하라고 일렀어. 이런 식의 작업 방식에 다들 놀라는 기색이었지. 일찍이『카인드 오브 블루』시절에 한 번도 들어보지 않은 음악을 가지고 스튜디오에 들어가 녹음한 후부터, 훌륭한 뮤지션이라면 말이야, 그때나 이번이나 다 훌륭한 애들이잖아, 이런 상황이 닥치면 자기 능력 이상으로 할 수 있다는 걸 난 알아. 바로『인 어 사일런트 웨이』에서 내가 딱 그렇게 한 거야. 그랬더니 아름답고 신선한 음악이 나오잖아.

조는 내가 자기 작품을 주무르는 걸 탐탁지 않게 여겼어. 아마 지금까지도 그럴걸. 근데 결과적으로 잘됐잖아. 그거 말고 뭐가 더 중요해. 오늘날 많은 사람들은 조의 곡을 고전으로, 그리고 퓨전의 시작으로 여겨. 내 생각엔 말야, 조가 했던 방식 그대로 그 곡을 내버려두었다면, 앨범이 나오고 그렇게까지 칭찬받지는 못했을 거야. 그러니까『인 어 사일런트 웨이』는 조와 나의 합작품인 거야. 나의 이런 작업 방식을 좋아하지 않는 사람들도 있어. 어떤 뮤지션들은 때로 내가 자기들을 충분히 믿지 않는다고 느껴. 하지만 나는 항상 나를 위해 일했던 사람들을 믿으려 했어.『인 어 사일런트 웨이』앨범에 '편곡 마일스 데이비스'라고 쓰는 바람에 애들이 화를 내고 돌아다녔지만, 내가 편곡한 거 맞아. 그런 식으로 내가 음악을 바꾼 거야.

『인 어 사일런트 웨이』를 끝낸 후, 나는 밴드를 데리고 순회공연을 다녔어. 이제는 웨인, 데이브, 칙, 잭 디조넷이 내 정규 밴드 멤버였어. 공연 씨발 존나 좋았는데 아, 이거 라이브로 녹음했어야 하는데. 칙 코리아도 그랬고 또 다른 애들도 몇 개는 녹음했던 거 같은

데, 씨발 컬럼비아는 이 좋은 걸 다 날려먹었어.

우리는 봄 내내 투어를 다녔어. 8월에 스튜디오로 다시 들어가 『비치스 브루』*Bitches Brew*를 녹음하기 전까지 계속 다녔지.

1969년에는 록과 휭크가 날개 돋친 듯 팔렸고, 우드스톡이 완전 대박이었지. 이 페스티벌에 40만 명 이상이 왔으니까. 그 많은 사람들이 공연장에 한꺼번에 있잖아? 그럼 다들 미쳐. 특히 음반 제작자들은 더 미쳐. 야, 이거 어떻게 하면 저 많은 애들한테 계속 음반을 팔지? 머릿속에는 이런 생각뿐이지. 지금까진 못 팔았다 쳐. 그럼 이제 뭘 해야 그렇게 될까? 뭐 이런 거지.

딱 이게 음반회사 주변의 분위기였어. 그와 동시에, 사람들은 스타들을 자기 눈으로 직접 보고 들으러 스타디움을 가득 메우고 있었어. 그 와중에 재즈 음악은 음반 판매와 실황공연 면에서 시들어가는 중이었고. 내가 공연장마다 전부 매진을 못 시킨 건 그 오랜 세월 동안 그때가 처음이었어. 유럽에서는 항상 매진이었지만, 1969년에 미국에서 클럽 공연을 하면 반밖에 안 차 있는 경우가 허다했어. 이런 게 내게 뭔가를 말해주더라고. 내 음반 판매량을 말이야, 밥 딜런이나 슬라이 스톤의 판매량하고 나란히 놓고 비교해보잔 말이야. 상대가 안 돼. 그들의 판매고는 하늘을 찔렀어. 클라이브 데이비스가 컬럼비아 레코드의 사장이던 시절, 1968년에 블러드, 스웨트 앤드 티어스가 계약했고 1969년에는 시카고라는 그룹과 계약했어. 그는 컬럼비아를 미래로 인도하려 했고 그 모든 젊은 음반 구매자들을 끌어모으려 했던 거야. 처음엔 좀 껄끄러웠지만 알고 보니 골수 사업가가 아니라 예술가처럼 생각하더라구. 그래서 클라이브하고 나중엔 사이좋게 지냈어. 그는 지금 벌어지고 있는 일들을 알아보는 센스가 있었어. 보통 내기가 아니었던 거지.

그는 나에게 젊은 층의 시장에 좀 접근해보라며 변화에 대해 말하기 시작했어. 새로운 청중에게 접근할 수 있는 방법 중 하나가 애들이 다니는 필모어 같은 공연장에서 연주하는 거다, 이런 제안을 하더라고. 처음 이야기할 때는 나 마일스가 말이야, 컬럼비아를 위해 했던 모든 일을 싸그리 무시하는 거 같아서 열이 치받더라. 그에게 다른 레코드사를 찾아서 녹음하겠다고 말한 뒤 가만히 지켜봤지. 그런데 나를 안 놓더라고. 서로 좀 으르렁댔지만 곧 진정됐고 다시 괜찮아졌어. 나는 모타운 레코드로 옮겨볼까 하는 생각을 잠시 하던 참이었거든. 걔네들이 하던 게 맘에 들었고, 내가 하려던 걸 더 잘 이해할 수 있을 것 같아서 말이야.

근데 클라이브가 진짜 싫어한 건 내가 선금을 땡길 수 있게 해놓은 계약이었어. 나는 돈이 필요할 때마다 컬럼비아에 전화만 걸면 선금을 받을 수 있었거든. 클라이브 생각에는 내가 그런 대우를 받을 만큼 잘 팔리진 않았던 모양이야. 지금 와서 돌이켜보면 뭐 그 사람이 맞겠지. 그런데 그건 순전히 사업가의 입장에서만 그랬지, 예술적인 입장에서는 아니올시다야. 내 느낌에는 컬럼비아에서 그러는 게 맞다고 봤어. 내가 앨범을 내면 6만 장 정도가 팔리는데, 그거면 다음 앨범이 나오기에는 사실 충분하거든. 그런데 걔들 생각엔 계속 나한테 선금을 땡겨줄 정도는 아니라는 거야.

이게 『비치스 브루』 앨범을 녹음하기 직전의 컬럼비아와 나 사이의 분위기였어. 그들은 내가 기념물이 되거나 기껏해야 컬럼비아의 클래식 리스트에나 오르는 것으로 만족하지 않는다는 걸 이해하지 못했지. 나는 내 음악을 통해 미래로 향하는 길을 봤고, 내가 항상 해왔던 대로 그것을 얻으려 애썼어. 그건 컬럼비아를 위해서도, 음반 판매나 젊은 백인 음반 구매자들을 모으기 위해서도 아니었어. 나는 나 자신을 위해서, 나만의 음악에서 필요한 것들을 얻기 위해서 가고자 했을 따름이었어. 나 자신이 경로를 바꾸고 싶었고, 내가 스스로 내 음악을 계속 믿고 사랑하려면 그 경로를 바꿔야만 했다구.

1969년 8월에 스튜디오로 들어갈 무렵, 난 록 음악과 펑크 말고도 조 자비눌과 캐넌볼이 「컨트리 조 앤드 더 프리처 」Country Joe and the Preacher 따위를 하는 것도 듣고 있었어. 그리고 나는 런던에서 폴 벅마스터라는 또 다른 영국인 녀석을 만났던 터였어. 그에게 시간 될 때 건너 와서 앨범 제작을 도와달라고 부탁했어. 그가 그 당시 연주하던 것이 좋았거든. 나는 피아노 세 대를 놓고 몇 개의 단순한 코드 변화만으로 곡을 쓰는 실험을 하고 있었어. 단순하게 하는 거 말이야. 재미난 건 그때 스트라빈스키가 어떻게 해서 단순한 형식으로 되돌아갔는지를 생각하곤 했다는 거지. 그래서 다운 비트 하나에 코드 하나, 그리고 베이스 라인, 그런 식으로 곡을 써놓고 계속 연주를 하면, 할수록 매번 달라진다는 걸 알게 됐어. 코드 하나 치고 한 번의 휴지, 그다음에 또 코드 하나, 뭐 그렇게 해놓고 연주하잖아? 그러면 치면 칠수록 계속 달라지더라 이거야. 1968년 내가 칙, 조, 허비하고 녹음하던 중에 그런 일이 벌어지기 시작했어. 이게 『인 어 사일런트 웨이』의 세션까지 계속됐지. 그다음 나는 더 큰 것, 즉 작품의 뼈대에 관해 생각하기 시작했어. 코드 하나가 두 비트를 가게 하고 그다음 두 비트는 비워놔. 아니면 하나, 둘, 셋, 따단, 뭐 이렇게 네 번째 박에 강세를 주는데 코드 세 개를 첫 번째 마디에 치든가. 어쨌든 나는 뮤지션들에게 니들 맘대로, 들은 대로 연주해봐라, 그렇지만 니들의 라인이 코드를 이루는 거다, 그랬던 거야. 그들은 뭘 할지 알았고 바로 그렇게 하더라고. 그렇게 코드 톤이 나왔고, 그러면 뭔가 두텁게 합쳐진 사운드가 됐지.

나는 리허설할 때 애들한테 그렇게 일러준 다음 『카인드 오브 블루』나 『인 어 사일런트 웨이』에서 했던 것처럼 아무도 본 적이 없는 음악적인 스케치를 내놓았어. 녹음이 있던 날 우리는 아침 일찍 52번가의 컬럼비아 스튜디오로 들어갔고 하루 종일 녹음했어. 8월의 어느 사흘 동안 했지. 나는 그 음반의 프로듀서였던 테오 마세로에게 그냥 테이프를 돌리고 우리가 연주하는 모든 것을 녹음하라고 했어. 그냥 '전부' 녹음하고 괜히 뭘 물어본답시고 들어와서 끊지 말라고 했어. "그냥 부스에 앉아서 소리나 잘 받을 생각만 하쇼." 이게 내가 그에게 한 말이야. 그렇게 하더라고. 좆도 망치거나 그러지 않고 그냥 모든 걸 녹음했어. 그것도 정말 잘.

그래서 연주가 시작된 후 나는 지휘자처럼 통솔할 수 있었어. 음악이 점차 무르익어 윤곽이 잡혀감에 따라 어떤 사람에게는 바로 곡을 써주기도 하고, 어떤 사람에게는 다르게 연주해보라고 하기도 하고. 느슨한 동시에 엄격했지. 편했지만 주의를 요하는 일이었고, 모두 그 음악에서 드러나는 다양한 가능성들에 주의를 기울이고 있었어. 음악이 전개됨에 따라 뭘 확장하고 뭘 줄여야 할지가 귀에 들어왔지. 그렇게 그 녹음은 창조적인 과정의 전개, 즉 살아 있는 작곡이었어. 마치 푸가처럼 짤막한 모티프를 바탕으로 서로가 주고받는 식이었지. 그것이 어떤 지점까지 전개되고 난 후, 나는 베이스 클라리넷의 베니 모핀 같은 특정한 뮤지션을 불러들여서 뭔가를 연주해보도록 하기도 했어. 세션 과정 전체를 녹화할 생각을 했더라면 좋았을걸. 틀림없이 엄청났을 텐데 말이야. 풋볼이나 농구의 리플레이 장면처럼 무슨 일이 일어났나 구경하는 게 재밌었을 거야. 가끔은 테오에게 그냥 테이프를 돌 게 놔두는 대신에 방금 한 걸 들을 수 있도록 테이프를 되감아보라고 했어. 듣다가 어느 지점에서 내가 다른 걸 하고 싶어지면 그냥 뮤지션들을 데리고 들어가 그렇게 하곤 했지.

정말 대단한 레코딩 세션이었어. 내 기억으로는 전혀 문제점이 없었어. 3일 내내, 마칠 때쯤이면 다들 들뜬 상태가 되곤 했어. 마치 그 옛날 비밥 시절에 민턴스에서 하던 옛날 식의 잼 세션 비슷하게 말이야.

『비치스 브루』의 방식이 클라이브 데이비스나 테오 마세로의 아이디어라고 글을 쓴 사람들이 있는데, 거짓말이야. 우리가 한 것 중에 아무것도 그들과는 관계가 없다구. 또 그 짓인 거야. 백인들은 이 음반이 획기적인 개념이었고 매우 혁신적이라는 건 알아가지고 그럴 만한 자격도 없는 다른 백인들에게 명성을 넘겨주려 한 거야. 항상 그래왔던 대로, 이미 일어난 일인데 역사를 다시 쓰려는 수작이지.

우리가 『비치스 브루』에서 했던 건 절대로 오케스트라가 연주하도록 각색할 수가 없어. 미리 곡을 다 써놓지 않은 건 내가 몰라서가 아니라 이유가 있어. 미리 좆빠지게 편곡해놓은 곡에서가 아니라 연주 과정 속에서 내가 원하던 바가 나오리라는 걸 나는 알고 있었어. 이게 바로 즉흥연주라는 것이고 그 덕에 재즈가 그렇게 멋진 거 아니겠어. 상황이 바뀌는 때마다 뭔가에 대한 전체적인 태도도 바뀌게 마련이고, 뮤지션은 모든 게 다 정해져 있지 않으니 매번 다르게 연주할 거 아냐. 뮤지션의 태도가 바로 그가 연주하는 '음악'인 거야. 캘리포니아에서는 해변가로 나가면 고요함과 해안에 부딪히는 파도 소리가 있지. 뉴욕에서는 경적을 울리는 자동차들과 쉴 새 없이 수다를 떠는 거리의 사람들 뭐 그런 소리를 접하게 되고. 캘리포니아는 부드러워. 거리에서 사람들이 얘기하는 소리도 잘 안 들려. 거긴 햇빛과 운동, 해변에서 기막힌 몸매와 예쁘고 긴 다리를 뽐내는 아름다운 여자들의 고장이야. 거기 사람들은 항상 햇빛 속으로 나다녀서 피부색이 있지. 뉴욕 사람들도 외출하지만 그건 좀 달라. 내면적인 것이거든. 캘리포니아는 외향적이고 거기서 나오는 음악은 그 탁 트인 공간과 무료 고속도로 등으로 인해 뉴욕에서 나오는 음악에서 들을 수 없는 것을 반영하지. 더 강렬하고 역동적이야.

『비치스 브루』를 끝내고 나서, 클라이브 데이비스를 통해 샌 프랜시스코의 필모어 웨스트와 뉴욕 시내의 필모어 이스트를 소유한 빌 그레이엄를 소개받았어. 빌은 우선 샌프랜시스코에서 그레이트풀 데드하고 우리가 같이 공연하기를 원해서 하자는 대로 했지. 한 5,000명쯤 됐나. 거의 젊은 백인 히피들뿐이어서 나로서는 눈이 휘둥그래질 만한 공연이었어. 내 음악을 한 번도 안 들어봤거나, 거의 들은 적이 없는 애들이었지. 우리가 그레이트풀 데드의 오프닝을 했는데, 우리 전에 또 다른 그룹이 무대에 서더라고. 거긴 정말 4차원으로 오방 간 백인들이 가득한 곳이었어. 우리가 연주를 시작하니까 처음에는 떠들며 여기저기 돌아다니고 그러더니, 『스케치스 오브 스페인』 같은 걸 좀 하다가 쌩 『비치스 브루』로 넘어가니까 완전 뻑이 가더라구. 그 공연을 한 다음부터는 내가 샌프랜시스코의 그 공연장에서 연주할 때마다 젊은 백인들이 많이 몰려들었어.

그다음에 빌은 우리를 뉴욕으로 데려가 필모어 이스트 공연을 잡아줬지. 로라 나이로가 같은 날 공연하는 일정이었어. 거기 가기 전에 빌은 탱글우드†에서 카를로스 산타나와 보이시스 오브 이스트 할렘이라는 그룹과 우리를 묶어서 공연을 잡더라고. 우리가 좀 늦었어. 나는 내 람보르기니를 몰고 갔고. 그래서 더 기억나. 도착해보니 야외 공연이었는데 비포장도로가 나오더라구. 먼지를 있는 대로 날리며 갔어. 그 먼지 구름 속에서 차를 세웠는데 빌이 걱정으로 발을 동동 구르며 나를 기다리고 있었어. 나는 가죽 롱코트 차림으로 차에서 내렸어. 열이 받을락 말락 하는 표정으로 날 째려보는데

<hr>

† 탱글우드는 메사추세츠주 서쪽에 있는 야외 공간으로, 음악 공연, 축제 등 다양한 문화 행사가 열리는 것으로 유명하다.

이렇게 말했지. "뭐야, 빌? 이 차에서 다른 사람이 내릴 줄 알았나요?" 그랬더니 갑자기 껄껄 웃더군.

그 시기에 빌이 잡아준 그 공연들은 내 청중을 늘리는 데 효과가 있었어. 우리는 다양한 부류의 사람들 앞에서 연주했지. 로라 나이로와 그레이트풀 데드를 보러 왔던 사람들은 나를 들으러 온 사람들 일부와 완전히 뒤섞였어. 모두에게 다 괜찮은 일이었지.

빌과 나는 괜찮게 지냈지만, 빌은 존나 뼛속까지 지독한 사업가인데 나는 염병 사업 따위 좆까라는 식이잖아. 그래서 가끔 의견이 안 맞긴 했어. 가끔은 부딪혔지. 한 번은 아니고 몇 번 그랬지 아마. 1970년 필모어 이스트에서 스티브 밀러라는 후져빠진 놈의 오프닝을 하던 기억이 나. 크로스비, 스틸스, 내시 앤드 영도 같이 했던 거같은데, 걔들이 좀 낫드라. 어쨌든 한두 장 후진 음반을 냈다고 내가 그 씨발 연주도 못하는 좆도 아닌 스티브 밀러 같은 새끼의 오프닝을 해? 이건 아니지 싶어서 뚜껑이 열리더라고. 그래서 난 그냥 슬슬 늦게 나갔지. 그러니까 걔가 하는 수 없이 먼저 무대에 서야 했고, 그다음에 우리가 무대에 서면 그 씨발놈의 공연장이 후끈 달아올라 김이 무럭무럭 나게 했고 모두들 완전 뻑가버렸지. 빌까지도!

내가 며칠을 계속 그랬더니, 늦게 갈 때마다 빌이 그건 예술가에게 무례한 짓이라는 식의 얘기를 하더라고. 마지막 날 밤에도 난 똑같은 짓을 했지. 도착했더니 보통 안에서 기다리던 빌이 그날은 필모어 '밖에' 서 있더라고. 아, 엄청 화가 났구나 싶더군. 그러더니 또 그 '무시' 운운하는 헛소리를 내 앞에서 늘어놓으려고 하는 게 아니겠어. 나는 그냥 그를 꼬나보며 존나 침착하게 이렇게 쐐붙였어. "아가야, 걔네들은 다른 날처럼 잘만 하던데 왜 이러셔 응?" 그다음에 우리가 무대에 올라 완전 작살을 내놨기 때문에 빌도 뭐 할 말이 있어야지.

그 공연을 하고 난 다음, 아니 하던 중에도 나는 록 뮤지션들은 거의가 다 음악을 전혀 모른다는 걸 깨닫기 시작했어. 그들은 공부도 안 했고, 다른 스타일로 연주하지도 못하고, 악보 못 읽는 건 더 말할 필요도 없고. 하지만 어떤 특별한 사운드로 대중이 듣고 싶어 하는 걸 주기 때문에 인기가 있었고, 음반도 많이 팔고 그러는 거잖아. 그러니까 쟤네들이 저렇게, 지들이 뭐 하는지도 잘 모르면서 음반도 많이 팔고 잘나가는데 나라고 못 할 게 뭐 있나, 잘하면 잘했지, 뭐 이런 생각이 드는 거야. 나는 맨날 하는 나이트클럽 대신 더 큰 홀에서 연주하는 게 더 좋았어. 돈도 더 많이 벌고 더 많은 청중 앞에서 연주할 수 있으니까. 연기가 자욱한 나이트클럽에서 겪는 짜증 나는 일들도 없었고.

그레이트풀 데드를 만난 건 빌을 통해서였어. 기타리스트 제리 가르시아와 나는 뜻이 아주 잘 맞았고, 서로 좋아하는 음악 이야기를 하며 서로 배우고 조금 성장하기도 했지. 제리 가르시아가 재즈를 좋아하더라고. 내 음악이 좋아서 오랫동안 들어왔다는 거야. 그는 오넷 콜먼이나 빌 에번스 같은 다른 재즈 뮤지션들도 좋아했고. 로라 나이로는 무대 밖에서 매우 조용한 사람이었는데, 내가 뭔가 좀 겁먹게 했나 봐. 돌이켜보면, 빌 그레이엄이 그 공연들을 통해 음악을 위해 뭔가 중요한 기여를 했다고 봐. 다양한 많은 사람들이 보통 때라면 귀 기울이지 않을 다채로운 음악을 들을 수 있도록 모든 것을 터놓은 거 같아. 나는 빌과 다시 마주칠 일이 없다가, 1986년인가 87년에 국제사면위원회를 위한 공연 때 만났지.

그 무렵에 우리가 공연할 때 오프닝 무대에 몇 번 섰던 리처드 프라이어라는 젊은 흑인 코미디언을 만났어. 진짜 개웃긴 새끼였지. 당시 아직 인기는 없었지만, 그가 대스타가 될 거라는 게 보이더라구. 뼛속까지 느낄 수 있었지. 나는 빌리지 게이트에 우리 밴드 공연을 예약하고 리처드가 우리를 위해 오프닝을 하도록 고용했어. 어디서 처음 이 친구 무대를 봤더라, 그건 잊어버렸는데, 아무튼 나는 이 새끼가 얼마나 대단한지 사람들에게 알려주고 싶었어. 내 주머니에서 직접 돈을 꺼내서 줬고 내가 전부 기획했어. 두 주 정도 주말 공연을 했나 그랬을 텐데, 우리하고 리처드가 거길 완전 날려버렸어. 리처드가 공연의 문을 열면 시타르 주자에게 인도 음악을 좀 연주하게 했고 그다음 내 밴드가 무대에 섰어. 대성공이었고, 그걸로 돈도 좀 벌었지. 리처드와 나는 그 후로 좋은 친구가 됐어. 우리는 함께 어울려 약에 뻥 가면서 즐거운 시간을 보내곤 했지. 보통 코미디언들은 무대에서 내려오면 별로 웃기질 않는데 리처드는 무대 위에 있으나 밖에 있으나 웃겼지. 레드 폭스도 그랬고. 리처드는 당시 마땅한 거처가 없어서 순회공연을 나갈 때면 내 집에 자기 아내를 남겨두었어. 진짜 웃긴 사람이었지, 리처드, 그때나 지금이나, 무대 위에서나 아래에서나.

시카고 공항을 지나다가 빌 코스비를 만난 것도 그 무렵이었어. 나중에 서로 알게 되어 가까운 친구가 됐는데, 빌이 그전에 필라델피아에서 내 쇼를 보러 와서 나하고 인사했다고 하더라고. 내가 자기 삶에 큰 영향을 줬다면서 말이야. 그런데 난 그때 만난 건 기억이 안 나. 당시 그는 TV 시리즈 「아이 스파이」I Spy에 출연하면서 대스타가 됐지. 나는 그의 연기를 보는 게 좋았어. 그래서 우리가 공항에서 마주쳤을 때 그렇게 말했지. 그랬더니 이런 대답을 했던 게 기억나. "고마워요, 마일스, 그런데 극이 끝나기 전에 여자 배우 하고 붙는 신이 있으면 좋겠지만 그래 주질 않는단 말야. 백인들은 꼭 흑인들이 잠자리를 같이 한다거나 사랑을 하지 않는 것처럼 군다는 거지. 지들만 하나? 딱 한 번이라도 러브 신을 찍어봤으면, 키스 신이라도 한번 맡겨주지 말이야…." 그게 다였어. 그리고 그도 나도 비행기를 타러 가느라 헤어졌지. 난 속으로 생각했어. 그래 맞아, 하지만 끝내 그 기회는 없을걸.

음악 일은 아주 잘 돌아가고 있었지만, 아내 베티와의 관계는 그리 좋지 못했어. 그녀가 거짓말을 하기 시작했고 돈도 자기가 받으려고 들더라구. 우리가 순회공연을 나가면 그녀는 여기저기 서명을 하고 다녔어. 그래, 친구랑 호텔에서 논 다음 내 이름으로 청구서에 사인하는 거 말이야. 그녀는 점점 골칫덩어리가 됐지. 내 변호사 해럴드 러빗은 당시 술을 너무 많이 마셨고, 그래서 예전처럼 친하지는 않았어. 새끼가 좆같이 굴었지만 아무도 지켜주지 않을 때 나를 지켜줬기 때문에 나는 그에게 충실했었는데, 그즈음 그놈이 내 신경을 긁기 시작했지. 그는 베티를 싫어했고, 내가 그녀와 지내는 이유는 그녀가 프랜시스를 닮았다는 것뿐이라고 말하곤 했어. 그렇긴 했어. 방 저쪽에서 쳐다보면 더 그랬지. 그는 내가 겨우 그것 때문에 그녀와 지낸다고 생각했는데, 그게 딱 맞는 말일 거야. 그는 그녀가 기품이 없고 그냥 나를 이용하고 있다고 봤는데, 이게 맞아 돌아가는 거야. 적어도 이번만큼은 그가 맞았지.

『비치스 브루』를 끝내고 나서 1969년 늦여름 유럽에 공연하러 갔을 때가 기억나. 빌 코스비와 그의 아내 카밀을 우연히 만났어. 앙티브 공연이었나 그랬을 텐데, 아마 빌은 휴가를 왔던 모양이야. 그가 카밀하고 공연에 와서 끝나고 다들 어느 클럽에 갔어. 빌과 카밀이 플로어에서 춤추고 있었고 베티는 약발이 한껏 올라 어떤 프랑스 놈과 춤을 추고 있었지. 카밀은 농구 골 네트처럼 구멍이 숭숭 뚫린 아름다운 하얀 레이스 점프 수트를 입고 있었어. 다들 춤추고 잘 노는데, 베티가 여기저기 헤집고 다니며 춤추고 법석을 떨다가 그만 자기 구두의 힐로 카밀의 옷 아랫부분의 구멍을 밟는 바람에 옷을 씹창내버린 거야. 그래놓고도 지가 그랬는지 알지도 못해요. 나중에 자기가 한 짓이라는 걸 알고 사과하고 어쩌고… 나는 빌에게 물어주겠다고 했지. 빌 부부는 베티 때문에 내심 기분이 상해서 그냥 실수였는데 뭘 그러냐며 내 말은 들은 척도 안 하더라고. 이 일 때문에 베티가 제어 불능 상태인 걸 알았고, 씨발 난 그거 때문에 존나 쪽팔려서 얼굴을 못 들겠더라고.

맞아. 베티는 너무 어렸고 내가 여자에게 기대하는 것과 달리 너무 거칠었어. 나는 온갖 상황에 잘 처신할 수 있는, 프랜시스나 시슬리처럼 멋지고 유행에 밝고 우아한 여자들에게 익숙했거든. 베티는 씨발 존나 탁월한 자유로운 영혼이었고 로커였고 다른 종류의 일에 익숙한 거리의 여자였어. 천박하고 색만 열라 밝히는 여자였던 거야. 처음 만났을 때는 몰랐어. 알았다 해도 별로 신경을 안 썼나 봐, 내가. 그런데 하는 짓거리가 맨날 그랬고 그보다 더한 일도 있고 해서 넌더리가 나기 시작했어.

빌과 카밀과 헤어진 뒤, 나는 마침 「골든 보이」의 런던 공연을 시작한 새미 데이비스 주니어를 만나러 런던으로 넘어갔어. 또 폴 로브슨†도 만났지. 나는 그가 미국으로 돌아오기 전까지, 영국에 갈 적마다 그를 만나러 갔었지. 나는 아주 기품 있는 사람들과 어울리고 있었지만, 베티는 그런 사람들 주변에서 편하질 않았어. 그녀는 로커들만 좋아했어. 뭐 그것도 멋지긴 해. 하지만 내게는 뮤지션 친구들만 있는 게 아닌데 베티가 그런 사람들을 상대하지 못하니까 우리는 서로 멀어져갔지.

나중에 뉴욕에서 나와 자고 싶어 하던 아름다운 스페인 여자를 만나가지고 그녀 집으로 갔는데, 그 여자가 그러더라. 베티한테 남자 친구가 있다고. 그게 누구냐고 물었더니 "지미 헨드릭스"라는 거야. 이 여자는 금발 미녀였는데, 존나 끝내

† 베이스 바리톤 가수이자 프로 풋볼 선수, 배우. 1930년대에 이른바 '할렘 르네상스'의 주요 인물로 흑인인권운동의 선구자 중 한 사람이다.

주는 애였어. 그녀가 옷을 벗자 기다리기 힘든 몸이 나오더군. 난 이렇게 말했어. "베티가 지미 헨드릭스랑 떡친다고? 그건 걔네들 일이니까 난 상관 안 하겠어. 너랑도 상관없잖아. 우리하곤 아무 상관없는 일이라구." 그랬더니 베티가 자기 남자랑 떡을 치니까 난 너와 자겠다, 뭐 이러는 게 아니겠어. 그래서 이렇게 말해줬지.

"그건 아니지. 난 그런 것 때문에 떡치지 않아. 너랑 나랑 자는 건 그냥 서로 꼴리니까 하는 거야. 베티가 지미랑 잤으니까 나를 먹겠다? 그건 아니라구."

그녀는 옷을 입었고 우리는 그냥 얘기만 했어. 내 말에 완전 엿먹은 거지. 워낙 예뻤으니 남자들이 자기를 가져보려고 그냥 굴복하는 게 익숙해진 여잔데, 난 그렇지 않거든. 단지 여자가 예쁘다는 것만으로는 아무런 의미가 없어. 절대 그런 적이 없었어. 주위에 항상 예쁜 여자들이 있었지만, 나는 자기가 예쁘다는 생각 말고 다른 게 있는 여자들에게만 끌리더라구.

그 후로 베티와의 관계는 내리막길이었어. 이미 알고 있던 그녀와 지미 사이의 일을 얘기하고 이혼을 요구했어. 이혼 통보를 하니까 이렇게 나오는 거야. "응? 아니, 그렇지 않을걸. 나같이 예쁜 여자를 포기하고 싶지 않잖아?"

"오 그래? 이년아, 그래, 그래도 이혼할 거다, 벌써 서류도 써놨어. 뭐가 너한테 이로울지 생각해봐, 서명하는 게 나을걸!" 베티가 이혼 서류에 서명하고, 그게 끝이었어.

베티와 헤어진 건 1969년이지만, 파탄 지경이었던 그전부터 나는 이미 아름답고 훌륭한 여자들을 만나고 있었어. 내 인생에 큰 영향을 준 마그리트 에스크리지와 재키 배틀, 둘을 동시에 사귀었어. 다들 건강식품 등에 관심이 있는 영적인 여자들이었고, 정말 조용했지만 자존감이 충만한 강인한 여자들이었어. 게다가 내가 스타라서가 아니라 순수하게 나에게 관심이 있어서 가까워진, 진짜 괜찮은 사람들이었어. 베티는 육체적으로는 아름다웠지만, 한 인간으로서 자신에 대한 어떤 확신도 없었어. 그녀는 뮤지션을 따라다니는 고급 그루피였고 상당한 재능을 타고났는데도 자기 재능을 믿지 못했지. 재키와 마거리트에겐 그런 문제가 없었고, 그래서 나는 그들과 있는 게 편했어.

어느 공연에선가 청중에 마거리트가 있는 걸 처음 봤고, 사람을 시켜서 얘기하고 싶으니 한잔 사겠다고 전했어. 뉴욕의 나이트클럽, 아마 빌리지 게이트나 빌리지 뱅가드였을걸. 1969년 초였고. 마거리트는 내가 본 가장 예쁜 여자들 중 한 명이었어. 곧 그녀와 사귀기 시작했어. 그녀는 나를 독차지하고 싶어 했고, 예외적인 관계를 원하더라구. 난 하는 수 없이 재키와의 관계를 따로 유지해야 했어. 마거리트가 모르도록. 우리는 4년 정도 띄엄띄엄 만나다가, 잠시 내가 웨스트 77번가에 가지고 있던 건물의 아파트에 들어와 있기도 했지. 재키는 온갖 클럽에 드나들고 술이며 마약 같은 것에 목매는 뮤지션의 삶을 정말 달갑게 여기지 않았어. 그녀에게는 너무 방탕한 삶이었지. 조용했고 채식주의자였거든. 베티처럼 피츠버그 출신이었는데, 피츠버그 여자들이 좀 예쁘단 말이야. 처음 만났을 때 그녀는 스물네 살이었지. 갈색 피부에 키가 크고 아름다운 피부와 눈과 머리카락, 훌륭한 몸매를 지닌 미인이었어. 우리는 4년 정도 함께 지냈지. 그녀가 내 막내아들 에린의 엄마야.

1969년 10월, 브루클린에서 이런 일이 있었어. 나는 막 블루 코로넷 클럽에서 공연을 마친 다음 마거리트를 태우고 브루클린의 그녀 집으로 가고 있었지. 그녀가 아직 내 건물에 있는 아파트로 이사 오기 전이야. 그녀의 집 바깥에서 차에 앉아 그냥 얘기하고 키스하고 있었는데, 알잖아, 연인들이 하는 거, 그때 갑자기 내 차 옆에 흑인 세 명이 탄 차가 멈추더라구. 처음엔 대수롭지 않게 생각했지. 공연을 봤거나 그래서 그냥 인사하고 싶어 하는 건가 했어. 그런데 바로 총소리가 나더니 내 왼편에 무언가가 꽂히는 게 느껴졌어. 한 다섯 발 정도 쐈을 거야. 그때 난 좀 헐렁한 가죽 재킷을 입고 있었는데, 그 가죽 옷과 튼튼한 페라리의 문이 아니었더라면 아마 죽었을 거야. 너무 놀라 겁날 틈도 없었어. 마거리트가 한 발도 안 맞은 게 진짜 천만다행이었지만, 그 바람에 그녀는 엄청난 공포에 빠졌어.

집으로 들어가 경찰을 불렀더니 백인 두 명이 오더라. 그런데 총격을 당한 사람이 나인데도 이것들이 내 차를 수색하는 거야, 내 차를. 그러더니 차에서 마리화나가 조금 나왔다며 마거리트와 나를 체포해서 경찰서로 데려가네. 근데 증거가 없었으니까 보내주더라고.

자 봐. 우선 나를 아는 사람들은 내가 마리화나를 좋아하지 않으며 피우지도 않는다는 걸 다 알아. 날 잡고 늘어지려 했던 건 완전 개수작이라고. 단지 흑인 녀석이 진짜 미녀를 태우고 비싼 외제차를 모는 게 탐탁지 않았던 거야. 되지도 않는 걸 가지고 씌워보려고 한 거지. 내 기록을 뒤적여보니 뮤지션에다 옛날에 마약 문제가 있었다는 걸 알아냈을 거고, 그래서 겨우 그 좆도 아닌 걸 가지고 죄를 뒤집어씌우려 했던 모양이야. 유명한 깜둥이를 잡아넣으면 승진이라도 하나? 그럴 수도 있어. 경찰을 부른 게 누구야? 나잖아. 내가 또라이야? 마약을 가지고 있는데 경찰을 부르게? 있었으면 오기 전에 없애지.

나는 총질을 한 사람을 찾으려고 현상금 5,000달러를 걸었어. 몇 주 후에 업타운에 있는 바에 앉아 있는데 어떤 녀석이 나를 쏜 애가 총에 맞아 죽었다고 귀띔해주더군. 그놈 짓을 나쁘게 본 다른 놈이 쐈다는 거야. 난 그 소식을 전해준 사람 이름도 모르고, 이제는 저세상에 갔을 그 총잡이 이름도 몰라. 그 사람이 말해준 게 내가 아는 전부고, 그 후로 그를 다시는 보지 못했어. 나중에 알게 된 건데, 내가 총격을 받은 게 백인 프로모터들이 모든 예약을 잡아버리는 걸 브루클린의 흑인 프로모터들이 못마땅하게 여겼기 때문이라는 거야. 그날 밤 내가 블루 코로넷에서 공연한 게 어떤 흑인 프로모터들에게는 내가 흑인 쪽에 예약을 안 맡기는 좆같은 놈으로 비쳤던 모양이야.

지금은 그때 연루된 흑인 녀석들하고도 터놓고 지내. 그치만 당시에는 아무도 전후사정을 말해주지 않았고, 난 알지도 못하는 이유로 죽을 뻔했던 거야. 인생 참 좆같아, 가끔은. 그 일이 있고 나서 얼마 동안 어딜 가더라도 브래스 너클brass knuckle†을 지니고 다니기 시작했어. 1년쯤 지난 다음 맨해튼의 센트럴파크 사우스에서 차 등록증이 없다고 경찰한테 잡혀서 수색당하다가 내 가방에서 브래스 너클이 나오기 전까지는 말이야. 그래, 차가 등록도 안 돼 있었고 등록증도 없었던 건 인정해. 그런데 순찰차를 타고 돌던 경찰들이 길 반대편에서 그걸 어떻게 알아? 짭새들이 가다가 말고 돌아온 건 말이야, 터번을 쓰고 코브라 가죽바지에 양가죽 코트를 입은 내가, 정말 예쁜 여자를 데리고, 그때도 마거리트였지 아마, 플라자 호텔 앞에서 빨간색 페라리를 타고 있었기 때문일 거야. 백인 경찰들은 그걸 보고 저건 틀림없이 마약상이다, 짐작했겠지. 그래서 가다가 온 거야. 페라리에 앉아 있던 사람이 백인이었다면 분명 지들 일 보러 그냥 가버렸을 거 아냐. 말할 필요도 없지.

재키 배틀 역시 특별한 여자였어. 볼티모어 출신이었고, 나랑 만났을 때 열아홉인가 스무 살이었지. 마거리트를 만났을 때와 시기가 겹칠 거야. UN에서

<hr>

† 손가락 마디에 끼우는 쇳조각.

재키를 만났는데, 거기서 내 지인의 비서로 일하고 있었어. 공연장에서 자주 보이던 여자였는데, 보니까 그림도 그리고 판화도 찍고 디자인도 하는 예술가였어. 키가 크고 밝은 갈색의 눈부신 피부와 아름다운 눈과 아름다운 미소를 지닌 작품 같은 미녀였고, 내가 만났던 가장 영적인 인연 중 하나였어. 우리는 바로 사귀기 시작했지. 그녀는 나이에 비해 매우 성숙했고, 이미 인격을 갖추고 있었어. 누가 뭐래도 당당히 삶을 꾸려갈 줄 아는 여자였지. 말씨가 상냥하고 다정하고 온순했지만, 그 아래에 자기 가치를 잘 아는 자존감 강한 모습이 숨어 있었어. 처음엔 아름다움에 끌려서 사랑한 거지만, 점차 그녀의 생각이 마음에 들어서 사랑하고 존중하게 됐어. 사물과 세상을 보는 그녀의 방식이 뭔가 특별했어. 게다가 심지어 내가 코카인에 완전 쩔어 있을 때조차 나를 정말 아껴줬어. 한번은 우리가 피닉스에 있었을 때, 어떤 의사가 코카인을 구해줬는데, 야, 진짜 불순물이 전혀 없었어. 난 24시간 내내 코카인을 때리고 바로 공연장으로 연주하러 갔지. 공연을 마치고 돌아와 보니 재키가 내 수면제를 다 털어넣고 거의 숨넘어가기 직전이더라고. 재키는 뽕 가는 게 뭔지도 모르고 약에 관심조차 없었는데 이게 뭔가 싶더라고. 재키를 진정시키고 난 뒤 내가 물었어. "재키, 내 수면제를 왜 싹 다 먹은 거야? 죽을 뻔했잖아!"

그러자 그녀가 눈물을 글썽이며 이러더라구. "당신이 이놈의 코카인이며 마약을 먹다가 죽으면 어떻게 해요. 차라리 내가 그 전에 죽고 싶어요. 그래서 그랬어요. 이런 속도로 달리면 금방 죽어요. 난 당신 없이 지내고 싶지 않아."

이 일 때문에 존나 정신이 바짝 들더라구. 충격이었지. 화장실에 쟁여둔 코카인이 생각나서 가봤더니 없어졌더라. 코카인 못 봤냐고 했더니 자기가 변기에다 버리고 물을 내렸다는 거야. 야 씨발 좆됐네 싶더라. 진짜 남다른 여자야.

그녀의 가족이 뉴욕에 살아서 나는 그녀의 어머니 도러시아와 오빠 토드 '미키' 머천트하고도 잘 알고 지냈어. 빼어난 화가였던 그는 나에게 그림을 그려주기도 했지. 그녀의 어머니에게 전화해서 검보gumbo†를 좀 만들어주십쇼, 하면 집으로 보내주셨지. 훌륭한 요리사셨거든. 어머니가 어디 갈 일이라도 생기면 내가 받아 갈 수 있도록 다른 사람에게 맡겨놓고 그랬지. 정말 단란한 가족이었고, 식구들 모두 특별했어.

재키와 사귀던 초반에는 오빠가 "어이 깜둥이 아저씨, 내 동생한테 씨발 뭘 바라는 거야?" 하고 윽박지르기도 했어. "씨발 동생한테 뭘 바라냐니, 예쁘고 괜찮은 여자한테 남자가 뭘 바라겠나?" 내가 이렇게 대꾸했더니, "알겠는데, 내 동생을 건드리거나 따먹기만 해봐 응? 난 니가 얼마나 유명한지는 좆도 신경 안 써. 내 동생을 따먹었다간 좆되는 줄 알라구"라면서 단속하더라고. 그렇게 베티와 마침표를 찍을 무렵 내게는 재키와 마거리트라는, 아름답고 젊고 영적인 두 여자가 있었어. 돌이켜보면 그렇게 양다리 걸친 건 분명 부끄러운 일이었어. 둘 중 한 사람한테 정성을 쏟았으면 어떻게 됐을까? 아무도 모르지. 하지만 난 재고 따지는 걸 좋아하지 않아.

그룹엔 여자친구를 투어에 데리고 갈 수 없다는 원칙이 있었어. 주위가 산만해지거든. 반면 내 여자친구는 데려갔고. 그랬는데 웨인, 칙, 잭이 뭐라 하는 거야. 다 자기 마나님을 데리고 가고 싶다는 거지. 이건 내 밴드니까, 내가 철칙을 세울 권리가 있었다고 봤어. 연주를 방해하지만 않는다면 여자를 데려가도 상관없지만 보통은 그렇게 안 되더라고.

캘리포니아로 공연을 가려고 하는데 잭이 전화해서 임신 8개월쯤 된 아내 리디아를 데리고 가겠다는 거

<hr>

† 미국 남부식 스튜 요리.

야. 처음에는 리디아가 언제 아이를 낳게 될지 몰라서 자기가 곁에 있어야 한다며 공연을 취소할 수 없냐고 하더라고. 그건 안 된다고 했더니 그럼 리디아를 데리고 가야겠다는 거지. 문제는 리디아가 있으면 잭이 딴사람이 된다는 거야. 근사해 보이고 싶어서 겉멋을 부리다가 평소 같은 연주를 못 하게 된다구. 이 일 때문에 말다툼을 하다가 급기야 잭이 그러면 자기는 공연을 안 가겠다며 으름장을 놓지 않겠어. 결국 나는 야 씨발 그래 리디아를 데리고 가도 되지만 드럼은 존나 아무 문제 없게 쳐라, 아예 씨발 드럼 옆에다가 리디아를 붙여놓지 그러니, 뭐 이렇게 말했지. 비행기를 타서도 계속 옥신각신하는데 내 여자친구 재키가 웬걸, 이 와중에 잭하고 리디아 편을 드네? 이런 쌍 너도 그냥 집으로 보내버린다, 하고 을렀지. 그래봐야 소용없어, 재키는 겁대가리 없는 애라서. 재키가 한 치도 안 물러서고 말대답하고 그러는 바람에 난 그냥 에이 놔두자, 될 대로 되라지 해버렸지.

우리는 샌프랜시스코의 몬트레이 재즈 페스티벌에 들른 후 로스앤젤레스에 도착했어. 로스앤젤레스에선 셸리스 만-홀에서 공연했고. 웨인의 여자친구 안나 마리아도 리디아, 재키와 함께 따라나섰고. 거기에 여자 하나가 더 보이네. 칙의 여자친구 제인 맨디야. 잭이 만면에 미소를 짓는 꼴을 보니 벌써 겉멋만 부릴 게 뻔해. 나는 잭의 연주 방식이 좋았지만, 여자들만 오면 이 자식은 멋져 보이는 데 팔려서 밴드가 아니라 청중을 위해서만 연주해. 그렇다고 본인한테 이걸 말해주기도 그렇고.

초반 이틀 동안 내내 리디아가 백스테이지에 들어왔어. 물론 리디아 자신도 훌륭한 예술가이고 진짜 괜찮은 사람이었어. 나도 그녀가 참 좋았어. 근데 그녀가 백스테이지에 들어오면 잭이 뭔가 계속 달라지는 게 마음에 들지 않았어. 잭의 연주가 엉망이 되거든. 세 번째 날 밤 그녀가 또 무대 근처에 앉아 있길래 나는 관중석으로 들어가 셸리를 통해 잭에게 쪽지를 보냈어. 거기엔 이렇게 쓰여 있었지. "리디아가 비키지 않으면, 우리는 공연을 안 할 거야."

관객은 한 블록을 쭉 돌아 줄을 서 있는데 이거 어쩌나, 셸리는 온통 이 생각뿐인데, 나는 잭이 제대로 연주하기는커녕 리디아가 앞에 있다고 겉멋만 부려서 못 들어줄 음악이 되면 어쩌나 그 생각만 하고 있어. 쪽지를 본 잭은 완전 뚜껑이 열려버렸어. 내가 자기 가족을 좆같이 대한다 이거지. 이거 일이 커져버렸네. 그런데 잠시 후 셸리가 다가와 무릎을 꿇더니 나에게 사정하기 시작하는 거야. "제발 공연해주세요, 마일스, 제발 좀." 그 순간 다들 빵 터진 거야. 셸리까지도 어처구니없는 표정으로 웃고 있어. 나는 무대로 올라가서 공연을 시작했지. 그날 밤 잭은 존나 기막히게 연주했어. 자기 아내가 오기만 하면 연주를 못한다고 한 내 말이 틀렸다는 걸 보여주려 했던 건가? 내 추측엔 그래. 그 사건 이후 나는 멤버들이 투어에 자기 여자친구를 데려갈 수 없다는 규칙을 버리기로 했어. 공연에 영향을 주지 않는다면 말이야. 나중에 키스 자렛도 내 밴드 멤버였을 때 똑같은 짓을 하더라고. 아내가 공연에 오면 키스는 지 딴엔 존나 멋지게 쳐놓고 자기가 이 세상에서 가장 위대한 연주를 한 듯이 굴면서 서로 눈빛을 교환하고 난리야. 그런데 내가 듣기엔 연주 귀엽네 싶은 수준이지 뭐 나를 나가떨어지게 할 정도는 아니었다고 말해주는 수밖에. 그다음부터는 키스가 안 그러더라고.

나는 여러 면에서 변화하고 있었어. 옷 스타일도 바뀌었고. 연기가 자욱한 클럽에서 일하니까 정장에 그 냄새가 배기도 했고, 다들 공연장에서 좀 더 편하게 입기 시작했어. 적어도 록 뮤지션들은 그랬는데, 그게 나에게 영향을 줬나 봐. 또 다들 흑인성에 관심이 깊었고 흑인 자각 운동도 일어나서 아프리카와 인디언 직물로 된 옷을 많이들 입었지. 나도 아프리카의 다시키와 로브, 그리고 올이 더 성긴 옷을 입기 시작했어. 당시 그리니치빌리지에 가게가 있던 아르헨티나 출신의 에르난도라는 친구가 만든 인디언 상의를 많이 입었어. 지미 헨드릭스가 옷을 많이 사던 곳도 거기야. 나는 거기서 앞에 묶는 줄이 달린 랩어라운드 인디언 셔츠를 사고, 스티븐 버로우스라는 흑인 디자이너에게서 패치 스웨이드 바지를 샀어. 또 런던에 있는 첼시 코블러스라는 가게에서 구두를 사기 시작했고. 그 가게에 있는 앤디라는 친구는 당신이 상상할 수 있는 가장 멋진 구두를 하룻밤 만에 만들어줄 수 있다구. 나는 쿨한 브룩스 브러더스 룩에서 벗어나 새로운 스타일을 추구했어. 그게 시대와 더 잘 맞는 걸로 보였지. 그렇게 입으면 무대 위에서 훨씬 편하게 왔다 갔다 할 수 있다는 것도 알게 됐고. 무대에는 음악과 사운드가 다른 지점보다 더 나은 지점이 있기 때문에, 나는 무대 여기저기를 돌아다니며 연주하려 했어. 그렇게 새로운 장소들을 탐색하기 시작한 거지.

15

『인 어 사일런트 웨이』가 나온 1969년부터 내게 엄청 창조적인 시기가 시작됐어. 이 음반이 내 머릿속에 들어 있던, 그 후 4년 동안 이어질 음악의 시발점이 된 거야. 그 시기에 열다섯 번 정도 스튜디오에 들어가서 한 열 장? 녹음했을걸? 발매 시기는 제각각이지만 녹음은 다 그때 했지. 『인 어 사일런트 웨이』, 『비치스 브루』, 『마일스 데이비스 섹스텟 앳 필모어 웨스트』*Miles Davis Sextet: At Fillmore West*, 『마일스 데이비스 섹스텟 앳 필모어』*Miles Davis Sextet at Fillmore*, 『마일스 데이비스 셉텟 앳 디 아일 오브 와이트』*Miles Davis Septet: At the Isle of Wight*, 『라이브-이블』*Live Evil*, 『마일스 데이비스 셉텟 앳 필하모닉 홀』*Miles Davis Septet: At Philhamonic Hall*, 『온 더 코너』*On the Corner*, 『빅 펀』*Big Fun*, 『겟 업 위드 잇』*Get Up With It*, 이 앨범들이야. 『디렉션스』와 『서클 인 더 라운드』는 그 당시에 녹음했지만 나중에 발매됐고. 근데 음악이 각양각색이어서 평론가들이 애를 먹었어. 걔들은 항상 뭔가를 분류해서 작은 칸에 가두려 하고, 접근이 쉽도록 자기들 대가리 속에 나눠 넣고 싶어 하잖아. 뭐가 자꾸 바뀌면 별로 좋아하지를 않아. 그러면 이게 뭔지 이해하려고 일을 더 해야 하거든. 내가 그렇게 확확 변하기 시작하니까 평론가 놈들은 뭐가 뭔지 모르겠으니까 그냥 깎아내리기 시작하더라. 하지만 평론가들이 뭔 대수야? 나한테는 별로 중요하지 않아. 나는 해오던 것을 계속하면서 그저 뮤지션으로서 성장하려고 노력할 뿐이었지.

1969년 늦가을 웨인 쇼터가 밴드를 나가는 바람에 대타를 찾을 때까지 잠시 밴드를 해산시켰어. 웨인 대신 스티브 그로스맨이라는 브루클린 출신의 젊은 백인 색소폰 주자가 들어왔지. 웨인이 나가기 전에 미리 귀띔해줘서, 11월에 스튜디오로 들어가면서 이미 스티브 그로스맨을 염두에 두고 있었고, 그가 우리 밴드하고 어떤 소리를 내는지 듣고 싶었어. 거기에 아이르투 모레이라라는 브루클린에 살던 브라질 출신의 퍼커션 주자가 더해졌고. 아이르투는 몇 해 동안 미국에 머물며 캐넌볼 애덜리의 밴드에서 조 자비눌과 연주한 적이 있었지. 캐넌볼 아니면 조가 그를 소개시켜줬던 거 같아. 스티브는 어떻게 알게 됐더라? 그건 가물가물하네. 아이르투는 대단한 퍼커션 주자였어. 나는 그 후로 밴드에 퍼커션 주자를 두게 됐지. 아이르투 덕에 그런 재능과 울림을 가진 연주자가 내 밴드의 소리를 위해 뭘 할 수 있는지 알게 된 거야. 처음 합주할 때는 소리가 너무 컸어. 음악이 어떻게 돌아가고 있는지 주의 깊게 듣지도 않고. 그래서 너무 세게 치거나 시끄럽게 연주하지 말고 그냥 더 좀 들어보라고 일렀지. 그랬더니 아예 잠자코 있더라고. 그래서 나는 다시 더 많이 쳐도 된다고 했어. 처음엔 나한테 좀 겁을 먹었었나 봐. 많이 연주하지 말라고 한 것 때문에 뭔가 난감해진 건가 싶기도 하고. 하지만 그다음에는 더 좀 들어보려 하더니 다시 연주할 때 보니까 딱 맞게 연주하더라고.

그 후 5년 동안 난 음반과 공연 그룹에 진짜 여러 뮤지션들을 기용했어. 어떤 조합이 최고의 연주를 만들어내는지 항상 생각했으니까. 워낙 다양한 사람들을 쓰다 보니 추적이 잘 안 되는 뮤지션들도 더러 있었지만, 그중에 핵심에 해당되는 뮤지션들은 당연히 있지. 이를테면 웨인 쇼터(밴드를 나갔는데도 웨인은 핵심이었어), 게리 바츠, 스티브 그로스맨, 아이르투 모레이라, 음투에 히스, 베니 모핀, 존 매클로플린, 소니 샤록, 피아노와 신시사이저, 오르간에 래리 영, 칙 코리아, 허비 행콕, 키스 자렛, 그리고 조 자비눌, 또 베이스에 하비 브룩스, 데이브 홀랜드, 론 카터와 마이클 헨더슨. 드럼에는 빌리 코범과 잭 디조넷, 그리고 세 명의 인도 뮤지션, 칼릴 발라크리슈나, 비하리 샤르마와 바달 로이. 그리고 그다음 소니 포춘, 카를로스 가넷, 로니 리스턴 스미스, 앨 포스터, 빌리 하트, 해럴드 윌리엄스, 세드릭 로슨, 레지 루카스, 피트 코지, 코넬 듀프리, 버나드 퍼디, 데이브 리브먼, 존 스터블필드, 아자르 로런스와 도미니크 고몽 등등. 이 모든 뮤지션들을 기용해서 온갖 종류의 조합을 꾸려냈지. 어떤 이는 다른 이들보다 자주 나왔고, 아마 단 한 번만 나온 뮤지션도 있을 거야. 얼마 후 그들은 음악계에서 '마일스 주식회사의 연주자들'로 알려지게 됐어.

뮤지션들이 바뀌니까 밴드의 소리도 변하더라고. 그런데도 난 계속 원하는 사운드를 가져다줄 조합을 찾는 중이었지. 잭 디조넷은 내가 즐겨 맞춰 연주하던 어떤 심오한 그루브를 가져다준 반면, 빌리 코햄은 록적인 사운드를 가져다줬어. 데이브 홀랜드가 어쿠스틱 베이스를 연주할 때 나는 하비 브룩스가 전기 베이스를 칠 때와는 전혀 다른 방식으로 그루브를 탈 수 있었지. 칙, 허비, 조, 키스와 래리, 다 마찬가지였어. 나는 그 모든 조합을 음악을 녹음하는 과정으로 보고 있었고, 그것이 내 머리에서 흘러나오는 동안 단지 그것 모두를 받아내기만 하면 됐던 거고.

1970년 나는 그래미 시상식을 중계하는 TV 쇼에서 연주해달라는 부탁을 받았어. 연주가 끝났는데 사회자인 머브 그리핀이 달려와서 내 팔짱을 끼더니 멍청한 얘기를 늘어놓는 거야. 황당하더만. 그래서 헛소리나 지껄이는 그 씨발놈을 생방송 중에 바로 묵사발을 만들어줬지. 이 녀석도 그렇지만 토크쇼 사회자들이 대개 똑같아. 할 말도 없고 내가 진짜 뭐 하는 사람인지 알지도 못하고 또 알게 뭐냐는 식으로 말도 안 되는 소리를 지껄여댄다니까. 그냥 아무 말이나 때우면 그만인 거야. 나는 이런 짓들이 싫어서 그다음부턴 토크쇼에 안 나갔어. 「조니 카슨 쇼」, 「딕 카벳 쇼」, 「스티브 앨런 쇼」 정도나 나갔을까. 그나마 스티브가 셋 중에서 유일하게 내가 뭘 하는지 조금이나마 감을 잡고 있더라고. 적어도 스티브 앨런은 피아노도 좀 쳐보려고 했고 지적인 질문을 할 수 있었거든.

반면 조니 카슨과 딕 카벳은 내 음악을 이해하고 있다고 볼 여지가 없었어. 뭐 사람은 좋지만 음악은 잘 모르는 것 같더라구. 하긴 TV 토크쇼 사회자들은 촌구석에서 온 시시껄렁한 백인 노인네와 시시덕대는 게 다잖아? 그들의 귀는 로런스 웰크† 같은 사람의 음악에 익숙해져서 내 음악은 좀 어려웠겠지. 당시 이런 토크쇼들은 루이 암스트롱처럼 비굴하게 웃거나 어릿광대짓을 할 때만 흑인을 출연시켰어. 딱 그 식이었지. 나는 루이의 트럼펫 연주는 좋아하지만 지겨운 백인 촌놈들을 상대하느라 싱글벙글하는 태도는 싫었어. 루이처럼 흑인적인 자각도 있는 멋진 사람이 왜 그러는지, 난 볼 때마다 싫더라구. 사람들이 그에 대해 가지는 유일한 이미지가 TV에서 싱글벙글하는 거, 그거잖아.

그런 쇼에 나가면 그 새끼들한테, 야 이놈들아, 니네는 너무 멍청해서 말로 표현하기도 아깝다, 라고 말해주는 수밖에 없지 않겠어? 그런데 걔들이 그런 소릴 듣고 싶어 할 리가 없지. 그래서 안 나가버린 거야. 좀 지나니 스티브 앨런의 쇼마저도 너무 백인적이고 멍청해져서 내가 상대하기가 쉽지 않더라. 그나마 스티브가 괜찮은 사람이라 그의 쇼에 나갔을 뿐이야. 또 오래 알고 지낸 사람이기도 하고. 그래봐야 무슨 출연료를 조합이 정했다며 쥐꼬리만큼만 줘. 얼마 안 가서 나는 거기도 딱 끊었어. 컬럼비아 측은 토크쇼를 판 팔아먹는 수단으로 봤기 때문에 열이 받았지.

1970년 내 아들 그레고리가 몇 년 만에 베트남에서 집으로 돌아왔어. 돌아왔는데 사람이 바뀌었더라고. 그때부터 난 아들 문제로 골치가 아팠어. 늘 걱정을 했고 돈도 많이 들었지. 결국은 웨스트 77번가 내 아파트의 방이 하나 비어 그리로 들어갔고. 베트남에 갔다 온 후 그레고리는 줄곧 사고를 쳤어. 그레고리와 그 아이의 동생 마일스 4세 문제로 나는 걱정이 태산이었어. 둘 다 사랑하는 내 자식이지만, 실망이 이만저만 큰 게 아니었어. 내가 뭔 말을 더 보태겠나. 걔들 누나 셰릴은 컬럼비아 대학을 졸업하고 세인트루이스로 돌아가 교편을 잡았고, 나를 할아버지가 되게 했지. 셰릴이 잘된 건 다행이야. 반대로 자식이 부모에게 큰 실망감을 줄 수도 있잖아. 내 두 아들이 그랬던 거 같아. 내가 프랜시스에게 저지른 그놈의 짓거리들을 애들이 보고 자랐으니 애들은 나한테 실망했겠지. 하지만 뭔 일이 있었든 자기 삶을 추스릴 수 있는 건 자기 자신뿐이잖아. 걔들도 그랬어야지. 그레고리는 권투에 소질이 있었고 군대에서 몇 번 우승도 했지만, 나는 그가 권투선수가 되는 걸 바라지 않았는데, 그건 내 실수였어. 지금 와서 내가 할 수 있는 일이 그저 미안하다고 말하는 것 외에 뭐가 있겠어. 애들 모두 자기 삶을 다시 추스르길 바랄 뿐이지.

1970년 무렵, 나는 주식, 앨범, 로열티와 공연 등 이거저거 다 해서 1년에 35만 내지 40만 달러를 벌고 있었어. 난 집에서 내가 쓰는 두 층을 온통 곡선과 원형 위주로 개조했어. 로스엔젤레스에 사는 친구 랜스 헤이를 데려다가 공사를 시켰지. 나는 모든 곳이 둥글고 구석진 곳이 없기를 원했고, 가구도 많이 두고 싶지 않았어. 화장실 공사부터 시작했는데 온통 검은 모조 대리석으로 바닥을 깔았고, 계단식 욕조와 회반죽을 덮어 종유석처럼 보이는 곡선 형태의 3단 천장을 완성했어. 창문 역시 둥근 현창으로 냈고. 해놓고 보니 근사하더군. 그래서 그에게 집의 나머지 부분도 공사해달라고 했어. 나무 판넬로 마감한 원통형의 부엌에도 모조 대리석을 깔았지. 지중해식 아치를 둔 거실 바닥은 타일로 마감하고 그 위에 푸른 카펫을 깔고 둥근 오토만 소파를 놓았어. 아름다워 보였어. 뉴욕이 아니라 지중해의 어딘가를 연상시켰지. 사람들이 집을 왜 이렇게 고쳤느냐고 물으면 나는 "조지 워싱턴 양식의 집에서 사는 데 질렸을 뿐"이라고 대답했어. 구석구석 각져 보이는 사각형의 공간보다 둥글둥글한 집을 원했거든. 내가 지은 「서클 인 더 라운드」라는 곡이 그와 같은 개념에서 나왔던 것 같아.

그해 봄 나는 영화 사운드트랙을 하나 녹음했어. 「잭 존슨」 *Jack Johnson*이라고, 권투선수의 인생에 관한 영화였어. 원래는 드러머 버디 마일스가 맡기로 했었는데, 그가 나타나질 않는 바람에 내가 하게 됐지. 그 곡들을 쓸 당시 나는 글리즌 체육관에 가서 당시 이슬람으로 개종해서 로버트 알라라는 이름으로 불리게 된 바비 맥퀼런과 트레이닝을 하고 있었어. 어쨌든 내 머릿속에는 이 선수의 몸놀림이 그려져 있었지. 복서들이 쓰는, 발을 살짝 끄는 듯한 스텝들 말이야. 이건 거의 춤사위나 기차 소리 비슷했어. 시속 100킬로

미터로 기차가 달릴 때, 바퀴가 빠른 속도로 선로의 홈들을 지나면서 내는 덜컹대는 소리로 인해 계속 일정한 리듬을 듣게 되는 거 말이야. 조 루이스나 잭 존슨 같은 위대한 권투선수를 떠올리면 기차의 이미지가 연상돼. 진짜 거구의 헤비급 선수가 훅 다가온다고 생각해봐. 진짜 기차가 달려드는 거 아니겠어?

일단 이렇게 정해놓고, 다음 단계에서 나는 이 음악이 충분히 흑인적인가, 음악 안에 흑인적인 리듬이 들어 있나, 기차의 리듬을 흑인적인 것으로 만들 수 있을까, 잭 존슨이 이 음악에 맞춰 춤을 출까 등등의 문제로 나아갔어. 실제로 잭 존슨은 파티에서 춤을 추며 즐겁게 노는 걸 좋아했거든. 사운드트랙에 실린「예스터나우」Yesternow라는 곡은 제임스 피니가 제목을 달았어. 이 친구는 나 하고 지미 헨드릭스의 미용사였지. 어쨌든 음악은 영화와 완벽히 어울렸다구. 그리고 앨범이 나왔는데, 그냥 사장돼버렸어. 홍보도 없었고. 왜 그랬나 생각해보면, 이게 춤출 수 있는 음악이어서인 거 같아. 이런 건 백인 록 뮤지션이 많이들 했는데, 흑인 재즈 뮤지션이 그런 음악을 구사하는 걸 원치 않았던 모양이야. 게다가 평론가들은 이걸 어떻게 다뤄야 할지 몰랐고. 그러니까 컬럼비아가 홍보를 안 해버린 거지. 여러 록 뮤지션들이 이 음반을 듣고선 공개적으로 말하진 않았지만 나한테 와서 잘 들었다고들 했지.

1970년 초에『두란』Duran을 녹음했어. 내 생각에는 히트 칠 것 같았는데, 컬럼비아는 먼 훗날인 1981년까지 발매를 미뤘어.『두란』은 파나마 출신의 위대한 복싱 챔피언, 로베르토 두란의 이름을 딴 앨범이었지.

초여름에 내 정규 밴드에는 전기 피아노를 치는 칙 코리아와 키스 자렛 둘 다 있었어. 둘이 합을 이뤄서 한 연주는 존나 대단했어. 석 달인가 넉 달 동안 밴드에 같이 있었을걸. 키스는 당시 자기 그룹을 꾸리고 있었지만 우리는 그가 둘 다 연주할 수 있도록 스케줄을 계속 따로 잡았기 때문에 방해가 되지는 않았어. 칙이 나한테 따로 말한 건 없었지만, 피아노를 두 대 쓰는 편성을 별로 좋아하진 않았던 거 같아. 키스의 경우는, 나랑 같이 하기 전부터 무슨 연주를 하는지 알고 있었기 때문에 어느 방향으로 갈지도 가늠할 수 있었고. 그는 나와 함께 하기 전에는 전자 악기를 싫어했는데, 내 밴드와 함께 하면서 생각이 바뀌었어. 게다가 더 멀리 뻗어나가 다양한 스타일로 연주하는 법을 배웠지. 그는 5월에 밴드와 함께 스튜디오로 들어갔고, 그다음 순회공연 길에 올랐어.

나는 그때 내가 듣고 자란 로드하우스, 홍키-통크 같은, 사람들이 금요일과 토요일 밤에 거기 맞춰서 흥겹게 춤추던 음악을 시도했어. 재즈 스타일의 연주에 익숙한 뮤지션들에게는 새로운 것이었지. 뭘 하려면 당연히 시간이 걸리잖아. 하루아침에 새로운 걸 해낼 수는 없는 노릇이니. 몸으로 익히고 핏줄 속에 들어앉아야만 제대로 해낼 수 있는 거야. 하지만 걱정하진 않았어. 금방 따라잡더라구.

그해 여름 나는 루이 암스트롱의 일흔 번째 생일을 기념하는 기획에 참석했어. 플라잉 더치맨 레코드사에서 나에게 팝스Pops†의 생일에 발매될 보컬 앨범을 녹음할 수 있는지 묻더군. 나도 동의했고, 여러 뮤지션들이 함께 했어. 오넷 콜먼, 에디 콘던, 바비 해킷 등이 있었고, 디지도 함께 했지, 아마. 그리고 몇 명이 더 있었어. 나는 보통 그런 일은 안 해. 그렇지만 이건 팝스를 위한 거잖아. 그는 정말 아름다운 사람이었어. 트럼펫으로 할 수 있는 건 모조리, 모던한 것조차도, 그에게서 나오지 않은 게 없어. 그가 좋지 않은 트럼펫 사운드를 낸 적이 있었나, 전혀 생각이 안 나. 결코, 단 한 번도. 그는 대단한 연주 감각을 지녔고 언제나 비트에 맞춰 연주했지. 그의 주법과 노래하는 방식이 난 좋았어. 겨우 몇 번

† 루이 암스트롱의 별칭.

만난 적이 있을 뿐, 그와 제대로 친해질 기회는 없었어. 한번은 큰 행사에서 만났고, 다른 한번은 어디더라, 내 공연 중에 그가 연주를 듣고 찾아와서 내 연주가 마음에 든다고 말했던 적이 있지. 루이에게 그런 말을 들었을 때, 와, 진짜 기분 좋드라. 하지만 나는 항상 싱글벙글 웃는 모습으로 미디어에 등장하는 그 방식이 싫었고, 모던한 음악에 대해 그가 밝힌 어떤 의견이 나와는 그리 잘 맞지 않았어. 모던한 음악을 하는 많은 뮤지션들을 무시하더라고. 당시 나는 이렇게 말했지. "팝스 자신도 개척자 아닌가. 그런 그가 이렇게 깎아내리는 말을 하는 건 맞지 않는다." 그 이듬해인 1971년, 루이 암스트롱이 세상을 떠났어. 그의 부인이 우겨서 그 거지 같은 장례식에서 어떤 재즈 뮤지션도 연주하지 못했지. 팝스 자신이 뉴올리언스식 장례식이면 좋겠다고 한 적이 있었지만, 부인이 그걸 달갑지 않게 여기는 바람에 완전 백인들 식이 돼버렸다구. 참 안타까운 일이었지.

1970년 6월이었던 것 같은데, 우리는 스튜디오에서 『라이브-이블』이라 불릴 앨범의 작업을 시작했어. 나는 이 앨범을 『비치스 브루』의 연장선으로 간주했는데, 나중에는 다른 걸로 변해갔어. 나는 온통 전기 악기 소리투성이인 조건에서 트럼펫을 연주하는 법을 깨우쳐가고 있었는데, 이게 정말 눈이 휘둥그레질 만한 일이었어. 예를 들자면, 펜더 로즈 전기 피아노는 트럼펫 밑에서 쿠션 역할을 해. 트럼펫은 너무나 찌르는 듯한 쇳소리를 지녔기 때문에 항상 쿠션 같은 게 필요하다구. 디지는 자기 드러머에게 큰 하이햇 심벌에 작은 고리들을 달게 했지. 그게 스물네 개나 달려 있어서 드러머가 심벌을 치면 트럼펫 소리와 심벌이 공명하게 돼 있어. 그렇게 트럼펫 소리와 심벌 사이의 공간이, 디지가 정말 좋아하는, 그 진동하는 사운드로 채워지는 거지. 펜더 로즈도 마찬가지야. 아니 더 낫지. 전기 악기로 코드를 짚으면 코드가 선명하게, 완전 깔끔하게 나오니까.

　나는 『비치스 브루』에서 들었던 것과 비슷한 음악적 모양 figure을 『라이브-이블』에서도 들었는데, 그런 '모양'을 이전 앨범에서 이미 겪었기 때문에 완성도는 좀 더 높았다고 할까. 「왓 아이 세이」What I Say에서 나는 곡 내내 반복되는 작은 모양의 드럼 리듬을 잭 디조넷에게 줬어. 그 리듬 안에 모든 것을 잠가놓으면서 불도 좀 지를 만한 그런 모양을 원했어. 내게 이 곡은 분위기를 만들어주고 내가 바라던 리듬을 부여하면서 앨범에 시동을 거는 역할을 했어. 재미있는 건, 그 앨범 하면서 높은 음역 저 위에서 나는 소리들이 들리더라고. 내가 「왓 아이 세이」에서 높은 음역의 음표들을 많이 연주했다는 거야. 평소에는 들리지 않아서 트럼펫으로 잘 연주하지 않았는데 새로운 음악을 시작한 다음에는 그 소리들이 많이 들렸어.

　녹음을 너무 많이 하던 때라 스튜디오에서 무슨 일이 있었는지는 많이 잊어버렸어. 가끔 기억이 뒤죽박죽 섞여서 어느 게 어느 때였는지 헷갈리기도 하고. 그래도 이건 기억나. 『라이브-이블』의 곡 제목 중에 내 이름을 뒤집은 게 있었지. 데이비스를 뒤집어 'Sivad', 마일스를 뒤집어 'Selim'이라고 이름 붙였지. 'Evil'은 'live'를 뒤집은 거잖아. 이 앨범의 일부는 실제로 워싱턴 D.C.의 셀러 도어에서 한 공연 실황이기도 했지만 사실 이런 뒤집기가 앨범의 중심 생각이야. 선과 악, 빛과 어둠, 훵키와 추상, 탄생과 죽음. 바로 이게 내가 앨범 앞뒷면의 두 그림에서 말하려던 바야. 한쪽에서는 사랑하고 태어나고, 다른 쪽에서는 악에 빠지고 죽음을 느끼고, 뭐 그런 것들.

　『비치스 브루』는 내가 만든 다른 어떤 앨범보다도 빨리 팔려나갔고, 역사상 다른 어떤 재즈 앨범보다도 많이 팔렸지. 수많은 젊은 록 팬들이 앨범을 사서 듣고 이야기하고 그랬기 때문에 다들 흥분했어. 좋은 일이었어. 나는 여름 내내 라틴 록을 연주하는 멕시코계 미국인 기타리스트인 카를로스 산타나와 투어를 다니며 록 공연장에서 연주했어. 짜식 진짜 연주 끝내줬지. 나는 그의 연주 방식이 참 좋았어. 그리고 참 괜찮은 사람이었고. 우리는 그 여름에 서로 진짜 친해져서 그 후로 계속 연락하며 지냈어. 둘 다 컬럼비아 소속이었고. 카를로스를 위해 오프닝 공연도 해줬어. 그 친구 음악을 좋아했으니까 난 편하게 생각했어. 같이 공연을 다니지 않더라도 그의 공연이 있는 도시에 마침 내가 있으면 콘서트를 보러 가고 그랬지. 그 무렵 카를로스는 『아브락사스』*Abraxas* 앨범을 녹음하고 있었을 거야. 나는 그들이 하는 걸 들으러 스튜디오에 들르곤 했어. 그는 자기 음악에 휴지silence를 쓰는 모든 방법을 나한테 배웠다고 말했어. 나, 카를로스, 그리고 음악 비평가 랠프 글리즌이 같이 어울려 놀곤 했지.

1970년 8월 나는 영국의 '아일 오브 와이트' 페스티벌에서 출연했어. 우드스톡 비슷한 걸 해보려고 했던 건데, 지미 헨드릭스, 슬라이 앤드 더 패밀리 스톤 같은 흑인 훵크와 록 그룹을 비롯해서 온갖 백인 록 그룹을 영국 남부 해안의 그 큰 농장으로 불러들인 공연이었어. 세계 각지에서 그 콘서트를 보러 왔고. 그들 말로는 35만 명 이상이 왔다지, 아마. 내 앞에 그렇게 많은 사람들이 있는 걸 생전 처음 보았어. 그 당시 내 음악은 완전 타악기와 리듬 위주였어. 관객들은 특히 리듬 중심으로 접어드는 대목에서 더 좋아했던 거 같아. 내가 관객들에게 엄청 냉담했다고 떠들어댄 평론가들도 있었지만 그런 건 신경 안 써. 평생 나는 그래왔으니까.

나는 재키 배틀을 그 콘서트에 데리고 갔어. 안 가려고 해서 가자고 설득해야 했지. 그것도 여러 날을 말이야.

거기서 지미 헨드릭스도 만났어. 공연이 끝난 후 우린 마침내 함께 만들기로 마음먹었던 앨범 얘기도 할 겸 런던에서 보자고 했어. 그전에 앨런 더글러스라는 프로듀서가 제작하는 앨범 하나를 거의 하게 될 뻔 하다가 말았는데, 돈이 적당하지 않았거나 너무 바빠서 한데 모일 수 없었거나 그랬을 거야. 그래도 내 집에서 잼을 하면서 같이 많이 놀았어. 그러다가 이제 뭔가 음반을 같이 내볼 시점이 된 것 같다는 생각을 하게 된 거지. 그런데 콘서트를 마치고 런던에 돌아오는 길이 너무 막혀서 우리가 제시간에 도착할 수 없었어. 런던에 도착해보니 지미는 이미 자리를 떴더라구. 아마 나는 프랑스에서 공연 몇 개를 더 하고 뉴욕으로 돌아가는 일정이었을 거야. 그때 길 에번스가 전화해서 자기가 지미하고 만날 일이 있는데 나도 참석하면 좋겠다고 하길래 알았다고 했지. 그래서 뉴욕에서 지미가 오기를 기다리던 중에 난데없이 지미가 자기 토사물에 질식사했다는 소식을 접하게 된 거야. 어떻게 그렇게 죽어. 왜 아무도 술과 수면제를 섞지 말라는 얘기를 안 해준 거야? 이해가 안 가. 그건 진짜 치명적이라구. 이미 도러시 댄드리지, 매릴린 먼로, 내 친구 도러시 킬갤런과 토미 도시가 그렇게 죽었잖아. 앞길이 구만리 같은 젊은이가 죽다니, 나는 참담한 심정이었어. 내키지는 않았지만 장례식에 참석하러 시애틀로 갔지. 그런데 장례식 때 너무 짜증이 나서 난 그 후로 장례식은 절대 안 간다 결심했어. 실제로 그 이후로는 간 적이 없고. 지미의 이름도 제대로 모르는 백인 목사가 계속 이름을 잘못 발음하면서, 이렇게 부르다 저렇게 부르다 그러는 거야. 진짜 황당했어. 게다가 그 씨발놈은 지미의 업적은커녕 누군지도 모르더라고. 지미 헨드릭스 같은 위대한 뮤지션이 음악으로 대단한 일을 이뤄냈는데 그런 부당한 대우를 받는 꼴을 보는 게 너무 싫었어.

지미의 장례식이 끝난 직후 칙 코리아와 데이브 홀랜드가 밴드를 떠났고, 나는 베이스에 마이클 헨더슨을 데려왔어. 마이클은 스티비 원더의 밴드에 있었고, 아레사 프랭클린하고도 연주했었지. 그는 내가 원했던 베이스 소리의 모양을 아는 사람이어서 그룹에 들어온 게 정말 기뻤어. 정식 멤버가 되기 전에 미로슬라프 비토우시가 데이브 대신 공연을 몇 번 했지. 또 스티브 그로스맨은 게리 바츠가 대신했어. 이로써 완전히 새로운 밴드가 결성된 거야.

나는 그룹 내에서 솔로를 많이 하는 것을 피하고, 훵크나 록 밴드처럼 곡에 맞춰서 연주하는 쪽으로 다가가고 있었어. 기타에 존 매클로플린을 기용하고 싶었지만 토니 윌리엄스의 밴드인 라이프타임에서 하는 게 좋다고 하더라구. 그래도 그해 하반기에 있었던 워싱턴 D.C.의 셀러 도어 공연에 그를 불러 함께 연주했지. 이때 녹음한 테이프는 『라이브-이블』 앨범에 들어갔어. 난 당시 트럼펫에 줄곧 와-와 wah-wah를 걸어서 연주해서 지미가 기타에 와-와로 내던 음색에 근접할 수 있었지. 원래 트럼펫을 기타처럼 연주해왔던 터라 와-와를 써서 그 사운드에 더 가깝게 간 것뿐이야. 그 무렵 여기저기서 퓨전 그룹들이 우후죽순으로 튀어나오고 있었지. 웨인 쇼터와 조 자비눌의 웨더 리포트도 있었고, 칙 코리아의 리턴 투 포에버, 그리고 허비 행콕의 음완디시. 그리고 좀 더 나중에 존 매클로플린이 자기 밴드인 마하비슈누 오케스트라를 결성했고. 이제 다들 사랑과 평화의 찬가를 노래하던 때였지. 심지어 나도 얼마간 술과 마약을 끊고 건강식을 챙겨 먹으며 자신을 돌보려고 애썼어. 담배도 끊어보려 했는데 그게 제일 끊기 힘들더라고.

1971년에 『다운비트』 잡지는 나를 올해의 재즈맨으로 뽑았고 내 밴드는 올해의 최고 밴드로 선정됐지. 올해 최고의 트럼펫 주자도 나왔고. 그게 경력상 뜻깊다는 건 알지만, 난 그런 걸 별로 대단하게 여기지는 않아. 잘못 받아들이진 말라구. 상 탄 건 물론 기뻤지만 그렇다고 뭐 크게 대수롭진 않더라고.

　퍼커션의 아이르투 모레이라가 1971년 초 떠났고 그 대신 지미 히스의 아들 음투메를 불러들였지. 녹음을 하려면 멤버들이 밴드의 연주에 익숙해져야 하기 때문에 얼마간 녹음을 하지 않았어. 합을 맞추기 위해 순회공연 길에 올랐지.

　음투메는 역사광이었어. 그의 아버지 때문에 그를 알았던 터라 우리는 얘기를 많이 나누었어. 내가 옛날이야기를 들려주면 그는 내게 아프리카의 역사 이야기를 해줬지. 역사에 진짜 관심이 많은 애였어. 게다가 나처럼 불면증이 있어서 깨어 있을 게 뻔하니까 새벽 4시에 막 전화를 걸고 그랬어. 1975년 언젠가에 음투메가 무릎 수술을 받고 병원에 누워 있던 게 기억나. 빨리 일어나서 같이 연주해야 한다고 말해줬지. 그랬더니 회복이 될지 잘 모르겠다는 거야. 그래서 건강을 되찾도록 돌봐줄 테니 함께 자메이카에 가자고 했어. 나는 리무진을 보내 그를 데리고 와서 자메이카행 비행기를 탔어. 거기서 수영도 하고 뭣도 하고 그러면서 한 열흘 정도 머물렀지. 내가 엉덩이 문제로 고생하니까 친구 하나가 자메이카 치료사를 소개시켜줬었거든. 마사지와 약초로 내 회복을 도와줬던 사람이야. 그렇게 움투메는 다시 건강을 되찾아서 함께 공연을 할 수 있었어. 크는 걸 봐온 터라 난 걔를 내 아들처럼 여겼어.

　그해 내내 늘 하던 것처럼 투어를 했고, 어딜 가도 많은 관중 앞에서 연주했어. 우리는 할리우드 볼에서 더 밴드와 함께 공연했는데, 그 밴드는 당시 진짜 뜨고 있었어. 밥 딜런의 순회공연 백업 밴드이기도 했지. 그 공연에서 우린 점점 더 자유 형식 쪽으로 나아갔는데, 그게 청중들한테는 조금 무리였나 봐.

　지미가 죽고 나서 이런 생각이 들더라고. 지미가 진짜 위대한 뮤지션이고 내가 개인적으로 그의 기타 주법과 음악을 엄청 사랑한 건 맞지만, 그의 음악을 들어본 흑인 젊은이들이 거의 없었다는 거. 그들에게 지미는 너무 백인의 록음악 쪽으로 멀리 가버린 사람이었던 거지. 젊은 흑인 애들은 슬라이 스톤이나 제임스 브라운, 아레사 프랭클린과 모타운 쪽의 위대한 흑인 그룹들이 하는 음악을 듣고 있었어. 백인들 위주의 록 공연장에서 공연을 많이 하다 보니 흑인 젊은이들이 내 음악을 좀 접하게 만들어야겠다는 생각이 들더라고. 그들은 듣고 춤출 수 있는 휭크에 빠져 있었어. 이런 개념을 제대로 세우려면 꽤 시간이 걸리겠지만 새로 시작한 밴드를 데리고 그에 관해 고민하기 시작했어.

　잭 디조넷이 1971년 그룹을 떠났고, 키스 자렛도 비슷한 시기에 떠났어. 나는 딱 휭크 리듬을 연주할 줄 아는 드러머를 원했어. 다른 멤버들도 마찬가지고. 머릿속에 그려지는 음악이 휭크의 그루브에 더 가까워지고 있었기 때문에 나는 밴드가 마냥 즉흥연주만 하는 걸 바라지 않았어. 물론 잭이 리듬 타면서 드럼 치는 건 존나 끝내주는 놈이지. 휭크도 진짜 제대로 할 수 있었지만 더 프리하게 연주하면서 리더로서 자기 걸 하고 싶어 했기 때문에 그룹을 떠났어. 나는 레온 "은두구" 챈클러 하고 좀 맞춰봤어. 80년대에 마이클 잭슨의 앨범과 스티비 원더의 앨범에서 연주한 드러머지. 1971년 여름에 나와 유럽에 갔지만 잘해내지 못했고, 돌아와서는 잭 디조넷이 몇 번의 공연을 다시 해줬어. 빌리 하트도 잘 안됐고. 그랬지. 하지만 개리 바츠, 키스, 잭이 밴드를 떠난 다음에는 재즈가 아니라 휭크 밴드 쪽에서 뮤지션들을 구했어. 그 방향으로 가려 했으니 당연하지. 오늘날까지도, 내 밴드에서 순수 재즈 뮤지션들로는 그 친구들이 마지막이었어.

　1971년이 저물어가면서 엉덩이가 슬슬 다시 나를 괴롭히기 시작하더군. 좋은 한 해를 보냈지만 뭔가 상황이 좀 삐끗하는 감이 있었지. 더군다나 나는 컬럼비아가 인종차별적인 곳이라고 어떤 인터뷰에서 말해버렸어. 사실 그랬고. 걔네들은 이제 오직 백인 음악을 미는 일에만 골몰하고 있었지. 회사 사람들은 나 때문에 열받으면서도 또 계약을 갱신해줬어. 3년에 30만 달러, 즉 매해 10만 달러에 로열티를 추가로 받는 조건이었지. 나는 그들이 백인 음악과 그 딱한 힐빌리 같은 걸 미는 만큼 흑인 음악도 밀어주기를 바랐어. 60년대 초에 아레사 프랭클린은 애틀랜틱으로 넘어가기 전에 컬럼비아 소속이었지. 컬럼비아는 그녀를 어떻게 띄워야 할 지 전혀 모르더라구. 그랬는데 컬럼비아를 떠난 후 엄청난 스타가 됐잖아. 컬럼비아라고 왜 그걸 못하겠어. 벌어진 일을 곧이곧대로 말하는데 이 새끼들은 화만 내. 이런 씨발것들! 뭐라도 좀 해보라는 거였는데 꿈쩍도 않더라 이거야.

나는 '블랙 사운드'가 발전해가는 걸 보는 데 관심이 가더라고. 바로 거기로, 백인 록보다는 휭크 쪽으로, 더 리듬 위주의 음악으로 내 머리는 향하고 있었어. 예전에 슬라이를 만났을 때 나한테 자기 앨범 하나를 줬는데, 들어보니 좋더라고. 그에게서 루디 레이 무어의 앨범도 받았지. 당시 진짜 웃기던 코미디언이었는데, 알잖아, 엄청 음담패설 잘하는. 슬라이가 있던 에픽도 컬럼비아 소유여서 회사 측에서 내가 슬라이를 데리고 신속하게 녹음하는 게 가능한지 타진해왔어. 그러나 슬라이는 자기만의 작곡 방식이 있었어. 그의 영감은 자기 그룹 사람들로부터 왔지. 그는 스튜디오 녹음보다는 라이브로 연주할 수 있도록 곡을 썼어. 뜨고 나더니 슬라이의 집 주위에는 항상 사람들이 득실댔고 녹음할 때도 마찬가지였어. 나도 몇 번 가봤는데 여자들과 코카인, 더러운 인상에 총을 찬 보디가드들, 맨 그런 것들뿐이었어. 그래서 나는 슬라이하고는 못하겠다고 했지. 급하게 녹음하는 건 안 된다고 말이야. 우린 같이 코카인을 좀 흡입했고, 그게 다였어.

그러나 처음 슬라이를 들었을 때, 초기 두 장인가 세 장의 음반, 그러니까 『댄스 투 더 뮤직』, 『스탠드!』*Stand!*와 『에브리바디 이즈 어 스타』*Everybody Is a Star* 같은 판은 하도 들어서 판이 거의 닳아 없어질 지경이었어. 난 평론가 랠프 글리슨에게 "이거 들어봐, 알고 있는 프로모터 있으면 슬라이 잡으라고 해. 얘 장난 아냐, 랠프." 슬라이가 뜨기 전의 일이었어. 그 후에도 대단한 곡 몇 개를 쓰긴 했는데 코카인 때문에 완전 좆돼버렸지. 게다가 훈련된 뮤지션이 아니어서 더는 곡을 못 썼어.

슬라이 스톤과 제임스 브라운을 염두에 두고 1972년 6월 『온 더 코너』를 녹음하러 스튜디오로 들어갔어. 알잖아, 당시는 완전 '거리 패션'의 시대였어. 노란색, 그것도 형광 노란색의 플랫폼슈즈†에, 목에 두른 스카프와 머리에 찬 헤어밴드와 생가죽 조끼, 뭐 그런 스타일 말이야. 흑인 여자들은 그 큰 엉덩이에서 등까지 쩍 달라붙는, 완전 꽉 끼는 드레스를 입었지. 모두들 슬라이와 제임스를 들었고 동시에 멋져 보이려고 난리였지. 나도 그랬고. 나는 나만의 모델이 되어 슬라이와 제임스 브라운과 라스트 포에츠의 스타일이 살짝씩 혼합된 나만의 스타일을 구사했지. 갖은 멋을 부린 옷을 입고 공연을 보러 오는 사람들, 특히 흑인들을 녹화해 놓고 싶을 지경이었어. 난 온갖 종류의 패션을 선보이며 커다란 엉덩이를 옷 속에 밀어넣고 공연을 보러 오는 여자들을 보고 싶었지.

나는 독일의 아방가르드 작곡가 카를하인츠 슈토크하우젠과 1969년 런던에서 만났던 영국 작곡가 폴 벅마스터의 음악 이론에 빠져들었어. 『온 더 코너』를 하기 전에 그 둘을 좋아하게 됐는데, 사실 폴은 녹음 기간 동안 나와 함께 지냈어. 스튜디오에서도 같이 있었고. 폴이 바흐의 팬이어서 나도 폴과 함

† 바닥이 두꺼운 여자 구두.

께 있으면서 바흐에 관심을 가지기 시작했어. 오넷 콜먼이 서너 가지 길로 각각 독립되게 연주하는 것에 대해 말한 적이 있는데, 그게 맞는 말이었다는 걸 깨달았지. 바흐도 그런 식으로 작곡했었고. 이게 진짜 휑키한 거고 신나는 거야! 사람들은 달리 뭐라고 부를지 몰랐기 때문에 휑크라고 했겠지만, 『온 더 코너』에서 우리가 한 연주에 마땅히 붙일 꼬리표는 없었어. 사실 내 음악에는 폴 벅마스터, 슬라이 스톤, 제임스 브라운과 슈토크하우젠의 개념들과 오넷의 음악에서 수용한 개념들 중 일부가 결합되어 있었어. 코어 리듬과 반복적인 베이스 라인을 중심으로 음악적 아이디어들이 자유결합하고 공간을 형성하는 음악이었거든. 나는 폴 벅마스터의 리듬과 공간 활용법이 좋았어. 슈토크하우젠도 마찬가지였고.

그러니까 그것이 내가 『온 더 코너』의 음악에 담아보려 했던 태도이자 기본 개념이었어. 발로 장단을 맞추면서 베이스라인을 따라갈 수 있는 음악. 나는 맨 그 작은 클럽들에서 공연하는 것도 좀 벗어나고 싶었는데, 이런 음악을 연주하는 게 그 시작이기도 했지. 엄청난 규모의 전자 장비와 거기서 나오는 소리는 보통 재즈 공연이 이뤄지는 소규모 클럽에서는 무리였거든. 다른 한편으론, 큰 공연장에서는 어쿠스틱 악기를 연주해봐야 소리가 하나도 안 들려서 그 악기들을 가지고 공연하는 게 어렵다는 것도 알게 됐고. 큰 공연장에서 어쿠스틱 악기로 하면 악절과 거기 깔리는 반주가 잘 안 들려. 규모가 큰 그룹에서는 피아노의 모든 음들을 듣기가 힘들지. 청중들은 증폭된 악기 소리를 듣는 데 익숙해져 있기 때문에 그 가운데 어쿠스틱 악기의 소리가 나면 그것까지 듣느라 귀가 피곤해지지. 솔로가 아닌 섹션을 연주하는 나팔들은 연주하는 모든 부분에서 높은음자리표로 올려졌고. 플라스틱 악기도 나왔는데 이건 사운드가 달랐지. 음악은 오늘날 무슨 일이 일어나고 있는지를 반영하며 변해왔어. 지금은 더 전기적인 소리의 시대야. 사람들의 귀가 그렇게 조율되어 있어. 듣는 소리가 더 올라간 거고, 그럼 그렇게 가는 거야.

나는 쭉쭉 일렉트릭으로 가기로 했어. 야마하가 1973년에 장비 하나를 내게 줬지. 전에 나는 완전 싸구려 음향 장비를 사서 쓰고 있었는데, 당시 연주하던 클럽에서는 쓸 만했지만 큰 공연장에서는 무용지물이었어. 아무도 서로 연주하는 소리를 들을 수 없었거든. 그런 식으로 소리가 점점 높아만 갔지. 그래야 더 기분이 좋잖아. 그런데 저번에 보니까 프린스는 베이스를 겹으로 쓰는 식으로 저음 쪽을 되살려내던데? 프린스도 마커스 밀러처럼 키보드 베이스를 밑에 깔고 한 옥타브 위에서 일반 베이스를 치기 때문에 베이스만의 라인은 잘 안 들리더라구.

그렇게 내게도 전자 장비의 시대가 왔어. 펜더 베이스를 치는 베이시스트가 있고 그 위에 피아노 소리가 얹어지니까 나는 거기에 맞는 트럼펫 소리를 내야 했어. 그래서 트럼펫에 마이크를 대고 앰프에 연결했지. 거기에 와-와를 걸어 내 사운드를 더 기타같이 만들었어. 그랬더니 평론가들이 내 톤을 못 들어주겠다는 거야. 좆까라 그래. 드러머가 원하는 걸 내가 연주하지 않으면 그가 나를 위해 연주하겠어? 내 소리가 안 들리면 그가 어떻게 연주를 하냔 말이야. 바로 그렇게 그루브 있는 음악이 나에게 시작됐어. 나도 그 모든 것에 맞춰 연주하게 된 거야.

신시사이저와 기타를 비롯한 새로운 것들에서 나오는 그 새로운 리듬에 맞춰 연주하려니까 우선 내가 거기에 익숙해져야겠더라구. 처음에는 아무 감정도 안 생겼어. 옛날에 버드와 트레인과 연주했던 방식에 익숙했으니까. 새로운 걸 연주한다는 건 점진적인 과정이야. 원래 연주하던 방식대로 연주를 하면 처음에는 소리가 잘 안 들릴 거야. 이게 시간이 좀 걸려. 그러다가 새로운 소리가 들리기 시작하는데, 이게 쫙 달리는 소리야. 그런데 느리게 달리는 느낌이지. 네가 한 4~5분 정도 솔로 하잖아? 이게 새로운 음악에서는 긴 시간이야. 처음엔 몰랐지. 그런데 앰프가 생겼으니까 힘 줘서 빡 세게 불 필요는 없어.

앰프를 걸었을 때는 부드럽게 연주할수록 소리가 더 트럼펫 같아져. 이게 꼭 물감을 섞는 것과 같아. 색깔이 너무 많으면 진창밖에 더 되겠어? 증폭된 트럼펫은 너무 빨리 연주하면 좋은 소리가 안 나와. 그래서 나는 두 마디 프레이즈로 연주하는 걸 배웠고 나의 새로운 음악과 함께 내가 갈 곳은 바로 거기였어. 그런 걸 하나씩 배워가는 게 짜릿하더라구. 허비, 웨인, 론과 토니가 내 밴드에 있던 때도 마찬가지였지. 이번엔 이게 내가 직접 개발한 거라서 더 기분이 좋았어.

나는 드럼의 잭 디조넷을 앨 포스터로 교체했어. '폴 스튜어트'에서 내게 옷을 팔던 하워드 존슨이라는 옛 친구를 보러 맨해튼 95번가의 셀러 클럽에 갔을 때 그를 처음 만났지. 당시 하워드가 그 클럽과 레스토랑의 주인이었는데, 지금도 그렇지만 거기서 세계 최고의 프라이드치킨을 먹을 수 있어서 가끔 그걸 먹으러 갔거든. 어느 날 밤에 식사하러 거기 갔는데 얼 메이즈라고, 디지하고 연주한 적도 있는 베이시스트가 이끄는 하우스 밴드가 공연을 하더라고. 소규모였는데 연주가 굉장했어. 래리 윌리스라는 애가 피아노였고, 나머지 뮤지션들은 까먹었는데, 앨 포스터가 드럼이었어. 난 완전 뻑가버렸어. 내가 찾던 바로 그 그루브를 가진 데다가 그걸 딱 알맞게 펼쳐내는 거야. 그래서 앨 포스터에게 밴드에 들어와 달라고 청했고, 그렇게 밴드에 들어왔지. 그전에 내가 컬럼비아 측에 셀러로 와서 그들의 연주를 녹음하라고 했고 와서 했어. 테오 마세로가 프로듀서였는데, 그 녹음도 아마 내 녹음 테이프 여럿과 함께 창고에 있을 거야.

『온 더 코너』 녹음에는 앨 포스터가 참여하지 않았어. 『빅 펀』에서 한 게 처음이었지. 앨이 탁 시동을 걸면 다른 멤버들 모두가 쫙 달리고 앨은 그 그루브를 영원히 유지할 수 있었어. 그는 버디 마일스와 많이 비슷했는데, 당시 나는 내 드러머가 그처럼 연주하기를 원했어. 빌리 하트도 좋았지만, 내가 원하던 드러머의 모든 걸 가진 사람은 앨 포스터였어.

나는 『온 더 코너』와 『빅 펀』을 통해 내 음악을 젊은 흑인들에게 다가가게 하려고 진짜 많이 노력했어. 미래의 새로운 청중을 만들려는 생각을 전부터 해오던 터였는데, 바로 얘네들이 음반을 사고 공연에 오는 사람들이었지. 『비치스 브루』 이후 백인 젊은이들은 내 공연장에 많이 오고 있으니까 나는 이렇게 다양한 젊은이들이 다 같이 모여 내 음악을 듣고 그루브를 함께 느끼면 참 좋겠다는 생각을 한 거야.

게리 바츠가 그즈음에 밴드를 떠났고, 1972년에서 1975년 중반까지 나는 카를로스 가넷, 소니 포춘과 데이브 리브먼을 내 정규 밴드에 번갈아가며 기용했어. 데이브와 소니의 연주 방식 역시 모두 좋았어. 그러나 밴드의 젊은 멤버들은 하나같이 내가 뭐 신이나 지들 아버지라도 되는 것처럼 나를 대하더라고.

그해 7월, 나는 우리 집에 세 들어 살던 백인 여자와 말다툼을 한 걸로 또 경찰과 시비가 붙었어. 이 여자가 재키 배틀과 말다툼을 하는 바람에 내가 나서서 좆같이 굴지 말고 네 일이나 신경 쓰라고 말했던 게 일이 시끄러워졌는데, 경찰이 와서 나를 체포하더라고. 내 소유의 집에서 나를 말이야. 그 여자가 흑인이었다면, 전혀 문제 삼지 않았겠지. 남들한테 고래고래 소리 지르며 난리를 피운 건 그 여잔데 경찰은 내가 그녀를 때렸다는 거야. 그러나 아무런 증거도 못 찾겠으니까 나를 풀어주더군. 나중에 그 여자는 물의를 일으켜 죄송하다며 내게 사과를 하더라. 이 나라에선 말이야, 흑인 남자와 백인 여자 사이에 뭔 문제가 생기면 흑인은 이길 방법이 전혀 없는 거나 마찬가지야. 참 안타까워. 더 공정한 생각을 가진 사람들을 경찰관으로 뽑아야 한다니까. 이 중요한 임무를 총과 살인면허를 지니고 나돌아다니는 이런 백인 인종차별주의자에게 맡겨서야 되겠어?

그 사건 때문에 웨스트 77번가의 그 집에 처음 이사 왔을 때 일이 떠오르더군. 집안일을 시키려고 고용한 백인 녀석이 오더니 나한테 "집주인은 어디 계신가요?"라고 묻더라. 내가 말끔히 차려입고 거기 서 있는데 집 주인이 어디 있녜. 그런 특별한 지역에 흑인이 이런 집을 소유할 수 있다는 사실 자체를 안 믿으려 했던 거지. 흑인이라면 사방팔방에서 그런 문제를 겪게 된다구.

그리고 1971년에는 그래미 시상식 관계자들과의 논란에 휘말렸어. 대부분의 상이 흑인들의 것을 베끼는 백인들에게, 그러니까 진정한 음악보다는 거지 같은 짝퉁에 돌아간다는 말을 했거든. 나는 차라리 그래미 말고 매미상Mammy Awards[†]을 흑인 아티스트들에게 주지 그러냐고 말했어. 뮤지션들에게 상을 준 다음 텔레비전에서 그 상을 찢어발기게 하는 거야. 생중계로. 나는 흑인인 척 행동하는 백인들에게 그래미상을 다 갖다 바치는 식으로 은근슬쩍 흑인 뮤지션을 대우하는 그 방식을 혐오해. 지긋지긋하고 구역질 나는 일이지만, 우리가 그에 관해 뭐라고 하면 걔들은 또 역정을 내. 걔네가 당신 것을 가로채도록 그냥 내버려 둬라, 걔들이 많은 돈을 벌고 모든 영광을 얻을 동안 넌 그냥 이나 갈고 화는 내지 말고 고통은 참

[†] mammy는 백인이 주인인 집에서 집안일을 하는 흑인 여자를 연상시키는 종차별적인 어감을 지닌 표현이다.

아라. 백인들 사고방식 참 이상해. 이상하고도 무시무시해.

1971년 그 일 이전에 나는 담석 수술을 받았고, 마거리트 에스크리지와 헤어졌어. 내 삶의 방식도, 내가 다른 여자들과 사귄다는 것도 그녀는 마음에 들지 않아 했지. 아니, 그거보다도 맨날 죽치고 앉아 나를 마냥 기다리는 게 싫었나 봐. 한번은 이탈리아에서 비행기를 탔는데 그녀가 막 울기 시작했던 게 기억나. 내가 왜 그러냐고 물었더니, 이러더라고. "당신은 내가 밴드 멤버처럼 되길 바라는가 본데 난 그럴 수 없어. 당신이 손가락으로 딱 소리를 내면 내가 깡총 뛰어야 해? 그럴 순 없어. 난 당신에게 맞추며 살 수는 없어."

마거리트는 진짜 너무나 미인이었어. 유럽에 가면 여기저기서 사람들이 줄줄 따라오곤 했으니까. 그녀는 미술관 가는 걸 좋아했었어. 네델란드였나, 어느 미술관에 갔는데 여기저기 돌아다니는 그녀를 사람들이 넋을 놓고 쳐다보던 게 생각나. 그런 일 때문에 그녀도 불안해했어. 한때 모델이었지만 관뒀고, 그런 일엔 정말 관심이 없었어. 그녀는 특별한 사람이었고 내 마음속에는 항상 그녀의 빈자리가 있어. 막 헤어지려던 무렵에는 내가 뭔가 필요해서 전화하면 내게 오겠지만 그 밖의 모든 것과 그 모든 사람을 평소에 접하는 건 참을 수 없다고 했어. 우리가 마지막으로 잤을 때, 그녀는 우리 아들 에린을 임신했어. 임신했다는 말을 듣고 같이 살겠다고 했지만 안 그래도 된다고 하더라. 그녀는 에린을 얻었고 뭐랄까, 내 일상 생활에서 훅 빠져나갔지. 가끔 그녀가 보고 싶었지만 이제 그녀는 자기만의 삶을 꾸려가기 시작했고, 난 그걸 존중했지. 그녀는 정말 영적인 여인이었고, 난 영원히 그녀를 사랑해. 후에 그녀는 콜로라도 스프링스로 아들 에린을 데리고 이사 가서 지금도 거기 살아.

마거리트가 떠난 후, 재키 배틀과 나는 거의 한 팀 멤버처럼 됐어. 여전히 때때로 다른 여자들을 만나러 나가기도 했지만 대부분 그녀와 같이 있었어. 우리 관계는 훌륭했어. 거의 피를 나눈 형제처럼 가까웠지. 프랜시스 말고 그런 느낌이 든 건 재키뿐이야. 재키, 정말 나 때문에 별일을 다 겪었지, 나란 놈은 참 못 참아줄 인간인가 봐. 그녀는 한결같이 내 코카인 중독을 끊으려고 했지만, 나는 잠시 끊었다가 다시 시작하곤 했어. 한번은 샌프랜시스코에서 비행기를 탔는데 스튜어디스가 내게 다가와 성냥갑 하나에 꽉 찬 코카인을 건네줬어. 그래서 나는 비행기 좌석에서 바로 흡입을 시작한 거야. 휴, 코카인을 쫙 하고 튀널스† 일고여덟 알을 해치우고 나면 가끔은 완전 맛이 가서 미친놈이 된다구. 무슨 목소리가 들리는 것 같아 양탄자 밑, 라디에이터 속, 소파 아래를 마구 뒤지고. 맹세코 인간들이 거기 있을 거야, 싶었거든.

내가 그러면 재키는 완전 돌아버려. 특히 코카인이 바닥이라도 나면 뭐. 재키는 코카인은 보는 족족 갖다 버렸으니까 나는 그게 없나 싶어 차에도 가보고, 어떨 때는 그녀의 가방을 샅샅이 뒤지기도 했다니까. 언제지, 비행기를 타고 어딜 가는 중이었는데 코카인이 떨어진 거야. 나는 재키가 코카인을 지갑에다 숨겼을지도 모른다고 보고 지갑을 빼앗아 속을 탈탈 털어 뒤지기 시작했어. 그랬는데 울라이트 파우더 비누 봉지가 나오네? 그것도 하얀 가루니까 나는 찾았다, 코카인이구나 싶어 그걸 뜯어 열어서 맛을 봤는데 웬걸, 이게 비누 맛인 거야. 황당했지.

1972년 10월 웨스트사이드 고속도로에서 차가 완전 박살 나는 일이 터졌어. 그때 재키는 차에 없었지. 당연히 집에서 자고 있었고. 사실 나도 그랬어야 되는 건데, 그날 밤 어딘가에서 연주를 마치고 막 집에 돌아왔는데 완전히 지친 상태였지. 자려고 수면제를 먹었는데 왠지 자고 싶지가 않더라고. 재키가 우리 집에 머무르던 때였어.

난 외출하고 싶었지만, 재키는 그냥 자고 싶

<hr>

† 진정제의 일종.

어 했어. 그래서 혼자 나가게 된 거야. 아마 할렘에 있는 심야 가게로 가던 중이었나 봐. 그렇게 차를 몰다가 나도 모르게 잠이 들어버린 거야. 내 람보르기니가 분리대를 들이받는 바람에 두 발목이 부러지고 말았어. 전화를 받고 병원으로 달려온 재키가 날 보더니 기절초풍을 하더군.

병원에 입원해 있는데 시카고에서 일을 거들려고 날아온 누나 도러시하고 재키가 집 청소를 하다가 여자들이 온갖 이상한 짓을 하는 장면이 담긴 폴라로이드 사진들을 발견한 거야. 여자들이 지들 맘대로 해괴한 짓을 하는 걸 난 그냥 보기만 했었지. 난 그 비슷한 걸 시킨 적도 없어. 그냥 지들 생각에 그러면 내가 좋아할 것 같아서 그랬다나. 그러고는 나한테 보라며 그 사진들을 준 거야. 그 사진 때문에 재키와 도러시가 뒤집어진 모양이야. 하지만 남의 방에 들어와서 사적인 것들을 뒤지다니 빡이 친 건 바로 나라구. 그 당시 나는 항상 집이 어두운 게 좋았는데, 내 기분이 그래서 그랬나 봐.

재키가 나한테 신물을 내기 시작한 게 이 사건하고 관련이 있을 거야. 허구한 날 나는 여자들 전화를 받았고. 또 마거리트가 아파트 위층에 살면서 재키가 나와 여행을 가면 집을 봐주러 내려오기도 했어. 사고 나고 거의 석 달 가까이 입원했을 걸. 퇴원해서 집에 온 다음에도 한동안 목발을 짚고 다녀야 했어. 이게 나의 안 좋은 엉덩이를 더 좆같이 만들었지.

퇴원하고 온 다음 재키는 내게 마약을 끊겠다는 맹세를 시켰고, 나는 아주 잠깐 끊었지만 바로 다시 엄청 간절하게 하고 싶어졌어. 그녀가 나를 집 뒤뜰에 있던 야외 테라스로 내보낸 게 생각나. 춥지도 덥지도 않은 날, 좋은 어느 가을이었지. 날씨가 화창하면 우린 정원에 나와 낮잠을 자고 그랬어. 물론 밤이 되면 들어갔고. 내가 아직 발을 올리고 내릴 수 있게 되어 있는 병원 침대를 쓰고 있어서 재키는 다른 침대를 가지고 나와 내 옆에 놓고 누워서 같이 낮잠을 청하곤 했어. 바로 그날도 우리는 정원에 나가 쉬고 있었고 도러시 누나는 집 위층에서 자고 있었어. 그런데 갑자기 코카인이 엄청 꼴리는 거야. 나는 목발을 짚고 일어나 친구에게 연락했고, 그가 차로 데려다 줘서 마약을 손에 넣었어. 돌아와보니 재키와 누나가 벌써 신경질이 이만저만이 아니야. 내가 마약을 사러 나간 게 뻔하니까. 이번엔 둘 다 화가 완전 머리끝까지 나 있더라. 도러시야 누나니까 잠자코 있었지만, 재키는 집을 나가서 줄곧 가지고 있던 자기 아파트로 가버렸어. 전화선도 뽑아버렸고. 결국 통화가 돼서 돌아와 달라고 했지만 싫다더라고. 재키는 한 번 안 된다면 안 되는 사람이야. 아, 이젠 끝났구나 싶고, 씨발 존나 미안하더라. 그런데 어머니에게서 받은 반지를 재키한테 줬었잖아. 그래서 나는 도러시를 보내 반지를 찾아오게 했지.

내게 한결같이 옳은 말을 해주던 재키가 없으니까 그다음 2년은 내 인생에서 암흑지대로 접어들었어. 24시간 내내 코카인만 찾았고 고통은 이루 말할 수 없었어. 그 와중에 셰리 '피치스' 브루어라는 여자와 잠깐 사귀었어. 역시 미녀였지. 펄 베일리하고 캡 캘로웨이와 함께 브로드웨이 뮤지컬 『헬로 돌리』*Hello Dolly*에 출연하려고 시카고에서 뉴욕으로 온 배우였어. 어울려보니 사람도 참 좋고 훌륭한 배우였어. 실라 앤더슨이라는 모델하고도 좀 사귀었지. 역시 키가 훤칠하고 예쁘게 생긴 여자였어. 그러나 나는 점점 더 외톨이가 되어갔어.

당시 1년 수입이 한 50만 달러 정도 됐는데, 씀씀이도 헤펐어. 특히 코카인 때문에 나가는 돈이 엄청났고. 차 사고가 난 다음부터 모든 게 흐리멍텅해졌지.

1972년 컬럼비아에서 『온 더 코너』를 발매했지만 홍보도 없었고 생각만큼 잘되질 않았지. 흑인 젊은이들을 대상으로 만든 음악인데도 회사가 이걸 여느 재즈 앨범으로 취급하는 바람에 그런 식으로 뻔하게 광고하고 재즈 라디오 방송국에 홍보를 하더라고. 젊은 흑인 애들이 그 방송을 듣겠냐고, R&B나 뭐 록 틀어주는 방송을 듣지. 컬럼비아는 당시 내 음악에 잘 빠져들 수 없는 옛날 재즈팬들을 마케팅 우선 순위로 둔 거야. 그들한테 이 음악을 들려줘 봐야 그냥 시간낭비일 뿐이었어. 이 사람들은 내가 이제는 연주하지도 않는 그 '옛날' 음악을 듣고 싶어 하잖아. 당연히 이 사람들이『온 더 코너』를 좋아하지도 않았고 나 역시 기대도 안 했어. 그들을 위해서 만든 음악이 아니니까. 이 일로 나와 컬럼비아의 관계에 또 다른 상처가 났고 이제는 문제가 쌓여 터지기 직전이었어. 1년 후 허비 행콕이 발매한『헤드헌터스』*Headhunters* 앨범이 흑인 젊은 세대를 중심으로 날개 돋친 듯 팔려나가자 컬럼비아 놈들은 "어? 이게 마일스가 말했던 거구나!" 이러는 거야. 그래봐야『온 더 코너』는 늦어버린 거잖아.『헤드헌터스』가 팔리는 꼴을 보니 더 열이 받더라.

　차 사고에서 회복되는 동안 나는 슈토크하우젠의 음악적 개념들을 더 많이 연구했어. '과정으로서의 연주'라는 아이디어에 점점 열중했어. 나는 줄곧 순환적인 방식으로 작곡해왔는데, 슈토크하우젠을 통해 보니까, 여덟 마디 단위로 끊어서 연주해나가는 건 다시는 안 하고 싶었어. 나는 곡을 절대 마치지 않아. 다음 곡도 계속 가는 거야. 그 무렵 내가 새로운 것들을 너무 많이, 지나치게 한꺼번에 하려 든다고 말하는 사람들이 생겼어. 그 사람들 생각에는 내가 원래 있던 자리에 그냥 머물러 있어야 하고, 성장하기를 멈춰야 하며, 다른 종류의 것들을 시도하길 그만둬야 한다는 거지. 하지만 어림없는 일이지. 1973년이면 고작 마흔일곱 살인데 흥미로운 일을 할 궁리는 그만두고 그저 흔들의자에나 앉아서 놀라는 게 말이 돼? 내가 나 자신을 계속 '창조적인' 예술가로 생각하고 싶으면 나는 하던 걸 계속 해나가야 해.

슈토크하우젠을 통해 나는 음악을 삭제와 첨가의 과정으로 이해하게 됐어. "아니오"가 의미 있으려면 반드시 "네"가 있어야 하는 것과 같아. 당시 나는 많은 실험을 했어. 예를 들면 밴드 멤버들에게 이렇게 일렀지. 리듬을 연주하고 그것을 유지하되 다른 데 반응하지는 말아라, 반응은 내가 하겠다, 뭐 이런 거. 어떤 면에서는 내가 밴드의 리드 싱어가 되어가고 있었고, 나는 예전부터 그럴 권리가 있었다는 느낌이 들었어. 그랬더니 평론가들이 신경 긁는 소리를 하더라. 니가 무슨 그런 권리가 있느냐, 젊어지고 싶으니까 자기가 뭐 하는지도 모르면서 지미 헨드릭스나 슬라이 스톤, 아니면 제임스 브라운처럼 되고 싶어 한다, 이러면서 말이야.

그러나 음투메 히스와 피트 코지가 들어오면서 밴드에 남아 있던 유럽적 감수성이 대부분 사라졌어. 이제 밴드는 아프리카적인 것, 그리고 아프리카계 미국인의 그루브를 깊게 파고들면서 개인 솔로보다는 드럼과 리듬을 많이 강조하게 됐어. 지미 헨드릭스와 친해졌을 때부터 나는 그런 사운드를 원했는데, 그건 기타가 블루스의 뿌리로 다가가게 해주기 때문이었어. 그러나 지미나 비비 킹을 부를 수는 없는 노릇이라 그다음으로 가장 우수한 연주자를 골라야 했는데, 당시에 기타리스트는 대부분 백인이었어. 백인 기타리스트는 대부분 흑인처럼 리듬기타를 치지 못했고, 내가 바라던 연주를 할 수 있는 흑인 기타리스트 중에서 자기 그룹을 이끌고 있지 않은 녀석들 또한 찾기가 힘들었어. 심지어 최근 내 밴드의 기타리스트인 폴리 매크리리를 구하기까지 계속 그런 식이었지. 요새는 마돈나의 음반들을 만든 유명 프로듀서가 된 레지 루카스도 기용하고, 지미나 머디 워터스와 비슷하게 연주하는 피트 코지도 써봤지. 또 도미니크 고몽이라는 아프리카인 기타리스트도 써보고.

　　나는 이 밴드하고 하나의 코드, 그러니까 한 곡에 코드를 딱 하나만 쓰는 대신 작고 짧고 단순한 리듬을 구사하는 실험을 했지. 코드 하나만 붙들고 변주나 크로스 리듬cross rhythm†을 통해 5분 정도를 끌고 갔어. 앨 포스터가 4분의 4박자로 간다고 치면, 음투메는 8분의 6박자나 4분의 7박자로 가고, 기타는 또 다른 박자나 완전히 다른 리듬을 얹는 식이야. 그렇게 얽히고설키면 하나의 코드로도 엄청 복잡해져. 그러고 보면 음악은 참 수학적이야, 안 그래? 박자를 세고, 비트와 템포를 세는 따위의 일들 말이야. 내가 위아래를 넘나들고 중간을 파고들기도 하며 노는 동안 피아노와 베이스도 각자 자기 것들을 연주해. 이러니 다들 남들이 뭘 연주하는지 주의하고 있어야 해. 당시 피트는 내가 바라던 지미 헨드릭스와 머디 워터스의 사운드를 가져다줬고, 도미니크는 아프리카적인 리듬을 가지고 왔어. 이 밴드가 좀 오래 함께 했으면 정말 좋은 밴드가 됐겠지만, 우린 그러지 못했어. 내 건강에 너무나 많은 문제가 생겼거든.

　　1974년에 나는 음악계 은퇴를 심각하게 고민하기 시작했어. 브라질의 상파울루에서 문제가 터졌지. 거기서 난 보드카를 엄청 마셨고 마리화나도 좀 피웠어. 그때까지는 잘 안 하던 건데, 진짜 재미나게 놀다 보니, 사람들이 좋대서 좀 했지 뭐. 그에 더해 퍼코단‡도 조금 했고, 코카인은 뭐 엄청 많이 했고. 그러다가 어느 날 호텔 방으로 돌아가는데 가벼운 심장마비 증세를 느꼈어. 프런트에 전화했더니 의사가 왔는데, 나를 입원시키더군. 난 코에 튜브를 꽂고 링거 주사를 정맥에 맞았지. 멤버들은 겁에 질렸고 다들 내가 죽는 게 아

<hr>

닌가 했어. 나도 속으로 이게 끝이구나 싶었고. 하지만 살아났지. 내 로드 매니저인 짐 로즈가 모두에게 알려주기를, 내가 아마도 온갖 마약 때문에 심계항진 증세를 보인 것 같고 하루 지나면 괜찮아질 거라고 했는데, 실제로 그렇게 됐지. 그날 밤 공연은 취소하고 하루 연기해서 다시 스케줄을 잡았어. 공연 때 내 연주가 너무나 좋아서 다들 완전 뻑가고 말았지.

사람들은 믿기지 않는다는 기색이었어. 사경을 헤매다가 다음 날 이렇게 명연주를 하다니. 꼭 내가 경이로움 가득한 마음으로 버드를 바라보듯 사람들이 나를 봤던 게 아닐까 싶어. 하지만 바로 그런 일이 전설을 만드는 거겠지. 난 브라질에서 온갖 미녀들과 즐겼어. 다들 나를 덮쳤는데 침대에서 끝내주더라. 사랑나누기를 참 좋아하는 사람들이야.

브라질에서 돌아온 뒤 우리는 허비 행콕의 그룹과 함께 미국 투어를 떠났어. 허비의 앨범은 대박이 나서 흑인 젊은이들의 호응이 정말 좋았어. 우리가 그의 오프닝을 하기로 했는데, 사실 속으로는 열받더라고. 뉴욕의 롱아일랜드에 있는 호프스트라 대학 공연때, 허비가 우리 분장실로 인사를 하러 왔어. 허비는 정말 내가 아는 제일 착한 애고, 난 걔를 정말 사랑해. 근데 내가 밴드 멤버가 아니면 분장실은 출입금지라고 쏘아붙였네. 나중에 생각해보니, 내가 옛날 내 밴드의 멤버였던 애를 위해 오프닝을 한다는 게 울화가 치밀었었나 봐. 하지만 허비는 이해했고, 나중에 서로 화해했지.

나는 허비와 전국을 순회하면서 진짜 죽이는 공연을 했어. 관객 대다수가 흑인 젊은이였다는 것도 맘에 들었고. 바로 이게 내가 바라던 바였고, 마침내 거의 다 온 거야. 내 밴드는 이제 손발이 척척 맞았고 진짜 뜨거워졌어. 그러나 엉덩이는 엉망이었고, 앰프에 꽂고 연주하는 것도 점점 번거로워지대. 그냥 모든 게 지긋지긋해져가는데, 설상가상으로 몸마저 아팠어.

　뉴욕을 비롯해서 여러 도시에서 공연한 다음에 세인트루이스에서 공연할 차례가 됐지. 공연을 마치고 뒤풀이를 하는데 애들 엄마인 아이린이 나타나 다짜고짜 나를 막 욕하는 거야. 가족, 친구들, 뮤지션들 면전에서. 그런데 눈물이 쏟아지더라. 그때 사람들 표정이 기억나. 다들 내가 아이린을 한 대 후려치길 기대하는 그 표정. 하지만 나는 못 그랬어. 그녀의 아픔이 어디서 비롯됐는지 아니까. 우리 두 아들이 망가진 게 내 탓이라 이거지. 그런 자리에서 이런 소리를 듣는다는 게 황당하긴 했지만 아이린 말에 일리가 있다는 것도 사실이니까. 내가 비난받아 마땅하다는 걸 알기 때문에 눈물이 쏟아졌어. 진짜 마음 아픈 경험이었어.

　세인트루이스에서 아이린을 보고 난 직후, 나는 쓰러졌어. 바로 호머 G. 필립스 병원에 실려갔지. 궤양의 출혈이 심했더라고. 내 친구 웨더스 박사가 와서 치료했어. 그렇게 술을 퍼마시고 수면제와 마약을 달고 살았으니. 실은 계속 피를 뱉고 다녔지만 여기서 병원에 오기까지는 대수롭지 않게 여겼어. 하도 병원을 들락거리니 거의 일상다반사가 됐지. 그전에 막 후두 결절을 제거한 참이었는데, 또 병원 신세를 지게 된 거야. 다음 날 예정된 시카고 공연은 취소하는 수밖에 없었어.

　허비와 방방곡곡을 도는 순회공연을 마치고 1975년 여름 뉴욕에 돌아왔을 때, 나는 심각하게 은퇴를 고려했어. 뉴포트 공연을 한 다음 센트럴파크의 셰이퍼 뮤직 페스티벌에 나갔지. 그 후 마이애미 공연이 잡혀 있었는데, 몸이 너무 아파서 취소했어. 그때 밴드 멤버 전부와 장비까지 이미 거기 가 있었는데, 기획자들이 사운드 장비를 전부 압류한 다음 우리를 고소하려 했어. 그 직후 그만두기로 결정을 내렸어. 당시 멤버들은 드럼에 앨 포스터, 기타에 피트 코지와 레지 루카스, 베이스에 마이클 헨더슨, 색소폰으로는 소니 포춘을 막 교체한 후 들어온 샘 모리슨, 그리고 퍼커션에 음투메였어. 키보드는 내가 겸하고 있었고.

기본적으로 건강상의 이유가 컸지만, 그 긴 세월 동안 겪어왔던 온갖 거지 같은 일들 때문에 정신적으로 많이 지쳐 있었던 것도 커. 예술적인 면에서도 고갈되고 소진됐다고 느꼈어. 음악적으로도 더 할 말이 없었어. 쉬어야겠더라구. 나는 직업 뮤지션이 된 이래 처음으로 휴식을 취했어. 몸이 좀 회복되고 나면 정신적으로도 나아지리라 여겼지. 허구한 날 병원 신세를 지면서 무대 위에서나 아래에서나 절뚝거리며 돌아다니는 게 진저리가 났어. 사람들의 시선에서 어떤 연민 같은 것이 보이기 시작하더군. 헤로인 중독에 빠졌을 때 이후로 그런 눈빛을 본 적이 없었는데 말이야. 이건 내가 바라는 게 아니야. 다시 추스를 수 있을 때까지, 나는 내 삶에서 가장 사랑하던 일, 나의 음악을 그만뒀어.

뭐 한 6개월쯤 떠나 있으면 되겠지 싶었는데, 벗어나 있는 시간이 길어질수록 내가 도대체 되돌아갈 수 있을지 더 확신이 안 서더라고. 그리고 벗어나면 벗어날수록 또 다른 어둠의 세계로 깊이 가라앉았어. 마약 중독자였을 때 갖은 애를 써서 벗어나려 했던 것과 거의 마찬가지인 그 어둠의 세계로 말이야. 또다시, 나는 건강과 빛의 세계로 돌아오기 위한 길고도 고통스러운 길 위에 놓인 거야. 결국 거의 6년이 걸렸고, 내가 정말 제대로 컴백할 수 있을지 의심만 들었어.

16

　　1975년부터 1980년 초까지, 4년이 넘는 시간 동안 나는 트럼펫을 한 번도 잡지 않았어. 지나가다가 트럼펫이 보이면 한번 연주해볼까 싶기도 했지. 하지만 얼마 후부터는 그런 생각조차 들지 않았어. 다른 일들을, 그것도 대부분 나에게 좋지 않은 일들을 하느라 그럴 정신이 없었던 거야. 그래도 어쨌거나 그 일들을 계속했고, 그렇게 한 것에 죄책감도 전혀 없어.

　　나는 열두세 살부터 계속 음악과 함께해왔어. 음악은 내 머릿속의 전부였고, 내 삶의 이유였고, 내가 완벽하게 사랑했던 것이었지. 36, 37년 내내 음악에 사로잡혀 있었는데, 마흔아홉 살이 되자 음악에서 멀어져 휴식을 가져야 했고, 다시 삶을 정리하고 새롭게 시작하기 위해서 내가 하고 있는 모든 일을 새로운 관점에서 바라봐야 했거든. 음악을 하고 싶었지만 이전과는 다른 음악을 하고 싶었고, 또 작은 재즈 클럽이 아닌 대규모 홀에서 늘 연주하고 싶었어. 당분간은 그런 재즈 클럽에서 연주하는 걸 그만두기로 했었는데, 내 음악과 조건이 공간에 비해 너무나도 커져버렸기 때문이었지.

몸 상태도 한 몫을 했는데, 엉덩이가 좀처럼 나아지질 않아서 그전처럼 계속 연주하는 게 점점 힘들어졌어. 내가 절뚝거리면서 무대를 돌아다니는 게, 고통에 시달리면서 약을 먹는 게 너무 싫었어. 아주 끔찍했지. 나는 내 자신과 겉모습, 그러니까 사람들한테 보이는 스스로에 대한 자부심이 컸어. 그래서 내 신체적인 상태가 싫었고, 사람들이 나를 동정하며 바라보는 것이 싫었다고. 그딴 건 정말 견딜 수가 없었어.

클럽에서 딱 2주만 연주해도 병원에 가야 했어. 술 퍼마시고, 쉬지 않고 코카인을 빨고, 밤새도록 떡 치고. 그렇게 살면서 원하는 대로 음악을 할 수는 없는 거야. 옛날에 아티 쇼가 내게 이렇게 말하더라. "마일스, 세 번째 콘서트를 침대에서 할 수는 없어." 그 말은 두 번의 콘서트를 하고 나서 진탕 놀고 나면 너무 지쳐버릴 거고, 그럼 예정돼 있는 세 번째 밤샘 콘서트 때는 침대에 몸져누워 있을 거라는 얘기지. 얼마 지나니 섹스라는 게 그저 가슴과 엉덩이와 거시기에 불과해지더군. 음악에 감정을 너무 많이 써서 그런지 다른 데는 감정을 넣을 수가 없었어. 내가 비틀거릴 정도로 취하지 않았던 유일한 이유는 연주할 때 땀구멍으로 내가 먹은 그 좆같은 것들이 다 배출됐기 때문이야. 술을 많이 마셔도 절대 취하지는 않았지만, 정확히 다음 날 정오에 다 게워내곤 했지. 토니 윌리엄스가 가끔씩 아침에 들러서 11시 55분에 이렇게 말했지. "좋아, 마일스. 토할 시간까지 정확히 5분 남았어." 그러고 나서 토니는 방을 나갔고 나는 정확히 12시에 화장실로 들어가서 토를 했지.

다음으로 음악 산업의 사업적인 측면에서 보자면, 그건 정말 지독하고 까다로우며 인종차별적이었어. 컬럼비아와 재즈 클럽 주인들이 나를 대하는 태도가 싫었어. 그들은 특별히 흑인한테만 돈

을 조금 주면서 노예처럼 다뤘지. 백인 스타들은 왕이나 여왕이라
도 되는 것처럼 모셨고 나는 그게 존나게 싫었어. 특히 그 새끼들
이 흑인 음악에서 나온 모든 것을 훔치고 흑인 행세를 했던 게 말이
야. 음반 회사들은 여전히 그 좆같은 백인 음악을 흑인 음악 이상으
로 밀어주려고 했고, 또 그게 흑인들에게서 가로챈 거란 걸 알고 있
었지. 하지만 신경 쓰지 않았어. 그때 음반 회사들은 돈을 쓸어 담으
면서 소위 흑인 스타들을 음악 농장에 가두고 그들의 백인 스타들
이 우리를 착취할 수 있도록 하는 것에만 관심 있었지. 그게 날 신체
적으로도, 정신적으로도 더 지치게 만들었고, 그래서 결국 그만둬
버렸던 거야.

내가 해둔 투자가 꽤 잘됐고, 음악계를 떠났는데도 컬럼비아가
몇 년 동안 내게 돈을 주고 있었어. 우린 계약에 좀 신경을 써서 내
가 레이블에 계속 남아 있을 수 있도록 했고, 그 로열티로 들어오는
돈을 충분히 모을 수 있었거든. 70년대에는 컬럼비아와 한 계약을
통해 앨범과 저작권 로열티로 100만 달러 이상을 벌었어. 게다가
내가 돈이 부족하지 않도록 챙겨주는 부유한 백인 여자도 몇 있었
지. 음악을 하지 않았던 4, 5년 동안 나는 아주 많은 코카인을(한때
는 하루에 500달러어치 정도) 흡입하고 집에 데려올 수 있는 모든
여자들과 섹스를 했어. 퍼코단이나 세코날 같은 알약에도 중독됐
고 하이네켄 맥주에 코냑 같은 술도 많이 마셨지. 대개는 코카인을
흡입했지만 가끔은 코카인과 헤로인을 섞어 다리에 주사했어. 이걸
스피드볼이라고 부르는데, 존 벨루시가 이것 때문에 죽었거든. 외
출도 자주 하지 않았고 하더라도 퇴근 시간 이후에 할렘의 단골집
에 가서 약에 취한 채로 밤을 샜지.

나는 내 자리를 정돈하고 집을 깨끗하고 단정하게 유지하는 데
세계 최고는 아니었어. 그런 일을 할 필요가 없었기 때문이기도 해.

어렸을 때는 엄마나 누나 도러시가 그 일을 했고 나중에는 아버지가 가정부를 들여왔고. 내 위생에 있어서는 항상 철저했지만 다른 것들은 배운 적도 없고 솔직히 생각조차 해본 적이 없어. 프랜시스, 시슬리, 베티, 마거리트, 재키와 헤어진 후에 혼자 살기 시작했을 때, 내가 미친놈처럼 굴어서인지 고용했던 가정부들도 다시 나타나지 않았어. 아마도 그들은 나와 단둘이 있는 게 두려웠겠지. 가끔은 가정부를 부르려고 시도했지만, 나를 쫓아다니며 내 자리를 치우고 다니는 게 보통 일이 아니었기 때문에 그중 누구도 꾸준히 오지를 않더라고. 집은 엉망진창이었지. 옷가지가 여기저기 널려 있고, 싱크대에는 더러운 접시가, 바닥에 신문과 잡지가, 온 집 안에 맥주병과 쓰레기와 오물이 가득했어. 바퀴벌레가 마구 뛰어놀았지. 가끔 누군가를 부르거나 여자친구들 중 한 명이 청소를 해주기도 했지만, 대개 집은 동굴처럼 지저분하고 어둡고 음침했어. 그딴 걸 신경 쓰지도 않았어. 아주 가끔 정신이 있을 때 말고는 그런 생각을 하지도 않았거든.

나는 은둔형 외톨이가 되어 거의 밖에 안 나갔어. 바깥세상과의 유일한 연결점은 하루 종일 켜져 있는 텔레비전과 읽고 있던 신문, 잡지였지. 가끔 맥스 로치, 잭 디조넷, 재키 배틀, 앨 포스터, 길 에번스(길과 앨을 제일 많이 만났어)같은 오랜 친구들이 내가 괜찮은지 보러 와서 정보를 주기도 했어. 이들에게서 많은 정보를 얻었지만 때로는 그들조차 안 들였지.

이 시기에 매니저들을 다시 교체했어. 나는 마크 로스바움을 고용했어. 내 전 매니저였던 닐 레션하고 잠깐 일했었고 나중에는 윌리 넬슨의 매니저를 했었지. 내 로드 매니저인 짐 로즈도 곁에 두었고. 하지만 한동안 내 곁에 가장 많이 머물면서 심부름을 해줬던 사람은 에릭 엥글스라는 젊은 흑인 친구였는데, 그의 어머니를 통해 알게 됐지. 에릭은 그 침묵의 세월 대부분을 내 곁에 있었어. 나나 내 여자친구가 직접 요리를 하지 않으면 에릭은 내 친구 하워드 존슨의 가게인 셀러로 달려가서 프라이드치킨을 사다주곤 했어. 이때 난 6개월씩 집을 나가지 않은 적도 있었기 때문에, 에릭이 있다는 게 불행 중 다행이었지.

오랜 친구들은 와서 내가 사는 꼴을 보고 충격받았을 거야. 하지만 그들은 아무 말도 하지 않았는데, 내 생각에는 그러면 나한테 쫓겨날까 봐 겁이 나서 그랬을 거야. 실제로 가끔 그랬어. 내가 자꾸 문전박대를 하니까 얼마 후에 대부분의 뮤지션 친구들은 더 이상 안 찾아오더라고. 내 그딴 짓들에 질려버려서 찾아오길 그만뒀던 거지. 그 시기에 내가 마약을 많이 한다는 온갖 소문이 돌았는데 다 맞는 말이야. 실제로 그랬거든. 내 삶에서 음악이 차지했던 자리를 섹스와 마약이 대신했고, 나는 그 두 가지를 24시간 내내 했어.

그 기간 동안 너무 많은 여자를 만났기 때문에 대부분과 소식이 끊겼고, 이름도 기억나지 않아. 지금 길거리에서 만나더라도 아마 거의 다 기억조차 안 날 거야. 그들은 하룻밤 있다가 다음 날 사라졌고 그게 끝이었거든. 대부분이 그냥 흐릿하기만 하지. 여전히 친구였고 가끔 나를 보러 오기도 했던 시슬리 타이슨이 그 침묵의 세월이 끝나갈 무렵 내 연애 생활에 다시 들어왔어. 재키 배틀이 나를 살피러 오기도 했지만 그녀와는 더 이상 연인이 아니었고 그냥 좋은 친구 사이였을 뿐이야.

나는 사람들이 변태 섹스라고 부르는, 그러니까 한 명 이상의 여자들과 함께 하는 섹스에 관심이 많았어. 아니면 때로는 여자들이 스스로 흥분에 빠지는 몸짓을 그저 지켜보기만 하기도 했지. 그래, 솔직히 말하면 그걸 즐겼어. 그건 스릴 넘쳤고, 그때 나는 확실히 스릴에 빠져 있었거든.

자, 나는 이 글을 읽는 사람들이 내가 여성 혐오자이거나, 미친 놈이거나, 아니면 둘 다라고 생각할 거라는 걸 알아. 하지만 나는 여자들을 싫어하지 않았어. 오히려 여자를 사랑했지. 어쩌면 너무 많이 말야. 남자들이 내심 여러 미녀들과 맘대로 놀고 싶은 환상이 있듯 나도 그랬어. 여자들과 있는 게 좋았고 아직도 그래. 보통 남자들한테는 환상이나 꿈같은 얘기겠지만, 나는 그걸 현실로 만들었어. 많은 여자들도 여러 명의 잘생긴 남자들과, 아니면 여자들과 침대에서 이제까지 은밀하게 상상하고 꿈꿔왔던 걸 하고 싶어 하지. 나는 그저 내 상상이 하라는 대로 하면서 그 속의 가장 은밀한 욕망들을 이룬 것뿐이야. 나는 다른 사람들에게 피해를 주지 않으면서 혼자 그걸 했고, 같이 있던 여자들도 나만큼, 어쩌면 나보다도 더 즐겼어.

미국처럼 성적으로 보수적인 나라에서는 내 말이 비난받을 수 있다는 걸 알아. 대부분이 이 짓을 신에 대한 죄악이라고 생각할 거라는 것도. 하지만 나는 그렇게 생각하지 않아. 그저 즐겼을 뿐이고, 그걸 전혀 후회하지 않아. 양심에 찔리지도 않고. 이게 코카인과 관련 있었다는 건 인정할게. 좋은 코카인을 흡입하면 그만큼 성욕도 충족돼야 할 필요가 있거든. 얼마 지나지 않아 이 모든 게 일상이 되면서 지루해졌지만, 이미 충족될 대로 충족된 후였지.

많은 사람들이 내가 미쳤거나 미치기 일보 직전이었다고 생각했어. 가족까지도 그런 의심을 했지. 당시에 내 아들들과의 관계—마땅히 그랬어야 할 관계가 결코 아니었던—는 바닥을 치고 있었어. 특히 이름을 라만이라고 개명한 그레고리와 그랬지. 그놈은 체포되고 사건에 휘말려 골칫거리가 되는 등 내게 온갖 종류의 괴로움을 가져다줬어. 걔가 나를 정말 사랑했고 나처럼 되고 싶어 했다는 사실은 알아. 그레고리는 트럼펫을 연주하려 했지만, 듣기가 끔찍할 만큼 엉망이어서 나는 그만하라고 소리를 질렀어. 그 아이와 말싸움을 많이 했고, 내가 마약을 하고 있는 꼴이 그놈 보기에 좋지 않았다는 건 알아. 내가 좋은 아버지가 아니었단 걸 알지만, 내 문제만은 아니었어. 정말 그랬어.

1978년에 나는 부양 의무를 다하지 않아 감옥에 갔어. 이번에는 에린에게 돈을 주지 않았다는 이유로 마거리트가 나를 집어넣었지. 감옥에서 나오는 데 1만 달러가 들었고 그 이후로는 평생 그 의무를 소홀히 하지 않으려고 노력했어. 지난 몇 년 동안 에린은 나와 함께 지내면서 여행도 같이 다녔기 때문에, 이제는 에린에 대한 모든 책임을 다하고 있지.

코카인이 안 들어가면 성질이 완전 급해지고 신경질적으로 변하곤 했어. 그럼 나는 통제불능이었어. 당시 난 음악도 안 듣고 책도 읽지 않았어. 그래서 코카인을 하다가 싫증 나서 자고 싶어지면 수면제를 먹었어. 그래도 잠이 오지 않으면 새벽 4시에 나가서 늑대인간이나 드라큘라처럼 거리를 싸돌아다녔고. 저녁에 영업하는 싸구려 술집에 들락거리며 코카인을 더 빨다 보면 거기서 노는 개새끼들이 지긋지긋해져. 그럼 어떤 여자랑 같이 집에 돌아와서 다시 코카인을 좀 하다가 수면제로 잠을 청했지. 그냥 아래위로 널 뛰는 게 전부였어. 나는 쌍둥이자리라서 이미 두 명이었기 때문에, 거기에는 네 명의 내가 있었다고 할 수 있지. 코카인을 하지 않은 두 명과 코카인에 취한 두 명. 두 명의 의식 있는 사람과 그렇지 않은 두 명으로 이뤄진 네 명의 서로 다른 사람이었어. 거울을 보면 한 편의 좆같은 공포 영화가 보였어. 모두 네 개의 얼굴을 볼 수 있었지. 항상 환각을 보고 있었던 거야. 없는 것이 보이고 없는 소리가 들렸어. 나흘 내내 잠을 자지 않고 약을 하면 그렇게 돼.

그 시절에 이상한 짓을 정말 많이 했어. 일일이 설명할 수 없을 정도로 말이야. 두 개 정도만 말해줄게. 하루는 마약을 하고 밤을 새서 편집증이 심하게 도진 적이 있었어. 페라리를 몰고 웨스트 엔드 애비뉴를 달리다가 순찰차에 있던 경찰들을 지나쳤어. 그들은 우리 동네에 살아서 날 알았기 때문에 내게 말을 걸었어. 두 블록 정도 지나쳤는데 편집증이 도져서 그들이 나를 마약 혐의로 체포하려는 음모를 꾸미고 있다고 생각했지. 차 문 옆의 물건 두는 칸막이를 내려다보니 하얀 가루가 보였어. 절대 집에서 코카인을 가지고 나온 적이 없었는데 말이야. 겨울이라 눈이 내리고 있어서 그게 차 안으로 조금 들어왔던 거야. 하지만 나는 그 사실을 깨닫지 못했고, 누가 나를 체포하려고 내 차에 흘려놓은 거라고 생각했던 거지. 나는 당황해서 도로 한복판에 차를 세우고 웨스트 엔드 애비뉴의 한 건물로 달려가서 도어맨을 찾았지만 그곳에 도어맨은 없었어. 엘리베이터에 탄 다음 7층으로 올라가서 쓰레기장 안에 숨었어. 도로 한복판에 차키가 꽂혀 있는 페라리를 세워둔 채로 몇 시간 동안 거기 숨어 있었어. 얼마 후에 정신을 차렸는데, 와보니 내가 세워뒀던 곳에 차가 그대로 있더라고.

또 한 번 그런 뻘짓을 하던 중에, 그날은 엘리베이터에 어떤 여자가 타고 있었어. 나는 내가 아직 페라리에 타고 있다고 생각했기 때문에 그 여자에게 "이년이 내 차에서 뭐 하는 거야!"라고 말했어. 그러고는 뺨을 때리고 건물 밖으로 뛰어나갔지. 약을 많이 먹으면 그딴 이상한 짓들을 하게 되는 거야. 그 여자는 경찰을 불렀고 그들은 나를 체포해서 루즈벨트 병원의 정신병동에 며칠 동안 입원시킨 후에 풀어줬어.

한때는 가끔 집에 아무도 없으면 백인 여자 딜러의 집으로 달려가서 직접 코카인을 사곤 했어. 한번은 내가 돈이 없어서 혹시 나중에 돈을 줘도 되냐고 물어봤는데, 항상 현금으로 많이 팔아줬는데도 그 여자가 "돈이 없으면 코카인도 없어, 마일스" 이러는 거야. 설득을 해봤지만 꿈쩍도 안 하더라고. 그때 도어맨이 전화해서 그녀의 남자친구가 올라가고 있다고 말했어. 그때 한 번 더 부탁했지만 듣지 않더군. 그래서 나는 그냥 침대에 누워서 옷을 벗기 시작했어. 내가 알기로 내가 여자들과 엄청난 짓을 한다는 소문을 그 남자가 알고 있었거든. 그러니 침대에 누워 있는 나를 보면 그놈이 어떻게 생각하겠어? 그러니까 그녀가 나에게 나가달라고 애원을 하지. 맞지? 하지만 나는 거기 그대로 누워서 내 좆을 잡고 한 손으로는 마약을 내놓으라고 손을 내밀었고, 곧 그 여자가 나한테 마약을 줄 거라는 걸 알았기 때문에 웃고 있었지. 결국 그렇게 됐고 말야. 그 여자는 나가는 나를 향해 미친년처럼 욕을 퍼부었어. 그때 엘리베이터가 열렸고 그녀의 남자친구가 나를 지나치면서 "이 깜둥이가 내 여친이랑 같이 있었어?"라고 말하고 이상하게 쳐다보더군. 그 후로 다시는 거기 가지 않았어.

얼마 후에 이따위 일이 지겨워지기 시작했어. 맨날 엿을 처먹는데 싫증이 났지. 사람이 항상 약에 취해 있으면 사람들이 그걸 이용하기 시작해. 누가 코카인을 많이 흡입하다가 죽었다는 이야기를 들어도 절대 죽는 것에 대한 생각을 하지 않았어. 나를 살피기 위해 찾아왔던 맥스와 디지를 빼면 내 오랜 친구들도 오지 않았고. 그러다가 나는 걔네들, 오랜 친구, 옛 시절 그리고 우리가 연주하던 음악이 그리워지기 시작했어. 어느 날에는 버드, 트레인, 디지, 맥스 같은 옛 친구들 사진을 집 안 곳곳에 붙였어.

1978년쯤에, 블루노트 레코드 소속이었다가 컬럼비아로 옮겨간 조지 버틀러가 내게 연락하고 찾아오기 시작했어. 내가 떠난 후에 컬럼비아는 많이 달라졌어. 클라이브 데이비스도 더 이상 거기 사람이 아니었지. 회사는 이제 월터 예트니코프가 운영했고, 브루스 룬드발이 말하자면 재즈 부서를 담당하고 있었어. 내가 그만뒀을 때도 있었던 테오 마세로 같은 옛날 사람들이 아직 몇 명 남아 있었고. 조지가 그들에게 내가 다시 녹음을 시작하도록 설득할 수 있는지 보고 싶다고 말했을 때 많은 사람들이 소용없을 것이라고 대답했어. 내가 다시 연주하리라고 믿지 않았지. 하지만 조지는 내게 다시 돌아오라고 설득하려고 과감하게 직접 나섰어. 쉽지 않은 일이었지. 처음에는 조지의 말에 내가 너무 관심이 없었기 때문에, 내가 절대 돌아오지 않을 거라고 생각했을 거야. 하지만 조지는 내게 찾아오거나 전화해서 이야기할 때 진짜 겁나게 집요했고 너무나 상냥했어. 가끔 우리는 그냥 앉아서 텔레비전을 보면서 아무 말도 하지 않기도 했어.

조지는 그 무렵 내가 어울리던 종류의 사람은 아니었어. 보수적이었고 음악학 박사 학위를 갖고 있었지. 학구적이고 내성적이고 느긋한 사람이었어. 하지만 그는 흑인이었고, 정직해 보였으며 내가 옛날에 했던 음악을 정말 좋아했어.

가끔 그와 이야기를 나누다 언제 다시 연주를 시작할지 말하곤 했어. 처음에는 대답을 하고 싶지 않았지만, 그가 찾아오면 찾아올수록 그에 대해 더 많이 생각하게 됐지. 그러던 어느 날에는 피아노를 만지작거리다가 코드 몇 개를 손가락으로 쳤는데, 느낌이 괜찮은 거야! 그래서 점점 음악을 다시 생각하게 됐지.

거의 비슷한 시기에 시슬리 타이슨이 다시 나를 보러 오기 시작했어. 계속 가끔 들르기는 했는데 이제 더 자주 찾아오더라고. 우리는 정말 끈끈한 정신적 유대감을 가지고 있었어. 시슬리는 내가 별로 안 좋은 상태인지, 아프거나 등신 같은 상태인지를 훤히 들여다보는 거 같았어. 내가 아프기라도 하면 나에게 뭔가 안 좋은 일이 있다는 게 느껴지는지 어떻게 알고 나를 찾아오더라고. 브루클린에서 총에 맞았을 때도 내게 무슨 일이 생겼다는 걸 알았다고 했어. 나는 항상 베티 이후로 누군가와 다시 결혼한다면 그건 시슬리일 거라고 속으로 생각하곤 했거든. 시슬리가 찾아오기 시작하면서 다른 여자들을 더 이상 만나지 않았어. 시슬리는 내가 집에서 모든 사람들을 내쫓는 데 도움을 줬고, 내가 올바른 음식을 먹고 술을 진탕 마시지 않도록 지켜줬으며, 내가 코카인을 끊는 걸 도와줬어. 내게 채소와 주스 같은 건강한 음식을 많이 먹였어. 내 엉덩이가 나을 수 있도록 침술을 소개해주기도 했고. 그러자 갑자기 정신이 맑아지기 시작했고, 그때부터 정말로 음악에 대해 다시 생각하게 된 거야.

또 시슬리는 내가 중독에 빠지는 성격이라 약을 적당히 하면서 사회생활을 할 수는 없는 사람이라는 걸 이해하도록 도와줬어. 이해는 했지만 나는 여전히 가끔 한두 번씩 마약을 하고 있었거든. 그래도 시슬리 덕에 양을 많이 줄일 수 있었지. 코냑 대신 럼과 콜라를 마시기 시작했지만 하이네켄은 더 나중에야 끊었어. 시슬리는 내가 금연하는 데도 도움을 줬는데, 담배 또한 마약이라는 걸 가르쳐줬어. 내 입에서 담배 냄새가 나면 키스하기가 싫대. 담배를 끊지 않으면 나와 키스하지 않겠다고 했고, 그래서 말을 들었지.

음악을 다시 시작하게 된 또 다른 중요한 계기 중 하나는 조카인 빈센트 윌번이었어. 오래전 빈센트가 일곱 살쯤 먹었을 때였나, 내가 드럼 세트를 선물해줬는데, 걔가 드럼과 사랑에 빠지게 된 거야. 걔가 아홉 살이 됐을 때 마침 시카고 공연이 있었는데, 빈센트가 나하고 우리 밴드와 함께 연주할 수 있도록 해주기도 했지. 그때도 애치고는 꽤 괜찮은 소리를 내더니, 고등학교를 졸업하고 나서 시카고 음악원에 입학하더라구. 그러니까 자기 삶의 대부분의 시간 동안 음악을 진지하게 생각했던 거야. 누나 도러시는 빈센트가 친구들과 함께 지하실에서 내내 연주만 하는 걸 불평하곤 했어. 나도 꼭 그랬으니까, 나는 누나에게 그냥 내버려두라고 말했지. 가끔 연락하면 빈센트는 전화 너머로 나를 위해 무언가를 연주해주곤 했어. 빈센트가 계속 연주만 하려 드니까 해야 할 것과 하지 말아야 할 것에 대해 조언을 해주기도 했고. 그러다 내가 4년 정도 음악을 때려치웠던 그때, 빈센트가 나와 함께 지내려고 뉴욕에 왔어. 그 아이는 항상 나에게 뭔가를 연주해달라며, 이것도 보여달라 저것도 보여달라고 했지. 그때는 그런 걸 할 생각이 없었기 때문에 빈센트에게 "아냐, 빈센트. 그러고 싶지가 않아"라고 대답했네. 하지만 빈센트는 나를 계속 건드렸어. "마일스 삼촌(그 아이는 내 밴드에 들어온 후에도 항상 나를 마일스 삼촌이라고 불렀어), 뭘 좀 연주해보지 그래요?" 때로는 그런 말투로 내 신경을 건드렸지. 하지만 빈센트는 그 당시 항상 내 앞에 음악을 보여줬고, 나는 빈센트를 기다릴 때가 많았어.

그 많은 마약을 전부 끊는 건 지옥같이 힘들었지만, 결국 성공했던 건 내가 마음먹은 건 무엇이라도 할 수 있는 강한 의지를 가지고 있기 때문이었어. 바로 그 의지가 날 살게 한 거야. 부모님께 물려받은 거였지. 나는 음악을 쉬면서 재미를(그리고 비참함과 고통을) 많이 맛봤지만 이제 음악으로 돌아가서 내가 거기에 뭘 남겨뒀는지 볼 준비가 돼 있었어. 음악이 거기 남아 있는 걸 알았어. 적어도 내 안에 그게 남아 있고 절대 떠난 적이 없다는 건 알았지만 정확히는 몰랐네. 난 나아갈 수 있는 내 능력과 의지에 확신이 있었어. 그 몇 년 동안 사람들은 내가 잊혔다고까지 말했어. 어떤 사람들은 나를 지워버렸지. 하지만 나는 그딴 말들은 절대 귀담아듣지 않았어.

나 자신을, 음악으로 뭔가를 이뤄낼 수 있는 내 능력을 믿었어. 이건 내가 잘 못 해, 나는 이런 생각을 해본 적이 없어. 특히 음악에 있어서는 더욱. 트럼펫은 내 눈과 손만큼 중요한 나의 일부이기에, 언제든 원할 때 다시 잡을 수 있다는 걸 알고 있었어. 내가 '진짜로' 연주하던 시절로 돌아가려면 시간이 걸릴 거라는 것도 알았지. 너무 오래 연주를 하지 않았기 때문에 내 앙부쉬르embouchure†를 잃었다는 사실도 알고 있었어. 그만두기 전에 있었던 위치로 다시 올라가는 데는 시간이 걸리겠지. 하지만 한편으로는, 1980년 초에 조지 버틀러에게 전화했을 때 나는 이미 준비가 되어 있었어.

†
관악기의 주둥이에 입이나
혀를 대는 법.

17

    컴백해서 다시 음악을 하기로 결정하고 보니 밴드가 없더라고. 일단 드럼에 앨 포스터, 기타에 피트 코지가 있으니 시작은 가능했어. 예전에 앨하고는 내가 원하는 음악에 대해 진짜 많은 이야기를 나눴었지. 내 머릿속에는 그 음악이 쭉 있었지만 그게 실제로 되는지 보려면 밴드가 연주하는 걸 들어야 하잖아. 나는 음악을 관두기 전에 하던 음악과는 어딘가 다른 곳으로 가야 한다는 걸 알았어. 완전 옛날 음악으로 돌아갈 수도 없고 말이야. 음악판에서 나와 있는 동안 음악을 듣지 않았고 누가 활동하며 누가 연주를 좀 하는지도 몰랐어. 밴드에 누구를 집어넣을지도 그렇고. 모든 게 오리무중이었지만 그런 일은 저절로 해결되기 때문에 걱정하진 않았지. 나는 조지 버틀러에게 우선 합주를 좀 해서 무슨 소리가 나는지 듣고 싶다고 했어. 조지가 컬럼비아에서 내는 내 음반의 프로듀서를 맡아주기로 했어. 테오 마세로와는 끝이 났고. 조지하고만 일하겠다고 했는데 모두들 거기에 동의했어. 더군다나 조지는 스튜디오

"

에서 내가 하려는 것에 간섭하지 않겠다고 못을 박아줬어. 내 음악적 판단과 취향을 신뢰했던 거지. 다시 스튜디오로 들어가니 기분이 좋더라고. 1980년 초봄으로 일정이 잡혔지.

나는 아직도 1976년에 했던 계약에 따르고 있었지만 새로 협상하고 싶었어. 그런데 회사에서 안 따라주더군. 내가 스튜디오로 들어갈 날짜를 합의했는데도 다들 내가 진짜 나타날지에 관해 회의적이었던 거야. 다른 한편 나를 스튜디오로 들여보내 한두 건 녹음을 시켜보려는 축도 있었는데 내가 말도 안 섞으니까 관두더군. 단지 계약서에 내 이름이 있다고 내가 그걸 존중해서 스튜디오에 나타날 거라고 보질 않은 거지. 그들은 그저 알았다, 당신이 올 때까지 우린 기다리겠다고만 하고, 지들 두 눈으로 내가 나타난 걸, 살아 있는 걸 보고 나서야 믿으려 한 거야. 조지가 내 컴백을 설득하는 데 거의 1년이 걸렸어.

내가 컴백하기로 결정하니까 조지 버틀러가 컬럼비아 측에 얘기해서 야마하 그랜드 피아노를 선물로 보내주더군. 웨스트 77번가의 집으로 그냥 바로 왔어. 예쁜 피아노였고 몇 곡 뽑아서 연주도 해보고 그랬지. 피아노를 받으며 우스운 생각이 들더라. 나는 내 밴드에서 이제 어쿠스틱 피아노를 안 쓰잖아. 밴드에 피아니스트도 없었어. 그래도 선물은 감사히 받았지. 피아노는 멋진 악기니까.

4월에 조카 빈센트 윌번이 자기 친구인 랜디 홀, 로버트 어빙과 펠턴 크루스 같은 시카고 뮤지션들을 데려와서 함께 맞춰봤어. 조카가 6월까지 머물면서 합심해서 『더 맨 위드 더 호른』*The Man with the Horn*을 만들었지. 빈센트는 몇 곡에서 드럼을 쳤어. 이 녹음에서 색소폰을 불었고 나중에 정규 멤버가 된 빌 에번스를 소개해준 건 데이브 리브먼이었지. 빌의 스승인 데이브가 빌이 연주 좀 한다고 하길래 보내보라고 했던 거야. 뮤지션 추천에 관해서 나는 항상 내가 존중하는 뮤지션들, 특히 나와 함께 연주했던 뮤지션들의 말에 의지해왔지. 그들은 내가 뭘 바라는지를 알아.

이 녹음을 하던 때 랜디 홀과 함께 노래를 부를 앤절라 보필이 왔어. 랜디 홀은 타이틀 곡인「더 맨 위드 더 호른」과 다른 몇 곡을 로버트 어빙과 공동 작곡했지. 나는 이 앨범에서 나와 인연이 있던 세 여인을 위해 곡을 썼어.「아이다」Aida,「어설라」Ursula, 그리고 베티 메이브리를 위한「백 시트 베티」Back Seat Betty야. 이 곡들의 느낌이 그들에 대한 모든 것을 말하고 있지. 나머지 곡도 내가 썼고. 일이 시작되고 나자 마음이 누그러져서 테오 마세로를 다시 불렀어. 기타 치는 배리 피너티와 퍼커션 주자 새미 피게로아를 오라고 한 게 테오였을걸. 다 모르는 친구들이었어. 새미는, 내가 좋아하는 샤카 칸의 앨범에서 연주하는 걸 들었는데, 맘에 들게 하더라고. 그래서 테오가 연락해줬지. 새미가 처음 스튜디오에 도착했을 때, 내게 와서 말을 걸었던 게 생각나네. 나는 "연주해, 얘기하지 말고"라고만 해줬어. 그러더니 드럼 튜닝을 해야겠다는 거야. 그래서 다시 연주나 하라고 했지. 그랬더니 "하지만 마일스, 알맞게 튜닝되지 않으면 내 드럼 사운드는 끔찍해요, 그러니까 이대로는 연주 안 할래요!"라는 거야. "이 자식아, 그냥 연주하라고!" 이렇게 쏘아붙였더니 그냥 연주하더라고. 그러고 그를 기용했어.

너무나 오랫동안 연주를 안 했기 때문에 내 기량이 정상이 아니어서 와-와를 쓰기 시작했어. 하루는 누군가 내 와-와를 숨겨버렸어. 아마 새미일 거야. 걔가 맨날 와-와 좀 쓰지 말라고 그랬거든. 처음에는 이게 날 엿먹이나 싶었는데 얼마 지나니까 괜찮아지더라구.

그 그룹과 연주하면서 음악과 다시 접촉하게 됐어. 은퇴했을 때는 아예 음악은 생각도 말아야지 했었고, 그래서 멜로디도 전혀 안 떠올랐어. 근데 그 녀석들하고 스튜디오에 들어간 후 다시 멜로디가 떠올라서 기분이 좋아졌어. 게다가 거의 5년 동안 트럼펫을 안 불었는데도 완전 끝장난 게 아니더라고. 내가 연주해온 그 세월을 통해 배웠던 모든 것이 아직도 거기 있었어. 그 악기도, 그 접근법도 여전히 내 핏속에 있었고. 내가 할 일은 오직 테크닉하고 앙부쉬르를 원래대로 되돌리는 것뿐이었지.

빈센트와 친구들을 데리고 녹음을 하고 나니, 빈센트, 빌 에번스와 바비 어빙 말고는 멤버로 쓰긴 힘들겠다고 느꼈어. 해놓은 걸 듣고 보니 완전한 새 앨범을 만들려면 뭔가 다른 것, 다른 종류의 음악이 필요하다는 깨달음이 온 거야. 그렇게 오랜 시간 스튜디오에서 작업했지만 그 세션에서는 달랑 두 곡 건졌지. 그들이 좋은 뮤지션이 아니라는 게 아냐. 좋은 뮤지션들이지, 당연히. 내가 하고 싶은 걸 만족스럽게 해내기 위해서는 다른 뭔가가 필요했던 것뿐이야. 그래서 나는 앨 포스터를 불러서 드럼을 다시 치게 했고, 빌 에번스는 마커스 밀러를 데려왔어. 새미 피게로아와 배리 피너티, 빌 에번스는 남게 했고, 우리 집에서 리허설을 시작했어.

리허설은 정말 잘 돌아갔어. 앨범의 마지막 트랙을 합주할 때쯤 되니까 배리를 빼면 다들 내가 원하는 연주를 하고 있었어. 어느 날 밤 밴드가 집에 리허설하러 왔을 때야. 배리가 맘에 안 들게 기타를 치길래 그렇게 치지 말라고 했는데도 계속 지 맘대로 치더라구. 자꾸 그러는 바람에 나는 그렇게 칠 거면 나가서 네 맘대로 원없이 치고 들어와서 내가 하라는 대로 좀 하라고 했어. 배리는 아주 좋은 뮤지션이지만, 너무 독선적인 애라서 누가 자기한테 뭘 연주하라고 하면 좋아하지 않아. 그가 잠시 후 돌아와서 다시 시작했는데 또 똑같은 걸 연주하네? 그래서 그만 연주하라고 했지. 그리고 주방에서 맥주 한 병을 가져와서 그의 머리에 부어버렸어. 전기 기타를 연주하고 있는데 이러다 자기가 감전사라도 하면 어쩔 거냐고 하더라구. 그래서 난 이랬지. "좆까지 마, 인마. 그 코드는 치지 말랬지. 그걸 치지 말라고 했으면 씨발놈아 알아먹어야지. 치고 싶으면 아까말한 대로 길바닥에 나가서 치란 말야." 이랬더니 완전 쫄아버리대. 다음 날 스튜디오에 들어가보니 기타리스트 마이크 스턴이 있더라구. 색소폰 부는 빌이 데려왔을 거야. 그렇게 마이크는 『더 맨 위드 더 호른』의 또 다른 기타리스트가 됐고, 내 정규 밴드의 멤버로 남게 됐지.

　우리 연주가 괜찮긴 했는데 퍼커션은 좀 다른 스타일로 연주하는 뮤지션이 필요하다는 느낌이 들었어. 그래서 마르티니크† 출신의 퍼커션 주자 미노 시넬루가 새미 대신 연주하게 됐어. 미노는 좀 지 잘난 맛에 사는 거 같은 애였어. 밝은색 피부, 곱슬머리에 자기가 여자들에게 인기 있다고 생각하는 거 같았지. 그래도 나는 미노 연주가 좋아서 다른 바보짓들은 참아줬어. 뉴욕의 내 단골집 미켈스라는 곳에서 미노를 처음 만났어. 그 클럽은 마이크와 팻 미켈 부부가 운영하는데, 마이크는 흑인이었고 팻은 상냥하고 섹시한 이탈리아 여자야. 제임스 볼드윈의 동생인 데이비드가 여러 해 동안 바텐더를 했지, 거기서. 컬럼버스 애비뉴 97번가에 있고 항상 음악이 좋아, 특히 주말에는. 미켈스는 음악에 관한 한 무슨 일이 벌어질지 모르는 곳이야. 어느 날 밤 내가 거기 가서 있는데 스티비 원더가 와서 휴 마세켈라와 이른 아침까지 합주했던 생각도 나, 나는 연주 안 했고. 슬라이 스톤도 뉴욕에 오면 그렇게 휴랑 같이 똑같이 연주하면서 놀고 그랬지. 미노가 연주하는 건 1981년 5월에 미켈스에서 처음 들었어. 시빌리 조던 앤드 포크라는 그룹에서 연주할 때였어. 기타리스트 코넬 듀프리를 만났던 곳도 바로 거기였고. 듀크 엘링턴에게 헌사한 앨범인

<hr>

† 서인도 제도 남동부의 프랑스령 섬.

『겟 업 위드 잇』에서 나하고 같이 연주했지. 미켈스에서 그는 스텝이라는 그룹과 함께 했는데, 정말 좋은 그룹이었어. 어쨌든 미노가 들어오자 모든 게 제자리를 찾아가기 시작했어. 이제 조금만 더 가면 엄청난 그룹이 나올 거 같더라고.

내 예전 피아니스트인 빌 에번스가 1980년 여름에 세상을 떠났어. 헤로인 중독자가 됐었지, 빌이. 그 합병증으로 죽었을 거야. 진짜 슬펐어. 빌이 죽기 1년 전에 찰리 밍거스가 죽었고. 그렇게 하나둘씩 친구들이 떠나고 있었어. 이제 그 옛 시절은 가고 몇 명 안 남았구나 싶은 생각이 들 때도 있었지. 그러나 젊게 살려면 과거는 잊어야 한다고 믿었기 때문에, 옛날 생각은 될 수 있는 한 안 하려고 했어.

당시 많이 줄이기는 했지만 마약에서 완전히 손을 뗀 상태는 아니었어. 샴페인, 맥주, 코냑과 코카인, 나를 뿅 가게 해주는, 내가 좋아하는 것들. 진짜 난 그것들을 즐겼어. 그치만 그중 아무것도 할 수 없는 날이 오고 있었지. 주치의가 말해주더라고. 병을 달고 살던 내게 설상가상으로 당뇨가 왔다고. 알코올은 당뇨병과 완전 상극이야. 모든 걸 다 끊는 건 시간문제일 뿐이었지. 이성적으로는 이해가 됐지만, 감정적으로는 끊을 준비가 아직 안 돼 있었어.

1981년 봄, 나는 다시 대중 앞에 설 준비가 됐다는 걸 느꼈어. 내가 준비됐고 내 밴드 또한 그렇다는 느낌이 들었거든. 그래서 매니저 마크 로스바움을 시켜서 보스턴의 프로모터 프레디 테일러에게 연락했지. 그랬더니 그가 킥스라는 캠브리지 지역의 작은 클럽에 예약을 잡아줬어. 조지 와인이 주최하는 뉴포트 재즈 페스티벌 공연에도 동의했는데, 그게 7월 초였으니까 6월 말 나흘간으로 잡힌 킥스 공연이 그걸 위한 좋은 워밍업이 될 거 같았어. 괜찮은 순회 공연 스태프도 모아야 했어. 은퇴할 무렵에는 짐 로즈와 크리스 머피 같은 좋은 크루를 데리고 있었지. 순회공연에서 좋은 크루는 뮤지션이 연주에만 신경 쓸 수 있도록 모든 걸 조율하고, 일이 순탄히 돌아가도록 보장해주는 등 뮤지션들이 생각하지 못하는 일상적인 것들을 다 챙겨주기 때문에 거의 훌륭한 밴드만큼이나 필수적이야. 짐 로즈는 내가 은퇴한 사이에 택시를 몰았는데, 어느 날 흑인 여자 승객이 마일스 데이비스가 뉴포트에서 공연한다는 소리를 해서 듣고 마크 로스바움에게 전화했다고 해. 그런데 우연의 일치로 마크도 짐을 찾고 있었던 거야. 나는 항상 짐이 최고의 로드 매니저였다고 생각해. 은퇴하고도 짐이 몇 번 찾아왔었지만 결국 소식이 끊겼었거든. 그가 다시 오겠다고 한 게 내게는 정말 큰 위안이었어. 크리스 머피도 돌아왔고. 크리스 역시 택시를 몰고 있었대. 그 두 녀석을 봤더니 둘 다 머리가 길더라구. 나는 와락 껴안고 말았어. 둘 다 돌아와서 얼마나 다행인지.

　　나는 타르가 지붕이 달린 샛노란 308 GTSi 페라리 최신 스포츠 쿠페를 장만했어. 나는 짐 로즈를 태우고 이 차를 몰아 보스턴으로 갔고 크리스는 장비가 실린 트럭을 몰았어. 짐과 내가 집을 떠났을 때 코카인이 조금 있었지. 나는 조지 워싱턴 다리를 건넌 다음부터 줄곧 쏜살같이 달렸어. 진짜 전속력으로 달렸더니 지미가 약간 겁먹은 거 같던데. 아무튼 그렇게 보스턴에 도착했는데 내가 코카인을 딴 사람한테 줘버리고 대신 무슨 진정제를 얻게 됐어. 그러면서 난 깨달았지. 아, 마침내 코카인에 대한 관심이 없어지기 시작하는구나. 그렇게 코카인과의 긴 싸움에서 내가 이겨가고 있다는 걸 알았지.

　　나머지 멤버들은 모두 비행기를 타고 갔지만 나는 모두에게 새 페라리를 타고 공연장에 도착하는 걸 보여주고 싶었어. 사실 클럽 바로 건너편에 머무르고 있어서, 매일 밤 길만 건너면 걸어서도 클럽에 돌아올 수 있었거든. 이젠 내가 정말 돌아왔다는 걸 그런 식으로 알리고 싶었던 거지. 때로는 약간 쇼를 해도 해롭지 않단 말이야.

마커스 밀러, 마이크 스턴, 빌 에번스, 앨 포스터와 미노 시넬루가 밴드 멤버였어. 다들 참 친하게 지냈지. 공연 첫날 보니 줄 선 사람들도 있었는데 거의 다 내가 진짜 무대에 나타날지 보려고 기다리는 거였어. 내가 나타나자 공연장이 완전 꽉 찼어. 정말 발 디딜 틈 없었지. 사람들이 나를 보자 울기 시작하더니 연주하는 동안에도 계속 눈물을 흘렸지. 참 대단했어. 하루는 뇌성마비가 있는 왜소한 흑인 남자가 휠체어를 타고 앞줄에 앉아 있는 거야. 30대 중반쯤 돼 보였는데, 몇 살인지는 모르겠더라구. 그날 밤 그 남자는 무대 바로 앞에서 내 블루스 연주를 듣고 있었어. 그가 진정 블루스가 뭔지 안다는 걸 잘 알기에 그를 위해 블루스를 연주했어. 솔로 도중에 그 친구 눈을 봤더니 울고 있는 거야. 떨리는 움츠러든 팔을 뻗어 흔들리는 손으로 내 트럼펫을, 마치 축복하듯 만지는 거야. 그리고 나를. 바로 그 순간, 거의 트럼펫을 놓칠 뻔했어. 그리고 그 자리에 주저앉아 엉엉 울 뻔했지. 그 사람을 만나고 싶더라고. 그런데 공연 후 밖으로 나가보니 이미 누가 데리고 갔는지 없더라. 내가 평소에 생판 처음 보는, 특히 남자를 만나보겠다고 울고불고할 사람이야? 그런데 그에게는 말해주고 싶었어. 당신의 몸짓이 내게 얼마나 큰 의미였는지. 그가 그렇게 내게로 손을 뻗은 것은 오직 깊은 이해에서만 나올 수 있는 행동이었어. 갖은 일을 겪고 무대로 돌아온 나에게 그 모습은 많은 뜻을 담고 있었어. 나는 그에게 감사하다고 하고 싶었어. 그는 마치 다 괜찮아, 당신 연주는 어느 때보다도 아름답고 강렬해, 라고 말해주는 거 같았어. 나한테는 그런 것이 필요했어. 재기의 그 순간에 말이야.

보스턴에서 나흘 공연했는데 하룻밤에 1만 5,000달러씩 벌여

들였던 거 같아. 425석 규모인 클럽 공연치고는 정말 괜찮은 수입
이었지. 하룻밤에 두 차례 공연을 했고, 클럽도 마찬가지로 돈을 벌
었어. 그다음 우리는 뉴욕 애버리 피셔 홀에서 열린 뉴포트 재즈 페
스티벌에 나갔지. 많은 비평가들은 그 공연을 혹평했고, 내가 충분
히 오래 연주하지 못한다고 했어. 반면에 많은 사람들이 공연을 즐
겼고 스티븐까지 그랬어. 뉴포트 일로 돈도 많이 벌었지. 두 번 공연
에 9만 달러 정도 받았으니까. 두 공연 다 매진이었고, 그래서 다들
기분이 좋았어. 9월엔 일본 투어에 나섰고 8회 공연에 70만 달러
에다 항공편과 식사, 호텔을 제공받았어. 일본 순회공연은 훌륭했
어. 다들 좋은 연주를 들려줬고 일본 관중도 우리 음악을 매우 좋아
했어.

　1981년 가을, 컬럼비아에서 『더 맨 위드 더 호른』 음반이 나왔
어. 음반 판매량은 괜찮았는데 비평가들은 혹평 일색이었어. 내 연
주의 사운드가 빈약하고 '내 옛 모습의 그림자일 뿐'이라는 거야. 하
지만 난 기량을 회복하려면 어느 정도 시간이 걸릴 거라고 이미 짐
작하고 있었지. 하면 할수록 날마다 점점 더 강해지는 걸 느꼈고, 매
일 연습도 이어갔어. 그러나 컬럼비아는 이게 그리 오래가지 않을
거라 여겼는지 내 모든 공연 실황을 녹음할 크루를 보내더군. 그건
나한테도 나쁘지 않았어. 건강이 받쳐만 준다면 은퇴하지 않으려고
했으니까. 이전보다 기분도 훨씬 좋은 상태였어. 그게 뭐 별건 아니
지만.

　시슬리 타이슨이 거의 그해 여름 내내, 적어도 시내에 있을 때
는 내 집에 머물렀어. 그녀는 캘리포니아 말리부 해변 바로 앞에도
별장이 있었고 롱아일랜드 몬토크의 바다 위에 있는 거니스라는 휴
양지에도 거처가 있었어. 다시 만나보니 시슬리는 유명 스타가 됐더
라고. 영화도 많이 찍었고 수입도 엄청났지. 나보다 더 유명인사였

다니까. 내 덕을 본 것도 없지는 않았는데, 사연인즉슨 1974년 「미스 제인 피트먼의 자서전」The Autobiography of Miss Jane Pittman이라는 영화에서 내 목소리, 그러니까 내 말투를 흉내 내서 자기 억양을 얻었거든. 말투에서 목소리가 나오는 거야. 아무튼지 시슬리는 시내에 있으면 내 집으로 넘어왔어.

1981년 추수감사절에, 시슬리와 나는 매사추세츠에 있는 빌 코스비의 집에서 앤드루 영의 주례로 결혼식을 올렸어. 맥스 로치하고 디지 길레스피도 왔었고, 딕 그레고리, 또 내 매니저 마크 로스바움 같은 사람들이 참석했지. 식은 괜찮았지만 결혼 사진을 보면 내가 정말 병든 상태였다는 걸 금방 알 수 있었어. 거의 죽어가는 듯한 잿빛 표정이었거든. 시슬리가 알아보더라고. 금방이라도 죽어버릴 것 같다고 그녀에게 말했어. 여름 동안 나는 다리에 마약을 좀 놨고 그래서 다리가 완전 좆된 상태였어. 뉴욕에 있을 때 치료를 받으러 일주일에 몇 번 뉴욕 병원의 필립 윌슨 박사와 시슬리가 내게 소개해준 친 박사를 찾아갔지. 윌슨 박사한테 가서는 물리치료를 받고, 친 박사한테는 약초를 처방받고 침을 맞았지. 그런데도 난 여전히 하루에 서너 갑씩 담배를 피워댔어. 하루는 윌슨 박사가 나한테 살고 싶냐고 묻더군. 그래서 "그럼 살고 싶지"라고 했더니 이런 답이 돌아왔어. "그래요? 마일스, 살고 싶다면 이 모든 걸 끊어야 해요. 담배도 마찬가지고요." 계속 잔소리를 해대는데도 나는 그저 하던 대로 했어.

심지어 결혼하고 겨우 닷새 만에 알고 지내던 다른 여자와 자고 말았어. 시슬리에게는 더 이상 성적인 느낌이 안 들었거든. 물론 나는 시슬리를 여성으로서 존경하고 나에게 좋은 친구라고 느꼈지만, 시슬리에게서 얻을 수 없는 그런 성적인 것도 필요했어. 그래서 다른 데서 그걸 구했던 거야. 1월에 국무성에서 제작하는 무슨 영화 같은 걸 찍으러 시슬리가 아프리카로 떠났어. 그 후 나는 또다시 술을 과하게 마셔댔지. 그 무렵 코카인은 끊은 상태였지만, 맥주를 많이 마시는 걸로 그걸 대신했어. 뇌졸중이 와서 오른손이 갑자기 마비된 게 그때쯤일 거야. 중풍이라고 했는데 어떤 이는 '허니문 증후군'이라 부르더군. 결혼하고서 배우자를 안고 자다가 눌린 한쪽 팔의 혈액 순환이 막혀서 신경 손상이 온 상태라는 거야. 뭐가 됐든지 간에 시슬리가 없는 어느 날 밤 담배를 집으려고 손을 뻗다가 갑자기 손가락하고 손이 뻣뻣해지면서 안 구부려지더라고. 뭔지 정확히는 모르겠어. 그래서 나는 소리쳤지. "이게 뭐야 씨발?" 손이 오무려지긴 하는데 안 펴지네 이거. 진짜 겁이 나더라. 아프리카에 간 시슬리는 자기도 뭔가 이상한 느낌이 들었다는데, 아니나 다를까 전화벨이 울리더라고. 그러더니 어디 안 좋냐고 묻는 거야. 그래서 손이 안 움직여진다고 했지. 그랬더니 시슬리가 이거 뇌졸중 같다면서 바로 돌아왔어.

실은 몸이 뭔가 찌뿌드드하고 오줌에 피가 흥건하게 나왔을 때 알아봤어야 했어. 일본 공연을 다녀온 후에 폐렴기가 있었는데 나는 밤낮없이 비행기를 타고 「새터데이 나이트 라이브」라는 텔레비전 쇼에 출연하러 뉴욕으로 돌아왔던 거야. 쇼를 찍기 전에 마커스 밀러가 "어디 아파요?"라고 묻길래 "어디 안 아픈 데가 있겠어!"라고 해줬던 기억이 나. 너무 아파서 앉으면 다시 못 일어날 것 같더라구. 연주할 때든 아니든 그 방송 내내 서성였어. 계속 왔다 갔다 한 거지. 다들 저거 미친 거 아냐 싶었겠지만 기를 쓰고 몸을 추스리려면 그 방법밖에 없겠더라고. 방송을 마치자마자 손하고 손가락에 감각이 없어졌어. 그때 뭔가 조치를 취했어야 하는데 못 했어. 아무튼 그날 뇌졸중 비슷한 게 온 다음에, 의사가 경고하기도 했고 또 시슬리가 입에서 담배 냄새가 나면 더 이상 키스하지 않겠다고 해서,

나는 옛날 헤로인 중독 때처럼, 금단현상을 이겨내며 마약을 전부 끊었어. 그때처럼 싹 다.

그게 1982년이었지. 주치의가 앞으로 6개월 안에 섹스를 하면 뇌졸중 증세가 언제라도 다시 찾아올 수 있다는 거야. 이거 시도 때도 없이 발기는 되고, 참 힘들더군. 섹스 스타일이, 꼴렸을 때 바로 가서 하지 않으면 그냥 지나가버려. 그러니 아무것도 못 하겠는 거야. 시슬리는 "아무것도 하기 싫으면 그냥 기다릴게"라고 말하더니, 6개월을 그냥 기다려주더라.

이렇게 병마에 시달리다 보니 몸이 쇠약해져서 연주도 못 하게 됐어. 똑바로 서서 오줌 눌 힘도 없었고. 오줌이 다리를 타고 줄줄 흘러내리곤 했지. 그때 친 박사가 한 여섯 달이면 속을 깨끗이 씻어낸다는 약초를 내게 줬어. 그 약초를 먹기 시작했는데 온갖 걸쭉한 점액질 같은 게 계속 배설되더라고. 친 박사가 여섯 달 이 약초를 먹으면 섹스도 하고 싶어질걸, 그러는데, 나는 속으로 '뻥치시네'라고 중얼거렸거든? 그런데 진짜 여섯 달 후 다시 욕구가 생기는 거야. 친 박사 말이 맞더라고. 아무튼 이 모든 걸 겪고 나서 나는 머리가 거의 다 빠졌어. 난 항상 외모에 허영심이 많았던 터라 기분이 완전 좆돼버렸어.

뇌졸중이 오고 손가락을 쓰지 못했던 두세 달 동안, 일주일에 서너 번 뉴욕 병원으로 물리치료를 받으러 다녔어. 짐 로즈가 나를 태워다줬지. 진짜 내 평생 이렇게 겁나는 건 처음이었어. 한 덩어리로 뭉쳐진 손과 손가락이 뻣뻣해져서 다시는 연주하지 못할 거 같더라구. 얼핏 마음속에 그런 생각이 스치면 죽는 것보다 더 두려웠어. 머리가 멀쩡히 돌아가는데 생각한 걸 연주할 수 없는 채로 살아야 한다니 말이야. 나는 약초를 계속 쓰고 물리치료도 받았어. 술 담배 끊고 좋은 건강식을 먹으며 많이 쉬고, 맥주나 과실주 대신 페리에 탄산수를 마시고 하다 보니, 어느 날 갑자기 손가락이 다시 살아나기 시작하더라고. 옛날처럼 날마다 수영을 하기 시작했는데, 폐활량과 스태미나를 늘리는 데 도움이 됐어. 그러는 사이 건강이 회복되는 것은 물론 스스로가 더 강해지는 게 느껴졌어.

1982년 4월, 나는 다음 달 초로 잡힌 유럽 투어를 하기 위해 다시 밴드를 모았어. 내가 앉아서 크래커나 오물거리면서 죽음을 기다리고 있는 시체처럼 보인다는 걸 알고 있었지. 빼빼 말랐고 머리칼도 거의 다 빠졌어. 겨우 몇 가닥만 붙어 있는 거야. 결국 나는 남은 머리를 뒤로 넘기고 헤어위빙†을 하게 됐어. 너무 허약해져서 앉아서 연주하는 시간이 많아졌지. 상태가 괜찮은 날도 있었지만 어떤 날은 비행기를 타고 그냥 집으로 돌아가고 싶더라. 하지만 밴드는 점점 더 잘 맞아갔어. 앨 포스터가 좀 더 훵키한 드럼 장단을 구사했으면 싶었지만 어째 내 말에 귀 기울이는 거 같지를 않았지. 그것 말고 밴드 일은 다 잘 돌아갔고, 내 입술과 얼굴 근육도 계속 강해지고 있었어. 기분이 나면 트럼펫 주둥이에 무선 마이크를 달고 연주하면서 무대 위를 돌아다녔지. 반면 키보드는 항상 의자에 앉아서 쳤고. 나는 환자처럼 보이긴 했어도 사실 아주 오래전보다 더 강인해진 느낌이 들었지. 체중이 많이 줄었어. 살이 빠질 만한 생선과 야채 등을 주로 먹는 식이요법 탓이었어. 내가 그렇게 약해 보인 건 그 때문이었지.

건강이 좋지 않았지만, 우리는 내 뇌졸중에 관한 이야기가 언론에 나는 걸 피할 수 있었어. 몇 달 지나 레너드 페더가 내가 손을 쓰지 못한다고 토로한 인터뷰가 공개되기 전까지 아무도 그 문제를 몰랐어. 그 인터뷰가 나왔을 때 우리는 이미 유럽 투어를 마친 후였지.

나중에 드러났지만 그 투어에서 제일 큰 골칫거리는 시슬리와 친구 한 명이 투어에 동

<hr>

† 탈모를 가리려고 가발을 덧대 머리에 꿰매는 것.

행한 점이었어. 밴드 로디roadie†들에게 이거 달라, 저거 달라, 페리에 탄산수 가져와라, 하면서 공주과로 노는 바람에 진짜 왕짜증이었어. 그들은 내일이 오지 않는다는 듯 옷을 사대더라구. 나와 나머지 멤버(다섯 사람)와 로드 크루는 짐이 두 개씩밖에 없었는데 시슬리하고 친구 달랑 둘이서 무려 짐이 열여덟 개나 되는 거야. 웃기지도 않아요 정말. 주요 로디인 크리스와 짐은 다른 두 명의 로디인 마크 앨리슨과 론 로어맨과 함께 자기 짐 말고도 시슬리와 친구들 짐을 날라야 했지. 짐과 크리스는 그 일 때문에 진짜 열받아했어. 당시 나는 하룻밤에 2만 5,000달러의 수입을 올리던 때였는데 짐하고 크리스 모두에게 정말 돈을 두둑히 챙겨줬어. 그래도 시슬리와 친구가 그들을 대하는 꼴을 보면 돈을 아무리 줘도 모자랄 정도였지. 짐과 크리스 딴에는 리더의 아내 일로 불평을 하면 내가 역정이라도 낼까 봐 냉가슴을 앓았나 봐. 잘은 몰라도, 그랬으면 나도 역정을 냈겠지 뭐.

시슬리는 스타 여배우가 된 이후로 성격이 변했어. 과다한 요구를 하며 많은 사람들을 힘들게 했고, 사람들을 너무 무시했어. 나 역시 사람을 심하게 다룬다는 안 좋은 평을 받았지만, 나는 단지 내가 유명하니까, 그래도 되니까 그런 식으로 좆같이 대하는 건 아니야. 그런데 시슬리는 스타가 되더니 그러기 시작했다는 게 문제였어. 그녀는 모두를 한숨짓게 만들었어. 로디들을 하인처럼 대했으니.

시슬리 때문에 신경이 너무 거슬려서 로마 공연 때 나는 시슬리와 방을 따로 쓰겠다고 짐에게 말했어. 로마에서 사흘 동안 각방을 썼고 심지어 시슬리한테 내가 어느 방을 쓰는지 알리지도 않았어. 3일간 공연을 한 다음에야 그녀의 방으로 갔던 거야. 휴식이 좀 필요하니 공연 마치고 다시 보자고 미리 말해놨었거든.

파리 공연에서도 잠시 떨어져 있었는데,

<hr>

† 밴드 크루를 말한다.

옛 여자친구 쥘리에트 그레코 때문이었어. 짐 로즈를 시켜서 그녀가 있는 곳을 찾아 방문했지. 우리는 아직도 좋은 친구였고, 나는 파리에 갈 일이 있을 때마다 늘 그녀가 보고 싶었어. 그녀는 여전히 현역이었고, 프랑스에서는 줄곧 대스타였지. 우리는 내가 음악을 쉬던 때의 일이며 지난 시절, 서로 어떻게 지냈는지 등의 이야기를 나눴어. 언제나 그랬지만, 그녀를 만나는 건 좋은 일이야.

나는 그 유럽 순회공연 때부터 그림을 많이 그리기 시작했어. 처음엔 그냥 낙서였지 뭐. 시슬리가 그 전해 여름에 스케치 패드를 장만해줬지만, 별로 안 썼었어. 근데 그 유럽 투어에서부터 음악과 공연 생각을 안 할 때는 내가 드로잉과 회화를 생각하고 있더라고. 처음에는 치료 목적이었던 거 같아. 담배와 술을 끊고 코카인도 안 빠니까 시간이 생긴 것과도 관련 있고. 그런 걸 할 생각이 안 들게 하려면 스스로 다른 데 몰두하는 수밖에 없었어.

음악으로 돌아오게 되자 들려야 마땅한 소리들이 들리기 시작했어. 점점 더 많은 뮤지션들이 자신의 주 악기를 기타로 삼는 쪽으로 넘어가고 있었는데, 팝의 영향도 컸고, 대부분의 아이들이 요새는 정말 기타로 시작하기 때문이기도 하지. 게다가 기타를 치면 노래도 같이 부를 수 있단 말이야. 신인들은 주로 전기 기타나 베이스, 전기 피아노를 연주하고 있었어. 아니면, 순수한 가수나 대중음악 작곡가가 되려고 했고. 음악적인 재능을 타고난 흑인 청년들이 바로 거기로 향하고 있었고, 그거야 뭐 할 수 없는 거 아니겠어.

흑인 뮤지션들이 점점 재즈를 멀리하게 됐어. 나는 그 이유가 딱 보였는데, 그건 재즈가 박물관에나 어울리는 음악이 됐기 때문이지. 그렇게 된 건 뮤지션들이나 비평가들 모두의 탓이겠지. 그렇잖아, 아직 창창한 스물한 살인데 발을 들여놔봤더니 이게 벌써 죽어버린 거라면 누가 들어오겠어. 재즈가 딱 이런 상황이었던 거야.

적어도 내게는 그렇게 보이더라고. 재즈 뮤지션이 죽은 음악을 하지 않으려면 어떻게든 젊은 친구들의 귀를 다시 사로잡아야 하는데, 난 그런 일이 일어난 걸 본 적이 없어. 주구장창 우리가 버드와 함께 먼 옛날에 연주했던 그 구절들을 그대로 되풀이해연주하고 있으니 말이야. 그래서 나는 그 허다한 재즈 그룹들의 연주를 더는 들으러 가지도 않았어. 약간은 콜트레인이나 오넷 콜먼식의 연주도 포함돼 있는데, 그걸 듣는 것도 지겹더라구. 그런 부류의 뮤지션들은 평론가들의 희생양이 되어왔던 거야. 평론가들은 대개 게을러터져서 동시대의 음악적 표현과 언어를 이해할 수 있을 만큼 열심히 일하지도 않는다구. 걔들한테는 이게 버거운 일이라 그냥 손을 놔버린단 말이야. 이놈의 멍청하고 감각 없는 평론가들이 위대한 뮤지션들의 위대한 음악들을 망쳐버린 거야. 나처럼 세게 들이받으면서 이렇게 말할 수 있으면 모를까. "좆까라 그래."

재즈 신이 정체된 것처럼 보였지만, 레스터 보위와 윈턴과 브랜퍼드 마살리스 형제 같은, 떠오르는 젊고 훌륭한 뮤지션들이 없진 않았어. 윈턴은 트럼펫을 불었는데, 그가 오랜만에 나타난 최고의 트럼펫 주자로 꼽을 만하다고들 했지. 아마 아트 블래키의 밴드 출신일걸. 그의 형 브랜퍼드는 색소폰을 불었고 역시 아트 블래키하고 연주하고 있었지. 지인 뮤지션들이 그 형제 이야기하는 걸 처음 들은 게 아마 1981년이었나. 프레디 허버드는 어떻게 됐는지 궁금해. 훌륭한 트럼펫 주자가 될 거라고 예상했었는데. 많은 훌륭한 트럼펫 주자들이 무대에서 사라졌어. 리 모건이 살해당했고, 부커 리틀은 클리퍼드 브라운처럼 젊은 나이에 죽었고, 우디 쇼는 응당 받아야 할 평가를 받기도 전에 마약으로 갈 데까지 가버렸고. 그래도 존 패디스나 아직 연주를 들어보진 못했지만 훌륭하다는 소리를 듣는 미시시피 출신의 올루 다라 같은 애들이 있긴 해. 디지 연주는 여전히 멋지고, 휴 마세켈라나 아트 파머를 비롯해서 몇 명 있어.

음악적인 발전 중에 꽤 흥미로운 것들도 있었는데, 제일 흥미로운 일은 백인 록 음악에서 일어나고 있다는 걸 알았어. 퓨전 음악도 뭐 괜찮았고. 특히 웨더 리포트, 스탠리 클라크와 그 외 몇몇 애들이 잘하더라고. 하지만 새로운 종류의 음악이 나타나 스스로를 표현할 여지가 보였어. 뭐냐면 랩 음악(힙합)에서 벌어지는 것들 일부가 진짜 흥미로워질 거 같다고 느끼긴 했는데 조금 삐딱한 쪽이라. 그러다가 프린스를 처음 들었는데, 그게 1982년 내가 유럽 투어를 할 무렵에 들은 가장 흥미진진한 음악이었어. 뭔가 색다른 게 나온 거야. 그래서 나는 그를 주시하기로 맘먹었지.

1982년 봄에 미국으로 돌아온 다음 우리는 여름 내내 미국과 캐나다를 투어했어. 그렇게 연주하다 보니 정말 내 테크닉과 사운드와 톤이 돌아오고 있는 게 느껴졌지. 일이 기대했던 것보다 잘 돌아가고 있었어. 나는 짬을 내서 미스 유니버스 심사위원이었던 시슬리와 함께 페루의 리마에 가기도 했지. 거기서 사나흘 호텔에 묵으면서 수영하고 풀장에 누워 쉬면서 좋은 해산물 요리를 먹은 게 다였어. 내 외모도 다시 원래 모습으로 돌아오기 시작했는데 씨발 그 망할놈의 머리카락은 당최 자라나질 않으니, 어휴 열받아.

우리는 주로 『위 원트 마일스』*We Want Miles* 앨범의 곡들을 연주하고 있었는데, 1981년 우리가 처음 투어를 나갔을 때 라이브로 녹음했던 곡들이야. 프랜시스의 아들 이름을 딴 「장-피에르」Jean-Pierre, 『포기와 베스』 중에서 가져온 「마이 맨스 곤 나우」My Man's Gone Now, 「백 시트 베티」와 「패스트 트랙」Fast Track 같은 곡들이었어. 「킥스」Kix라는 곡도 했는데, 보스턴에 있는 클럽의 이름을 딴 거지.

『위 원트 마일스』는 1982년 늦여름에 발매됐고, 1982년 가을에 나는 『스타 피플』Star People을 녹음하러 그룹을 데리고 스튜디오로 들어갔어(그 두 장의 앨범이 테오 마세로와 작업했던 마지막 앨범들이었던 거 같네). 「컴 앤드 겟 잇」Come and Get It의 녹음을 위한 세션이었고, 이 노래는 요즘 우리 공연의 오프닝 곡이 됐지. 나는 그 앨범에 「스타 온 시슬리」Star on Cicely도 넣었는데, 길 에번스가 편곡했어. 타이틀 곡 「스타 피플」은 긴 블루스였고, 그 솔로를 연주할 때 내가 진짜 깊게 빠져들었던 거 같아.

1982년 말부터 1983년 초까지 『스타 피플』의 대미를 장식할 곡들을 녹음했는데, 그때 기타를 녹음하려고 존 스코필드를 데려왔지. 그리고 그는 밴드에 계속 남았어. 배리 피너티는 이미 떠났고. 존은 그해 연말에 코넷티컷의 뉴헤이븐에서 처음 우리와 무대에 올랐고, 1982년의 마지막 날 메디슨 스퀘어 가든의 펠트 포럼 공연에서도 계속 함께 했어. 로버타 플랙도 그 공연에 출연했지. 나는 존 스코필드의 연주가 보여주는 섬세함이 좋았어. 내 색소폰 주자 빌 에번스가 마이크 스턴 때처럼 존을 추천해줬지. 나는 서로 다른 스타일의 두 기타리스트가 음악에 유익한 긴장감을 불어넣을 것 같은 예감이 들었어. 또한 마이크가 존의 연주를 듣는다면, 그 절제하는 표현법에 관해 뭔가 배울 게 있을지도 모른다고 생각했어. 『스타 피플』의 「잇 게츠 베터」It Gets Better에서 마이크가 배경음악을 연주하면서 존은 리드 솔로 주자 역할을 했어. 그것도 블루스였지. 마이크는 록을 더 지향했기 때문에, 나는 존 스코필드와 함께 밴드에서 블루스를 더 연주하기 시작했어. 블루스는 재즈 터치가 좋은 존 스코필드의 거였어. 그와 블루스를 연주하면 편안한 느낌이 들었지.

마커스는 내가 아주 오랜만에 만난 최고의 베이스 주자였어. 존이 밴드에 들어오면서 마커스 밀러가 떠나자 마음이 무척 아팠지.

게다가 밴드의 모두를 편하게 해주는 유쾌한 놈이었는데 말이야. 함께 어울리기에 괜찮은 녀석이었고 성숙했으며 음악에 정말 빠져 있었고. 이 자식은 기타, 베이스, 색소폰은 말할 것도 없고 네댓 가지 악기를 능숙하게 다뤘어. 마커스는 미국 최고의 세션맨으로 정말 인기가 많았어. 다들 자기 앨범에서 연주해주길 원했던 거야. 수많은 음악의 제작과 작곡에 관여하고 있었으니 내 밴드만 한다는 건 수입을 줄이는 일 아니겠어. 물론 나중에 다시 돌아오긴 했지.

마커스가 톰 바니라는 녀석을 추천해줘서 한두 달 밴드와 함께하며 『스타 피플』의 한 곡 녹음에도 참여했어. 그 무렵 조카 빈센트가 추천해줘서 시카고 출신의 대릴 존스를 만났지. 당시 열아홉 살이었는데, 1983년 5월 뉴욕으로 와서 내 집에서 처음 봤어. 이제 연주를 조금 해볼텐데, 혹시 내가 연주를 안 좋아하더라도 네가 연주를 못 한다는 뜻은 아니라고 먼저 일러줬지. 나는 우리 음반 중에 하나를 골라 틀고 따라서 연주해보라고 했어. 그다음에는 블루스를 틀고 맞춰서 연주해보라고 했고. 그런 다음 내가 B플랫 블루스를 연주할 줄 아냐고 물었는데, 조금 하더니 마는 거야. 그래서 다시 "B플랫 블루스를 연주할 수 있나?" 하고 물었더니 아까보다 더 느리게 연주하더라고. 그래서 더 느리게 해보라고 하니까 훨씬 더 느리게 연주하네? 나는 빈센트를 침실로 데리고 가서 야, 저 새끼 연주 좀 하는데, 같이 공연해도 되겠어, 이렇게 말해줬지. 빈센트가 나가서 대릴에게 전해줬지만 나한테 직접 그 말을 듣고 싶다더군. 그래서 나는 나가서 그의 어깨를 툭 치며 말해줬지. "너 일 잡았어."

그 무렵에 매니저를 교체했어. 말다툼 끝에 마크 로스바움을 해고했고 시슬리의 충고로 필라델피아 출신의 유대인들을 고용했어. 레스터와 제리 블랭크 형제, 그리고 레스터의 아들 밥이 그들이었지. 그래도 마크 로스바움과 참 잘 어울려 다녔는데 말이야. 1982년

에는 마크가 나와 시슬리를 라스베이거스로 데려가서 윌리 넬슨과
그의 아내 코니를 소개해줬지. 마크는 윌리와 에밀루 해리스, 크리
스 크리스토퍼슨을 포함한 스타들의 매니저였어. 그때 라스베이거
스에서 좋은 시간을 보냈어. 나는 윌리 넬슨하고 엄청 친해졌어. 솔
직하고 멋진 사람이었거든. 나는 항상 그가 노래하는 방식이 좋았
어. 그 후 윌리는 내가 콜로라도 덴버에 있는 레드 록스라는 곳에서
공연할 때 찾아와줬어. 이후에도 내 공연을 보러 들른 적이 몇 번 있
었지.

　1983년 봄에 다시 유럽 투어를 떠났어. 크리스 머피가 더 이
상 시슬리를 못 봐주겠다면서 이탈리아의 토리노에서 일을 관뒀
어. 블랭크 형제가 일을 보기 시작하면서 투어 내내 째째하게 굴더
니 아주 동전까지 일일이 계산하는 거야. 투어가 순탄하게 돌아가
려면 현금이 드는 법인데, 얘네 씀씀이가 너무 짜. 딱 그때, 아, 얘네
를 쓴 게 큰 실수일지 모르겠다는 생각이 퍼뜩 들었어. 급기야 나중
엔 끔찍한 일이 벌어졌는데, 공연 스케줄을 못 잡더라고. 내 기억에
1983년 통틀어서 5월의 일본 투어하고 유럽 공연 몇 개가 잡혔지
만 그게 다였어. 완전 무능한 애들이더라고.

　그 기간 내내 시슬리와 나는 웨스트 77번가에 있는 내 집의 내
부 공사 때문에 웨스트 70번가 315번지에 머물렀어. 해변에 시슬리
의 집이 있던 캘리포니아 말리부로 이사할 때까지 거기서 살았어.
나는 77번가의 집을 시슬리가 원하는 대로 뜯어고치려고 많은 돈
을 썼어. 그런데 얄궂게도 블랭크 형제에게 빌린 돈이 있었는데 결
국 그들의 압박으로 그 집을 팔 수밖에 없었지. 하지만 이 지경이 된
배경에는 시슬리가 있었다고 봐. 자기보다 먼저 그 집에 살았던 여
자들 생각을 걷어내고 새출발을 하려고 집을 완전히 뜯어고치려 한
거니까. 그렇게 집을 확 뜯어고치려 하다니, 한동안 난 완전 좆돼버

린 느낌이었어.

　그래도 당시 우리가 하던 음악은 진정 나를 일깨우기에 충분했어. 멤버들의 연주는 너무나 훌륭했고 서로 간에 사이도 참 좋았거든. 유일한 문제는 그들이 평론가들이 쓴 글을 접한다는 거였지. 평론가들은 우리 음악이 별거 아니라고들 했어. 다들 젊은 뮤지션들이니까 명성을 얻고 싶어 하지 않겠어? 호응 잘해주는 사람들 앞에서 공연하고 싶고 평론가들도 연주 참 훌륭하다고 써주길 기대했겠지. 하지만 평론가들은 그러질 않았고 멤버들은 그게 신경 쓰였겠지. 나는 멤버들에게 적어도 평론가 일부가 나를 어떻게 다루는지 제대로 알려줘야만 했어.

　나는 그들에게 소위 평론가라는 사람들은 버드가 그 위대한 음악을 처음 연주하기 시작했을 때도 똑같은 짓을 했고, 내 밴드에 있던 트레인과 필리 조도 비판했었다고 일러줬어. 당시 나는 그들의 말을 귀담아듣지 않았고 여전히 마찬가지라는 것도. 그랬더니 밴드 멤버들과 한층 더 가까워졌고, 다들 더 이상은 평론가 말에 신경 쓰지 않게 됐어.

　나는 어떤 표정을 짓는 것만으로도 멤버들과 소통이 가능해졌어. 표정 하나로 멤버들은 전과는 다른 연주를 들려주고 음악이 점차 무르익어가는 거야. 멤버들이 무슨 연주를 하고 있는지 나는 다 듣고 있어. 끊임없이 주의 깊게 듣다가 뭔가 조금 빠져 있는 거 같으면 듣자마자 음악이 계속되는 바로 그 자리에서 바로잡으려 한단 말이야. 내가 청중에게 등을 돌리고 있을 때 하는 일이 바로 그거야. 공연 중에 헛소리하고 청중과 떠들고 하는 짓에는 관심이 없어, 난. 제대로 하기만 하면 음악 스스로가 듣는 이들에게 말하기 때문이야. 청중이 멋지고 주의 깊다면 언제 음악이 제대로 가는지 바로 알아. 그럴 땐 그냥 그루브를 타면서 상황이 흘러가는 대로 즐기면 돼.

내 새로운 밴드에서 앨 포스터가 가장 오래된 멤버여서 그와 가장 가까웠어. 그는 정말 영적인 사람이었고, 같이 어울리기에 괜찮은 친구였지. 내가 떠나 있던 여러 해 동안 음악 신과 나의 관계를 유지해준 게 바로 앨이었어. 은둔해 있을 때 거의 날마다 그와 얘기하곤 했거든. 그 시기를 거치면서 신뢰가 참 커졌어. 잘 모르는 사람과 편하게 지낸다는 건 어려운 일이야. 시간이 지나 조금 알고 난 후에도 터놓고 믿기는 힘들어. 아마도 이런 성향은 자란 환경에서 만들어졌을 거야. 이스트세인트루이스 지역 사람들은 서로 별로 안 친해. 그들이 당신과 웃으면서 얘기한다고 해도 그건 당신을 살펴보기 위한 가면일 뿐이야. 이게 변두리 정서와 관계가 있는 것 같아. 지방에서 올라온 사람들은 다른 사람들을 믿지 않아. 아무리 세련된 거 같아도 난 그런 식이었어. 제일 친한 친구는 대개 현재 밴드 멤버들이었고, 그건 새 밴드 멤버들도 마찬가지였어. 내 새로운 밴드에서 난 빌 에번스와 대릴 존스가 좋았어. 그리고 떠나기 전의 마커스 밀러도. 존 스코필드도 좋았고, 내보내긴 했지만 마이크 스턴도 좋았어. 그러니 우리는 다들 친했던 거지. 평론가들에 대해서는 모두 반대파였고.

『위 원트 마일스』로 1982년에 그래미상을 수상했어. 시상식은 1983년에 있었지만. 또 나는 잡지 『재즈 포럼』에서 올해의 재즈 뮤지션으로 선정됐지. 우리는 일본과 미국, 캐나다의 페스티벌에 섰고, 1981년 늦여름과 초가을 사이에는 『디코이』*Decoy* 앨범을 위한 녹음을 시작했어. 일부는 실황 녹음이었고. 우리가 스튜디오로 들어갔을 때 나는 소프라노 색소폰에 브랜퍼드 마살리스를, 내가 밴드에 끌어들이고 싶었던 악기인 신시사이저에 (『더 맨 위드 더 혼른』에서 나와 처음 녹음했던) 로버트 어빙을 보탰어. 길 에번스가 편곡을 조금 봐줬고. 브랜퍼드를 밴드에 합류시키고 싶었지만,

그가 동생 윈턴과 연주하기로 약속되어 있어서 못 그랬지. 세인트루이스에서 같이 공연했을 때 브랜퍼드의 연주를 처음 들었어. 허비 행콕, 윈턴, 토니 윌리엄스, 론 카터와 함께 리유니언 밴드라 스스로 이름 붙인 그룹이었을 거야. 연주가 마음에 들어서 나와 녹음을 좀 해보자고 부탁했지.

1983년 가을에는 공연 몇 개를 하러 밴드를 유럽에 데리고 갔어. 사람들이 나를 보고 무척 기뻐하더군. 그 투어는 내게 특별했고, 관객들은 음악에 흠뻑 빠져들었어. 폴란드 바르샤바에서의 공연이 특히 기억에 남아. 우리는 통관 절차를 밟을 필요조차 없었어. 손짓으로 그냥 지나가라더라구. 모두 "우리는 마일스를 원해요"We Want Miles라고 적힌 배지를 달고 있더라고. 바르샤바에 있는 동안 가고 싶은 곳 어디든지 가라며 소비에트 연방의 지도자인 유리 안드로포프가 자기 전용 리무진 비슷한 걸 보냈어. 나는 그가 내 음악을 좋아하고 나를 고금에 가장 위대한 뮤지션 중 하나로 생각한다는 말을 들었지. 또 그가 내 콘서트에 오고 싶었지만, 너무나 아프다는 얘기를 들었어. 그는 훌륭한 공연을 하길 바라며 참석할 수 없어서 유감이라는 개인 메시지를 보냈어. 우리는 바르샤바에서 가장 좋은 호텔에 묵었고, 왕 대우를 받았지. 공연이 끝나니 관객들이 기립박수를 보내면서 "마일스 만세!"를 외치는 거야. 참 대단한 일이었어!

18

　　유럽 투어를 마치고 미국으로 돌아와보니 시슬리와 컬럼비아 사람들이 나를 위한 기념행사를 조직해놨더군. 흑인음악 협회과 공동 제작한 '마일스 어헤드: 미국 음악의 전설을 위한 헌정 공연'이 그거야. 빌 코스비가 사회를 봤고, 허비 행콕, J.J. 존슨, 론 카터, 조지 벤슨, 재키 매클레인, 토니 윌리엄스, 필리 조 존스를 위시해 진짜 온갖 뮤지션들이 총출동했어. 심지어 퀸시 존스가 지휘하는 올스타 밴드가 길 에번스의 오리지널 편곡인 『포기와 베스』와 『스케치스 오브 스페인』 중에서 몇 곡을 슬라이드 햄프턴이 다시 편곡해 연주하기도 했지. 피스크대학 총장이 수여하는 음악학 명예학위까지 받았어.

　　거기까지는 잘나갔어. 나도 즐거웠고. 그런데 그다음에 나보고 연설을 하라더라고. 그래서 난 그냥 "감사합니다" 하고 끝냈어. 그 말밖에는 생각이 안 났거든. 아 그랬더니 사람들이 어째 빡이 쳐 보이는 거야. 내가 건방지다고 본 모양인데, 그건 아니었어. 난 원래

긴 연설은 잘 안 해. 나답지 않아서 말이야. 진심으로 마음속에서 우러나서 그 짧은 말을 한 거였어. 부탁받은 연설을 하기 전에 내 밴드와 30분 정도 공연을 했지. 주최 측은 내가 옛 동료들과 연주하기를 바랐지만 그러지 못했지. 거슬러 올라가는 게 별로라서. 하지만 어쨌든 아름다운 밤이었고, 그들 방식대로 나를 명예롭게 해줘서 행복했어. 그치만 그 직후에 몸이 또 아팠고 다시 엉덩이 수술을 받기 위해 병원에 입원해야 했어. 그다음 폐렴에 걸렸고. 그래서 또 여섯 달의 공백기가 생겼어.

다시 돌아온 후 우리는 여느 때처럼 공연을 했고 앨범 『디코이』가 그래미 최우수 앨범상을 탔지. 그리고 앨 포스터는 잠시 그룹을 떠났어. 내가 바라던 대로 드럼 연주를 하려고 들지 않더라고. 앨은 록적인 건 한사코 마다했지. 나는 그에게 매번 훵키한 백비트를 요구했는데 그는 그렇게 치질 않았고 결국 조카 빈센트를 불러 들였어. 걔는 그 과였으니까. 친하게 지내던 앨을 떠나보내는 게 싫었지만 어쩔 수 없었어. 무엇보다도 음악이 우선이니까. 1985년에 나올 후속 앨범인 『유어 언더 어레스트』*You're Under Arrest*에서는 둘이 교대로 연주했지. 앨이 밴드를 아주 나가버린 직후인 1985년 3월이었나, 그때부터 빈센트가 정규 멤버가 됐고 2년 정도 함께 했어.

1984년 11월에는 소닝 뮤직 어워드the Sonning Music Award에서 평생공로상을 받았어. 시상식이 덴마크에서 열렸고, 나는 당시에 최초의 재즈 뮤지션이자 흑인 수상자였어. 대체로 클래식 음악가들에게 주어지는 상이었거든. 레너드 번스타인, 애런 코플랜드와 아이작 스턴 등이 이전 수상자였어. 그 상을 받아서 행복했고 영광으로 받아들였어. 주최 측이 덴마크 최고의 뮤지션과 내가 함께 녹음한 음반을 내고 싶어 해서 1985년 2월 녹음하러 건너갔고, 그들이 빅밴드를 모았어. 그 모든 음악을 덴마크의 작곡가 팔레 미켈보르가 작곡했지. 오케스트라와 전자 음악, 그러니까 신시사이저 소리가 혼합된 음악이었어. 드럼에서 내가 얻고자 하는 소리를 내줄 빈센트를 데려갔어. 그래서 이 앨범 녹음할 때 그가 연주했지. 기타는 존 매클로플린이 쳤고 퍼커션을 치기 위해 매릴린 마주르가 와줬지. 컬럼비아가 그 앨범을 발매하기로 했었지만 나와의 약속을 어겼고, 그래서 나는 국립예술기금에서 보조금을 얻어 그 앨범을 끝마쳐야 했어. 앨범에『오라』*Aura*라는 제목을 붙일 예정이었고.

그게 컬럼비아와 나의 관계가 끝나게 되는 시초였어. 이 일에다가 조지 버틀러가 나와 윈턴 마살리스를 대하는 방식이 더해졌어. 나는 첫 만남부터 윈턴이 정말 좋았어. 좀 왔다 갔다 하긴 했지만 괜찮은 젊은이었어. 그가 클래식 음악 연주를 기막히게 잘하고, 고도의 트럼펫 테크닉을 지닌 연주자라는 걸 나도 알아. 그러나 위대한 재즈 음악가가 되려면 그 이상의 것이 필요해. 오직 삶에서만, 그리고 경험에서만 얻을 수 있는 감성과 이해가 있어야 한다는 거지. 늘 보면 윈턴에게는 그게 좀 부족해 보였어. 그렇다고 내가 뭐 질투를 한다거나 그랬던 건 전혀 아니야. 쌍, 걔는 내 아들뻘 되는 애란 말이야. 진짜 잘되기를 바랐어.

그런데 유명해질수록 나한테 버릇없이 불손한 말들을 하기 시작하는 거야. 나는 내가 영향받은 뮤지션, 내가 존경하는 뮤지션들에게 그런 식으로 대한 적이 없어. 물론 내가 좋아하지 않는 뮤지션들과 맞서서 대놓고 떠들어댄 적은 있지만 내가 윈턴의 연주에 그랬듯 내게 영향을 준 이들하고 맞짱 뜬 적은 없어. 그가 나를 언론을 통해 때리기 시작했을 때 처음에는 놀랐고 그다음에는 열이 받더라구.

내 느낌에는, 당시 우리 둘의 프로듀서였던 조지 버틀러가 나보다 윈턴의 음악에 신경을 더 많이 쓰는 거 같았어. 클래식한 걸 선호하는 조지는 윈턴에게 그쪽을 더 많이 녹음하도록 지원하는 중이었지. 클래식 음악을 연주하니까 윈턴의 공연이 점점 더 많아졌고 당시 클래식과 재즈 양쪽에서 상을 모조리 휩쓸었어. 많은 이들이 내가 윈턴을 질투한다고 생각했어. 질투는 무슨. 난 그냥 윈턴이 사람들 생각만큼 연주를 잘한다고 생각하지 않았을 뿐인데.

언론이 그렇게 나하고 윈턴의 대결을 조장하더군. 언론은 나를 윈턴과 비교하면서 절대로 척 맨지오니 같은 백인 트럼펫 주자와는 비교 안 해. 그러니까 리처드 프라이어, 에디 머피와 빌 코스비를 서로 비교하는 식인 거지. 이 흑인 코미디언들을 로빈 윌리엄스 같은 백인 배우들과는 비교하지 않으면서 말이야. 빌 코스비가 텔레비전 쇼로 그 모든 상을 처음 탔을 때 그 시상식이 어땠는지 알아? 바늘 떨어지는 소리도 들릴 만큼 잠잠했어. 여타 TV 방송국들이 전부 등을 돌렸거든. 내가 잘 알지. 시슬리하고 참석했으니까. 백인들은 맨날 흑인들이 비굴하게 굴고 엉클 톰 같은 짓을 하길 바라. 아니면 윈턴하고 나처럼, 흑인들끼리 서로 까대는 꼴을 보고 싶어 하거나.

그렇게 백인들이 우루루 나와서 윈턴의 클래식 연주를 칭찬하는 건 좋다 이거야. 아니 근데 이것들이 뒤돌아서는 윈턴을 재즈에서 디지와 나보다 높은 자리에 올려놓네? 윈턴 지도 알 거야, 자기 재즈가 우리가 해놓은 거나 앞으로 할 것들에 비하면 새 발의 피만도 못하다는 걸. 엎친 데 덮친 격으로 윈턴은 그 뻥을 곧이곧대로 믿어버리네? 그가 계속 그러면 그게 결국 좆되는 길인데 말이야. 급기야 자기 형이 지멋대로 연주한다며 형까지 까대게 만들어요. 말이 돼? 브랜퍼드가 얼마나 연주를 잘하는데. 순 개소리라는 걸 누가 몰라.

그들은 윈턴이 낡고 죽어버린 유럽 음악을 연주하도록 시킨 거야. 윈턴도 말이야, 미국 흑인 작곡가의 곡도 좀 하면 안 돼? 음반 회사가 흑인에게 클래식 작품을 연주하게 하려거든 그따위 낡아빠진 음악 말고 흑인 클래식 작곡가나 젊은 백인 작곡가의 곡을 좀 시키면 안 돼? 아니 물론 옛날 백인 음악이 안 좋다는 게 아냐. 또 하고 또 하고 해서 진이 빠진 음악이라는 거야. 윈턴이 연주하는 곡들은 시체 나부랭이, 아무나 할 수 있는 그런 곡들이라고. 연습하고 또 하고 자꾸 하기만 하면 다 돼 그런 건. 난 윈턴한테 말했어. 나 같으면 그렇게 굽신거리며 그따위 음악을 연주하진 않는다고. 너처럼 재능 있는 애가 그따위 닳고 닳은 음악이나 하고 있으니 퍽이나 기뻐하겠다고 말이야.

윈턴은 나나 내 선배들한테 그놈들이 어떻게 했는지를 똑똑히 배워야 해. 잘한다 잘한다 해서 우쭐하게 만들었다가 씨발 좆같은 음표 하나 빼먹었다고 얼마나 묵사발을 만드는지 말이야. 윈턴은 그놈들 걸 연주하느라 자기 것에서 떠나 있었고, 즉흥연주 음악에 대해 배워야 할 게 수두룩했지만 그럴 시간조차 없었어. 나는 왜 우리의 음악이 유럽의 클래식 음악이 받는 만큼의 존경을 받지 못하는지 알다가도 모르겠어. 베토벤 봐. 옛날 옛적에 죽었는데 아직도 그에 대해 얘기하고, 그의 음악을 가르치고 연주하고 있잖아. 왜 그들은 버드, 트레인, 몽크, 듀크나 카운트나 플레처 헨더슨 또는 루이 암스트롱에 대해서 지들이 베토벤에 대해 얘기하는 만큼 얘기하지 않는 거야? 쌍, 클래식은 걔네들 음악이야. 지금 우리는 미국 사람이잖아. 봐봐. 얼마 안 가서 백인들은 방금 말한 흑인 뮤지션들이 이 땅에서 해온 모든 위대한 것들을 다루게 될걸.

백인들은 또 우리가 일을 다르게 한다는 것도 인정해야 해. 우리 음악은 금요일 밤 다르고 토요일 밤 달라. 먹는 음식도 우린 달라. 흑인들은 대개 빌리 그레이엄 비슷한 한심한 설교자들이 떠드는 소리를 멍하니 듣고 앉아 있지 않는다구. 그 인간들 말투가 로널드 레이건과 어쩌면 그렇게 똑같은지. 우리는 그따위에는 관심이 없어. 윈턴도 그럴걸. 그런데 그들은 윈턴이 아, 이게 내가 할 일이지, 이게 멋져 보이지, 하고 믿어버리게끔 했어. 멋지긴 개뿔. 나한텐 안 멋져 보여.

1984년 후반기와 1985년 전반기 사이에 『유어 언더 어레스트』를 녹음했어. 그게 내가 컬럼비아에서 냈던 마지막 공식 음반이야. 이번엔 색소폰 부는 밥 버그가 빌 에번스를 대신했고 스티브 손턴이 미노 시넬루의 자리를 대신했지. 조카 빈센트 윌번이 앨 포스터 대신 드럼을 녹음했고. 가수 스팅도 참여했어. 대릴 존스가 같이 녹음하고 싶다며 데려와도 되냐고 묻길래 그러라고 했거든. 스팅은 이 앨범에서 프랑스 경찰관 목소리를 연기했지. 사람 좋더라고. 그가 대릴을 자기 밴드의 베이스 주자로 쓰려고 했다는 건 나중에 알았지만.

『유어 언더 어레스트』 앨범의 개념은 흑인들이 어디서나 경찰관과 겪게 되는 문제들로부터 나왔어. 경찰은 내가 캘리포니아에서 차를 몰고 나가면 꼭 좆같이 굴곤 했어. 내가 6만 달러짜리 노란 페라리를 몰고 다니는 게 탐탁지 않았겠지. 당시 내가 그랬거든. 게다가 이놈들은 나 같은 흑인이 말리부 해변 바로 앞에 있는 집에 산다는 것도 마음에 들지 않았겠지. 바로 거기서 『유어 언더 어레스트』의 구상이 나온 거야. 거리의 세계에 속해 있다는 이유로 붙잡히는 것, 정치적인 이유로 감금되는 것, 핵무기로 인한 대량학살의 섬뜩한 공포에 굴복하는 것, 그리고 영적인 면에서의 구속 같은 것. 핵 위협은 정말 우리의 일상생활을 존나 위협하고 있어. 그리고 세상 가득한 공해도 그렇고. 오염된 호수며 바다, 강, 또 오염된 땅, 나무, 물고기 등등 전부.

뭔 얘기냐면, 다들 존나 탐욕스럽게 굴기 때문에 모든 게 좆돼고 있는 거야. 전 세계에서 그런 짓을 하고 있는 백인들 이야기라고. 오존층을 씹창내고, 폭탄을 떨어뜨리겠다고 모두를 위협하고, 항상 다른 사람 것을 가로채려 하고, 자기 걸 포기하지 않겠다고 하면 군대를 보내는 게 백인이야. 그동안 그래 왔고 지금도 그러고 있지만 백인들이 오랜 세월 동안 해온 짓은 씨발 우리 모두를 망치기 때문에 쪽팔리고 딱한 데다가 위험하기까지 하다구. 바로 그런 이유로 「그리고 아무도 없었다」Then There Were None에서 신시사이저로 핵폭발을 연상시키는, 불길에 휩싸이며 울부짖는 바람 소리 비슷한 걸 만들어낸 거야. 그다음 나의 쓸쓸한 트럼펫이 나오는 걸 들을 수 있는데, 아기의 구슬픈 울음이나, 폭발에서 살아남은 사람의 통곡을 암시하고 있어. 종소리 역시 신음하는 듯 울리는데, 나는 이 소리를 죽은 자들을 위한 울림으로 여겼어. 또 "5, 4, 3, 2…" 이렇게 이어지는 카운트다운을 집어넣었고, 음반 마지막에는 "론, 그 버튼 말고 다른 버튼을 눌러"라고 말하는 내 목소리를 들을 수 있지.

『유어 언더 어레스트』는 큰 성공을 거두었어. 몇 주 만에 10만 장 이상이 팔린 거야. 하지만 난 컬럼비아에서 벌어지고 있는 일들이 마음에 들지 않았어. 워너 브러더스 레코드로 옮길 기회가 오자, 내 매니저 데이비드 프랭클린에게 그렇게 하라고 지시했어. 데이비드는 시슬리의 매니저였고 그녀가 추천했지. 예전에 이미 흑인에게 내 일의 관리를 맡기기로 결심했던 터였어. 그러나 데이비드는 협상을 존나 망쳐버렸어. 워너에다 내 음악 판권을 비롯해서 너무나 많은 걸 그냥 내준 거야. 워너 브러더스가 영입 대가로 백만 단위의 액수를 제시하니까 그냥 서명해버린 거지. 그런데 나는 판권을 그들에게 넘겨준다는 게 도대체 마음에 들지 않았어. 새 앨범에 내가 쓴 곡이 없는 건 그런 이유 때문이야. 이렇게 되니까 워너는 내 곡이 아니라 남의 곡들 사용권을 따낼 수 밖에 없는 거지. 그래서 이 조항을 재협상하기 전까지 다른 사람 곡들로 도배하게 된 거야.

나는 1984년에서 1986년 사이에 예전처럼 전 세계로 순회공연을 다녔어. 이미 수없이 봐온 장소에서 허구한 날 공연을 하니 더 이상 새롭지가 않더라고. 짜릿함이 사라져버린 거지. 투어가 일상이 된 내게 남은 건 음악뿐이었어. 음악만 좋으면 모든 게 수월해지고 대하기가 편해져. 그렇지 않으면 뭐 긴 투어를 하다 보니 진이 빠지고 따분해지기 일쑤라 상황이 좀 거칠어지고. 하지만 이젠 이골이 났지. 실은 회화에 너무나 깊이 빠져든 터라 순회공연 다니면서 많은 시간을 할애해 미술관에 가고 화가나 조각가의 작업실을 방문하면서 작품을 꽤 많이 구입했지. 이건 내게 새로운 일이었어. 그냥 그렇게 세계 각지를 다니며 예술품을 살 돈이 있다는 게 좋더라고. 이런 식으로 훌륭한 국제적인 컬렉션을 구축해서 말리부의 집과 뉴욕 아파트에 나눠서 소장하고 있어.

요즘 드로잉과 회화를 점점 더 많이 그리고 있어. 집에서 하루에 몇 시간씩 그려. 공연을 다니는 동안에도 마찬가지고. 그림을 그리면 위안이 되고, 내 상상으로부터 뭐가 나오는지 보는 게 그냥 좋아. 이게 스스로를 치료하는 면이 있고 음악을 하지 않고 있을 때에도 긍정적인 뭔가에 전념할 수 있게 해줘. 음악이나 기타 내가 좋아하는 일에 사로잡히는 것처럼 그림에도 그렇게 되더라구. 또 훌륭한 영화도 사랑해서 많이 보려고 하고.

나는 책은 잘 안 봐. 시간도 없고 가지고 있는 책도 얼마 안 돼. 하지만 손에 잡히는 잡지와 신문은 모두 읽어. 바로 거기서 많은 정보를 얻지. CNN에서 하는 24시간 뉴스 방송을 보는 것도 좋아하고. 그런데 책은 좀 걸러서 읽는 편이야. 정직한 작가들이 거의 없다고 보거든. 작가들을 잘 못 믿겠더라고. 기자들은 더 그렇고. 이 사람들은 말이야, 좋은 이야기를 얻기 위해서라면 뭐라도 꾸며낸다구. 글쟁이들을 믿지 않게 된 건 내가 맞닥뜨린 기자들을 대부분 좋아하지 않는 데서 비롯됐다고 봐. 특히 나에 대해 온갖 거짓말을 남발하던 그 기자들 말이야. 대부분 백인이지. 그래도 시인하고 일부 소설가들은 좋아해. 나는 시를 참 좋아했었지. 특히 흑인 시인들, 1960년대의 라스트 포에츠, 리로이 존스, 아미리 바라카† 같은 시인들. 이들이 떠들고 써 젖힌 것들은 진실이었다니까. 물론 그때나 지금이나 백인 흑인 할 것 없이 많은 이들이 이게 진실이었다는 걸 인정하려 들지 않는다는 걸 알아. 하지만 진실이었어. 이 나라를 조금이라도 알고 진실을 의식하는 사람들은 그들이 쓴 게 진실이라는 걸 알지.

아마 1985년 같은데, 일본 공연을 하러 가다가 알래스카 앵커리지에서 탈이 났던 기억이 나네. 프랑스에 머물 때 먹으면 안 된다는 단것들을 죄다 먹어치웠거든. 나는 맛난 페이스트리만 보면 환장을 한단 말야. 페이스트리는 프랑스가 최고라는 게 내 의견이야. 프랑스 공연을 막 끝내고 일본으로 날아가는 비행기에 이 맛난 것들을 전부 들고 탔더니 말이야, 당뇨병 환자니까 그러면 안 된다는 걸 알지만, 때로 나 자신도 어쩔 수가 없어. 나는 좀 한번 꽂히면 빠져버리는 성향이라서. 앵커리지에 경유하려고 잠시 내렸을 때 당인가 인슐린인가 쇼크가 온 거야. 그 증상이 무기력해지고 마약 중독자처럼 꾸벅꾸벅 졸다가 잠들어버리는 건데, 내 건강 상태에 밝은 짐 로즈가 나를 매의 눈으로 지켜보더니 나를 입원시켜버렸지 뭐야. 일본항공 승무원들은 안정되기 전까지 나를 다시 비행기에 태우려들지를 않더군.

덜컥 겁이 나더라고, 그다음부터 나는 매일 인슐린 주사를 맞기 시작했어. 그랬더니

<hr>

† 리로이 존스와 아미리 바라카는 같은 사람이다.

인슐린 주사기를 헤로인 따위 마약을 놓는 데 쓰는 걸로 착각한 출입국관리소 직원들과 골치 아픈 문제가 생겼던 경우가 몇 나라에서 있었어. 한번은 이탈리아 로마 공항에서 입국관리소 것들이 주사기랑 여러 의료용 약들 가지고 시비를 거는 바람에 완전 뚜껑이 열렸던 적도 있어. 그래서 마구 쌍욕을 퍼부어댔지.

당뇨병은 매우 심각한 병이어서 그 때문에 죽을 수도 있으니까 나는 음식을 주의해야 해. 나이를 먹을수록 이게 점점 더 심각해져서 결국 췌장이 망가지게 되고 암도 걸릴 수 있다는 거잖아. 게다가 팔 다리와 발가락 쪽의 혈액순환이 잘 안 되는 건 나도 마찬가지였고 그래서 특히 내 다리는 이게 사람 다리 맞나 싶을 정도로 가늘어졌어. 병원에 가면 의사들이 내 팔과 다리에서 피를 뽑으려 하다가도 정맥을 잘 못 찾는 경우가 허다했어. 한때 마약 중독자였기 때문에 정맥 일부가 함몰되어 있기도 했고 또 팔다리가 너무 가늘어서이기도 해. 그 지경이 되니까 이것들이 여기저기 막 찔러서 정맥을 찾으려 하는 거야. 하루는 짐 로즈가 "발 쪽을 한번 해보시죠. 거기서 피를 뽑을 수 있지 않을까" 하고 거들더라. 의사들이 해보더니 그 후로는 거의 발에서 피를 뽑게 됐어.

얼굴 빼고는 온몸에 흉터투성이였으니 참. 얼굴만은 괜찮았어. 나는 거울을 보면서 "마일스, 너 존나 잘생겼다 씨발!"이라고 중얼거리곤 했어. 농담이 아니라, 내 얼굴은 괜찮았다구. 주름 펴는 수술도 받아본 적이 없어. 하지만 나는 온몸 구석구석에 흉터 자국이 있어. 나를 아는 친구들은 내가 흉터 자랑을 하고 다닌다고 말들 하는데, 아마 맞을 거야. 이게 나한테는 훈장이나 영광의 배지 같은 거니까. 온갖 엿같은 역경 속에서도 계속 다시 일어났고, 최선을 다해 헤쳐 나오고 있다는 표시, 내 생존의 역사야. 내가 그 흉터들을 자랑스러워하는 이유가 있어. 그것들은 무슨 개같은 일로도 나를 굴복시

킬 수 없으며 계속 노력할 마음과 끈기와 영혼이 있다면 이겨낼 수 있다는 걸 보여주니까.

1985년 무렵 시슬리와 나는 말리부에서 많은 시간을 보냈어. 처음에는 그녀 소유의 별장에 많이 머물다가 나중에는 내가 구입한 집에 있었어. 그 집은 바로 바닷가에 있었고, 전용 해변이 딸려 있었지. 따뜻한 날씨가 내 엉덩이에 더 좋았어. 게다가 캘리포니아에 있는 동안 더 많이 쉬었지. 다시 말하면 거기는 뉴욕만큼 열광적이지 않았거든. 나는 매니저인 블랭크 형제를 해고했고 더는 내 돈을 관리 감독하지 못하게 했어. 뉴욕에서는 이제 센트럴파크가 내려다 보이는 시슬리의 14층 아파트에서 살았지. 79번가하고 5번 애비뉴 교차로 근처에 있었어. 그녀의 아파트도 좋았지만 나는 웨스트 77번가의 내 집이 그리웠어. 당시에는 나와 시슬리 둘 다의 매니저로 일했던 데이비드 프랭클린 외에도 1975년 이후로 죽 함께한 변호사 피터 슈컷과 전담 회계사이자 사업 관리인이었던 스티브 래트너가 일을 봐주고 있었어. 데이비드는 로버타 플랙, 피보 브라이슨과 리처드 프라이어의 일을 보고 있었는데, 나중에는 사이가 틀어졌지. 또 짐 로즈가 계속 로드 매니저 일을 봐줬고.

그런데 1985년에 시슬리와 관계가 나빠지기 시작했어. 갑자기 벌어진 건 아니었지만, 수많은 사소한 일들이 쌓여온 거지 뭐. 게다가 우리의 정신적 관계마저 파탄 조짐을 보였지. 사실은 뭣보다도 말이야, 우린 결혼하지 말았어야 했어. 말했잖아, 성적으로 안 끌렸다고. 그냥 친구로 지냈으면 훨씬 좋았을 텐데, 시슬리가 하도 결혼을 고집하는 바람에 하게 된 거야. 시슬리는 엄청 집요하고 고집 센 여자여서 원하는 게 있으면 거의 다 손에 넣고 말아. 진짜 짜증이 났던 건 내가 누굴 만난다든지, 내 친구들이 누구인지, 누가 찾아올 건지와 그 밖의 여러 가지를, 그러니까 내 삶의 모든 것을 그녀가 너무

나 통제하고 싶어 했다는 점이야. 또 한 가지 심하게 거슬렸던 건 내가 그녀에게 사준 물건을 다루는 방식이었어. 팔찌며 시계며 반지, 알잖아, 값나가는 보석과 옷 같은 선물을 사줬지. 근데 그녀가 내가 사준 비싼 선물들을 거의 다 환불해서 돈으로 챙긴다는 걸 나중에야 알게 됐어. 나뿐만이 아니라 남들도 이 여자의 그런 짓거리에 질려버렸다는 것도 알았고.

1985년의 어느 날 말리부의 우리 집으로 소포 하나가 왔어. 시슬리한테 온 건데, 풀러보니 피 묻은 단도가 들어 있는 거야. 기가 막히는 노릇이지. 난 좀 겁이 나서 도대체 이게 뭐냐고 시슬리에게 물었어. 그랬더니 묵묵부답으로 그냥 자기가 알아서 하겠다는 거야. 소포 안에 쪽지가 있었지만 내가 읽도록 놔두지 않았고 뭐라고 써 있는지 말도 안 해줬어. 지금까지도 그것은 나에게 미스터리야. 어쨌건 뭐 좋은 의미였겠어. 이 일이 있은 다음부터 난 배후의 이유에 대해 일언반구 대꾸도 안 하는 이 여자와 있는 게 어째 좀 괴상하게 느껴지기 시작했어. 내 삶에서 자기 자리를 차지했던 여자들을 특히 질투하던 시슬리가 정작 내 삶에서 차지할 자리가 사라지게 된 꼴이었지. 나와 지내기 위해 많은 영화 출연 제의를 거절했는데도 말이야. 시슬리는 한 명은 착하고 다른 한 명은 완전 개판인 두 명의 서로 다른 여자들 같았어. 일례로 자기 친구들은 언제라도 불러들이면서 내 친구들이 찾아오는 건 반기지 않았어. 게다가 그녀의 친구들 중에는 도저히 못 봐주겠는 것들이 있었어. 한번은 특히 맘에 안 드는 친구를 놓고 말다툼을 하다가 내가 그녀의 따귀를 때린 적이 있었어. 시슬리는 경찰을 부르더니 지하실로 내려가 숨어 있더라고. 경찰이 와서 여자 어딨냐고 묻길래 "근처에 있겠죠. 지하실로 내려가 찾아봐요"라고 대꾸했어. 지하실을 뒤지고 돌아온 경찰이 이러더군. "마일스, 거기 여자 한 명밖에 없던데, 내게 말을 안해요. 입도 뻥끗 안 하던데."

난 이렇게 대답했지. "바로 그 여자예요. 사상 최고의 연기를 하고 있죠." 그러자 경찰이 알겠다며 뭐 다친 데는 없는 거 같다 그러길래 나는 "그러게, 크게 다치지는 않았을걸. 따귀 한 대 때린 거라구요."

경찰이 "마일스, 이런 연락을 받으면 조사할 수밖에 없다는 거 알잖아요"라고 말하길래,

"그래, 그녀가 내 엉덩이를 때리면 총이라도 준비해서 달려와야겠군요"라고 대꾸했더니 껄껄 웃으며 가버렸어. 그래서 나는 시슬리한테 내려가서 이렇게 말해줬어. "말했지. 당신 친구에게 더 이상 여기로 전화 걸지 말라고 하라고. 지금 당장 그에게 말 안 하면, 내가 할 거야." 시슬리가 전화기로 달려가더니 그 사람한테 전화를 하더라구. "마일스가 원하지 않으니 더는 내게 전화하지 말아요." 난 나도 모르게 따귀를 한 대 또 때렸어. 그다음부터는 그런 뻘짓은 안 하더라고.

그러던 중에, 그냥 친구 사이인 어느 백인 여자와의 사건으로 시슬리와의 관계가 급격하게 나빠지기 시작했어. 시슬리와 내가 살던 뉴욕 5번 애비뉴, 79번가의 건물 엘리베이터에서 만난 여자였지. 1984년이었는데, 마침 내가 엉덩이 수술 후 목발을 짚을 때였어. 우리는 이런저런 이야기를 나누다가 친구가 됐지. 그게 끝이야. 매번 만날 때마다 인사하고 이야기를 나누기 위해 멈춰 서곤 했지. 그랬는데 시슬리가 점점 그녀를 질투하는 거야. 마침내 어느 백주 대낮에 시슬리가 그 여자에게 달려들더니 때려눕혀버렸어. 그 여자가 일곱 살짜리 아들과 같이 있는데 말이야. 내가 그 여자와 사귀는 걸로 착각한 거지. 혼자서 철석같이 그렇게 믿어버려. 난 전혀 아닌데도.

그 후, 1986년인가 뉴욕의 비컨 극장에서 비비 킹과 함께 했던 공연 직전에 시슬리와 내가 말다툼을 하게 됐는데 이 여자가 내 등쪽으로 달려들더니 붙임머리를 잡아 뽑아버리는 거야. 그걸로 우리 사이는 완전 좋났어. 뭐 그 이후로도 같이 살고 외출도 하고 그랬지만 지금 돌이켜보니 이게 종말의 시작이었던 거야. 이놈의 사건이 완전 미쳐돌아가더니 누군가 『내셔널 인콰이어러』*National Enquirer* 잡지에 연락해서 시슬리가 때려눕힌 여자와 내가 불륜 관계라고 찌르는 데 이르게 된 거야. 난 그 '누군가'가 시슬리였을 걸로 믿어. 『인콰이어러』가 이 여자에게 연락을 시도했지만 그 여자는 입을 다물었어. 심지어 시슬리가 『인콰이어러』의 기자인 척하면서 직접 내 친구에게 연락해 떠보려고까지 했어. 이게 뭔 개수작이야. 얼마 후 시슬리가 아프리카로 갔는데, 영화 촬영 일정 때문이기도 했고, 1985년에서 1986년 사이에 UN아동기금의 의장이었던 시슬리가 의장 자격으로 가뭄이 덮친 지역을 순회 방문해야 했기 때문이기도 했어. 그녀가 돌아왔을 때, 나는 선물로 롤스로이스 자동차를 줬어. 차가 배달되어 왔는데 믿지를 못하더라구. 누가 장난치는 거 아니냐 이거지.

시슬리는 영화나 TV에서 행동주의자나 뭐 그 비슷한 역할, 그러니까 흑인들을 많이 배려하는 사람 역을 많이 연기했는데, 글쎄올시다야. 전혀 그런 사람이 아니거든. 백인들과 어울리면서 모든 면에서 그들의 충고를 경청하길 좋아하는 데다가 백인들한테 들은 걸 곧이곧대로 믿는 사람이야.

이렇게 별일이 다 있고 나니 나는 그냥 날 내버려두고 네 일이나 알아서 하라고 말하게 되더라고. 그 후로도 몇 번 함께 외출한 일이 있긴 해. 새미 데이비스 주니어하고 그의 아내 앨터비스와 자리를 같이한 적도 있지. 새미의 라스베이거스 공연 때였는데, 거기서 첫 아내 프랜시스를 만났어. 프랜시스가 인사하러 내 테이블로 넘어왔는데 여느 때처럼 좋아 보이더라. 그런데 이 일로 시슬리는 자기 혼자 엄청 낙담해가지고 식은땀을 흘리는 거야. 팽팽한 긴장감이 감돌았지. 눈치 빠른 프랜시스는 곧 알아채고 머무는 둥 마는 둥 금방 자리를 떴어. 다음 날 밤에도 해리 벨라폰테의 공연장에서 그녀를 보았어. 공연 후에 나도 시슬리하고 리셉션에 갔고, 벨라폰테 가족과 각별했던 프랜시스도 거기 있었지. 거기서 나는 "내가 요 몇 달 사이 시슬리한테 말을 건네면서 '프랜시스'라고 부르는 일이 잦아졌어. 무의식의 드러남인가"라고 말했는데, 사실이었어. 이것만 봐도 내가 아직 프랜시스를 무척 맘에 두고 있는 거 아니었나 싶어. 그런데 내가 이 말을 하니까 다들 저 사람이 돌았나 하는 표정이더군.

　나와 시슬리 사이가 종점을 향해 가고 있던 중이었고 그쯤 되니까 면전에서 무신경하게 아무 말이나 막 던지게 됐나 봐 내가. 그녀 탓으로 겪은 괴로움이 얼마나 크면 그랬을까 싶어. 하긴 인생을 돌이켜보면 프랜시스가 최고의 아내였고, 이 사람과 헤어진 건 실수였어. 지나고 나니까 알겠더라고. 프랜시스와 재키 배틀은 내가 천방지축 날뛰던 그 옛 시절을 함께한 최고의 여자들이었어. 시슬리한테는 딱히 그런 감정이 안 들었어. 물론 내가 시슬리의 도움을 받아 목숨을 구했다는 사실은 인정하지만 말이야. 목숨을 구해줬다고 내 삶을 통제할 권리가 있다는 뜻은 아니잖아. 바로 그 지점에서 시슬리는 길을 잘못 든 거야.

　1984년인지 85년인지 정확히 기억은 안 나는데, 암튼 시슬리와 파티에 갔다가 리언타인 프라이스를 만났지. 그녀가 나와 시슬리가 있는 쪽으로 다가와 말을 걸었어. 정말 오랜만에 만난 거긴 해도 나는 그녀가 역사상 최고의 솔로 가수이자 오페라 가수라고 생각하기 때문에 늘 그녀의 팬이었어. 목석이라도 이 목소리에는 반한다구. 리언타인은 너무나 훌륭해서 소름이 끼칠 정도였어. 피아노 치며 노래할 줄도 알아, 여러 나라 말을 자유자재로 해, 진짜 난 예술가로서 리언타인을 사랑해. 그녀가 『토스카』*Tosca*를 부르는 방식이 너무 좋아. 그 음반을 두 세트나 닳아 없앨 만큼 들었어. 물론 나 자신이 『토스카』를 하지는 않겠지만 리언타인이 하는 방식은 참 마음에 들어. 그녀가 재즈를 불렀다면 어떤 사운드를 냈을까 궁금해하곤 했지. 그녀는 흑인이건 백인이건, 모든 뮤지션에게 영감을 줬어. 나 역시 영감을 받았고.

아무튼 그 파티에서 리언타인은 나와 잠깐 이야기를 나누더니 시슬리를 향해 이러는 거야. "애야 넌 상 탄 거라고, 상을 탄 거라니까. 내가 저 자식을 몇 년 쫓아다닌 줄이나 알아?" 이런 식이었지. 리언타인은 참 단도직입적이야. 떡하니 자기 마음속에 있는 말을 바로 해버려. 그런 면이 좋았어. 나도 똑같거든. 시슬리가 리언타인 말을 듣더니 어안이 벙벙해가지고 그냥 빙긋이 웃더군. 시슬리가 상을 타긴 뭘 타. 리언타인이 나더러 '상'이라고 한 게 무슨 뜻인지도 모를 텐데.

1985년, 대릴 존스가 스팅과 『드림 오브 더 블루 터틀스』*Dream of the Blue Turtles* 앨범을 녹음한 다음에 우리 밴드를 떠났어. 그 후 스팅과 파리로 건너가 영화「브링 온 더 나이트」Bring on the Night를 만든 다음부터는 스팅과 내 공연에 양다리를 걸쳤지. 85년 여름 유럽 투어 중이던 어느 날 대릴에게 물었지. 만일 내 공연과 스팅의 공연 일정이 딱 겹치면 넌 어떻게 할래. 그랬더니 모르겠다는 거야. 그래서 나는 그렇게 될 수도 있으니 생각해놔 인마, 하고 말해줬지. 알고도 남아, 대릴이 왜 떠나려 하는지. 스팅하고 하면 나보다 훨씬 더 많은 돈을 받을 테니까. 근데 이게 기시감이 드는 거 있지. 옛날에는 원하는 뮤지션이 있으면 내가 그런 식으로 했어. 그런데 이제 나한 테 이런 일이 벌어지는 거지. 1985년 8월 도쿄에 도착할 무렵 이미 존 스코필드가 이게 나와 함께 하는 마지막 투어라고 말했었고, 이 제 대릴도 떠나겠지 싶더라구. 하루는 내가 도쿄 시내를 걸어서 호 텔 방에 가는데 내 워크맨의 헤드폰이 땅에 질질 끌리고 있었나 봐. 대릴이 그걸 보고 나한테 말해주더라고. "어이, 짱(밴드의 소속 뮤 지션들이 거의 나를 '짱'Chief이라고 불렀지), 헤드폰이 땅에 끌리는 데요!"

나는 헤드폰을 집으면서 몸을 돌려 대릴을 보며 이렇게 쏘아붙 였어. "새꺄 그래서 뭐? 같이 하지도 않을 거면서 그게 뭐 대수라고. 가서 니 새 우두머리인 스팅한테나 따져, 인마." 정말 좋아하는 연 주자인 대릴이 나를 떠날 걸 생각하니 진짜 열이 받더라고. 벌써 감 이 확 왔어, 얘가 나를 떠나 스팅과 함께 하겠구나 하는 게. 딱 봐도 괴로운 표정이 확 드러나는 게, 내 말 때문에 데릴의 마음이 상처 입 었다는 걸 바로 알아챘어. 알잖아, 조카 빈센트와 각별했던 대릴이 크는 걸 보면서 거의 아들처럼 대했는데 그가 나를 떠나서 스팅과 연주하게 되다니 가슴이 아프더라고. 물론 돈 문제의 차원에서는 이 해하고도 남아, 머리로는 그래, 그러나 그 순간 감정적으로는 그럴 수 없었고 그래서 그런 괴로운 반응이 나온 것뿐이야. 나중에 내 방 으로 올라온 대릴하고 오랫동안 얘기하고 나니까 걔를 이해하게 됐 어. 그가 가보겠다고 해서 나는 일어나서 이렇게 말했어. "대릴, 다 이해해. 네가 하는 모든 일에 신의 가호가 있기를 빌겠어. 난 널 사 랑하니까. 그리고 너의 연주 방식이 좋으니까."

나와 시슬리의 관계가 완전히 파탄 나기 직전, 1986년 5월 내 예순 번째 생일에 시슬리가 근사한 파티를 열어줬어. 캘리포니아 의 마리나 델 레이에 있는 요트에서 열린 선상파티였는데, 완전 서

프라이즈였어. 요트에 오르기 전까지 나는 그 모든 사람들이 거기 있으리라는 걸 까마득히 몰랐거든. 퀸시 존스, 에디 머피, 카미유 코스비, 우피 골드버그, 허비 행콕, 허브 앨퍼트, 빌리 디 윌리엄스와 그의 아내, 로스코 리 브라우니, 레너드 페더, 몬테 케이, 록시 로커, 롤라 팔래나, 새미 데이비스의 아내 앨터비스, 로스앤젤레스 시장 톰 브래들리(시에서 표창장을 보내줬어), 그리고 세인트루이스 출신이면서 캘리포니아에서 활동하던 정치인 맥신 워터스, 매니저 데이비드 프랭클린도 있었고 워너 브러더스 레코드의 사장 모 오스틴을 비롯, 진짜 온갖 사람들이 다 왔더라고. 동생과 누나도 있었고, 딸 셰릴도 마찬가지고.

파티에서 가장 좋았던 건 시슬리의 의뢰로 아티스 레인이라는 화가가 그린 우리 어머니, 아버지와 할아버지가 있는 그림을 선물로 받은 거였어. 정말 감격스러웠고 그래서 우리 사이가 잠시나마 좋아졌어. 이건 참 시슬리가 잘한 일이었어. 나는 부모님 사진이 한 장도 없었거든. 그녀의 그림 선물은 내가 영원히 간직할 거고 그 마음도 소중히 생각할 거야. 물론 그 파티도 완전 놀라웠어. 심지어 『제트』Jet 잡지가 양면 통으로 네댓 장에 걸쳐 온갖 종류의 사진과 함께 이 기사를 다루기까지 했어. 대단한 파티였지. 다들 내 잔치에 와서 기분 좋게 즐기는 걸 보니 그렇게 흡족할 수가 없더라구. 이렇게 깜짝 생일파티를 열어줘서 우리 관계가 원래보다 더 길게 간 건 맞는 거 같아.

나는 워너 브러더스에서 나온 내 첫 앨범인 『투투』Tutu의 녹음에 들어갔어. 1986년 노벨평화상 수상자인 데즈먼드 투투 주교의 이름을 딴 앨범이지. 「풀 넬슨」Full Nelson이라는 곡은 넬슨 만델라를 위한 곡이었고. 처음에는 제목을 '퍼펙트 웨이'Perfect Way로 지을까 했었지만 워너의 내 프로듀서인 토미 리푸마가 별로라고 해서 생각하던 차에 『투투』라는 이름이 나왔고, 나는 그게 정말 마음에 들었어. 처음에는 뭐라 부르든 상관없었지만, 『투투』라는 이름을 듣고 나서는 "그래, 바로 이거야" 싶더라고. 마커스 밀러가 거의 나 만큼이나 공을 들여 함께 작업했던 첫 앨범이었어. 피아니스트 조지 듀크가 보내준 음악의 일부로 작업을 시작했는데, 정작 그 음악은 앨범에 안 쓰였어. 대신 마커스가 그걸 듣더니 뭔가 새로운 걸 써내더라고. 내가 이걸 듣고 다른 것도 좀 해보라고 했더니 마커스가 써 왔더라고. 들어보니 별로 맘에 안 들어서 다시 해보라고 했어. 그런 식으로 둘 다 맘에 드는 게 나올 때까지 주거니 받거니 했지.

『투투』 녹음할 때 우리는 음악이 어디로 갈지 정하지 않았어. 단지 무슨 키로 갈지만 맞춰놨어. 마커스가 『투투』에 실린 대부분의 곡을 썼지만 내가 원하는 걸 일러줬지. 여기는 앙상블로 가고 저기는 네 마디, 뭐 그런 식으로. 마커스하고 작업하면 내가 별로 할 게 없어. 애는 내가 뭘 좋아하는지 잘 알거든. 마커스가 그냥 몇 트랙을 풀어놓으면 내가 녹음실에 들어가서 그 위에 녹음하는 식이었어. 그와 토미 리푸마가 날밤 까면서 음악들을 테이프에 녹음해놓고 내가 가서 트럼펫 성부를 그 위에 얹으면 되더라고. 먼저 애네들이 프로그래밍한 드럼 머신 소리를 테이프에 풀어. 베이스 드럼과 두세 트랙의 리듬 파트를 따로. 그다음에 키보드를 녹음하고.

그다음에 마커스가 신시사이저 프로그래밍의 귀재인 제이슨 마일스라는 녀석을 데려오고 이 친구가 음악을 만지기 시작하고. 뭐 그런 식으로 계속 가는 거야. 그러면 음악이 점점 자라나. 그룹 작업이지. 조지 듀크가 『투투』의 많은 곡을 편곡했어. 그런 다음에 뮤지션들이 우르르 들어오는 거야. 신시사이저에 애덤 홀츠먼, 퍼커션에 스티브 라이드, 드럼과 퍼커션에 오마르 하킴, 신시사이저에 버나드 라이트, 폴리도 다 코스타도 퍼커션을 좀 쳤고, 미하엘 우르바니아크가 전기 바이올린, 내가 트럼펫, 베이스와 나머지 여러 가지 것들을 마커스 밀러가 해치웠고.

요즘 들어 느끼는 건데, 정규 그룹을 통으로 스튜디오에 데리고 들어간다는 게 보통 성가신 일이 아닌 거 같아. 녹음 당일에 밴드가 영 상태가 안 좋거나, 적어도 멤버 중에 몇 사람이 안 좋거나 꼭 그래. 그럼 이걸 어떻게 해야 하잖아. 한두 명만 상태가 안 좋아도 나머지한테 꼭 퍼져. 아니면 이럴 수도 있어. 다들 하긴 좀 하는 거 같은데 어째 음반에서 내가 필요로 하는 스타일이 잘 안 나온다면 그것도 문제란 말이지. 나에게 음악이란 스타일이 다야. 이게 사람 불러다 놓고 이래라 저래라 해야 하는데 지들이 그걸 못 해놓고 '어, 이건 뭐지 웃긴 놈이네' 막 이러면서 괜히 찜찜해하고 안절부절못한단 말이야. 녹음실 현장에서 걔네들한테 어떻게 하라고 가르쳐야 하고 와 있는 애들 다 모아놓고 바로 보여줘야 해. 그러면 뮤지션들은 대개 이걸 못 참아해. 심지어 아 빡쳐 이러는 것들까지 있어. 원래 녹음이라는 게 이런 일의 연속이었거든. 이렇게 옛날 방식대로, 하던 대로 녹음하면 너무 진이 빠지고 시간도 엄청 걸려. 밴드가 통으로 스튜디오에 들어가서 한 방에 녹음하는 데서 나오는 그런 자발성과 생기가 그립다고 말하는 이들도 있긴 해. 뭐 그런 면도 있겠지. 그런데 요즘에 난 말이야, 새로운 녹음 기술이 나와서 하기가 더 쉬워졌다는 걸 뻔히 아는데 예전에 하던 대로 한다? 그건 글쎄올시다야. 프로 뮤지션이라면 테이프에 이미 녹음된 음원에 자기 연주를 얹어서 뭔가 원하는 바를 뽑을 줄 알아야 하는 거 아니겠어. 그렇게 하면, 쌍, 뭐 귀가 쳐막혀서 안 들리기라도 해? 합주하는데. 다른 연주자 소리를 듣고 거기 맞춰서 연주하면 되는 거잖아.

중요한 건 스타일이야. 너하고 니 프로듀서가 들려주려는 소리가 문제라 이거야. 그런 식으로 음반에서 자신이 그려낼 소리를 가지고 있다는 면에서 토미 리푸마는 최고의 프로듀서지. 난 그냥 날 것 그대로의 그런 쓰레기 같은 음악이 좋거든. 라이브이고, 더럽고 찐하고, 뒷골목에서나 들을 법한 그런 음악 말이야. 근데 그 새끼는 그런 걸 좋아하지도 않고 이해하지도 못해. 나 좋다고 밴드를 스튜디오에 집어넣고 토미가 별로 좋아할 것 같지도 않은 음악을 녹음한 답시고 나하고 밴드 애들과 토미가 서로 얼굴 붉힐 일을 만들기보다는 마커스랑 내가 음반에 필요하다 싶은 애들을 불러다가 한 트랙씩 더빙해나가는 방식을 택한 거야. 사실 거의 모든 연주를 마커스가 한 거야. 새끼가 못 하는 악기가 없어요. 기타, 베이스, 색소폰, 피아노 할 것 없이 마커스가 녹음했고 제이슨 마일스와 신시사이저 프로그래밍도 좀 했고. 마커스는 스튜디오만 들어오면 완전 집중을 하는데 진짜 무시무시해. 내가 아는 사람들 중에서 이 새끼 집중력이 거의 최고야. 빠뜨리는 게 하나도 없고 날밤을 계속 까는데도 집중력을 잃지 않아. 게다가 남들이 잘하도록 판도 존나 잘 깔아줘. 서로 농담 따먹기 하며 깔깔대고 마음을 누그러뜨려주면서 작업을 편안하게 만들어. 그런데도 점점 음반을 완성해가는 거야.

토미 리푸마도 마찬가지야. 그림 수집을 좋아하는 이탈리아앤데, 얘한테 파스타하고 멋진 와인만 줘봐. 그럼 끝내주게 작업해. 얘도 스튜디오에서 온 신경을 모으는 집중력이 뛰어나고 슬슬 웃으면서 시키는데 씨발 솔로를 천 번이라도 하게 만들어. 그런 면에서 마커스와 많이 닮았지. 좋은 음반 떨어뜨리려면 이게 맞는 데다가 애들 성격도 워낙 좋지, 그러니 안 할 수가 있나. 피곤한 줄도 모르고 밤새 불어 젖히고 다음 날 대낮에 찌뿌둥하게 일어나서야 아 씨발 그 새끼들 때문에 존나 고생했네 이런 생각이 들게 된단 말이야.

게다가 애가 엄청 순딩이에요. 그게 참 좋아. 얘가 결혼을 하게됐는데, 내게 전화를 하더니 너무 긴장돼서 이거 어떻게 해야 할지 모르겠다는 거야. 그래서 오렌지 주스 좀 마시고 팔굽혀펴기도 좀 해, 그래도 진정이 안 되면 몇 번 더 그렇게 해보라고 했지. 그러더니 존나 배꼽 빠지게 웃더니 전화를 끊더라. 그래 놓고도 그렇게 했대. 그랬더니 진정이 되더라는 거야. 재미난 말도 잘하고 웃기도 좋아하는 애라서 같이 있으면 애 웃는 모습이 보고 싶어서 나도 자꾸 재미난 이야기를 들려주게 돼. 마커스는 항상 내 안에 있는 재미있는 구석을 끌어낼 줄 알아. 그래서 우린 스튜디오에서 훌륭한 팀이 되는 거지. 마커스는 잘하기도 하지만 음악에 푹 빠져 있어서 심지어 걸을 때도 템포를 맞춰서 걸어. 뭘 해도 절대 템포에서 벗어나는 법이 없지. 이렇게 선수들하고 같이 일을 하게 되니까 스튜디오에 들어가는 게 싫증 나질 않지.

프린스가 『투투』에 자기도 하나 하고 싶다며 곡을 썼길래 앨범을 테이프에 녹음해서 보냈더니 듣고서 자기 곡이 잘 안 어울리는 거 같다는 거야. 프린스도 나처럼 높은 음악적 기준이 있어. 그래서 나중에 뭔가 해볼 수 있을 때를 기약하며 이 앨범을 위해 썼던 곡을 그냥 빼버렸어. 프린스도 워너 브러더스 소속이어서 그쪽 사람들을 통해 그가 내 음악을 좋아하며 나를 자기의 음악적 영웅의 하나로 여긴다는 걸 알게 됐어. 나를 그렇게 봐주다니 행복했고 영광스럽게 여겼어.

베이스를 쳐주던 대릴 존스가 스팅과 함께 투어를 떠난 다음에 앵거스 토머스가 그를 대신했어. 그다음에는 펠턴 크루스가 왔고. 존 스코필드 자리에는 기타리스트 마이크 스턴이 들어왔다가 로벤 포드로 바뀌었지. 대릴은 뉴욕에 들르면 가끔 전화를 했는데 결국 1986년 10월의 어느 날 전화로 뉴욕에 왔고 지금은 어느 밴드에서도 연주하고 있지 않다는 거야. 「딕 카벳 쇼」를 하고 있을 때였지. 그래서 우리한테 돌아와서 연주하는 게 어떠냐고 물었더니 그러겠다더라고. 로벤 포드는 내 정규 밴드에 그리 오래 머무르지 않았어. 마커스 밀러가 나에게 연주 들어보라며 기타리스트의 테이프를 보냈어. 그냥 '폴리'라고 불리는 조셉 폴리 매크리리의 연주였어. 신시내티 출신이었고. 나는 듣자마자 씨발 엄청나다 싶었고 바로 내가 찾고 있던 연주자에다가 흑인이라는 걸 알 수 있었어. 좀 설익긴 했지만 뭔가 만들어낼 수 있을 거 같더라고. 1985년 8월에는 매릴린 마주르가 퍼커션으로 들어왔어. 덴마크에서 소닝 어워드를 수상한 다음 팔레 미켈보르와 녹음해놓고 아직도 미발매 상태인 『오라』 앨범에서 그녀를 처음 마주쳤었지. 연락이 와서 그녀를 퍼커션에 추가한 거였어. 스티브 손턴은 내가 좋아했던 아프리카 사운드를 내주어서 퍼커션을 계속 맡겼어. 1986년 가을로 접어들 무렵 우리 밴드는 테너 색소폰에 밥 버그, 베이스에 돌아온 대릴 존스, 기타에 로벤 포드, 키보드에 애덤 홀츠먼과 로버트 어빙, 퍼커션에 매릴린 마주르와 스티브 손턴, 드럼에 빈센트 윌번, 그리고 트럼펫에 나, 이런 구성이었어.

이 밴드를 데리고 국제사면위원회 공연에 갔지. 1986년 여름 뉴저지의 메도랜즈에 있는 자이언츠 스타디움에서 열렸는데, 하루 전날 로스앤젤레스에서 플레이보이 재즈 페스티벌 공연을 밤 11시쯤 마치고 바로 와야 했어. 아침 일찍 뉴어크 공항에 도착했더니 마중 나온 사람 하나 없더라고. 우린 리무진과 밴에 멤버들을 태워 모두 호텔로 데려갔다가 시간 맞춰 메도랜즈에 갔는데 아침 내내 비가 내리고 있었어. 모든 것이 젖어버렸지. 공연장은 완전 만원이었어. 빌 그레이엄이 무대 장비 따위를 총괄했는데, 한 팀이 관객을 향해서 연주하는 동안 다른 그룹은 무대 뒤쪽에서 세팅하는 회전무대 방식이었지. 이게 비도 안 오고 다른 이상이 없으면 이론상 잘 돌아가게 되어 있지만 우리 팀이 세팅하려고만 하면 바람이 불어 무대 위천막에서 물이 장비로 쏟아지는 거야. 그래서 짐 로즈가 이끄는 크루가 세팅하는 데 큰 애를 먹었지. 빌 그레이엄이 빨리 세팅을 끝내라고 고래고래 소리를 지르다가 누군가 천장에서 물이 쏟아진다고 일러준 다음에야 알아먹더라고.

이게 전 세계 텔레비전으로 생중계되는 거라 돌아가는 게 완전 정신병원 같았어. 결국 사운드 체크는커녕 아무것도 못 했지. 그래도 어찌어찌 공연은 무사히 진행됐어. 산타나가 함께 연주했었나 그랬지, 그다음 20분 정도 더 연주했는데, 사람들이 우리 공연을 정말 좋아하는 거 같았어.

공연을 마치고 내려오니까 진짜 유명한 온갖 백인 록스타들이 다가와서 인사를 건넸어. 보노를 비롯한 U2의 모든 멤버들, 스팅과 폴리스의 멤버들, 그리고 피터 게이브리얼, 루벤 블레이즈 같은 이들. 별 사람들이 다 있었는데 몇몇은 나에게 다가오는 걸 진짜 겁내는 것처럼 보이더라고. 내가 퉁명스럽고 혼자 있기를 좋아한다는 소문이 자자했던 모양이지. 어쨌거나 처음 보는 뮤지션들도 만나고 해서 기분이 참 좋더라고. 비가 억수같이 오는 바람에 온통 난리법석이었어도 참 즐거운 시간이었어.

그해에 또 다른 일도 했어. 공영방송인 PBS에서 미국 전역에 방송하는 「위대한 공연」Great Performances이라는 90분짜리 쇼 프로그램에 나간 일도 있고. TV 관계자들이 나를 졸졸 따라다니면서 '뉴올리언스 재즈 앤드 헤리티지 페스티벌'에서 한 공연 전체를 찍었지. 인터뷰도 꽤 많이 하고. 조지 페이슨과 댄스곡 작업을 하기로 했던 건 잘 안 됐고. 또 「스트리트 스마트」Street Smart 라는 영화의 배경음악도 썼지. 슈퍼맨으로 유명한 크리스토퍼 리브와 뛰어난 흑인 배우 모건 프리먼이 나온 영화였지. 1986년 후반기와 1987년 전반기 사이에 이 음악 작업을 했어.

1986년에 또 무슨 일이 있었더라. 윈턴 마살리스 사건 이야기도 해볼까. 캐나다 밴쿠버에서 열린 페스티벌에 나갔는데 우리 공연을 보려고 노천극장에 사람들이 꽉 차 있었어. 윈턴 공연은 다음 날 잡혀 있었고. 내가 막 연주를 하려는 참에 뭔가 인기척이 느껴졌어. 누가 다가오는 것 같더라고. 관중을 보니 온통 환호성을 지르고 난리였어. 봤더니 윈턴인 거야. 내가 연주를 하고 있는데 갑자기 내 귀에 대고 속삭이는 거야. "나보고 올라오라고들 해서요."

나는 이런 뻘짓을 하는 게 너무 화가 나서 이렇게 대꾸했지. "야 인마, 무대에서 꺼져 씨발." 그 말을 듣더니 벙쪄하대. 거기다 대고 난 "새꺄, 뭐 하자는 거야 씨발. 꺼지라니까!"라고 한 방 더 먹였지. 그리고 밴드의 연주를 중단시켰어. 세팅 곡을 하던 중이었고, 윈턴이 그렇게 올라왔을 때 나는 큐를 새로 주려던 참이었지. 해봐야 잘 안 됐을 거야. 우리가 구사하던 음악을 윈턴은 연주할 수 없거든. 윈턴이 그런 스타일은 잘 못 하니까 걔 방식에 맞춰서 우리가 조정을 하면 모를까.

윈턴이 그짓을 한 게, 나한테는 말이야, 얘가 선배에게 아무런 존경심도 없는 것으로 보였어. 딴건 다 제쳐두고, 내가 걔 아버지뻘이야. 게다가 이미 신문과 텔레비전과 잡지 따위에서 마구 욕을 해댄 애잖아. 사과도 하나 없었고 말이야. 지가 뭐 디지나 맥스처럼 나랑 친한 사이야? 그건 아니잖아. 이게 디지였어 봐. 절대 그렇게 안 해. 디지도 나한테 안 그러고. 그런 일이 있으면 사전에 알아봤겠지. 음악이 뭐 무대 위에서 사람들을 놀라 자빠지게 하는 거야? 윈턴한텐 그런가 보지. 음악은 경쟁이 아니라 협동이야. 서로 함께 하고 맞춰가는 거라고. 음악은 절대 경쟁이 아니야, 적어도 나한테는. 나랑 음악으로 엮이면 그런 태도는 있을 자리가 없어.

이기적이고 존경심 없는 것, 그게 내가 오넷 콜먼이 처음 나왔을 때 안 좋아했던 이유야. 트럼펫 불었다가 바이올린 켰다가 어느 것 하나 제대로 연주할 줄도 모르면서 지멋대로 해댔단 말이야. 나나 디즈 같은 사람들한테 이런 건 모욕이라고. 나 같으면 분명 연주할 줄도 모르면서 버젓이 무대에 올라가서 색소폰을 연주하려 들지는 않는다고.

옛 시절에는 팻 걸과 디지와 같은 훌륭한 트럼펫 주자들이 늘 같이 잼을 하고 그랬어. 그 시절은 가버렸어. 변했고. 지금은 다들 함께 했던 옛날 같진 않아. 우리는 남들보다 앞서보겠다고 애를 쓰긴 했지만 서로를 잘 알기도 했고, 애정 어린 사이이기도 했어. 케니 도럼이 카페 보헤미아에 와서 첫날 밤 나를 날려버리고, 그다음에는 내가 그를 제쳤을 때조차 마찬가지였어. 존경심과 애정이 담긴 경쟁이었다 이거야.

그러나 윈턴과는 그런 게 아니었어. 적어도 그에게서 나를 향한 그런 존경심을 본 적이 없어. 다른 젊은 뮤지션들도 마찬가지야. 요즘엔 다들 곧장 스타가 되기를 원해. 다들 자기만의 스타일이라 부를 만한 걸 갖고 싶어 하지. 하지만 젊은 애들 하는 걸 보면 남들 걸 연주하거나 이미 남들이 녹음해놓은 속주나 악구lick들을 베끼기나 하고 말이야. 물론 자기만의 스타일을 펼치고 있는 애들도 있긴 해. 우리 밴드 알토 주자인 케니 개릿처럼 말이야.

1986년에 겪은 재미난 경험 하나는 드라마 「마이애미 바이스」Miami Vice 한 편에서 포주와 마약상 역을 연기한 거였어. 이 역을 하고 난 다음 누가 연기해보니까 어떠냐고 묻더라고. 그래서 "흑인이면 항상 하는 연기죠"라고 대답해줬어. 사실 그래. 흑인은 이 나라에서 그런 역할이나 하며 겨우겨우 먹고산다고. 흑인들 마음속에 진짜 무슨 생각이 들어 있는지 백인들이 안다면 놀라서 뒈져버릴걸. 흑인들 연기 아주 지대로지. 그걸 입 밖에 낼 권력이 없으니까 그날그날 풀칠이라도 하려고 가면 쓰고 사는 거야.

그리 어렵지 않은 연기였어. 옛날부터 겪은 것도 있겠다 포주가 어떻게 행동하는지 아니까. 이 드라마에 출연하는 연기자인 돈 존슨과 필립 마이클 토머스가 이러더라구. "아니 뭐 별거 없고 그냥 뻥이죠 뻥. 그렇게 알고 하면 돼요." 그래서 그렇게 했지. 남자들은 다 조금은 그런 면이 있으니 포주 역이 쉽더라고.

그럭저럭 하기는 했는데, 포주 역을 한다는 게 썩 좋진 않았어. 흑인 남자들에 대한 선입관이나 전형적인 시각을 부채질하는 게 영 안 내키더라고. 그래서 나는 남자 마담뚜 비슷한 사업가를 연기하려 했어. 포주 역할이지만 마음속으로는 사업가다 생각하고 연기한 거지. 시슬리가 연기 체질이네 그러면서 내 설정이 마음에 든다고까지 해서 기분이 상당히 좋더라고. 배우로서, 또 예술가로서 그녀의 판단을 존중하니까.

또 혼다 광고도 찍었는데 이제까지 한 다른 어떤 일보다도 그 한 번의 광고 때문에 사람들이 나를 더 알아보더라고. 「마이애미바이스」에 출연하고 혼다 광고를 찍고 나니 나에 대해 들어본 적도 없던 사람들이 거리에서 말을 걸기 시작했어. 내가 누군지 알지도 못하는 흑인, 백인, 푸에르토리코 사람들, 심지어 아시아계 꼬마들까지 말을 걸더라고. 쌍, 드러워서 참. 그렇게 음악을 만들고 그 모든 사람들을 연주로 기쁘게 하고, 전 세계에 알려져봐야 인간들 머릿속에 박히려면 광고 한 방이면 끝이잖아. 그저 텔레비전에 한 번 나가서 위대한 화가나 음악가, 작가나 무용가보다 더 많이 알려지고 존경받는 것, 그게 오늘날 이 나라 사람들이 전부 하는 짓이지. 나를 "타이슨 씨"라고 부르거나 "당신이 누군지 알아요. 시슬리 타이슨하고 결혼한 거 맞죠?" 사람들이 이렇게 나오는데 이게 허투루 하는 말이 아니야. 그러니 텔레비전이나 영화에 나오는 재능도 없는 나쁜 놈이 화면에 나오지 않는 천재보다 더 알려지고 존경받을 수 있구나, 새삼 깨닫게 된 거지.

나는 1986년의 나머지 기간 동안 미국과 유럽 각지에서 평소처럼 페스티벌을 한 바퀴 돌았어.『투투』는 잘 팔렸고 그래서 만족스러웠어. 많은 사람들이 그 앨범을 좋아했고, 심지어 오랫동안 트집을 잡던 옛날 팬들과 비평가들 중에서도 좋아하는 축들이 있더라고. 그렇게 기분 좋게 1987년에 접어들었어. 다만 기타리스트 가스 웨버의 공백을 메워줄 다른 멤버를 찾아야 하긴 했어.(결혼과 더불어 로벤 포드가 자기 거 하겠다며 일찌감치 떠나면서 가스 웨버를 추천했었어. 가스가 괜찮은 녀석에다 실력도 빵빵했거든.) 밴드를 떠났던 미노 시넬루가 퍼커션으로 돌아오고 싶어 해서, 스티브 손턴 대신 그를 다시 데려오기로 했어. 밥 버그도 밴드를 떠났어. 게리 토머스라는 색소폰 주자를 들였는데, 그렇게 일을 분담시킨 게 마음에 안 들었던 거야. 하지만 오히려 잘 된 게, 알토와 소프라노 색소폰, 플루트를 같이 부는 케니 개릿을 영입할 수 있게 됐거든. 나이전에 아트 블래키 그룹에 있었던 케니 연주를 딱 듣자마자 훌륭한 젊은 연주자라는 걸 알겠더군.

자, 이제 1987년 들어 내가 할 일은 맘에 드는 기타리스트 찾는 게 전부였어. 어디서든 찾아지겠지 하는 자신감이 있었어. 조카 빈센트가 매번 박자를 놓치는 바람에 드럼 쪽이 여전히 불만이었어. 난 드러머가 박자를 놓치는 건 도저히 못 참아. 나는 애가 박자를 놓치는 족족 일러줘서 내가 어떻게 느끼는지를 깨닫게 하려 했어. 빈센트가 열심히 노력하고 할 수 있는 한 최선을 다하고 있다는 걸 알지만, 변명은 듣고 싶지 않았어. 박자 좀 놓치지 말라는 게 내가 원한 전부였어. 애가 조카라는 사실이 상황을 더 힘들게 했어. 그 아이가 너무나 친근했고 꼭 친아들 같았기 때문이야. 날 때부터 봐온 애

였고 첫 드럼 세트를 사준 것도 나인 데다가 정말 그 앨 아꼈어. 그
래서 상황이 더욱 어려웠고, 그냥 저절로 해결돼서 다 잘되기를 바
라는 마음이었지.

19

1987년은 레이건 대통령과 영부인 낸시가 초대한 워싱턴의 파티에 시슬리가 나를 데려가면서 시작됐어. 레이 찰스를 비롯한 저명인사들에게 수여하는 평생공로상 시상식이 케네디센터에서 열렸던 거야. 시슬리와 나는 레이를 축하해주러 갔던 건데, 레이는 내 오랜 친구였고 나는 그의 음악을 정말 좋아했지. 그게 내가 거기 간 유일한 이유였어. 그딴 정치적인 행사는 절대 좋아한 적이 없었거든.

먼저 우리는 백악관에서 대통령과 조지 슐츠 국무장관과 함께 저녁 식사를 했어. 나는 대통령이 앞으로 하려는 일에 행운을 빌어줬고, 그는 "고마워요, 마일스. 난 그게 꼭 필요하니까요"라고 하더군. 사람 대 사람으로 만나면 그는 충분히 괜찮은 사람이었어. 나는 그가 할 수 있는 한 최선을 다한 것 같다고 생각해. 그는 오른쪽으로 치우쳐 있는 정치인이었지. 다른 이들은 왼쪽으로 기울어져 있고. 거의 모든 정치인들이 우매한 나라 안에서 도둑질을 일삼아. 공화당이든 민주당이든 상관없이, 그냥 모두 자기가 얻을 수 있는 걸 얻기 위해 당에 속해 있을 뿐이야. 정치인들은 더 이상 미국 국민들을 신경 쓰지 않아. 그저 어떻게 하면 배를 불릴 수 있을지 골몰하지. 다른 모든 탐욕스러운 사람들처럼 말이야.

레이건은 친절했고, 우리를 존중해줬고 그랬어. 하지만 더 매력 있는 사람은 낸시였지. 그녀는 참 따뜻한 사람 같아 보였어. 나를 따뜻하게 맞이해줬고 나는 그녀의 손에 키스를 했어. 그녀가 좋아하더라고. 하지만 부시 부통령 부부를 만났을 때 나는 부시 부인의 손에 키스하지 않았어. 시슬리가 왜 바버라 부시의 손에 키스하지 않았냐고 묻길래 나는 그녀가 조지의 어머니인 줄 알았다고 했어. 시슬리가 나를 미친놈 보듯이 쳐다보더군. 하지만 나는 그런 사람들을 잘 모르고, 친하지도 않고, 그들도 나를 잘 모르지. 시슬리는 그따위 것들을 잘 알고 그게 그녀한테 중요하지만, 나에게는 아니야. 레이 찰스가 평생공로상을 받는데 그가 누구인지도 모르는 사람들이 태반이더군.

백악관에 저녁 식사를 하러 가는 리무진에 윌리 메이즈가 우리와 함께 탔어. 아마 나, 윌리, 시슬리, 프레드 애스테어의 미망인, 그리고 프레드 맥머리 부부도 있었던 것 같아. 우리가 차에 타자 백인 여자 한 명이 말했어. "마일스, 리무진 기사가 당신 노래를 좋아해서 당신 음반을 다 갖고 있다네요." 그걸 듣자마자 화가 나서 시슬리를 쳐다보며 나직하게 말했어. "시슬리, 왜 나를 여기까지 데려와서 이런 모욕을 당하게 하지?" 시슬리는 아무 대답도 하지 않고 마치 플라스틱 같은 미소를 지으며 앞만 보더군.

빌리 디 윌리엄스도 그 차에 타고 있었기 때문에, 빌리와 윌리 그리고 나는 흑인들끼리 할 수 있는 그런 농담, 알지? 흑인들끼리 씨부리는 흑인 썰을 풀며 재미를 보기 시작했어. 시슬리는 당황스러워하더군. 프레드 맥머리가 리무진 맨 앞에 앉았는데, 몸이 아파서 거의 걷지도 못하는 지경이었어. 백인 여자 두 명이 그 뒤에 우리랑 같이 타고 있었지. 그중에 한 명이었나, 나를 향해 이러는 거야. "마일스, 당신이 대통령을 보러 가는 걸 너네 엄마mammy†가 분명 자랑스러워할 거예요."

갑자기 차 안이 찬물을 끼얹은 듯 무섭게 조용해졌지. 거기 있던 사람들이 전부 아니 씨발 하고많은 새끼들 중에 왜 하필 마일스한테 이런 말을 하지, 라고 생각하는 게 보이더라. 다들 내가 그 쌍년의 할망구한테 화 내는 걸 기다리고 있었겠지. 난 여자를 쳐다보며 말했어.

"똑바로 들어, 우리 어머니는 그 좆같은 엄마가 아니야. 내 말 알아들어? 그 단어는 더 이상 안 쓰는 낡아빠진 단어라고. 우리 어머니는 당신보다 훨씬 우아하고 품위 있는 사람이었고 우리 아버지는 의사였어. 그러니까 이제 흑인들한테 그런 말은 하지도 말라고. 내 말 잘 알아들었어?" 이 말을 할 때 나는 절대 목소리를 높이지 않았어. 하지만 그녀는 내가 무슨 말을 하고 있는지 알았을 거야. 눈빛이 사람을 죽일 수 있다면 이 여자는 벌써 죽었어. 쌍, 내가 그년의 눈을 똑바로 쳐다봤거든. 내 뜻을 알아들었는지 그녀가 사과했고, 그 후에 나는 침묵을 지켰어.

국무장관이 주최한 만찬장에서 우리는 먼데일 전 부통령의 부인인 조앤, 제리 루이스, 그리고 골동품 상인이었나, 데이비드 브링클리의 아내였던 것 같은데, 정말 상냥하고 멋지고 착하면서 뭘 좀 아는 여자하고 한 테이블에 앉았어. 나는 일본 디자이너인 코신 사토가 만든 꼬리가 달린 근사한 검정색 연미복을 입었어. 뒷면에는 흰색 스팽글로 장식된 붉은 뱀이 그려져 있었지. 내게는 코신이 만

† 과거 백인 가정의 양육이나 가사 일을 담당하던 흑인 여성을 지칭하는 단어.

든 코트가 두 벌 더 있었는데, 하나는 빨간색이었고 하나는 흰색 브로드였어. 거기에 걸치는 은색 체인과 반짝이는 검은색 가죽바지도 있었고. 볼일을 보러 화장실에 갔을 때, 줄을 서 있는 모두가 뻔한 옷을 입고 있었고 다들 나를 못 견뎌하더군. 그런데 한 놈이 내 옷이 마음에 든다면서 "누가 이걸 만들어줬죠?"라고 물었지. 나는 알려줬고, 그는 기분 좋게 돌아갔지만, 나머지 깐깐한 백인놈들은 존나 빡쳐 하더라고.

그 자리에 흑인은 겨우 열 명 정도였어. 아까 말했던 사람들 하고 퀸시 존스를 포함해서. 클레런스 애번 부부도 있었나? 리나 혼도 있었고. 한 스무 명쯤이었나 보네.

내가 앉아 있던 테이블에서 어느 정치인의 아내가 재즈에 대해 "우리가 이런 예술 형식을 지지하는 이유가 단지 이 예술이 이 나라에서 나왔다는 것 때문일까요? 이건 진지한 형식의 예술인가요? 아니면 단지 재즈가 유럽이 아니라 여기서, 흑인들에게서 나왔기 때문에 우리가 재즈를 무시하고 있는 걸까요?" 따위의 개소리를 지껄였어.

불쑥 튀어나온 말이었어. 나는 그런 질문을 좋아하지 않아. 실제로는 관심도 없으면서 똑똑하게 보이려고 하는 사람들이 주로 하는 질문이었거든. 나는 그녀를 쳐다보며 말해줬지.

"뭐지? 재즈의 시간이라도 된 건가요? 나에게 왜 그딴 걸 묻는 거요?"

그러자 그녀가 "음, 당신은 재즈 뮤지션이잖아요. 아니에요?"라고 말했어.

내가 대답했어. "나는 뮤지션이에요. 그게 답니다."

"그러니까, 그… 당신은 뮤지션이고 음악을 연주하잖아요…."

"왜 이 나라에서 재즈가 인정받지 못하는지를 정말 알고 싶어요?"

"네. 그래요."

"재즈는 백인들이 어디서나 이기고 싶어 하기 때문에 무시당하는 거죠. 백인들은, 당신이 그러는 것처럼, 다른 백인이 이기는 걸 좋아하는데 재즈와 블루스는 흑인이 만들었기 때문에 이길 수가 없거든요. 그래서, 우리가 유럽에 가면 그쪽 백인들은 누가 뭘 했는지 알고 인정하기 때문에 우리의 진가를 알아줘요. 하지만 미국 백인들은 많이들 그러지 못해요."

그녀는 나를 바라보다가 얼굴이 시뻘개졌어. 그리고 말했지. "그럼, 당신은 당신 인생에서 그렇게도 중요한 뭔가를 해낸 게 있어요? 여긴 왜 온 거죠?"

이런 거 정말 짜증 나. 무식한데 멋져 보이고는 싶은 사람들이 나까지 자기 방식으로 끌어들이는 상황 말이야. 다 그녀가 자초한 거야. 나는 대답했지. "그래요, 나는 음악사를 대여섯 번 바꿔놨어요. 그게 내가 해온 일들이고, 난 백인들 연주는 믿지 않아요." 그리고 그녀를 냉랭하게 바라보면서 말했지. "이제 당신이 백인이라는 것 말고 중요한 일을 한 게 있는지 지껄여보시지. 백인이라는 건 나한테는 중요하지 않으니까, 말해봐. 당신은 뭘로 유명하지?"

그녀가 입을 씰룩이기 시작했어. 너무 화가 나서 아무 말도 못하고, 어안이 벙벙해졌더라고. 찬물을 끼얹은 듯한 침묵이 흘렀어. 그녀는 바보 같은 말만 지껄이는 사교 모임에서도 가장 멋지다는 계층이었을 거야. 참 울적한 일이었어.

레이 찰스가 대통령과 함께 앉아 있었고 대통령은 어떻게 행동해야 할지 몰라 두리번거리고 있었어. 미안하더라고. 레이건은 그저 당황한 표정이었어.

이건 내가 겪은 최고로 엿같은 일 가운데 하나가 됐어. 거기 워싱턴에서 내내 쌍 끔찍한 기분이었어. 나라를 운영한다는 백인놈들이 흑인에 대해 아무것도 모르고 알고 싶지도 않아 한다는 게 정말 황당하더라고! 일단 진짜로 알고 싶어 하지도 않는 멍청한 백인놈들을 가르쳐야 하는 바람에 한심한 질문이라도 던질 수밖에 없는 상황에 놓이는 것 자체가 존나 맥빠지는 일이지. 왜 그런 좆같은 놈들이 개무식해서 내 기분을 잡쳐야 하는 건데? 지들은 평생공로상 준답시고 초대한 사람들의 음반을 가게에 가면 살 수 있어. 책을 보고 배울 수도 있고. 하지만 흑인에게 베풀어야 마땅한 존중? 그건 못하겠다는 식이야. 그냥 계속 멍청하게 살면서 나와 다른 많은 흑인들의 기분을 상하게 해. 그 와중에 대통령은 저쪽에 앉아서 뭐라 말해야 할지도 몰라. 이럴 때 대통령이 뭔가 한마디 멋지게 할 만한 말을 누가 좀 적어줘야 되는 거 아냐? 근데 그럴 만큼 멋진 인간이 주변에 하나도 없었던 거지. 멋지긴 씨발 어색한 미소를 지으면서 점잔이나 빼는 불쌍한 새끼들뿐이었던 거야.

떠날 때 나는 시슬리에게 말했어. "씨발 니 그 알량한 인생 중에 다시는 이런 거지 같은 곳에 나를 데려오지 마, 내가 백인놈들 때문에 슬퍼하게 만들지 말라고. 이딴 후진 일로 심장마비가 올 바에는 차라리 내 페라리로 버스나 뭐나 들이받는 게 낫다고." 시슬리가 묵묵부답이더군. 하지만 레이가 플로리다의 레이 찰스 학교에 있는 시각장애인과 청각장애 아이들이 노래 부르는 것을 듣고 있는 걸 보더니 시슬리가 울더라. 그 와중에 백인들이 지들도 따라 울어야 하나 아니면 척이라도 해야 하나 고민하는 꼬락서니가 지금도 눈에 선해. 그걸 어떻게 잊어. 그 꼴을 보면서 나는 시슬리에게 속삭였어. "이거 끝나자마자 여기서 나가자. 너는 이딴 걸 감당할 수 있겠지만 나는 못 해." 이후에 나는 우리 사이가 끝났다는 걸 알았고 더 이상 그녀와 엮이고 싶지 않았어. 그래서 그때부터 우리는 아주 떨어져 살았지.

　1987년 후반에 매니저 데이비드 프랭클린과 결별했어. 일처리 방식 때문이었지. 짐 로즈와도 사이가 틀어졌어. 데이비드 탓에 빚어진 돈 문제 때문에 나한테 얻어터졌거든. 짐이 떠나는 바람에 1987년에 나는 고든 멜처라는 새 로드 매니저를 구해야 했지.

　짐 로즈와 있었던 일은 이래. 공연이 끝나면 항상 짐이 돈을 수령했기 때문에, 1986년 말이나 1987년 초 워싱턴 공연이었나, 내가 한 번 딱 짚어서 돈 어딨냐고 물어본 거야. 그랬더니 애틀랜타에 내려가 있는 데이비드 프랭클린의 조수한테 줘야 한다는 거야. 좆까지 말고 내 돈 내놓으라고 했지. 당시 뭔가 수상쩍은 일이 돈 관계로 벌어지는 거 같아서 직접 확인해보려던 차였지. 짐이 한사코 돈을 안 주려고 해서 대가리를 후려치고 그냥 뺏었어. 이 일이 있고 짐은 나를 위해 일하는 걸 그만뒀지. 우리 사이에 이런 일이 일어났다는 게 싫었어. 기쁠 때나 슬플 때나 함께 했던 짐인데. 하여간 나는 뉴욕 센트럴파크 남쪽에 아파트를 비롯해서 많은 걸 구입했어. 그 후로 나는 내 돈이 어떻게 돌아가고 있는지 더욱 신경을 쓰기 시작했어.

　결국 나는 데이비드를 해고하고 피터 슈컷을 매니저 겸 변호사로 고용했어. 나는 돈을 많이 버는 사람들이 때때로 겪는 문제에 빠지게 됐어. 돈 관리를 다른 사람에게 의존하는 거 말이야. 시슬리와 관계를 최종 정리하던 중에 이런 일들이 벌어졌지.

　시슬리와 데이비드를 내 인생에서 몰아내고 나니 기분이 훨씬 나아졌어. 마커스 밀러와 나는 엘런 바킨과 조디 포스터가 주연을 맡은 영화 「씨에스타」Siesta의 음악 작업에 착수한 상태였지. 스페인을 배경으로 만든 이 영화의 음악은 『스케치스 오브 스페인』에서 길 에번스와 함께 했던 것과 살짝 비슷하게 갈 예정이었어. 그래서 마커스에게 그런 느낌으로 작업을 해보라고 부탁했어. 그 와중에 『투투』가 1987년도 그래미상을 수상해서 기분이 좋았어. 우리는 평소처럼 순회공연을 하고 페스티벌에 나갔는데, 미국, 유럽, 남아메리카, 동아시아 일본에 이제 중국까지 포함한 세계 각지를 다녔어. 호주와 뉴질랜드에서도 공연을 했고.

그해에 밴드 연주가 좋았던 거 말고 가장 기억에 남을 만한 공연을 꼽자면 7월에 한 노르웨이의 오슬로 공연인 거 같아. 도착해서 비행기에서 내렸는데 수많은 기자들이 우리를 기다리고 있더라고. 활주로를 지나서 공항 대합실로 가는데 갑자기 한 남자가 다가와서 "실례합니다, 데이비스 씨. 여기 우리가 당신들을 위해 차를 대기시켜놨습니다. 세관을 통과하실 필요가 없습니다" 이러는 거야. 그 남자가 가리키는 곳을 보니 길쭉한 흰색 리무진이 있었어. 내가 본 것 중 가장 긴 리무진이었지. 나는 차에 올라타서 활주로를 벗어나 바로 시내로 들어갔어. 번거롭게 입국 심사를 받을 필요도 없었지. 축제 감독이 그러는데, 노르웨이에서 그런 대접은 오로지 국가 원수나 대통령, 총리, 왕과 여왕 같은 사람들이 방문할 때만 해준다면서 "거기다 마일스 데이비스 추가요"라고 덧붙이는 거야. 와, 기분이 끝내줬어. 내 말은, 낮에 이랬는데 그날 밤에 어떻게 끝내주게 연주하지 않을 수 있었겠어?

유럽 각지에서 계속 그런 식이었어. 왕족 대접이었지. 사람들이 이렇게 대해주면 나는 연주에 최선을 다할 수밖에 없어. 브라질, 일본, 중국, 호주, 뉴질랜드에서도 마찬가지였어. 다른 곳에서는 다 왕 대우인데 이런 대접을 못 받는 곳은 오직 미국뿐이었지. 그건 내가 타협을 모르는 흑인이고, 백인, 특히 백인 남자가 흑인, 특히 흑인 남자의 그런 모습을 좋아하지 않기 때문이었어.

1987년에 가장 고통스러웠던 일은 조카 빈센트를 내보낸 일이었어. 빈센트가 오래전부터 박자를 놓쳤기 때문에 언젠가는 걔를 내보내야 한다는 걸 알고 있었어. 알아듣게 일러주는데도 도통 들어먹질 않으니. 잘 들어보라고 테이프를 줘도 들으려고 하질 않았지. 그 애를 정말 사랑하기 때문에 그런 말을 하는 게 가슴이 아팠지만 음악을 위해 그렇게 해야만 했어. 빈센트에게 소식을 전한 다음 며칠 후에 그의 어머니이자 나의 누나 도러시에게 전화해서 같은 말을 했어. 빈센트가 내 밴드를 관뒀다고 일러주고 누나도 이 소식을 접했는지 물어봤는데, 누나가 "아니, 못 들었는데"라고 하더군. 도러시에게 공연 차 시카고에 갈 거라고 했더니 도러시가 이러는 거야.

"그런데 마일스. 시카고에 그 애 친구들이 많은데 적어도 거기서는 연주하게 해줘야지. 안 그러면 빈센트가 좀 당황할 거 같은데."

"누나, 음악에는 친구고 뭐고가 없어. 빈센트에게 몇 년 동안 어떻게 해야 하는지 말해왔는데 그 애는 내 말을 듣지 않았어. 그래서 나는 걔를 내보낼 수밖에 없어. 미안해."

그때 도러시의 남편이자 나의 오랜 친구인 빈센트 시니어가 전화를 바꿔서 그 애한테 한 번만 더 기회를 달라고 부탁하길래, "아니, 그럴 순 없어"라고 딱 잘랐지. 빈센트가 바로 수화기를 누나에게 넘겨서, 내 콘서트에 올 거냐고 누나한테 물었더니 그냥 빈센트와 함께 집에 있을 거라는 거야. "이런 씨발!" 욕이 나오더라.

도러시가 말했어. "전화 끊어. 내가 전화했냐 니가 했지!"

그래서 전화를 끊었어. 서로 사랑하는 남매 사이니까 벌어지는 일이야. 감정적이지. 게다가 외동아들에 관한 일이었어. 나는 누나가 왜 그러는지 이해했어. 그래서 콘서트에 아무도 오지 않았을 때 마음 한편이 아렸지만 그냥 그러려니 했어.

3월 초에 빈센트를 내보내고 워싱턴 D.C.에서 온 리키 웰먼이라는 훌륭한 드러머를 데려왔어. 그가 '척 브라운 앤드 더 소울 서처 스'라는 그룹에 있을 때의 음반을 들었거든. 내 개인 비서인 마이크 워런(역시 워싱턴 출신인)에게 전화를 걸어서 그를 데려오고 싶다 고 말했지. 리키가 관심이 있다고 말하길래 연습하라고 테이프를 하 나 보내줬고, 그 후에 같이 하게 된 거야. 리키는 고-고go-go라 불리 는 음악을 오랫동안 연주해왔는데 내가 밴드에서 원했던 음악 색깔 을 갖고 있었지.

1987년에 내 밴드는 씨발 존나 짱이었어. 멤버들의 연주 방식 이 정말 마음에 들었어. 모든 사람들이 이 밴드를 좋아했지. 알잖아, 모두가 한데 어우러져 녹아드는 그런 연주. 리키가 미노 시넬루와 맞춰서 연주하고, 대릴 존스가 그 밑에서 바닥을 다지고, 애덤 홀츠 만과 로버트 어빙이 신시사이저로 자기 일을 해주고 있으면 나와 케니 개릿(때로는 테너 색스에 게리 토머스)이 그 사이에서 우리 의 보이스를 엮어 넣고 뭐 그런. 새로운 기타 주자였던 폴리가 훵키 한 블루스-록-훵크 기타를 거의 지미 헨드릭스처럼 연주했지. 정 말 대단한 밴드였는데 마침내 내가 원하던 기타 연주자까지 찾은 거야. 밴드의 모든 멤버가 처음부터 서로 소통할 수 있어서 좋았어. 밴드도 잘 맞았고 건강도 좋았고 내 인생의 다른 모든 것도 좋았어.

1987년에 나는 프린스하고 카메오, 래리 블랙몬, 카사브라는 카리브해 그룹의 음악에 흠뻑 빠져들었어. 그들이 하는 음악이 좋 았어. 하지만 뭐니 뭐니 해도 나는 프린스를 정말 좋아했고, 그의 음악을 들은 다음에는 언젠가 그와 함께 연주해보고 싶었어. 프린 스는 제임스 브라운의 갈래였고, 나는 그 훌륭한 리듬 때문에 제임 스 브라운을 좋아했어. 프린스는 그를 떠올리게 했고 카메오는 슬 라이 스톤을 생각나게 했지. 하지만 프린스의 연주 안에는 약간의 마빈 게이와 지미 헨드릭스와 슬라이가, 심지어 리틀 리처드까지도 있었어. 그는 이 모든 놈들과 듀크 엘링턴을 섞어놓은 사람이었지. 보기에 따라서는 찰리 채플린을, 그리고 내가 연예인으로서도 좋아하는 마이클 잭슨을 연상시키기도 했어. 프린스는 많은 걸 할 수 있었어. 작곡, 노래, 음악 제작, 연주, 연기, 제작, 감독 같은 거의 모든 걸 혼자 다 하잖아. 그와 마이클은 또 춤까지 정말 잘 췄어.

씨발 둘 다 존나 끝내주긴 하지. 근데 난 만능 음악가로서 프린스를 조금 더 좋아했어. 노래하고 작곡만 잘하는 게 아니라 연주도 끝내주게 잘했지. 프린스의 음악에는 교회 음악적인 것이 있어. 기타와 피아노도 아주 잘 치고. 거기다가 그의 음악에서 들리는 교회 느낌이 그를 아주 특별하게 만들어. 오르간 소리 같은 거 말이야. 그건 흑인적인 거지 백인 거는 아니었어. 프린스는 게이들한테는 교회와 같은 존재였어. 밤 10시, 11시가 넘어서 외출하는 사람들의 음악이었지. 그는 비트에서 힘을 발휘하고 비트 위에서 연주해. 내 생각에 프린스는 라벨 대신 드럼을 들으며 사랑을 나눌 거야. 그래서 그는 백인놈이 아니야. 프린스의 음악은 새롭고, 뿌리가 있으며, 1988년과 89년과 90년대를 반영하고 있었어. 내 생각에 프린스가 계속 그렇게 한다면 우리 시대의 새로운 듀크 엘링턴이 될 수 있을 거라고 봐.

프린스가 1988년 새해맞이 송년 공연에 미니애폴리스로 와서 한두 곡을 같이 연주해줄 수 있을지 물어보길래 난 갔지. 위대한 뮤지션이 되기 위해서는 뻗어나갈 수 있는 능력이 있어야 하는데 프린스는 확실히 그게 가능했어. 폴리와 함께 미니애폴리스에 가봤더니 정말 기반을 어마어마하게 닦아놓았더라고. 녹음 시설이며 영화 장비, 그리고 내가 묵을 아파트까지 있었지. 거의 반 블록 정도는 되는 것 같았어. 음향 스튜디오도 있고 없는 게 없더라고. 공연은 미니애폴리스의 노숙자들을 돕기 위해 열렸던 건데 1인당 티켓

값이 200 달러였지. 프린스의 새로운 스튜디오인 페이즐리 파크가 공연 장소였고 거긴 꽉 찼어. 자정이 되자 프린스는 「올드 랭 사인」Auld Lang Syne을 불렀고 나에게 올라와서 밴드와 함께 무언가를 연주해달라고 부탁했어. 나는 그렇게 했고, 그들은 그걸 녹음했어.

프린스는 매우 친절하고 수줍음이 많은데다 약간 천재적인 면도 있었어. 그는 음악과 다른 모든 분야에서 자기가 뭘 할 수 있고 뭘 못하는지 잘 알고 있었어. 모두의 환상을 이뤄주기 때문에 모든 사람을 자기 편으로 만들지. 포주와 창녀가 하나로 합쳐진 트랜스젠더 같은 외설적인 이미지가 있지. 하지만 섹스와 여자에 관한 휭키한 X등급 노래를 부를 때는 거의 여자 같은 고음을 쓰잖아. 내가 누군가에게 "야이 씨발"이라고 말하면 당장 경찰을 부르겠지만, 프린스가 그런 여자 같은 목소리로 그렇게 말하면 모두가 귀엽다고 말한다고. 또 항상 대중 앞에 나서는 건 아니기 때문에 약간 신비주의적인 부분도 있지. 나와 마이클 잭슨은 비슷한 부류야. 하지만 프린스는 정말 그 이름 같다고. 정말 이름처럼 왕자 같은 사람이야.

하지만 프린스가 나와 함께 앨범을 하나 만들고 싶다고 했을 때 나는 충격을 좀 받았어. 그는 우리 두 그룹이 투어를 함께 돌기를 원했어. 정말 흥미로울 것 같았지. 언제 가능할지, 그게 이뤄질지 잘 몰랐지만 정말 흥미로운 아이디어였어.

프린스는 뉴욕의 한 레스토랑에서 열린 내 62세 생일 파티에 왔었어. 그룹 카메오의 멤버들, 휴 마세켈라, 조지 와인, 닉 애시퍼드와 밸러리 심슨, 마커스 밀러, 재스민 가이, 그리고 시내에 있던 내 밴드 멤버들, 변호사이자 매니저인 피터, 로드 매니저 고든, 운전기사 마이클 등이 왔지. 서른 명 정도가 모여서 저녁 식사를 했는데, 우린 아주 즐거운 시간을 보냈어.

1988년은 정말 좋은 해였어. 나의 절친이자 가장 오랜 친구였던 길 에번스가 3월에 복막염으로 세상을 떠난 것을 제외하면. 길이 아프다는 건 알고 있었어. 길은 마지막에 거의 보지도 듣지도 못했거든. 길이 병을 치료해줄 수 있는 누군가를 찾기 위해서 멕시코로 내려갔다는 것도 알고 있었어. 하지만 길은 자기가 죽을 거라는 걸 알고 있었고, 나도 그랬어. 그 얘기를 절대 꺼내지 않았을 뿐이지. 사실, 나는 길이 죽기 하루 전날에 그의 아내인 아니타에게 전화해서 물었어. "길이 어디 간 거야 씨발?" 멕시코에 있다더라고. 다음 날에는 그녀가 전화를 걸어와서 길과 함께 내려간 아들이 전화로 이것저것 해보고 있다고 하더라고 전해줬어. 그다음 날에도 아니타의 전화가 왔는데, 길이 죽었다고 했어. 정말, 가슴에 구멍이 뻥 뚫리는 소식이었어.

하지만 길이 죽고 일주일이 지난 뒤에도 나는 길에게 말을 하고 있었고 우리는 이런 대화를 나눴어. 나는 뉴욕의 내 아파트에서 침대에 앉아, 침대 맞은편 창가 식탁에 놓인 길의 사진을 보고 있었어. 창문을 통해 불빛이 들어오고 있었지. 갑자기 머릿속에 길에게 묻고 싶은 질문이 떠올라서 "길, 있잖아. 왜 그런 식으로 죽었지? 내 말은, 왜 멕시코에 내려간 거야?"라고 물은 거야. 그러자 길이 대답했지. "내가 할 수 있는 유일한 방법이었어, 마일스. 그걸 하기 위해서는 멕시코로 내려가야만 했어." 나는 어디에 있건 길의 목소리를 알아낼 수 있었기 때문에 그가 길이 맞다는 걸 알아. 길의 영혼이 나에게 말을 걸러 온 거거든.

길은 친구이자 뮤지션으로서 나에게 정말 중요한 사람이었어. 왜냐면 음악에 대한 우리의 접근 방식이 서로 같았거든. 길도 나처럼 민속 음악부터 민족적 색채의 연주에 이르기까지 두루 여러 스타일을 좋아했어. 우리는 참 평생 함께 무언가를 해보자는 이야기를 나누곤 했는데 길이 죽기 바로 두 달쯤 전에도 나에게 전화를 걸어서 우리가 20년 전쯤에 작업하자고 했던 프로젝트를 자기는 할 준비가 됐다고 말하더라고. 아마 오페라 『토스카』 관련 일이었을 거야. 나는 이제 그런 건 전혀 하고 싶지 않았지만 그게 길의 방식이었어. 길이 나의 가장 친한 친구였긴 해도 조직적인 면에서는 같이 하기 힘들었고 무슨 일을 하려면 너무 많은 시간이 걸렸어. 길은 이 나라가 아니라 다른 나라에서 살았어야 해. 그랬다면 국가예술기금이나 무슨 장려금 같은 걸 받는 국보급 예술가로 인정받았을 거야. 자기가 인정받을 수 있는 코펜하겐 같은 곳에서 살았으면 좋았을걸. 길은 아직도 내가 쓴 곡들 중에 자기가 편곡할 대여섯 곡 정도를 저 하늘 어딘가에서 만지고 있겠지. 내 안에서 길은 죽지 않은 거야.

이승에서 길에게는 자기가 하고 싶은 일을 하는 데 필요한 돈을 가져본 적이 없어. 가족을 부양해야 했고 내 이름을 딴 아들을 책임져야 했지. 나도 길을 그리워하겠지만, 다른 사람들과 똑같은 방식은 아닐 거야. 가까운 사람들이 너무 많이 죽어서 나는 더 이상 그런 식의 감정을 느끼지 못하는 것 같아. 젠장, 길이 죽기 바로 전에 제임스 볼드윈이 죽었는데도 나는 남부 프랑스에 갈 때마다 항상 지미한테 들러야지 한단 말이야. 그러다가 바로 아차, 지미가 죽었지, 하고 깨닫는 거지. 아니, 지미가 죽었다고 생각하지 않는 것처럼 길도 죽었다고 생각하지 않을 거야. 내 머리는 그런 식으로 돌아가. 다들 그립긴 하지만 길은 지미처럼, 트레인, 버드 파월, 몽크, 버드, 밍거스, 레드, 폴, 윈턴 그리고 필리 조 같은 더 이상 여기에 없는 그 엄청난 새끼들처럼 아직도 내 머릿속에 남아 있어. 내 가장 친한 친구들은 모두 죽었지. 하지만 나는 그들을 들을 수 있고, 그들의 머릿속으로, 길의 머릿속으로 들어갈 수 있어.

정말, 길은 물건이었어. 한번은 시슬리가 나더러 온갖 여자들을 만나러 다닌다는 둥 이런저런 비난을 해댄다고 길에게 털어놓은 적이 있어. 길이 종이에 뭔가를 적어서 주더니 "이걸 전해 줘"라고 하더라고. 그래서 전해줬더니 언제 그랬냐는 듯 더는 지랄을 안 하는 거야. 길이 종이에 뭐라고 썼는지 알아? "너는 날 사랑할지 몰라도 나를 소유할 순 없어. 그리고 나도 널 사랑하겠지만 널 소유할 수 없지." 길은 이런 친구였어. 나를 진심으로 이해하고 그대로 사랑해 주는, 내가 바로 달려갈 수 있는 그런 친구.

「씨에스타」가 1988년에 개봉했어. 그런데 정말 나오자마자 눈 깜짝할 사이에 사라지더군. 극장에 걸리기도 전에 사라진 거야. 내가 음악을 맡은 다른 영화였던 「스트리트 스마트」도 같은 일을 겪엇지만, 적어도 「씨에스타」보다는 오래 걸려 있었고 좋은 평을 받았어. 심지어 평론가들도 내 음악을 좋아했지. 하지만 「씨에스타」는 쓰레기 취급을 받았지. 모두가 마커스와 내가 만든 음악을 좋아했음에도 말이야.

1988년에 나에게 일어났던 또 다른 놀라운 일은 11월 13일에 스페인 그라나다의 알함브라 궁전에서 기사작위를 받고 몰타 기사단에 입단한 거였어. 정식 명칭을 쓰자면 "로즈와 몰타의 예루살렘의 성 요한의 최고 자선 기사단 소속이며 그를 위한 대십자 훈장 기사단"이야. 세 명의 아프리카인, 포르투갈 출신 의사 한 명과 함께 입단했지. 이 기사단의 이름에 들어 있는 단어들이 실제로 무슨 뜻인지는 진짜 잘 모르겠지만, 일단 그 일원으로서 30~40개 국가에 비자 없이 들어갈 수 있다는 말은 들었어. 내가 품격 있는 천재이기 때문에 이런 영예를 받을 수 있었다는 말도 들었지. 그들이 나에게 요구한 유일한 일은 그 어떤 사람에 대해서도 편견을 갖지 말고 내가 하는 일, 즉 미국이 문화적으로 세계에 공헌한 유일한 일인 재즈, 나는 '흑인 음악'이라는 말을 선호하지만, 그 일을 계속 해달라는 것뿐이었어.

영광스럽게도 작위를 받게 됐지만 입단식 당일에 몸이 너무 아파서 도저히 갈 수가 없었어. 예전에는 '걸어다니는 폐렴'이라고 불리던 기관지 폐렴에 걸렸지. 거참, 그놈의 병 때문에 두어 달을 몸져누웠는데 1989년 초까지, 그해 겨울 투어를 전부 취소하는 수밖에 없었어. 그거 하나만으로도 100만 달러의 손해를 봤지. 3주 동안 캘리포니아 샌타모니카에 있는 병원에 입원했어. 코에 튜브를 달고, 팔 여기저기에 바늘을 꽂고. 내 병실에 들어오는 모든 사람이 마스크를 착용해야 했는데, 방문객은 물론 의사나 간호사도 내게 세균을 옮길 위험이 있기 때문이었지. 병세가 엄청 심하긴 했어요. 좆같은 삼류 가십 잡지 『더 스타』*The Star*에서 말하는 것처럼 에이즈에 걸린 건 아니었어. 정말, 그 잡지는 나한테 끔찍한 일을 저질렀지. 내 커리어를 박살 내고 인생을 망칠 수도 있었어. 그 말을 들었을 때 씨발 진짜 너무 빡쳐서 미쳐버리겠더라고. 물론 사실이 아니었지만, 많은 사람들이 『더 스타』를 믿었지.

3월에 퇴원한 후에 누나 도러시, 동생 버넌과 밴드에서 드럼을 쳤던 조카 빈스가 모두 말리부의 내 집으로 와서 나를 돌봐줬어. 도러시는 요리를 해주며 내가 원기를 회복할 수 있도록 도와줬고. 여자친구와는 함께 말도 타고 긴 산책도 하고 그랬지. 그랬더니 금방 걸어다니는 폐렴인지 뭔지가 나에게서 걸어 나갔고 나는 다시 투어에 나설 수 있을 만큼 건강해졌어. 새로 태어난 것 같았지.

얼마 지나지 않은 6월 8일에 뉴욕 메트로폴리탄 박물관에서 열린 시상식에서, 나는 마리오 쿠오모 주지사가 시상하는 1989년 뉴욕 주지사 예술상을 받았어. 나 말고도 열한 개의 개인과 단체가 상을 받았던 걸로 기억해. 다시 한번 영광을 얻게 돼서 정말 자랑스러웠지.

그즈음 워너에서의 세 번째 앨범 『아만들라』*Amandla*가 나왔어. 평가가 좋았고 판매량도 괜찮았어. 그리고 컬럼비아는 1989년 9월에 『오라』를 발매한다고 발표했어. 1985년에 만든 앨범이라 그 이후로 내 음악은 바뀌어 있었어. 음악 세계에서는 거의 매일 새로운 일이 일어나잖아. 그렇지. 하지만 『오라』는 좋은 앨범이고, 어떤 반응을 얻을지 기대가 커. 또 4년 만에 나오는 앨범이기도 하니까.

요즘 나는 정신 집중이 잘되고 몸은 꼭 안테나 같아. 점점 늘리고 있는 그림 작업에도 도움이 돼. 하루에 대여섯 시간 그림을 그리고, 두어 시간 연습하고, 곡도 많이 쓰고 있어. 그림에 정말 푹 빠져서 개인전도 많이 열기 시작했어. 1987년에 뉴욕에서 두어 번, 1988년에는 해외 전시회도 좀 했지. 독일에서는 몇 번 했고, 스페인 마드리드에서 한 번, 일본에서도 두 번. 게다가 사람들은 1만 5,000달러까지 하는 내 그림을 사지. 마드리드의 전시회는 매진이었고, 일본과 독일에서 열린 전시회도 거의 그랬어.

그림은 내 음악에도 도움이 돼. 요즘엔 컬럼비아가 덴마크에서 팔레 미켈보르의 음악을 가지고 만들었던 음반인 『오라』를 발매하길 기다리고 있어. 정말 걸작이라고 생각해. 정말로. 그리고 아직 녹음은 안 했는데 밴드로 할 곡들도 쓰고 있고. 캘리포니아에 있는 존 비검이라는 훌륭한 뮤지컬 작곡가가 있는데, 스물세 살쯤 됐나, 젊은 흑인이고, 음악이 끝내주게 훵키해. 기타리스트야. 존은 컴퓨터로 작곡을 하는데, 자기 걸 나한테 설명하려고만 하면 컴퓨터 전문 용어를 써서 내 혼을 빼놓지. 하지만 뭐가 잘 마무리가 안 된다는 거야. 그래서 내가 말해줬지. "존, 걱정하지 마. 나에게 보내면 내가 마무리할게." 그는 내 말을 듣지. 관현악 편곡도 거의 모르는데, 그저 놀라운 소리를 듣고 만드는 것뿐이지. 존은 계속 관현악 편곡 같은 온갖 것을 좀 가르쳐달라고 조르지만, 나는 그런 건 내가 잘 알고 있으니 걱정하지 말라고 말해. 만약 존이 그런 것들을 배웠다가 타고난 재능을 끝장낼까 봐 걱정이 되는 거야. 그런 일이 가끔 일어나지, 알잖아. 지미 헨드릭스나 슬라이나 프린스 같은 녀석들이 그런 기술적인 일들을 알고 있었다면 이게 방해가 돼서 자기들이 해낸 일들을 해낼 수 없었을지도 모르는 일이라고. 아니면 이런 기법들을 다 알면 다른 길로 샜을 수도 있고.

내 음악이 나아갈 방향에 관해서는, 나는 항상 새로운 걸 들으려고 노력해. 하루는 프린스에게 이렇게 물었지. "이 곡에 베이스 라인이 어디 있지?"

그는 "마일스, 난 그거 안 써요. 그게 하나라도 들린다면 베이스 연주자를 해고할 거예요. 베이스 라인이 내 음악을 방해하거든요"라고 하더라고. 남들에게는 이런 말을 안 하지만 같은 개념으로 만든 내 음악을 들은 적이 있기 때문에 이해할 거 같아서 말한다는 거야. 이제 나는 음악적인 아이디어가 떠오르면 바로 신시사이저로 옮겨. 음악이 들리면 손에 잡히는 뭐라도 써서 음악적인 형태를 잡아놓지. 나는 여전히 예술가로서 성장하고 있는 나를 봐. 그게 바로 내가 원하는 거야. 난 항상 성장하고 싶거든.

1988년에는 대릴 존스를 밴드의 베이스 자리에서 내보내야 했어. 내 밴드 치고는 너무 연극적이고 상업적인 모습을 보이기 시작하더라고. 항상 뭔가를 고치는 중이고, 베이스 줄을 끊어먹는데 꼭 무슨 일이 일어날 것 같은 포즈를 취하면서 주목을 끌려고 했지. 씹새끼, 너무 극적이야. 특히 스팅의 밴드를 하고 나더니 로큰롤 스타의 아레나 공연에 젖어든 모양이야. 그건 완전 쇼잖아. 나는 대릴을 정말 좋아했어. 상냥하고 멋진 놈이었지. 하지만 그는 내가 원하는 연주를 하지 않았어. 나는 하와이에서 벤저민 릿펠트를 데려와 대릴의 자리에 앉혔어. 미노 시넬루는 스팅의 새 밴드에 합류하기 위해 내 밴드를 떠났어. 처음에는 루디 버드라는 퍼커션 주자를 대신 세웠고, 그다음에는 매릴린 머주어가 다시 들어와서 루디를 내보냈어. 이제 내 정식 퍼커션 주자는 무뇬고 잭슨이야. 키보드의 케이 아카기가 밴드의 또 다른 새로운 인물이고. 색소폰에는 여전히 케니 개릿, 리키 웰먼이 드럼, 키보드에는 애덤 홀츠먼 그리고 리드 베이스에 폴리가 있지.

나는 예술적 정수를 계속 이어가려고 노력하고 있어. 언젠가는 희곡을 쓰고 싶어. 아마도 뮤지컬이겠지. 랩 음악도 몇 개 실험해보고 있어. 힙합에 어떤 멋진 리듬이 있다고 생각하거든. 맥스 로치가 제2의 찰리 파커는 랩의 멜로디와 리듬에서 나올지도 모른다고 했다는 말을 들었어. 가끔은 그런 리듬을 머릿속에서 지울 수가 없지. 나는 「주크」라는 음악을 연주한 서인도 제도의 그룹 카사브의 음악을 많이 듣는 편이고. 훌륭한 그룹이야. 내 생각엔 그들이 『아만들라』음악 일부에 영향을 미친 것 같아. '아만들라'는 남아프리카 언어인 줄루어로 '자유'를 뜻하는 말이지.

아까 말한 폐렴으로 입원했던 일 말고, 1988년에 나를 우울하게 만들었던 일은 시슬리와의 이혼뿐이었어. 우리는 결혼할 때 헤어지면 서로에게 안 좋은 짓을 하지 않고, 각자 자기 돈을 갖고 각자의 커리어를 유지하자고 약속했어. 하지만 시슬리는 그 약속을 어겼지. 모든 것이 더 원만하게 해결될 수도 있었어. 어쨌거나 1988년에 재산분할 합의가, 1989년에 이혼이 마무리됐기 때문에 이제 모든 것이 끝났어. 정말 행복한 일이라고 생각해. 이제 내 삶을 살면서 다른 여자들과 잘 지낼 수 있으니까.

마음이 아주 잘 맞는 다른 여자를 만났어. 스무 살 이상 어린, 나보다 훨씬 젊은 여자야. 내 여자들에게 쏟아져온 온갖 개소리를 듣게 하고 싶지 않아서 같이 하는 외출을 자주 하진 않았어. 여기서 이름을 말하고 싶지 않은 이유는 우리 관계가 대중들한테 알려지지 않길 바라기 때문이야. 하지만 그녀는 나를 있는 그대로 사랑해주는 아주 착하고 사랑스러운 여자야. 비록 그녀는 나를 소유할 수 없고 원한다면 내가 다른 여자를 만날 수 있다는 걸 알고 있지만, 지금은 좋은 시간을 보내고 있어. 몇 년 전 이스라엘 공연 때도 멋진 여자를 만난 적이 있어. 재능이 뛰어난 조각가였지. 미국에서 가끔 만나기도 해. 내가 가장 관심을 갖고 있는 뉴욕의 그 여자만큼 잘 알지는 못하지만 그녀도 아주 좋은 사람이야.

난 요즘 재즈 뮤지션들이 옛날에 연주되던 것 비슷한 음악을 연주하는 걸 들으면 안타까운 마음이 들어. 내 말은, 그건 정말 늙은 냄새가 나는 노인과 함께 자러 가는 것과 같다는 말이야. 나도 나이를 먹었기 때문에 노인을 폄하하는 건 절대 아니야. 하지만 솔직히 그런 생각이 드는 걸 어쩌겠어. 내 또래 사람들은 대부분 낡고 답답한 가구를 좋아해. 나는 최신 멤피스 스타일의 세련된 하이테크 가구를 좋아하는데, 대담한 색상과 길고 매끈하고 여백이 있는 선이 특징인 이 가구들은 대개 이탈리아에서 온 것들이지. 나는 어수선하거나 가구가 많은 것도 좋아하지 않아. 현대적인 걸 좋아하지. 나는 항상 그 시대의 최첨단을 추구하는데, 그게 내 성격이고 항상 그래왔기 때문이야.

나는 도전과 새로운 걸 좋아해. 그로부터 활력을 얻어. 음악은 항상 나에게 치유가 돼주고 영적인 힘이 돼주지. 나나 내 밴드 모두 연주가 잘될 때면 기분이 좋아져. 물론 건강도 받쳐줘야 하고. 나는 여전히 매일 배우고 있어. 요즘에는 프린스와 카메오에게서 많이 배워. 예를 들어, 카메오의 공연 방식이 마음에 들어. 처음에는 느리게 시작하지만, 콘서트 중반부에서부터 엄청난 속도를 내기 시작하고 막 날아다녀. 그 부분을 꼭 봐야 돼. 나는 열다섯 살에 라이브 쇼는 오프닝, 중간, 엔딩이 있어야 한다는 걸 배웠어. 이 사실을 알고 있다면 쇼는 기본으로 시종일관 하이라이트 같아 보일 거야. 오프닝에 10분, 중간에 10분, 엔딩에 10분이야. 물론 다른 분위기들로 엮는 거지. 이걸 지휘봉으로 박자 맞추듯 할 수는 없어.

나는 우선 카메오가 다른 뮤지션들을 출연시키는 방식을 내 쇼에도 응용해봤지. 오프닝은 같이 하고 그다음 내가 연주하고 나서 밴드가 연주하고, 내가 다시 연주해. 그다음 베니가 베이스를, 폴리가 기타를 연주하는데, 그의 횡크-블루스-록적인 톤 때문에 분위기가 확 달라지지. 처음 몇 곡을 끝내고 나면 「휴먼 네이처」Human Nature를 연주하는데, 이게 분위기를 바꾸는 곡이야. 첫 번째 세트를 끝내는 곡이라고 할 수 있지. 하지만 이 곡은 다른 분위기를 열어나가. 그다음부터는 활기차면서도 신명나는 곡이 시작되지. 베니와 밴드의 나머지 멤버들(특히 폴리)이 연주하기 전까지는 시작하지 않아. 왜냐하면 그 후에 내가 연주를 시작하거든. 대릴 존스가 밴드에서 정말 멋진 걸 연주할 때는 대릴과 내가 함께 연주하기도 하고, 때로는 나와 베니가 함께 하기도 했어. 하지만 대부분은 베니가 닻 같은 역할을 했는데, 그런 거에 관한 한 씨발 미친놈이었지(베니는 위대한 베이스 연주자가 될 거야. 벌써 거의 위대하지). 그 후에는 모두가 돌아가면서 솔로를 연주할 수도 있어.

먼 옛날, 빌리 엑스틴이 나하고 어떤 가수한테 이런 말을 한 적이 있어. 사람들이 당신이 하는 걸 좋아할 때 바로 다음 곡으로 들어가라 이거야. 빌리는 가수한테 이렇게 말했지. "박수 소리가 잦아들 때까지 기다리지 마." 나는 지금도 사람들이 박수를 치면 그 박수갈채를 마음껏 즐겨. 사람들이 박수를 치는 동안 바로 다음 곡을 시작하지. 그 곡의 시작이 좋지 않더라도 박수 소리 때문에 사람들은 잘 못 들을 거야. 그래서 바로 다음 곡을 들어가야 하는 거야. 이것이 우리가 라이브를 하는 방식이고, 우리가 생각한 대로 작동하지. 온 세상 사람들이 이 방식을 좋아하고, 그게 바로 우리가 하고 있는 일의 기준이 돼. 비평가가 아니라, 사람들 말이야. 그들은 숨은 의도나 의견이 없어. 그들은 당신을 보기 위해 돈을 지불했어. 네가 하는 일이 마음에 들지 않으면 바로 알려주겠지. 그것도 당장.

20

오늘날 음악이 어디로 가고 있는지 내게 많이들 물어보는데, 내 생각엔 점점 짧은 구절들 쪽으로 가는 거 같아. 들어봐. 귀만 있으면 누구에게나 그게 들려. 음악은 항상 변해. 시대가 변하고 그 시대에 이용 가능한 기술과 재료가 변하기 때문이지. 요즘엔 자동차에도 플라스틱이 많이 들어가잖아. 예를 들어 오늘날 차 사고 나는 소리를 한번 들어봐. 옛날과 달라. 40, 50년대에는 온통 쇠들이 부딪힐 때 나는 금속성의 소리였다구. 음악가들은 그렇게 들리는 소리를 받아들여서 자기 연주와 통합시켜. 그러니까 만들어내는 음악도 달라지는 거야. 신시사이저를 비롯한 온갖 새로운 악기들이 모든 걸 바꿔놓고 있어. 악기는 나무로 만들었다가 금속을 거쳐서 이제 딱딱한 플라스틱 재질이야. 미래의 음악이 어떤 것일지는 잘 몰라도, 뭔가 다른 것이 되리라는 건 알겠어. 지금 귀에 들리는 음악을 듣지 않는 뮤지션이 가장 나쁜 뮤지션이야. 듣지 않으니 연주도 못 해. 나는 말이야, 높은 음역대의 소리를 '듣기' 시작하면서 비로소 그 음역대에서 연주할 수 있더라고. 예전에는 중음역대나 중저음 쪽에서 연주할 수 있었어. 내가 들을 수 있는 소리가 그게 다였기 때문이야. 오늘날의 음악을 연주하려고 노력하는 옛날 뮤지션들도 마찬가지야. 나는 토니, 허비와 론, 그리고 웨인과 밴드를 하기 전까지는 옛날 뮤지션이었어. 그들 덕에 다른 식으로 듣게 됐어. 그런 면에서 나는 걔네들이 고마워.

내가 보기에는 프린스의 음악이 미래를 가리키는 방향타인 거 같아. 또 아프리카와 카리브해 쪽에서 나오는 음악들도 그런 게 많고. 나이지리아의 펠라Fela†나 서인도제도의 카사브 같은 뮤지션들 말이야, 토킹 헤즈, 스팅, 마돈나와 폴 사이먼을 비롯한 많은 백인 뮤지션과 밴드가 그들에게서 많은 걸 가져왔어. 브라질도 좋은 음악을 많이 만드는 나라야. 파리를 중심으로 나오는 음악도 만만치가 않은 것이, 아프리카와 서인도제도 출신의 프랑스어권 뮤지션들이 그쪽으로 모여들거든. 영어를 하는 사람들은 런던으로 가고. 최근에 누가 그러던데, 프린스가 자기 사단의 일부를 파리 교외 쪽으로 옮기려고 한다는군. 그쪽에서 벌어지는 것들을 흡수할 요량인가 봐. 그런 것들 때문에 프린스가 미래 음악의 방향타라고 말한 거야. 그는 소리가 국제적으로 가야 한다는 걸 이해하고 있어. 벌써 거기가 있는 거지.

요즘 내가 왜 젊은 뮤지션들하고 많이 연주하냐면, 옛날 재즈 뮤지션들은 존나 게을러터져서 뭔가 새로운 걸 시도하질 않아. 변화에 저항하고 옛날 방식들을 고집하는 게으름뱅이 새끼들이야. 듣는 거라곤 그저 평론가들 말뿐인데, 걔네들은 옛날 그 자리에 머물러 있어달라고 하거든. 딱 그게 평론가 놈들이 좋아하는 거니까. 평론가들도 게으르긴 매한가지야. 뭔가 다른 음악을 이해해보려고 노력하질 않아. 옛날

† 아프로-훵크를 주창한 뮤지션 펠라 쿠티(Fela Kuti)를 말함.

뮤지션들은 그냥 있는 자리에 머무른 채 그놈의 닳고 닳은 음악을 하고 또 하고 그러면서 박물관 유리창 안에 진열된 골동품처럼 박제된, 편하게 떠먹여주는 음악만 한다구. 그러면서 되레 너네들이 전자 악기 가지고 요상한 소리를 내면서 음악적 전통을 아작 냈다고 떠들다니 참. 난 아냐 절대. 버드나 트레인, 소니 롤린스나 듀크도 마찬가지야. 창의성을 발휘하고 싶어 했던 사람은 그 누구라도 그런 식으로 생각 안 해. 비밥이 뭐야? 변화하고 진화하는 음악이야. 까딱도 안 하면서 안전빵으로 가는 건 비밥이 아니야. 누구라도 계속 창조하고 싶다면 변화를 받아들여야 해. 삶은 모험이고 도전이야. 나한테 와서 '「마이 퍼니 밸런타인」 좀 연주해주세요' 하는 놈들이 있어. 옛날에 지 여자하고 떡칠 때 내가 그 음악을 연주했는지는 모르겠는데, 그래가지고 재미 좀 봤나 봐 응? 그건 좋다 이거야, 그럼 난 뭐라 대답하냐면, 가서 음반을 사라고 일러주지. 더 이상 내가 그 자리에 있지를 않는단 말이야. 내가 제일 좋아하는 걸 하면서 살아야지 뭐 하러 지들 좋으라고 살아?

'먼 옛날'에 내 음악을 듣던 내 나이대 사람들은 이제 음반을 사지도 않는다구. 아무리 내가 그 사람들이 원하는 걸 옛날에 연주했다 해도 거기 맞춰서 음반을 팔아보려고 하면 굶어 죽기 딱 좋아. 아니면 진짜 음반을 사는 '젊은이들'과의 소통에 실패하거나. 설사 내가 옛날 곡들을 해보려고 한다 쳐. 그래봐야 예전에 연주하던 방식으로 연주할 수 있는 사람들을 찾기가 힘들어. 살아남은 사람들은 다들 자기 밴드를 꾸리고 '자기들이' 원하는 연주를 하잖아. 니가 하는 거 관두고 내 밴드 들어와라, 그러면 올 사람이 누가 있겠어?

한번은 조지 와인이 와서 허비와 론과 웨인을 다시 모아 순회공연을 하면 좋겠다는 거야. 그러나 나는 안 될 거 같다고 했어. 그 친구들이 사이드 맨으로 연주하는 데 문제가 너무 많을 테니까. 투어에 나서면 돈이야 많이 벌겠지. 근데 뭐 어쩌라고? 음악은 그냥 돈만 벌면 되는 게 아니야. 느낌이 통해야지. 특히 우리가 하는 음악은 더 그래.

좋다, 그럼 형제나 마찬가지인 맥스 로치를 데려온다고 쳐. 오늘 갑자기 맥스가 뭔가 곡을 써서 내게 주면서 이를테면 소니 롤린스나 뭐 그런 뮤지션과 함께 연주해보자고 부탁한다고 치자 말이야. 그럼 이게 될까? 모르겠어. 나는 더 이상 옛날 식으로 연주하지 않거든. 맥스를 좋아하지 않는다는 말이 아냐. 난 그를 사랑해. 그러나 이런 게 성사되려면 맥스가 우리 둘 다 마음에 드는 뭔가를 써야될 거 아니야. 또 다른 예가 하나 있어. 나는 오래전에 프랭크 시나트라와 작업할 기회가 있었어. 내가 일하고 있던 버드랜드에 그가 사람을 보냈더라고. 그러나 그가 관심 있던 것에 나는 관심이 없었기 때문에 안 되겠더라고. 이 말은 내가 프랭크 시나트라를 좋아하지 않는다는 게 아냐. 곧이곧대로 내 방식으로 연주해서 훼방을 놓느니 차라리 그냥 그의 음악을 앉아서 듣겠다 이거야. 나는 프랭크의 음악을 들으면서 마디 마디 잘 끊는 개념을 배웠어. 오손 웰스를 들으면서도 마찬가지고.

그런데 예를 들어 덴마크에서 『오라』 앨범을 같이 만들었던 팔레 미켈보르 같은 이를 불러온다고 쳐. 이 사람하고는 무슨 소리도 다 괜찮을 거야. 길 에번스와도 마찬가지고. 길이 스팅의 새 앨범을 위해 작업해준 거 봐. 존나 좋잖아. 그런데 스팅이 길과 그 음반을 만들자 『플레이보이』 재즈 투표에서 뭔 일이 났는지 봤지? 주로 백인들이겠지만, 그 잡지의 독자들은 스팅의 그룹을 '올해의 최우수 재즈 그룹'으로 뽑아버리잖아. 와 진짜 대박! 퓨전 재즈에 아무리 록까지 접목시켜봐야 흑인 그룹이라면 그런 인정을 못 받겠지. 그들을 '올해의 최우수 개장수'로 뽑을 백인들이 어디 있겠어.

하지만 그들은 그런 식으로 스팅을 뽑은 거야. 스팅의 최근 앨범이 씨발 존나 좋긴 해. 그런데 딱 스팅의 개성만 부각되고 다른 사람 소리는 들리지도 않아. 그럼 그게 재즈 뮤지션이야? 물론 스팅의 가사는 생각할 거리를 던져줘. 반면 연주곡들은 듣는 이 마음대로 생각해도 되는 거잖아. 내 말은, 사랑을 나눌 때 어떤 여자에게 어떤 체위를 취해야 할지 알아보려고 『플레이보이』를 읽는 건 아니잖느냐 이거야. 이게 게으른 놈들 짓거리 아니겠어? 유행가들은 거의 다 "자기, 당신을 사랑해요. 이리 와서 그걸 내게 줘요" 뭐 이런 가사들뿐이잖아. 수백만 장의 음반이 그래. 그렇게 클리셰가 만들어지면 다들 나서서 그걸 베껴먹어. 서로서로 남들의 클리셰를 베끼는 것 말고는 하는 일이 없어. 바로 그런 이유로 녹음할 때 독창적이기가 어려운 거야. 사람들이 다 듣는 그놈의 음반들 때문에 말이지.

나는 트레인이 생을 마감하기 전에 하던 음악이 마음에 들지 않아. 그가 내 그룹을 떠난 후 나는 그의 음반이 귀에 전혀 안 들어왔어. 나와 함께 할 때 시작했던 음악과 똑같은 걸 자꾸 반복해서 연주하더라고. 엘빈 존스, 매코이 타이너, 지미 개리슨과 함께 했던 그룹은 처음엔 괜찮았는데 점차 스스로 클리셰가 되어가더니 엘빈과 트레인 말고는 내가 듣기엔 아무것도 아닌 걸 연주하는 거야. 얼마 안 가서 매코이가 소형 그랜드 피아노를 냅다 두들기며 난리를 피우는데, 마음에 안 들더라고. 전혀 멋져 보이지 않았어. 아니, 빌 에번스, 허비 행콕이나 조지 듀크 같은 사람들 봐봐. 피아노가 뭔지를 알잖아. 반면 트레인의 그룹이 하던 건 모드 주법의 연주가 다였어. 이미 내가 했던 것 말이야. 얼마 지나니까 매코이는 터치도 잃어버렸어. 단조로워진 거야. 얼마 후 트레인의 연주도 오래 듣고 있다 보면 단조롭게 들리더라구. 그래서 거기서 뭔가 보이는 것도, 들리는 것도 없어졌어. 지미 개리슨 연주도 별로였어. 그러나 많은 사람들이 좋아했지. 그건 괜찮아. 엘빈과 트레인이 듀엣으로 뭔가 연주할 때는 그래도 멋지다고 봤어. 뭐 내 생각일 뿐이야. 내가 틀렸을 수도 있지.

오늘날 음악의 사운드는 내가 처음 연주하기 시작했을 당시와는 매우 달라졌어. 이제는 인공 울림을 만들어내는 에코 챔버echo chamber도 있고, 별 게 다 있잖아. 대니 글로버와 멜 깁슨이 나오는 영화「리썰 웨폰」봐봐. 온통 쇠로 만들어진 공간에서 찍은 장면들. 그래서 관객들은 쇠가 쨍그렁거리는 소리를 듣는 게 예삿일이야. 트리니다드와 같은 서인도제도 출신 애들은 그런 식으로 스틸 드럼 같은 온갖 타악기를 써서 음악을 만들어. 게다가 순수주의 뮤지션들이 좋아하건 말건 신시사이저가 모든 것을 바꿔놨어. 이게 떡 버티고 있는데 넌 그 안에 있을 수도 있고 밖에 있을 수도 있긴 해. 나는 그 안에 있기로 선택한 거지. 세상은 늘 바뀌는 거니까. 변화하지 않는 사람들은 저기 어디 시골구석 박물관에나 처박혀 있는 새끼들처럼 음악을 하는 거지 뭐. 포크 뮤지션들처럼 말이야. 음악도 소리도 모두 전 세계가 다 통하는데 너 혼자 무슨 옛날 누에고치로 돌아가는 게 말이 돼? 사람이 자기 어머니 자궁 속으로 돌아갈 수 있냐 이거야.

음악은 타이밍이고, 절묘하게 리듬에 맞추는 일이야. 모든 게 적재적소에 배치되어 있으면 중국 음악을 들어도 소리가 좋아. 자꾸 사람들은 내 음악을 복잡하게 보려고 하는데 실은 나는 단순한 게 좋아. 그들에게는 복잡하게 들릴지 몰라도 내가 소리를 듣는 방식은 단순해.

나는 드러머들이 좋아. 우리가 버드와 함께 순회공연하며 한솥밥을 먹을 때, 나는 맥스 로치로부터 드럼에 대해 아주 많이 배웠어. 그는 항상 나에게 뭔가를 보여주곤 했지. 나에게 드러머는 항상 리듬을 보호해야 하며, 자기 안에 비트를 지니고 있어야 하며, 그루브를 끌고 가야 한다는 걸 깨우쳐줬어. 그루브를 어떻게 끌고 가는지 알아? 비트 안에 비트를 넣는 거야. '쿵, 쿵, 샤-쿵, 샤-쿵', 뭐 이런 리듬이라 쳐, '쿵' 사이의 '샤'는 비트 사이의 비트고, 이 작은 게 특별한 그루브를 만들어. 드러머가 그런 걸 할 줄 모르면 그루브는 사라져버려. 그루브를 탈 줄 모르는 드러머를 두는 것보다 더 후진 일이 또 있을까! 이건 그냥 죽음이야.

지금은 마커스 밀러 같은 뮤지션이 오늘날을 대표하는 예술가 유형이라고 봐. 모든 것을 연주할 수 있고 음악적인 모든 것에 대해 개방적이야. 뭔가 스튜디오에서 라이브 드러머를 둘 필요가 없다는 걸 이해한단 말이야. 드럼 머신으로 찍은 다음, 원한다면 드러머를 데려와서 따라 연주하게 하면 돼. 드럼 머신이 좋은 이유는 한 장소에서 따낸 것과 똑같은 걸 다른 장소에서도 얻을 수 있기 때문이지. 템포가 늘 똑같잖아. 대부분의 드러머들은 템포를 놓치거나 몰아치는 버릇이 있는데, 그것 때문에 니 작업을 망칠 수도 있어. 드럼 머신은 그런 짓을 절대 안 해. 그러니까 녹음할 때 좋지. 그러나 나는 모든 것을 충실하게 유지해주는 리키 웰먼 같은 훌륭한 라이브 드러머가 있어야 해. 우리가 라이브로 연주할 때는 섹션들이 늘 변화무쌍하고, 그 흐름을 따라갈 줄 아는 드러머는 생기가 돌게 마련이지. 공연 때는 바로 그 대목이 재미있는 거잖아. 그런 상황에서는 훌륭한 드러머가 드럼 머신보다 나아.

앞서 말했듯 많은 재즈 뮤지션들이 게을러. 백인들은 이런 식이야. "야, 뭐 하러 연구를 해. 넌 타고난 거야. 그냥 나팔을 집어서 불면 돼." 그래서 뮤지션들이 그런 태도를 취하게 돼. 이건 사실이 아니야. 그리고 흑인이라고 해서 리듬감을 가지고 있는 것도 아니고. 연주가 기막힌 백인 멋쟁이들도 많아. 특히 록 그룹을 보면 더 그렇지. 그리고 그런 그룹의 드러머들은 템포를 절대 놓치지 않고 드럼 머신과 함께 연주할 수도 있어. 그러나 많은 흑인 재즈 드러머들은 그러고 싶어 하지도 않고 할 줄도 몰라. 백인 평론가들이 일러준 것 때문에 '타고난' 대로 남으려 하지. 내게 재능이 있다면 그건 내 방식대로 음악을 듣는다는 거야. 그게 어디서 나왔는지는 모르지만, 그냥 난 원래 그렇고 나는 거기에 대해 의문을 품지 않아. 박자가 한 비트라도 처지면 딱 듣고 알아 차려. 아니면, 치는 걸 듣고 있는데 어, 저건 원래 드럼 트랙이 아니라 프린스가 치는 건데, 하고 알아봐. 그냥 내가 항상 지녀왔던 능력이야. 뭐냐면, 이런 거지, 연주 시작할 때 내가 따라간 템포가 있는데, 한 잠 자고 와서도 자러 가기 전과 같은 템포로 연주가 된다는 거지. 이런 것에 관해서 내가 맞느니 틀리느니 해본 적이 없어. 템포가 빗나가고 뭔가 틀린 거 같으면 그냥 내가 끊어버리기 때문이지. 뭔가 좀 그렇다 싶으면 뭘 하다가도 그냥 내가 딱 끊는다 이거야. 또 예를 들어 어떤 엔지니어가 테이프를 뭔가 잘못 편집한 거 같으면 나는 바로 듣고 알기 때문에 확 냉랭해져.

나에게 음악과 인생은 스타일이 다야. 부자처럼 보이고 싶거나 그런 느낌을 갖고 싶을 때면 무슨 구두 한 켤레나 셔츠, 코트 한 벌이라도 사 입잖아. 음악 스타일도 마찬가지야. 사람들 마음속에 어떤 스타일이 어떤 종류의 감정을 불러일으킨다구. 누가 어떤 느낌을 갖고 싶다면, 걸맞은 스타일로 연주하는 거, 그게 전부야. 내가 여러 가지 부류의 사람들을 위해 연주하는 걸 좋아하는 것도 바로 그런 이유에서이고, 내가 활용할 수 있는 그들의 것을 수용하기 때문이야. 아프리카와 멕시코 같은, 연주하고 싶지만 아직 그래보지 못한 곳들이 있어. 그런 데 가서 연주하고 싶어. 언젠가는 하겠지.

나는 이 나라를 벗어나면 다르게 연주해. 사람들이 존경심을 한껏 품고 나를 대하는 태도 때문이지. 거기에 대해 감사하며 내 연주로 그걸 표현해. 그들의 태도가 나를 기분 좋게 만드는 것처럼, 나도 그들을 기분 좋게 만들고 싶어. 내가 가장 좋아하는 연주 장소는 파리, 리우데자네이루, 오슬로, 일본, 이탈리아와 폴란드 같은 곳인 듯해. 미국 안에서는 뉴욕, 시카고, 샌프랜시스코 지역과 로스앤젤레스에서 연주하는 것이 좋고. 거기 사는 사람들은 그리 나쁘지 않지만, 때때로 아직도 나를 엿먹이고, 내 비위를 건드리기도 하지.

내가 한동안 음악을 멈췄을 때 이렇게 말하는 사람들이 꽤 많았어. "마일스가 그만뒀어, 이제 우린 뭘 하지?" 그런 느낌을 받은 사람들이 많았던 건, 내 짐작으로는 옛날에 디지가 했던 말과 관련이 있지 않나 싶어. 디지가 이랬거든. "마일스를 보려거든 그와 함께 했던 뮤지션들을 봐야 해. 마일스는 수많은 리더들을 키워낸다고." 내가 보기엔 일리가 있는 말 같아. 그래서 많은 뮤지션들이 방향을 잡으려고 나를 주시해왔지. 하지만 많은 사람들이 선두주자, 또는 말하자면 첨병이라고 여기는 게 부담이 되진 않아. 나 혼자 한다고 느낀 적은 절대 없어. 내가 모든 짐을 지고 있는 게 아니거든. 다른 사람들도 있잖아. 트레인도 있고 오넷도 그렇고. 내 밴드에도 나만 있는 건 아니었어. 절대 아냐. 필리 조하고 트레인도 같이 했지. 필리 조가 리듬에 시동을 걸어 폴 체임버스를 연주하게 만들었어. 레드 갈랜드는 내게 이런 발라드를 연주하고 싶다, 저런 건 싫다 같은 말을 해줬고. 트레인은 잠자코 앉아 아무 말 없이 끝내주게 연주를 하기만 했고. 그는 진짜 말수가 적었어. 음악에 관해서라면 버드와 비슷했어. 둘 다 자기들 나팔로만 말했거든. 허비, 토니, 론, 웨인과 꾸렸던 밴드에서는, 토니가 일에 시동을 걸었고 우리는 그를 따랐어. 다들 밴드에 맞게 곡들을 썼고 몇 곡은 함께 지었지. 그런데 토니랑 할 때는 템포가 처지는 일이 절대 없었어. 설사 그렇게 되더라도 템포는 다시 빨라졌고 리듬을 타게 되지. 키스 자렛과 잭 디조넷이 밴드에 있을 적엔 그 둘이 소리가 어디로 갈지 정했어. 뭘 연주해도 리듬에는 여백이 있었고. 얘네들은 가다가 음악의 흐름을 어느새 틀어버리는데 그러면 음악 자체가 뭔가 다른 쪽으로 저절로 몰려가. 아무도 그렇게 연주할 수 없어. 키스와 잭이 밴드에 없으면 말이야. 내가 꾸린 다른 밴드들도 다 마찬가지야.

하지만 알잖아, 뭔가 합이 잘 맞아서 확실한 걸 만들어낼 거 같은 애들을 모아서 가보는 것, 그건 나의 재능이야. 원래 하던 걸 연주하게 내버려두는데 그 이상을 하게 만드는 거지. 처음에 애들이 모였을 때 무슨 소리가 날지는 나조차 몰라. 그런데 생각이 있는 뮤지션들을 고르는 게 중요하더라고. 창의적인 데다가 생각도 있는 애들이 모이면 음악은 진짜 날아다니게 돼.

트레인의 스타일이 자기만의 것이고, 버드와 디즈의 스타일도 자기만의 것인 것처럼, 나 역시 다른 사람 소리처럼 들리는 걸 원하지 않아. 나는 나 자신이고 싶다구. 그게 뭐가 됐든. 그런데 음악에서는 말이야, 나는 여러 프레이즈에 대해 어떤 느낌 같은 걸 가지고 있어. 정말로 어떤 걸 즐기고 있다면, 나는 그것과 하나가 돼. 그 프레이즈가 바로 나야. 나는 내 방식대로 연주한 다음 그것 너머로 가려 하지. 지금껏 살면서 연주하기 가장 까다로웠던 곡은 「아이 러브 스 유, 포기」였어. 트럼펫 소리와 프레이즈를 사람 목소리처럼 들리게 해야 했거든. 나는 연주할 때 색깔과 사물들이 보여. 다른 사람의 곡을 들을 때면 나는 항상 왜 저 음을 저 자리에 넣었는지, 왜 나하고는 다른 방식으로 했는지 등이 궁금해져. 나의 소리는 고등학교 때 선생님이신 엘우드 뷰캐넌으로부터 비롯됐어. 난 선생님이 트럼펫을 잡는 방식까지도 맘에 들었어. 사람들이 내 트럼펫 소리가 사람 목소리 같다고 하는데, 그게 바로 내가 하려던 거였어.

작곡할 때 가장 좋은 음악적 아이디어가 떠오르는 때는 밤이야. 듀크 엘링턴도 그랬지. 밤새 작곡하고 낮에는 온종일 자고 그랬지. 밤에는 천지가 조용하잖아, 그러니까 작은 잡음도 안 들리고 집중할 수 있어서일까. 그리고 캘리포니아에 있을 때가 더 작곡이 잘되는 거 같아. 우리 집이 바닷가에 있어서 엄청 조용하거든. 작곡이라면 뉴욕보다는 말리부지. 적어도 지금으로서는 그래.

내가 자주 연주하는 코드들이 있는데, 밴드 멤버 중에 누군가가 이걸 '마일지언 코드'Milesian Chord라 부르더라고. 이렇게 하면 어떤 코드, 어떤 소리라도 틀리지 않는 연주가 돼. 누가 뒤에서 잘못 받쳐주기 전에는 말이야. 어떤 코드의 배후에서 연주되는 음이 이 코드가 맞냐 틀리냐를 좌우하니까 말이지. 관계도 없는 코드들을 마냥 이어나가면 되겠어? 이걸 해결해줄 뭔가를 가져와야 하잖아. 만일 마이너 키로 연주한다 치자. 그럼 나는 대체로 플라멩코에서 파사칼리아passacaglia†에 이르기까지, 이름이야 뭐가 됐든, 온갖 가능한 연주들을 들려줘. 베이스 라인이 반복될 때 솔로 주자가 마이너 코드에 맞춰 연주할 수 있도록 3화음을 깔아주면 그때는 파사칼리아가 되는 거지. 그걸 하려면 감이 좀 있어야 해. 트레인과 함께 한 것도 이거였지. 러시아의 작곡가인 아람 하차투리안이나 재기 넘치는 영국 작곡가 헌스파크Hernspach‡를 들어보면, 둘 모두 마이너 코드를 깔고 연주하고 작곡해. 이런 걸 연구하면 연주에 써먹을 만한 건더기들이 엄청 많이 나와.

난 말야, 훌륭한 뮤지션이 방어를 잘하는 훌륭한 격투기 선수하고 비슷한 거 같아. 음악가의 머릿속에는 높은 단계의 이론적인

---

† 17세기 스페인에서 유래한 춤곡. 4~8마디 정도를 단위로 저음이 반복되며 진행된다.

‡ 정확히 누구를 언급하는지 불명확하다.

감각이 흐르고 있어. 아프리카 뮤지션들처럼 말이야. 그러나 우리가 계속 아프리카에 사는 것도 아니고, 매일 찬가만 부르는 것도 아니잖아. 우리가 하는 음악의 밑바탕에는 특정한 이론이 깔려 있어. 디미니쉬 코드를 그 찬가 비슷한 음악 밑에 깔아봐. 그럼 뭔가 더 꽉 찬 느낌을 낼 수가 있거든. 밑에 깔려 있는 소리가 다르니까 그렇다는 게 이해가 갈 거야. 지금은 그런 걸 더 잘할 수가 있지. 지난 20년 동안 콜트레인이나 나, 허비 행콕, 제임스 브라운, 슬라이, 지미 헨드릭스, 프린스, 스트라빈스키, 번스타인 같은 위대한 음악가들의 음악을 들어왔기 때문이지. 또 해리 파치나 존 케이지 같은 사람들도 있어. 케이지의 음악은 유리 같은 게 떨어졌을 때 나는 소리 비슷해. 이거 좋아하는 사람들도 많지. 이제 사람들은 정말 수많은 종류의 음악에 준비가 되어 있어. 그리고 마사 그레이엄의 작품들을 소화할 수 있다면 진짜 온갖 것들에 다 준비가 되어 있다는 얘기지. 1948년인가, 그녀와 케이지가 줄리아드에서 공연하는 걸 들은 적이 있었지.

그러나 여전히 브레이크 댄싱, 힙합과 랩 같은 흑인적인 것이 이끌고 있어. 심지어 광고에 나오는 흑인 음악 마저도 요즘에는 정말 멋지게 들려. 그중 일부에는 침례교의 가스펠 음악이 깃들어 있어. 그런데 웃긴 건 백인 애들이 이걸 따라 하는데 영 식상해 보인다는 거지. 걔들은 우리 같아 보이려 하고 우리처럼 노래하고 연주하려고 들어. 그러니 흑인 아티스트들은 뭔가 다른 걸 해야만 하는 거지. 유럽, 일본, 브라질 사람들은 그런 것에 속지 않아. 딱 이 나라 사람들만 멍청하게 그러는 거지.

나는 여행을 좋아해. 요즘에는 너무 자주 나가게 돼서 예전 같지는 않은데, 그래도 여전히 여행은 엄청 즐거워. 다양한 사람들을 만나고 다양한 문화를 경험하게 되니까. 그러다 보니 흑인들이 일본 사람들과 많이 비슷하다는 걸 알게 됐어. 일단 둘 모두 웃기를 좋아해. 또 일본인과 흑인은 백인처럼 뻣뻣하질 않아. 흑인이 백인 주변에서 헤헤거리고 있으면 엉클 톰으로 간주되기 일쑤지만 일본 사람들이 그런다고 해서 그런 식으로 바라보진 않지. 돈과 권력이 있거든. 또 아시아 사람들은 눈가에 가식이 없어. 특히 중국 사람들이 그렇더라고. 그저 신기한 듯이 상대방을 쳐다볼 뿐이야. 그런데 일본 여자들이 곁눈질로 흘깃거리며 남자들을 훤히 본다는 것도 이젠 알아. 나도 그렇게 볼 수가 있지.

나는 브라질 여자들, 아프리카 에티오피아 여자들, 그리고 일본 여자들이 제일 멋지다고 봐. 아름다움, 여성성, 지성, 처신하는 방식과 몸가짐, 그리고 남자를 존중하는 마음이 겸비됐을 때 멋이 나와. 일본과 에티오피아, 브라질 여자들은 남자들을 존중하고 남자처럼 행동하려고 들지도 않지. 적어도 내가 만나본 사람들은 그래. 미국 여자들은 거의가 다 남자를 어떻게 대해야 하는지를 몰라. 내가 볼 땐 그렇다구. 특히 미국의 흑인 여자들, 그중에서도 나이가 좀 든 여자들이 더 그러지. 미국의 흑인 여자들은 대부분 남자들이 어떻게 대하든 어디 한번 맞짱떠보자는 식이야. 내가 보기에는 머리칼 때문인 거 같아. 하도 세뇌를 당해서 금발에 긴 생머리가 아니면 안 예쁘다고 생각하게 된 게 아닐까 싶어. 사실은 아름다운데도 말이야. 물론 이게 주로 나이 많은 축에 적용되긴 해. 온갖 백인 여자용 미용 도구 따위를 다 사들이는 아줌마들 말이야. 내가 만난 젊은 흑인 여자들은 진짜 멋지고 아줌마들 같은 문제들이 없어. 그러나 그들도 대부분 외모와 관련된 심각한 문제점들을 안고 있긴 해. 흑인 남자들은 하나같이 백인 여자들을 갈망한다고 착각하는 흑인 여자들이 많아. 흑인 남자들이 자기들을 여왕처럼 떠받드는데도 말이야. 이래서 좆같아 지는 거지. 심지어 백인 여자들이 흑인 여자들보다 남자들에게 잘해주는 경우가 많아. 그런 콤플렉스가 없거든. 이런 얘기를 들으면 흑인 여자들이 화를 내겠지만 내가 보기엔 그런데 뭐.

남자에 관한 한 마치 자기가 선생님이나 엄마가 된 듯이 구는 흑인 여자들이 참 많잖아. 남자를 휘어잡아야 직성이 풀린다구. 내 인생에서 그런 행동을 보여주지 않은 흑인 여자는 딱 프랜시스 하나야. 프랜시스는 나하고 같이 산 7년 동안 그 비슷한 짓을 절대 안 했어. 늘 차분했고 자기 확신이 있었기 때문에 덤벼든다거나 하는 일이 절대 없었어. 자기 아름다움과 여성미에 대한 확신을 가진 여자에게는 남자들이 그냥 침을 질질 흘린다는 걸 알면 남자는 손아귀 안에 있는 거야. 프랜시스는 자기 몸에 대한 자부심이 엄청났어. 무용수였는데다가 길거리를 걸으면 차들이 설 정도라는 걸 깨닫고 있었지. 게다가 예술가였고. 대개 예술하는 여자들은 뭔가 더 넓고 깊은 것들을 지니고 있어.

그러나 머리 꼭대기에 올라 앉으려는 흑인 여자들은 씨발 존나 골칫덩이들이라고. 허구한 날 덤벼들고 맨날 좆같다는 소리만 해대니. 어떤 남자가 나를 열받게 만들면 주먹다짐을 하면 돼. 몸으로 말이야. 그러나 여자의 경우라면 얘기가 달라. 열받게 만든다고 팰 수는 없는 거잖아. 그냥 될 대로 되라 식으로 놔두게 돼. 그런데 '내가 모를 줄 알아' 식으로 덤벼드는 여자를 너무 놔둬 버리면 말이야, 면상을 바싹 들이대고 입술을 씰룩거리며 꽉꽉 밀어붙이기나 하겠지만, 그래도 너무 열받은 나머지 한 대 갈길지도 몰라. 나 역시 그렇게 종주먹을 들이대는 여자들과 그런 상황까지 가서는 몇 번 손이 나가버린 적이 있어. 하지만 나는 여자를 그런 식으로 대하는 걸 안 좋아해. 그런 기분도 싫고. 요새는 그런 일이 생길 것 같으면 그냥 피해버리고 말아.

예술가를 어떻게 대해야 할지 모르는 흑인 여자들이 엄청 많아. 특히 구닥다리 여자들하고 경력 꽤나 있다는 여자들 말이야. 예술가는 언제 어느 때 생각이 떠오를지 몰라. 그러니까 예술가가 생각에 잠겨 있을 때 씨발 너 당해봐라, 그런 식으로 방해하면 안 돼. 창조적이어야 할 때 존중해주지 않는 마누라가 있는 아티스트, 이거 너무 끔찍해. 옛날 여자들은 이걸 잘 이해하지 못해. 내가 어렸을 때는 예술가가 된다는 게 존경받지 못했기 때문이야. 반면에 백인 여자들은 오랫동안 예술가들 곁에 있어왔고 예술이 사회에 해주는 일의 중요성을 이해한다고. 그렇게 보면 흑인 여자들은 이 분야에서 아직도 한참 쫓아가야 한단 말이야. 뭐 조만간 그렇게 되겠지. 동시에, 나같은 사람들은 우리 모두를 행복하게 만들 수 있는 일을 해야 해. 이런 나를 이해하고 존중하는 누구와도 나는 함께 할 거야.

그런데 내가 만났던 아프리카 여자들은 대부분 미국의 흑인 여자들하고는 다르더라. 자기 남자들을 어떻게 대해야 하는지 더 잘 알아. 나는 에티오피아나 수단 출신의 진정한 아프리카 흑인 여자들이 참 좋아. 광대뼈가 높고 코가 오똑한, 내가 내 회화와 드로잉에서 그린 얼굴들 말이야. 아프리카 모델인 이만이 그렇게 생겼어. 그녀는 너무나 아름답고 우아하며 고상하지. 흑인에게는 또 다른 여성적 아름다움이 있어. 두툼한 입술, 큰 눈, 시슬리처럼 뒤통수가 나온 여자들 말이야. 시슬리는 특히 화가 났을 때나 내가 자기한테 화를 낼 때 짓는 특유의 내밀한 표정이 있어. 영화에서는 절대 못 볼 그런 표정. 참 육감적이었는데. 나는 그런 표정을 지으라고 일부러 화난 척하기도 했지. 그 표정을 참 좋아했었지.

나는 여자들 꼬시는 걸 좋아해. 윙크 한번 날리는 걸로도 잘해볼 수 있다고. 입 밖으로 뭔가를 말하지 않고도 꼬실 수 있는 괜찮은 방법이야. 나는 저 여자가 나한테 관심이 있는지 없는지, 항상 눈을 보고 알아. 뭔가 그냥 쳐다보는 걸 살짝 넘어서는 느낌이 들 때가 있잖아. 일본 여자들이 몸으로 하는 걸 서양의 여자들은 눈으로 하지. 서양 여자들의 눈에서 뭔가 미묘한 느낌을 받았는데 좀 괜찮다 싶으면 반응을 해. 아니다 싶으면 고개를 돌리고. 만일 거기서 뭔가 영적인 게 보이고 친교를 느낀다면 그때는 가보는 거야.

내가 좋아하는 여자들은 이런 타입이야. 몸가짐이 특별하고 무용수처럼 날씬한데다가 자기 몸에 대해 자신감이 있는 여자. 걷는 모습, 일할 때의 태도나 옷 입는 방식 같은 데에 그게 들어 있지. 나는 척 보면 알아. 예쁘지만 좋아할 만한 구석이 없는 여자들도 많아. 뭔가 성적인 게 있어야 해. 전기가 통해듯 뭔가 특별한 게 있다 싶은 느낌. 어떨 때는 입이 그걸 알려줘. 재클린 비셋의 입처럼. 그녀에게는 얼굴 전체에 온통 성적인 느낌이 적혀 있어. 시슬리도 한때는 나에게 그렇게 보였지. 그게 딱 보이면 뱃속에서 느낌이 와. 아주 좋은 코카인을 쫙 흡입할 때 오는 쾌감처럼, 이 사람과 함께 있게 될 거 같은 어떤 기대감, 그게 나를 너무 기분좋게 해. 이 기분은 너무나 대단해서 거의 오르가즘 보다도 낫다니까. 아무것도 이거에는 상대가 안 돼.

일본 여자들이 남자 꼬시는 법이 맘에 들어. 애네들은 시야 한복판에 서 있지를 않아. 눈동자를 한 쪽으로 몰아야 겨우 보일둥 말둥한, 거의 시야 바깥에 서 있는 거야. 또 걔네들은 너를 빤히 바라보지도 않아. 그것 참 재미나지? 방에 네 명의 아시아 여자들이 있다고 쳐봐. 내가 그들 모두 하고 이야기를 하는데 어쩌다 그 중에 한 명과 5분을 더 말했다고 하자. 그러면 다른 셋은 슬그머니 자리를 떠나. 즉 다른 데로 가서 어슬렁대는 거지.

나는 여자들을 사랑해. 여자를 구하는 데 뭔가 도움이 필요하다거나 문제가 있었던 적이 한 번도 없어. 그냥 여자들하고 있는 게 마냥 좋아. 그들과 얘기 따위를 나누며 함께 있는 게. 그러나 뮤지션의 여자친구를 건드린 적은 전혀 없어, 전혀. 남자친구와 오랫동안 떨어져 있던 여자라도 건드린 적이 없어. 누가 알아. 그 사람이 내 밴드에 들어올지. 같이 연주하고 지내는 데 방해가 될 그따위의 짓을 누가 좋아해. 하지만 나머지 모든 여자들은 허가된 사냥감이라고 할 수 있지. 친한 친구들의 여자는 빼고.

여자들은 참 웃겨. 겉으로 보이는 것과는 다르단 말이야. 서로 견제하는데 남들은 알아채지도 못해. 클럽에서 일하면서 그런 걸 많이 목격했었지. 옛날에는 내로라하는 예쁜 아가씨들이 클럽에 오는 건 음악하는 사람들을 구경하고 점찍으려는 거라고 생각했었지. 그러다가 그들이 클럽에 오는 건 서로 만나려고 온다는 걸 알게 됐어. 그런데도 나는 쟤들이 음악 들으러 온 것 같지만 실은 나한테 꼬리치는 게 목적이라고 생각하고 있으니 참. 음악하는 애들은 대중이 누군지 좆도 모르고 헛물만 켜요. 특히 여자한테는 더 그래. 뮤지션들은 예술가 중에서도 제일 자기 중심적이야. 지들이 가장 멋지고 자기 일이 최고로 중요하다고 생각하거든. 지들이 여자들에게는 참기 어려울 정도로 매력적이라는 거야. 손에 든 악기를 입으로 꽤 잘 분다 이거지. 자기들은 신이 여자들에게 내린 선물이다, 지레 그렇게 착각한단 말이야. 물론 상당히 일리 있는 얘기야. 음악가 주변에 사람들이 몰려들어 놀면서 음악가들이 원하는 걸 준다는 면에서는 맞는 이야기야. 적어도 우리 뮤지션들은 사람들이 우리를 대하는 태도 탓에 이게 진실되다고 생각한다고. 그러나 봐봐, 여자들이 우리 주변에 바글거리는 건 지들이 서로 좋아서 그러는 거야. 음악가 주변에 다른 여자들도 많이 꼬이는 걸 아니까 서로 엮여볼까 싶어서 클럽 같은 데 나오는 거라 이거야.

돌이켜보면 난 인종 상관없이 모든 여자들을 다 사귀어왔어.

백인들도 흑인만큼이나 많이 만났을걸. 여자라는 인종을 대할 때는 그 여자가 무슨 인종인지는 관심이 없어. 옛말에 '단단한 거시기는 양심이 없다'고들 하잖아. 양심도 없는 거시기한테 뭔 인종적인 관념이 있겠어. 물론 결혼은 계속 흑인 여자들과 하긴 했는데, 이것 또한 의식적인 건 아니었어. 그럼 무슨 색 피부를 지닌 여자를 좋아하냐, 나는 어머니의 피부색이라고 말하겠어. 아니면 그보다 더 엷은 색. 왜 그런지는 모르겠어. 내가 그렇게 생겨먹은 거지 뭐. 나보다 더 색깔이 진한 여자친구도 있긴 있었어. 그러면 진짜 시커먼 색이야. 내 색깔이 벌써 칠흑같이 검은 색이니.

미국 여자들은 남자라면 이 세상 어떤 여자들보다도 대담해. 진짜 관심이 있어서 노리기 시작하면 바로 들이대지. 특히 나처럼 유명인사면 더 그래. 쪽팔린 것도 없어. 뭔 상관이냐는 식이지. 그러나 이런 꼴이면 나는 금방 식어버려. 침대에서 떡치고 신문 기사를 개떡으로 만든 다음 내 계좌에서 돈을 뜯어서 선물 따위나 받는 개수작밖에 더 해? 이젠 아주 그런 것들은 10리 바깥에서도 알아봐. 옛날에는 가끔 이런 일이 벌어졌지만 이젠 안 그래. 나에게 접근해서 수작 부리는 것들은 안 만나. 적어도 내가 찍었다고 생각하게 하면 모를까, 맛이 확 가거든.

미국 백인들은 자기들이 이 좆같은 세상에 신이 내린 선물이라고 생각하기 때문에 다들 니 머리끝까지 기어올라. 걔네들 사고방식, 진짜 구역질 나고 딱할 정도야. 구닥다리에, 멍청하고, 버르장머리도 없고 진짜. 지들이 백인이면 백인이지 무슨 일이든 바로 들이대고 일에 끼어들 수 있다고 생각하는 건 뭐야? 나는 비행기 탈 때 일등석을 타잖아. 그런데 내가 누군지 못 알아보는 놈들은, 저게 뭔데 일등석을 타? 이런 태도야. 뭐가 잘못된 듯이 쳐다본단 말이야. 한번은 비행기를 탔는데 어떤 백인 여자가 그렇게 빤히 쳐다보길래 내가 뭐 니 물건 깔고 앉은 거라도 있냐고 물었지. 그랬더니 썩소를 짓더니 그담부턴 쳐다도 안 보드라. 물론 그런 뻘짓 안 하는 쿨한 백인들도 있긴 있어. 어떤 인종이든 괜찮은 애도 있고 멍청이도 있는 거야. 내가 본 가장 멍청한 새끼들 중에는 흑인도 있어. 특히 백인들이 흑인에 관해 퍼뜨리는 거짓말들을 전부 믿는 놈들. 알고 보면 이런 새끼들은 다 씨발놈들이지.

미국은 진짜 인종차별적인 나라야. 딱할 정도로 너무 인종차별이 심해. 요새 겨우 좀 나아진 남아프리카공화국하고 다를 게 없어. 그렇게 대놓고 하지 않는다 뿐이지, 속으론 똑같아. 인종차별은 아주 기본으로 장착돼 있어. 나는 그 냄새가 맡아져. 어디든 상관없이 등 뒤에서 그게 느껴진다니까. 그리고 내가 그런 식이니까 백인들, 특히 남자들은 날 보면 화가 치밀어오르나 봐. 아저씨, 도가 좀 지나치시네요, 하고 꾸짖으면 더 지랄이야. 이 나라에서는 흑인한테 무슨 짓을 해도 된다고 여기는 거야 뭐야.

우리 아이들한테 무슨 일이 일어나고 있는지 좀 봐. 마약에 쩔어 살잖아. 특히 흑인 아이들은 더 그래. 적어도 흑인 아이들이 그러는 이유 중의 하나는 자기 유산을 알지 못한다는 거야. 미국이 흑인들을 대하고 이 사회에 대한 흑인들의 기여를 다루는 태도는 참 부끄러운 일이야. 나는 학교에서 아이들에게 재즈나 흑인 음악에 대해 가르쳐야 한다고 생각해. 미국의 독창적인 문화적 공헌은 오직 우리 흑인 선조들이 아프리카에서 가져와 여기서 변화, 발전시킨 음악뿐이라는 것을 아이들은 알아야 해. 아프리카 음악을 유럽의 그 잘난 클래식 음악만큼 많이 연구해야 한다고.

아이들이 학교에서 자기 고유의 유산에 대해 배우지 않으면 학교를 등한시하게 돼. 그렇게 아무도 신경을 안 써주니까 크랙crack[†] 같은 마약에 손을 대지. 게다가 크랙을 팔면

[†] 후처리된 정제 코카인.

쉽게 돈을 벌 수 있다는 걸 알게 되면서 뒷골목 건달패와 엮이는 거야. 나 역시 마약할 때 거기 빠져봤기 때문에 뭔지 알아. 나는 이런 애들을 이해해. 무슨 마음인지를 알거든. 나는 애들 대다수가 백인들로부터는 정당하게 대우받을 수 없다는 걸 알기 때문에 뒷골목 문화에 빠져든다는 걸 알아. 그래서 그들은 운동이나 음악을 하는 거야. 돈도 많이 벌고 자기 처지에서 벗어날 기회를 잡아보려고 연예인이나 운동선수가 되지. 딱 그거밖에 없어. 운동선수, 연예인, 아니면 그냥 건달이 되는 거야. 빌 코스비를 엄청 존경하는 것도 그래서야. 흑인 예술가의 작품을 구입하고 흑인 대학에 기부하는 등 올바른 일들을 하고 타의 모범이 되기 때문이지. 돈 있는 흑인들이 그의 모범을 더 많이 따랐으면 해. 흑인들을 고용하고, 백인들이 미국의 흑인들에게 가지는 존나 말도 안 되는 이미지들을 싹 쓸어버릴 사업을 시작한다든가, 흑인들에게는 그런 게 필요해. 출판사나 음반사를 차린다든가 하는.

유럽과 일본에서는 세계에 공헌한 흑인들의 문화를 존경해. 그들은 그게 뭔지를 알아. 그러나 미국 백인들은 진짜배기 흑인보다는 그 모방일 뿐인 엘비스 프레슬리 같은 백인을 밀어준단 말이야. 백인 록 그룹에게 얼마나 돈을 많이 줘. 엄청 공을 들여 홍보하고 선전하잖아. 또 흑인 아티스트 흉내 좀 내려 한다고 수많은 상을 주고 말이야. 그래봐야 뭐 괜찮아. 이걸 처음 시작한 사람은 엘비스가 아니라 척 베리라는 걸 다 알잖아. 폴 화이트먼이 아니라 듀크 엘링턴이 '재즈의 왕'이라는 걸 누가 몰라. 그러나 우리가 우리 자신의 역사를 기록할 힘이 생겨서 스스로 우리 이야기를 적기 전에는 역사책에 그런 건 안 나올 거야. 남들이 우리를 위해 절대 그런 일을 해주지 않아. 당연히 해야될 것도 안 한다 이거야.

예컨대 버드를 봐도 그래. 생전에는 결코 정당한 평가를 받지 못했어. 오직 배리 울라노프와 레너드 페더 같은 소수의 백인 평론가들만이 버드와 비밥을 인정했지. 반면 나머지 백인 평론가들한테는 지미 도시가 딱 맞는 수준이었어. 오늘날의 브루스 스프링스틴이나 조지 마이클처럼 말이야. 클럽 몇 군데 외에는 찰리 파커를 들어본 사람이 거의 없어. 그러나 많은 흑인들, 특히 뭔가 좀 아는 흑인들은 다 알고 있었어. 한참 지나서야 백인들이 결국 버드나 디즈를 알아봤는데, 늦어도 너무 늦었지. 듀크 엘링턴과 카운트 베이시, 플레처 헨더슨도 마찬가지야. 결코 정당한 평가를 받지 못했어. 루이 암스트롱은 하는 수없이 백인들 앞에서 씨발놈의 광대처럼 헤헤거리면서 살길을 찾은 거고. 존 해먼드가 어떻게 베시 스미스를 발굴했는지 따위를 백인들은 떠들잖아. 쌍 이미 활동 중인데 발굴은 무슨 발굴이야! 게다가 진짜 '발굴'씩이나 해서 제대로 책임을 지고 다른 백인 가수들한테 하듯이 했으면 그녀가 미시시피 골목에서 그렇게 죽지는 않았을 거야. 자동차 사고가 난 다음 아무 백인 병원에서도 그녀를 받아주지 않아서 과다출혈로 죽은 거야. 이건 꼭 미국 선주민들이 벌써 살고 있는데 콜롬버스가 미국을 발견했다고 뻥 치는 거랑 똑같잖아. 이게 백인들 뻘짓이지 뭐 딴 거 있어?

경찰은 허구한 날 나를 불러 세우고 좆같이 엿을 먹여. 이 나라 흑인들한테는 이런 일이 날마다 일어난다고. 코미디언 리처드 프라이어가 "흑인이라면 말이야, 백인들이 '에헴'Yah hoo 하는 소리가 들리면 뭔가 구린 일이 벌어질 게 뻔하기 때문에 벌떡 일어나서 자리를 떠야 할 때라는 걸 아는 게 좋을걸?" 이렇게 말한 적이 있는데, 딱 이걸 두고 한 말이야.

코미디언 밀턴 벌이, 내가 스리 듀시스에서 연주하고 있을 때 나를 보러 왔던 게 떠오르네. 당시 나는 버드의 밴드에 있었어. 1948년이었을걸. 아무튼, 벌이 우리의 연주를 들으면서 테이블에 앉아 있었는데, 누군가 그에게 밴드와 음악에 대해 어떻게 생각하냐고 물었어. 이 사람이 웃으면서 같이 있던 백인 무리를 향해 뭐라는 줄 알아? '식인종들'headhunters 이러는 거야. 우리가 씨발 야만인들이라 이거지. 지 딴엔 웃자고 한 이야기였겠지. 거기 있던 백인들이 다들 깔깔댔던 게 아직도 기억나. 나는 절대 이걸 잊지 않았어. 그 후로 25년이란 세월이 지난 후에 비행기에서 이 사람을 만난 거야. 둘 다 일등석이었지. 나는 그에게 가서 내 이름은 마일스 데이비스고 뮤지션이라고 소개를 했어. 그랬더니 그가 미소를 띠며 "아하, 당신이 누군지 알아요. 당신 음악이 정말 좋소" 그러더라. 내가 그렇게 다가가니 기분이 괜찮았겠지. 그다음에 나는 이렇게 말해줬어.

"밀턴, 당신은 여러 해 전에 나와 내 소속 밴드 멤버들에게 뭔가를 했는데 난 그걸 항상 기억해왔소. 그때부터 나는 당신의 숨소리가 들릴 만큼 지근거리에 있게 되면 이 이야기를 꼭 해주리라 늘 다짐했지. 그날 밤 당신이 한 그 말을 들었을 때 내가 어떤 기분이었는지 말이요."

그랬더니 이 사람이 쎄한 표정으로 나를 쳐다보는 거야. 자기가 무슨 말을 했는지 기억날 리가 있겠어. 그 순간 뭔가 그날 밤의 분노가 되살아나는 기분이 들더라고. 틀림없이 그게 얼굴에 나타났겠지. 나는 그가 무슨 말을 했는지, 같이 있던 일행이 우리를 얼마나 비웃었는지를 일러줬어. 이 사람이 당황해서 얼굴이 빨개지더군. 당연히 까맣게 잊고 있었겠지. 이어서 나는 말했어.

"밀턴, 당신이 그날 밤 우리를 그렇게 부른 게 맘에 들지 않소. 이 얘기를 밴드 사람들에게 했을 때 아무도 좋아하지 않았소. 심지어 그 말을 들은 이들도 있었고."

그가 아주 난감한 기색을 하더니 이렇게 대답하더군.

"정말, 정말로 미안하오."

그래서 나는 "그런 줄은 알아. 하지만 겨우 이제야 미안하고, 내가 말하고 나니까 미안한 거지. 그땐 미안하지 않았잖아" 이렇게 말해주고 몸을 돌려 내 자리로 돌아가서 앉은 다음부터는 그에게 한마디도 안 꺼냈어.

바로 이런 것들이야, 내가 말하고 있는 게. 흑인들도 가끔 있지만 어떤 백인들은 한순간 당신을 비웃다가 돌아선 다음 순간에는 당신을 좋아한다고 말한단 말이야. 항상 그래왔어. 그런 식으로 사람들을 갈라치고 정복하려 들지. 그러나 나는 이 나라에서 우리에게 일어났던 일에 관해 차곡차곡 쌓인 기억을 갖고 있어. 유대인들은 독일에서 자기들에게 무슨 일이 일어났는지 끊임없이 전 세계에 일깨우듯 흑인들도 미국에서 어떤 일이 일어났는지 계속해서 알려나가야 해. 언젠가 제임스 볼드윈이 내게 말했듯, "아직 미국이 '합중국'이 되려면 멀었어." 백인들이 사용하는 그런 '갈라쳐서 정복하는' 수법을 조심해야 해. 백인들은 그 오랜 세월 동안 우리의 진정한 내적 자아와 내면적 힘으로부터 우리를 떼어놓으려고 그 수작을 부린 거야.

이젠 이런 말을 듣는 게 지겹다는 이들도 있어. 나도 알아. 그러나 흑인들은 계속 이 말을 해야 돼. 그 사람들이 우리를 대해온 방식에 관해 뭔가 손을 쓸 때까지 그들의 면전에서 우리의 상황을 집요하게 지적해내야 한다고. 우리는 유대인들이 해온 것처럼, 그렇게 그들의 눈앞에서 귀에 못이 박히도록 계속해야 해. 그들이 그토록 오랫동안 그래왔고 심지어 아직까지도 계속하고 있는 짓들이 얼마나 사악한지, 그들이 깨닫고 이해하도록 만들어야 한다고. 니네들이 뭔 짓을 하는지 우리가 빤히 알고 있다, 니들이 이 짓을 그칠 때까지 우린 아랑곳없이 계속 이럴 거다, 이걸 놈들이 깨닫도록 해야 된다 이거야.

나이가 들수록 트럼펫 연주에 관해, 그리고 다른 많은 것들에 대해 더 많이 배우게 돼. 한때 술 마시기를 즐겼었고 코카인이 진짜 좋았지만 이제 그런 건 생각조차 안 나. 담배도 마찬가지야. 그냥 딱 끊어버렸어. 코카인은 끊기가 좀 더 어려웠지만, 그것도 끊었어. 이게 의지력이야. 하고 싶은 걸 할 수 있다고 믿는 것. 뭔가 이건 아니다 싶은 일이 생기면 난 속으로 이렇게 중얼거리지.

"에이 씨발."

그리고 스스로 하는 수밖에 없어. 남들이 절대 너를 위해 안 해준다고. 물론 도움을 주기는 하겠지. 하지만 결국 너 혼자 해내야 하는 거야.

나는 여전히 내 사고방식이나 삶의 방식에 있어서 끊임없이 질문을 던져. 항상 창조에 대해 생각하지. 매일 아침 잠에서 깨면 새로운 미래가 시작되는 거야. 일어나서 처음 빛을 볼 때, 바로 그때가 시작이지. 그다음 나는 감사함을 느끼며 미적거리지 않고 바로 일어나. 날마다 해야 하고 시도해야 할 새로운 뭔가가 있기 때문이야. 나는 날마다 내 삶에서 창조적으로 해야 할 뭔가를 찾아내려고 해. 음악은 은총이자 저주야. 나는 음악을 사랑해. 달리 말할 방법이 없네.

인생을 돌아보면 후회도 죄과도 거의 없어. 한두 가지 후회할 게 있지만 그에 관해서는 말하고 싶지 않아. 요즘에는 나 자신이나 다른 사람들이나 더 편하게 대하는 편이야. 성질도 예전보단 나아진 거 같고. 여전히 의심이 많긴 하지만, 옛날보다는 덜하고 덜 적대적이지. 그래도 나는 여전히 매우 내밀한 사람이고, 잘 모르는 사람들과 떼로 어울리는 건 별로야. 그러나 예전처럼 그 자리에서 바로 덤벼들거나 욕하지는 않아. 제기랄, 이젠 심지어 공연 중에 밴드 멤버들을 소개하기도 하고 청중들에게 조금이나마 말을 걸기까지 한

다니까.

내게는 친해지기 힘든 사람이라는 평판이 있어. 물론 나를 정말 잘 아는 사람들은 이게 맞지 않다는 걸 알아. 얼마나 사이좋게 지내는데. 나는 지속적으로 관심의 초점이 되는 게 싫어. 해야 할 일을 할 뿐이고, 그게 다야. 그러나 맥스 로치, 리처드 프라이어, 퀸시 존스, 빌 코스비, 프린스, 조카 빈센트를 비롯한 좋은 친구들이 몇 있어. 생각해보면 내 베프는 길 에번스였던 거 같아. 밴드 멤버들도 친한 친구들이고 말리부에 있는 내 말들도 마찬가지야. 나는 말을 비롯해서 동물들을 사랑해. 하지만 나를 진짜로 제일 잘 아는 사람들은, 이제는 거의 만나질 않지만, 이스트세인트루이스에서 함께 자란 애들이야. 얘네들이 생각나. 어쩌다 만나기라도 하면 꼭 헤어진 적이 없었던 거 같단 말이야. 바로 어제 걔네 집에서 놀다 나온 것처럼 나한테 말을 건네지.

이 친구들은 내 연주에 대해 늘 말을 해줘. 평론가 말을 듣느니 그들의 말을 듣지. 얘네들은 내가 하려는 게 뭔지, 무슨 사운드를 내려고 하는지 아는 애들이야. 내가 가장 가까운 친구의 하나로 여기는 '다크 테리'†가 나한테 니 연주가 구리다고 하면 난 그걸 심각하게 받아들여. 디지도 마찬가지야. 내 멘토이자 세상 제일 친한 친구 중 하나지. 디지가 내 연주에 대해서 하는 말은 마음에 담아두지. 그래도 난 늘 내 방식대로였어. 평생 그렇게 살아왔어. 나의 절친들한테 내 욕을 해봐야 소용없어. 아무도 곧이듣지를 않을 테니까. 나도 마찬가지야. 내 친구에 대해 안 좋은 말을 하면 난 귓등으로도 안 들어.

음악은 나에게 항상 저주와도 같았어. 뭔가 그리로 내몰리는 기분이랄까. 음악은 내 인생에서 언제나 1순위였고, 지금도 똑같아. 음악이 가장 먼저야.

† 클라크 테리(Clark Terry)를 말한다.

그러나 지금은 음악이라는 악마하고 화해를 해서 그런지 이젠 조금 여유 있는 생활을 할 수 있게 됐지. 그림 그리는 게 큰 도움이 되는 거 같아. 그 악마들은 여전히 살아 있지만, 지금은 그래, 너희들 거기 있지, 니들 배를 언제 채워줘야 하는지도 알아, 이런 식이야. 요즘 들어 내가 많은 것들을 조절할 줄 알게 된 거 같아.

말했듯 나는 매우 내밀한 사람이야. 나 정도로 알려진 사람이면 사생활을 유지하는 데 돈이 꽤 들어. 쉽지 않은 일이지. 돈을 벌어야 하는 이유 가운데 하나야. 삶의 내밀함이 유지될 수 있도록 명성에 대한 대가를 치러야 돼. 정신적으로, 영적으로도 그렇지만 진짜 돈으로도 지불해야 해.

나는 외출을 잘 안 해. 요즘에는 거의 안 하지. 하긴 겪을 만큼 겪었지. 나가면 사람들이 같이 사진 찍자고 달려들어. 좆같은 일이지. 그런 식으로 쓸데없이 간섭하는 사람들 때문에 유명인들은 보통 사람들처럼 살기가 힘들지. 그게 부자연스러워. 외출하는 걸 안 좋아하게 된 데는 그런 것도 커. 반면에 말들이나 친한 친구들과 함께 있을 때는 그런 걱정 없이 맘 편히 있을 수 있지.

내게는 말이 몇 마리 있어. 카라라는 말도 있고, '카인드 오브 블루'라는 이름의 말도 있지. 그중에 제미니는 아라비아 종마의 피가 살짝 섞여서 성질이 좀 드센 편이야. 제미니를 탈 때가 제일 좋아. 실은 제미니가 친절을 베푸는 거지. 내가 말을 그리 잘 타는 게 아니라서. 나는 아직도 배우고 중이고, 제미니도 그걸 알아. 그래서 내가 뭔가 실수라도 하면 제미니가 "도대체 이 새끼는 내 등 위에서 뭘 하는 거야. 거 아마추어랑은 못 놀겠네"라는 듯 나를 빤히 보는 것만 같아. 그래도 나는 동물들이 좋아. 그들도 나도 서로 이해해. 하지만 사람은? 요사스럽지.

나는 뭔 일이 날 거 같으면 예감이 찾아와. 늘 그랬지. 나는 미래를 예언하는 능력이 있는 사람들이 있다고 믿어. 예를 들면 이런 거지. 하루는 뉴욕의 UN 플라자 호텔에서 수영을 하는데 어떤 백인 남자가 같이 있었어. 그런데 이 사람이 갑자기 나에게 묻는 거야.

"내가 지금 어디로 갈 것 같소?"

난 바로 대답했지.

"당신은 뉴올리언스에 갈 겁니다."

근데 과연 그렇더라고! 이 사람이 무척 당황하더니, 충격을 먹은 듯 나를 진짜 수상하게 쳐다보며 어떻게 알았냐고 묻는 거야. 난 대답해줄 수 없었어. 그냥 안 거야. 왠지는 모르겠는데, 의심이 안 가. 내게 그런 능력이 늘 있었다는 것만 알고 있는 거지.

나는 다른 사람들이 못 보는 걸 알아보는, 좀 직감적인 부류의 사람이야. 다른 사람들한테 안 들리는 걸 들어. 그들이 마침내 스스로 듣고 보게 되면서 아 이게 중요한 거구나, 하는 때가 오면 이미 오랜 세월이 지나간 후야. 난 그런 걸 들어. 그런데 그때가 되면 나는 이미 다른 어딘가에 있고 그들이 지금 보고 있는 게 뭔지는 잊어버린 후야. 나는 중요하지 않은 것들은 잊어버리는 능력이 있어. 그래서 내가 최첨단에 있을 수 있는 거야. 다른 사람들이 뭔가에 관해 중요하다고 생각해도 내가 안 그러면 나에게는 중요하지 않아. 그건 그냥 그들 의견일 뿐이야. 내게는 내 의견이 있는 것이고. 나는 나나 내 일에 관해서는, 대체로 내가 듣고 느끼는 것이 다른 모두의 느낌보다 우위에 있다고 믿는 편이야.

음악은 늘 내 삶 자체였어. 내가 살면서 알게 됐고 좋아했으며 그들 덕에 성장할 수 있었던 뮤지션들이 내 가족이나 다름없지. 부모 형제와 친척들이 피를 나눈 가족이라면, 내가 일하면서 사귀어 온 동료 예술가들, 뮤지션들, 시인들, 화가들, 무용수들 그리고 작가들은 또 다른 의미의 가족이야. 평론가는 제쳐두고. 사람들은 대개 죽고 나면 자기 자식이나 형제자매, 사촌이나 숙모 같은 친척들에게 유산을 남기잖아. 나는 그게 별로야. 뭔가 남겨주고 싶으면 살면서 내가 하는 일에 도움이 된 사람들한테 주는 게 낫지. 그게 피를 나눈 식구들이면야 그렇게 하겠지만 그렇지도 않은데 피붙이들한테 나눠주는 건 아니라고 봐. 난 말야, 디지나 맥스 같은 사람들이나 아니면 나를 많이 도와준 여자친구 몇 명에게 남길 생각이야. 일면식도 없는데 같은 핏줄이라는 이유만으로 어디 루이지애나 구석쟁이 같은데서 나타난 사촌한테 유산을 남기는 게 말이 돼? 좆까라 그래. 나는 산전수전 다 겪으며 여기까지 오는 와중에 나를 도와준 사람들, 특히 내가 더 창조적일 수 있도록 도와준 사람들과 함께 하고 싶어.

내 인생에 진정으로 풍부한 결실을 맺은 창조적 시기가 몇 번 있었지. 1945년에서 1949년까지가 첫 번째고 그다음은 마약을 끊고 난 후인 1954년에서 1960년까지가 음악적으로 마구 결실을 쏟아내던 시기였지. 1964년부터 1968년까지도 괜찮긴 했지만 그 시기는 토니와 웨인과 허비가 나에게 음악적 아이디어를 떠먹였다고 말하고 싶네. 『비치스 브루』와 『라이브-이블』 때도 똑같아. 조 자비눌이나 폴 벅마스터 같은 사람들과 상황이 잘 맞아떨어졌던 거지. 내가 한 건 사람들을 모으고 몇 곡 쓴 게 다야. 그래도 난 바로 지금이 내가 겪은 가장 창조적인 시기라고 생각해. 나는 작곡도 하지만 그림도 그리고 내가 아는 바의 절정에서 연주하고 있기 때문이야.

나는 남들 면전에서 신을 자꾸 들먹이는 게 싫어. 나 혼자 되뇌기도 싫고. 하지만 뭔가 선호하는 종교를 꼽으라면 이슬람을 들고 싶어. 무슬림이 되는 거지. 그러나 난 이슬람이든 뭐든 종교에 관해 체계적으로 알지는 못해. 종교에 무슨 목발처럼 이용하는 일 따위에 빠져본 적이 없어. 개인적으로는 체계화된 종교를 둘러싸고 벌어지는 일들이 맘에 안 들어. 영적으로 보이지 않고 뭔가 돈과 권력에 얽혀 있는 걸로 보이는 걸 못 따르겠더라고.

그러나 나는 영적인 것과 영혼을 믿어. 늘 그래왔지. 나는 어머니와 아버지가 나를 찾아온다고 믿어. 나와 인연을 맺은, 이제는 죽어 버린 뮤지션들도 마찬가지야. 훌륭한 뮤지션들과 작업을 하면 그들은 항상 나의 일부분이야. 맥스 로치, 소니 롤린스, 존 콜트레인, 버드, 디즈, 잭 디조넷, 필리 조 같은 사람들이지. 죽은 사람들이 많이 그리워. 나이를 먹어가며 더 그러네. 몽크, 밍거스, 프레디 웹스터와 팻 걸 같은. 근데 죽은 사람들을 생각하면 미칠 것 같아서 잘 안 떠올리려 해. 그러나 그들의 영혼이 내 주위를 어슬렁거리고 있으니 아직도 여기 있는 거고 다른 이들에게 자기 걸 전수하고 있는 거야. 이건 영적인 거고 오늘날 나 자신의 일부는 그들이야. 다 내 안에 있어. 그들로부터 배워서 내가 하게 된 것들. 음악은 영적인 것이고 영혼과 느낌에 관한 거야. 우리가 함께 존나 연주했던 음악이 허공 어디엔가에 반드시 있을 거야. 우리가 불어제껴 그리로 날려 보냈거든. 마술이고, 영적인 것들이야 그게.

나는 꿈을 꾸면 연기나 구름 비슷한 뭔가가 보이는데, 그 또렷한 그림이 마음속에 남아 있어. 요즘엔 아침에 일어나서도 그래. 어머니 아버지도 그렇고 트레인, 길이나 필리도, 누구든지 보고 싶으면 그렇게 해. 속으로 '너네가 보고 싶어'라고 중얼거리면 그들이 모습을 드러내고 나는 그들과 말을 해. 요즘은 거울을 보면 아버지가 그 속에 있는 게 가끔씩 보여. 아버지가 그 편지를 남기고 돌아가신 이후로 그렇게 됐지. 나는 분명히 영혼이 있다고 믿지만, 죽음에 대해서는 잘 생각을 안 해. 여기서 할 일도 많은데 언제 그 걱정을 하고 앉았어.

음악을 만들고 연주하는 일이 요즘 더 절박하게 다가와. 처음 시작할 때보다 더 그래. 너무 강렬해. 거의 저주야. 요즘에는 떠올랐다가 잊어버린 음악이 기억나지 않으면 돌아버려 정말. 자나 깨나 그 생각뿐이야. 계속 골몰해. 아직도 음악이 날 버리지 않아서 다행이야. 정말 난 축복받은 거야.

　　나는 지금도 창조적인 면에서 강하고 또 점점 더 강해지고 있다고 느껴. 매일 매일 운동하고, 거의 몸에 좋은 것들만 먹어. 가끔은 바비큐, 프라이드치킨, 돼지곱창 같은 흑인 음식을 보면 맘이 약해져. 고구마 파이, 녹색 이파리, 족발 그런 건 먹으면 안 되는 거 알잖아. 의사가 당뇨병 때문에 처방한 것 말고는 약도 안 써. 술도 마약도 다 끊었지. 근데 기분이 좋아. 이런 식의 창조적인 느낌은 처음이거든. 최고의 것들은 이제부터 나올 거 같은 기분이야. 프린스가 비트를 두드리며 음악과 리듬에 다가가는 일에 관해 말한 것처럼 나는 계속 '하나에 맞춰서'getting up on the one† 갈 거야. 형제여, 난 다만 내 음악을 하나에 맞춰서 밀고 나가려고 노력할 뿐이야. 하나에 맞춰 밀고 나가도록. 나중에 봐.

† 이 말은 제임스 브라운과 특히 조지 클린턴 같은 훵크 뮤지션들의 화두다. 흘러가는 폴리 리듬 속에서의 첫 박, 그 비트를 함께 찾을 때 음악 속에서 일치되는 '하나'인 우리를 중심에 놓는 태도다. 이건 재즈라기보다는 훵크 쪽에서의 마음의 움직임이다.

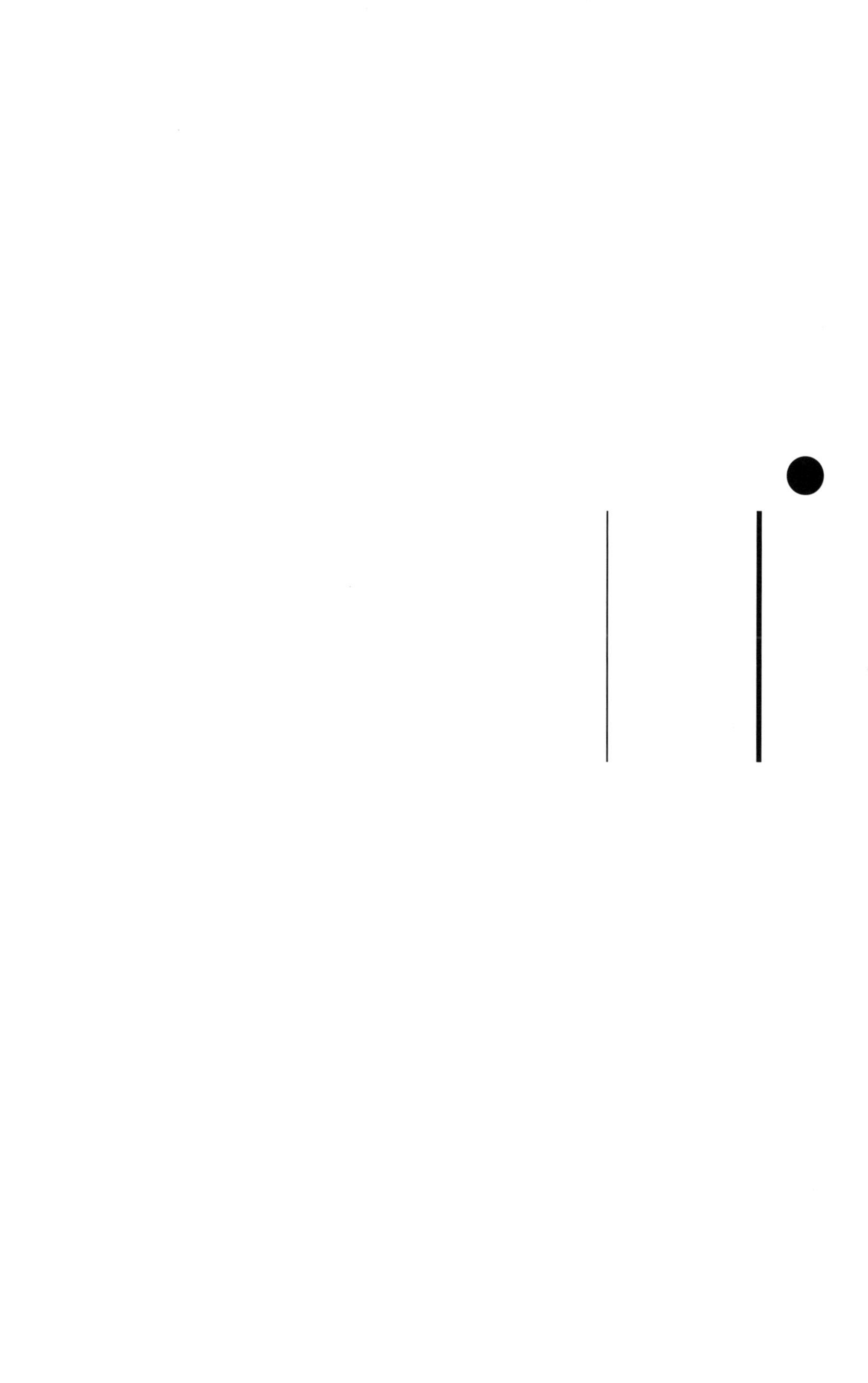

퀸시 트루프의 후기

　　마일스와 나는 1960년대 후반 샌프랜시스코의 보스/앤드Both/And라는 나이트클럽에서 처음 만났지만, 첫 근거리 만남은 1985년 6월 내가 『스핀』Spin 잡지에 실린 2회에 걸친 기사로 그를 인터뷰하면서 이뤄졌다. 그해 11월호와 12월호에 실린 그 기사들은 반응이 좋았고, 심지어 마일스도 내가 취한 접근 방식을 높이 평가했다. 나는 단지 그가 자기 말을 하게 내버려두고 자기 삶에서 스스로 중요하다고 생각하는 사실들을 남들의 개입 없이 자세히 설명하도록 놔둔 것뿐이다. 내가 청탁받은 원고 분량은 5,000단어였지만, 그 힘찬 이야기는 이런 하잘것없는 기준을 간단히 넘어서며 초고가 1만 5,000단어에 이르게 됐다. 그러니까 『스핀』의 기사에 담긴 유려한 문장과 능란한 어조는 상당 부분 당시 편집장이었던 루디 랑글래의 멋진 편집 덕분이라고 봐야 한다. 이 이야기를 꺼내는 건 이틀 넘게 이 인터뷰를 하는 동안 우리가 서로 처음 동질감을 느꼈고 그것이 이 책의 공동집필로 이어졌기 때문이다. 마일스와 나는 고향이 같다. 우리는 같은 음식을 먹고 자랐다. 또한 둘 다 음악, 예술, 멋진 옷, 농구, 풋볼, 권투를 좋아한다. 우리는 같은 언어를 구사하고 비슷한 인생관을 공유하고 있다. 또한 그는 프로 뮤지션으로서 첫 번째 본격적인 공연을 나의 사촌인 에디 랜들과 함께 했다. 뭔가 범상치 않은 신령이 이끈 것 같다. 이 책의 집필자로 왜 나를 택했는지 마일스에게 물어보니 이렇게 답했다.

　　"이 사람의 글쓰기 방식이 맘에 들어. 흑인에다가 세인트루이스 출신이고."

　　마일스뿐 아니라, 그를 속 깊이 알거나 그렇지 않은 여러 사람들과 셀 수 없는 시간 동안 인터뷰를 하고 나서야 책이 묶여 나올 수 있었다. 말리부, 로스앤젤레스, 유럽, 뉴욕 등지에서 마일스와 함께 지내면서 들은 것들을 티내지 않고 재빨리 적어놓은 이야기가 많다. 마일스는 코앞에 마이크를 갖다 대는 것을 싫어한다. 공연에서 트럼펫 주둥이에 작은 마이크를 대는 것도 그 때문이다. 그렇게 한 석 달쯤이 지나자 우리가 같이 저녁이나 점심을 먹을 동안에도, 그는 마음 놓고 내가 테이프로 자기 말을 녹음하도록 놔뒀다. 마일스가 가장 많이 얘기를 털어놓은 게 그때다. 내가 꼭 알아야 하는 것 모두, 심지어 알 필요가 없던 몇 가지 것들까지. 그중 어떤 것들은 너무나 큰 폭로여서 결국 법적인 문제 때문에 편집될 수밖에 없었다.

마일스는 자기 이미지를 표백하는 데 신경 쓰는 부류가 아니다. 그는 자기 자신이나 다른 이들에게 상처가 될지언정 할 말은 하는 사람이고 진실된 감정을 밝히는 사람이다. 점차 나는 그의 정직함과 솔직함에 감탄하게 되었다. 이 책의 마일스 데이비스는 다른 사람들에게 그러는 것만큼이나 자기 자신에게 엄하고 때로는 더욱 비판적이다. 그는 스스로 헛웃음을 짓게 만드는 자기 비하적인 유머 감각이 있다. 그는 강철 같은 의지의 소유자이자, 자기 예술에 관해, 또는 음악의 역사적 기여와 동료에 관해 말할 때는 찾아보기 힘들 정도로 훌륭한 겸손함을 지닌 사람이다. 마일스는 찬사를 받아야 마땅한 사람에게는 아낌없이, 그래야 할 때마다 찬사를 보낸다. 좀 무뚝뚝한 편이고, 그 때문에 그를 두려워하고 싫어하는 사람들이 있다.

뮤지션으로서의 마일스와 한 인간으로서의 마일스에 대한 사람들의 반응은 극단적으로 갈리는 경향이 있는데, 때로 그 경계선이 모호하기도 하다. 자서전에 대한 반응도 한편으로는 압도적으로 긍정적이었지만, 마일스를 윤리와 행위의 잣대로만 바라본 나머지 서평을 거절한 평론가도도 있었다. 또 순전히 저속한 말투만 집중적으로 비판한 이들도 있었는데, 이 말투는 마일스가 살면서 말한 방식이자 글로 옮길 때도 스스로 채택한 방식이다. 책에서 그런 언어를 표백해버렸다면 마일스의 목소리는 진정성을 잃었을 것이다. 그래서 우리는 그의 진실된 목소리를 간직하기 위해 그 결벽증 환자들에게 모욕을 줄 위험을 무릅쓰고 고의적인 모험을 하기로 결정했다.

마일스는 본토 아프리카인과 남부 출신의 아프리카계 미국인이 구사하는 음조 언어tonal language로 말한다. 음조 언어란 말로 내가 뜻하고자 했던 바는, 한 낱말이 음높이와 억양, 입말 방식에 따라 다른 의미를 지닐 수 있다는 것이다. 예를 들어 마일스는 '씨발놈'motherfucker이라는 말을 칭찬할 때도 쓰고 단순히 구두점처럼 쓰기도 한다. 어느 경우에라도, 책에서 당신이 듣는 목소리는 진정한 마일스이며 그렇지 않다면 내가 내 일을 제대로 해내지 못한 것이다. 이 책은 그의 이야기, 그의 책이며, 달리 의도한 게 딱히 없다. 덧붙이자면, 나는 마일스의 말을 들을 때, 내 아버지와 그 세대의 다른 많은 아프리카계 미국인 남자들의 말소리를 듣게 된다. 거리의 모퉁이에서, 이발소, 야구장, 체육관과 유혈이 낭자한 술집에서 나는 그들의 말을 들으며 자랐다. 이것은 하나의 말투이고 내가 바로 그것을 문서화했다는 것이 자랑스럽고, 또한 감사하게 여기는 바이다.

퀸시 트루프
뉴욕, 1990

감사의 말

이 책에 도움을 주기 위해 시간과 정보를 제공한 사람이 정말 많다. 그들의 귀중한 지원에 감사를 전한다. 휴 마세켈라Hugh Masekela, 맥스 로치Max Roach, 피터 슈컷Peter Shukat, 고든 멜처Gordon Meltzer, 허비 행콕Herbie Hancock, 웨인 쇼터Wayne Shorter, 론 카터Ron Carter, 토니 윌리엄스Tony Williams, 길 에번스Gil Evans, 빌 코스비 박사Bill Cosby, 지미 히스Jimmy Heath, 소니 롤린스Sonny Rollins, 리키 웰먼Ricky Wellman, 케니 개릿Kenny Garrett, 짐 로즈Jim Rose, 대릴 존스Darryl Jones, 빈스 월번 주니어Vince Wilburn, Jr., 빈스 월번 시니어Vince Wilburn, Sr., 도러시 데이비스 월번Dorothy Davis Wilburn, 프랜시스 테일러 데이비스Frances Taylor Davis, 유진 레드먼드Eugene Redmond, 밀러드 커티스Millard Curtis, 프랭크 걸리Frank Gully, 레드 보너Red Bonner 부부, 에드나 가드너Edna Gardner, 버나드 해셀Bernard Hassell, 밥 홀먼Bob Holman, 게리 기딘스Gary Giddins, 존 스티븐스Jon Stevens, 리사시Risasi, 이본 스미스Yvonne Smith, 제이슨 마일스Jason Miles, 밀트 잭슨Milt Jackson, 팻 미켈Pat Mikell, 하워드 존슨Howard Johnson, 디지 길레스피Dizzy Gillespie, 앤서니 바르보사Anthony Barboza, 『스핀』 매거진, 밥 구치오네 주니어Bob Guccione, Jr., 바트 불Bart Bull, 루디 랑글레Rudy Langlais, 아트 파머Art Farmer, 마커스 밀러Marcus Miller, 브랜퍼드 마살리스Branford Marsalis, 조지 버틀러George Butler, 샌드라 트림다코스타Sandra Trim-DaCosta, 버타 메이 그로스베너Verta Mae Grosvenor, 데이비드 프랭클린David Franklin, 마이클 워런Michael Warren, 마이클 일램Michael Elam, 주디스 말런Judith Mallen, 에릭 잉글스Eric Engles, 롤리 맥도널드Raleigh McDonald, 올루 다라Olu Dara, 하미

604

엣 블루잇Hamiett Bluiet, 레스터 보위Lester Bowie, 레오 메이틀런드 Leo Maitland, 에디 랜들 시니어Eddie Randle, Sr., 로스코 리 브라운 Roscoe Lee Browne, 프레디 버스Freddie Birth, 엘우드 뷰캐넌Elwood Buchanan, 재키 배틀Jackie Battle, 찰스 덕워스Charles Duckworth, 애 덤 홀츠먼Adam Holzman, 조지 허드슨George Hudson, 제임스 볼드 윈James Baldwin, 데이비드 볼드윈David Baldwin, 글로리아 볼드윈 Gloria Baldwin, 올리버 잭슨Oliver Jackson, 조 루돌프Joe Rudolph, 페 리스 잭슨Ferris Jackson, 데버러 커크Deborah Kirk, 콰쿠 린Kwaku Lynn, 음투메Mtume, 모니크 클레스카Monique Clesca, 오데트 치켈 Odette Chikel, 조조Jo Jo, 월터와 테레사 고든Walter and Teresa Gordon, 찰스 퀸시 트루프Charles Quincy Troupe, 에블린 라이스Evelyn Rice, 질 라랭Gille Larrain, 이슈마엘 리드Ishmael Reed, 리나 셰로드Lena Sherrod, 조지 티시George Tisch, 팻 크루즈Pat Cruz, 할렘 스튜디오 뮤 지엄The Studio Museum of Harlem, 매미 앤더슨Mammie Anderson, 크 레이그 해리스Craig Harris, 아미리 바라카Amiri Baraka, 도널드 해 리슨Donald Harrison, 테런스 블랜처드Terence Blanchard, 벤저민 릿 벨트Benjamin Rietveld, 케이 아카기Kei Akagi, 조지프 폴리 매크리 리Joseph Foley McCreary, 미키 배스Mickey Bass, 스티브 캐넌Steve Cannon, 피터 브래들리Peter Bradley, 조지 콜먼George Coleman, 잭 드조넷Jack DeJohnette, 새미 피게로아Sammy Figueroa, 마크 크로 퍼드Marc Crawford, 존 스터블필드John Stubblefield, 그렉 에드워 즈Greg Edwards, 앨프리드 '주니' 맥네어Alfred 'Junie' McNair, 토머 스 메디나Thomas Medina, 조지 페이슨George Faison, 제임스 피니 James Finney, 로벤 포드Robben Ford, 넬슨 조지Nelson George, 빌 그 레이엄Bill Graham, 마크 로스바움Mark Rothbaum, 라이오널 햄프턴 Lionel Hampton, 비버 해리스Beaver Harris, 리 코니츠Lee Konitz 부부,

토미 리푸마Tommy LiPuma, 해럴드 러빗Harold Lovett, 론 밀너Ron Milner, 허브 보이드Herb Boyd, 재키 매클레인Jackie McLean, 스티브 로랜드Steve Rowland, 스티브 래트너Steve Ratner, 아서와 신시아 리처드슨Arthur and Cynthia Richardson, 빌리 앨런Billie Allen, 칩 스턴Chip Stern, 도널드 서그스Donald Suggs, 마일런 시미치Milan Simich, 클라크 테리Clark Terry, 아서 테일러Arthur Taylor, 앨빈 '래피' 워드Alvin 'Laffy' Ward, 테리 윌리엄스Terrie Williams, 심 코판스Sim Copans, 조 오버스트리트Joe Overstreet, 오넷 콜먼Ornette Coleman, 캘빈 버츠 목사Rev. Calvin Butts, C. 버넌 메이슨C. Vernon Mason, 제임스 브라운James Brown, 애드거 코완스Adger Cowans, 수전 디샌즈Susan DeSandes, 클레이턴 라일리Clayton Riley, 레너드 프레이저Leonard Fraser, 폴라 기딩스Paula Giddings, 존 힉스John Hicks, 키스 자렛Keith Jarrett, 테드 조운스Ted Joans, 패티 라벨Patti LaBelle, 스튜어트 레빈Stewart Levine, 스털링 플럼프Sterling Plumpp, 리넬 헴필Lynell Hemphill, 프레드 허드슨Fred Hudson, 리언 토머스Leon Thomas, 클라이드 테일러Clyde Taylor, 치누아 아체베Chinua Achebe, 데릭 월콧Derek Walcott, 오거스트 윌슨August Wilson, 리타 도브Rita Dove, 대니 글로버Danny Glover, 테리 맥밀런Terry McMillen, 니키 조반니Nikki Giovanni, 아사키 보마니Asaki Bomani, 브루스 라이트 판사Judge Bruce Wright, 에드 윌리엄스Ed Williams, 애비 링컨(아미나타 모세카)Abbey Lincoln(Aminata Moseka), K. 커티스 라일K. Curtis Lyle, 데이비드 쿤David Kuhn, 잭 체임버스Jack Chambers, 에릭 나이슨슨Eric Nisenson, 이언 카Ian Carr, 그리고 일일이 언급할 수는 없지만 이 책에 기여한 다른 많은 분들께 감사한다.

원고를 꼼꼼히 읽어주고 귀중한 도움을 준 퀸시의 에이전트 마리 더튼 브라운Marie Dutton Brown에게 특별한 감사를 전한다. 매우 어려운 이 프로젝트를 조율하는 데 도움을 준 그녀의 조수 B. J. 아샨티B. J. Ashanti에게도 감사한다. 또한 휴의 조카 마부샤 마세켈라Mabusha Masekela에게 깊은 감사를 표하고 싶다. 그는 어느 날 저녁 전체 원고를 읽고 적절한 정보와 유용한 비평을 전해주었다. 사이먼 앤드 슈스터Simon and Schuster의 사람들, 특히 줄리아 니커보커Julia Knickerbocker, 캐런 와이츠먼Karen Weitzman, 버지니아 클라크Virginia Clark, 그리고 이 책의 아이디어를 사이먼 앤드 슈스터에 가져온 우리의 편집자 밥 벤더Bob Bender와 말라이카 아데로Malaika Adero에게 감사하고 싶다. 녹음된 인터뷰를 모두 전사하는 극도로 어려운 작업을 맡아 탁월하게 해낸 페이 벨러미Fay Bellamy, 패멀러 윌리엄스Pamela Williams, 그리고 신시아 시먼스Cynthia Simmons에게 감사를 표한다. 마지막으로, 원고를 여러 번 읽고 훌륭한 비평과 귀중한 정신적 지원을 아끼지 않은 퀸시의 아내 마거릿 포터 트루프Margaret Porter Troupe에게 감사한다.

다시, 이 책을 옮기고 나서

이 책은 작가 퀸시 트루프가 마일스 데이비스의 구술을 채록해 정리한 마일스 데이비스 자서전의 우리말 번역본이다. 1999년 집사재 출판사에서 출간된 이 책의 초판본 역시 내가 번역했는데, 당시 아쉬움이 적잖았다. 번역의 미숙함 때문이기도 했지만 원본 특유의 '구어체'를 있는 그대로 살리지 못한 점이 무엇보다도 아쉬웠다. 사실 이 책의 원본은 욕투성이다. 이에 관해 퀸시 트루프는 후기에서 이렇게 적고 있다.

이 말투는 마일스가 살면서 말한 방식이자 글로 옮길 때도 스스로 채택한 방식이다. 책에서 그런 언어를 표백해버렸다면 마일스의 목소리는 진정성을 잃었을 것이다. 그래서 우리는 그의 진실된 목소리를 간직하기 위해 그 결벽증 환자들에게 모욕을 줄 위험을 무릅쓰고 고의적인 모험을 하기로 결정했다.(「퀸시 트루프의 후기」, 603쪽)

그 숱하게 '유려한'(?) 욕들을 '삐~' 처리한다면 그건 닥터 드레의 힙합 음악을 클린 버전으로 듣는 것과 다를 바 없다. 마침 마티 출판사에서 이 책의 재출간본을 내려고 하니 다시 번역을 해달라는 의뢰를 해주어 나는 기쁜 마음으로 수락했다. 이번에는 구어체를 살리고 싶었다. 물론 오늘날 독자들의 감수성을 고려해야 마땅하지만, 출판사에서도 과감하게 원작의 분위기를 살리자는 데 동의하며 내가 보낸 샘플을 반겨주었다. 그렇게 해서 초판본의 문체를 완전히 수정하는 재번역이 시작되었고, 오랜 작업 끝에 마침내 재출간본이 나오게 된 것이다.

마일스 데이비스는 역사상 가장 위대한 재즈 뮤지션의 한 사람이자 '흑인 피카소'로도 불리는, 20세기의 가장 창의적인 음악가로 꼽힐 만한 미국의 음악가다. 이 책은 마일스 데이비스의 일인칭으로 기술된 자서전이긴 하지만, 동시에 반세기에 걸쳐 재즈의 역사에 큰 족적을 남긴 기라성 같은 재즈 명인들이 망라된, 엄청나게 생생한 재즈의 일상사이기도 하다. 원서 자체가 400쪽이 넘는 방대한 분량이라 번역하는 데 어려움이 컸다. 그사이에 많은 일이 있었다. 특히 팬더믹이 있었고, 나는 밴드 3호선 버터플라이를 다시 시작했다. 번역은 자주 중단되었다. 끝은 보이지 않고 시간이 하염없이 흘렀다. 내가 보기에 번역은 바느질과 비슷한 노동이다. 바느질에서 한 코를 못 거르듯, 번역은 한 문장을 건너뛸 수 없다. 끝없이 이어지는 문장들이 뒤로, 뒤로 흘러갈 때면 나는 잠자코 앉아서 끈기 있게 먼 길을 운전해야만 하는 사막의 드라이버가 된 기분이었다.

때로는 음악을 들으며, 때로는 눈물을 글썽이며 번역했다. 마일스 데이비스가 쥘리에트 그레코와 헤어지는 장면에서는 나도 모르게 눈물이 맺혔다. 마일스가 헤로인에 중독돼 있던 시절, 남아 있는 온 힘을 다해 필사의 정신으로 녹음한 『딕』에 관한 이야기가 나올 때 나는 불현듯 내가 가지고 있던 그 퍼런색 바이닐 재킷이 떠올랐다. 'DIG MILES DAVIS FEATURING SONNY ROLLINS'라는 글자들이 십자 퍼즐처럼 배치된 그 재킷. 바이닐들이 꽂혀 있는 방에 들어가 음반을 찾아 턴테이블에 걸고 길게 이어지는 즉흥연주를 들을 때, 번역은 어느샌가 멈춰지곤 했다. 역사상 최초로 롱플레잉 레코딩이 도입되기 시작했을 때, 가장 자유로움을 느낀 친구들은 바로 재즈 아티스트들이었다. 마일스가 자서전에서 밝히듯,

'3분의 틀 속에 자신들을 욱여넣어야 했던' 78회전 시절이 종지부를 찍고, 마음대로 길게 길게 솔로를 하며 서로를 즐길 수 있게 된 것이다.

지금도 그 음반을 다시 꺼내 들으며 이 글을 쓰고 있다. 나는 이십 대였던 1980년대 말에 이 전설적인 연주를 처음 접했다. 한국에서 재즈 명반들이 본격적으로 재발매되기 시작하던 시절이었다. 1987년 민주화 이후 막혔던 빗장이 풀리며 문화의 모든 영역에서 모든 것이 자유롭게 재발견되었는데, 재즈도 그중 하나였다. 의외로 1990년대 초의 한국이 재즈의 시대였다는 걸 기억하시는지. 당시 재즈 카페들이 우후죽순 생기며 재즈 붐이 일었었다. 그 무렵 나는 월간 『객석』에 재즈에 관한 글을 쓰면서 음악평론을 시작했고 그렇게 쓴 글들은 『재즈를 찾아서』(문학과 지성사, 1996)라는 책으로 엮였다. 그게 나의 첫 책이었다. 그러고 보니 나는 재즈로 글을 쓰기 시작한 셈이다. 이 책의 초판본을 번역하던 때가 그 시기였다. 그 이후 30년 가까이 세월이 흘렀고, 인생의 후반기에 접어들며 이 책의 재출간본을 내게 되어 감회가 남다르다. 책의 끝부분에 있는 이런 대목이 새삼 눈에 들어온다.

나는 영적인 것과 영혼을 믿어. 늘 그래왔지. (…) 맥스 로치, 소니 롤린스, 존 콜트레인, 버드, 디즈 (…) 이건 영적인 거고 오늘날 나 자신의 일부는 그들이야. 다 내 안에 있어. 그들로부터 배워서 내가 하게 된 것들. 음악은 영적인 것이고 영혼과 느낌에 관한 거야. 우리가 함께 존나 연주했던 음악이 허공 어디엔가에 반드시 있을 거야. 우리가 불어제껴 그리로 날려 보냈거든. 마술이고, 영적인 것들이야 그게.(599쪽)

음악은 참, 특히 재즈는, 덧없다. 남는 게 없다. 그래서 음악은, 우리가 살아버린 시간을 가장 리얼하게 복제하는 예술이다. 그러고 보니 올해가 벌써 마일스 데이비스 탄생 100주년이네? 그럼 콜트레인도 마찬가지. 둘이 동갑이니까. 검색해보니 벌써 전 세계적으로 많은 행사들이 기획되고 있더라. 그런 해에, 이렇게 멋진 책의 한국어 번역본을 다시 낼 수 있게 되어 기쁘다. 재출간을 제안해주고 그동안 끈기있게 게으른 번역자를 기다려준 마티의 정희경 대표님과 구어체로의 재번역 과정에서 많은 도움을 준 채현에게 깊은 고마움을 전하고 싶다. 다시 한번, 무거운 짐을 벗은 느낌이고, 이제 맘 편히 음악이나 들어야겠다.

2026년 벽두에, 단풍나무 아래에서
성기완

마일스 데이비스 스튜디오 녹음 음반 목록

마일스 데이비스의 방대한 음반 목록 가운데, 리더로 참여한 스튜디오 앨범을 정리한 것이다.

악기 약어는 다음과 같다.

(TP) = trumpet (트럼펫)
(AS) = alto saxophone (알토 색소폰)
(TS) = tenor saxophone (테너 색소폰)
(SS) = soprano saxophone (소프라노 색소폰)
(BS) = baritone saxophone (바리톤 색소폰)
(P) = piano (피아노)
(EL-P) = electric piano (전기 피아노)
(B) = bass (베이스) / acoustic bass (어쿠스틱 베이스)
(EL-B) = electric Bass (전기 베이스)
(D) = drums (드럼)
(TB) = trombone (트롬본)
(FLH) = flugelhorn (플뤼겔호른)
(G) = guitar (기타)
(VIB) = vibraphone (비브라폰)
(BCL) = bass clarinet (베이스 클라리넷)
(ORG) = organ (오르간)
(SYNTH) = synthesizer (신시사이저)
(PERC) = percussion (퍼커션)
(FRENCH HORN) = french horn (프렌치호른)
(TUBA) = tuba (튜바)
(SITAR) = sitār (시타르)
(TABLA) = tabla (타블라)
(DB) = double bass (더블 베이스)

앨범명 발매 연도 레이블	녹음일	연주자
The New Sounds 1951 Prestige PRLP 124	1951. 1. 17	Miles Davis (TP), Jackie McLean (AS), Sonny Rollins (TS), Walter Bishop Jr. (P), Tommy Potter (B), Art Blakey (D)
Miles Davis, Vol. 1 1953 Blue Note BLP 5022 (10")	1952. 5. 9	Miles Davis (TP), J.J. Johnson (TB), Jimmy Heath (TS, BS), Gil Coggins (P), Percy Heath (B), Art Blakey (D)
Young Man with a Horn 1953 Prestige PRLP 140 (10")	1951. 1. 17 1951. 10. 5	Miles Davis (TP), Jackie McLean (AS), Sonny Rollins (TS), Walter Bishop Jr. (P), Tommy Potter (B), Art Blakey (D)
Miles Davis, Vol. 2 1953 Prestige PRLP 161 (10")	1953. 2. 19	Miles Davis (TP), J.J. Johnson (TB), Jimmy Heath (TS), Gil Coggins (P), Percy Heath (B), Art Blakey (D)
Blue Period 1953 Blue Note BLP 5031 (10")	1953. 4. 20	Miles Davis (TP), Jimmy Heath (TS), Gil Coggins (P), Percy Heath (B), Art Blakey (D)
Miles Davis, Vol. 3 1954 Blue Note BLP 5040 (10")	1954. 3. 6	Miles Davis (TP), Horace Silver (P), Percy Heath (B), Art Blakey (D)
Miles Davis Quintet 1954 Prestige PRLP 185 (10")	1953. 5. 19 1954. 3. 15	Miles Davis (TP), Horace Silver (P), Percy Heath (B), Art Blakey (D)
Miles Davis Quartet 1954 Prestige PRLP 187 (10")	1954. 4. 29	Miles Davis (TP), Horace Silver (P), Percy Heath (B), Kenny Clarke (D)

Album	Date	Personnel
Miles Davis All Stars, Vol. 1 1954 Prestige PRLP 182 (10")	1954. 4. 3	Miles Davis [TP], Davey Schildkraut [AS], Lucky Thompson [TS], Horace Silver [P], Percy Heath [B], Kenny Clarke [D]
Miles Davis All Stars, Vol. 2 1954 Prestige PRLP 196 (10")	1954. 6. 29	Miles Davis [TP], Davey Schildkraut [AS], Lucky Thompson [TS], Horace Silver [P], Percy Heath [B], Kenny Clarke [D]
Walkin' 1955 Prestige PRLP 7076	1954. 12. 24	Miles Davis [TP], J.J. Johnson [TB], Lucky Thompson [TS], Horace Silver [P], Percy Heath [B], Kenny Clarke [D]
Bags' Groove 1955 Prestige PRLP 7109	1954. 12. 24	Miles Davis [TP], Milt Jackson [VIB], Thelonious Monk / Horace Silver [P], Percy Heath [B], Kenny Clarke [D]
The Musings of Miles 1955 Prestige PRLP 7007	1955. 6. 7	Miles Davis [TP], Red Garland [P], Oscar Pettiford [B], Philly Joe Jones [D]
Blue Moods 1955 Debut DEB 120	1955. 7. 9	Miles Davis [TP], Teddy Charles [VIB], Charles Mingus [B], Elvin Jones [D]
The New Miles Davis Quintet 1956 Prestige PRLP 7014	1955. 11. 16	Miles Davis [TP], John Coltrane [TS], Red Garland [P], Paul Chambers [B], Philly Joe Jones [D]
Miles 1956 Prestige PRLP 7014	1955. 8. 5	Miles Davis [TP], John Coltrane [TS], Red Garland [P], Paul Chambers [B], Philly Joe Jones [D]
Collectors' Items 1956 Prestige PRLP 7044	1953. 1. 30 1956. 3. 15	Miles Davis [TP], Sonny Rollins [TS], Charlie Parker [AS, 일부 트랙], Walter Bishop Jr. / Tommy Flanagan [P], Percy Heath / Paul Chambers [B], Philly Joe Jones / Art Taylor [D]

Cookin' with the Miles Davis Quintet 1957 Prestige PRLP 7094	1956. 10. 26	Miles Davis [TP], John Coltrane [TS], Red Garland [P], Paul Chambers [B], Philly Joe Jones [D]
Relaxin' with the Miles Davis Quintet 1958 Prestige PRLP 7129	1956. 5. 11 1956. 10. 26	Miles Davis [TP], John Coltrane [TS], Red Garland [P], Paul Chambers [B], Philly Joe Jones [D]
Workin' with the Miles Davis Quintet 1960 Prestige PRLP 7166	1956. 5. 11 1956. 10. 26	Miles Davis [TP], John Coltrane [TS], Red Garland [P], Paul Chambers [B], Philly Joe Jones [D]
Steamin' with the Miles Davis Quintet 1961 Prestige PRLP 7200	1956. 5. 11 1956. 10. 26	Miles Davis [TP], John Coltrane [TS], Red Garland [P], Paul Chambers [B], Philly Joe Jones [D]
'Round About Midnight 1957 Columbia CL 949	1955. 10. 26 1956. 6. 5	Miles Davis [TP], John Coltrane [TS], Red Garland [P], Paul Chambers [B], Philly Joe Jones [D]
Birth of the Cool 1957 Capitol T 762	1949. 1. 21 1949. 4. 22 1950. 3. 9	Miles Davis [TP], Kai Winding [TB], J.J. Johnson [TB], Mike Zwerin [TB], Bill Barber [TUBA], Junior Collins [FRENCH HORN], Gunther Schuller [FRENCH HORN], Lee Konitz [AS], Gerry Mulligan [BS], John Lewis [P], Al McKibbon [B], Kenny Clarke [D], Max Roach [D]
Miles Ahead 1957 Columbia CL 1041	1957. 5. 6 1957. 8. 22	Miles Davis [FLH], Gil Evans Orchestra
Milestones 1958 Columbia CL 1193	1958. 4. 2 1958. 4. 3	Miles Davis [TP], Cannonball Adderley [AS], John Coltrane [TS], Red Garland [P], Paul Chambers [B], Philly Joe Jones [D]

Jazz Track 1959 Columbia CL 1268	1957. 12. 4 1958. 5. 26	Miles Davis [TP], orchestra conducted by Michel Legrand
Porgy and Bess 1959 Columbia CL 1274	1958. 7. 22 1958. 8. 18	Miles Davis [TP, FLH], Gil Evans Orchestra
Kind of Blue 1959 Columbia CL 1355	1959. 3. 2 1959. 4. 22	Miles Davis [TP], Cannonball Adderley [AS], John Coltrane [TS], Bill Evans / Wynton Kelly [P], Paul Chambers [B], Jimmy Cobb [D]
Sketches of Spain 1960 Columbia CL 1480	1959. 11. 15 1959. 11. 20 1960. 3. 10	Miles Davis [TP, FLH], Gil Evans Orchestra
Someday My Prince Will Come 1961 Columbia CL 1656	1961. 3. 7 1961. 3. 20 1961. 3. 21	Miles Davis [TP], Hank Mobley [TS], John Coltrane [TS, 일부 트랙], Wynton Kelly [P], Paul Chambers [B], Jimmy Cobb [D], Philly Joe Jones [D, 일부 트랙]
Quiet Nights 1963 Columbia CL 2106	1962. 7. 27 1962. 8. 13 ~11. 6 1963. 4. 17	Miles Davis [TP, FLH], Gil Evans Orchestra
Seven Steps to Heaven 1963 Columbia CL 2051	1963. 4. 16 1963. 4. 17 1963. 5. 14	Miles Davis [TP], George Coleman [TS], Victor Feldman / Herbie Hancock [P], Ron Carter [B], Frank Butler / Tony Williams [D]
E.S.P. 1965 Columbia CL 2350	1965. 1. 20 ~1. 22	Miles Davis [TP], Wayne Shorter [TS], Herbie Hancock [P], Ron Carter [B], Tony Williams [D]
Miles Smiles 1967 Columbia CL 2601	1966. 10. 24 1966. 10. 25	Miles Davis [TP], Wayne Shorter [TS], Herbie Hancock [P], Ron Carter [B], Tony Williams [D]
Sorcerer 1967 Columbia CL 2732	1962. 8. 21 1967. 5. 16 1967. 5. 17 1967. 5. 24 1967. 8. 21	Miles Davis [TP], Wayne Shorter [TS], Herbie Hancock [P], Ron Carter [B], Tony Williams [D]

Nefertiti 1968 Columbia CS 9594	1967. 6. 7 1967. 6. 19 1967. 6. 22 1967. 6. 23 1967. 7. 19	Miles Davis [TP], Wayne Shorter [TS], Herbie Hancock [P], Ron Carter [B], Tony Williams [D]
Miles in the Sky 1968 Columbia CS 9628	1968. 1. 16 1968. 5. 15 ~5. 17	Miles Davis [TP], Wayne Shorter [TS], Herbie Hancock [P, EL-P], George Benson [G, 일부 트랙], Ron Carter [B], Tony Williams [D]
Filles de Kilimanjaro 1968 Columbia CS 9750	1968. 6. 19 ~6. 21 1968. 9. 24	Miles Davis [TP], Wayne Shorter [TS], Herbie Hancock / Chick Corea [EL-P], Ron Carter / Dave Holland [B], Tony Williams [D]
In a Silent Way 1969 Columbia CS 9875	1969. 2. 18	Miles Davis [TP], Wayne Shorter [SS], Herbie Hancock [EL-P], Chick Corea [EL-P], Joe Zawinul [EL-P, ORG], John McLaughlin [G], Dave Holland [B], Tony Williams [D]
Bitches Brew 1970 Columbia GP 26	1969. 8. 19 ~8. 21 1970. 1. 28	Miles Davis [TP], Wayne Shorter [SS], Bennie Maupin [BCL], Chick Corea [EL-P], Joe Zawinul [EL-P], Larry Young [EL-P], John McLaughlin [G], Dave Holland [B], Harvey Brooks [EL-B], Lenny White [D], Jack DeJohnette [D], Don Alias [PERC], Juma Santos [PERC]
A Tribute to Jack Johnson 1971 Columbia KC 30455	1970. 2. 18 1970. 4. 7	Miles Davis [TP], Steve Grossman [SS], Herbie Hancock [ORG], John McLaughlin [G], Sonny Sharrock [G], Michael Henderson [EL-B], Billy Cobham [D]
Live-Evil 1971 Columbia G 30954	1970. 2. 6 1970. 6. 3 1970. 6. 4 1970. 12. 19	Miles Davis [TP], Wayne Shorter [SS], Steve Grossman [SS], Gary Bartz [SS, AS], Herbie Hancock [EL-P], Chick Corea [EL-P], Keith Jarrett [EL-P], John McLaughlin [G], Dave Holland [B], Michael Henderson [EL-B], Jack DeJohnette [D], Airto Moreira [PERC]

On the Corner 1972 Columbia KC 31906	1972. 6. 1 1972. 6. 6 1972. 7. 7	Miles Davis (TP, ORG), Carlos Garnett (SS), Bennie Maupin (BCL), Herbie Hancock (EL-P), Chick Corea (EL-P), Harold I. Williams (EL-P), Michael Henderson (EL-B), Colin Walcott (SITAR), David Creamer (G), John McLaughlin (G), Khalil Balakrishna (SITAR), Badal Roy (TABLA), Billy Hart (D), Jack DeJohnette (D), Al Foster (D), Mtume (PERC)
Big Fun 1974 Columbia PG 32866	1969. 11. 19 1969. 11. 28 1970. 2. 6 1970. 3. 3 1972. 6. 12	Miles Davis (TP), Wayne Shorter (SS), Steve Grossman (SS), Bennie Maupin (BCL), Chick Corea (EL-P), Joe Zawinul (EL-P), Herbie Hancock (EL-P), Lonnie Liston Smith (EL-P), John McLaughlin (G), Sonny Sharrock (G), Dave Holland (B), Harvey Brooks (EL-B), Michael Henderson (EL-B), Billy Cobham (D), Jack DeJohnette (D), Airto Moreira (PERC)
Get Up with It 1974 Columbia PG 33236	1970. 5. 19 1972. 3. 9 1972. 9. 6 1972. 12. 8 1973. 9. 17 1974. 6. 19 1974. 10. 7	Miles Davis (TP, ORG), Wayne Shorter (SS), Steve Grossman (SS), Carlos Garnett (SS), Herbie Hancock (EL-P), Chick Corea (EL-P), Keith Jarrett (ORG), John McLaughlin (G), Reggie Lucas (G), Dave Holland (B), Michael Henderson (EL-B), Billy Cobham (D), Al Foster (D), Jack DeJohnette (D), Mtume (PERC), Badal Roy (TABLA)
The Man with the ***Horn*** 1981 Columbia FC 36790	1980. 6. 1 ~1981. 5. 6	Miles Davis (TP), Bill Evans (SS, TS), Mike Stern (G), Marcus Miller (B), Al Foster (D), Sammy Figueroa (PERC)
Star People 1983 Columbia FC 38657	1982. 1. 5 1982. 2. 3 1982. 8. 11 1982. 8. 28 1982. 9. 1	Miles Davis (TP), Bill Evans (SS), Branford Marsalis (SS, 일부 트랙), Mike Stern (G), John Scofield (G), Marcus Miller (B), Al Foster (D), Mino Cinelu (PERC)
Decoy 1984 Columbia FC 38991	1983. 6. 30 1983. 7. 7 1983. 9. 5 1983. 9. 10 1983. 9. 11	Miles Davis (TP), Branford Marsalis (SS), Bill Evans (SS), Robert Irving III (SYNTH), John Scofield (G), Darryl Jones (B), Al Foster (D), Mino Cinelu (PERC)

You're Under Arrest 1985 Columbia FC 40023	1984. 1. 26 ~1985. 1. 14	Miles Davis (TP, SYNTH), Bob Berg (SS, TS), John Scofield (G), Robert Irving III (SYNTH), Darryl Jones (B), Al Foster (D), Steve Thornton (PERC), Sting (VOCAL, 일부 트랙)
Tutu 1986 Warner Bros. 25490	1986. 1. 6 ~3. 25	Miles Davis (TP), Marcus Miller (B, SYNTH, PROGRAMMING), George Duke (SYNTH), Adam Holzman (SYNTH), Paulinho da Costa (PERC)
Amandla 1989 Warner Bros. 25873	1988. 12 ~1989년 초	Miles Davis (TP), Kenny Garrett (AS), Marcus Miller (B, SYNTH, PROGRAMMING), Rick Margitza (TS, 일부 트랙), Jean-Paul Bourelly (G), Foley (G), Omar Hakim (D), Paulinho da Costa (PERC)
Aura 1989 Columbia FC 45332	1985. 1. 31 ~2. 4	Miles Davis (TP), Palle Mikkelborg (TP, FLH), John McLaughlin (G), Bo Stief (B), Vince Wilburn (D), Danish Radio Big Band
Doo-Bop 1992 (사후 발매) Warner Bros. 26938	1991. 1. 19 ~2월	Miles Davis (TP), Easy Mo Bee (PRODUCER, PROGRAMMING), A.B. Money (RAP), J.R. (RAP)
Rubberband 2019 (사후 발매) Warner Bros./Rhino	1985. 10 ~ 1986. 1	Miles Davis (TP), Randy Hall (G, VOCALS), Zane Giles (SYNTH), Adam Holzman (SYNTH), Darryl Jones (B), Vincent Wilburn Jr. (D)

찾아보기

가너, 린튼 Garner, Linton 132

가너, 에롤 Garner, Erroll 132, 138, 175, 285

가넷, 카를로스 Garnett, Carlos 449, 467

가드너, 에바 Gardner, Ava 281, 308, 338, 339, 365

가르시아, 제리 Garcia, Jerry 433

가비, 마커스 Garvey, Marcus 29

가빈, 수전 Garvin, Susan 227

가이, 재스민 Guy, Jasmine 558

가이, 조 Guy, Joe 77, 82, 183

갈랜드, 레드 Garland, Red 270, 274, 285, 307, 309, 322, 328, 332, 333, 344, 389, 577

개리슨, 아브 Garrison, Arv 126

개리슨, 지미 Garrison, Jimmy 364, 573

개릿, 케니 Garrett, Kenny 542, 544, 556

개스킨, 레너드 Gaskin, Leonard 97, 229

걸리, 프랭크 Gully, Frank 41, 48

게이, 마빈 Gaye, Marvin 556

게츠, 스탄 Getz, Stan 183, 199, 220, 249, 423

『 겟 업 위드 잇 』 Get Up with It 447, 498

고든, 덱스터 Gordon, Dexter 77, 148, 155~157, 183, 196, 232, 320

고든, 맥스 Gordon, Max 324, 400

고든, 조 Gordon, Joe 228

고몽, 도미니크 Gaumont, Dominique 449, 475

골든 룰스 식료품점 Golden Rule's Grocery Store 19

「 골든 보이 」 Golden Boy 326, 436

구스타브 Gustav 41, 44~46, 59

굿맨, 베니 Goodman, Benny 47, 57

굿스타인, 오스카 Goodstein, Oscar 204, 206, 214

그라운드 호그 Ground Hog 187

그래미상 Grammy Awards 331, 450, 468, 514, 518, 554

그랜즈, 노먼 Granz, Norman 149, 150, 174, 351

그레이, 알 Al Grey 117

그레이, 워델 Gray, Wardell 191

그레이스톤 볼룸 Graystone Ballroom 225

그레이엄, 마사 Graham, Martha 580

그레이엄, 빌 Graham, Bill 431~433, 539, 540

그레이트풀 데드 Grateful Dead 431~433

그레코, 쥘리에트 Greco, Juliette 177~179, 184, 185, 262, 263, 265, 296, 310, 507

그로스맨, 스티브 Grossman, Steve 448, 449, 459

그리핀, 머브 Griffin, Merv 450

「 그린 돌핀 스트리트 」 Green Dolphin Street 310, 328

그린, 베니 Green, Bennie 202

글로, 버니 Glow, Bernie 346

글로버, 대니 Glover, Danny 574

글리슨 체육관 Gleason's Gym 210

글리슨, 랠프 Gleason, Ralph J. 361, 463

기타 guitar 507

긴즈버그, 앨런 Ginsberg, Allen 290

길레스피, 로레인 Gillespie, Lorraine 11, 87

길레스피, 디지 Gillespie, Dizzy 7~12, 45, 60, 65~67, 70, 73, 75, 79, 81, 82, 87, 88, 90~97, 99~101, 103~105, 112~117, 122, 124, 131, 137~141, 147, 152, 164, 167, 168, 175, 176, 178, 183, 188, 191, 199, 207, 221, 231, 233, 236, 248, 258, 307, 313, 333, 352, 359, 393, 411, 412, 454, 455, 466, 487, 502, 508, 520, 541, 542, 577, 593, 596

길모어, 존 Gilmore, John 277

나바로, '패츠' Navarro, 'Fats' 60, 73, 83,
　84, 113, 130, 138, 139, 148, 155, 175,
　176, 183, 187, 190, 192
나이로, 로라 Nyro, Laura 431, 433
넬슨, 윌리 Nelson, Willie 512
노르보, 레드 Norvo, Red 207
노백, 킴 Novak, Kim 120, 227
뉴먼, 조 Newman, Joe 138
뉴먼, 폴 Newman, Paul 365
뉴본, 피니어스 Newborn, Phineas 374
뉴욕 주지사 예술상 New York State
　Governor's Arts Award 562
뉴컴, 도널드(돈) Newcombe, Donald 189
뉴턴, 휴이 Newton, Huey P. 409
뉴포트 재즈 페스티벌 Newport Jazz
　Festival 329, 498, 501
니컬러스, 조지 '빅 닉' Nicholas, George
　'Big Nick' 207
「니퍼티티」 Nefertiti 398
『니퍼티티』 Nefertiti 397, 408

『다운비트』 Down Beat 104, 105, 152,
　197, 199, 232, 236, 364, 379, 384,
　407, 459
다운비트 클럽 Downbeat Club 90, 91,
　138, 210, 223
다이얼 Dial 123, 124, 129, 139, 146, 263
달리, 살바도르 Dali, Salvador 108, 109,
　110
대머론, 태드 Dameron, Tadd 113, 155,
　162, 176, 183, 190
댄드리지, 도러시 Dandridge, Dorothy 282,
　458
『댄스 투 더 뮤직』 Dance to the Music 418,
463
댄지그, 바비 Danzig, Bobby 9, 44
더글러스, 앨런 Douglas, Alan 458
「더 맨 아이 러브」 The Man I Love 314
「더 맨 위드 더 호른」 The Man with the
　Horn 495
『더 맨 위드 더 호른』 The Man with the
　Horn 494, 497, 501, 514
『더 스타』 The Star 562
던햄, 캐서린 Dunham, Katherine 237
데뷔 레이블 Debut label 273
데이비스, 그레고리 Davis, Gregory
　(아들) 119, 133, 185, 198, 336, 364, 382,
　403, 451, 484
데이비스, 도러시 Davis, Dorothy (누나)
　18~22, 33, 37, 52, 61, 283, 316, 364, 472,
　489, 555, 562
데이비스, 리처드 Davis, Richard 404, 407
데이비스, 마일스 듀이 Davis, Miles Dewey
　(할아버지) 14~16, 25, 26, 38
데이비스, 마일스 듀이, 4세 Davis, Miles Dewey,
　IV (아들) 195, 364, 403, 451
데이비스, 마일스 듀이, 3세 Davis, Miles Dewey, III
　└ 간염 404, 405
　└ 겸상 적혈구 빈혈 350, 365, 366, 381
　└ 엉덩이 관절 통증 및 수술 360, 404
　└ 궤양 477
　└ 뇌졸중 503~505
　└ 당뇨병 525, 526, 598
　└ 담석 수술 469
　└ 드로잉과 회화 507, 524, 583
　└ 라이트하우스 소동 239, 240
　└ 런던 공연에 대한 영국 언론의 반응 355
　└ 로스앤젤레스 마약 단속 196, 197
　└ 목소리 변화 288

┗ 냉담함 255, 256, 457
┗ 미술품 컬렉션 524
┗ 백인 기용에 대해 인종차별을 한다는
　비난 164
┗ 보이스카우트 39
┗ 복귀 491, 493, 494
┗ 성대 수술 288
┗ 신문 배달 26, 159
┗ 채보 일 143
┗ 어린 시절 장난기 13, 32
┗ 옷차림 18, 29, 32, 42, 61, 156, 157,
　289, 444, 445
┗ 은둔 481, 514
┗ 은퇴 475, 477, 495
┗ 은퇴 후 첫 콘서트 498
┗ 음악 레슨 37~41, 102
┗ 음악적 영향 8, 40, 79, 86, 94, 95
┗ 자동차 사고 470
┗ 전자 악기와 465, 466
┗ 종교적 선호 596
┗ 첫 그룹 결성 163
┗ 첫 레코딩 90
┗ 첫 자작곡 녹음 146
┗ 첫 트럼펫 20
┗ 초기의 공연들 48, 49
┗ 총격 피해 438, 439
┗ 카터의 밴드에서 116~119
┗ 코카인 단약 499, 503, 507
┗ 코카인 흡입 134, 135, 148, 186,
　254, 255, 287, 298, 381, 385, 441,
　462, 463, 472, 475, 480, 481,
　484~486, 498
┗ 클래식 음악 애호 365
┗ 텔레비전 토크쇼 출연 450
┗ 헤로인 단약 211, 212, 248, 254,
　255, 259, 320
┗ 헤로인 중독 34, 134, 180, 183, 185, 186, 187,
　188, 189, 192, 195, 202, 203, 206, 209, 213,
　224, 232, 239, 243, 504
┗ 혼다 광고 543
┗ 후두 결절 477
데이비스, 마일스 듀이, 2세 Davis, Miles Dewey, II
　31, 32, 34, 36, 49, 53, 55, 70, 234, 240, 370, 597
┗ 기차 사고 367
┗ 농장 35, 61, 212, 241
┗ 마일스에게 남긴 마지막 편지 368, 380
┗ 마일스의 마약 중독을 끊게 하기 위한
　노력 210~214
┗ 부인과의 불화 35
┗ 사망 368
┗ 이혼 61
┗ 인종에 대한 의식 29, 30
┗ 장례식 369
┗ 정치 경력 35
┗ 줄리아드 자퇴에 대한 반응 101
┗ 출신 배경 16
┗ 치과 의원 운영 18
┗ 트럼펫 선물 40
데이비스, 버넌 Davis, Vernon (남동생) 17, 19, 22, 37,
　40, 61, 316, 364, 369, 380, 562
데이비스, 베티 메이브리 Davis, Betty Mabry (두 번째
　부인) 359, 415, 416, 418, 435~437
데이비스, 새미, 주니어 Davis, Sammy, Jr. 326, 328,
　436, 530, 534
데이비스, 셰릴 Davis, Cheryl (딸) 63, 86, 116, 133,
　364, 382, 403, 451, 534
데이비스, 아이비 Davis, Ivy (할머니) 26
데이비스, 앨터비스 Davis, Altovise 530, 534
데이비스, 에드 Davis, Ed (삼촌) 26
데이비스, 에디 '록조' Davis, Eddie 'Lockjaw' 73, 90,

622

91, 207, 320

데이비스, 에린 Davis, Erin (아들) 438, 469, 485

데이비스, 조세핀(헤인스) Davis, Josephine(Hanes) (아버지의 두 번째 부인) 213

데이비스, 코린 Davis, Corrine (고모) 36

데이비스, 클라이브 Davis, Clive 426, 427, 430, 431, 487

데이비스, 클레오타 헨리 Davis, Cleota Henry (어머니) 167
  └ 남편과의 불화 35, 36
  └ 마일스와의 관계 18, 40, 41, 62, 63
  └ 블루스 피아노 연주 101
  └ 사망 380
  └ 암 투병 354, 379
  └ 인종문제 대한 의식 29

데이비스, 퍼디낸드 Davis, Ferdinand (삼촌) 16, 195

데이비스, 프랜시스 테일러 Davis, Frances Taylor 237, 322

데이비스, 프랭크 Davis, Frank 15

도겟, 빌 Doggett, Bill 139

「도나 리」 Donna Lee 146, 147

도럼, 케니 Dorham, Kenny 59, 87, 139, 174, 175, 191, 305, 542

도로우, 밥 Dorough, Bob 370

도비, 래리 Doby, Larry 182

도시, 지미 Dorsey, Jimmy 589

도시, 토미 Dorsey, Tommy 458

도슨, 윌리엄 Dawson, William 182

돌피, 에릭 Dolphy, Eric 384

돗슨, 호바트 Dotson, Hobart 132, 134

두란, 로베르토 Duran, Roberto 453

듀프리, 코넬 Dupree, Cornell 449, 497

드럼 머신 drum machine 535, 575, 576

드루, 케니 Drew, Kenny 204, 206

드 프랑코, 버디 De Franco, Buddy 175

『디렉션스』 Directions 397, 424, 447

디어리, 블로섬 Dearie, Blossom 172, 309

디조넷, 잭 DeJohnette, Jack 392, 417, 422, 423, 425, 449, 456, 461, 466, 482, 578, 597

『디코이』 Decoy 514

『딕』 Dig 208, 209

「딕 카벳 쇼」 Dick Cavett Show 450, 538

딘, 제임스 Dean, James 282

딜런, 밥 Dylan, Bob 388, 401, 426, 460

라벨, 모리스 Ravel, Maurice 323, 329, 335, 557

라스트 포에츠 Last Poets 409, 463, 525

라우스, 찰리 Rouse, Charlie 266

「라운드 미드나이트」 'Round Midnight 107, 292, 398

『라운드 어바웃 미드나이트』 'Round About Midnight 292

라이즈너, 로버트 Reisner, Robert 287

라이언, 앨프리드 Lion, Alfred 216, 230, 249, 250, 274

라이트하우스 Lighthouse 236, 239, 240

라이프타임 Lifetime 424

라티프, 유세프 Lateef, Yusef 246

라파로, 스콧 LaFaro, Scott 331

라흐마니노프, 세르게이 Rachmaninoff, Sergei 323, 335, 366

래번, 보이드 Raeburn, Boyd 127

래프트, 조지 Raft, George 120

랜드, 해럴드 Land, Harold 246

랜들, 에디 Randle, Eddie 55~57, 59, 60,
　　63, 65, 96
랩 음악 rap music 409, 509, 565, 580
러빗, 해럴드 Lovett, Harold 268, 272,
　　288, 289, 330, 332, 341, 342, 355,
　　408, 410, 435
러셀, 로스 Russell, Ross 117, 122, 124, 129,
　　139
러셀, 조지 Russell, George 172, 206, 321,
　　322
러셀, 컬리 Russell, Curly 81, 93, 97, 103,
　　162, 190
럭키스 Lucky's 206
런스퍼드, 지미 Lunceford, Jimmie 37, 56,
　　72
럼부기 클럽 Rhumboogie Club 55, 57, 58,
　　60, 63, 64
레너드, 슈거 레이 Leonard, Sugar Ray 258
레비, 스턴 Levey, Stan 155, 201, 204,
　　205
레비, 존 Levy, John 274
레이건, 로널드 Reagan, Ronald 547, 548,
　　551
레이그, 테디 Reig, Teddy 149
「레이지 수전」 Lazy Susan 227, 249
로드니, 레드 Rodney, Red 112, 148, 175,
　　183, 191, 228
로드리고, 호아킨 Rodrigo, Joaquin 344,
　　349
로런스, 베이비 Laurence, Baby 93, 187,
　　188
로런스, 아자르 Lawrence, Azar 449
로릴라드, 일레인 Lorillard, Elaine 271,
　　272
로브슨, 폴 Robeson, Paul 436

로빈스, 제롬 Robbins, Jerome 326
로빈슨, 슈거 레이 Robinson, Sugar Ray 182, 206, 247,
　　257, 258, 282, 411
로빈슨, 스모키 Robinson, Smokey 388
로빈슨, 재키 Robinson, Jackie 182
로빈슨, 제임스 Robinson, James 354, 378
로빈슨, 줄리 Robinson, Julie 238
로스, 애니 Ross, Annie 116
로스바움, 마크 Rothbaum, Mark 482, 498, 499, 511
로스앤젤레스(LA) Los Angeles 116~119, 122,
　　126~131, 133, 134, 139, 155, 190, 196~198, 230,
　　231, 233, 289, 344, 365, 372, 375, 378, 385, 402,
　　405, 407, 443, 534, 539
로슨, 세드릭 Lawson, Cedric 449
로열 루스트 Royal Roost 155, 161, 162, 164, 165, 174,
　　176, 177
로열, 어니 Royal, Ernie 347
로이, 바달 Roy, Badal 449
로이드, 찰스 Lloyd, Charles 417
로즈, 짐 Rose, Jim 476, 482, 498, 499, 504, 507,
　　525, 526, 527, 540, 553
로치, 맥스 Roach, Max 81, 83, 85, 87, 93, 103,
　　113~116, 119, 139, 141~143, 145, 147, 148,
　　150~154, 157, 158, 160~162, 164~167, 172, 174,
　　188, 199, 201, 203, 206, 231, 233~240, 246, 247,
　　268, 291, 324, 361~363, 392, 400, 401, 482,
　　487, 502, 541, 565, 572, 574, 593, 596, 597
로커모어, 클레어 Rockamore, Clair 246
롤린스, 소니 Rollins, Sonny 109, 143, 175, 183, 184,
　　186, 188, 198, 201, 202, 204~206, 208, 215, 219,
　　220, 250, 252, 254, 266, 274, 275, 278, 284, 289,
　　296, 305, 307, 365, 366, 372, 571, 597
루골로, 피트 Rugolo, Pete 166, 175
루이스, 제리 리 Lewis, Jerry Lee 388
루이스, 조 Louis, Joe 24, 182, 257, 453

루이스, 존 Lewis, John 147, 158, 162, 164~167, 172, 202, 229~231, 289

루카스, 레지 Lucas, Reggie 449, 474, 478

르그랑, 미셸 Legrand, Michel 329

리, 칼 Lee, Carl 294

리로이 Leroy 186

리버스, 샘 Rivers, Sam 385, 399

리버슨, 고더드 Lieberson, Goddard 371

리브먼, 데이브 Liebman, Dave 449, 467, 494

리오 Leo 20, 21, 27

리처드슨, 챈 Richardson, Chan 200, 269, 270

리턴 투 포에버 Return to Forever 459

리틀 리처드 Little Richard 388, 556

리틀, 부커 Little, Booker 374, 508

리푸마, 토미 LiPuma, Tommy 534, 535, 537

리핵, 프랭크 Rehak, Frank 370

『릴랙싱』 *Relaxin'* 292

릿펠트, 벤저민 Rietveld, Benjamin 564

링컨, 애비 Lincoln, Abbey 362

링컨고등학교 Lincoln High School 7, 40, 41, 51, 53, 63, 369

「마드무아젤 메이브리」 Mademoiselle Mabry 290

마마로사, 도도 Marmarosa, Dodo 122, 126, 136

마살리스, 브랜퍼드 Marsalis, Branford 508, 514

마살리스, 윈턴 Marsalis, Wynton 519, 541

마셜, 앨런 Marshall, Allan 232

마세로, 테오 Macero, Teo 291, 359, 379, 404, 422, 430, 466, 488, 493, 495, 510

마세켈라, 휴 Masekela, Hugh 411, 497, 509, 558

「마이 퍼니 밸런타인」 My Funny Valentine 130, 247, 253, 292, 398, 571

「마이애미 바이스」 Miami Vice 542, 543

마일스 데이비스 노넷(9중주단) Miles Davis's Nonet 162, 163, 166, 199

『마일스 데이비스 섹스텟 앳 필모어』 *Miles Davis Sextet at Fillmore* 447

『마일스 데이비스 섹스텟 앳 필모어 웨스트』 *Miles Davis Sextet: At Fillmore West* 447

『마일스 데이비스 셉텟 앳 디 아일 오브 와이트』 *Miles Davis Septet: At the Isle of Wight* 447

『마일스 데이비스 셉텟 앳 필하모닉 홀』 *Miles Davis Septet: At Philhamonic Hall* 447

『마일스 데이비스 앤드 더 모던 재즈 자이언츠』 *Miles Davis and the Modern Jazz Giants* 265

『마일스 데이비스 올스타스』 *Miles Davis All Stars* 147

마일스 데이비스의 신비함 328

『마일스 데이비스 인 유럽』 *Miles Davis in Europe* 377, 412

『마일스 데이비스 쿼텟』 *Miles Davis Quartet* 249, 250, 271

『마일스 데이비스 퀸텟 인 세인트루이스』 *Miles Davis Quintet: In St. Louis* 376

마일스, 버디 Miles, Buddy 420, 452

『마일스 스마일스』 *Miles Smiles* 405

『마일스 어헤드』 *Miles Ahead* 172, 307, 334

『마일스 인 더 스카이』 *Miles in the Sky* 397, 414, 415

마일스, 제이슨 Miles, Jason 535, 537

「마일스톤스」 Milestones 321, 377, 398

『마일스톤스』 Milestones 334

마일지언 코드 Milesian Chords 579

마티스, 조니 Mathis, Johnny 327

마하비슈누 오케스트라 Mahavishnu
    Orchestra 459

매디슨, 리바이 Maddison, Levi 48

매코이, 코키 McCoy, Corky 405

매크리리, 조셉 폴리 McCreary, Joseph
    Foley 474, 539

매클레인, 존 T. McClain, John T. 365, 517

매클레인, 재키 McLean, Jackie 94, 186,
    188, 204, 208, 210, 217, 274, 276,
    306, 514

매클로플린, 존 McLaughlin, John 424,
    449, 459, 519

매킨리 극장 McKinley Theatre 139, 140

맥기, 도러시 McGhee, Dorothy 125

맥기, 하워드 McGhee, Howard 60, 118,
    120~122, 125, 126, 129, 140

맥대니얼스, 랄레이 McDaniels, Ralaigh 41

맥레이, 카먼 McRae, Carmen 336

맥머리, 프레드 MacMurray, Fred 548,
    549

맥밀런, 빅 McMillan, Vic 122

맨, 셸리 Manne, Shelly 175, 233

맬컴 엑스 Malcolm X 219, 415

머주어, 매릴린 Mazur, Marilyn 565

머피, 에디 Murphy, Eddie 520, 534

머피, 크리스 Murphy, Chris 499, 512

먼로, 매릴린 Monroe, Marilyn 237, 458

멀리건, 제리 Mulligan, Gerry 162~164,
    166, 167, 172, 183, 191, 220, 221, 271

메이번, 해럴드 Mabern, Harold 373~375

메이브리, 베티 Betty Mabry 359, 415,
418, 495

메이즈, 얼 Mays, Earl 466

메이즈, 윌리 Mays, Willie 548

『메트로놈』 Metronome 92, 165, 175, 199, 203

멜빈, 해럴드 Melvin, Harold 382

모건, 리 Morgan, Lee 508

모레이아, 아이르투 Moreira, Airto 448, 449, 460

모로, 조지 Morrow, George 246

모리슨, 샘 Sam Morrison 478

모블리, 행크 Mobley, Hank 359, 360, 366

모션, 폴 Motian, Paul 331

모타운 Motown 388, 427, 461

모핀, 베니 Maupin, Bernie 429

몬드래건, 조 Montdragon, Joe 344

몬트레이 재즈 페스티벌 Monterey Jazz Festival 377,
    443

몽크, 델로니어스 Monk, Thelonious 73, 79, 81, 87,
    94, 95, 103, 107~113, 115, 145, 207, 228, 249,
    259, 265~267, 271~273, 295, 305, 307~309,
    311, 379, 387, 394, 412, 521, 560, 597

무디, 제임스 Moody, James 177

무어, 다넬 Moore, Darnell 39

무어, 루디 레이 Moore, Rudy Ray 462

무어, 브루 Moore, Brew 190

「무브」 Move 166, 167, 252

무존, 알폰스 Mouzon, Alphonse 392

무치, 루이스 Mucci, Louis 347

뮤지얼, 스탠 Musial, Stanley 189

미슐로, 피에르 Michelot, Pierre 177, 310

『미스터 원터풀』 Mr. Wonderful 328

미첼, 아서 Mitchell, Arthur 282

미첼, 빌리 Mitchell, Billy 246

미켈란젤리, 아르투로 Michelangeli, Arturo
    Benedetti 323, 366

미켈보르, 팔레 Mikkelborg, Palle 519, 539, 563, 572

민턴스 플레이하우스 Minton's
    Playhouse 70~74, 76, 79, 80~82,
    84, 85, 90, 91, 98, 106, 112, 113,
    119, 147, 164, 187, 190, 207, 430
밀러, 마커스 Miller, Marcus 465, 496,
    500, 503, 510, 511, 535~539, 553,
    554, 558, 561, 575
밀스타트 Millstadt 35, 61, 212, 241
밍거스, 찰리 Mingus, Charlie 119,
    126~128, 130, 133, 134, 207, 208,
    231, 233~236, 273, 274, 498, 597

바르샤바 Warsaw 공연 515
바버, 빌 Barber, Bill 162, 166, 167, 329
바이어스, 돈 Byas, Don 75, 108, 296
바치아노, 윌리엄 Vachiano, William 86
반 겔더, 루디 Van Gelder, Rudy 251, 265,
    290, 292
발라크리슈나, 칼릴 Balakrishna,
    Khalil 449
발레 아프리캥 Ballet Africaine 322, 335
발리엣, 휘트니 Balliett, Whitney 279
『밥리시티』 Boplicity 165
배럴하우스 Barrelhouse 212
배틀, 재키 Battle, Jackie 437, 440, 457,
    467, 469, 482, 483, 531
「백 시트 베티」 Back Seat Betty 495, 509
『밴드 오브 집시스』 Band of Gypsys 420
버그, 밥 Berg, Bob 522, 539, 544
브릭스, 버니 Briggs, Bunny 187
버드, 도널드 Byrd, Donald 246, 375
버드, 루디 Bird, Rudy 565
버드랜드 Birdland 144, 177, 190, 191,
    204, 206, 207, 214~216, 224, 228,

231, 233, 248, 255, 336, 339, 340, 359,
    363, 365, 412, 572
버디 Buddy (보석 예술가) 237, 238
버브 Verve 200, 208, 228
버스, 아이린 Birth, Irene 51~55, 62, 63, 65,
    79, 86, 105, 106, 116, 119, 133, 148, 159,
    178, 184, 185, 194, 195, 268, 290, 477
버스, 프레디, 주니어 Birth, Freddie, Jr. 53
버턴, 리처드 Burton, Richard 282, 365
버틀러, 조지 Butler, George 487, 491, 493,
    494, 519
벅마스터, 폴 Buckmaster, Paul 428, 463, 464,
    596
번스타인, 레너드 Bernstein, Leonard 291, 356,
    401, 518, 580
번치, 랠프 Bunche, Ralph 182
벌, 밀턴 Berle, Milton 589
베넷, 토니 Bennett, Tony 281
베리, 척 Berry, Chuck 388, 588
베셰, 시드니 Bechet, Sidney 138
베이시, 카운트 Basie, Count 37, 113, 165, 271,
    589
『베이직 마일스』 Basic Miles 292
베이커, 앤 Baker, Ann 134
베이커, 쳇 Baker, Chet 183, 199, 221, 236,
    248, 394
베이커, 해럴드 Baker, Harold 8
베이커스 키보드 라운지 Baker's Keyboard
    Lounge 246
베일리, 펄 Bailey, Pearl 472
벡, 조 Beck, Joe 413
벤슨, 조지 Benson, George 413, 517
벨라폰테, 줄리 Belafonte, Julie 382, 402
벨라폰테, 해리 Belafonte, Harry 238, 382,
    402, 531

보보, 윌리 Bobo, Willie 370

보스 앤드 클럽 Both and Club 407

보스틱, 얼 Earl Bostic 138

보이드, 넬슨 Boyd, Nelson 107, 147, 167

보이시스 오브 이스트 할렘 Voices of East Harlem 431

본, 세라 Vaughan, Sarah 10, 66, 134, 137, 191, 359, 412, 423

볼드윈, 제임스 Baldwin, James 401, 497, 560, 591

부리질 pecking 109

부시, 바버라 Bush, Barbara 548

부시, 조지 Bush, George 548

뷰캐넌, 엘우드 Buchanan, Elwood 39~43, 48, 53, 578

브라운, H. 랩 Brown, H. Rap 409

브라운, 로스코 리 Browne, Roscoe Lee 382

브라운, 제임스 Brown, James 110, 388, 418, 461, 463, 464, 556, 580, 598

브라운, 클리퍼드 Brown, Clifford 197, 221, 246, 290, 362, 508

브란도, 말론 Brando, Marlon 282, 308, 324, 365, 403

브라이언트, 레이 Bryant, Ray 276

브래드쇼, '타이니' Bradshaw, 'Tiny' 60, 126

브래튼, 조니 Bratton, Johnny 257

브랜턴, 리오 Branton, Leo 196

브루벡, 데이브 Brubeck, Dave 199, 271, 289

브루어, 셰리 '피치스' Brewer, Sherry 'Peaches' 472

브룩스, '듀크' Brooks, 'Duke' 46, 48

브룩스, 하비 Brooks, Harvey 449

「브링 온 더 나이트」 Bring on the Night 532

블래키, 아트 Blakey, Art 7, 66, 132, 148, 183, 188~191, 195~197, 204~208, 211, 217, 218, 230, 232, 249~253, 354, 385, 390~392, 508, 544

블랙몬, 래리 Blackmon, Larry 556

블랙번 Blackburn 257

블랙호크 Blackhawk 319, 338, 360, 361, 373, 375

블랜턴, 지미 Blanton, Jimmy 46, 56, 393

블랭크, 레스터 Blank, Lester 511

블랭크, 제리 Blank, Jerry 511

블러드, 스웨트 앤드 티어스 Blood, Sweat and Tears 251

블레어, 샐리 Blair, Sally 237

블루 데블스 Blue Devils 55~57

블루 버드 Blue Bird 246

블루 코로넷 클럽 Blue Coronet Club 438, 440

블루노트 Blue Note 216, 230, 248~250, 321, 487

비셋, 재클린 Bisset, Jacqueline 584

비숍, 월터 Bishop, Walter 175, 186~188, 201, 205, 206, 208, 228

『비치스 브루』 Bitches Brew 426, 427, 430, 431, 435, 456, 467, 596

비토우시, 미로슬라프 Vitous, Miroslav 421, 459

비틀스 Beatles 388

바이더벡, 빅스 Beiderbecke, Bix 291

『빅 펀』 Big Fun 447, 467

빌렌, 바니 Wilen, Barney 310

빌리지 뱅가드 Village Vanguard 324, 329, 360, 370, 383, 400, 404, 438

사르트르, 장폴 Sartre, Jean-Paul 179, 296

사보이 Savoy 103, 145~147, 149

사보이 볼룸 Savoy Ballroom 71

사이먼, 폴 Simon, Paul 570

「사형대의 엘리베이터」Elevator to the
    Gallows 310, 329
산타나, 카를로스 Santana, Carlos 431,
    457, 540
상파울루 São Paulo 475
「새터데이 나이트 라이브」Saturday Night
    Live 503
샌즈, 다이애나 Sands, Diana 406
생제르맹 Club St. Germain 296, 310
샤르마, 비하리 Sharma, Bihari 449
샤록, 소니 Sharrock, Sonny 449
샤피로, 렌 Shapiro, Ren 385
서덜랜드 라운지 Sutherland Lounge 283,
    316, 364
「서클 인 더 라운드」Circle in the
    Round 398, 452
『서클 인 더 라운드』*Circle in the
    Round* 397, 447
선 라 Sun Ra 277
『섬데이 마이 프린스 윌 컴』*Someday My
    Prince Will Come* 359
「세븐 스텝스 투 헤븐」Seven Steps to
    Heaven 375, 376, 402
셀러 도어 Cellar Door 459
셉, 아치 Shepp, Archie 383, 387
소닝 뮤직 어워드 Sonning Music
    Award 518, 539
『소서러』*Sorcerer* 359, 397, 407, 408
손턴, 스티브 Thornton, Steve 539
손힐, 클로드 Thornhill, Claude 146, 162,
    166, 168
쇼, 빌리 Shaw, Billy 116, 139, 149, 278
쇼, 아티 Shaw, Artie 480
쇼터, 웨인 Shorter, Wayne 351, 354, 370,
    385, 390, 408, 448, 449

슈컷, 피터 Shukat, Peter 527
슈토크하우젠, 카를하인츠 Stockhausen,
    Karlheinz 463, 464, 473, 474
슐러, 건서 Schuller, Gunther 167
슐먼, 조 Shulman, Joe 166, 167
스노든, 엘머 Snowden, Elmer 377
스리 듀시스 Three Deuces 73~75, 88, 92, 93,
    97, 98, 137, 138, 141, 142, 147, 150, 152,
    161, 169, 177, 589
스몰스 파라다이스 Small's Paradise 85, 206,
    207
스미스, 로니 리스턴 Smith, Lonnie Liston 449
스미스, 베시 Smith, Bessie 37, 589
스미스, 지미 Smith, Jimmy 278, 279
『스케치스 오브 스페인』*Sketches of Spain*
    344, 346, 348, 349, 351, 359, 361, 517,
    553
스코필드, 존 Scofield, John 510, 514, 533, 538
스콧, 조지 C. Scott, George C. 405
「스타 온 시슬리」Star on Cicely 510
『스타 피플』*Star People* 510, 511
스터블필드, 존 Stubblefield, John 449
스턴, 마이크 Stern, Mike 497, 500, 510, 514,
    538
스턴, 아이작 Stern, Isaac 366
스텝 브러더스 Step Brothers 187
스톤, 슬라이 Stone, Sly 416, 420, 426,
    461~464, 474, 497, 556, 564, 580
스트라이샌드, 바브라 Streisand, Barbra 401
스트레이혼, 빌리 Strayhorn, Billy 168
스트로저, 프랭크 Strozier, Frank 373~375
「스트리트 스마트」Street Smart 540, 561
『스티밍』*Steamin'* 292
스팃, 소니 Stitt, Sonny 60, 94, 132, 148, 163,
    164, 183, 191, 320, 355, 359

스팅 Sting 522, 532, 533, 538, 540, 564, 570, 572, 573

스포트라이트 Spotlite 74, 97, 98

스핑크스, 마이클 Spinks, Michael 258

슬라이 앤드 더 패밀리 스톤 Sly and the Family Stone 418, 457

슬레지 Sledge 187

시나트라, 프랭크 Sinatra, Frank 132, 281, 394, 572

시넬루, 미노 Cinelu, Mino 497, 500, 522, 544, 556, 564

시드너, 도리스 Sydnor, Doris 106, 200, 283

시어링, 조지 Shearing, George 203, 248

「시핀 앳 벨스」 Sippin' at Bell's 147, 205

실버, 호레이스 Silver, Horace 249, 252, 253~255

심스, 주트 Sims, Zoot 223, 224, 229, 271

심슨, 밸러리 Simpson, Valerie 558

심포니 시드 Symphony Sid 161, 191, 215, 223, 224

아가일 쇼 바 Argyle Show Bar 150

「아랑후에스 협주곡」 Concierto de Aranjuez 344, 349

『아만들라』 Amandla 562, 565

존스, 리로이 Jones, LeRoi (바라카, 아미리 Baraka, Amiri) 290, 409, 525

「아이 러브스 유, 포기」 I Loves You, Porgy 325, 337

아케스트라 Arkestra 277

아폴로 극장 Apollo Theater 225, 338

알라, 로버트 Allah, Robert 452

알렉산더, 어빙 Alexander, Irving 177

알리, 무하마드 Ali, Muhammad 257

암스트롱, 루이 Armstrong, Louis 37, 115, 138, 257, 270, 271, 450, 454, 521, 589

암스트롱, 헨리 Armstrong, Henry 24, 257

앙티브 Antibes 376, 377, 401, 402, 435

애덜리, 냇 Adderley, Nat 309

애덜리, 줄리아 '캐넌볼' Adderley, Julian 'Cannonball' 274, 275, 309, 310, 315~318, 320, 321, 330, 331, 333, 334, 339, 343, 344, 353, 413, 422, 428, 448

애먼스, 진 Ammons, Gene 7, 132, 183

애버키언, 조지 Avakian, George 273, 281, 284, 285

애스테어, 프레드 Astaire, Fred 548

애시퍼드, 닉 Ashford, Nick 558

앤더슨, 메리앤 Anderson, Marian 282

앤더슨, 버디 Anderson, Buddy 7, 10, 66, 67

앤더슨, 실라 Anderson, Sheila 472

앨런, 레드 Allen, Red 137

앨런, 스티브 Allen, Steve 450, 451

『어 러브 수프림』 A Love Supreme 409, 411

어빙, 로버트 Irving, Robert 494, 495, 514, 539, 556

어턱스중학교 Attucks Junior High 39, 40

에르테귄, 네수히 Ertegün, Nesuhi 332

에번스, 길 Evans, Gil 113, 146, 162, 164, 168, 171, 181, 261, 307, 314, 326, 334, 344, 370, 378, 412, 420, 422, 482, 510, 517, 553, 559, 572, 593

에번스, 빌 Evans, Bill (색소폰) 420, 433, 494, 496, 498, 500, 510, 514, 522

에번스, 빌 Evans, Bill (피아노) 322, 328, 329, 333, 334, 573

『에보니』 Ebony 232, 364, 371

에일러, 앨버트 Ayler, Albert 387

에스크리지, 마거리트 Eskridge, Marguerite 359, 437

엑스틴, 빌리 Eckstine, Billy 7, 8, 10, 44, 65, 66, 76, 130, 131, 178, 195, 218, 567

엘 시노 El Sino 149

엘드리지, 로이 Eldridge, Roy 82, 113

엘리엇, 돈 Elliott, Don 215

엘링턴, 듀크 Ellington, Duke 8, 37, 41,
46, 55, 57, 72, 80, 130, 167, 168, 170,
217, 218, 411, 497, 557, 579, 588, 589

영, 래리 Young, Larry 424, 449

영, 레스터 Young, Lester 8, 59, 91, 94,
109, 138, 144, 160, 249, 296, 313

「예스터데이스」 Yesterdays 216~220

예이츠, 새미 Yates, Sammy 126

오닉스 Onyx 73~75, 98, 137, 138, 152,
175, 176, 191

오더본 볼룸 Audubon Ballroom 219, 277

오데이르, 앙드레 Hodeir, Andre 311

오데이, 아니타 O'Day, Anita 198, 559

『오라』 Aura 519, 539, 563, 572

『온 그린 돌핀 스트리트』 On Green
Dolphin Street 328

『온 더 코너』 On the Corner 447, 463,
464, 467, 472, 473

와인, 조지 Wein, George 271, 412, 498,
558, 571

와인딩, 카이 Winding, Kai 166, 167, 175,
177, 191, 199, 220

와인스톡, 밥 Weinstock, Bob 198, 202,
208, 229, 248, 249, 251, 252, 267,
268, 270, 273, 285, 286, 290, 332

왓킨스, 랠프 Watkins, Ralph 155, 165

우드먼, 브릿 Woodman, Britt 126

울라노프, 배리 Ulanov, Barry 92, 165,
589

워너 브러더스 Warner Bros. 523, 534,
538, 563

워런, 마이크 Warren, Mike 556

「워밍업 어 리프」 Warmin' Up a Riff 104

워싱턴, 다이나 Washington, Dinah 363

워크맨, 레지 Workman, Reggie 404

『워킹』 Walkin' 251, 267

『워킹』 Workin' 292, 313

『워터 베이비스』 Water Babies 408

「워터멜론 맨」 Watermelon Man 421

워터스, 머디 Waters, Muddy 413, 474

원더, 스티비 Wonder, Stevie 388, 459, 461, 497

월콧, 재키 Walcott, Jackie 238

웨더 리포트 Weather Report 459, 509

웨어, 윌버 Ware, Wilber 308

웰먼, 리키 Wellman, Ricky 555, 565, 575

웰스, 디키 Wells, Dicky 139

웰스, 오손 Welles, Orson 96, 572

웹스터, 벤 Webster, Ben 91, 109, 148, 252

웹스터, 프레디 Webster, Freddie 70, 79,
83~86, 95, 100, 106, 113, 131, 138, 139,
148, 183, 192, 247, 317,

위르트레제, 르네 Urtreger, Rene 310

「위대한 공연」 Great Performances 540

위트모어, 잭 Whittemore, Jack 278, 287, 303,
333, 376, 385

윌리스, 래리 Willis, Larry 466

윌리엄스, 버스터 Williams, Buster 407

윌리엄스, 빌리 디 Williams, Billy Dee 534, 548

윌리엄스, 토니 Williams, Tony 220, 374, 375,
383, 390, 391, 412, 422, 424, 459, 480,
515, 517

윌리엄스, 해럴드 Williams, Harold 449

윌번, 빈센트 Wilburn, Vincent 149, 489, 494,
522, 539

윌번, 빈센트 시니어 Wilburn, Vincent, Sr. 555

윌슨, 러스 Wilson, Russ 338

윌슨, 섀도 Wilson, Shadow 308

유뱅크스, 알마 Eubanks, Alma 19, 20, 31

『유어 언더 어레스트』 You're Under
　Arrest 518, 522, 523

음완디시 Mwandishi 459

이스트세인트루이스 East St. Louis 14, 18,
　19, 24, 26, 27, 31, 47~52, 57, 62, 66,
　70, 74, 80, 100, 116, 119, 153, 172,
　194, 195, 198, 211, 213, 233, 234, 239,
　241, 244, 316, 342, 367, 369, 380,
　381, 514, 593

이슬람 Islam 452, 596

이집션 마이너 스케일 Egyptian minor
　scales 87

「인 어 사일런트 웨이」 In a Silent
　Way 424

『인 어 사일런트 웨이』 In a Silent
　Way 417, 424, 425, 428, 447

일본 Japan 385, 501, 503, 512, 514, 525,
　554, 563, 577, 580, 581, 588

잇 클럽 It Club 365, 375

자렛, 키스 Jarrett, Keith 417, 444, 449,
　453, 461, 578

자말, 아마드 Jamal, Ahmad 253, 254,
　259, 266, 270, 271, 285, 315

자비눌, 조 Zawinul, Joe 333, 413, 421,
　422, 424, 428, 448, 449, 459

『자이언트 스텝스』 Giant Steps 338

자케이, 러셀 Jacquet, Russell 139

자케이, 일리노이 Jacquet, Illinois 113,
　138, 139, 164, 341

재스퍼, 바비 Jaspar, Bobby 309

재즈 갤러리 Jazz Gallery 352

재즈 메신저스 Jazz Messengers 354, 385

재즈 서빌 클럽 Jazz Serville Club 353

재즈 앳 더 필하모닉 Jazz at the Philharmonic 149

「잭 존슨」 Jack Johnson 452, 453

잭슨, 마이클 Jackson, Michael 557, 558

잭슨, 무뇬고 Jackson, Munyungo 565

잭슨, 밀트 Jackson, Milt 73, 112, 113, 116, 223, 265,
　276, 296

잭슨, 재닛 Jackson, Janet 365

전기 피아노 electric piano 413, 422, 453, 455, 507

전미유색인지위향상협회 NAACP 29

제임스, 해리 James, Harry 8, 37, 42, 49

조던, 듀크 Jordan, Duke 141, 145, 158, 162

조던, 태프트 Jordan, Taft 347

존스, 대릴 Jones, Darryl 511, 514, 522, 532, 533,
　538, 539, 556, 564, 567

존스, 엘빈 Jones, Elvin 243, 246, 273, 333, 348,
　364, 573, 574

존스, 퀸시 Jones, Quincy 324~326, 401, 517, 534,
　550, 593

존스, 태드 Jones, Thad 246, 276

존스, 필리 조 Jones, Philly Joe 186, 193, 228, 230,
　246, 255, 270, 271, 274, 277~279, 281, 284, 285,
　288, 290, 298~305, 308, 318, 319, 328, 329,
　332, 359, 392, 513, 517, 560, 577, 597

존슨, 버드 Johnson, Budd 137

존슨, J.J. Johnson, J.J. 83, 113, 149, 164, 167, 175,
　183, 190, 191, 199, 206, 211, 216, 223, 251, 274,
　366, 517

존슨, 잭 Johnson, Jack 453

존슨, 하워드 Johnson, Howard 466

존스, 행크 Jones, Hank 137, 217

줄리아드 Juilliard School of Music 65, 66, 70, 76, 79,
　80, 82, 83, 85, 87, 100~102, 275, 580

즈웨린, 마이클 Zwerin, Michael 162, 164, 166

쫄병님 Soldier 259, 261, 262

지글스타인, 샌디 Siegelstein, Sandy 167
지틀러, 아이라 Gitler, Ira 208, 229

『찰리 파커 올스타스』 Charlie Parker All Stars 145
『찰리 파커 퀸텟』 Charlie Parker Quintet 149
찰스, 레이 Charles, Ray 547, 548, 551, 552
찰스, 에저드 Charles, Ezzard 257
척 브라운 앤드 더 소울 서처스 Chuck Brown and the Soul Searchers 556
「체로키」 Cherokee 99, 103, 104, 119, 159
체리, 도러시 Cherry, Dorothy 63
체리, 돈 Cherry, Don 356~358
체임버스, 폴 Chambers, Paul 220, 274, 279, 283, 285, 288, 289, 301, 303, 307, 329, 359, 366, 373, 389, 577
『초감각적 지각』 E.S.P. 397
친 박사 Chin, Dr. 502, 504

카리시, 조니 Carisi, Johnny 172
카마이클, 스토클리 Carmichael, Stokeley 409
카메오 Cameo 556, 558, 566, 567
카벳, 딕 Cavett, Dick 450, 538
카사브 Kassav 556, 565, 570
카슨, 조니 Carson, Johnny 450
카운트 베이시스 Count Basie's 421, 424
『카인드 오브 블루』 Kind of Blue 334, 335, 338, 388, 398, 418, 425, 428, 594

카터, 론 Carter, Ron 373, 375, 378, 390, 404, 407, 408, 421, 449, 515, 517
카터, 베니 Carter, Benny 8, 59, 83, 90, 116, 118, 127, 149
카터, 베티 Carter, Betty 185, 246
카페 보헤미아 Cafe Bohemia 273~275, 278, 284, 289~291, 294~296, 305, 307, 308, 324, 542
카펜터, 찰리 Carpenter, Charlie 160
칼라 Collar 71, 72
캐럴, 다이앤 Carroll, Diahann 289, 325, 327, 382, 406
캐럴, 조 Carroll, Joe 231
캐피톨 Capitol 163, 165, 199, 203, 252
캘러웨이, 캡 Calloway, Cab 232
캘린더, 레드 Callender, Red 119, 126
캠프 반더벤터 Camp Vanderventer 39
커티스, 밀러드 Curtis, Millard 21, 39, 52
『컬러』 Color 17
컬럼비아 Columbia 273, 281, 284~286, 290~294, 310, 321, 328, 329, 359, 360, 370, 371, 378, 379, 397, 404, 414, 426, 427, 429, 451, 453, 457, 462, 466, 472, 473, 480, 481, 487, 493, 494, 501, 517, 519, 522, 523, 563
케네디, 로버트 Kennedy, Robert F. 401
케루악, 잭 Kerouac, Jack 290
케이, 몬테 Kay, Monte 155, 164, 165, 289, 325, 534
케이, 새미 Sammy Kaye 177
케이, 코니 Kay, Connie 112, 215, 271, 296
케이지, 존 Cage, John 130, 580
켈리, 윈턴 Kelly, Wynton 333, 334, 337, 344, 359, 366, 389
켈리, 테드 Kelly, Ted 164

켈리스 스테이블 Kelly's Stable 73, 74, 98

코긴스, 길 Coggins, Gil 188, 210, 215, 216, 219, 230

코니츠, 리 Konitz, Lee 162~167, 172, 191, 199, 206, 220

코리아, 칙 Corea, Chick 421~423, 425, 449, 453, 458, 459

코스비, 빌 Cosby, Bill 434, 435, 502, 517, 520, 588, 593

코신 사토 Kohshin Satoh 549

코지, 피트 Cosey, Pete 449, 474, 477, 493

코틱, 테디 Kotick, Teddy 201

콕스, 빌리 Cox, Billy 420

콘, 알 Cohn, Al 229

콘던, 에디 Condon, Eddie 455

콜, 냇 '킹' Cole, Nat 'King' 96, 132

콜랙스, 킹 Kolax, King 132

콜롬비, 바비 Colomby, Bobby 251

콜롬비, 줄스 Colomby, Jules 251

콜먼, 오넷 Coleman, Ornette 356, 383, 389, 396, 410, 433, 454, 464, 508, 541

콜먼, 조지 Coleman, George 373, 374, 378, 379, 383

콜트레인, 나이마 그럽스 Coltrane, Naima Grubbs 279, 298

콜트레인, 존 Coltrane, John 111, 143, 188, 189, 219, 224, 250, 266, 277~279, 281, 282, 284, 285, 288, 290, 292, 295, 296, 298, 299, 302, 303, 305, 307~309, 311, 314~321, 323, 329~334, 338~340, 343, 351~354, 357, 359, 364, 365, 373,

383, 384, 387, 389, 408~411, 418, 419, 465, 487, 508, 513, 521, 560, 571, 573, 574, 577~580, 597

콥, 지미 Cobb, Jimmy 77, 309, 328~330, 332, 334, 348, 359, 366, 372, 373

『콰이어트 나이츠』 Quiet Nights 370, 371, 379, 422

쾨니히스바르터, 남작부인 Baroness Koenigswarter 268

쿠오모, 마리오 Cuomo, Mario Matthew 562

『쿠킹』 Cookin' 292

『쿨의 탄생』 Birth of the Cool 165, 167, 168, 171, 182, 248, 252, 267, 307, 313, 329, 420

퀴니쳇, 폴 Quinichette, Paul 217

크로스비, 빙 Crosby, Bing 132

크로퍼드, 마크 Crawford, Marc 364, 371

크로스비, 스틸스, 내시 앤드 영 Crosby, Stills, Nash and Young 432

크리스천, 찰리 Christian, Charlie 393

클라크, 케니 Clarke, Kenny 81, 114, 148, 167, 177, 179, 181, 216, 223, 229, 251, 253, 265, 296, 310

클래런스 Clarence 244, 245, 283

클레이턴, 벅 Clayton, Buck 8, 113

킬갤런, 도러시 Kilgallen, Dorothy 281, 341, 342, 356, 458

킹, B. B. King, B. B. 413

킹, 마틴 루서 King, Martin Luther, Jr. 282, 414, 415

타운젠드, 어빙 Townsend, Irving 378

타이너, 매코이 Tyner, McCoy 364, 573

타이슨, 시슬리 Tyson, Cicely 359, 405, 483, 488, 501, 543

「타임 오브 바라쿠다」 Time of the Barracuda 378

탭댄서 tap dancers 93, 118, 186, 187

테리, 클라크 Terry, Clark 8, 9, 43~45, 58~60, 66,

95, 138, 188, 192~194, 232, 593
테이텀, 아트 Tatum, Art 41, 46, 110, 137
테일러, 빌리 Taylor, Billy 191, 207
테일러, 세실 Taylor, Cecil 227, 228, 358,
　359, 387, 389
테일러, 아트 Taylor, Art 188, 206, 220,
　263, 276, 289, 305, 307, 308, 328
테일러, 엘리자베스 Taylor, Elizabeth 282,
　338, 365
토머스, 개리 Thomas, Gary 544, 556
토머스, 필립 마이클 Thomas, Phillip
　Michael 543
토킹 헤즈 Talking Heads 570
톰슨, 럭키 Thompson, Lucky 7, 108, 119,
　120, 122, 126~128, 136, 177, 252, 391
톰슨, 서 찰스 Thompson, Sir Charles 97,
　106, 112
「투데이」 Today 12
『투투』 Tutu 534, 535, 538, 544, 554
트루잇, 소니 Truitt, Sonny 229
트리스타노, 레니 Tristano, Lennie 141,
　175, 203, 220, 248
티그펜 Thigpen 20
틸, 에밋 Till, Emmett 276

파리 Paris 177~184, 188, 216, 262, 263,
　268, 296, 297, 310, 311, 319, 355,
　365, 382, 401, 506, 507, 532, 570,
　577, 598
「파리 블루스」 Paris Blues 365
퍼디, 버나드 Purdee, Bernard 449
파월, 리치 Powell, Richie 246, 290
파월, 버드 Powell, Bud 103, 109, 113, 129,
　137, 145, 157~160, 183, 246, 259,

290, 296, 394, 560
파월, 애덤 클레이턴 Powell, Adam Clayton 182
파이브 스팟 Five Spot 305, 307, 311, 356
파치, 해리 Parch, Harry 580
파커, 찰리 '버드' Parker, Charlie 'Bird' 7~10,
　12, 16, 60, 65~67, 70, 71, 73~79, 81~95,
　97~100, 103~106, 108~110, 112, 113,
　115~119, 122~126, 128~130, 133, 134,
　136~163, 165, 167~170, 172~178, 183,
　185, 189~191, 196, 199~202, 204,
　206~209, 214~216, 223, 224, 228, 229,
　232, 236, 248, 249, 252, 268~271, 283,
　287, 292, 297, 298, 313~315, 320, 328,
　331, 337, 369, 391, 410, 411, 420, 465,
　476, 487, 508, 513, 521, 560, 571, 574,
　577, 578, 588, 589, 597
페더, 레너드 Feather, Leonard 92, 139, 361,
　384, 505, 534, 589
페이지, 오란 '핫 립스' Page, Oran 'Hot
　Lips' 138
페인, 세실 Payne, Cecil 132
페티퍼드, 오스카 Pettiford, Oscar 59, 177,
　216, 271, 274, 393
펠드먼, 빅터 Feldman, Victor 375
『포기와 베스』 Porgy and Bess 327~330,
　359, 414, 509, 517
포드, 로벤 Ford, Robben 538, 539, 544
포레스트, 지미 Forrest, Jimmy 57, 212
포스터, 앨 Foster, Al 449, 466, 467, 475,
　477, 482, 493, 496, 500, 505, 514, 518,
　522
포스터, 조지 머피 '팝스' Foster, George Murphy
　'Pops' 377
포조, 차노 Pozo, Chano 183
포춘, 소니 Fortune, Sonny 449, 467, 478

포터, 토미 Potter, Tommy 77, 132, 141, 143, 159, 162, 206, 208

폭스, 레드 Foxx, Redd 434

풀러, 길 Fuller, Gil 139, 140

퓨전 재즈 fusion jazz 110, 414, 425, 572

프라이스, 리언타인 Price, Leontyne 531

프라이어, 리처드 Pryor, Richard 433, 520, 527, 589, 593

「프란 댄스」 Fran Dance 328

「프란싱」 Pfrancing 359

프랭클린, 데이비드 Franklin, David 523, 527, 534, 553

프랭클린, 아레사 Franklin, Aretha 459, 461, 462

「프레디 프리로더」 Freddie Freeloader 334

프레슬리, 엘비스 Presley, Elvis 388, 588

프리 재즈 free jazz 356, 387~390, 410

프리드먼, 돈 Friedman, Don 288

프리먼, 버드 Freeman, Bud 138

프레스티지 Prestige 198~203, 206, 208, 216, 228, 229, 231, 248~251, 253, 254, 265, 273, 275, 281, 285, 286, 289, 290, 292, 295, 332

플라잉 더치맨 Flying Dutchman 454

플래너건, 토미 Flanagan, Tommy 243, 246, 289, 309

플랙, 로버타 Flack, Roberta 510, 527

플러그드 니켈 Plugged Nickel 404, 415

플레이보이 재즈 페스티벌 Playboy Jazz Festival 338, 353, 539

플뤼겔호른 fluegelhorn 58, 127, 347

피게로아, 새미 Figueroa, Sammy 495, 496

피기스 Piggease 27

피날레 클럽 Finale Club 118, 123, 125~127, 133

피너티, 배리 Finnerty, Barry 495, 496, 510

피니, 제임스 Finney, James 453

『피유 드 킬리만자로』 Filles de Kilimanjaro 359, 397, 415

피츠버그 Pittsburgh 135, 136, 188, 415, 438

피카소, 파블로 Picasso, Pablo 108~110, 177

피킨스, 윌리엄 Pickens, William 29, 240

필라델피아 Philadelphia 19, 107, 197, 217, 219, 223, 224, 230, 231, 268, 270, 277, 278, 287, 295, 298, 307, 326, 330, 337, 352~355, 373, 376, 404, 434, 511

필리 릭 'Philly lick' 285, 318, 328

하비, 로런스 Harvey, Laurence 365, 378

하차투리안, 아람 Khachaturian, Aram 329, 579

하트, 빌리 Hart, Billy 449, 461, 467

「할렘 리듬스」 Harlem Rhythms 37, 38

할리우드 볼 Hollywood Bowl 386, 395, 460

해굿, 케니 Hagood, Kenny 162, 165, 167

해글러, 마빈 Hagler, Marvin 258

해먼드, 존 Hammond, John 589

해리스, 배리 Harris, Barry 246

해리스, 벤 Harris, Ben 190

해킷, 바비 Hackett, Bobby 8, 37, 454

햄프턴, 라이어널 Hampton, Lionel 37, 57, 66, 149, 291

행콕, 허비 Hancock, Herbie 375, 378, 390, 392, 407, 449, 459, 473, 476, 515, 517, 534, 573, 580

허먼, 우디 Herman, Woody 271

『헤드헌터스』 Headhunters 473

헤이, 랜스 Hay, Lance 452

헤이그, 알 Haig, Al 93, 97, 116, 158, 162, 166, 167, 174

헤이든, 찰리 Haden, Charlie 356
헤이우드, 닉 Haywood, Nick 47, 48
헤이즐, 매리언 Hazel, Marion 67, 138
헤인스, 로이 Haynes, Roy 175, 202, 392
헤일리, 앨릭스 Haley, Alex 371
헨더슨, 마이클 Henderson, Michael 449,
    459, 478
헨더슨, 플레처 Henderson, Fletcher 80,
    168, 521, 589
헨드릭스, 지미 Hendrix, Jimi 415, 418,
    420, 436, 437, 445, 453, 457, 458,
    474, 475, 556, 564, 580
헨리, 코니 Henry, Connie 215
헨토프, 냇 Hentoff, Nat 361
호스킨스, 존 Hoskins, John 20
호즈, 햄프턴 Hawes, Hampton 407
호지스, 조니 Hodges, Johnny 217
호킨스, 레너드 Hawkins, Leonard 132
호킨스, 콜먼 '빈' Hawkins, Coleman 'Bean'
    8, 75~77, 90, 91, 106, 132, 137, 147,
    184, 313
혼, 리나 Horn, Lena 19, 282, 401, 550
혼다 광고 Honda commercial 543
홀, 짐 Hall, Jim 374
홀랜드, 데이브 Holland, Dave 421, 424,
    449, 458
홀리데이, 빌리 Holiday, Billie 63, 90,
    116, 138, 183, 198, 232, 336
홀츠먼, 애덤 Holzman, Adam 535, 539,
    565
히긴스, 빌리 Higgins, Billy 356
히스, 앨버트 '톳시' Heath, Albert
    'Tootsie' 224
히스, 음투메 Heath, Mtume 460, 474,
    475, 478

히스, 지미 Heath, Jimmy 210, 223, 230, 338,
    352, 355, 356, 372, 376, 460
히스, 퍼시 Heath, Percy 175, 202, 204, 205,
    210, 217, 223, 228, 230, 231, 249, 252,
    265, 271, 276, 296

52번가 52nd Street 70, 72~74, 77, 79, 85,
    89~91, 93, 97, 99, 107, 111, 114, 116, 135,
    137, 140, 147, 152, 155, 156, 163, 172, 177,
    191, 322, 429

　　　마일스 데이비스(Miles Davis, 1926~1991)
20세기 재즈의 흐름을 끊임없이 바꿔온 트럼펫 연주자이자 작곡가, 밴드리더다.
일리노이주 올턴에서 태어나 이스트세인트루이스에서 성장한 그는 1940년대
뉴욕으로 건너가 찰리 파커, 디지 길레스피와 함께 비밥의 최전선에서 활동하며
주목받기 시작했다. 이후 길 에번스와의 협업으로 『쿨의 탄생』(*Birth of the Cool*)을
발표하며 쿨 재즈를 개척했고, 1950~60년대에는 존 콜트레인, 캐넌볼 애덜리,
허비 행콕, 웨인 쇼터 등 당대 최고의 음악가들과 함께 수많은 명반을 남겼다.
마일스 데이비스는 하나의 스타일에 머무르지 않았다. 모달 재즈, 하드 밥, 쿨 재즈를
거쳐 전자 악기와 록·펑크를 결합한 퓨전 재즈에 이르기까지, 그는 늘 새로운 방향을
제시하며 재즈의 경계를 확장했다. 『카인드 오브 블루』(*Kind of Blue*), 『스케치스
오브 스페인』(*Sketches of Spain*), 『비치스 브루』(*Bitches Brew*) 등 그의 앨범들은
재즈사에서 결정적인 이정표로 평가받는다.
평생에 걸쳐 젊은 음악가를 발굴하고 새로운 사운드를 실험한 그는 단순한 연주자를
넘어 시대를 이끈 리더이자 혁신가였다. 음악적 성취뿐 아니라 예술가로서의
고독과 투쟁, 인종차별과 사회 현실에 대한 인식에 이르기까지, 다방면에 걸쳐 그는
오늘날까지 강력한 영향을 미치고 있다.

　　　퀸시 트루프(Quincy Troupe, 1939~2024)
미국의 시인이자 작가, 편집자로, 『마일스 데이비스, 자서전』(*Miles: The
Autobiography*)을 구술 채록·정리했다. 그는 마일스 데이비스의 오랜 지인이자
인터뷰어로서, 수년에 걸친 마일스 데이비스와의 대화를 문장으로 옮겼다.
이 책은 재즈와 흑인 문화 전통에 대한 깊은 이해를 바탕으로, 마일스 데이비스의
목소리와 리듬을 최대한 살린 서술로 평가받는다. 한편, 트루프는 재즈·아프리카계
미국인 문화를 주제로 한 다수의 시와 평론, 편집 작업을 통해 미국 문학과
문화 비평 분야에서도 중요한 역할을 했다.

　　　성기완
시인, 뮤지션, 사운드 아티스트. 1967년 서울에서 태어났다. 『쇼핑 갔다 오십니까?』,
『ㄹ』, 『빛과 이름』 등의 시집과 『홍대 앞 새벽 세 시』, 『모듈』 등의 산문을
썼다. 또한 『엘비스, 끝나지 않은 전설』, 『나는 지구가 아프다』 등의 책을
번역했다. 2015년 제1회 김현문학패 시부문을 수상한 바 있다. 뮤지션으로서 그는
1999년부터 밴드 3호선버터플라이의 멤버로 활동해오고 있다. 현재 계원예술대학교
융합예술과에서 소리와 시, 예술에 관한 강의를 하고 있다.

마일스 데이비스, 자서전

마일스 데이비스(그리고 퀸시 트루프)
성기완 옮김

초판 1쇄 인쇄 2026년 2월 20일
초판 1쇄 발행 2026년 3월 24일

ISBN 979-11-90853-73-6 (03670)

발행처 도서출판 마티
출판등록 2005년 4월 13일
등록번호 제2005-22호
발행인 정희경
편집 서성진, 조은
디자인 이기준

주소 서울시 마포구 잔다리로 101, 2층 (04003)
전화 02-333-3110

이메일 matibook@naver.com
홈페이지 matibooks.com
인스타그램 instagram.com/matibooks
엑스 x.com/matibook
페이스북 facebook.com/matibooks